U0938647

高等职业院校汽车类规划教材
编审委员会

普通高等学校"十二五"省级规划教材
高等职业院校汽车类规划教材

汽车机械基础

QICHE JIXIE JICHU

主　　编　余承辉
副 主 编　张信群　杨文杰　程　玉
编写人员（以姓氏笔画为序）
汤　萍　李　琤　杨文杰
余承辉　张本松　张信群
唐志华　黄东宇　程　玉

中国科学技术大学出版社

内 容 简 介

本书由一批来自国家和安徽省示范性(骨干)高等职业院校、从事多年高职教学且具有丰富教改经验的教师编写而成。全书主要内容包括汽车常用机构和传动、汽车常用零部件、汽车液压传动、汽车常用材料、汽车构件力学分析等,共5篇18章。

本书可作为高等职业技术院校汽车类或非机类专业基础教材,也可作为自学用书和职业技能培训用书。

图书在版编目(CIP)数据

汽车机械基础/余承辉主编. —合肥:中国科学技术大学出版社,2014.12
ISBN 978-7-312-03490-9

Ⅰ. 汽… Ⅱ. 余… Ⅲ. 汽车—机械学—高等职业教育—教材 Ⅳ. U463

中国版本图书馆 CIP 数据数字(2014)第173959号

出版 中国科学技术大学出版社
安徽省合肥市金寨路96号,230026
http://press.ustc.edu.cn
印刷 合肥学苑印务有限公司
发行 中国科学技术大学出版社
经销 全国新华书店
开本 787 mm×1092 mm 1/16
印张 22.25
字数 569千
版次 2014年12月第1版
印次 2014年12月第1次印刷
定价 45.00元

序

安徽省示范性高等职业院校合作委员会(Cooperative Commission of Vocational Colleges Under Model Construction in Anhui Province),简称"A联盟",由安徽省教育厅牵头组建,以国家示范、省示范高等职业院校为主体,坚持"交流、合作、开放、引领"的理念,连接政府、学校与社会,以实现优势互补、互惠互利、资源共享,构建安徽省示范院校交流与合作的平台,引领和深化安徽省高等职业教育的改革与发展。

"A联盟"汽车类专业建设协作组(皖高示范合[2012]5号)是安徽省示范性高职院校合作委员会中的一个专业指导组,在"A联盟"指导下负责安徽省高职汽车类专业教学的研究和指导。组长由安徽职业技术学院姚道如教授担任,副组长分别由安徽水利水电职业技术学院余承辉教授、芜湖职业技术学院安宗权副教授、六安职业技术学院何其宝副教授担任,秘书长由安徽汽车职业技术学院宋晓敏主任担任。

关于汽车专业和课程建设,"A联盟"多次召开会议讨论,并根据《高等职业学校专业教学标准(试行)》制定了汽车类专业课程体系,成立了教材编审委员会,编写系列教材。此套教材具有下列特色:

1. 此套教材为安徽省示范性高等职业院校合作委员会规划教材

教材的研究、开发、推广及应用是以"A联盟"为平台的,主编和参编人员均为"A联盟"一线骨干教师。

2. 以标准为准绳

教材以教育部职业教育与成人教育司最新发布的《高等职业学校专业教学标准(试行)》为准绳,以汽车行业标准为依据,并结合安徽省实际情况展开编写。

3. 体现校企合作

参与教材编写的企业人员为奇瑞汽车股份有限公司、江淮汽车股份有限公司及安徽汽车贸易公司等企业的技术骨干。

4. 紧跟产业升级

将新工艺、新结构、新技术、新管理等引入教材，贴近汽车企业生产、工艺、维修、销售等实际情况。

5. 编写理念新，具有“教、学、做”的可操作性

教材根据相应课程特点，采用适合的编写模式编写：专业及核心课程采用项目或任务驱动等模式编写，而公共基础课程采用章节形式编写。在编写过程中充分考虑实际教学中“教、学、做”的可操作性。

6. 体现中高职衔接

教材内容选取、专业能力培养、方法能力培养、社会能力培养以及评价标准体现中高职衔接的发展方向。

该套教材的出版将服务于高职院校汽车类专业教育教学改革，促进汽车类专业高端技能人才的培养。

安徽省示范性高等职业院校合作委员会汽车专业协作组

2014 年 2 月

前　言

本书是安徽省普通高等教育"十二五"规划教材，也是安徽省2013年质量工程建设项目。

本书是由一批来自国家和安徽省示范性(骨干)高等职业院校、从事多年高职教学且具有丰富教改经验的教师编写而成的，充分吸收了多年来工程技术发展的成就和高等职业教育教学改革的成果，体现了整合的思想，作为专业基础课程教材，定位准确。

本书内容包括汽车常用机构和传动(连杆结构、凸轮机构、棘轮机构、槽轮机构、带传动、链传动、齿轮传动、轮系)、汽车常用零部件(轴、轴承、机件的连接、联轴器、离合器等)、汽车液压传动(液压元件、液压基本回路)、汽车常用材料(钢铁材料、铝材、铜材、塑料、橡胶等)以及汽车构件力学分析等，是对汽车基础知识进行有机重组而成的一门综合性的课程教材。

本教材体现了以下几个特色：

① 对课程的知识体系进行整体优化，精选整合教学内容，具有"一本多能"的功能。

② 改变课程庞杂陈旧、分割过细的弊端，删去繁琐的理论推导、公式，同时避免简单拼凑、脱节和不必要的重复，注重实用。

③ 加强理论联系实际，注重通用性、实践性、应用性，注重培养学生的综合应用能力。

④ 教材以常用机构、传动和零部件为主体，各个学院可以根据实际情况选修教材内容，即使是近机专业选用，教材主体部分的内容也是够用的。

本教材共5篇18章，第一、二章由阜阳职业技术学院黄东宇编写，第三、五、七章由宣城职业技术学院张本松编写，第四、六章由滁州职业技术学院张信群编写，第八、九章由安徽水利水电职业技术学院程玉编写，第十章由安徽水利水电职业技术学院余承辉编写，第十一、十六章由安徽水利水电职业技术学院杨文杰编写，第十二、十三章由安徽三联学院唐志华编写，第十四、十五章由安徽水利水电职业技术学院汤萍编写，第十七、十八章由安徽机电职业技术学院李琤编写。全书由余承辉担任主编，张信群、杨文杰、程玉担任副主编。

鉴于编者水平有限，加之教材的知识体系跨度较大，书中难免有错误和不妥之处，恳请广大读者批评指正。

编　者

2014年6月

目　录

第一篇　汽车常用机构和传动

第二篇　汽车常用零部件

第三篇　汽车液压传动

第四篇　汽车常用材料

第五篇　汽车构件力学分析

第一篇

汽车常用机构和传动

第一章　连杆机构

第一节　平面机构

若组成机构的所有构件都在同一平面或相互平行的平面内运动，则该机构称为平面机构，否则称为空间机构。工程中常用的大多是平面机构，且平面机构是研究空间机构的基础。

一、平面机构的组成

（一）构件及其自由度

构件是构件系统中最基本的独立运动单元体，构件可以是一个单独的零件，也可以由几个零件刚性连接在一起组成。构件是组成机构的主要要素之一。

一个作平面运动的构件，有3个独立的运动，如图1.1所示。构件AB可以在xOy平面内绕任一点A转动，也可沿x轴或y轴方向移动。构件拥有的独立运动的个数称为构件的自由度，平面运动构件有3个自由度，也称自由度的数目等于3。

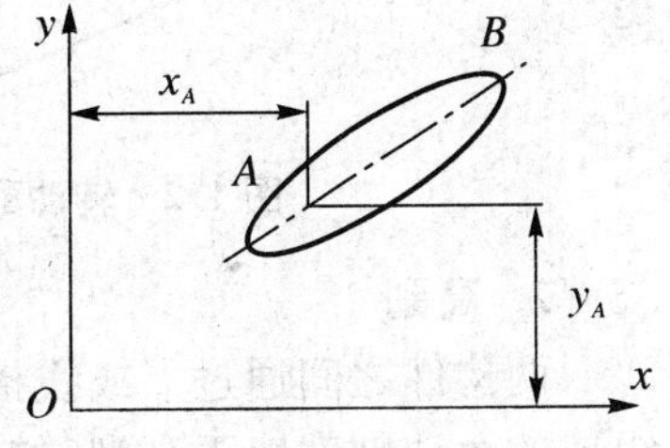

图1.1　平面运动构件的自由度

（二）运动副与约束

构件组成机构是通过运动副将各构件连接起来得到的。机构中每一构件都以一定的方式与其他构件相互接触，并形成一种可动连接，两构件之间这种直接接触的可动连接称为运动副。

机构中的构件由于相互之间用运动副来连接，某些独立运动将受到限制，对构件独立运动所加的限制称为约束。构件的独立运动受到限制后，必然失去一些自由度，构件失去的自由度个数与它受到的约束个数相等。运动构件之间相互连接组成运动副时，构件之间相互要受到约束。正是构件之间的这种相互约束，使构件的自由度个数得以减少，构件系统才能得到确定的相对运动。

（三）运动副的分类

根据构件之间的接触特性，运动副可分为低副和高副。

1. 低副

两构件之间通过面接触形成的运动副称为低副。根据两构件之间的相对运动是转动还是移动，又可分为转动副和移动副。

(1) 转动副

若组成运动副的两个构件之间只允许在同一平面内作相对转动，这种运动副称为转动副。轴与轴承连接、铰链连接均为转动副。如图 1.2 所示的运动副是由铰链连接组成的转动副。图中若构件 1 是固定的，则称为固定铰链；若没有固定的构件，则称为活动铰链。

转动副约束构件间有两个相对移动的自由度。在图 1.2 中，构件 2 沿 x 轴和 y 轴相对轴承座 1 的移动受到限制，即约束数等于 2，失去两个自由度，保留了绕 z 轴转动的 1 个自由度。

(2) 移动副

若组成运动副的两构件只允许沿某一轴线作相对直线移动，这种运动副称为移动副，如图 1.3 所示，构件 2 相对构件 1 作直线运动，二者组成移动副。在图 1.3 中，构件 2 绕 z 轴的转动、沿 y 轴的移动受到限制，即约束数等于 2，失去 2 个自由度，保留了沿 x 轴移动的 1 个自由度。

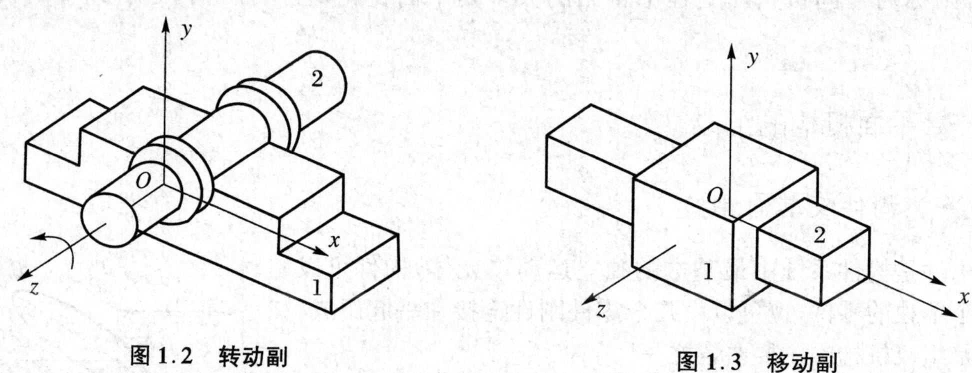

图 1.2　转动副　　图 1.3　移动副

2. 高副

两构件之间通过点或线接触组成的运动副称为高副。如图 1.4 所示，凸轮 1 与从动件 2 组成的运动副就属于高副；如图 1.5 所示，齿轮 1 与齿轮 2 组成的运动副也属于高副。在图 1.4 及图 1.5 中，构件 2 沿法线 n-n 方向的运动受到限制(如沿 n-n 方向向上作相对运动，此两构件不再直接接触，运动副将不存在)，但依然保留沿切线 t-t 方向的相对移动以及绕 A 点的转动 2 个独立运动。

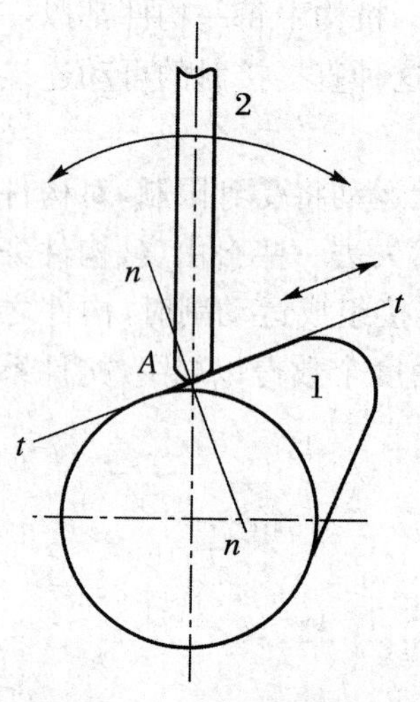

图 1.4　凸轮机构中的高副

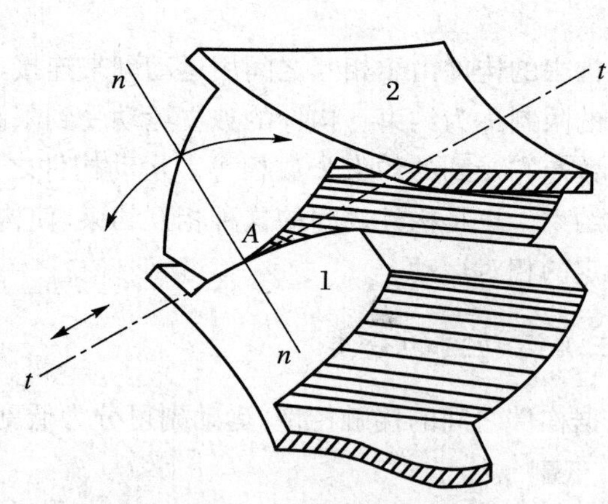

图 1.5　齿轮机构中的高副

（四）机构中构件的分类

1．固定构件

机构中固连于参考系上的构件称为固定构件。固定构件又称机架，用来支承机构中的可动构件（机构中相对于机架运动的构件）。如图 1.6 所示的汽缸体就是固定构件，用来支承可动构件曲轴与活塞，并可以它为参考系研究曲轴与活塞的运动规律。

2．主动件

主动件又称原动件，是机构中输入运动和动力的构件。一般情况下，主动件的运动规律已知，通常，驱动力所作用的构件在机构运动简图中常用箭头表示其运动方向。在图 1.6 中，活塞是主动件。

3．从动件

被主动件带动的构件称为从动件。随主动件的运动而运动，随主动件的停止而停止。从动件有工作构件和其他构件之分，工作构件是指直接执行生产任务或最后输出运动的构件。如图 1.6 所示的连杆和曲轴都是从动件。

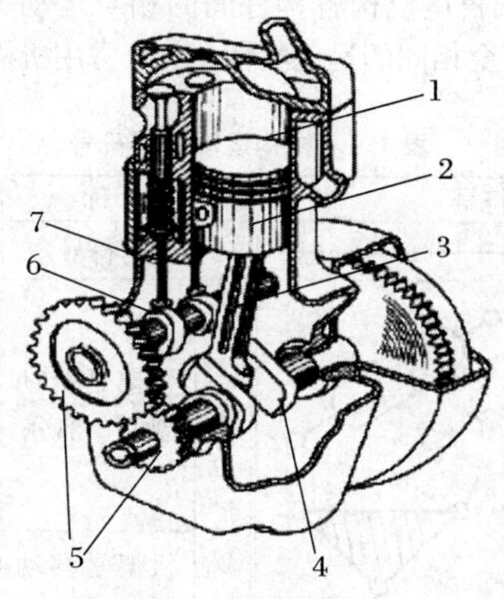

图 1.6　单缸内燃机

1. 汽缸体　2. 活塞　3. 连杆　4. 曲轴　5. 齿轮　6. 凸轮　7. 顶杆

二、平面机构运动简图

（一）运动副和构件的表示方法

为便于分析已有机构或设计新机构，首先应画出机构运动简图。从运动学观点来看，各种机构都是由多个构件通过运动副连接而成的，而机构运动决定于构件的数目，运动副的类型、数目及相对位置。为了简化问题，在研究机构运动时，有必要略去那些与运动无关的构件外形和运动副的具体结构，用简单的线条和规定的运动副符号来表示构件和运动副，并按比例定出各运动副的相对位置。

如图 1.7 所示的是内燃机的连杆，下端大孔与曲轴形成转动副，上端小孔与活塞销形成转动副。从制造角度来看，它是由连杆体、轴承盖、轴承套、轴瓦、螺栓、螺母等多个零件固连在一起组成的。但从运动学角度来看，它是一个构件。如图 1.8 所示，为了避免该活动构件在运动过程中与其他构件相碰，而把构件做成弯曲形状。这两个构件尽管外形和结构大不相同,但是与运动有关的只有构件上两转动副中心连线的长度和运动副类型,因此都可用两转动副符号及其几何中心所连直线段来表示,如图 1.9 所示。

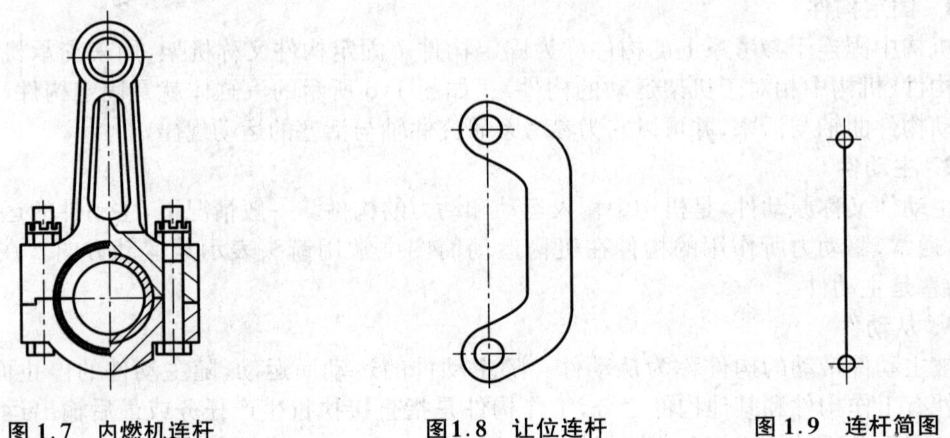

图 1.7　内燃机连杆　　图 1.8　让位连杆　　图 1.9　连杆简图

工程上就是用这种简图来表达机构各构件间的相对运动关系的,这就是机构运动简图。机构运动简图与原机构具有完全相同的运动特性。部分常用机构运动简图符号如表 1.1 所示。

表 1.1　机构运动简图符号

名　称		简图符号	名　称		简图符号
构件	轴、杆		基本符号		
构件	三副元素构件		机架	机架是转动副的一部分	
			机架	机架是移动副的一部分	
构件	构件的永久连接		平面高副	齿轮副	
平面低副	转动副		平面高副	凸轮副	
平面低副	移动副				

（二） 平面机构运动简图的绘制

绘制平面机构运动简图可按以下步骤进行：

① 观察机构的运动情况，分析机构的具体组成，确定机架、原动件和从动件。

② 由原动件开始，根据相连两构件间的相对运动性质和运动副元素情况，确定运动副的类型和数目。

③ 根据机构实际尺寸和图纸大小确定适当的长度比例尺 μ_l，按照各运动副间的距离和相对位置，以与机构运动平面平行的平面为投影面，用规定的线条和符号绘图。

$$\mu_l = \frac{\text{实际尺寸(m)}}{\text{图样尺寸(mm)}} \tag{1.1}$$

例 1.1 图 1.10(a) 为牛头刨床执行机构的结构图，试绘制机构运动简图。

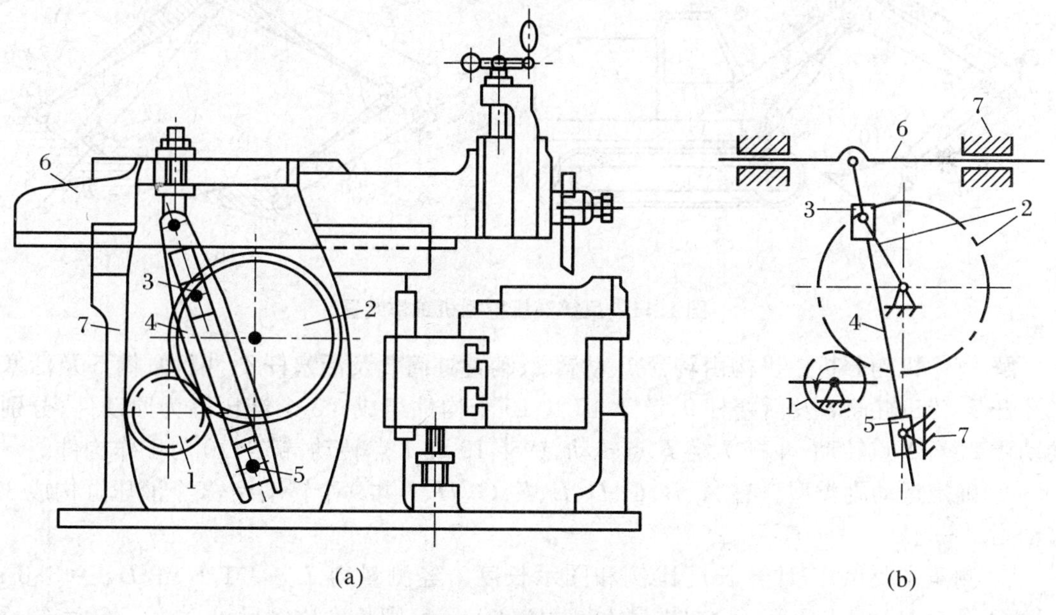

图 1.10 牛头刨床主体运动机构

解 ① 机构分析。牛头刨床执行机构由大齿轮 2、机架 7、滑块 3、导杆 4、摇块 5 和滑枕 6 共 6 个构件组成，转动的大齿轮为原动件，移动的滑枕 6 为工作构件。

② 确定运动副类型。原动件大齿轮 2 用轴通过轴承与机架 7 铰接成转动副；滑块 3 通过销子与大齿轮铰接成转动副；滑块 3 与导杆 4 用导轨连接为面接触成移动副；摇块 5 与机架铰接成转动副；摇块 5 与导杆 4 用导轨连接成移动副；导杆 4 与滑枕 6 铰接成转动副；滑枕 6 与机架 7 用导轨连接以面接触成移动副。这里有 4 个转动副和 3 个移动副共 7 个运动副。

③ 测量主要尺寸，计算长度比例和图示长度。经测量得：滑枕 6 的导轨到摇块中心的高度 $l_h = 1\,000$ mm，大齿轮 2 的中心高 $l_{h1} = 540$ mm，滑块 3 的回转半径 $r_x = 240$ mm。设图样最大尺寸为 60 mm，则长度比例尺：

$$\mu_l = l_h/60 = 1\,000 \text{ mm}/60 \text{ mm} = 16.7 \approx 20$$

即比例尺为 0.02 m/mm，所以

$$h = l_h/\mu_l = 1/0.02 = 50\ (\text{mm})$$
$$h_1 = l_{h1}/\mu_l = 0.54/0.02 = 27\ (\text{mm})$$
$$r = l_r/\mu_l = 0.24/0.02 = 12\ (\text{mm})$$

④ 绘制机构运动简图：

a. 按各运动副间的图示距离和相对位置，选择适当的瞬时位置，用规定的符号表示各运动副。

b. 用直线将同一构件上的运动副连接起来，并标上件号、铰点名和原动件的运动方向，即得所求的机构运动简图。如图 1.10(b)所示。

例 1.2 图 1.11(a)为反铲挖掘机工作装置的结构简图，画出它的运动简图。

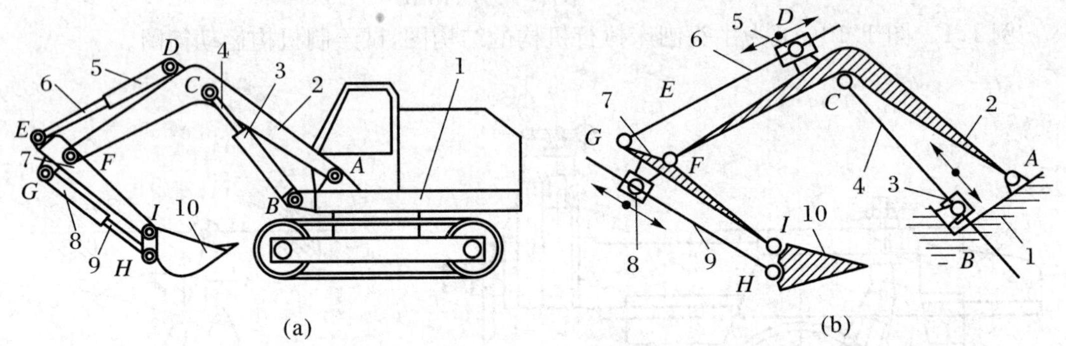

图 1.11 反铲液压挖掘机工作装置

解 ① 机构分析。机构由转台 1、动臂 2、动臂缸筒 3 及活塞杆 4、斗杆缸筒 5 及活塞杆 6、斗杆 7、转斗缸筒 8 及活塞杆 9、铲斗 10 共 10 个构件组成。3 个液压缸为原动件，分别驱动动臂 2 绕 A 点转动、斗杆 7 绕 F 点转动、铲斗 10 绕 I 点转动；铲斗 10 为工作构件。

② 确定运动副类型。有 A、B、C、D、E、F、G、H、I 共 9 个转动副，3 个液压缸构成 3 个移动副。

③ 测量主要尺寸，计算长度比例和图示长度。经测量得 $L_{AC} = 1.8$ m，$L_{AF} = 3.3$ m，$L_{CF} = 1.7$ m，$L_{FI} = 1.7$ m。设图样最大尺寸为 60 mm，则长度比例尺 $\mu_l = l_{max}/60 = (3.3 + 1.4)/60 \approx 0.08$ (m/mm)。计算各杆长度：

$$AF = 3.3/0.08 \approx 41\ (\text{mm}),\quad AC = 1.8/0.08 \approx 22.5\ (\text{mm})$$
$$CF = 1.7/0.08 \approx 21\ (\text{mm}),\quad FI = 1.4/0.08 \approx 17.5\ (\text{mm})$$

④ 绘制机构运动简图：

a. 按各运动副间的图示距离和相对位置，择适当的瞬时位置，用规定的符号表示各运动副；B、D、G、H 等各点的位置对主体运动影响不大，其位置可适当选取。

b. 用直线将同一构件上的运动副连接起来，并标上件号、铰点名和原动件的运动方向，即得所求的机构运动简图，如图 1.11(b) 所示。

三、平面机构的自由度

为保证构件系统能够运动，并具有确定的相对运动，必须研究构件系统的自由度及其具有确定运动的条件。

（一）平面机构自由度计算

机构拥有独立运动的个数称为机构的自由度，它是机构中各构件相对于机架所具有的独立运动个数的总和。

如图 1.12(a)所示有 3 个构件，如图 1.12(b)所示有 4 个构件，构件间都是用转动副相连接的，但由于二者的构件数与运动副的数目不同，所以两构件系统的自由度不同。如图 1.12(a)所示的构件系统不能动，没有自由度；如图 1.12(b) 所示的构件系统可以运动，有自由度。由此可见，构件系统的自由度与构件数及运动副的数目有关。

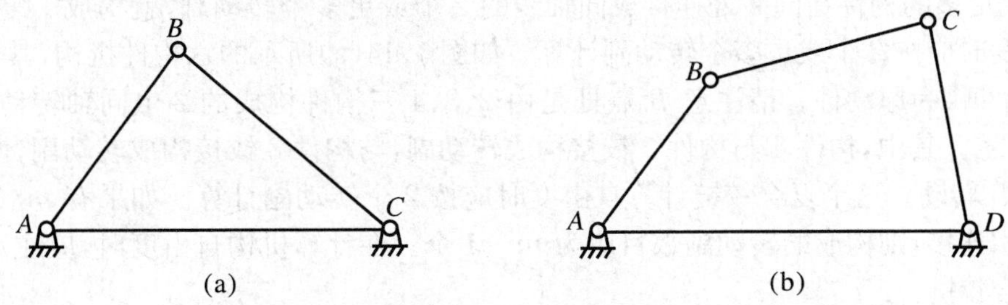

图 1.12　自由度与构件和运动副数目间的关系

在图 1.12 中，构件数、运动副数不同，构件系统的自由度也不同，那么，如果构件数、运动副的数目相同，在此条件下构件系统的自由度是否一定相同呢？如图 1.13(a)和(b)所示，二者均由三构件和三运动副组成，所不同的是图 1.13(a)中有 3 个转动副，而图 1.13(b)中则有 2 个转动副及 1 个高副，如图 1.13(a)所示的构件系统不能动，没有自由度；如图 1.13(b)所示的构件系统可以运动，有自由度。由此可见，构件系统的自由度不仅与组成该系统的构件数及运动副的数目有关，还与运动副的性质有关。

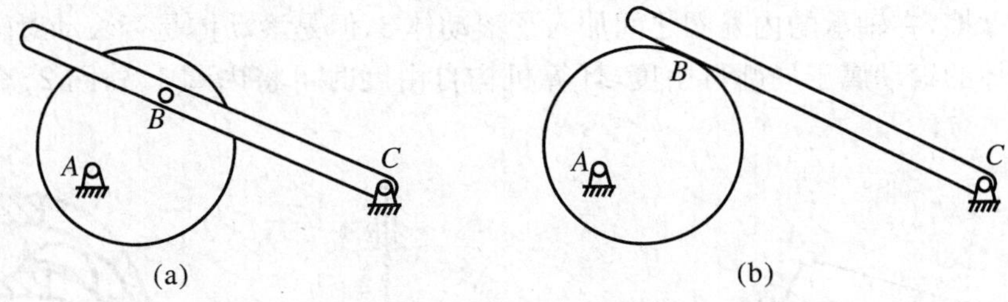

图 1.13　运动副性质不同构件系统的自由度不同

平面构件系统是构件通过运动副连接组成的。每个平面低副(转动副、移动副) 引入 2 个约束，使构件失去 2 个自由度，保留 1 个自由度；每个平面高副(齿轮副、凸轮副) 引入 1 个约束，使构件失去 1 个自由度，保留 2 个自由度。

设一个平面机构由 N 个构件组成，其中必定有 1 个构件为机架，其活动构件数为 $n=N-1$。这些构件在未组合成运动副之前共有 $3\times n$ 个自由度，在连接成运动副之后便引入了约束，减少了自由度。设机构共有 P_L个低副、P_H个高副，因为在平面机构中每个低副和高副分别限制 2 个和 1 个自由度，故平面机构的自由度为

$$F = 3n - 2P_L - P_H \tag{1.2}$$

例如，牛头刨床执行机构共有 6 个构件组成，7 个低副和 0 个高副，活动构件为 $n=5$，则该机构的自由度为 $F=3\times 5-2\times 7=1$。

又例如,挖掘机工作装置共有 10 个构件,活动构件为 $n=9$ 个,连接成 9 个转动副和 3 个移动副,则该机构的自由度为 $F=3\times9-2\times12=3$。

机器的本质在于运动,自由度必须大于零,这样的构件系统才能运动,才可能成为机构。如果构件系统的自由度等于零,就不是机构了。

(二) 平面机构自由度计算时的 3 种特殊情况

在计算平面机构的自由度时,应注意如下 3 种特殊情况。

1. 复合铰链

3 个或更多的构件在同一处连接成同轴线的 2 个或更多个转动副,就构成了复合铰链,计算自由度时应按 2 个或更多个转动副计算。如图 1.14(a)所示的六构件机构,其中构件 6 为机架,构件 1 为原动件。请注意 B 点处是由 2、3、4 三构件构成的 2 个同轴转动副,如图 1.14(b)所示。其中,构件 4 与构件 2 铰接构成转动副,与构件 3 铰接构成转动副,两转动副均绕轴线 B 转动。这个复合铰链计算自由度时应按 2 个转动副计算。如果有 m 个构件以复合铰链相连接,则构成的转动副数目应为 $m-1$ 个。在计算机构自由度时,应注意分析是否存在复合铰链。

2. 局部自由度

在有的机构中为了其他一些非运动的原因设置了附加构件,这种附加构件的运动是完全独立的,对整个构件的运动毫无影响,我们把这种独立运动称为局部自由度。在计算机构自由度时局部自由度应略去不计。

如图 1.15(a)所示的凸轮机构,随着主动件凸轮 1 的顺时针转动,从动件 2 作上下往复运动,为了减少摩擦和磨损,在凸轮 1 和从动杆 2 之间加入滚子 3,应该注意到无论滚子 3 是否绕 A 点转动,都不改变从动杆 2 的运动,因而滚子 3 绕 A 点的转动属于局部自由度,计算机构自由度时应将滚子和从动杆看成一个构件。又如图 1.15(b)所示的滚动轴承的结构示意图,为减少摩擦,在轴承的内外圈之间加入了滚动体 3,但是滚动体是否滚动对轴的运动毫无影响,滚动体的滚动属于局部自由度,计算机构自由度时可将内圈 1、外圈 2、滚动体 3 看成一个整体。

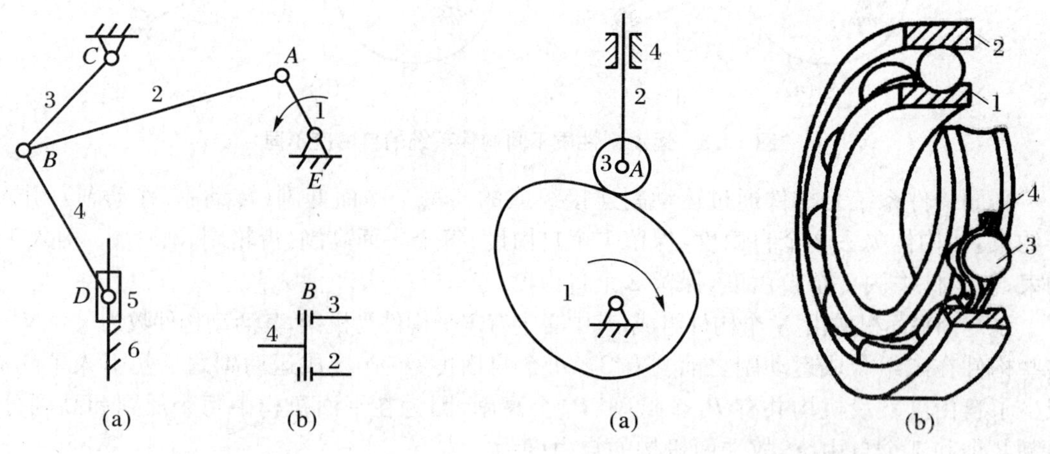

图 1.14 复合铰链 **图 1.15 局部自由度**

3. 虚约束

虚约束是指机构中与其他约束重复,对机构不产生新的约束作用的约束。计算机构自由度时应将虚约束除去不计。虚约束经常出现的场合如下。

(1) 两构件间形成多处具有相同作用的运动副

如图 1.16(a)所示，轮轴 2 与机架 1 在 A、B 两处形成转动副，其实两个构件只能构成 1 个运动副，这里应按 1 个运动副计算自由度。又如图 1.16(b)所示，在液压缸的缸筒与活塞、缸盖与活塞杆两处构成移动副，实际上缸筒与缸盖、活塞与活塞杆是两两固连的，只有 2 个构件而并非 4 个构件，此 2 个构件也只能构成 1 个移动副。

(2) 两构件上连接点的运动轨迹重合

如图 1.17 所示的是火车头驱动轮联动装置示意图，其中构件 EF 存在与否并不影响平行四边形 $ABCD$ 的运动，进一步可以肯定地说，三构件 AB、CD、EF 中缺省其中任意一个，均对余下的机构运动不产生影响，实际上是因为此三构件的动端点的运动轨迹均与构件 BC 上对应点的运动轨迹重合。应该指出，AB、CD、EF 三构件是互相平行的，否则就形成不了虚约束。

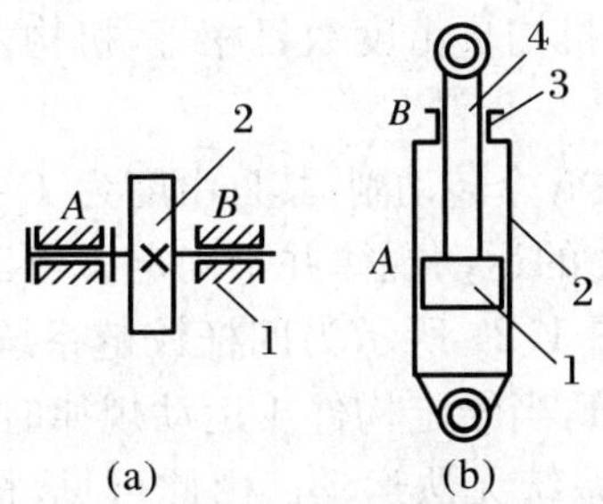

图 1.16　两构件间形成多处运动副的虚约束

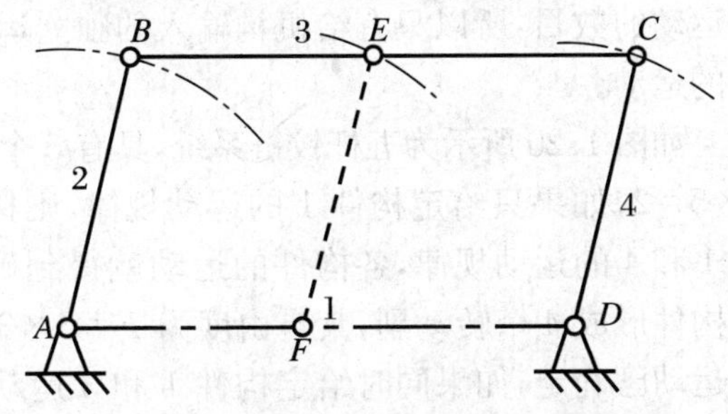

图 1.17　两构件上连接点运动轨迹重合

(3) 机构中具有对运动起相同作用的对称部分

如图 1.18 所示为一对称的齿轮减速装置，从运动的角度看，运动由齿轮 1 输入，只要经齿轮 2、3 就可以从齿轮 4 输出了。但是为使输入输出轴免受径向力，即从力学的角度考虑，加入了齿轮 6、7。未引入对称结构时，机构由 4 个构件、3 个转动副、2 个高副组成，自由度为

$$F=3\times3-3\times2-2=1$$

引入对称结构后，如果不将虚约束去除，则机构由 5 个构件、4 个转动副、4 个高副组成，自由度为

$$F=3\times4-4\times2-4=0$$

显然是错误的。

例 1.3　计算如图 1.19 所示筛料机构的自由度。

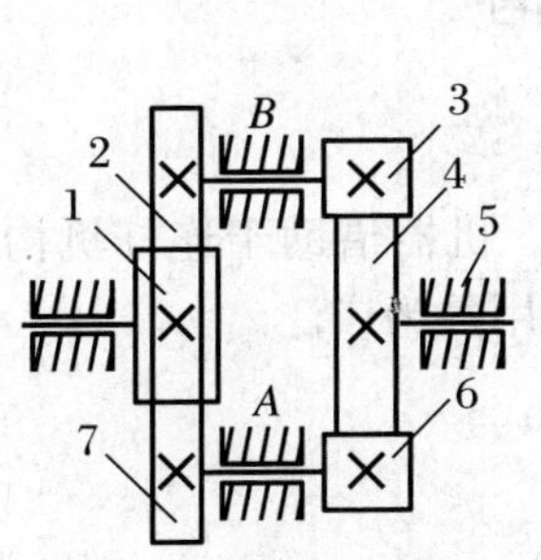

图 1.18　对称结构引入虚约束

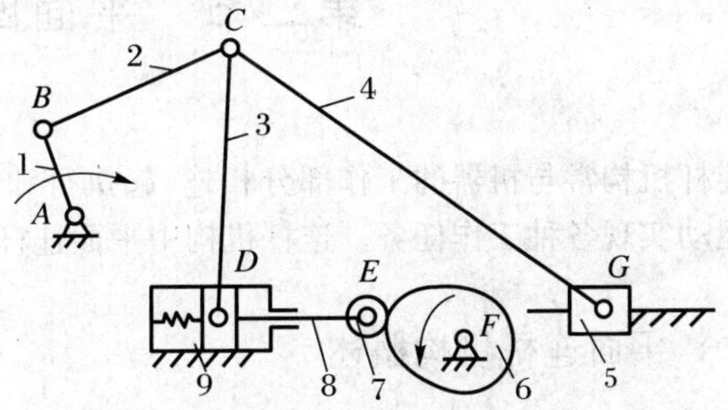

图 1.19　筛料机构

解 ① 工作原理分析。机构中标有箭头的凸轮 6 和曲轴 1 作为原动件分别绕 F 点和 A 点转动，迫使工作构件 5 带动筛子抖动筛料。

② 处理特殊情况。

a. 2、3、4 三构件在 C 点组成复合铰链，此处有 2 个转动副。

b. 滚子 7 绕 E 点的转动为局部自由度，可看成滚子 7 与活塞杆 8 是焊接一起的。

c. 8 和 9 两构件形成两处移动副，其中有一处是虚约束。

③ 计算机构自由度。机构有 7 个活动构件，7 个转动副、2 个移动副、1 个高副，即 $n=7$、$P_L=9$、$P_H=1$，按式(1.2)计算得

$$F=3\times7-2\times9-1=2$$

(三) 机构具有确定运动的条件

只有机构自由度大于零，机构才有可能运动。因为机构的自由度即是机构所具有的独立运动的数目，所以只有给机构输入的独立运动数目与机构自由度数目相等，机构才能有确定的运动。

如图 1.20 所示为五杆铰链系统，具有 5 个构件，构成 5 个转动副，其自由度为 $F=3\times4-2\times5=2$，如果只给定构件 1 的运动规律，则构件 2、3、4 的运动规律并不确定。当给定了构件 1 和 4 的运动规律，各构件的运动就得到确定。如图 1.21 所示为四杆铰链系统，具有 4 个构件形成 4 个转动副，其自由度为 $F=3\times3-2\times4=1$，当给定构件 1 运动规律时，各构件的运动已确定，如果同时给定构件 1 和 3 运动规律，则系统无法运动。由此可见，机构具有确定运动的条件：机构的原动件数目 W 等于机构的自由度数目 F，即 $W=F>0$。

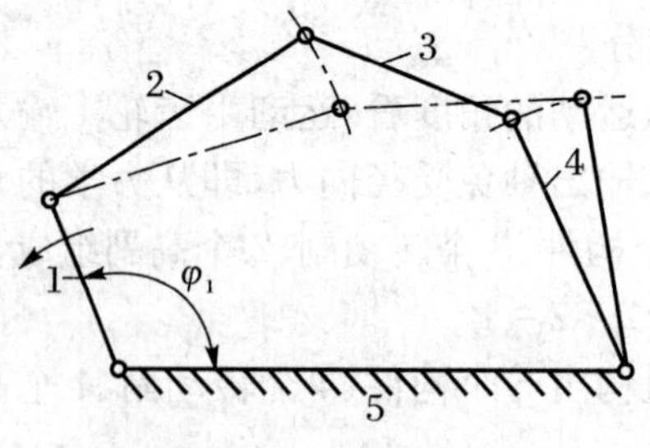

图 1.20 五杆铰链系统

原动件数小于自由度数

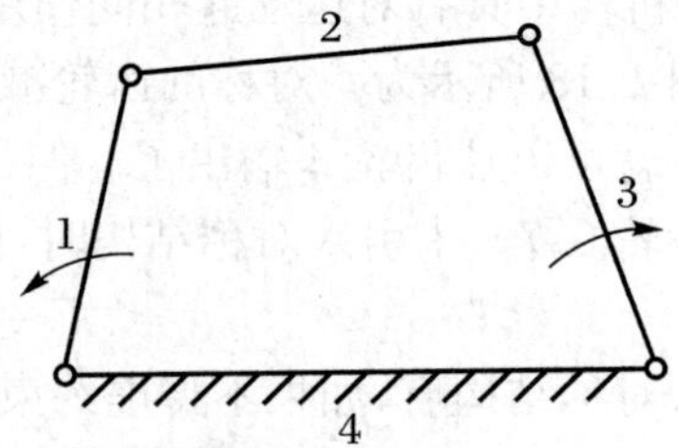

图 1.21 四杆铰链系统

原动件数大于自由度数

第二节 平面四杆机构

连杆机构常与机器的工作部分相连，起执行和控制作用。机器借助于连杆机构传递动力和运动实现各种工作任务。连杆机构中平面连杆机构的应用最为广泛。

一、平面连杆机构概述

平面连杆机构是由若干个构件通过平面低副连接而成的机构，又称平面低副机构。平面连杆机构可以实现多种运动形式的变换，还能实现比较复杂的平面运动规律。因此，平面

连杆机构在各种机器中得到广泛应用，如内燃机、牛头刨床、钢窗启闭机构、碎石机等。

4 个构件通过平面低副连接而成的平面连杆机构称为平面四杆机构。它是平面连杆机构中最常见的形式。一般的多杆机构可以看成是由几个四杆机构所组成的。平面四杆机构不仅结构最简单、应用最广泛，而且只要掌握了四杆机构的有关知识和设计方法，就为进行多杆机构的设计和分析奠定了基础。

平面连杆机构的主要优点如下：

① 平面连杆机构中的运动副都是低副，构件接触面为平面或圆柱面，因而压强小，便于润滑，磨损较轻，可以承受较大的载荷。

② 构件形状简单，加工方便，工作可靠。

③ 各构件长度不同时，可满足多种运动规律的要求。

④ 利用平面连杆机构中的连杆可满足多种运动轨迹的要求，适应性强。

平面连杆机构的主要缺点如下：

① 根据从动件所需要的运动规律或轨迹来设计连杆机构比较复杂，且精度不高。

② 机构中作往复运动和平面复杂运动的构件产生的惯性力难以平衡，高速运动时将引起较大的振动和冲击，因此不适宜高速的场合。

③ 实现同样的运动规律构件数目较多。

二、平面四杆机构的类型及演化

（一）平面四杆机构的基本形式

所有运动副均为转动副的平面四杆机构称为铰链四杆机构，它是平面四杆机构中最基本的形式。如图 1.22 所示为铰链四杆机构，其中 *AD* 杆为机架，与机架相连的杆称为连架杆，如 *AB* 杆和 *CD* 杆。其中能作整周回转运动的连架杆称为曲柄；只能在小于 360°的范围内摆动的连架杆称为摇杆。作平面复杂运动的杆称为连杆，如 *BC* 杆。

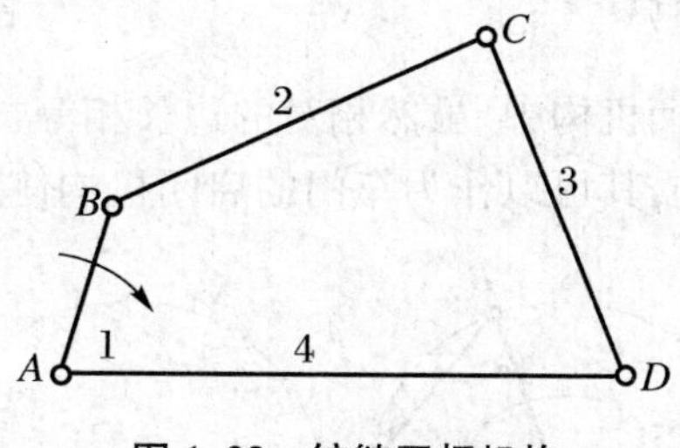

图 1.22　铰链四杆机构

根据机构中有无曲柄和有几个曲柄，铰链四杆机构又有 3 种基本形式。

1．曲柄摇杆机构

两连架杆中一个为曲柄，而另一个为摇杆的铰链四杆机构称为曲柄摇杆机构。曲柄摇杆机构可将回转运动转变为摇杆的摆动，如图 1.23 所示的雷达天线调整机构和图 1.24 所示的颚式破碎机；也可将摆动转变为回转运动或实现所需的运动轨迹，如图 1.25 所示的脚踏砂轮机构。

2．双曲柄机构

两个连架杆都是曲柄的铰链四杆机构称为双曲柄机构。双曲柄机构可将原动曲柄的等速转动转换成从动曲柄的等速或变速转动。

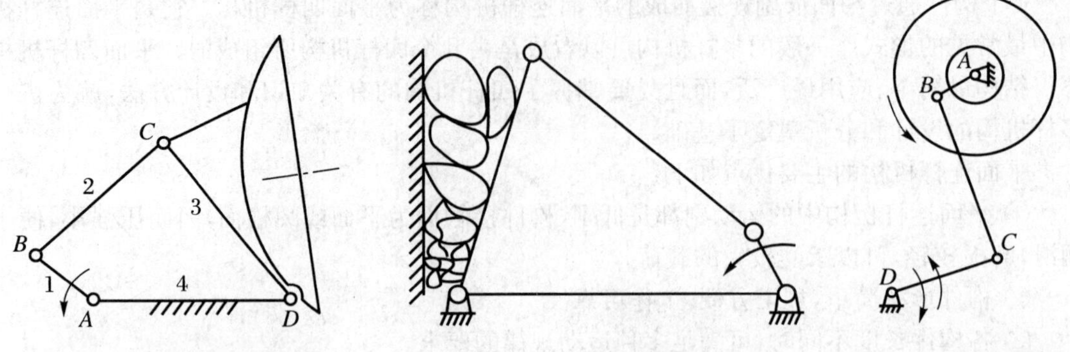

图 1.23 雷达天线调整机构　　图 1.24 颚式破碎机　　图 1.25 脚踏砂轮机构

如图 1.26 所示的惯性筛就是利用双曲柄机构的例子。当曲柄 1 等速回转时，另一曲柄 3 变速回转，通过杆 5 带动滑块 6 上的筛子，使其具有所需的加速度，利用加速度产生的惯性力使物料颗粒在筛上往复运动，达到分筛的目的。

在双曲柄机构中，若相对的两杆长度分别相等，则称为平行双曲柄机构。当两曲柄转向相同时，它们的角速度时时相等，连杆也始终与机架平行，4 根杆形成一平行四边形，故又称平行四边形机构，如图 1.27 所示。

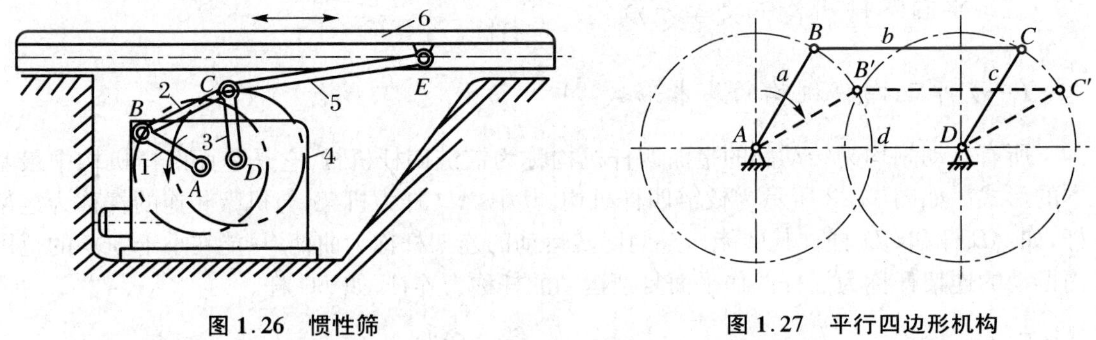

图 1.26 惯性筛　　图 1.27 平行四边形机构

在如图 1.28 所示的双曲柄机构中，虽然相对的边长相等，但其中一对边不平行，通常称这种机构为反平行四边形机构，其可以作为车门的启闭机构使用。

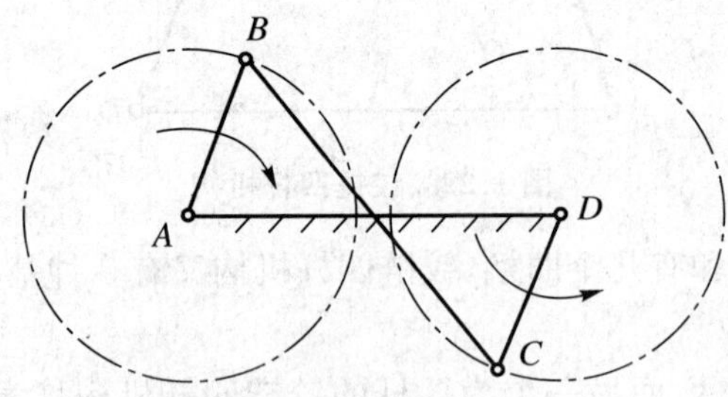

图 1.28 反平行四边形机构

3. 双摇杆机构

两个连架杆都是摇杆的铰链四杆机构称为双摇杆机构。如图 1.29 所示的鹤式起重机构，可以保证货物水平移动。

在如图 1.30 所示的机构中，电动机安装在摇杆 4 上，铰链 A 处装有一个与连杆 1 固结在一起的蜗轮。电动机转动时，电动机轴上的蜗杆带动蜗轮迫使连杆 1 绕 A 点作整周转动，从而使连架杆 2 和 4 作往复摆动，以达到风扇摇头的目的。

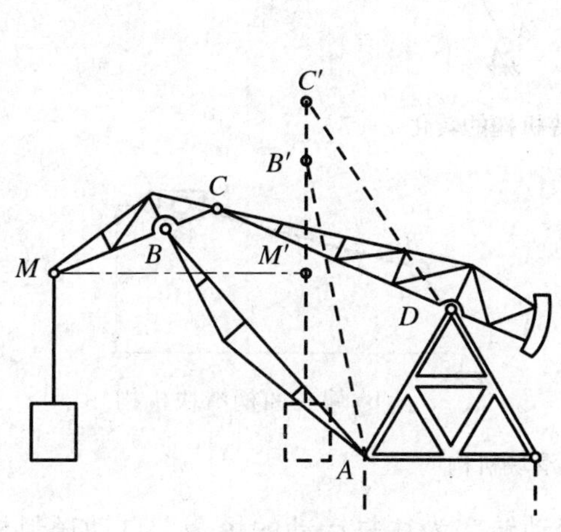

图 1.29　鹤式起重机构

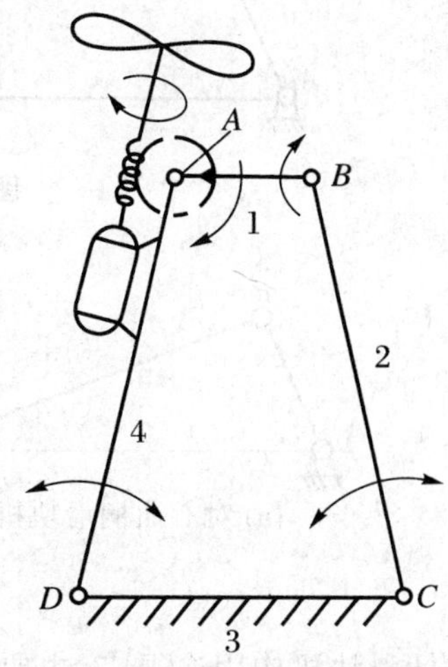

图 1.30　电风扇摇头机构

1. 连杆　2. 摇杆　3. 机架　4. 摇杆

两摇杆长度相等的双摇杆机构，称为等腰梯形机构。如图 1.31 所示的汽车前轮转向机构。车子转弯时，与前轮轴固定的两个摇杆的摆角不相等，如果在任意位置都能使两前轮的轴线的交点 O 落在后轮轴线的延长线上，则当整个车子转向时，保证 4 个轮子都是纯滚动，从而可以避免轮胎因滑动而产生过大磨损。

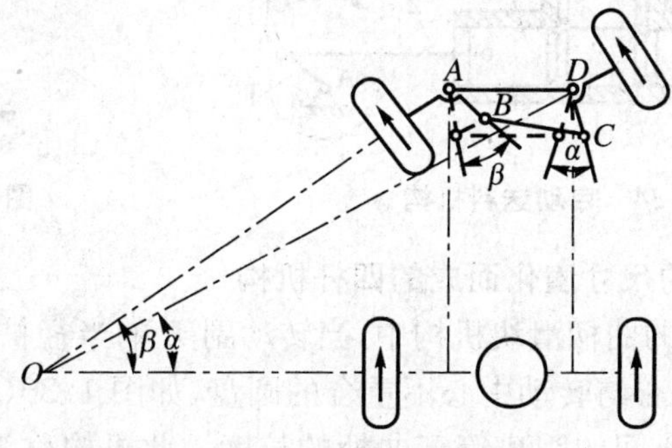

图 1.31　汽车前轮转向机构

(二) 平面四杆机构的演化形式

在平面连杆机构中，除了上述 3 种形式的铰链四杆机构之外，在实际机器中还广泛采用其他形式的四杆机构。这些四杆机构可认为是通过改变某些构件的形状、相对长度和某些运动副的尺寸，或者选择不同的构件作为机架等方法，由四杆机构的基本形式演化而来的。

1. 通过改变构件的形状和相对尺寸演化而成的四杆机构

如图 1.32 所示，通过将摇杆改变为滑块，摇杆长度增至无穷大，可得到曲柄滑块机构，根据滑块导路是否通过固定铰链中心 A，可分为对心曲柄滑块机构和偏心曲柄滑块机构。滑块运动的导路中心线与曲柄的转动中心的距离 e 称为偏心距，如图 1.33 所示。

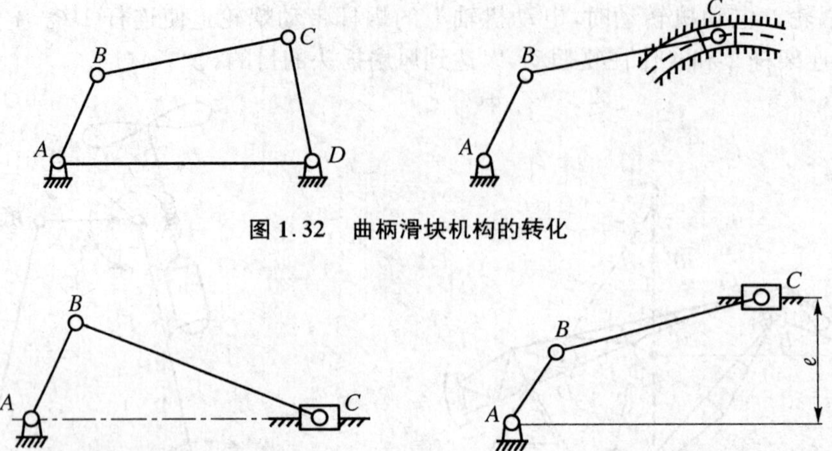

图 1.32　曲柄滑块机构的转化

(a) 对心曲柄滑块机构　　(b) 偏心曲柄滑块机构

图 1.33　曲柄滑块机构

曲柄滑块机构用途很广，主要用于将回转运动转变为往复运动的场合。自动送料机构(见图 1.34)、冲压机构(见图 1.35)、内燃机机构等都是曲柄滑块机构的应用。

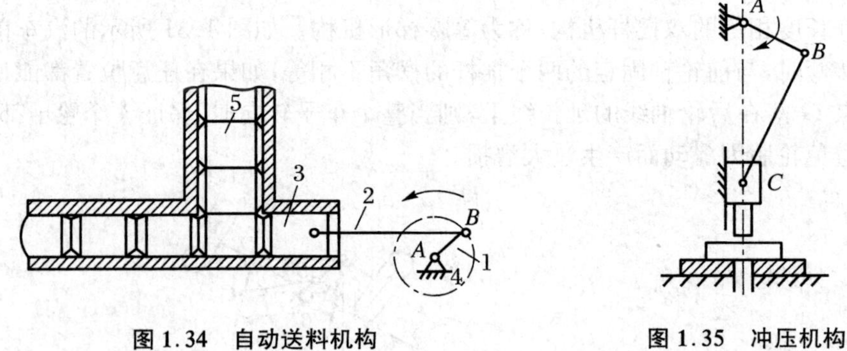

图 1.34　自动送料机构　　图 1.35　冲压机构

2. 通过改变运动副的尺寸演化而成的四杆机构

在如图 1.36(a)所示的曲柄滑块机构中，当转动副 B 的半径扩大到超过曲柄的长度时，则曲柄演化为一个几何中心与转动中心不重合的圆盘，如图 1.36(b)所示，该圆盘称为偏心轮，偏心轮转动中心与型心间的距离等于曲柄的长度。此机构称为偏心轮机构。偏心轮机构广泛应用于各种机床和夹具中。

图 1.36　曲柄滑块机构的演化

3. 通过选用不同构件作为机架演化而成的四杆机构

(1) 摆动导杆机构

取构件 1 为机架，当构件 2 作整周转动时，导杆 3 只能作往复摆动，该机构称为摆动导杆机构，如图 1.37 所示。牛头刨床的主运动机构是摆动导杆机构的应用实例，如图 1.38 所示。

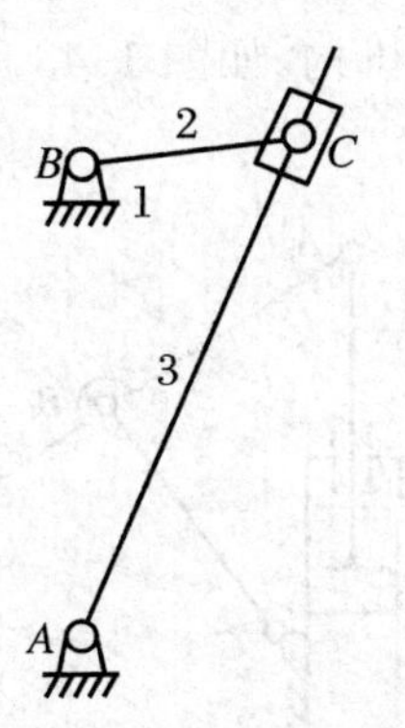

图 1.37　摆动导杆机构

1. 机架　2. 构件　3. 导杆

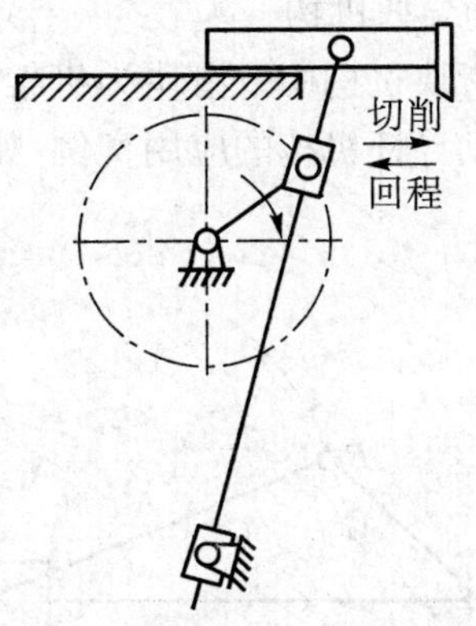

图 1.38　牛头刨床主运动机构

(2) 转动导杆机构

取构件 1 为机架，当构件 2 作整周转动时，导杆 3 也作整周回转，该机构称为转动导杆机构，如图 1.39 所示。简易刨床的主运动机构是转动导杆机构的应用实例，如图 1.40 所示。

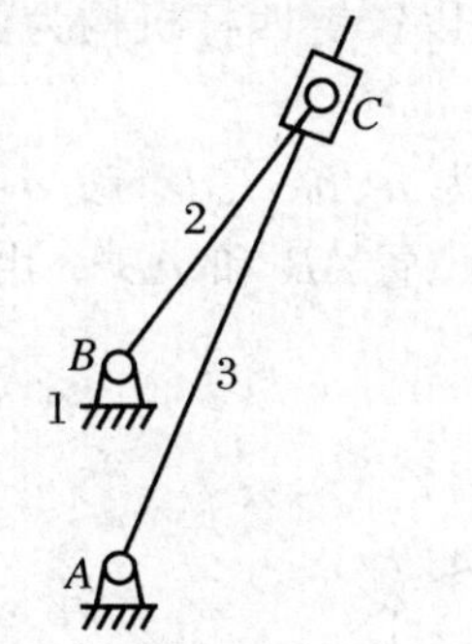

图 1.39　转动导杆机构

1. 机架　2. 构件　3. 导杆

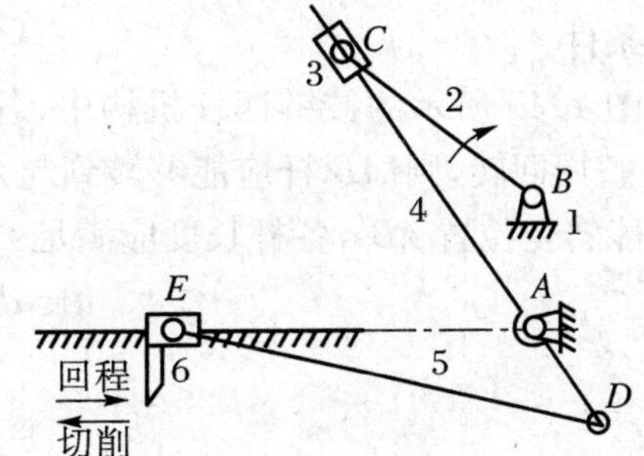

图 1.40　简易刨床主运动机构

(3) 曲柄摇块机构

当曲柄滑块机构中取构件 2 为机架时，可转化为曲柄摇块机构，如图 1.41 所示。构件 1 是绕 B 点作整周回转的，滑块 3 是绕机架上 C 点往复摆动的摇块，故称为曲柄摇块机构。曲柄摇块机构常用于摆缸式内燃机或液压驱动装置中。如图 1.42 所示为汽车吊车机构，其中摆缸即摇块，活塞即导杆，油缸下端进压力油推动活塞上移，使与车身固结的构件 AB 绕 B 点转动，达到起吊重物的目的。

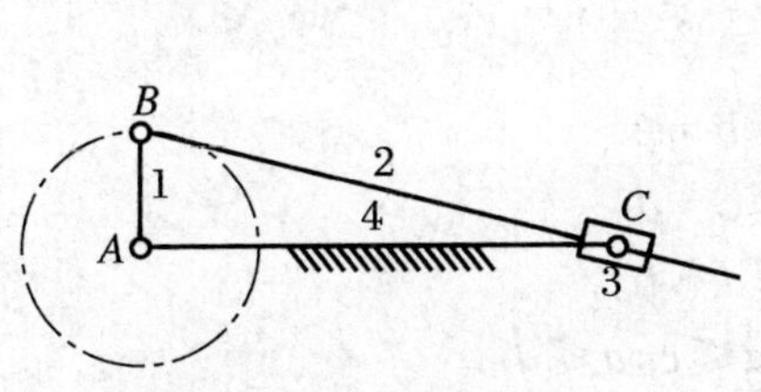

图 1.41　曲柄摇块机构

1. 曲柄　2. 导杆　3. 摇块　4. 机架

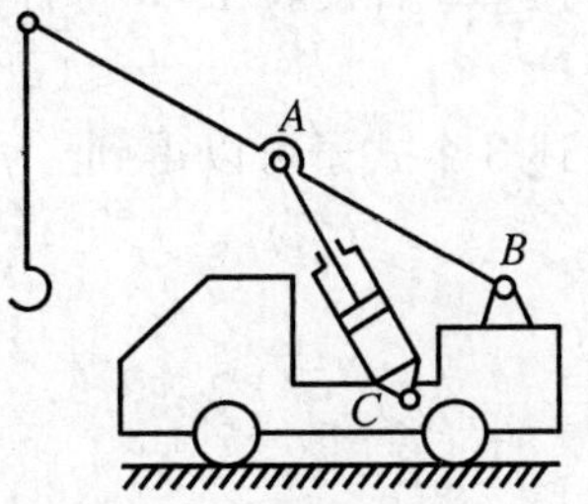

图 1.42　汽车吊车

(4) 移动导杆机构

当曲柄滑块机构中取滑块为机架时,即可转化为移动导杆机构,如图 1.43 所示。手动压水机是移动导杆机构的应用实例,如图 1.44 所示。

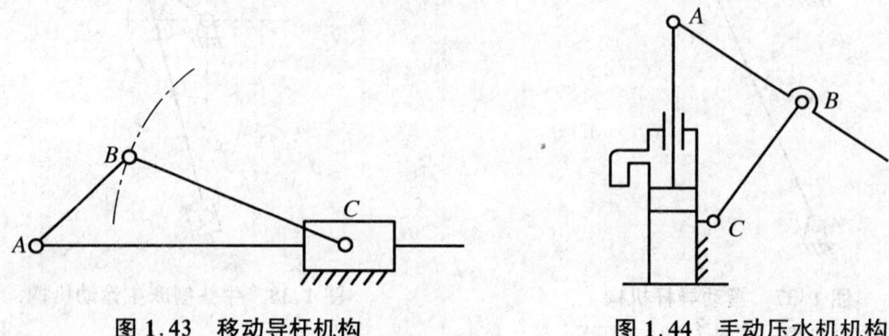

图 1.43　移动导杆机构　　图 1.44　手动压水机机构

三、铰链四杆机构曲柄存在的条件

铰链四杆机构 3 种基本形式的区别在于它的连架杆是否为曲柄。平面四杆机构中是否存在曲柄,取决于机构中各构件间的相对尺寸关系。下面就以铰链四杆机构为例来分析曲柄存在的条件。

在如图 1.45 所示的铰链四杆机构中,各杆的长度分别为 a、b、c、d。设 $a<d$,若 AB 杆能绕 A 整周回转,则 AB 杆应能够转到与 AD 共线的两个位置 AB' 和 AB''。由图可见,为使 AB 杆能转至位置 AB',各杆长度应满足:

$$a+d\leqslant b+c$$

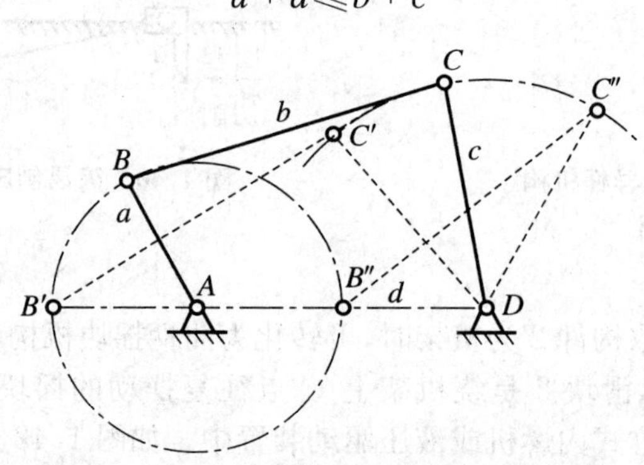

图 1.45　铰链四杆机构中曲柄存在的条件

而为使 AB 杆能转至 AB'',各杆长度关系应满足:

$$b\leqslant(d-a)+c \quad 或 \quad c\leqslant(d-a)+b$$

由上述 3 个式子可以得到

$$\begin{cases} a+d\leqslant b+c \\ a+b\leqslant c+d \\ a+c\leqslant d+b \\ a\leqslant b, a\leqslant c, a\leqslant d \end{cases}$$

若 $d<a$,同样可得到

$$
\begin{cases}
d + a \leqslant b + c \\
d + b \leqslant c + a \\
d + c \leqslant a + b \\
d \leqslant a, d \leqslant b, d \leqslant c
\end{cases}
$$

由此可以得出铰链四杆机构曲柄存在的条件如下：

① 连架杆和机架中必有一杆是最短杆。

② 最短杆与最长杆长度之和不大于其他两杆长度之和。

上述两个条件必须同时满足，否则机构不存在曲柄。

综上所述，可以得到以下两个推论：

① 若四杆机构中最短杆与最长杆长度之和大于其余两杆长度之和，该机构不可能有曲柄存在，机构成为双摇杆机构。

② 若四杆机构中最短杆与最长杆长度之和不大于其余两杆长度之和，当最短杆是连架杆时，机构为曲柄摇杆机构；当最短杆的对边是机架时，机构为双摇杆机构；当最短杆是机架时，机构为双曲柄机构。

四、平面四杆机构的工作特性

（一）急回特性

在如图 1.46 所示的曲柄摇杆机构中，设曲柄 AB 为主动件。曲柄在旋转过程中每周有两次与连杆重叠，见图 1.46 中的 B_1AC_1 和 AB_2C_2 两位置。这时的摇杆位置 C_1D 和 C_2D 称为极限位置，简称极位。C_1D 与 C_2D 的夹角 φ 称为最大摆角。曲柄处于两极位 AB_1 和 AB_2 的夹角锐角 θ 称为极位夹角。设曲柄以等角速度 ω_1 顺时针转动，从 AB_1 转到 AB_2 和从 AB_2 到 AB_1 所经过的角度分别为 $\pi+\theta$ 和 $\pi-\theta$，所需的时间分别为 t_1 和 t_2，相应的摇杆上 C 点经过的路线分别为弧 C_1C_2 和弧 C_2C_1，C 点的线速度为 v_1 和 v_2，显然有 $t_1>t_2$，$v_1<v_2$。这种返回速度大于推进速度的现象称为急回特性，通常用 v_1 与 v_2 的比值 K 来描述急回特性，K 称为行程速比系数，即

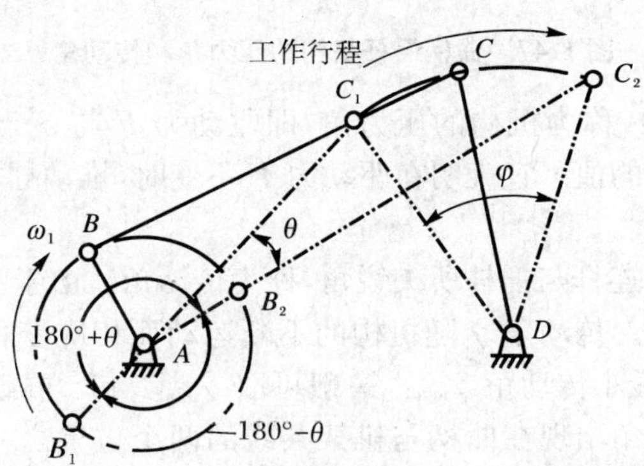

图 1.46　曲柄摇杆机构的运动特性

$$
K = \frac{v_2}{v_1} = \frac{C_1C_2/t_2}{C_2C_1/t_1} = \frac{t_1}{t_2} = \frac{180^\circ + \theta}{180^\circ - \theta} \tag{1.3}
$$

或

$$\theta = 180^\circ \times \frac{K-1}{K+1} \tag{1.4}$$

可见,θ 越大 K 值就越大,急回特性就越明显。在机械设计时,可根据需要先设定 K 值,然后算出 θ 值,再由此计算得各构件的长度尺寸。

急回特性在实际应用中广泛用于单向工作的场合,使空回程所花的非生产时间缩短,以提高生产率。例如牛头刨床滑枕的运动。

(二)传力特性

1. 压力角和传动角

在工程应用中连杆机构除了要满足运动要求外,还应具有良好的传力性能,以减小结构尺寸和提高机械效率。下面在不计重力、惯性力和摩擦力作用的前提下,分析曲柄摇杆机构的传力特性。如图 1.47 所示,主动曲柄的动力通过连杆作用于摇杆上的 C 点,驱动力 F 必然沿 BC 方向,将 F 分解为切线方向和径向方向两个分力 F_t 和 F_r,切向分力 F_t 与 C 点的运动方向 v_C 同向。由图知

$$F_t = F\cos\alpha \quad 或 \quad F_t = F\sin\gamma$$
$$F_r = F\cos\gamma \quad 或 \quad F_r = F\sin\alpha$$

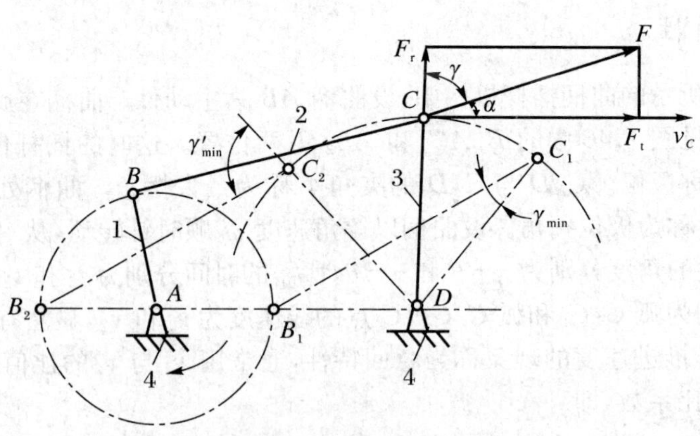

图 1.47　曲柄摇杆机构的压力角和传动角

α 角是 F_t 与 F 的夹角,称为机构的压力角,即驱动力 F 与 C 点的运动方向的夹角。α 随机构位置的不同有不同的值。它表明在驱动力 F 不变时,推动摇杆摆动的有效分力 F_t 的变化规律,α 越小 F_t 就越大。

压力角 α 的余角 γ 是连杆与摇杆所夹锐角,称为传动角。由于 γ 更便于观察,所以通常用来检验机构的传力性能。传动角 γ 随机构的不断运动而相应变化,为保证机构有较好的传力性能,应控制机构的最小传动角 γ_{min}。一般可取 $\gamma_{min} \geqslant 40^\circ$,重载高速场合取 $\gamma_{min} \geqslant 50^\circ$。曲柄摇杆机构的最小传动角出现在曲柄与机架共线的两个位置之一,如图 1.47 所示的 B_1 点或 B_2 点位置。

偏置曲柄滑块机构,以曲柄为主动件,滑块为工作件,传动角 γ 为连杆与导路垂线所夹锐角,如图 1.48 所示。最小传动角 γ_{min} 出现在曲柄垂直于导路时的位置,并且位于与偏距方向相反一侧。对于对心曲柄滑块机构,即偏距 $e=0$ 的情况,显然其最小传动角 γ_{min} 出现在曲柄垂直于导路时的位置。

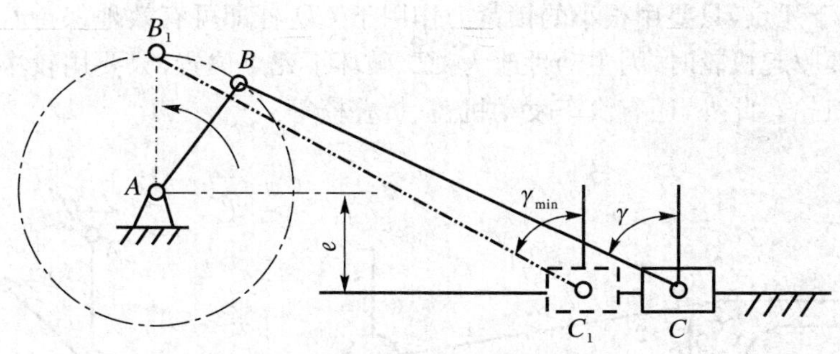

图 1.48　曲柄滑块机构的传动角

对以曲柄为主动件的摆动导杆机构，因为滑块对导杆的作用力始终垂直于导杆，其传动角 γ 恒为 90°，即 $\gamma = \gamma_{min} = \gamma_{max} = 90^\circ$，表明导杆机构具有最好的传力性能。

2．死点

从 $F_t = F\cos\alpha$ 知，当压力角 $\alpha = 90^\circ$ 时，对从动件的作用力或力矩为零，此时连杆不能驱动从动件工作。机构处在这种位置称为止点，又称死点。如图 1.49(a)所示的曲柄摇杆机构，当从动曲柄 AB 与连杆 BC 共线时，出现压力角 $\alpha = 90^\circ$，传动角 $\gamma = 0$。如图 1.49(b)所示的曲柄滑块机构，如果以滑块作主动，则当从动曲柄 AB 与连杆 BC 共线时，外力 F 无法推动从动曲柄转动。机构处于死点位置，一方面驱动力作用降为零，从动件要依靠惯性越过死点；另一方面是方向不定，可能因偶然外力的影响造成反转。

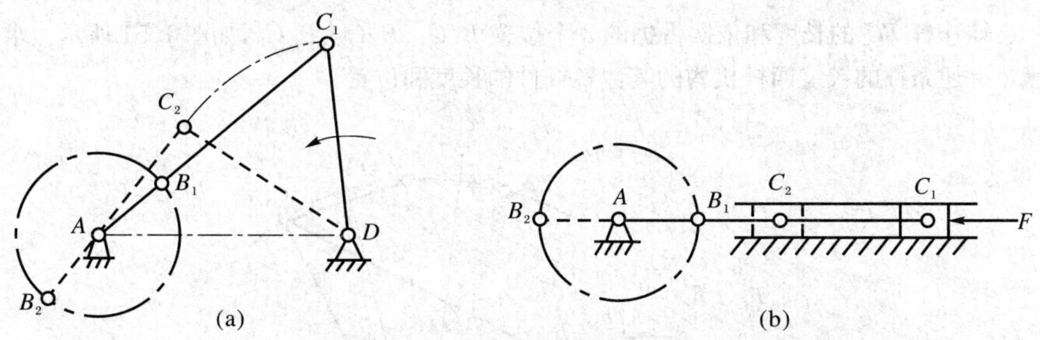

图 1.49　平面四杆机构的止点位置

四杆机构是否存在死点取决于从动件是否与连杆共线。如图 1.49(a)所示的曲柄摇杆机构，如果改摇杆主动为曲柄主动，则摇杆为从动件，因连杆 BC 与摇杆 CD 不存在共线的位置，故不存在死点。如图 1.49(b)所示的曲柄滑块机构，如果改曲柄为主动，就不存在死点。

死点的存在对机构运动是不利的，应尽量避免出现死点。当无法避免出现死点时，一般可以采用加大从动件惯性的方法，靠惯性帮助通过死点。例如内燃机曲轴上的飞轮。也可以采用机构错位排列的方法，靠两组机构死点位置差的作用通过各自的死点。

在实际工程应用中，有许多场合利用死点位置来实现一定的工作要求。如图 1.50(a)所示为一种快速夹具，要求夹紧工件后夹紧反力不能自动松开夹具，所以将夹头构件 1 看成主动件，当连杆 2 和从动件 3 共线时，机构处于死点，夹紧反力 N 对摇杆 3 的作用力矩为零。这样，无论 N 有多大，也无法推动摇杆 3 而松开夹具。当我们用手搬动连杆 2 的延长部分时，因主动件的转换破坏了死点位置而轻易地松开工件。如图 1.50(b)所示为飞机起落架处于放下机轮的位置，地面反力作用于机轮上使 AB 件为主动件，从动件 CD 与连杆 BC 成一直线，机构处于死点，只要用很小的锁紧力作用于 CD 杆即可有效地保持着支撑状态。当飞机升空离地要收起机轮时，因主动件改为 CD 破坏了死点位置，只要用较小力推动 CD 即可轻易地收起机轮。此外，还有汽车发动机盖、折叠椅等。

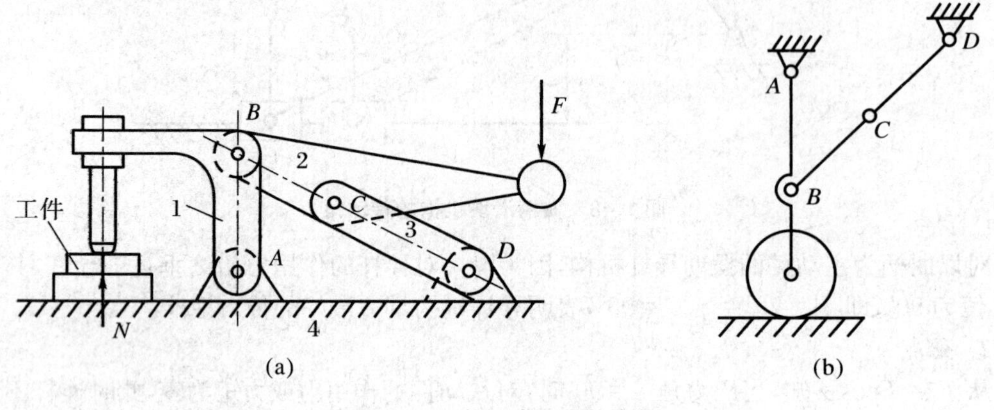

图 1.50 机构死点位置的应用

五、平面四杆机构设计简介

（一）按给定的连杆长度和位置设计平面四杆机构

已知连杆 BC 的长度和依次占据的 3 个位置 B_1C_1、B_2C_2、B_3C_3，如图 1.51 所示。求确定满足上述条件的铰链四杆机构的其他各杆件的长度和位置。

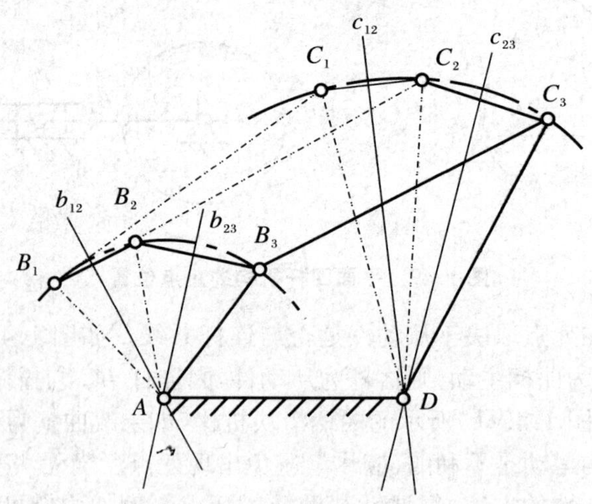

图 1.51 按连杆的 3 个预定位置设计四杆机构

显然 B 点的运动轨迹是由 B_1、B_2、B_3 三点所确定的圆弧，点 C 的运动轨迹是由 C_1、C_2、C_3 三点所确定的圆弧，分别找出这两段圆弧的圆心 A 和 D，也就完成了本四杆机构的设计。因为此时机架 AD 已定，连架杆 CD 和 AB 也已定。具体作法如下：

① 确定比例尺，画出给定连杆的 3 个位置。实际机构往往要通过缩小或放大比例后才便于作图设计，应根据实际情况选择适当的比例尺 μ_l。

② 连接 B_1B_2、B_2B_3，分别作线段 B_1B_2 和 B_2B_3 的垂直平分线 b_{12} 和 b_{23}（图中细实线），

此两垂直平分线的交点 A 即为所求 B_1、B_2、B_3 三点所确定圆弧的圆心。

③ 连接 C_1C_2、C_2C_3，分别作线段 C_1C_2 和 C_2C_3 的垂直平分线 c_{12}、c_{23}（图中细实线）交于点 D，即为所求 C_1、C_2、C_3 三点所确定圆弧的圆心。

④ 以 A 点和 D 点作为连架铰链中心，分别连接 AB_3、B_3C_3、C_3D（图中粗实线），即得所求四杆机构。从图中量得各杆的长度再乘以比例尺，就得到实际结构长度尺寸。

在实际工程中，有时只对连杆的两个极限位置提出要求。这样一来，要设计满足条件的四杆机构就会有很多种结果，这时应该根据实际情况提出附加条件。

如图 1.52 所示的加热炉门启闭机构，图中Ⅰ为炉门关闭位置，使用要求在完全开启后门背朝上水平放置并略低于炉口下沿，见图中Ⅱ位置。

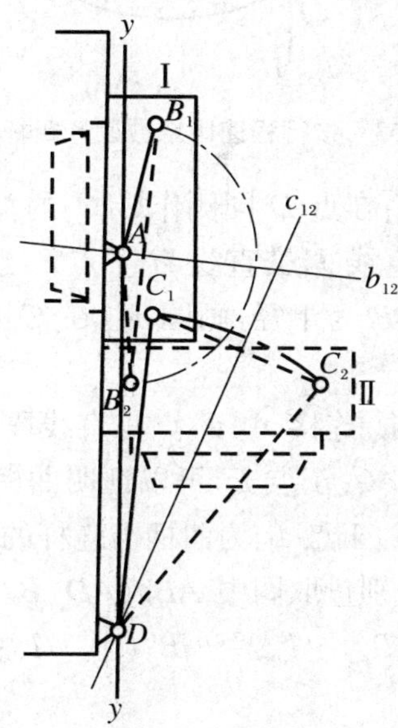

图 1.52　加热炉门四杆机构设计

把炉门当作连杆 BC，已知的两个位置 B_1C_1 和 B_2C_2，B 和 C 已成为两个铰点，分别直线段 B_1B_2、C_1C_2 的平分线得 b_{12} 和 c_{12}，另外两铰点 A 和 D 就在这两根平分线上。为确定 A、D 的位置，根据实际安装需要，希望 A、D 两铰链均安装在炉的正壁面上即图中 yy 位置，yy 直线分别与 b_{12}、c_{12} 相交点 A 和 D 即为所求。

（二）按给定的行程速比系数设计四杆机构

已知行程速比系数 K，摇杆长度 l_{CD}，最大摆角 φ，请用图解法设计此曲柄摇杆机构。

设计过程如图 1.53 所示，具体步骤：

① 由行程速比系数 K 计算极位角 θ。按如下公式计算：

$$\theta = 180^\circ \frac{K-1}{K+1}$$

② 选择合适的比例尺，作图求摇杆的极限位置。取摇杆长度 l_{CD} 除以比例尺 μ_l 得图中摇杆长 CD，以 CD 为半径、任定点 D 为圆心、任定点 C_1 为起点作弧 C，使弧 C 所对应的圆心角等于或大于最大摆角 φ，连接点 D 和点 C_1 的线段 C_1D 为摇杆的一个极限位置，过点 D 作与 C_1D 夹角等于最大摆角 φ 的射线交圆弧于点 C_2 得摇杆的另一个极限位置 C_2D。

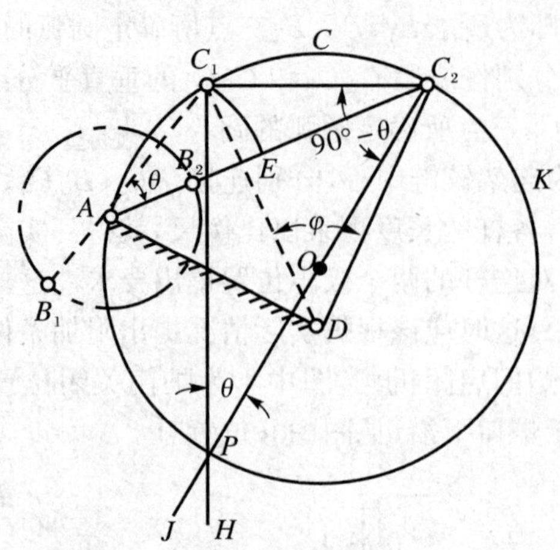

图 1.53　按行程速比系数设计四杆机构

③ 求曲柄铰链中心。过点 C_1 在点 D 同侧作 C_1C_2 的垂线 H，过点 C_2 作与点 D 同侧与直线段 C_1C_2 夹角为 $(90°-\theta)$ 的直线 J，交直线 H 于点 P，连接 C_2P，在直线段 C_2P 上截取 $C_2P/2$ 得点 O，以点 O 为圆点、OP 为半径，画圆 K，在 C_1C_2 弧段以外在 K 上任取一点 A 为铰链中心。

④ 求曲柄和连杆的铰链中心。连接 A、C_2 点得直线段 AC_2 为曲柄与连杆长度之和，以点 A 为圆心、AC_1 为半径作弧交 AC_2 于点 E，可以证明曲柄长度 $AB=C_2E/2$，于是以点 A 为圆心、$C_2E/2$ 为半径画弧交 AC_2 于点 B_2 为曲柄与连杆的铰接中心。

⑤ 计算各杆的实际长度。分别量取图中 AB_2、AD、B_2C_2 的长度，计算得

$$l_{AB}=\mu_l AB_2,\quad l_{BC}=\mu_l B_2C_2,\quad l_{AD}=\mu_l AD$$

复习思考题

1. 选择题

(1) 在比例尺 $\mu_l=0.01$ m/mm 的机构运动简图中，量得一构件的长度是 50 mm，则该构件的实际长度是________mm。

A. 20　　B. 200　　C. 50　　D. 500

(2) 当一个平面运动链的原动件数目小于此运动链的自由度数时，此运动链______。

A. 具有确定的相对运动　　B. 只能作有限的相对运动

C. 运动不能确定　　D. 不能运动

(3) 机构中某些构件所具有的不影响机构输出与输入运动关系的自由度称为______。

A. 复合铰链　　B. 局部自由度　　C. 虚约束

(4) 机构运动简图与________无关。

A. 构件数目　　B. 运动副的数目、类型

C. 构件和运动副的结构　　D. 运动副的相对位置

(5) 火车车轮与铁轨的接触连接是________副。

A. 转动　　B. 移动　　C. 高　　D. 低

(6) 对于铰链四杆机构，当满足杆长之和的条件时，若取________为机架，将得到曲柄

摇杆机构。

A. 最短杆　　B. 与最短杆相对的构件

C. 最长杆　　D. 与最短杆相邻的构件

(7) 对于曲柄摇杆机构,当________时,机构处于死点位置。

A. 曲柄为原动件、曲柄与机架共线

B. 曲柄为原动件、曲柄与连杆共线

C. 摇杆为原动件、曲柄与机架共线

D. 摇杆为原动件、曲柄与连杆共线

(8) 在曲柄摇杆机构中,当取曲柄为原动件时,________死点位置。

A. 有1个　　B. 没有　　C. 有2个　　D. 有3个

(9) 对于平面连杆机构,当________时,机构处于死点位置。

A. 传动角 $\gamma=0^\circ$　　B. 传动角 $\gamma=90^\circ$

C. 压力角 $\alpha=0^\circ$　　D. 压力角 $\alpha=45^\circ$

(10) 对于铰链四杆机构,当满足杆长之和的条件时,若取________为机架,将得到双曲柄机构。

A. 最短杆　　B. 与最短杆相对的构件

C. 最长杆　　D. 与最短杆相邻的构件

(11) 对于曲柄摇杆机构,当________时,机构处于极限位置。

A. 曲柄与机架共线　　B. 曲柄与连杆共线

C. 摇杆与机架共线　　D. 摇杆与连杆共线

(12) 对于铰链四杆机构,当从动件的行程速比系数________时,机构必有急回特性。

A. $K>0$　　B. $K>1$　　C. $K<1$　　D. $K=1$

(13) 对于铰链四杆机构,当满足杆长之和条件时,若取________为机架,将得到双摇杆机构。

A. 最短杆　　B. 与最短杆相对的构件

C. 最长杆　　D. 与最短杆相邻的构件

(14) 平面四杆机构中,如果最短杆与最长杆的长度之和小于其余两杆的长度之和,最短杆为机架,这个机构叫________机构。

A. 曲柄摇杆　　B. 双曲柄　　C. 双摇杆　　D. 摆动导杆

(15) 机构在机械工程中,通常利用________的惯性储蓄能量,以越过平面连杆机构的死点位置。

A. 主动构件　　B. 连接构件　　C. 从动构件　　D. 辅助机构

2. 判断题

(1) 运动链能成为机构的条件是运动链的自由度数目等于原动件数目。(　　)

(2) 运动副是连接,连接也是运动副。(　　)

(3) 平面低副是面接触的运动副,所以承载能力强。(　　)

(4) 齿轮副是低副。(　　)

(5) 平面机构的运动简图便于对机构进行方案讨论和运动、受力分析。(　　)

(6) 轴和滑动轴承组成低副。(　　)

(7) 键与滑移齿轮组成移动副。(　　)

(8) 机构中只有一个主动件。( )
(9) 平面低副机构中,每个转动副和移动副所引入的约束数目是相同的。( )
(10) 局部自由度不一定存在于滚子从动件的凸轮机构中。( )
(11) 铰链四杆机构中的最短杆不一定是曲柄。( )
(12) 把铰链四杆机构中的最短杆作为机架,就可以得到双曲柄机构。( )
(13) 铰链四杆机构都有连杆和机架。( )
(14) 铰链四杆机构形式的改变,只能通过选择不同构件作机架来实现。( )
(15) 曲柄摇杆机构中,摇杆两极限位置所夹锐角称为极位夹角。( )
(16) 摆动导杆机构若以曲柄为主动件,导杆一定具有急回特性。( )
(17) 对心曲柄滑块机构没有急回特性。( )
(18) 双曲柄机构没有死点位置。( )
(19) 偏心轮机构工作原理与曲柄滑块机构相同。( )
(20) 若导杆机构的机架长度大于曲柄长度,则为转动导杆机构。( )

3. 简答题

(1) 两构件构成运动副的特征是什么?
(2) 如何区别平面运动副及空间运动副?
(3) 何谓自由度和约束?
(4) 转动副与移动副的运动特点有何区别与联系?
(5) 何谓复合铰链?计算机构自由度时应如何处理?
(6) 机构具有确定运动的条件是什么?
(7) 什么是虚约束?
(8) 铰链四杆机构按运动形式可分为哪3种类型?各有什么特点?
(9) 铰链四杆机构中曲柄存在的条件是什么?
(10) 机构的急回特性有何作用?判断四杆机构有无急回特性的根据是什么?

4. 综合题

(1) 画出如图1.54所示平面机构的运动简图,并计算其自由度。

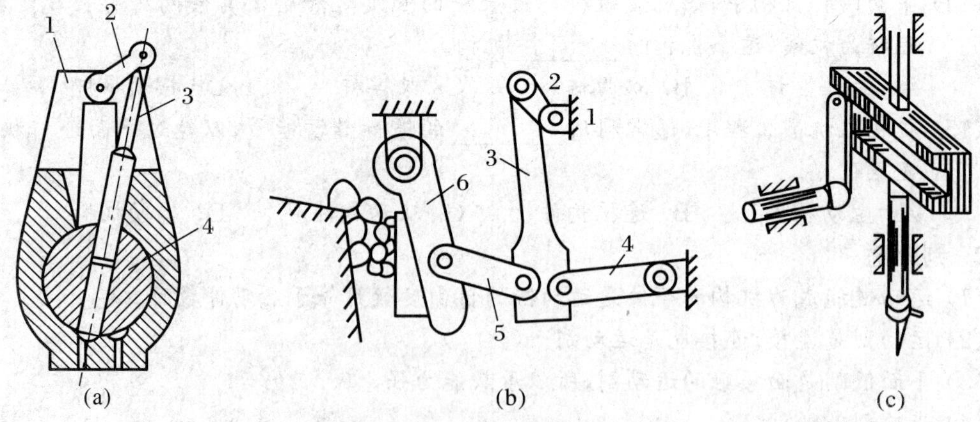

图1.54 综合题(1)图

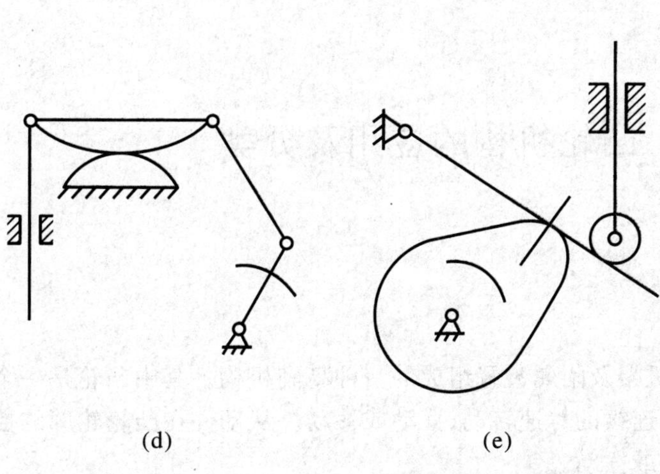

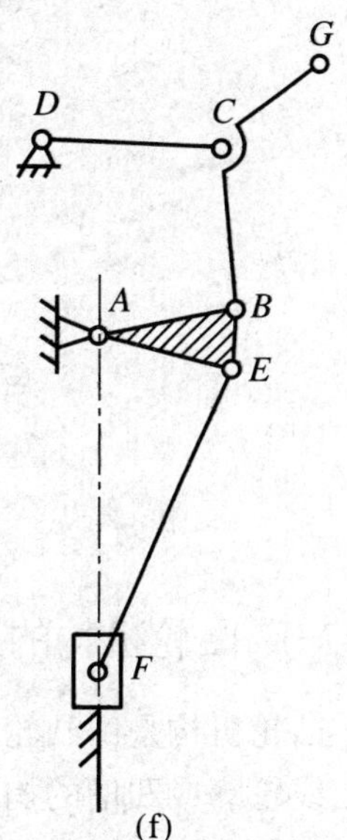

续图 1.54　综合题(1)图

(2) 在如图 1.55 所示的铰链四杆机构中，各构件的长度已知，问分别以 a、b、c、d 为机架时，各得什么类型的机构？

(3) 标注出各机构在如图 1.55 所示位置的压力角和传动角。

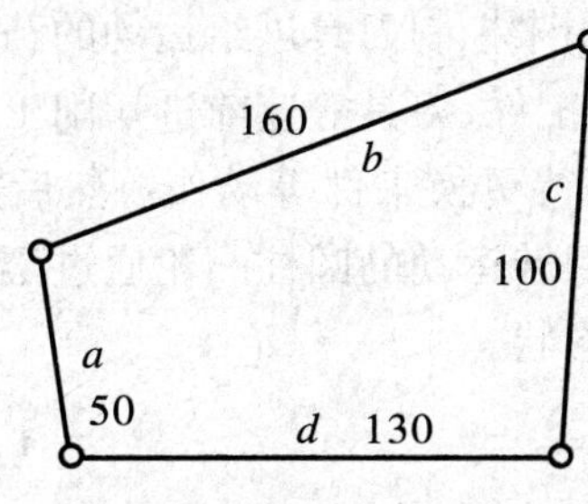

图 1.55　综合题(2)、(3)图

第二章　凸轮机构

第一节　凸轮机构的应用及分类

一、凸轮机构的应用

凸轮机构是由凸轮、从动件、机架及附属装置组成的一种高副机构。其中凸轮是一个具有曲线轮廓或凹槽的构件，通常作连续的等速转动、摆动或移动。从动件在凸轮轮廓的控制下，按预定的运动规律作往复移动或摆动。

在各种机器中，为了实现各种复杂的运动要求，广泛地使用凸轮机构。如图 2.1 所示的内燃机的配气凸轮机构，凸轮 1 作等速回转，其轮廓将迫使推杆 2 作往复摆动，从而使气门开启和关闭(关闭时借助于弹簧 3 的作用来实现），以控制助燃物质进入汽缸或废气的排出。

如图 2.2 所示的自动机床中用来控制刀具进给运动的凸轮机构。刀具的一个进给运动循环包括：刀具以较快的速度接近工件；刀具等速前进切削工件；完成切削动作后，刀具快速退回；刀具复位后停留一段时间等待更换工件等动作。然后重复上述运动循环。这样一个复杂的运动规律是由一个作等速回转运动的圆柱凸轮通过摆动从动件来控制实现的。其运动规律完全取决于凸轮凹槽曲线形状。

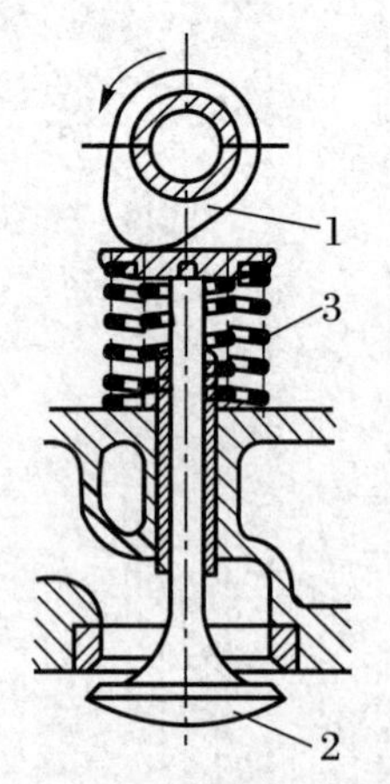

图 2.1　内燃机配气机构

1. 凸轮　2. 气门　3. 弹簧

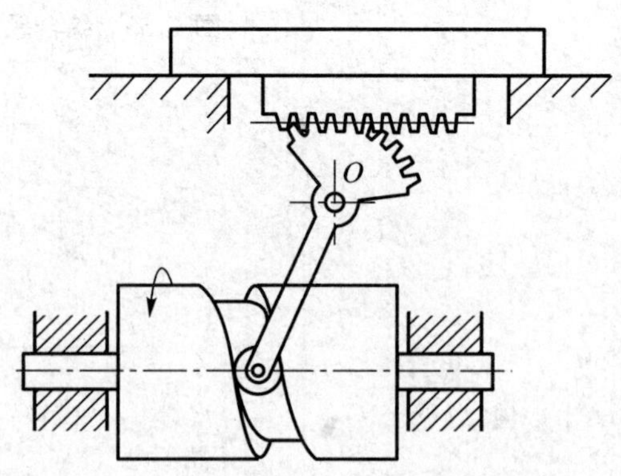

图 2.2　自动机床中控制刀具进给运动

由上述例子可以看出，从动件的运动规律是由凸轮轮廓曲线决定的，只要凸轮轮廓设计得当，就可以使从动件实现任意给定的运动规律。

凸轮机构的从动件是在凸轮控制下，按预定的运动规律运动的，这种机构具有结构简单、运动可靠等优点。但由于是高副机构，接触应力较大，易于磨损。因此，多用于载荷较小的控制或调节机构。

二、凸轮机构的分类

1. 按凸轮的形状分类

(1) 盘形凸轮

如图 2.1 所示，这种凸轮是一个具有变化向径的盘形构件，当它绕固定轴转动时，可推动从动件在垂直于凸轮轴的平面内运动。

(2) 圆柱凸轮

如图 2.2 所示，这种凸轮是在圆柱端面上作出曲线轮廓或在圆柱面上开出曲线凹槽。当其转动时，可使从动件在与圆柱凸轮轴线平行的平面内运动。这种凸轮可以看成是将凸轮卷绕在圆柱上形成的。

(3) 移动凸轮

如图 2.3 所示，当盘状凸轮的向径变为无穷大时，则凸轮相当于做直线移动，称为移动凸轮。当移动凸轮作直线往复运动时，将推动推杆在同一平面内作上下往复运动。有时，也可以将凸轮固定，而使推杆相对于凸轮移动。

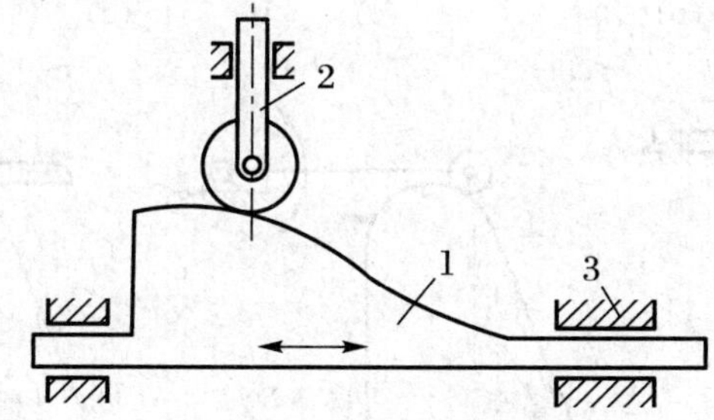

图 2.3　移动凸轮机构

由于盘形凸轮和移动凸轮运动平面与从动件运动平面平行，故称平面凸轮，而将圆柱凸轮称为空间凸轮。

2. 按从动件的形状分类

根据从动件与凸轮接触处结构形式的不同，从动件可分为以下 3 类：

(1) 尖顶从动件

如图 2.4(a)、(b)、(f)所示，这种从动件结构简单，缺点是尖顶易于磨损(接触应力很高)，但其可实现较复杂的运动规律。故只适用于传力不大的低速凸轮机构。

(2) 滚子从动件

如图 2.4(c)、(d)、(g)所示，由于滚子与凸轮间为滚动摩擦，所以不易磨损，可以实现较大动力的传递，应用最为广泛。

(3) 平底从动件

如图 2.4(e)、(h)所示，这种从动件与凸轮间的作用力方向不变，受力平稳。而且在高速情况下，凸轮与平底间易形成油膜而减小摩擦与磨损。其缺点是不能与具有内凹轮廓的凸轮配对使用，而且也不能与移动凸轮和圆柱凸轮配对使用。

3. 按推杆的运动形式分类

(1) 直动推杆

作往复直线移动的推杆称为直动推杆。若直动推杆的尖顶或滚子中心的轨迹通过凸轮的轴心,则称为对心直动推杆,否则称为偏心直动推杆;推杆尖顶或滚子中心轨迹与凸轮轴心间的距离 e 称为偏心距,如图 2.4(a)、(b)、(c)、(d)、(e) 所示。

(2) 摆动推杆

作往复摆动的推杆称为摆动推杆,如图 2.4(f)、(g)、(h) 所示。

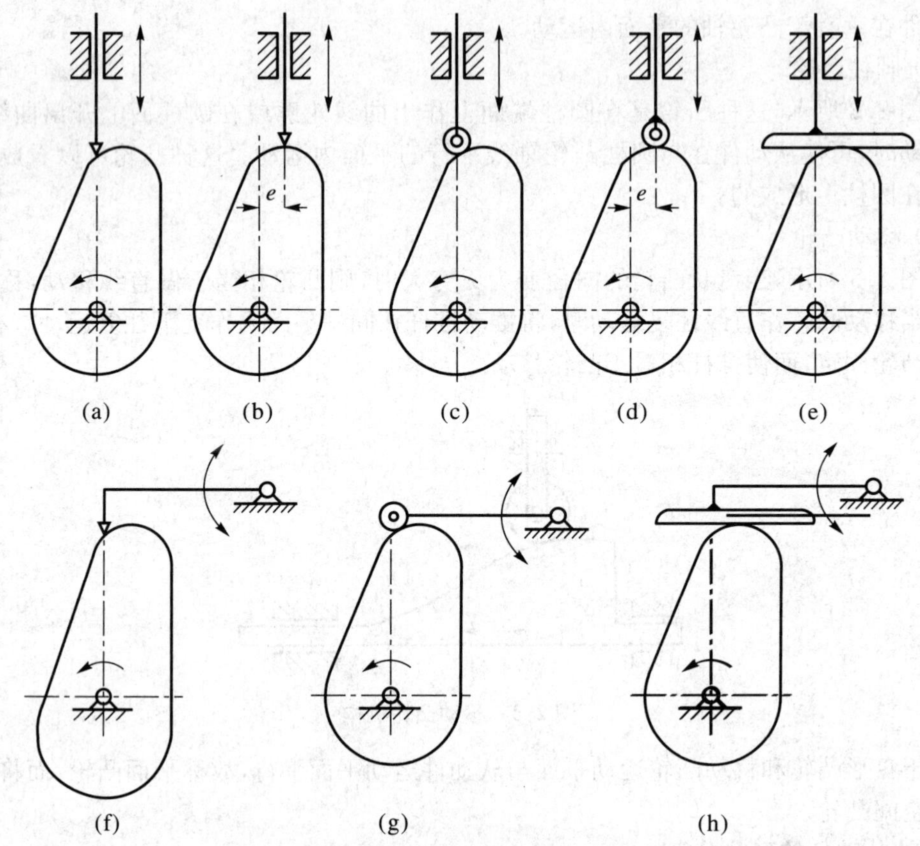

图 2.4 从动件的形状及推杆的运动形式

4. 按凸轮与推杆保持高副接触(锁合) 的方式分类

凸轮机构是通过凸轮的转动而带动推杆(从动件) 运动的。从动件和凸轮必须以一定方式始终保持接触,从动件才能随凸轮转动完成预定的运动规律。

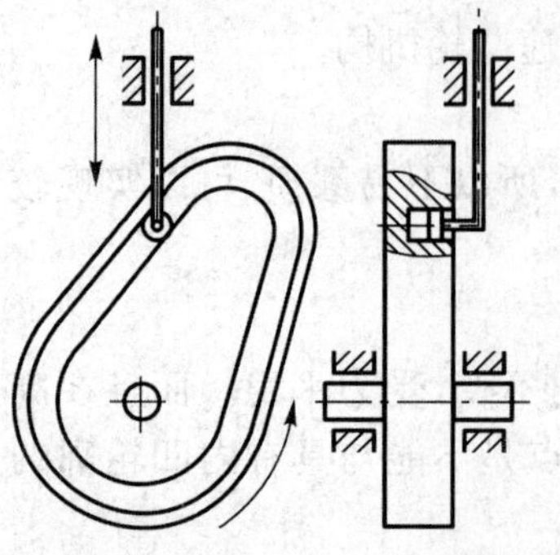

图 2.5 几何锁合

常用的方法有以下两类。

(1) 力锁合

在这类凸轮机构中,主要利用重力、弹簧力或其他外力使推杆与凸轮始终保持接触。如图 2.1 所示的内燃机配气机构。

(2) 几何锁合

几何锁合也叫形锁合,在这类凸轮机构中,是依靠凸轮和从动件推杆的特殊几何形状来保持两者的接触,如图 2.5 所示。

5. 按从动件导路与凸轮的相对位置分类

(1) 对心凸轮机构

对心凸轮机构的从动件导路中心线通过凸轮回转中心。

(2) 偏心凸轮机构

偏心凸轮机构的从动件导路中心线不通过凸轮回转中心，而存在一偏置距离。

将不同类型的凸轮和推杆组合起来，可以得到各种不同的凸轮机构。

第二节　凸轮机构从动件常用的运动规律

凸轮机构是由凸轮旋转或平移带动从动件进行工作的。所以设计凸轮结构时，首先就是要根据实际工作要求确定从动件的运动规律，然后依据这一运动规律设计出凸轮轮廓曲线。由于工作要求的多样性和复杂性，要求从动件满足的运动规律也是各种各样的。

一、平面凸轮机构的工作过程和运动参数

如图 2.6(a)所示为一偏置直动尖顶从动件盘形凸轮机构，从动件移动轨迹线至凸轮回转中心的偏距为 e，以凸轮轮廓的最小向径 r_0 为半径所作的圆称为基圆，r_0 为基圆半径，凸轮以等角速度 ω 逆时针转动。在图示位置，尖顶与点 A 接触，点 A 是基圆与开始上升的轮廓曲线的交点，此时从动件的尖顶距离凸轮轴心最近，随着凸轮转动，向径增大，从动件按一定运动规律被推向远处，到向径最大的点 B 与尖顶接触时，从动件被推到最远处，这一过程称为推程；与之对应的转角($\angle BOB'$)称为推程运动角 Φ，从动件移动的距离 AB' 称为行程，用 h 表示。当凸轮转至圆弧 BC 段与尖顶接触时，从动件在最远处停止不动，对应的转角称为远休止角 Φ_s。凸轮继续转动，尖顶与向径逐渐变小的 CD 段轮廓接触，从动件返回，这一过程称为回程，与之对应的凸轮转角称为回程运动角 Φ'。当圆弧 DA 段与尖顶接触时，从动件在最近处停止不动，对应的转角称为近休止角 Φ_s'。凸轮继续回转时，从动件重复上述的升—停—降—停的运动循环。

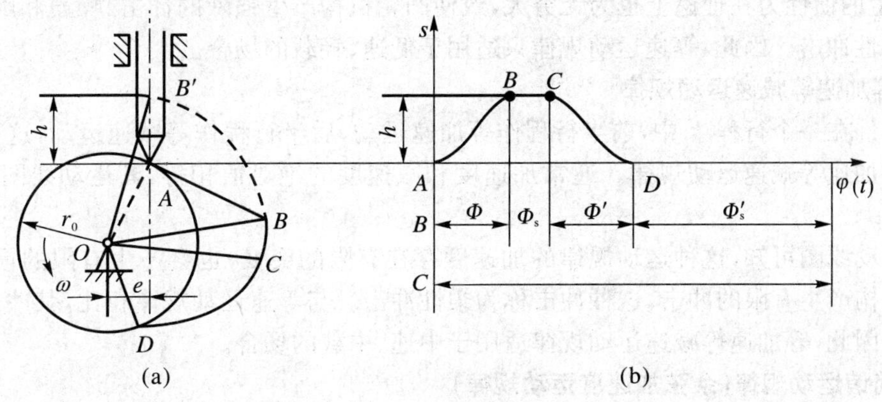

图 2.6　凸轮机构的基本运动过程

从动件的位移 s 与凸轮转角 φ 的关系可以用从动件的位移线图来表示，如图 2.6(b)所

示。由于凸轮一般均作等速旋转，转角与时间成正比，因此横坐标也可以代表时间 t。

从动件在运动过程中，其位移 s、速度 v、加速度 a 随时间 t（或凸轮转角）的变化规律，称为从动件的运动规律。由此可见，从动件的运动规律完全取决于凸轮的轮廓形状。因此设计凸轮机构时，首先应根据工作要求和条件选择从动件的运动规律。

二、从动件的运动规律分析

常见的从动件运动规律有等速运动、等加速等减速运动、正弦加速度运动、余弦加速度运动等。

1. 等速运动规律

从动件推程或回程的运动速度为常数的运动规律，称为等速运动规律。其运动线图如图 2.7 所示。

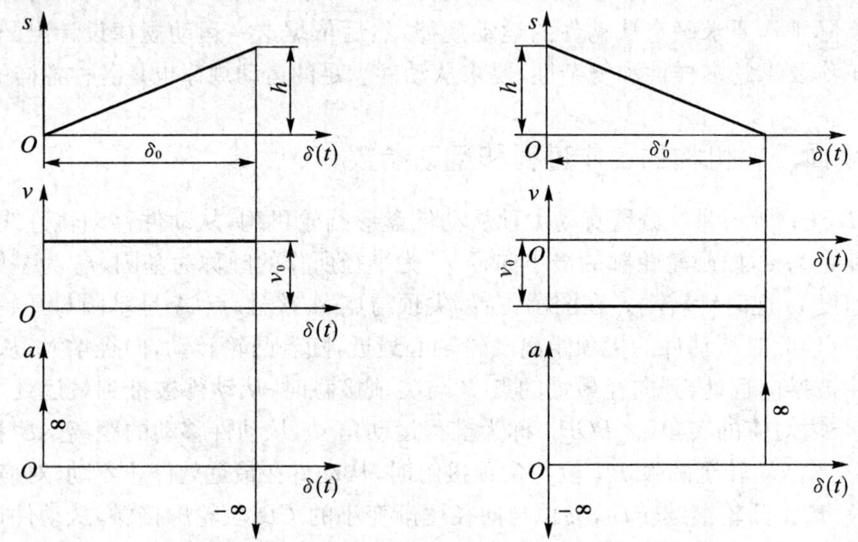

图 2.7 等速运动规律

由图 2.7 可知，从动件在推程（或回程）开始和终止的瞬间，速度有突变，其加速度为无穷大，产生的惯性力在理论上也为无穷大，致使凸轮机构产生强烈的冲击、噪声和磨损，这种冲击为刚性冲击。因此，等速运动规律只适用于低速、轻载的场合。

2. 等加速等减速运动规律

从动件在一个行程 h 中，前半行程作等加速运动，后半行程作等减速运动，这种运动规律称为等加速等减速运动规律。通常加速度和减速度的绝对值相等，其运动线图如图 2.8 所示。

由运动线图可知，这种运动规律的加速度存在有限的突变，也会产生有限的惯性力，致使凸轮机构产生有限的冲击，这种冲击称为柔性冲击。与等速运动规律相比，其冲击程度大为减小。因此，等加速等减速运动规律适用于中速、中载的场合。

3. 简谐运动规律（余弦加速度运动规律）

当一质点在圆周上作匀速运动时，它在该圆直径上投影的运动规律称为简谐运动。因其加速度运动曲线为余弦曲线，故也称为余弦运动规律，其运动规律运动线图如图 2.9 所示。

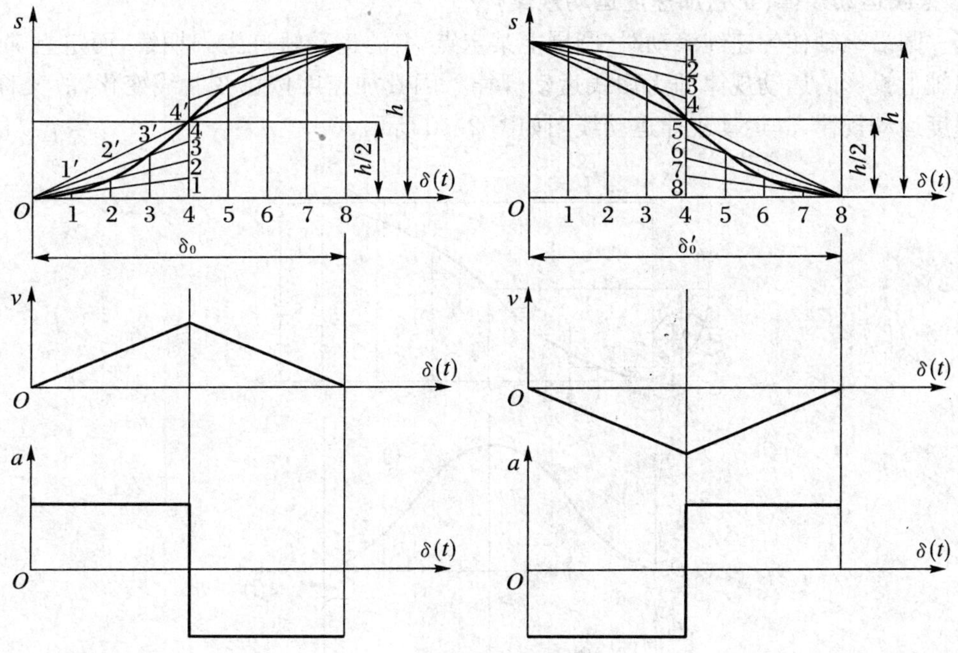

图 2.8　等加速等减速运动规律

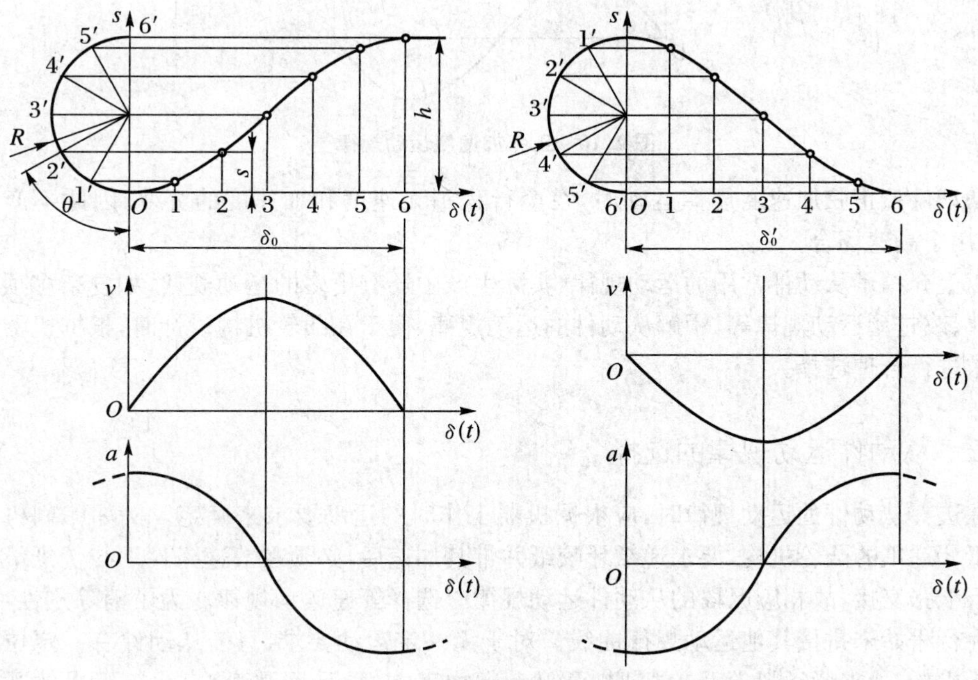

图 2.9　余弦加速度运动规律

由加速度线图可知，此运动规律在行程的始末两点加速度存在有限突变，故也存在柔性冲击，只适用于中速场合。但当从动件作无停歇的升—降—升连续往复运动时，将得到连续的余弦曲线，柔性冲击被消除，这种情况下可用于高速场合。

4．摆线运动规律(正弦加速度运动规律)

当一圆沿纵轴作匀速纯滚动时,圆周上某定点 A 的运动轨迹为一摆线,而定点 A 运动时在纵轴上投影的运动规律即为摆线运动规律。因其加速度按正弦曲线变化,故又称为正弦加速度运动规律,其运动规律运动线图如图 2.10 所示。

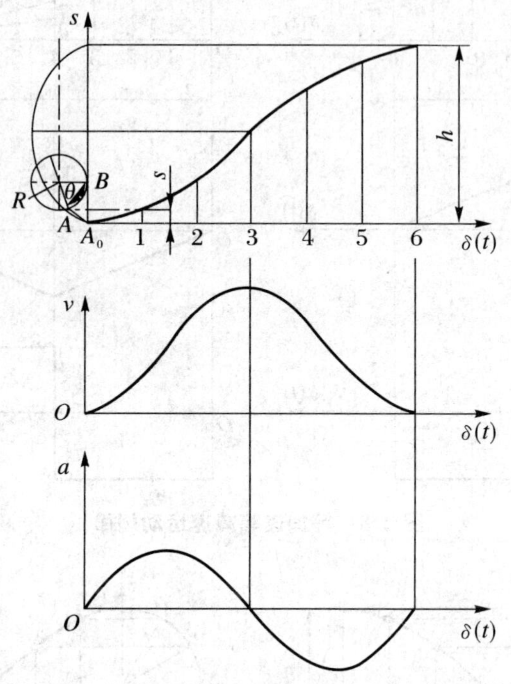

图 2.10　正弦加速度运动规律

从动件按正弦加速度规律运动时,在全行程中无速度和加速度的突变,因此不产生冲击,适用于高速场合。

以上介绍了从动件常用的运动规律,实际生产中还有更多的运动规律,如复杂多项式运动规律、改进型运动规律等,了解从动件的运动规律,便于在凸轮机构设计时,根据机器的工作要求进行合理选择。

三、从动件运动规律的选择

在选择从动件的运动规律时,应根据机器工作时的运动要求来确定。例如印刷机中控制递纸牙递纸的凸轮机构,要求递纸牙咬纸并带其加速后,必须在等速条件下与传纸滚筒咬牙进行纸张交接,故相应区段的从动件运动规律应选择等速运动规律。为了消除刚性冲击,可以在行程始末拼接其他运动规律曲线。对于无一定运动要求,只需从动件有一定位移量的凸轮机构,如夹紧送料等凸轮机构,可只考虑加工方便,采用圆弧、直线等组成的凸轮轮廓。对于高速机构,必须减小其惯性力、改善动力性能,可选择摆线运动规律或其他改进型的运动规律。

第三节　图解法设计凸轮轮廓

在合理地选择了从动件运动规律后，结合一些具体条件可以进行凸轮轮廓的设计。根据选定的推杆运动规律来设计凸轮具有的廓线时，可以利用图解法直接绘制出凸轮廓线，也可以用解析法列出凸轮廓线的方程式，定出凸轮廓线上各点的坐标，或计算出凸轮的一系列向径的值，以便据此加工出凸轮廓线。用图解法设计凸轮廓线，简单易行，而且直观，但误差较大，对精度要求较高的凸轮，如高速凸轮、靠模凸轮等，则往往不能满足要求。所以，现代凸轮廓线设计都以解析法为主，其加工也容易采用先进的加工方法，如使用线切割机、数控铣床及数控磨床来加工。

一、尖顶直动从动件盘形凸轮

如图 2.11(a)所示为偏距 $e=0$ 的对心尖顶直动从动件盘形凸轮机构。从动件的位移线图如图 2.11(b)所示，凸轮的基圆半径 r_0 以及凸轮以等角速度 ω 顺时针方向回转，要求绘制出此凸轮的轮廓。

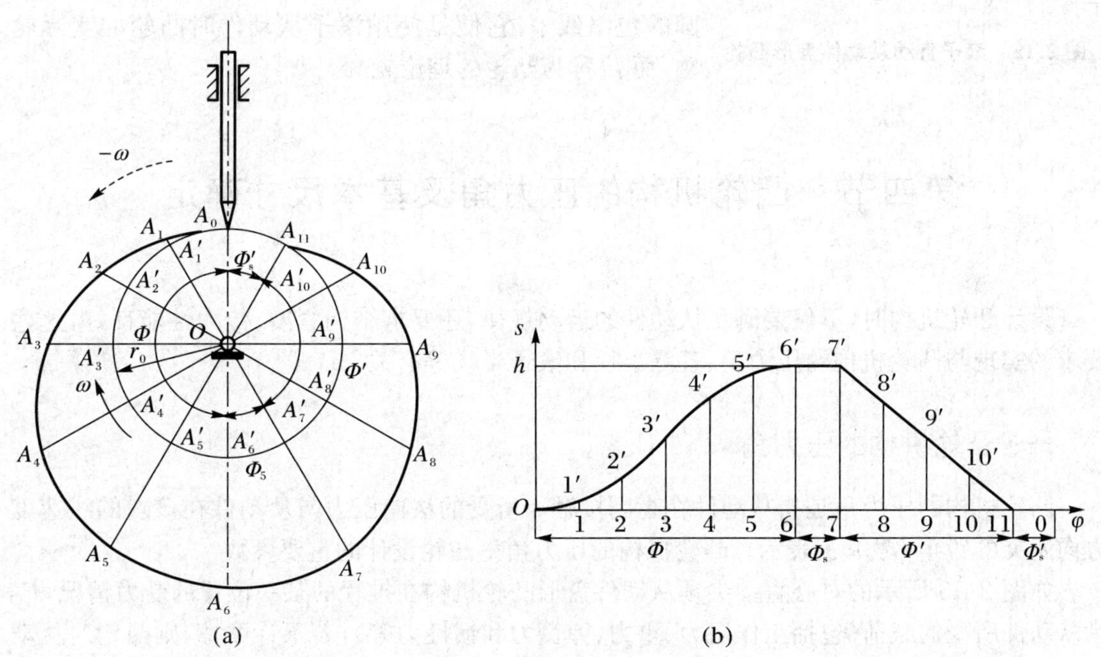

图 2.11　对心尖顶直动盘形凸轮机构

凸轮机构工作时凸轮是运动的，而绘制凸轮轮廓时却需要凸轮与图纸相对静止。为此，在设计中采用“反转法”。根据相对运动原理：如果给整个机构加上绕凸轮轴心 O 的公共角速度 $-\omega$，机构各构件间的相对运动不变。这样，凸轮不动，而从动件一方面随机架和导路以角速度 $-\omega$ 绕 O 点转动，另一方面又在导路中往复移动。由于尖顶始终与凸轮轮廓相接触，所以反转后尖顶的运动轨迹就是凸轮轮廓。根据“反转法”原理，可以作图如下：

① 选择与绘制位移线图中凸轮行程 h 相同的长度比例尺，以 r_0 为半径作基圆。此基圆与导路的交点 A_0 便是从动件尖顶的起始位置。

② 自 OA_0 沿 $-\omega$ 方向取角度 $\Phi,\Phi_s,\Phi',\Phi_s'$，并将它们各分成与位移线图[见图2.11(a)]对应的若干等份，得基圆上的相应分点 $A_1',A_2',A_3',\cdots$。连接 $OA_1',OA_2',OA_3',\cdots$它们便是反转后从动件导路的各个位置。

③ 量取各个位移量，即取 $A_1A_1'=11',A_2A_2'=22',A_3A_3'=33',\cdots$得反转后尖顶的一系列位置 $A_1,A_2,A_3,\cdots$。

④ 将 $A_0,A_1,A_2,A_3,\cdots$连成一条光滑的曲线，便得到所要求的凸轮轮廓。

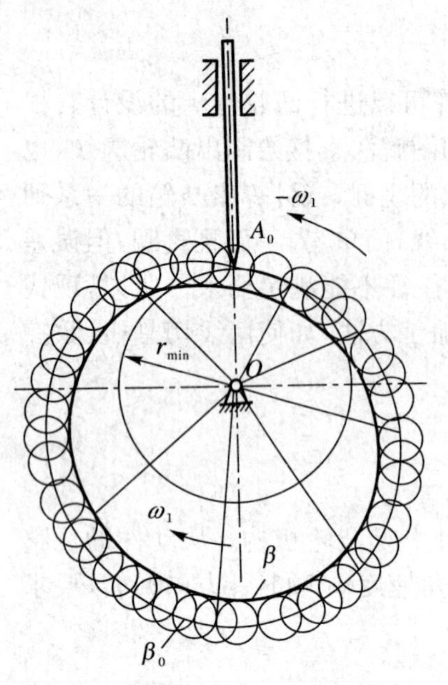

图 2.12 滚子直动从动件盘形凸轮

二、滚子直动从动件盘形凸轮

把尖顶从动件改为滚子从动件时，其凸轮轮廓设计方法如图 2.12 所示。首先，把滚子中心看作尖顶从动件的尖顶，按照上面的方法求出一条轮廓曲线 β_0；然后以 β_0上各点为中心，以滚子半径为半径，画一系列圆；最后作这些圆的包络线 β，它便是使用滚子从动件时凸轮的实际轮廓，而 β_0称为凸轮的理论轮廓。

第四节 凸轮机构的压力角及基本尺寸确定

设计凸轮机构时，不仅要满足从动件的运动规律，还要求结构紧凑、传力性能良好，这些要求的实现与凸轮机构的压力角、基圆半径和滚子半径等有关。

一、凸轮机构的压力角

凸轮机构的压力角是指从动件在高副接触点所受的法向压力与从动件在该点的线速度方向所夹的锐角，常用 α 表示。凸轮机构的压力角是凸轮设计的重要参数。

如图 2.13 所示的对心直动尖顶从动件盘形凸轮机构在推程的某一位置的受力情况，F_Q为从动件所受的载荷(包括工作阻力、重力、弹簧力和惯性力等)，若不计摩擦，则凸轮对从动件的作用力 F_n 可以分解为两个分力：即沿从动件运动方向的有用分力 F_1 和使从动件压紧导路的有害分力 F_2。三者之间满足如下关系：

$$F_1 = F_n\cos\alpha,\quad F_2 = F_n\sin\alpha \tag{2.1}$$

式中，α 即为凸轮机构的压力角。显然，有用分力 F_1 随着压力角 α 的增大而减小，有害分力 F_2 随着 α 的增大而增大。当压力角 α 大到一定程度时，由有害分力 F_2 所引起的摩擦力将超过有用分力 F_1。这时，无论凸轮给从动件的力 F_n 有多大，都不能使从动件运动，这种现象称为自锁。在设计凸轮机构时，自锁现象是绝对不允许出现的。

由此可见，压力角的大小是衡量凸轮机构传力性能好坏的一个重要指标，为提高传动效率、改善受力情况，凸轮机构的压力角 α 越小越好。但是，压力角 α 与基圆半径 r_0 成反比，α 越小则 r_0 越大，凸轮尺寸随之变大。因此，为了保证凸轮机构的结构紧凑，凸轮机构的压力角不宜过小。

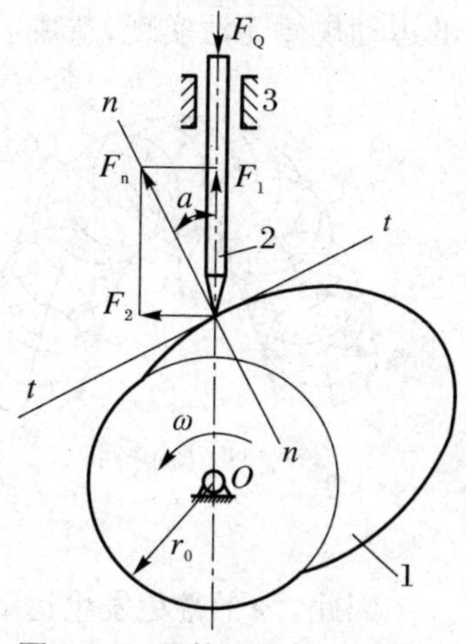

图 2.13　凸轮机构的压力角

综合上述两方面的因素，既使凸轮机构有良好的传力性能，又使凸轮机构的尺寸尽可能紧凑，压力角 α 的取值有一定的许用范围，以[α]表示。根据工程实践经验，压力角的推荐许用值[α]如表 2.1 所示。对于采用力封闭方式的凸轮机构，其在回程时发生自锁的可能性很小，故可以采用较大的许用压力角。

表 2.1　凸轮机构的许用压力角

封闭形式	从动件运动方式	推程	回程
力封闭	直动从动件	$[\alpha]=25^\circ\sim35^\circ$	$[\alpha]=70^\circ\sim80^\circ$
	摆动从动件	$[\alpha]=35^\circ\sim45^\circ$	$[\alpha]=70^\circ\sim80^\circ$
形封闭	直动从动件	$[\alpha]=25^\circ\sim35^\circ$	
	摆动从动件	$[\alpha]=25^\circ\sim35^\circ$	

二、基圆半径的确定

由于基圆半径 r_0 与凸轮机构压力角 α 的大小有关，所以，在确定基圆半径时必须保证凸轮机构的最大压力角 α_{max} 小于许用压力角[α]。在实际设计时，通常是由结构条件初步确定基圆半径 r_0，并进行凸轮轮廓设计和压力角检验直至满足 $\alpha_{max}\leqslant[\alpha]$ 为止。工程实际中，还可以利用经验来确定基圆半径 r_0。当凸轮与轴一体加工时，可取凸轮基圆半径 r_0 略大于轴的半径；当凸轮与轴分开制造时，r_0 由下面的经验公示确定：

$$r_0 = (1.6 \sim 2)r \tag{2.2}$$

式中，r 为安装凸轮处轴的半径。

三、滚子半径的确定

对于滚子从动件盘形凸轮机构，滚子尺寸的选择要满足强度要求和运动特性。从强度要求考虑，取滚子半径 $r_T\leqslant(0.1\sim0.5)r_0$。从运动特性考虑，不能发生运动失真现象。从滚子从动件盘形凸轮机构的图解法设计我们知道，凸轮的实际廓线是滚子的包络线。因此，凸轮的实际廓线的形状与滚子半径的大小有关。

如图 2.14 所示，理论廓线外凸部分的最小曲率半径用 ρ_{min} 表示，滚子半径用 r_T 表示，则相应位置实际廓线的曲率半径 $\rho'=\rho_{min}-r_T$。当 $\rho_{min}>r_T$ 时，如图 2.14(a)所示，实际廓线为一平滑曲线。当 $\rho_{min}=r_T$ 时，如 2.14(b)所示，这时 $\rho'=0$，凸轮的实际廓线上产生了尖点，这种尖点极易磨损，从而造成运动失真。当 $\rho_{min}<r_T$ 时，如图 2.14(c)所示，这时，$\rho'<0$，实际轮廓曲线发生自交，而相交部分的轮廓曲线将在实际加工时被切掉，从而导致这一部分

的运动规律无法实现，造成运动失真。

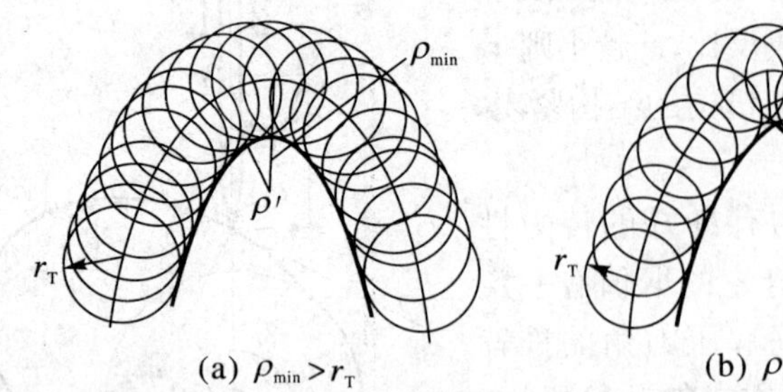

(a) $\rho_{min} > r_T$

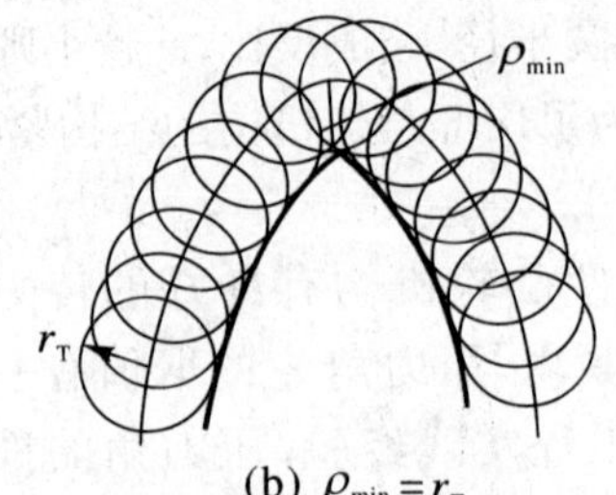

(b) $\rho_{min} = r_T$

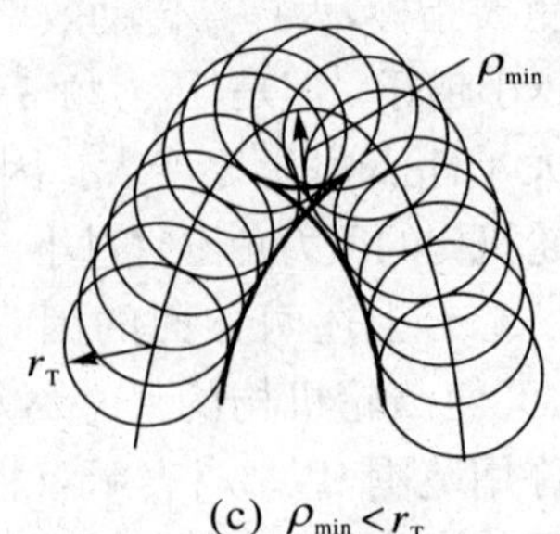

(c) $\rho_{min} < r_T$

图 2.14　滚子半径的确定

因此，为了避免发生运动失真，滚子半径 r_T 必须小于理论廓线外凸部分的最小曲率半径 ρ_{min}（理论廓线内凹部分对滚子的选择没有影响）。另外，如果按上述条件选择的滚子半径太小而不能保证强度和安装要求，则应把凸轮的基圆尺寸加大，重新设计凸轮廓线。

复习思考题

1. 选择题

(1) 与其他机构相比，凸轮机构最大的优点是________。

A. 可实现各种预期的运动规律　　B. 便于润滑

C. 制造方便，易获得较高的精度　　D. 从动件的行程可较大

(2) 下述几种运动规律中，________既不会产生柔性冲击也不会产生刚性冲击，可用于高速场合。

A. 等速运动规律　　B. 摆线运动规律（正弦加速度运动规律）

C. 等加速等减速运动规律　　D. 简谐运动规律（余弦加速度运动规律）

(3) 在从动件运动规律不变的情况下，若缩小基圆半径，则凸轮机构的压力角______。

A. 保持不变　　B. 减小　　C. 增大

(4) 设计一滚子从动件盘形凸轮，当发现实际轮廓曲线出现尖点时，应该________。

A. 加大滚子半径　　B. 加大基圆半径　　C. 减小基圆半径

(5) 从受力好的观点看，盘形凸轮应采用________从动件。

A. 平底　　B. 尖底　　C. 滚子

(6) 凸轮机构的从动件按等速运动规律运动时将产生________。

A. 刚性冲击　　B. 柔性冲击

(7) 凸轮机构中，滚子从动件的滚子半径过大，会引起________。

A. 从动件运动失真　　B. 压力角过大

(8) 设计一滚子从动件盘形凸轮，当发现其实际轮廓曲线出现尖点时，应_______基圆半径。

A. 加大　　B. 减小　　C. 保持不变

(9) 设计一滚子从动件盘形凸轮，当发现其实际轮廓曲线出现尖点时，应_______滚子半径。

A. 加大　　B. 减小　　C. 保持不变

2. 判断题

(1) 为了避免从动件运动失真，平底从动件凸轮轮廓不能内凹。(　　)

(2) 凸轮机构的压力角过大可用增大基圆半径来解决。(　　)

(3) 从动件作等速运动的凸轮机构有柔性冲击。(　　)

(4) 凸轮的基圆一般是指以理论轮廓上最小向径所作的圆。(　　)

(5) 平底从动件盘形凸轮机构的压力角为常数。(　　)

(6) 滚子从动件盘形凸轮的理论轮廓是滚子中心的轨迹。(　　)

(7) 凸轮机构中,从动件按等速运动规律运动时有柔性冲击。(　　)

(8) 滚子从动件凸轮的实际轮廓是滚子中心的轨迹。(　　)

3. 简答题

(1) 凸轮的种类有哪些?各有何应用?

(2) 已知一摆动滚子从动件盘形凸轮机构,因滚子损坏,现更换了一个外径与原滚子不同的新滚子。试问更换滚子后从动件的运动规律是否发生变化?为什么?

(3) 何谓凸轮机构的压力角?它在哪一个轮廓上度量?压力角变化对凸轮机构的工作有何影响?与凸轮尺寸有何关系?

4. 综合题

(1) 如图2.15所示为一偏置直动从动件盘形凸轮机构,已知 AB 段为凸轮的推程廓线,试在图上标注其推程运动角 Φ。

(2) 如图2.16所示为一偏置直动从动件盘形凸轮机构。已知凸轮是一个以 C 为中心的圆盘,试求轮廓上 D 点与尖顶接触时的压力角,并作图加以表示。

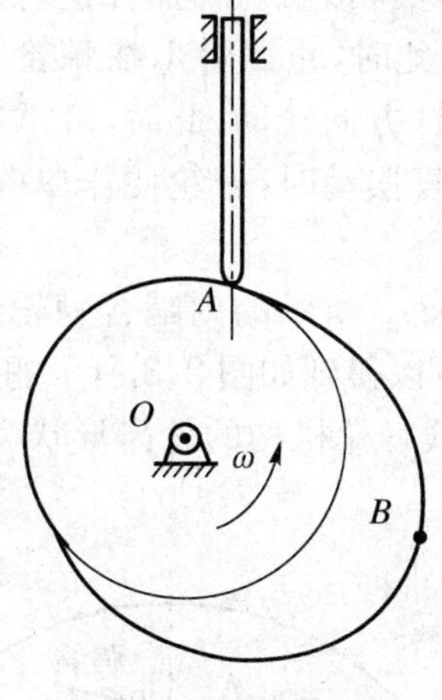

图2.15　综合题(1)图

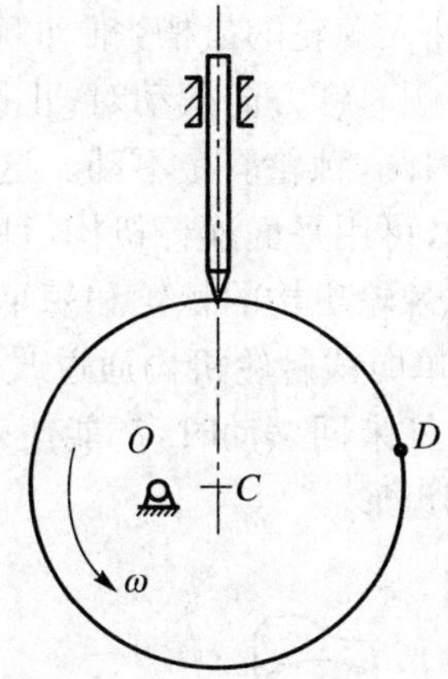

图2.16　综合题(2)图

(3) 已知对心直动滚子从动件盘形凸轮机构的从动件的运动规律:推程中从动件以等速运动规律上升,推程运动角 $\Phi=150°$,行程 $h=50$ mm;远休止角 $\Phi_s=30°$,回程中从动件以等加速等减速运动规律下降,回程角 $\Phi'=120°$,近休止角 $\Phi_s'=60°$。凸轮以等角速度逆时针方向旋转,基圆半径 $r_0=60$ mm,滚子半径 $r_T=15$ mm。

① 选定比例尺,画出从动件的运动规律位移线图。

② 根据运动规律线图,应用图解法设计该凸轮的轮廓曲线。

第三章　其他常用机构

本章主要对棘轮机构、槽轮机构、不完全齿轮机构、螺旋机构等常见机构的工作原理、运动特点及其机构的组合设计等有关问题作简要的介绍。

第一节　棘 轮 机 构

一、轮齿式棘轮机构

轮齿式棘轮机构一般由棘轮、棘爪、摇杆、止回棘爪及机架等组成，靠棘轮与棘爪的啮合传递运动和动力。

（一）单向式棘轮机构

如图 3.1 所示为一典型的外啮合棘轮机构，棘轮与从动轴固连，摇杆空套在从动轴上，棘爪与摇杆用转动副连接，弹簧用来使止回棘爪与棘轮保持接触。当摇杆逆时针方向摆动时，棘爪便插入棘轮的齿槽，推动棘轮转过某一角度，而此时，止回棘爪在棘轮的齿背上滑过。当摇杆顺时针方向摆动时，止回棘爪阻止棘轮顺时针方向转动，此时，棘爪在棘轮的齿背上滑过，因此，棘轮静止不动。这样，当摇杆作连续往复摆动时，棘轮便作单向间歇转动。摇杆的摆动，可用平面连杆机构、棘轮机构等来实现。

轮齿式棘轮机构的棘轮和棘爪也可以内啮合，如图 3.2 所示的内啮合棘轮机构。如图 3.1 所示的单向式棘轮机构通过改变摇杆的结构形状，可以得到如图 3.3 所示的双动式棘轮机构。当摇杆来回摆动时，都能使棘轮单向转动。单向式棘轮机构的轮齿形状为不对称形，常用的是锯齿形。

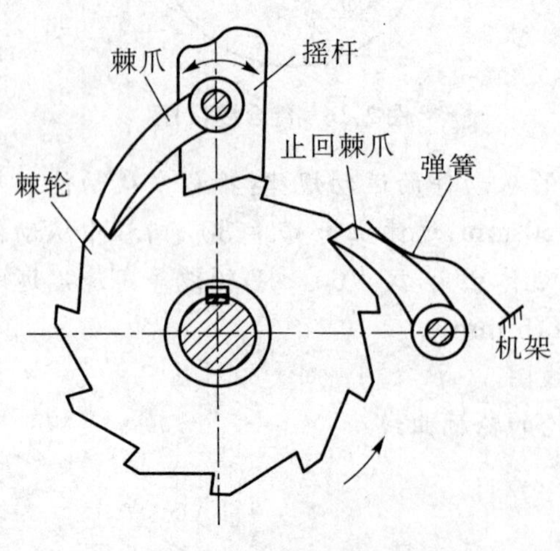

图 3.1　外啮合棘轮机构

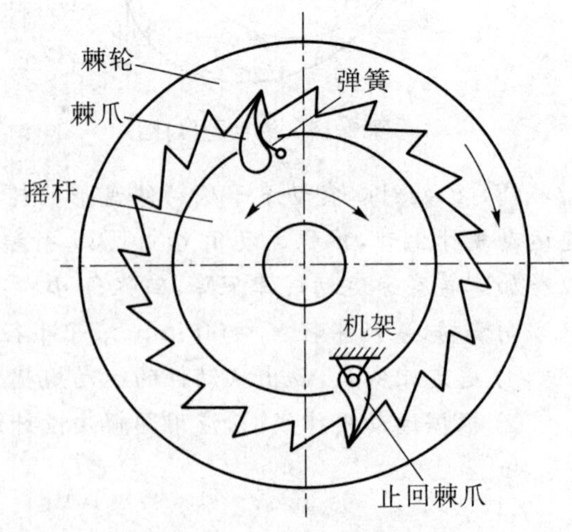

图 3.2　内啮合棘轮机构

（二）双向式棘轮机构

当棘轮齿制成方形时，则可成为如图 3.4(a)所示的可变向棘轮机构。如图 3.4(b)所示为另一种可变向棘轮机构，当棘爪提起并绕自身轴线转 180°后再放下，则可依靠棘爪端部结构两面不同的特点，实现棘轮沿相反方向单向间歇转动。

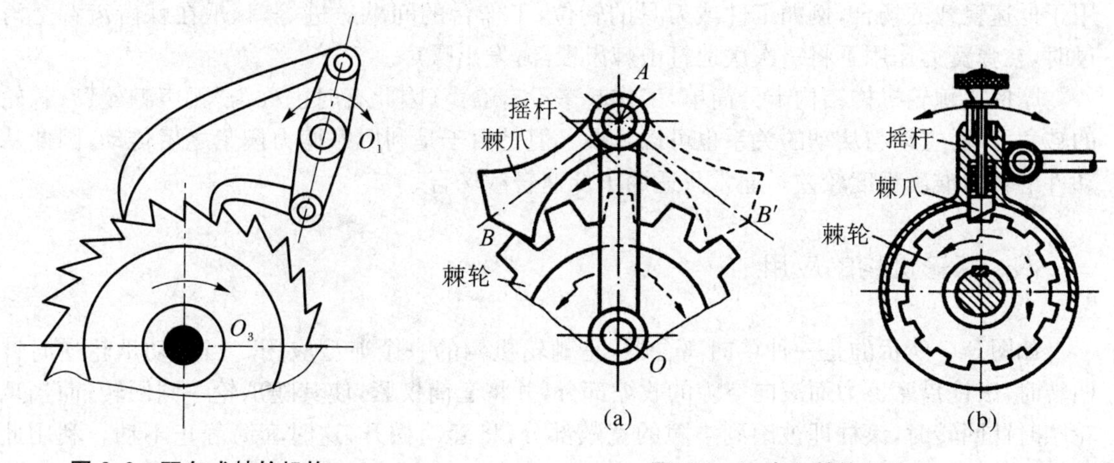

图 3.3　双向式棘轮机构

图 3.4　可变向棘轮机构

二、摩擦式棘轮机构

如图 3.5 所示的摩擦式棘轮机构，它能实现棘轮转角的无级调节（棘轮有齿时，其转角只能是每个齿所对圆心角的整数倍），这种棘轮又称为无声棘轮。

如图 3.6 所示的滚子式内摩擦棘轮机构，也称为超越离合器，其中滚子 3 起棘爪的作用，当外套筒 1 逆时针旋转时，摩擦力使滚子 3 楔紧在内外套筒之间，带动内套筒 2 一起转动，外套筒顺时针旋转时，滚子松开，内套筒静止。

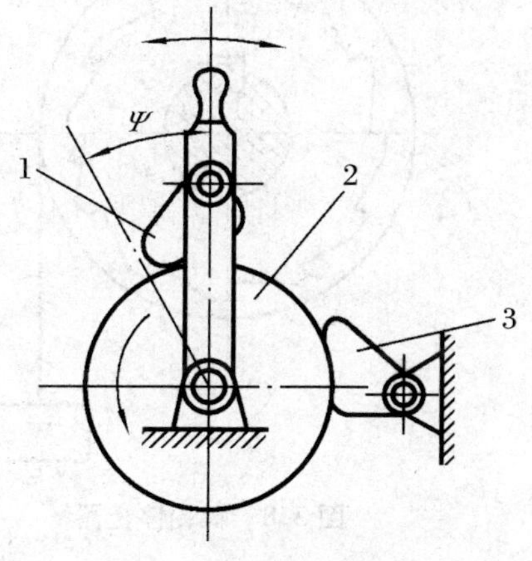

图 3.5　摩擦式棘轮机构

1. 棘爪　2. 棘轮　3. 止动棘爪

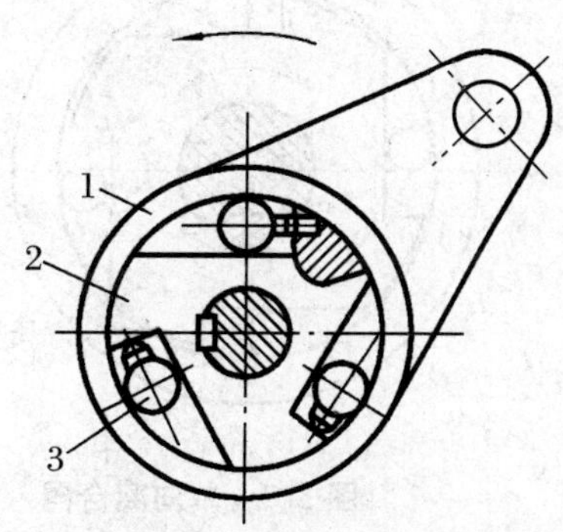

图 3.6　滚子式内摩擦棘轮机构

1. 外套筒　2. 内套筒　3. 滚子

三、棘轮机构的特点

齿式棘轮机构的主动件和从动件之间是刚性推动，因此转角比较准确，而且转角大小可以调整，棘轮和棘爪的主从动关系可以互换，但是刚性推动将产生较大的冲击力，而且棘轮是从静止状态突然增速到与主动摇杆同步，也将产生刚性冲击，因此齿式棘轮机构一般只适用于低速轻载的场合，例如工件或刀具的转位，工作台的间歇送进等，棘爪在棘齿齿背上滑过时，在弹簧力作用下将一次次地打击棘齿根部，发出噪声。

摩擦式棘轮机构结构十分简单，工作起来没有噪声（因此有时也称为"无声棘轮"）；棘轮的转角可调，主动与从动的关系也可以互换。但是由于是利用摩擦力楔紧之后传动，因此从动件的转角准确程度较差。通常只适用于低速轻载场合。

四、棘轮机构的应用

如图3.7所示的是一种单向离合器，是棘轮机构的一个典型应用。当主动爪轮逆时针回转时，滚柱借摩擦力而滚向空隙的收缩部分，并将套筒楔紧，使其随爪轮一同回转；而当爪轮顺时针回转时，滚柱即被滚到空隙的宽敞部分，将套筒松开，这时套筒静止不动。利用此种机构，当主动爪轮以任意角速度反复转动时，可使从动的套筒获得任意大小转角的单向间歇转动。故此种机构可用作单向离合器和超越离合器。超越离合器是指能实现超越运动（即从动件的速度可以超过主动件）的离合器。多数棘轮机构都可以用作超越离合器，如自行车中的飞轮。

棘轮还常用作防止机构逆转的停止器。这种棘轮停止器广泛用于卷扬机、提升机以及运输机等设备中。如图3.8所示即为提升机的棘轮停止器。在棘轮机构中，棘轮多为从动件，由棘爪推动其运动，而制成棘爪的运动可由凸轮机构、连杆机构或电磁装置等来传递。

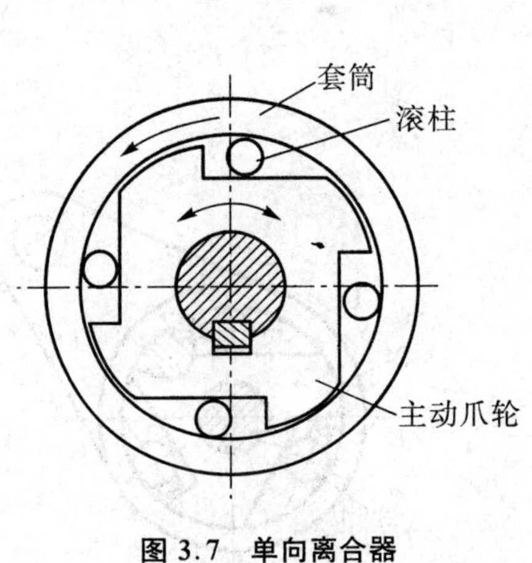

图3.7 单向离合器

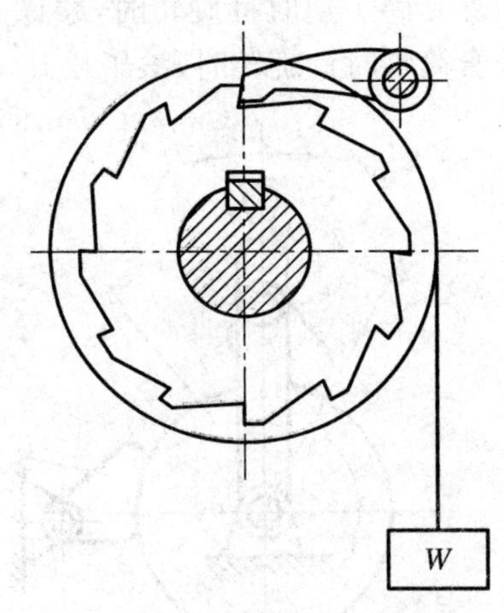

图3.8 棘轮停止器

第二节　槽 轮 机 构

一、槽轮机构的工作原理

如图 3.9(a)所示，槽轮机构由带有圆销 A 的拨盘、具有径向槽的槽轮及机架组成。拨盘为原动件，槽轮为从动件。当拨盘上的圆销 A 未进入槽轮时，拨盘的外凸圆弧 abc（外锁住弧）锁住槽轮的内凹圆弧 efg（内锁住弧），使槽轮静止不动。

当圆销 A 开始进入径向槽时，内、外锁住弧处在如图 3.9(a)所示的位置（a 点与 f 点重合），此时已不起锁住作用，于是圆销带动槽轮转动；当槽轮转过角度 $2\Phi_2$，即圆销 A 脱离径向槽时[见图 3.9(b)]，拨盘的外锁住弧又将槽轮的内锁住弧锁住，使槽轮不能转动。当拨盘连续转动时，上述过程重复出现，即槽轮作单向间歇转动，其转向与拨盘的转向相反。如图 3.9 所示的单圆销外槽轮机构，拨盘转一周，槽轮转动一次。另外，还有内槽轮机构[见图3.10(a)]及双圆柱槽轮机构[见图 3.10(b)]等。内槽轮机构的槽轮的转动方向与拨盘的转动方向相同。在双圆销槽轮机构中，拨盘上装有两个圆销 A、B，当拨盘转过一周时，槽轮转动两次。

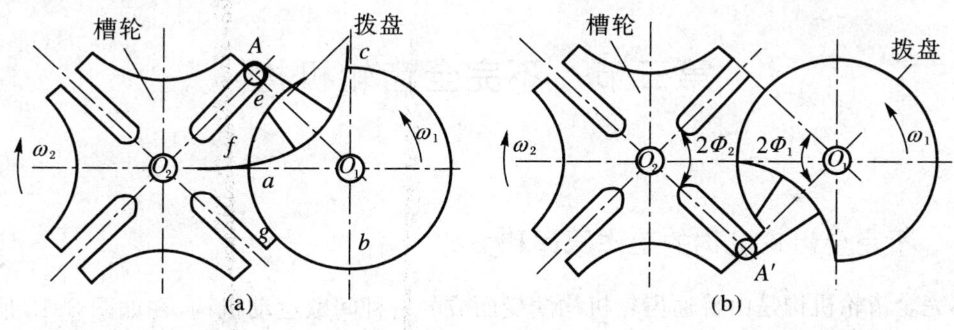

图 3.9　外啮合槽轮机构

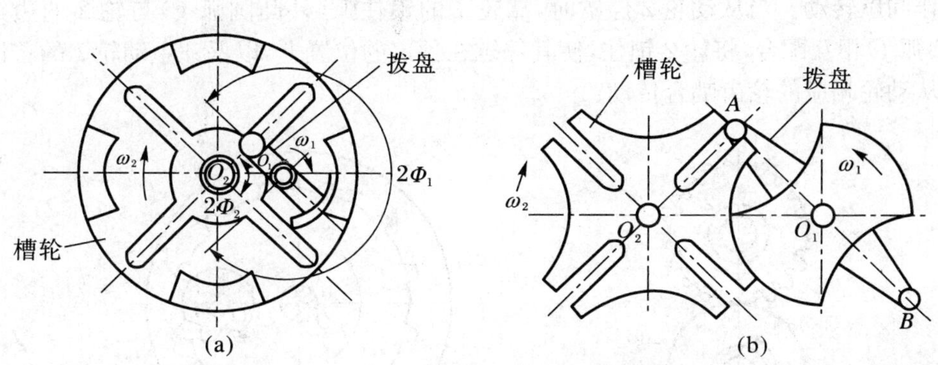

图 3.10　内啮合槽轮机构和双圆柱槽轮机构

如图 3.11 所示的空间槽轮机构，从动槽轮呈半球形，槽和锁止弧均分布在球面上，主动轴的轴线、圆销的轴线都与槽轮的回转轴线汇交于槽轮球心 O，故又称为球面槽轮机构。当主动轴连续回转时，槽轮作间歇转动。

二、槽轮机构的特点和应用

槽轮机构结构简单、工作可靠，在进入和脱离啮合时运动比较平稳。但在运动过程中的加速度变化较大，冲击较严重，因而不适用于高速。在每一个运动循环中，槽轮转角与其径向槽数和拨盘上的圆柱销数有关，每次转角大小固定而不能任意调节。所以，槽轮机构一般用于转速不很高、转角不需要调节的自动机械和仪器仪表中。如在电影放映机中用作送片机构（见图 3.12），在 C132 单轴转塔自动车床中用作转塔刀架的转位机构等。

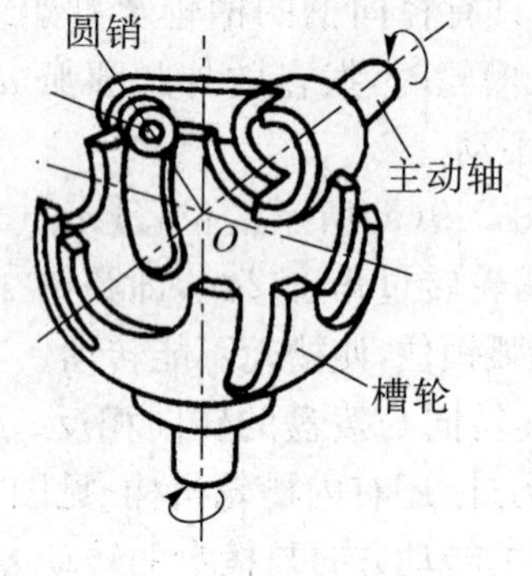

图 3.11　空间槽轮机构

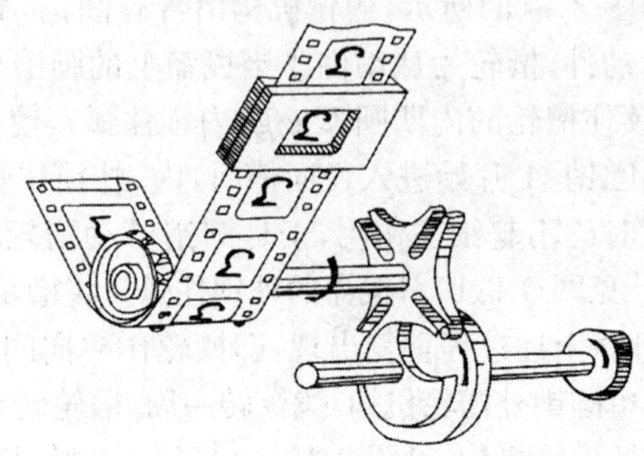

图 3.12　电影放映机中的槽轮送片机构

第三节　不完全齿轮机构

一、不完全齿轮机构的工作原理和类型

不完全齿轮机构是由普通齿轮机构演变而成的一种间歇运动机构，在如图 3.13 所示的不完全齿轮机构中，主动轮 1 的轮齿没有布满整个圆周，所以当主动轮 1 作连续转动时，从动轮 2 作间歇转动。当从动轮 2 停歇时，靠轮 1 的锁住弧（外凸圆弧 g）与轮 2 的边锁住弧（内凹圆弧 f）相互配合，将轮 2 锁住，使其停歇在预定的位置上，以保证主动轮 1 的首齿 S 下次再与从动轮相应的轮齿啮合传动。

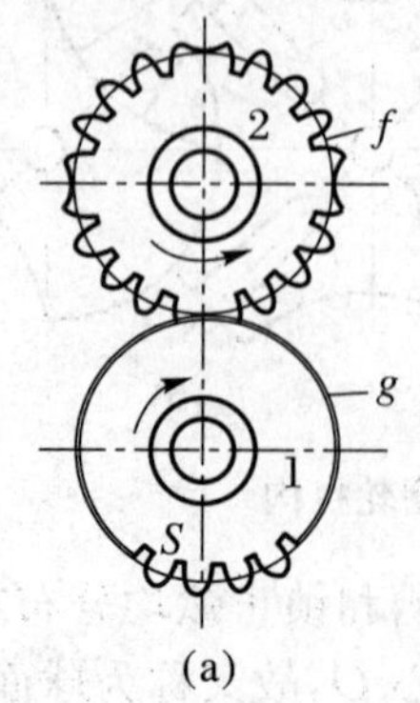

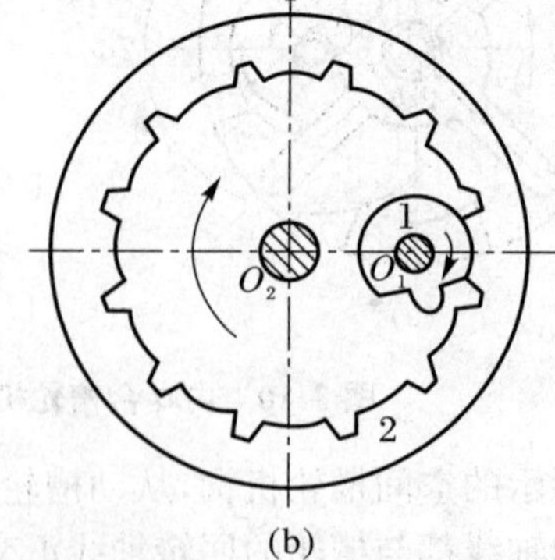

图 3.13　不完全齿轮机构

不完全齿轮机构也有外啮合和内啮合两种类型。如图 3.13(a)所示为外啮合不完全齿轮机构,轮 1 只有 1 段锁住弧,轮 2 有 4 段锁住弧,当轮 1 转 1 周时,轮 2 转 1/4 周,两轮转向相反;如图 3.13(b)所示为内啮合不完全齿轮机构,轮 1 只有 1 段锁住弧,轮 2 有 12 段锁住弧,当轮 1 转 1 周时,轮 2 转 1/12 周,两轮的转向相同。

二、不完全齿轮机构的特点和应用

在不完全齿轮机构中,主动轮和从动轮的分度圆直径、锁住弧的段数,锁住弧之间的齿数,均可在较大范围内选取,故当主动轮等速转动 1 周时,从动轮停歇的次数、每次停歇的时间及每次转过角度的变化范围要比槽轮机构大得多。但是,不完全齿轮机构的加工工艺较复杂,且从动轮在运动开始和终止时有较大的冲击。

不完全齿轮机构一般用于低速、轻载的场合,如在自动机床和半自动机床中用作工作台的间歇转位机构,以及间歇进给机构、计数机构等。

第四节 螺旋机构

螺旋机构是利用螺旋副连接两相邻构件的一种常用机构。螺旋机构中除了螺旋副之外,通常还有转动副和移动副。最简单的三构件螺旋机构如图 3.14 所示。它由螺杆、螺母和机架组成,B 为螺旋副,导程为 P_B,A 为转动副,C 为移动副。当螺杆转过 φ 角时,螺母沿螺杆的轴向位移 s 为

$$s = P_B \frac{\varphi}{2\pi}$$

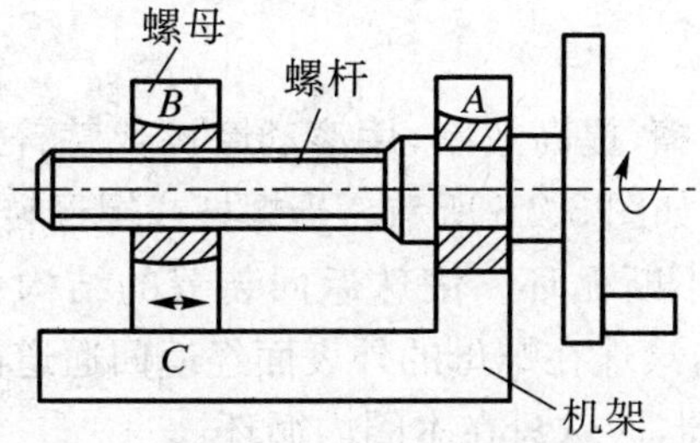

图 3.14 滑动螺旋机构

一、差动螺旋机构

如果把图 3.14 中的转动副 A 换成螺旋副,其导程为 P_A,便得到如图 3.15 所示的螺旋机构。如果螺旋副 A 和 B 的螺纹旋向相同,则当螺杆转过 φ 角时,螺母的轴向位移 s 为两个螺旋副移动量之差,即

$$s = (P_B - P_A)\frac{\varphi}{2\pi}$$

由此可知,当 P_A、P_B 相差很小时,螺母的位移会很小。这种含双螺旋副且两螺旋副旋

向相同的螺旋机构称为差动螺旋机构，常用于微量调节、测微和分度装置中。如图 3.15(a)所示为镗床调节镗刀进刀量的差动螺旋机构，两螺旋副均为右旋，导程 $P_A=1.25$ mm，$P_B=1$ mm，当螺杆转动一周时，镗刀相对镗杆的位移仅为 0.25 mm，故可实现进刀量的微量调节，以保证加工精度。

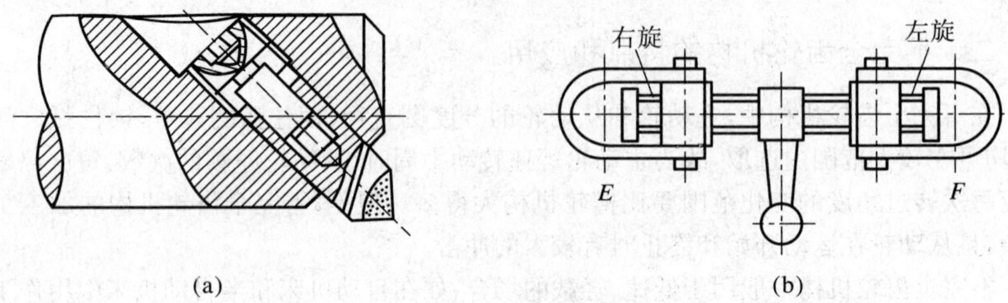

图 3.15 螺旋机构的应用

二、复式螺旋机构

在如图 3.14 所示的螺旋机构中，若 A、B 两螺旋副旋向相反（A 为左旋，B 为右旋），当螺杆转过 φ 角时，螺母相对机架的位移为

$$S=(P_B+P_A)\frac{\varphi}{2\pi}$$

由上式可知，螺母可产生很快的移动。这种含双螺旋副且两螺旋副旋向相反的螺旋机构称为复式螺旋机构。如图 3.15(b)所示为用于车辆连接的复式螺旋机构，它可以使车钩 E 和 F 较快地靠近或离开。

三、滚动螺旋和静压螺旋机构

1. 滚动螺旋机构

为了降低螺旋传动的摩擦，提高效率，用滚动摩擦代替普通螺旋机构中的滑动摩擦，制成了滚动螺旋。其工作原理如图 3.16 所示。当螺杆或螺母转动时，滚珠依次沿螺纹滚道滚动，借助于返回装置使滚珠不断循环。滚珠返回装置的结构可分为外循环和内循环两种。如图 3.16(a)所示为外循环，滚珠在螺母的外表面经返回通道循环。如图 3.18(b)所示为内循环，每一圈螺纹有一反向器，滚珠只在本圈内循环。

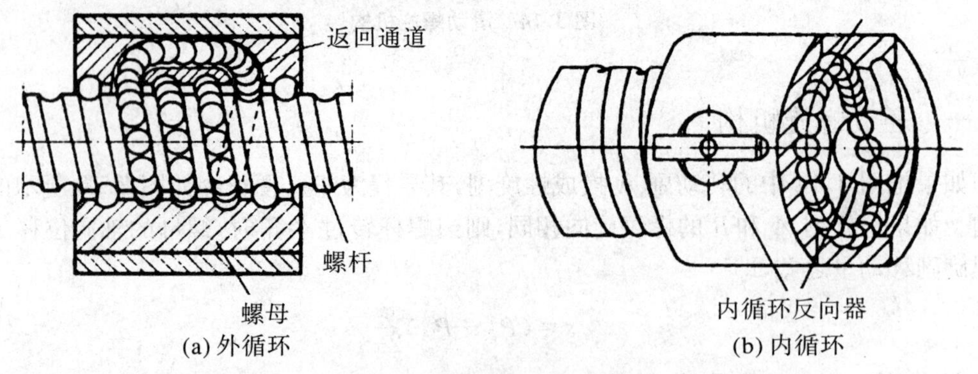

(a) 外循环　(b) 内循环

图 3.16 滚动螺旋机构

2．静压螺旋机构

在螺杆与螺母的螺旋面间注入静压油，摩擦状态为液体摩擦。这种机构的摩擦损失和磨损都很小，传动效率很高，但需要有一套供油系统，机构较为复杂，如图 3.17 所示。

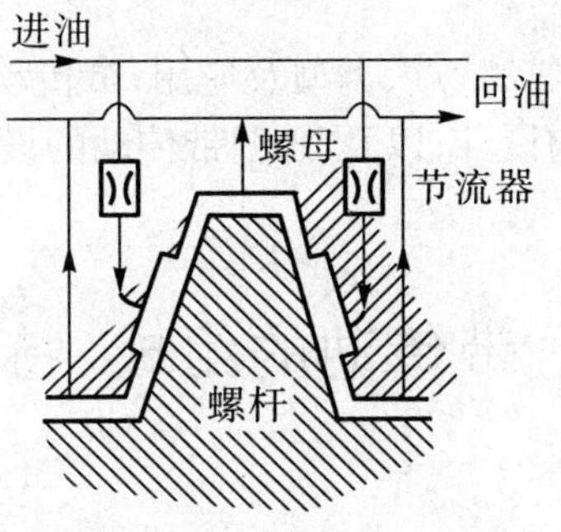

图 3.17　静压螺旋机构

复习思考题

1．选择题

(1) 下列机构中，传动件的每次转角可以调节的是________。

A. 棘轮机构　　B. 槽轮机构

C. 不完全齿轮机构　　D. 凸轮式间歇运动机构

(2) 自行车飞轮采用的是一种典型的超越机构，下列机构中可以实现超越的是_______。

A. 外啮合棘轮机构　　B. 内啮合棘轮机构

C. 槽轮机构　　D. 螺旋机构

(3) 调节棘轮转角的方法有：① 增加棘轮齿数；② 调节摇杆长度；③ 调整遮盖罩的位置。其中方法________有效。

A. ①和②　　B. ②和③

C. ①和③　　D. ①②③

2．判断题

(1) 间歇齿轮机构是由齿轮传动演变而来的，所以齿轮传动的传动比计算方法同样适用于间歇齿轮机构。(　　)

(2) 内啮合槽轮机构中槽轮的旋转方向与曲柄的旋转方向是一致的，而外啮合槽轮机构则相反。(　　)

(3) 槽轮机构中槽轮的转角大小是可以调节的。(　　)

(4) 槽轮机构的停歇和运动时间取决于槽轮的槽数和圆柱销数。(　　)

(5) 凸轮机构、棘轮机构、槽轮机构都不能实现间歇运动。(　　)

(6) 单向间歇运动的棘轮机构，必须要有止回棘爪。(　　)

3．简答题

(1) 常见的棘轮机构有哪几种？试述棘轮机构的工作特点。

(2) 槽轮机构有哪几种基本形式？

(3) 试述凸轮间歇运动机构的工作原理及运动特点。

第四章　带　传　动

本章主要学习带传动的组成、特点、类型及应用；带传动的受力分析和滑动分析；V型带的结构和尺寸标准；带轮的结构设计；以及V型带传动的设计方法和步骤。

第一节　带传动的组成、特点及类型

一、带传动的组成

带传动是机械设备中应用较多的传动装置之一，主要是由主动带轮1、从动带轮2和传动带3组成，如图4.1所示。工作时，靠带与带轮间的摩擦或啮合实现主、从动轮间运动和动力的传递。

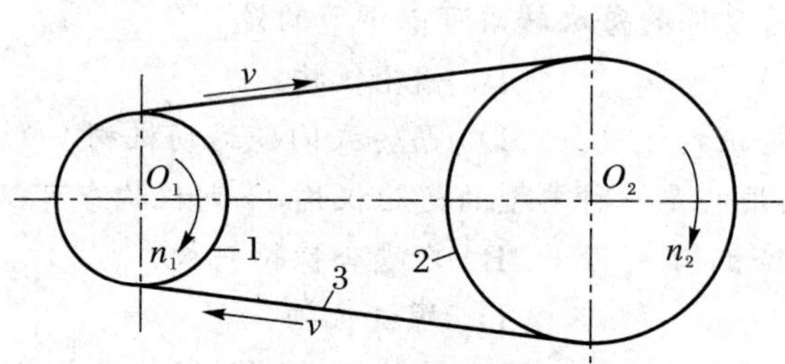

图4.1　摩擦带传动

二、带传动的特点

带传动是利用带紧箍带轮，产生一定的正压力，靠摩擦力带动从动轮。在一定条件下，摩擦力有一极限值。如果工作阻力超过极限值，带就会在轮面上打滑，传动就不能正常工作。摩擦力的极限值取决于带材料、张紧程度、包角大小等因素。

带传动具有以下优点：

① 带具有良好的弹性，能缓冲吸振，尤其是V带没有接头，传动较平稳，噪声小。

② 制造和安装精度要求不像啮合传动那样严格。

③ 过载时将引起带在带轮上打滑，因而可防止其他零件的损坏。

④ 可增加带长以适应中心距较大的工作条件。

带传动具有以下缺点：

① 工作中有弹性滑动，使传动效率降低，不能准确地保持主动轴和从动轴的转速比关系。

② 传动的外廓尺寸较大。

③ 由于需要张紧，使轴上受力较大。

④ 带的寿命较短。

三、带传动的类型

1. 按传动原理分类

(1) 摩擦带传动

靠传动带与带轮之间的摩擦力实现传动，如 V 带传动、平带传动等。

(2) 啮合带传动

靠带内侧凸齿与带轮外缘上的齿槽相啮合实现传动，如同步带传动。如图 4.2 所示的同步带传动则属于啮合带传动，工作时，靠带的凸齿与带轮外缘上的齿槽啮合传动。

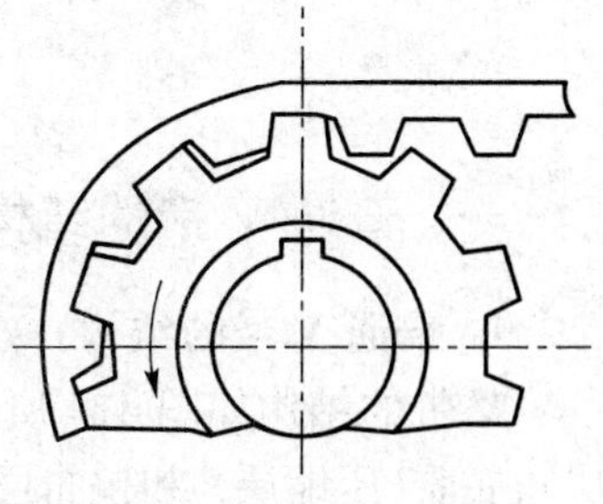

图 4.2 啮合带传动

2. 按用途分类

(1) 传动带

传递动力用。

(2) 输送带

输送物品用。

3. 按传动带的截面形状分

(1) 平带

平带的截面形状为矩形，内表面为工作面。常用的平带有胶带、编织带和强力锦纶带等，如图 4.3(a)所示。

(2) V 带

V 带的截面形状为梯形，两侧面为工作表面，如图 4.3(b)所示。有普通 V 带、窄 V 带。

① 普通 V 带。截面形状为等腰梯形，应用最广泛。

② 窄 V 带。宽度比普通 V 带小。

(3) 多楔带

它是在平带基体上由多根 V 带组成的传动带。多楔带结构紧凑，可传递很大的功率，如图 4.3(c) 所示。

(4) 圆形带

圆形带的横截面为圆形，只用于小功率传动，如图 4.3(d) 所示。

(5) 同步带

同步带的纵截面为齿形，如图 4.3(e) 所示。

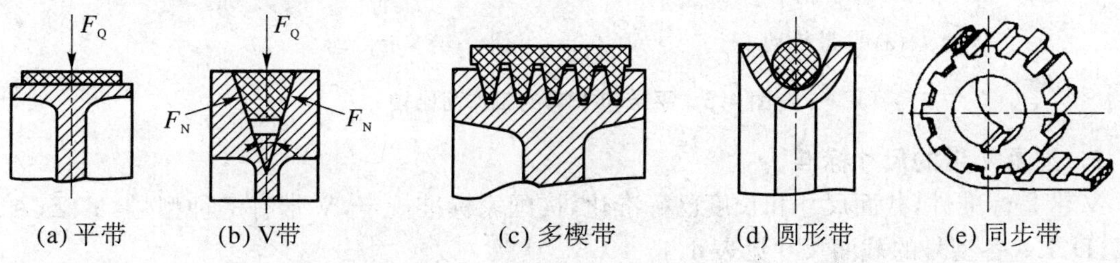

(a) 平带　(b) V带　(c) 多楔带　(d) 圆形带　(e) 同步带

图 4.3 按传动带的截面形状分类

第二节　传动带和带轮

一、普通 V 带的结构与尺寸标准

1. 普通 V 带的结构

V 带的结构如图 4.4 所示，为梯形截面无接头橡胶带，由顶胶（拉伸层）、抗拉体（强力层）、底胶（压缩层）和包布层组成。带绕过带轮时顶胶和底胶分别承受带弯曲时的拉伸和压缩；包布主要起保护作用。抗拉体是承受负载拉力的主体，分帘布芯和绳芯两种类型，前者制造方便、抗拉强度高，后者柔韧性好、抗弯强度高，适合于带轮直径小转速较高的场合。

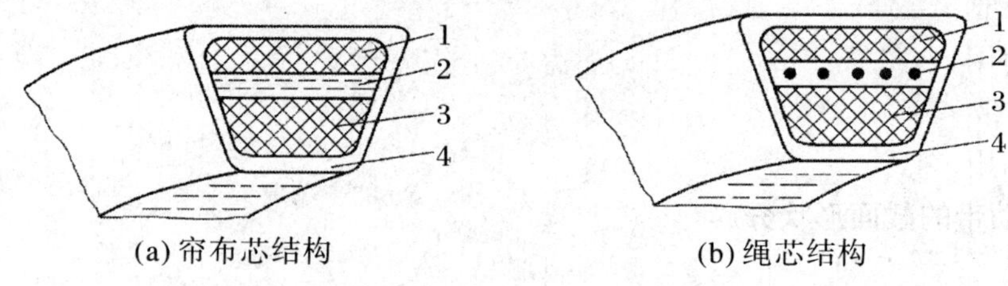

图 4.4　普通 V 带结构

1. 顶胶（拉伸层）　2. 抗拉体（强力层）　3. 底胶（压缩层）　4. 包布层

如图 4.5 所示为 V 带和平带的工作面比较。平带工作时，带的内面是工作面，V 带工作时，带的两侧面是工作面，在相同的紧箍力下，V 带能产生比平带大的摩擦力。

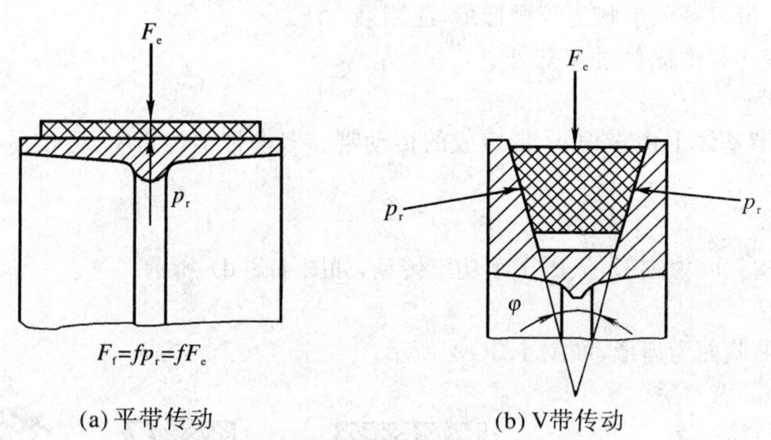

图 4.5　平带和 V 带的工作面比较

2. 普通 V 带的尺寸标准

V 带是标准件，截面尺寸和长度已标准化，按国家标准规定，V 带有 7 种型号：Y、Z、A、B、C、D、E。各型号的截面尺寸见表 4.1。

表 4.1　普通 V 带截面尺寸(GB 11544 — 1997)

截形	节宽 b_p(mm)	顶宽 b(mm)	高度 h(mm)	截面面积 A(mm^2)	楔角 φ
Y	5.3	6	4	18	40°
Z	8.5	10	6	47	
A	11.0	13	8	81	
B	14.0	17	10.5	138	
C	19.0	22	13.5	230	
D	27.0	32	19	476	
E	32.0	38	23.5	692	

每一种型号的 V 带都规定有若干基准长度,见表 4.2。传动时外周受拉,内周受压;在外周与内周之间必定有个既不受拉也不受压的一层,这一层称为中性层,以中性层计算的周长即为 V 带的基准长度。

表 4.2　V 带的基准长度系列及长度系数 K_L

基准长度 L_d(mm)	K_L						
	Y	Z	A	B	C	D	E
450	1.00	0.89					
500	1.02	0.91					
560		0.94					
630		0.96	0.81				
710		0.99	0.82				
800		1.00	0.85				
900		1.03	0.87	0.81			
1 000		1.06	0.89	0.84			
1 120		1.08	0.91	0.86			
1 250		1.11	0.93	0.88			
1 400		1.14	0.96	0.90			
1 600		1.16	0.99	0.93	0.84		
1 800		1.18	1.01	0.95	0.85		
2 000			1.03	0.98	0.88		
2 240			1.06	1.00	0.91		
2 500			1.09	1.03	0.93		

注:超出列表范围时可另查机械设计手册。

普通 V 带两侧楔角 α 为 40°,当带工作时,V 带的横截面积变形,两侧楔角 α 变小,为保证变形后 V 带仍可以贴紧在 V 带轮的轮槽两侧面上,应将轮槽楔角 φ 适当减小。

3. 普通 V 带轮

(1) 带轮的材料

带传动一般安装在传动系统的高速级,带轮的转速较高,所以要求带轮要有足够的强度。带轮的常用材料是灰铸铁，有时也采用铸钢、铝合金或非金属材料。当带轮圆周速度 $v<25$ m/s时，采用 HT150；当 $v=25\sim30$ m/s 时，采用 HT200；速度更高时，可采用铸钢或钢板冲压后焊接；传递功率较小时，带轮材料可采用铝合金或工程塑料。

(2) 带轮的结构

带轮的结构一般由轮缘（带轮的外圆部分）、轮毂（带轮与轴配合的部分）、轮辐（轮缘与轮毂相连的部分）等部分组成。轮缘是带轮具有轮槽的部分，轮槽的形状和尺寸与相应型号的带截面尺寸相适应。规定梯形轮槽的槽角为 32°、34°、36°、38°等 4 种，都小于 V 带两侧面的夹角 40°。

在 V 带轮上，与所配用 V 带的节宽 b_p 相对应的带轮直径称为带轮的基准直径，用 d_d 表示。V 带轮的设计主要是根据带轮的基准直径选择结构形式，根据带的型号确定轮槽尺寸。普通 V 带轮轮缘的截面图及各部分尺寸见表 4.3。

表 4.3 普通 V 带的轮槽尺寸 （单位：mm）

槽形尺寸			Y	Z	A	B	C	D	E
h_{amin}			1.6	2.0	2.75	3.5	4.8	8.1	9.6
h_{fmin}			4.7	7.0	8.7	10.8	14.3	19.9	23.4
b_p			5.3	8.5	11	14	19	27	32
e			8	12	15	19	25.5	37	44.5
f_{min}			6	7	9	11.5	16	23	28
δ_{min}			5	5.5	6	7.5	10	12	15
B			$B=(z-1)e+2f$，其中 z 为带的根数						
φ	32°	d_d	≤60						
	34°		≤80	≤118	≤190	≤315			
	36°		>60					≤475	≤600
	38°			>80	>118	>190	>315	>475	>600

带轮直径 $d\leqslant200$ mm 时，可采用实心式[见图 4.6(a)]；带轮直径 $d=200\sim450$ mm 时，可采用腹板式[见图 4.6(b)]或者孔板式[见图 4.6(c)]；带轮直径 $d>450$ mm 时，可采用轮辐式[见图 4.6(d)]。

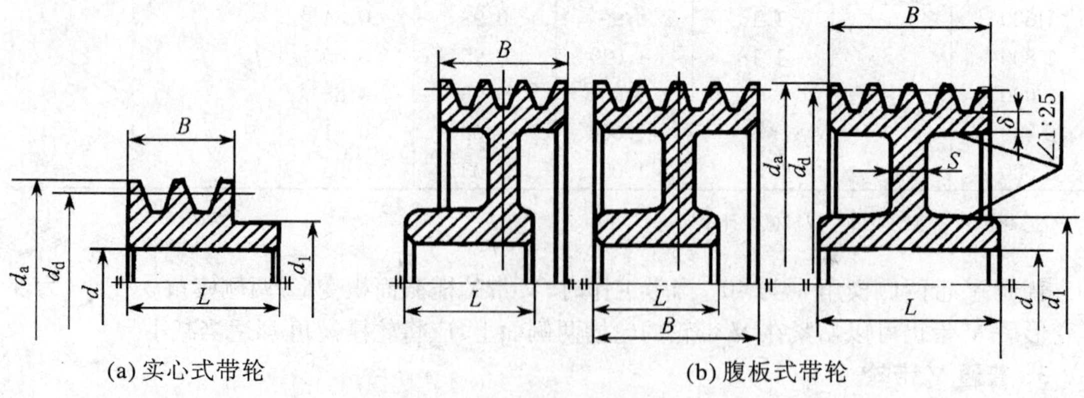

(a) 实心式带轮 (b) 腹板式带轮

图 4.6 带轮的结构

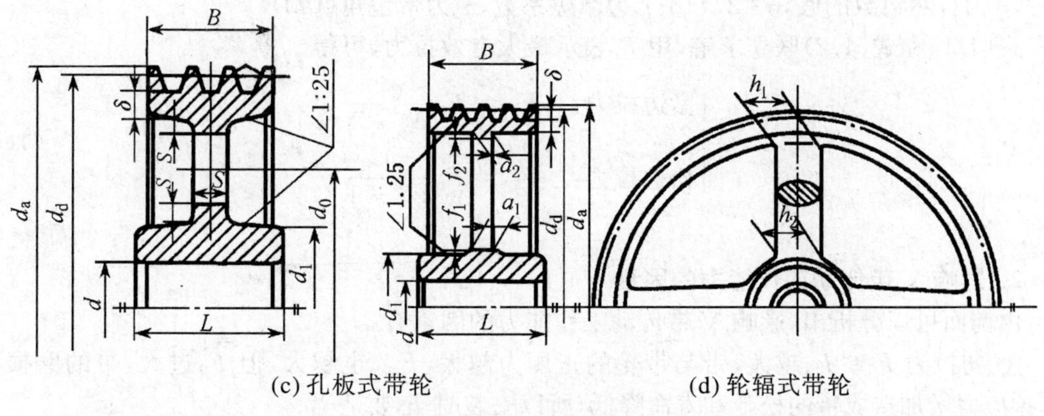

(c) 孔板式带轮　　(d) 轮辐式带轮

续图 4.6　带轮的结构

L 为轮毂宽度(mm)，$L=(1.5\sim2)d$(当 $B<1.5d$ 时，$L=B$)；d 为带轮轴孔径(mm)；B 为带轮宽度(mm)；d_1为轮毂外径(mm)，$d_1=(1.8\sim2)d$；d_a为带轮外径(mm)，$d_a=d_d+2h_a$；d_d为带轮基准直径(mm)；h_a为基准线上槽高(mm)

第三节　普通 V 带传动

一、V 带传动的工作能力分析

1. V 带传动的受力分析

安装带时必须以一定的初拉力 F_0将带张紧在带轮上，不传动时，带由于张紧而使上下两边所受到的拉力都等于初拉力 F_0，如图 4.7(a)所示；工作时，进入主动轮一边的带进一步被拉紧，拉力由 F_0增至 F_1，称为紧边；绕出主动轮一边的带被放松，拉力由 F_0减小到 F_2，称为松边。两边拉力将有一差值 F，即有效拉力，如图 4.7(b)所示。

$$F = F_1 - F_2 = \frac{1\,000P}{v} \tag{4.1}$$

式中，v 为带的速度(m/s)；P 为传动功率(kW)。

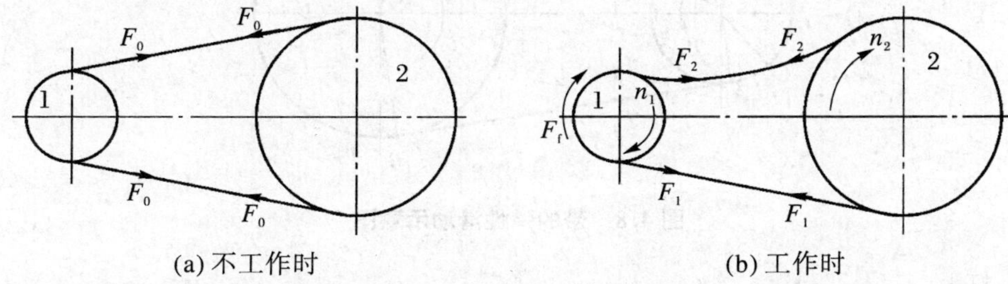

(a) 不工作时　　(b) 工作时

图 4.7　带传动的工作原理图

对于一定的张紧力 F_0来说，当传递的力 F 超过某一极限时，带将在带轮上打滑。开始打滑时，F_1和 F_2的关系可用著名的欧拉公式表示为

$$F_1 = F_2 e^{f\alpha} \tag{4.2}$$

式中,e 为自然对数的底,e = 2.718;f 为摩擦系数;α 为带包角(rad)。

式(4.1)和式(4.2)联立求解,用 F_c表示最大有效拉力,可得

$$\begin{cases} 紧边拉力: & F_1 = F_c \dfrac{e^{f\alpha}}{e^{f\alpha} - 1} \\ 松边拉力: & F_2 = F_c \dfrac{1}{e^{f\alpha} - 1} \end{cases} \tag{4.3}$$

2. 影响 V 带传动工作能力的因素

由前面可以分析出,影响 V 带传动工作能力的因素有:

① 初拉力 F_0。F_0越大,带与带轮的正压力越大,F_{max}也越大,但 F_0过大,带的磨损加剧,拉应力增加造成带的松弛和寿命降低,所以安装时 F_0要适当。

② 摩擦系数 f。f 大则F_{max}也大。一般采用铸铁带轮以增加 f,不采取增加轮槽表面粗糙度的方法来增加 f,这样会加剧带的磨损。

③ 小轮包角 α_1。α_1增大,F_{max}也增大,一般要求 $\alpha_{min} \geqslant 120°$;特殊情况,允许 $\alpha_{min} = 90°$。一般打滑首先发生于小带轮上,所以只需要考虑小带轮包角 α_1。

3. 带的弹性滑动、打滑和传动比

(1) 带的弹性滑动

传动带是弹性体,所以带受到拉力后产生弹性变形。由于紧边和松边的拉力不同,所以弹性变形也不同。

如图 4.8 所示,带自 A_1点绕上主动轮,此时带和带轮表面的速度是相等的。但在带自 A_1点转到 B_1点的过程中,带的拉力由 F_1降低到 F_2,所以带的拉伸弹性变形也要相应减小,即带在逐渐缩短,因此带的速度要落后于带轮速度,带与带轮之间发生了相对滑动。同样的现象也发生在从动轮上,但情况相反,带的速度高于带轮速度。这种现象称为带的弹性滑动,是带传动正常工作时固有的特性,是不可避免的。选用弹性模量大的带材料可以降低弹性滑动。弹性滑动会引起从动轮的圆周速度低于主动轮的圆周速度,降低传动效率,引起带的磨损,使带温度升高。

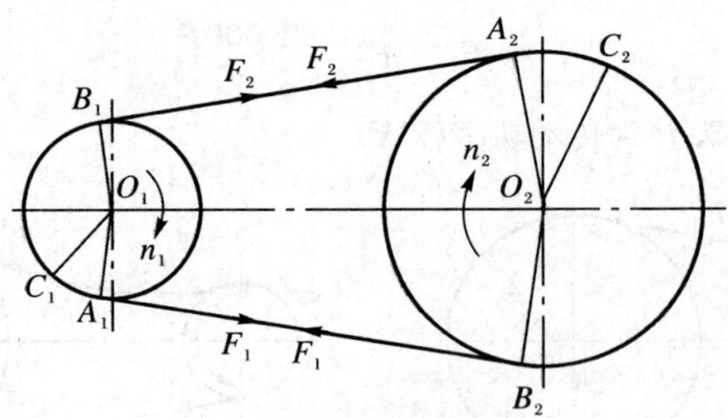

图 4.8 带的弹性滑动示意图

(2) 打滑

在正常情况下,带的弹性滑动并不是发生在全部接触弧上。接触弧可分成相对滑动(滑动弧) 和无相对滑动(静弧) 两部分,两段弧所对应的中心角,分别称为滑动角和静角。带不传递载荷时,滑动角为零。随着载荷增加,滑动角逐渐加大而静角则在减小,至滑动角等于包角而静角为零时,带与带轮之间就发生显著的相对滑动,这种现象称为打滑。打滑将造成

带的严重磨损并使带的运动处于不稳定状态，这种情况应当避免。

(3) 滑动率

由于带滑动所引起的从动轮圆周速度的降低率称为滑动率，即为

$$\varepsilon = \frac{v_1 - v_2}{v_1} \times 100\%$$

根据带的线速度与带轮转速之间的关系公式为

$$v_1 = \frac{\pi d_{d1} n_1}{60 \times 1\,000}(\mathrm{m/s}), \quad v_2 = \frac{\pi d_{d2} n_2}{60 \times 1\,000}(\mathrm{m/s})$$

式中，n_1、n_2为V带轮的转速(r/min)。

由上式得，传动比为

$$\varepsilon = \frac{v_1 - v_2}{v_1} \times 100\% = \frac{\pi d_{d1} n_1 - \pi d_{d2} n_2}{\pi d_{d1} n_1} \times 100\%$$

$$i = \frac{n_1}{n_2} = \frac{d_{d2}}{d_{d1}(1-\varepsilon)}$$

式中，d_{d1}、d_{d2}为V带轮基准直径(mm)。

因带传动的滑动率 $\varepsilon = 0.01 \sim 0.02$，其值比较微小，可不予考虑。所以传动比为

$$i = \frac{n_1}{n_2} = \frac{d_{d2}}{d_{d1}} \tag{4.4}$$

例 4.1 V带传动所传递的功率 $P = 7.5$ kW，带速 $v = 10$ m/s，现测得张紧力 $F_0 = 1\,125$ N，试求紧边拉力 F_1和松边拉力 F_2。

解 V带传递的有效拉力为

$$F_t = \frac{1\,000P}{v} = \frac{1\,000 \times 7.5}{10} = 750\ (\mathrm{N})$$

$$F_1 - F_2 = 750\ \mathrm{N}$$

$$F_1 + F_2 = 2F_0 = 2 \times 1\,125 = 2\,250\ (\mathrm{N})$$

以上两式联立，得

$$F_1 = 1\,500\ \mathrm{N}, \quad F_2 = 750\ \mathrm{N}$$

例 4.2 V带传动中小带轮直径 $d_{d1} = 160$ mm，大带轮直径 $d_{d2} = 300$ mm，小带轮转速 $n_1 = 960$ r/min，V带传动的滑动率 $\varepsilon = 0.02$，试求在计入滑动率和不计入滑动率的情况下，大带轮的转速相差多少？

解 ① 不计入滑动率时：

$$n_2 = n_1 \frac{d_{d1}}{d_{d2}} = 960 \times \frac{160}{300} = 512\ (\mathrm{r/min})$$

② 计入滑动率时：

$$n_2 = n_1 \frac{d_{d1}(1-\varepsilon)}{d_{d2}} = 960 \times \frac{160 \times (1-0.02)}{300} = 501.76\ (\mathrm{r/min})$$

二、V带传动的设计和计算

设计V带传动时给定的原始数据包括传递的功率 P，转速 n_1、n_2(或传动比 i)，传动位置要求和给定的工作条件等。

设计内容包括确定带的截形、长度、根数、传动中心距、带轮基准直径及结构尺寸等。

V 带传动的设计方法和步骤如下。

1. 确定计算功率

计算功率是根据传递的功率 P,考虑到载荷性质和运转时间长短等因素的影响而确定的。即

$$P_c = K_A P \tag{4.5}$$

式中,P 为传递的额定功率(kW);P_c为计算功率(kW);K_A为工作情况系数,见表 4.4。

表 4.4 工作情况系数 K_A

<table>
<tr><th colspan="2">工 况</th><th colspan="6">K_A</th></tr>
<tr><td rowspan="3">载荷性质</td><td rowspan="3">工 作 机</td><td colspan="3">空、轻载起动</td><td colspan="3">重起动</td></tr>
<tr><td colspan="6">每天工作小时数 h</td></tr>
<tr><td><10</td><td>10~16</td><td>>16</td><td><10</td><td>10~16</td><td>>16</td></tr>
<tr><td>载荷变动微小</td><td>液体搅拌机、通风机和鼓风机(≤7.5 kW),离心式水泵和压缩机,轻型输送机</td><td>1.0</td><td>1.1</td><td>1.2</td><td>1.1</td><td>1.2</td><td>1.3</td></tr>
<tr><td>载荷变动小</td><td>带式输送机(不均匀载荷),通风机(>7.5 kW),旋转式水泵和压缩机,发电机,金属切削机床,印刷机,旋转筛,锯木机和木工机械</td><td>1.1</td><td>1.2</td><td>1.3</td><td>1.2</td><td>1.3</td><td>1.4</td></tr>
<tr><td>载荷变动较大</td><td>制砖机,斗式提升机,往复式水泵和压缩机,起重机,磨粉机,冲剪机床,橡胶机械,纺织机械,重型输送机</td><td>1.2</td><td>1.3</td><td>1.4</td><td>1.4</td><td>1.5</td><td>1.6</td></tr>
<tr><td>载荷变动很大</td><td>破碎机(旋转式、颚式等),磨碎机(球磨、棒磨、管磨)</td><td>1.3</td><td>1.4</td><td>1.5</td><td>1.5</td><td>1.6</td><td>1.8</td></tr>
</table>

注:① 空、轻载起动——电动机(交流起动、三角形起动、直流并励),四缸以上的内燃机,装有离心式离合器、液力连轴器的动力机。

② 反复起动、正反转频繁、工作条件恶劣等场合,K_A乘以 1.2。

2. 选定 V 带型号

根据计算功率和小带轮转速由图 4.9 选定带型。

所选带型可能会影响到传动的结构尺寸,当坐标点(P_c,n_1)处于图中两种型号分界线附近时,可按两种带型分别计算,选择较好的结果。

3. 确定带轮的基准直径 d_{d1} 和 d_{d2}

(1) 初选小带轮基准直径 d_{d1}

带轮基准直径越大,带速越大,所需要带的根数减少,但外廓尺寸增大。根据 V 带截形,参考表 4.5 选取小带轮基准直径,要求 $d_{d1} \geq d_{dmin}$。

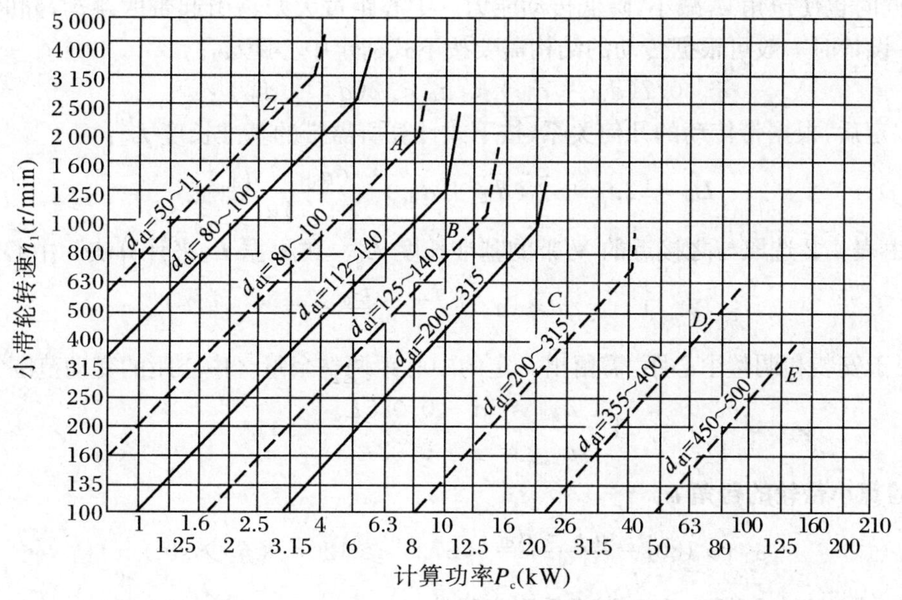

图 4.9　普通 V 带选型图

表 4.5　普通 V 带每米长的质量 q 及带轮的基准直径 d_d 系列值

带型	Y	Z	A	B	C	D	E
q(kg/m)	0.02	0.06	0.10	0.17	0.30	0.62	0.90
d_{dlim}(mm)	20	50	75	125	200	355	500
d_d的范围(mm)	20～125	50～630	75～800	125～1 125	200～2 000	355～2 000	500～2 500
d_d的标准系列值(mm)	50,56,71,75,80,(85),(95),100,(106),(112),(118),125,(132),140,150,160,(170),180,200,212,224,236,250,(265),280,300,315,335,355,(375),400,425,450,(475),500,530,560,(600),630,670,710,(750),800,(900),1 000,1 060,1 120,1 250,1 400,1 500,1 600,1 800,2 000,2 240,2 500						

(2) 验算带的速度 v

根据下式计算带的速度：

$$v = \frac{\pi d_{d1} n_1}{60 \times 1\,000} \ (\text{m/s}) \tag{4.6}$$

带的速度一般应在 5～25 m/s 范围内。当传递功率一定时，提高带速，有效拉力将减小，可减少带的根数；但带速过高，离心力过大，使摩擦力减小，传动能力反而降低，并影响带的寿命。如果带速不在此范围内，应增大或减小小带轮的基准直径。

(3) 确定大带轮的基准直径 d_{d2}

大带轮基准直径 $d_{d2} = \frac{n_1}{n_2} d_{d1}(1-\varepsilon)$，并按表 4.5 选取大带轮的基准直径。

4. 确定中心距 a 和带的基准长度 L_d

中心距小使传动紧凑，但带长过短将使单位时间内带绕转带轮的次数增多，降低带的使用寿命;同时也使包角 α_1减小,降低传动能力。中心距过大则易引起带的跳动,同时外廓尺寸过大。设计时一般可根据传动的结构需要按下式初定中心距 a_0。

$$0.7(d_{d1}+d_{d2})<a_0<2(d_{d1}+d_{d2}) \tag{4.7}$$

a_0取定后,根据带传动的几何关系,按下式计算所需带的基准长度 L_d':

$$L_d' \approx 2a_0+\frac{\pi}{2}(d_{d2}+d_{d1})+\frac{(d_{d2}-d_{d1})^2}{4a_0} \tag{4.8}$$

根据 L_d'由表 4.2 选取与之接近的 V 带的基准长度 L_d。再根据 L_d来计算实际中心距:

$$a \approx a_0+\frac{L_d-L_d'}{2} \tag{4.9}$$

为便于安装和调整中心距,需留出一定的中心距调整余量。中心距的变动范围为

$$\begin{aligned} a_{min} &= a-0.015L_d \\ a_{max} &= a+0.03L_d \end{aligned} \tag{4.10}$$

5. 验算小带轮的包角 α_1

$$\alpha_1 \approx 180^\circ-\frac{d_{d2}-d_{d1}}{a}\times 57.5^\circ \geqslant 120^\circ \quad (至少 90^\circ) \tag{4.11}$$

如果 $\alpha_1<120^\circ$,可增大中心距或采用张紧轮。

6. 确定带的根数 z

$$z=\frac{P_c}{(P_0+\Delta P_0)K_\alpha K_L} \tag{4.12}$$

式中,K_α为考虑包角不同时的影响系数,简称包角系数,查表 4.7;K_L为考虑带的长度不同时的影响系数,简称长度系数,查表 4.2;P_0为单根 V 带的基本额定功率,查表 4.6;ΔP_0为计入传动比的影响时,单根 V 带额定功率的增量,查表 4.6。

表 4.6 普通 V 带的额定功率 P_0和功率增量 ΔP_0 (单位:kW)

型号	小带轮的转速 n_1(r/min)	小带轮基准直径 d_{d1}(mm) 单根 V 带的额定功率 P_0					传动比 i 额定功率增量 ΔP_0					
		75	90	100	112	125	1.13~1.18	1.19~1.24	1.25~1.34	1.35~1.51	1.52~1.99	≥2.00
A	700	0.40	0.61	0.74	0.90	1.07	0.04	0.05	0.05	0.07	0.08	0.09
	800	0.45	0.68	0.83	1.00	1.19	0.04	0.05	0.06	0.08	0.09	0.10
	950	0.51	0.77	0.95	1.15	1.37	0.05	0.06	0.07	0.08	0.10	0.11
	1 200	0.60	0.93	1.14	1.39	1.66	0.07	0.08	0.10	0.11	0.13	0.15
	1 450	0.68	1.07	1.32	1.61	1.92	0.08	0.09	0.11	0.13	0.15	0.17
	1 600	0.73	1.15	1.42	1.74	2.07	0.09	0.11	0.13	0.15	0.17	0.19
	2 000	0.84	1.34	1.66	2.04	2.44	0.11	0.13	0.16	0.19	0.22	0.24

续表

型号	小带轮的转速 n_1(r/min)	小带轮基准直径 d_{d1}(mm)					传动比 i					
		单根V带的额定功率 P_0					1.13～1.18	1.19～1.24	1.25～1.34	1.35～1.51	1.52～1.99	≥2.00
							额定功率增量 ΔP_0					
B		125	140	160	180	200						
	400	0.84	1.05	1.32	1.59	1.85	0.06	0.07	0.08	0.10	0.11	0.13
	700	1.30	1.64	2.09	2.53	2.96	0.10	0.12	0.15	0.17	0.20	0.22
	800	1.44	1.82	2.32	2.81	3.30	0.11	0.14	0.17	0.20	0.23	0.25
	950	1.64	2.08	2.66	3.22	3.77	0.13	0.17	0.20	0.23	0.26	0.30
	1 200	1.93	2.47	3.17	3.85	4.50	0.17	0.21	0.25	0.30	0.34	0.38
	1 450	2.19	2.82	3.62	4.39	5.13	0.20	0.25	0.31	0.36	0.40	0.46
	1 600	2.33	3.00	3.86	4.68	5.46	0.23	0.28	0.34	0.39	0.45	0.51
C		200	224	250	280	315						
	500	2.87	3.58	4.33	5.19	6.17	0.20	0.24	0.29	0.34	0.39	0.44
	600	3.30	4.12	5.00	6.00	7.14	0.24	0.29	0.35	0.41	0.47	0.53
	700	3.69	4.64	5.64	6.76	8.09	0.27	0.34	0.41	0.48	0.55	0.62
	800	4.07	5.12	6.23	7.52	8.92	0.31	0.39	0.47	0.55	0.63	0.71
	950	4.58	5.78	7.04	8.49	10.1	0.37	0.47	0.56	0.65	0.74	0.83
	1 200	5.29	6.71	8.21	9.81	11.5	0.47	0.59	0.70	0.82	0.94	1.06
	1 450	5.84	7.45	9.04	10.7	12.5	0.58	0.71	0.85	0.99	1.14	1.27

为使各根V带受力较为均匀，根数不宜过多，通常为 $z \leqslant 7$。如果超出范围，可改选V带型号，重新计算。

7．确定带的初拉力 F_0

保证传动正常工作的单根V带合适的初拉力为

$$F_0 = 500\frac{P_c}{zv}\left(\frac{2.5}{K_\alpha} - 1\right) + qv^2 \tag{4.13}$$

式中，P_c为计算功率(kW)；z 为V带的根数；v 为V带速度(m/s)；K_α 为包角修正系数，查表4.7；q 为V带单位长度的质量(kg/m)，查表4.5。

表4.7　小带轮包角修正系数 K_α

包角	180°	175°	170°	165°	160°	155°	150°	145°	140°	135°	130°	125°	120°
K_α	1.0	0.99	0.98	0.96	0.95	0.93	0.92	0.91	0.89	0.88	0.86	0.84	0.82

8．计算带作用于轴上的力 Q

为了计算轴和选择轴承，需要确定带作用在带轮上的力(简称压轴力)Q。压轴力 Q 等于松边和紧边拉力的向量和，如图4.10所示。

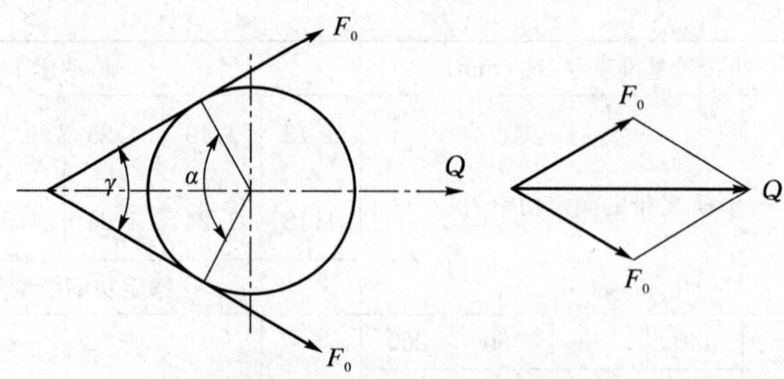

图 4.10 轴上的压力计算简图

如果不考虑带两边的拉力差,则作用在轴上的载荷 Q 可近似地由下式确定:

$$Q = 2zF_0\sin\frac{\alpha}{2} \tag{4.14}$$

式中,F_0为单根带的张力;z 为带根数。

例 4.3 设计一带式运输机的电动机与减速器之间的普通 V 带传动,如图 4.11 所示。电动机型号为 Y160M-4,额定功率 $P = 11$ kW,转速 $n_1 = 1\,460$ r/min,减速器输入轴转速 $n_2 = 584$ r/min,单班制工作,载荷变动小,要求中心距不大于 500 mm。

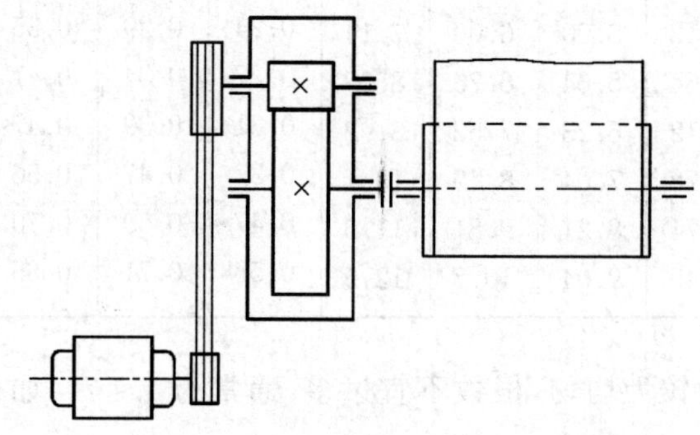

图 4.11 带式运输机传动简图

解 ① 确定计算功率。由表 4.4 查取工作情况系数 $K_A = 1.1$。

$$P_c = K_A P = 1.1\times 11 = 12.1\ (\text{kW})$$

② 选择 V 带型号。根据 $P_c = 12.1$ kW 和 $n_1 = 1\,460$ r/min,查图 4.9,选用 B 型带。

③ 确定带轮直径。

a. 由表 4.5,取基准直径 $d_{d1} = 140$ mm。

b. 验算带速:

$$v = \frac{\pi d_{d1} n_1}{60\times 1\,000} = \frac{\pi\times 140\times 1\,460}{60\times 1\,000} = 10.7\ (\text{m/s})$$

v 在 5~25 m/s 范围内,所以合适。

c. 确定大带轮基准直径 d_{d2}。取$\varepsilon = 0.02$,则

$$d_{d2} = \frac{n_1}{n_2} d_{d1}(1-\varepsilon) = \frac{1\,460}{584}\times 140(1-0.02) = 343\ (\text{mm})$$

由表 4.5,取 $d_{d2} = 355$ mm。

d. 验算传动比误差。

理论传动比：$i=\frac{n_1}{n_2}=1\,460/584=2.5$。

实际传动比：$i'=\frac{d_{d2}}{d_{d1}(1-\varepsilon)}=\frac{355}{140\times(1-0.02)}=2.587$。

传动比误差：$\Delta i=\left|\frac{i-i'}{i}\right|=\left|\frac{2.587-2.5}{2.587}\right|=3.36\%<5\%$合适。

④ 确定中心距 a 及带的基准长度 L_d。

a. 初定中心距，由题目要求 $a_0=500$ mm。

b. 确定 V 带基准长度 L'_d。由式(4.8)V 带计算的基准长度为

$$
\begin{aligned}
L'_d &= 2a_0+\frac{\pi}{2}(d_{d1}+d_{d2})+\frac{(d_{d2}-d_{d1})^2}{4a_0}\\
&= 2\times500+\frac{\pi}{2}(140+355)+\frac{(355-140)^2}{4\times500}=1\,800.66\ (\text{mm})
\end{aligned}
$$

由表 4.2 选带的基准长度 $L_d=1\,800$ mm。

c. 由式(4.9)计算实际中心距 a 为

$$a\approx a_0+\frac{L_d-L'_d}{2}=500+\frac{1\,800-1\,800.66}{2}\approx500\ (\text{mm})$$

⑤ 验算小带轮包角 α_1。由式(4.11)得

$$\alpha_1=180^\circ-\frac{d_{d2}-d_{d1}}{a}\times57.3^\circ=180^\circ-\frac{355-140}{500}\times57.3^\circ=155.36^\circ>120^\circ$$

所以合适。

⑥ 确定 V 带根数。由表 4.6 查得 $P_0=2.83$ kW，$\Delta P_0=0.46$ kW，由表 4.7 查得 $K_\alpha=0.93$，由表 4.2 查得 $K_L=0.95$。V 带根数为

$$z=\frac{P_c}{(P_0+\Delta P_0)K_\alpha K_L}=\frac{12.1}{(2.82+0.46)\times0.93\times0.95}=4.18$$

取 $z=5$ 根。

⑦ 计算预紧力 F_0及压轴力 F_Q：

$$
\begin{aligned}
F_0 &= \frac{500P_c}{zv}\left(\frac{2.5}{K_\alpha}-1\right)+qv^2\\
&= \frac{500\times12.1}{5\times10.7}\left(\frac{2.5}{0.93}-1\right)+0.17\times10.7^2=210.37\ (\text{N})
\end{aligned}
$$

$$F_Q=2zF_0\sin\left(\frac{\alpha_1}{2}\right)=2\times5\times210.37\times\sin\left(\frac{155.36^\circ}{2}\right)=2\,055.25\ (\text{N})$$

三、V 带安装、张紧和维护

1. V 带传动的安装

① 各轮宽的中心线，带轮、多楔带轮对应轮槽的中心线，平带轮面凸弧的中心线均应共面且与轴线垂直，否则会加速带的磨损，降低带的寿命。安装 V 带时，两带轮轴线应相互平行，各带轮相对应的轮槽的对称平面应重合，其偏角误差不得超过 20′，如图 4.12 所示。带在轮槽中位置要正确，如图 4.13(a)所示的正确，如图 4.13(b)、(c) 所示的不正确。

② 应通过调整各轮中心距的方式来装带和张紧。切忌硬将传动带从带轮上拔下扳上，严禁用撬棍等工具将带强行撬入或撬出带轮。

③ 同组使用的带应型号相同、长度相等，不同厂家生产的带不能同时使用。新旧带不能同时混合使用，更换时，要求全部同时更换。

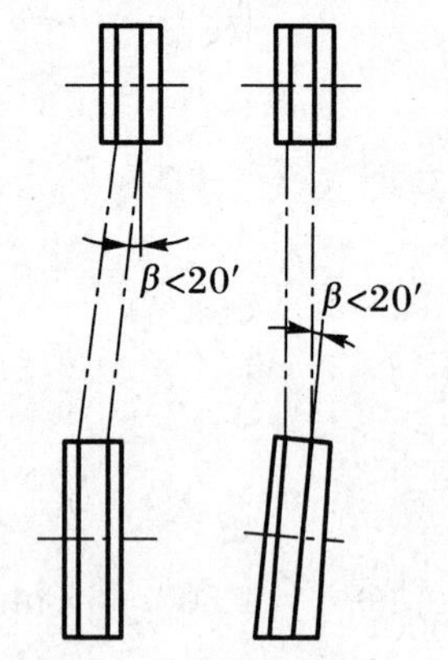

图 4.12 V带轮的安装位置

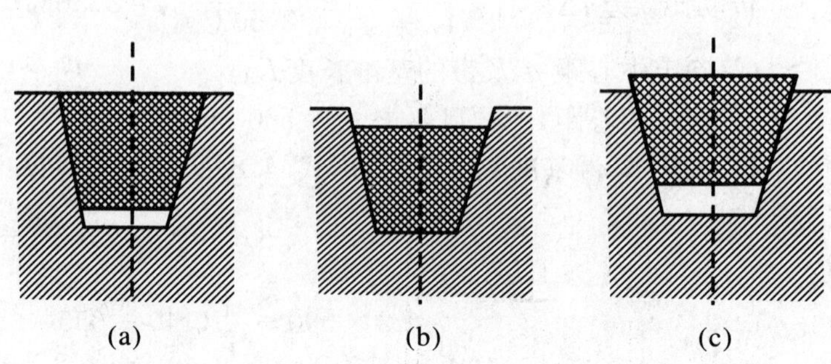

图 4.13 V带在带轮中的正确位置

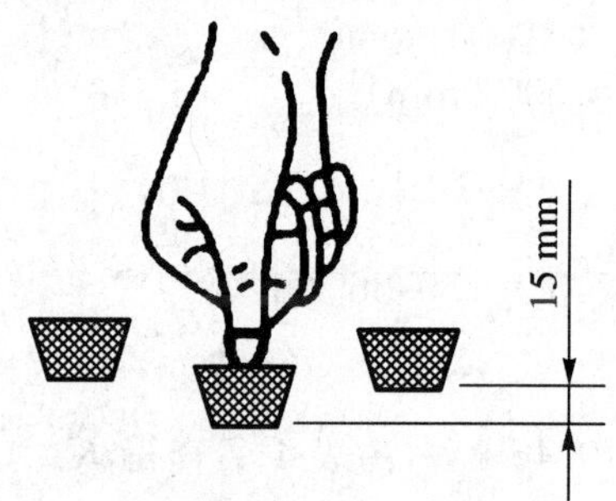

图 4.14 V带的张紧程度

④ 安装时，应按规定的初拉力张紧。对于中等中心距的图带传动，也可凭经验张紧，带的张紧程度以大拇指能将带按下 15 mm 为宜，如图 4.14 所示。新带最好预先拉紧一段时间后使用。

⑤ 安装 V 带时，先将中心距缩小后将带套入，然后慢慢调整中心距，直至张紧。

2. V带传动的张紧

带在使用时处于长期张紧状况，会因发生塑性变形而松弛，使初拉力下降而影响传动能力。为了保证带传动的正常工作，应定期检查初拉力 F_0，当发现初拉力小于允许范围时，为保证带传动的正常工作，传动带必须及时张紧。常见的张紧装置有定期张紧装置、自动张紧装置、张紧轮装置三种。

(1) 定期张紧装置

定期检查带的初拉力，如发现不足，则调节中心距，使带重新张紧，这是应用最广的张紧装置。如图 4.15(a)所示为滑轨式张紧装置，将装有带轮的电动机安装在滑轨上，要调节带的拉力时，松开螺母，旋动调节螺栓，把电动机推到所需位置，然后固定。这种装置适合两轴处于水平或倾斜不大的传动。如图 4.15(b)所示为摆架式张紧装置，将装有带轮的电动机安装在可摆动的机座上，通过机座绕一固定轴转过一定角度使带张紧。这种装置适合垂直的或接近于垂直的传动。

(2) 自动张紧装置

自动张紧装置常用于中、小功率的传动，利用电动机的自重，使带轮随同电动机绕固定轴摆动，自动调节中心距，使带总保持一定程度的张紧。如图 4.15(c)所示为带的自动张紧装置，将装有带轮的电动机安装在可自由摆转的摆架上，电动机和摆架的重量 G 对转轴的力矩使带自动保持张紧力。

(3) 张紧轮装置

当中心距不能调节时，可使用张紧轮把带张紧，如图 4.15(d)所示。张紧轮一般应安装于松边内侧，使带只受单向弯曲以减少寿命的损失；同时张紧轮还应尽量靠近大带轮，使带只受单向弯曲，同时避免小带轮的包角减少太多。但是，张紧轮的使用会消耗部分功率，在设计计算时应给予适当考虑。

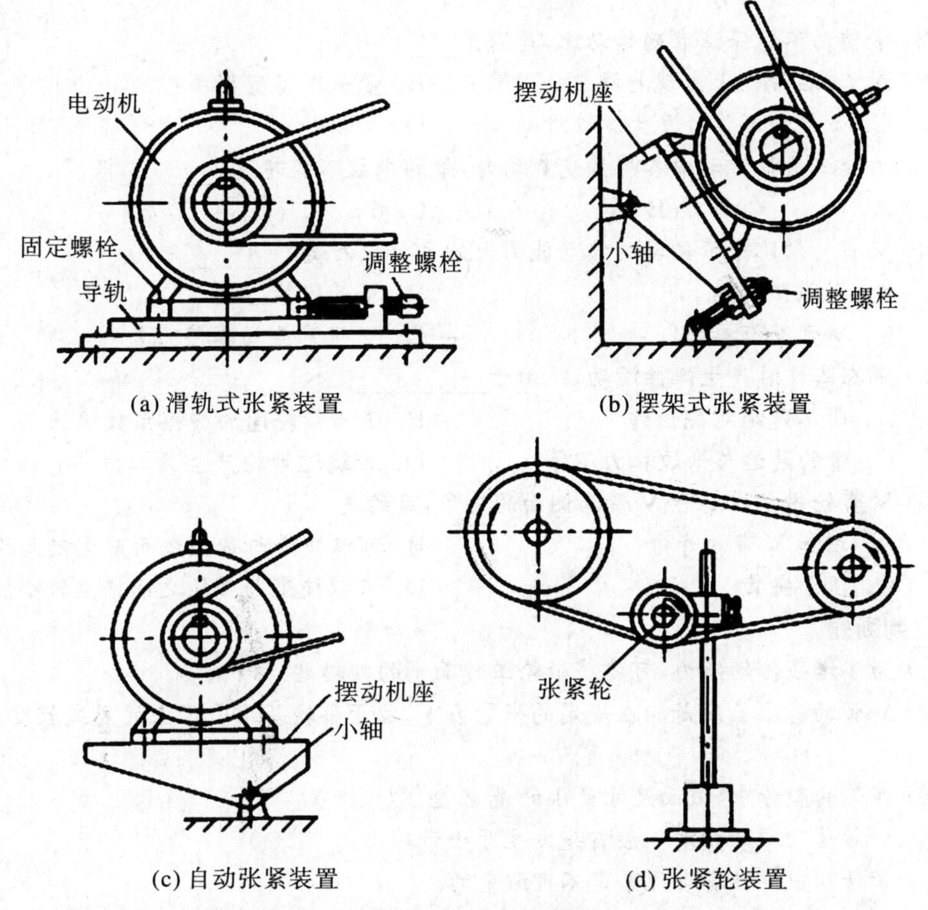

图 4.15 V 带传动的张紧装置

3. V 带传动的维护

① 带传动装置外面应加保护罩，以保护安全，防止带与酸、碱或油接触而腐蚀传动带，也不宜曝晒。

② 带传动不需润滑，禁止往带上加润滑油或润滑脂，应及时清理带轮槽内及传动带上的油污。

③ 应定期检查胶带，如果有一根松弛或损坏，则应全部更换新带。

④ 带传动的工作温度不应超过 60°。

⑤ 如果带传动装置需闲置一段时间后再使用，应将传动带放松。

复习思考题

1. 选择题

(1) 带传动主要是依靠________来传递运动和动力的。

A. 带和两轮接触面之间的正压力

B. 带的紧边拉力

C. 带和两轮接触面之间的摩擦力

D. 带松边拉力

(2) 带传动不能保证准确传动比,是因为________。

A. 带在带轮上出现打滑　　B. 带出现了磨损

C. 带传动工作时发生弹性滑动　　D. 带松弛

(3) 为使三角带传动中各根带受载均匀,带的根数不宜超过________根。

A. 4　　B. 5　　C. 6　　D. 7

(4) V 带传动比平带传动的传动能力大的主要原因是________。

A. V 带强度高　　B. V 带张紧力大

C. V 带没有接头　　D. V 带产生的摩擦力大

(5) 带在工作时产生弹性滑动,是由于________。

A. 带不是绝对挠性件　　B. 带与带轮间的摩擦系数偏低

C. 带的紧边与松边拉力不等　　D. 带绕过带轮产生离心力

(6) V 带轮槽角应小于 V 带两侧面的夹角,目的是________。

A. 增加 V 带的寿命　　B. 可以使带与带轮之间产生较大的摩擦力

C. 便于安装　　D. 可以使带与带轮之间产生较小的摩擦力

2. 判断题

(1) 为了增强传动能力,可以将带轮工作面制的粗糙些。(　　)

(2) V 带的基准长度是指在规定的张紧力下,位于带轮基准直径上的周线长度。(　　)

(3) 在带的型号中,截面尺寸最小的是 Z 型。(　　)

(4) V 带传动中的打滑一般首先发生于小带轮上。(　　)

(5) 带传动中弹性滑动现象是不可避免的。(　　)

(6) V 带传动中其他条件相同时,小带轮包角愈大,承载能力愈大。(　　)

(7) 带传动不能保证传动比准确不变的原因是发生打滑现象。(　　)

(8) 为了保证 V 带传动具有一定的传动能力,小带轮包角通常要求大于或等于 120°。(　　)

(9) 在多根 V 带传动中,当一根带失效时,为降低成本,只需换上一根新带即可。(　　)

(10) V 带的张紧轮最好布置在松边外侧靠近大带轮处。(　　)

3. 简答题

(1) 带传动有哪些类型? 各有什么特点?

(2) 普通 V 带的结构有哪几部分组成? 普通 V 带按截面形状不同分为哪几个型号?

(3) 普通 V 带轮的常用材料有哪几种? 各应用于什么场合?

(4) 普通 V 带轮的结构有哪几种? 各应用于什么场合?

(5) 简述并分析影响 V 带传动的传动能力的因素。

(6) 什么是带传动的传动比?

(7) 试从产生原因、对带传动的影响、能否避免等方面,说明弹性滑动与打滑的区别。

(8) 简述 V 带设计步骤与参数选择过程。

(9) V 带传动的张紧装置有哪几种？有何特点？

(10) 简述 V 带传动的安装与维护的注意事项。

4. 综合题

(1) 已知 V 带传动的功率 $P=7.5\ \mathrm{kW}$，小带轮直径 $d_{\mathrm{d1}}=140\ \mathrm{mm}$，转速 $n_1=1\,440\ \mathrm{r/min}$，求传动时带内的有效拉力 F_e。

(2) 已知 V 带传动，小带轮直径 $d_{\mathrm{d1}}=160\ \mathrm{mm}$，大带轮直径 $d_{\mathrm{d2}}=400\ \mathrm{mm}$，小带轮转速 $n_1=960\ \mathrm{r/min}$，滑动率 $\varepsilon=2\%$，试求由于弹性滑动引起的大带轮的转速损失。

(3) 试设计带式输送机的普通 V 带传动，用 Y 系列电动机驱动。已知功率 $P=10\ \mathrm{kW}$，转速 $n_1=960\ \mathrm{r/min}$，大带轮转速 $n_2=350\ \mathrm{r/min}$。载荷有小的变动，两班制工作。

第五章 链 传 动

本章主要对链传动的组成、类型及特点；链轮的种类、材料及结构；链传动的布置；链传动的张紧链传动的润滑等有关问题作简要的介绍。

第一节 链传动的组成、类型及特点

一、链传动的组成

链传动由分别安装在两平行轴上的主动链轮 1、从动链轮 2 和绕在两链轮上的封闭链条 3 组成，如图 5.1 所示。它依靠链节和链轮齿的啮合来传递运动和动力。

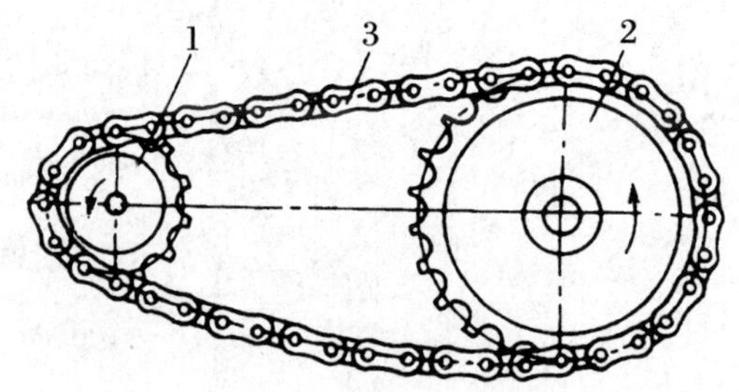

图 5.1 滚子链传动

二、链传动的类型及特点

按照用途不同，链条可分为传动链、起重链和输送链。机械中传递运动和动力的传动链主要有滚子链（见图 5.1）和齿形链（见图 5.2）。本章将主要介绍滚子链的有关内容。齿形链运转较平稳，噪声小，但重量大，成本较高，一般用于高速传动，链速可达 40 m/s。

图 5.2 齿形链传动

链传动为具有中间挠性件的啮合传动，与带传动相比较，其主要特点是：

① 能获得准确的平均传动比，但瞬时传动比不恒定。在工况相同时，链传动结构更为紧凑，传动效率较高。

② 链传动所需张紧力小，故链条对轴的压力较小。

③ 可在高温、油污、潮湿等环境恶劣情况下工作。

④ 中心距较大而结构简单，对制造与安装精度要求较低。

⑤ 传动平稳性差，有噪声，磨损后易发生跳齿和脱链，急速反向转动的性能差。

链传动主要用于平均传动比要求准确，且两轴相距较远，工作条件恶劣，不宜采用带传动和齿轮传动的场合。通常传递功率 $P\leqslant 100$ kW，传动比 $i\leqslant 8$，链速 $v\leqslant 15$ m/s，效率为 0.95～0.98。

第二节　传动链和链轮

一、链及其链轮

传动链所用的链条种类很多，常用的滚子链由内链板 1、外链板 2、销轴 3、套筒 4 和滚子 5 组成。内链板与套筒、外链板与销轴均为过盈配合；套筒与销轴、滚子与套筒均为间隙配合。这样就使内、外链节间作相对转动，并减少链条与链轮间的摩擦与磨损。为减轻重量和使链板各截面强度接近相等，链板制成“8”字形。

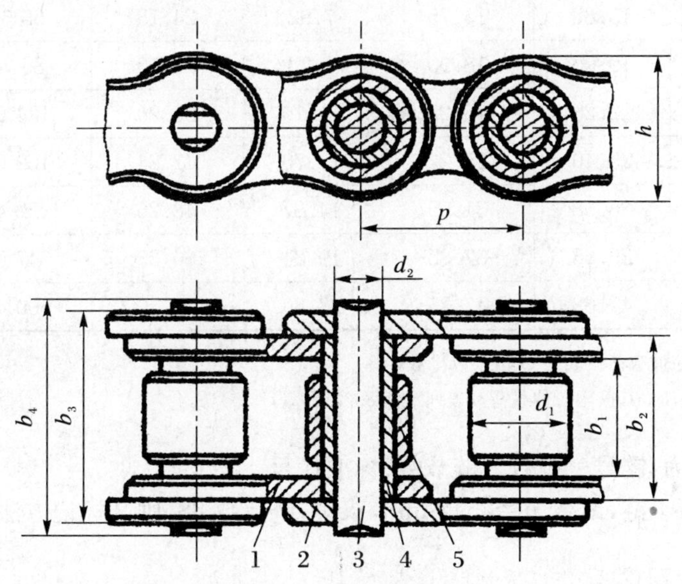

图 5.3　套筒滚子链

滚子链使用时为封闭环形，当链节数为偶数时，链条一端的外链板正好与另一端的内链板相连，接头处可用开口销[见图 5.4(a)] 或弹簧夹[见图 5.4(b)]将销轴进行轴向固定，前者用于大节距链，后者用于小节距链，该链节又称连接链节。若链节数为奇数，则采用过渡链节[见图 5.4(c)]。链条受拉时，过渡链节的弯链板承受附加的弯矩作用，强度约降低 20%，因此设计时应避免采用奇数链节数。

链条上相邻销轴的中心距称为节距，以 p 表示，它是链传动最重要的参数。

滚子链已标准化，分为A、B两个系列，常用的A系列滚子链的主要参数和尺寸见表5.1（表中的链号数乘以1.587 5即为节距 p 值）。后缀A、B为系列代号。从表中可知链号数越大，链的尺寸就越大，其承载能力也就越高。

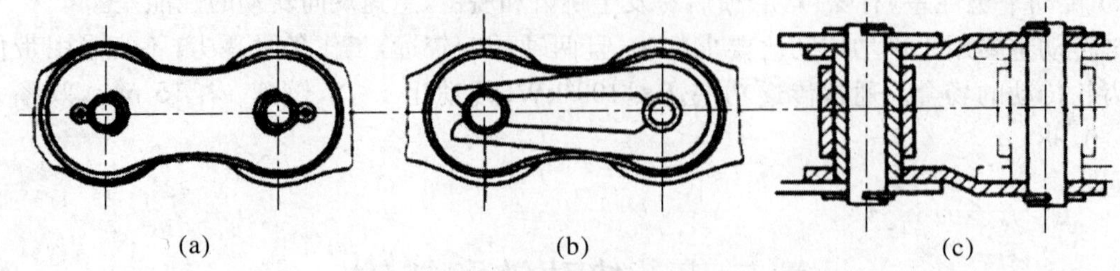

图 5.4 滚子链接头链节

表 5.1 A系列滚子链基本参数和尺寸

链号	节距 p (mm)	排距 P_1 (mm)	滚子外径 d_1 (mm)	内链节内宽 b_1 (mm)	销轴直径 d_2 (mm)	内链板高度 h (mm)	极限拉伸载荷(单排) Q (N)	每米质量(单排) q (kg/m)
08A	12.70	14.38	7.95	7.85	3.96	12.07	13 800	0.60
10A	15.875	18.11	10.16	9.40	5.08	15.09	21 800	1.00
12A	19.05	22.78	11.91	12.57	5.94	18.08	31 100	1.50
16A	25.40	29.29	15.88	15.75	7.92	24.13	55 600	2.60
20A	31.75	35.76	19.05	18.90	9.53	30.18	86 700	3.80
24A	38.10	45.44	22.23	25.22	11.10	36.20	124 600	5.60
28A	44.45	48.87	25.40	25.22	12.70	42.24	169 000	7.50
32A	50.80	58.55	28.58	31.55	14.27	48.26	222 400	10.10
40A	63.50	71.55	39.68	37.85	19.84	60.33	347 000	16.10
48A	76.20	87.83	47.63	47.35	23.80	72.39	500 400	22.60

注：① 多排链极限拉伸载荷按表列 Q 值乘以排数计算。

② 使用过渡链节时，其极限拉伸载荷按表列数值80%计算。

滚子链的标记为：链号—排数×链节数、标准代号。

例如，A系列滚子链，节数 $p=25.4$ mm，双排，链节数88，则其标记方法为16A—2×88 GB 1243.1—83。

滚子链有单排链和多排链。如图5.5所示为双排链。多排链用于较大功率传动，由于制造和装配误差，各排受载不易均匀，因此排数不宜过多，4排以上很少使用。

二、链轮的材料和结构

链条元件材料为经过热处理的碳素钢或合金钢，具体牌号及热处理后的硬度值见有关标准。链轮的齿形应易于加工，不易脱链，能保证链条平稳、顺利地进入和退出啮合，并使链条受力均匀。

链轮材料应能保证轮齿具有足够的强度和耐磨性，故齿面多经热处理。由于小链轮的啮合次数较大链轮的多，磨损和冲击也较严重，因此小链轮的材料应较好，齿面硬度应较高。

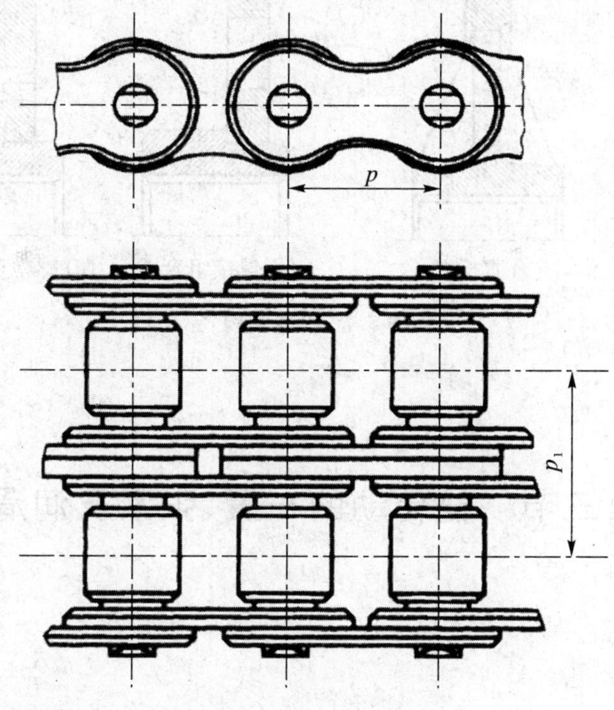

图 5.5　双排滚子链

链轮常用的材料有碳素钢（20、35、45），铸铁（HT200）和铸钢（ZG310-570），重要场合可采用合金钢（20Cr、40Cr、35SiMn 等）。

如图 5.6 所示为国家标准规定的滚子链链轮端面齿形，由 aa、ab 和 cd 三段圆弧和一段直线 bc 构成，简称“三圆弧一直线”齿形。这种齿形可用标准刀具以范成法加工，其断面齿形无需在工作图上画出，只需注明“齿形按 3R GB 1244 — 85 制造”即可。这种齿形具有接触应力小，磨损轻，冲击小，齿顶较高不易跳齿和脱链。

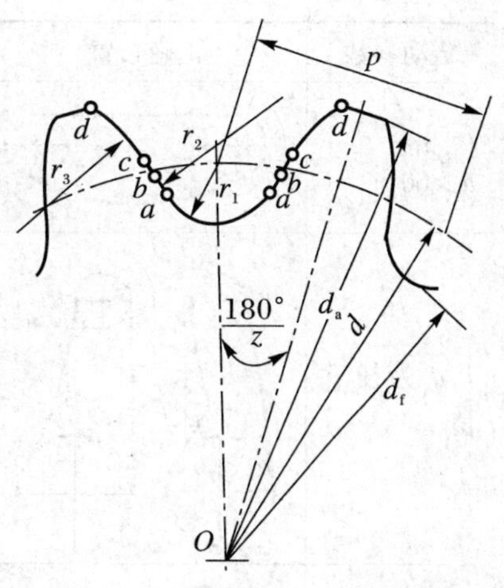

图 5.6　滚子链链轮端面标准齿形

链轮的主要尺寸计算公式为

分度圆直径：

$$d = \frac{p}{\sin(180^\circ/z)}$$

齿顶圆直径：

$$d_a = p\left(0.5 + \cot\frac{180^\circ}{z}\right)$$

齿根圆直径：

$$d_f = d - d_1$$

式中，d_1 为滚子直径，其值见表 5.1。

链轮的结构如图 5.7 所示。

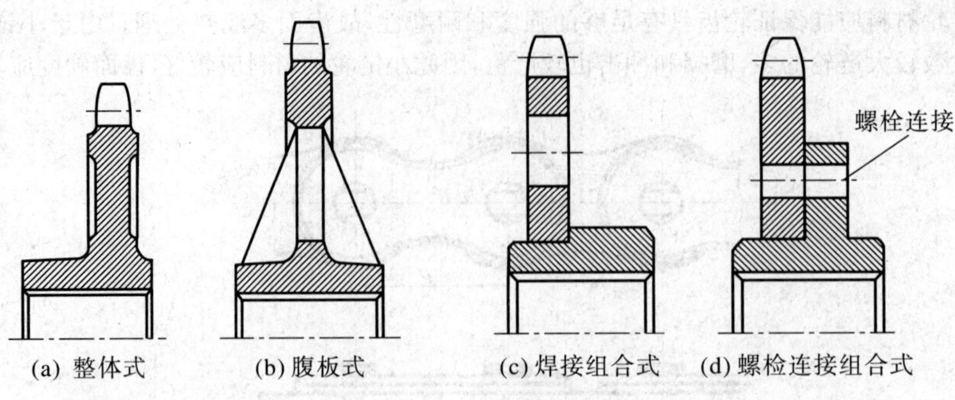

(a) 整体式　(b) 腹板式　(c) 焊接组合式　(d) 螺栓连接组合式

图 5.7　链轮结构

第三节　链传动的布置、张紧及润滑

一、链传动的布置

链传动布置时，链轮两轴线应平行，两轮应位于同一平面内，一般宜采用水平布置或接近水平布置，中心连线与水平线的夹角最好不要大于 45°，并使松边在下面，参看表 5.2。

表 5.2　链传动的布置

传动参数	正确布置	不正确布置	说　明
$i<1.5$ $a>60p$			两轴在同一水平面，松边应在下面，否则下垂量增大后，松边会与紧边相碰，需经常调中心距
i、a 为任意值			两轮轴线在同一铅垂面内，下垂量增大，会减少下链轮有效啮合齿数，降低传动能力，为此应采用：a. 中心距可调；b. 张紧装置；c. 上下两轮错开，使其不在同一铅垂面内
$i>2$ $a=(30\sim50)p$			两轮轴线在同一水平面，紧边在上或下均不影响工作
$i>2$ $a<30p$			两轮轴线不在同一水平面，松边应在下面，否则松边下垂量增大后，链条易与链轮卡死

二、链传动的张紧

链条在使用过程中会因磨损而逐渐伸长，为防止松边垂度过大而引起啮合不良、松边颤动和跳齿等现象，应使链张紧。常用张紧方法有调整中心距和采用张紧装置。张紧轮可用链轮，也可用滚轮，一般设在松边外侧，如图 5.8 所示。对于大中心距的链传动，可以用压板或托板张紧(见图 5.9)。

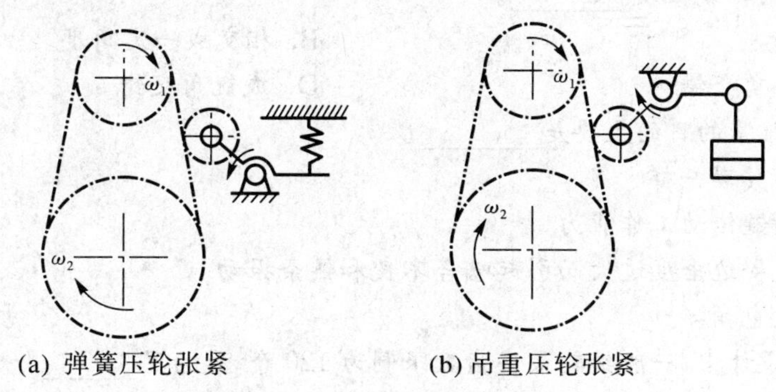

(a) 弹簧压轮张紧　　(b) 吊重压轮张紧

图 5.8　链传动的压轮张紧

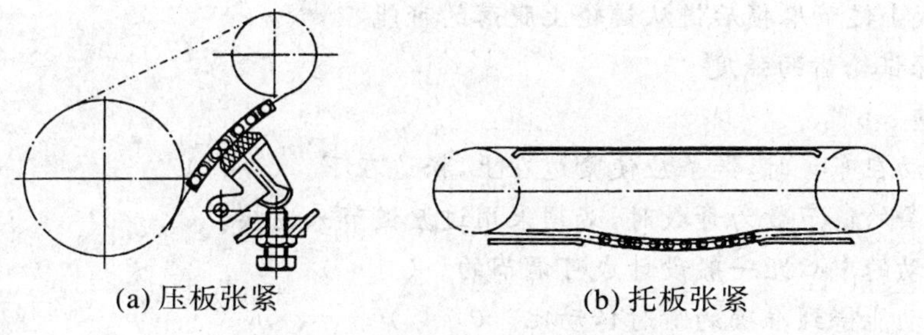
(a) 压板张紧　　(b) 托板张紧

图 5.9　链传动的压板和托板张紧

三、链传动的润滑

润滑对链传动影响很大，良好的润滑将减少磨损，缓和冲击，延长链条的使用寿命。润滑油推荐使用 L-AN32、L-AN46 和 L-AN68 号全损耗系统用油。低温条件下使用 L-AN32 油。对于开式或低温重载传动可在润滑油中加入 MoS2、WS2 等添加剂。

复习思考题

1. 选择题

(1) 滚子链链条的主要参数是________。

A. 链节距　　B. 锁轴的直径　　C. 链板的厚度　　D. 传动比

(2) 链传动作用在轴上的力比带传动小，其主要原因是________。

A. 链条的离心力　　B. 啮合时无需很大的初拉力

C. 在传递相同功率时，圆周力小　　D. 在传递相同功率时，圆周力大

(3) 当 $v>0.6$ m/s 时，链条的主要失效形式为________。

A. 磨损　　B. 静力拉断　　C. 疲劳破坏　　D. 断裂

(4) 链节数尽量采用________。

A. 偶数　　B. 奇数　　C. 大数　　D. 小数

(5) 当 ω_1 为恒值时，链条的转速 ω_2 是________。

A. 变值　　B. 恒值　　C. 不一定　　D. 零

(6) 链传动的轴线必须________。

A. 平行　　B. 相交成一定角度

C. 成直角交错　　D. 成锐角交错

(7) 链传动张紧的目的主要是________。

A. 同带传动一样

B. 提高链传动工作能力

C. 避免松边垂度过大而引起啮合不良和链条振动

D. 增大包角

(8) 链传动设计中，一般链轮最多齿数限制为 120 个，是为了________。

A. 减小链传动的不均匀性

B. 限制传动比

C. 减小链节磨损后链从链轮上脱落的可能

D. 保证轮齿的强度

2. 判断题

(1) 链传动在布置时，链条应使紧边在上，松边在下。(　　)

(2) 当链条的链节数为奇数时，必须采用过渡链节来连接。(　　)

(3) 链传动的中心距一般设计成可调节的。(　　)

(4) 链传动能得到准确的瞬时传动比。(　　)

3. 简答题

(1) 链传动属于何种传动？链传动与带传动相比较有哪些特点？

(2) 为什么链传动的瞬时速度是变化的？选择滚子链参数的依据是什么？

(3) 链工作一段时间后发生脱链的主要原因是什么？链传动的合理布置方式有哪些？试说明理由。

(4) 链条的张紧作用与带传动是否相同？都有哪些张紧方式？

4. 综合题

(1) 试设计一带式输送机用的滚子链传动。已知传递的名义功率 $P=10$ kW，主动链轮转速 $n_1=970$ r/min，从动链轮转速 $n_2=320$ r/min，电动机驱动，载荷平稳，链传动近于水平布置，中心距不小于 550 mm。

(2) 试设计一螺旋输送机中的滚子链传动。已知传递的功率 $P=5$ kW，主动链轮转速 $n_1=960$ r/min，传动比 $i=3.2$，按推荐方式润滑，采用电动机驱动，载荷平稳。

第六章　齿 轮 传 动

本章主要学习齿轮传动的特点和分类；渐开线齿廓的特性；渐开线齿轮的正确啮合条件；齿轮传动的失效形式以及预防措施；齿轮传动时的受力分析及直齿圆柱齿轮传动的强度计算；齿轮传动主要参数的合理选择和调整；齿轮的结构设计；蜗杆传动的特点、类型、失效形式、材料选择和受力分析。

第一节　齿轮传动的特点和分类

一、齿轮传动的特点

齿轮传动是现代机械中应用最为广泛的一种传动，它由主动齿轮、从动齿轮和支撑件等组成，是靠轮齿间的直接啮合来传动的。

齿轮传动的主要优点：它可以用来传递空间任意两轴之间的运动和动力；传递的载荷与速度范围广；结构紧凑；机械效率高；能保证恒定的瞬时传动比，传动准确、平稳，使用寿命长，传动比准确，工作安全可靠。

齿轮传动的缺点：对制造及安装精度要求较高；需专用机床制造，成本高；不宜用于大中心距传动；精度低时振动、噪声大。

二、齿轮传动的分类

根据两轴的相对位置和轮齿方向，可分为以下类型，如图 6.1 所示。

1. 两平行轴之间的齿轮传动

按照轮齿和轮轴的相对位置，可分为直齿圆柱齿轮、斜齿圆柱齿轮和人字齿圆柱齿轮传动。而按照轮齿在圆柱体的外表面、内表面或平面上的排列，又可分为外啮合齿轮传动、内啮合齿轮传动和齿轮齿条传动。

2. 两相交轴之间的齿轮传动

按照轮齿和轮轴的相对位置，可分为直齿圆锥齿轮传动、斜齿圆锥齿轮传动和曲齿圆锥齿轮传动。

3. 两交错轴之间的齿轮传动

两交错轴之间的齿轮传动包括螺旋齿轮传动、双曲线齿轮传动和蜗杆传动。

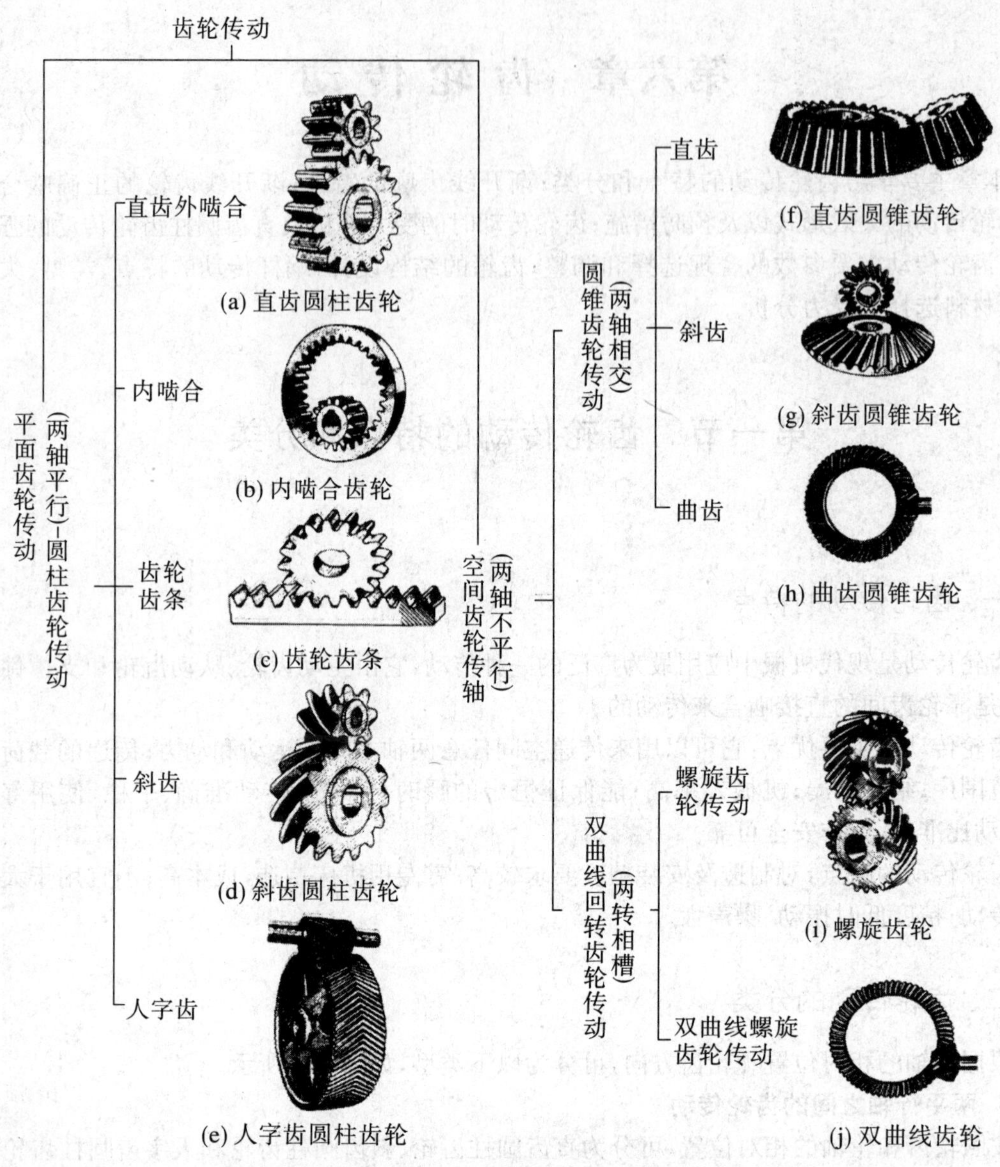

图 6.1 齿轮传动的类型

第二节 渐开线齿廓及啮合特性

一、渐开线齿廓

1．渐开线的形成

如图 6.2 所示，当一条动直线 NK 沿半径为 r_b 的圆作纯滚动时，该直线上任一点 N 的轨迹 KA 称为该圆的渐开线。该圆称为渐开线的基圆，直线 NK 称为渐开线的发生线。

渐开线齿轮上每个齿轮的齿廓由同一基圆产生的两条对称的渐开线组成，如图 6.3 所示。

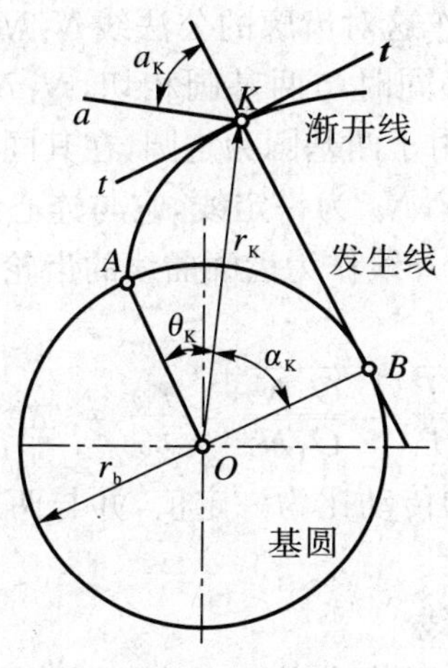

图 6.2 渐开线的形成

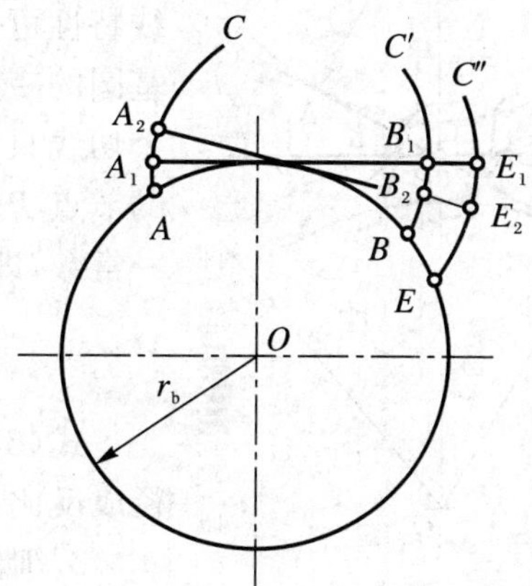

图 6.3 对称的渐开线

2. 渐开线的特性

① 发生线在基圆上滚过的一段长度等于基圆上相应被滚过的一段弧长，即 $\overset{\frown}{AB}=BK$。

② 因 N 点是发生线沿基圆滚动时的速度瞬心，故发生线 KB 是渐开线在 K 点的法线。又因发生线始终与基圆相切，所以渐开线上任一点的法线必与基圆相切。

③ 发生线与基圆的切点 B 即为渐开线上 K 点的曲率中心，线段 KB 为 K 点的曲率半径。随着 K 点离基圆愈远，相应的曲率半径愈大；而 K 点离基圆愈近，相应的曲率半径愈小。

④ 渐开线的形状取决于基圆的大小。同一基圆上的渐开线完全相同。如图 6.4 所示，基圆半径愈小，渐开线愈弯曲；基圆半径愈大，渐开线愈趋平直。当基圆半径趋于无穷大时，渐开线便成为直线。所以渐开线齿条（直径为无穷大的齿轮）具有直线齿廓。

⑤ 渐开线是从基圆开始向外逐渐展开的，基圆切线是法线，所以基圆以内无渐开线。

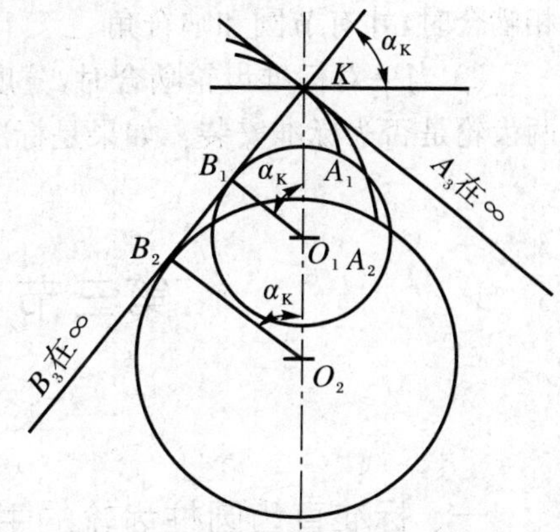

图 6.4 不同基圆的渐开线

二、渐开线齿廓的啮合特性

1. 四线合一

如图 6.5 所示，齿轮传动过程中，齿廓啮合点的轨迹称为啮合线，因为不论两渐开线齿廓在何点啮合，该啮合点必在 N_1N_2 线上，因此，N_1N_2 线称为渐开线齿轮传动的啮合线。公法线与连心线 O_1O_2 的交点 P 称为节点，以 O_1、O_2 为圆心，O_1P、O_2P 为半径作圆，这对圆称为齿轮的节圆，其半径分别以 r_1' 和 r_2' 表示。啮合线与两齿轮节圆的公切线的夹角 α' 称为啮合角。由于啮合线与两齿廓接触点的公法线重合，所以啮合角等于齿廓在节圆上的压力角。啮合线、过啮合点的公法线、基圆的内公切线和正压力作用线四线合一。

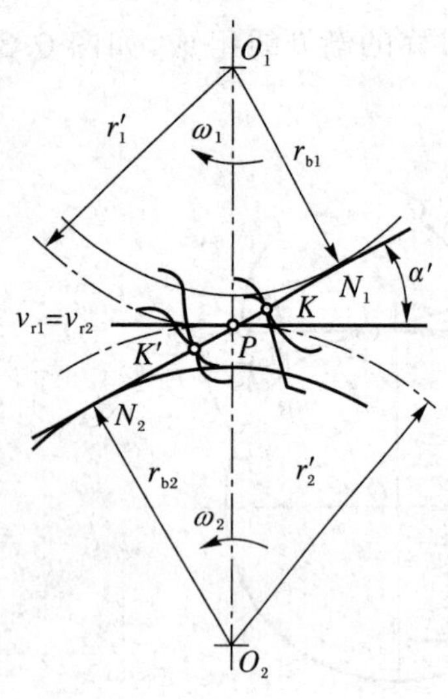

图 6.5 渐开线的啮合特性

2. 渐开线齿廓能保证恒定的传动比

如图 6.5 所示，为两渐开线齿廓 C_1 和 C_2 在任意点 K 相互啮合的情况，过 K 点作这对齿廓的公法线 N_1N_2，根据渐开线特性可知，此公法线必同时与两基圆相切，N_1N_2 即是两轮基圆的一条内公切线。由于两基圆为定圆，在其同一方向的内公切线只有一条，所以 N_1N_2 为一定线，它与连心线交于固定的节点 P，所以两个以渐开线作为齿廓曲线的齿轮其传动比为一常数，即

$$i=\frac{\omega_1}{\omega_2}=\frac{\overline{O_2P}}{\overline{O_1P}}=\frac{\overline{O_2N_2}}{\overline{O_1N_1}}=\frac{r_{b2}}{r_{b1}}=\text{常数} \tag{6.1}$$

式(6.1)表明两轮的传动比为一定值，并与两轮的基圆半径成反比。

3. 啮合线一定为直线

既然一对渐开线齿廓在任何位置啮合时，接触点的公法线都是同一条直线 N_1N_2，这说明所有啮合点均在 N_1N_2 直线上，因此 N_1N_2 又是齿轮传动的啮合线。该特性对传动的平稳性有利。从图 6.5 可知，一对齿轮传动相当于一对节圆的纯滚动，而且两齿轮的传动比也等于其节圆半径的反比。

4. 渐开线齿轮的可分性

一对渐开线齿轮传动由于制造、安装、轴的变形及轴承磨损等原因，使实际中心距比理论中心距稍有增大时，两轮的瞬时传动比能保持不变，称为中心距可分性。两渐开线齿轮啮合时，其传动比取决于两轮基圆半径的反比，而在渐开线齿轮的齿廓加工完成后，其基圆大小就已完全确定。所以，即使两轮的实际中心距与设计中心距略有偏差，也不会影响两轮的传动比。由于上述特性，工程上广泛采用渐开线齿廓曲线。

下面讨论分度圆与节圆、压力角与啮合角的区别：

① 就单独一个齿轮而言，只有分度圆和压力角，而无节圆和啮合角；只有当一对齿轮互相啮合时，才有节圆和啮合角。

② 当一对标准齿轮啮合时，分度圆与节圆是否重合，压力角与啮合角是否相等，取决于两齿轮是否为标准安装。如果是标准安装，则两圆重合、两角相等；否则均不相等。

第三节　直齿圆柱齿轮传动

一、标准直齿圆柱齿轮的主要参数和基本尺寸

1. 齿轮各部分的名称及代号

齿轮有标准齿轮与非标准齿轮之分，具有标准齿的齿轮称为标准齿轮。下面仅介绍齿廓曲线为渐开线的标准圆柱齿轮的名词述语和基本参数。如图 6.6 所示为渐开线直齿圆柱齿轮的一部分。

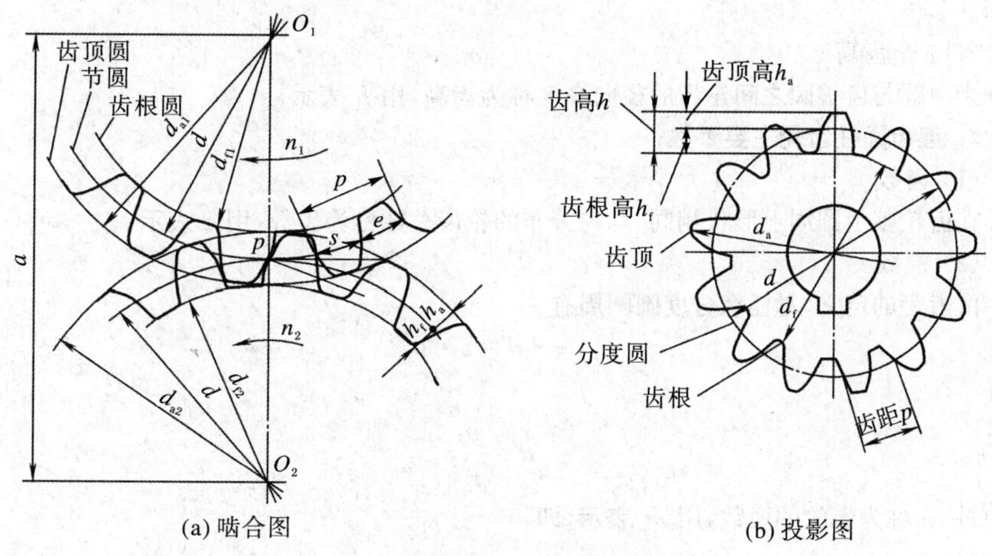

图 6.6　直齿轮各部分名称及其代号

(1) 齿顶圆

齿顶圆柱面与端平面的交线，称为齿顶圆，其直径用 d_a 表示。

(2) 齿根圆

齿根圆柱面与端平面的交线，称为齿根圆，其直径用 d_f 表示。

(3) 齿厚

在圆柱齿轮的端面上，轮齿两侧齿廓之间的弧长称为该圆上的齿厚，用 s_k 表示。

(4) 齿槽

相邻两齿之间的空间称为齿槽。齿槽两侧齿廓之间的弧长称为该圆上的齿槽宽，用 e_k 表示。

(5) 齿距

在圆柱齿轮的端面上，相邻两齿同侧齿廓之间的弧长称为该圆上的齿距，用 p_k 表示。

$$p_k = e_k + s_k$$

(6) 分度圆

为了设计和制造方便，将齿轮上某个圆作为度量尺寸的基准，该圆称为分度圆。在标准齿轮上齿厚和齿槽宽相等的圆就是齿轮的分度圆，用 d 表示其直径。规定分度圆上的齿厚、齿槽宽、齿距分别用 s、e 和 p 表示。

(7) 节圆

在连心线上两相切的圆称为节圆，其直径用 d' 表示。在标准齿轮中，$d' = d$。

(8) 节点

在一对啮合齿轮上，两节圆的切点为节点。

(9) 齿顶高

在轮齿上介于齿顶圆和分度圆之间的部分称为齿顶，其径向高度称为齿顶高，用 h_a 表示。

(10) 齿根高

在轮齿上介于齿根圆和分度圆之间的部分称为齿根，其径向高度称为齿根高，用 h_f

表示。

(11) 全齿高

齿顶圆与齿根圆之间轮齿的径向高度称为齿高,用 h 表示。

2. 直齿圆柱齿轮主要参数

(1) 齿数

在齿轮整个圆周上形状相同、均匀分布的轮齿总数称为齿数,用 z 表示。

(2) 模数

由齿距的定义,对任意分度圆圆周有

$$\pi \cdot d = z \cdot p$$

或

$$d = \frac{p}{\pi} z$$

式中,p/π 称为齿轮的模数,用 m 表示,即

$$m = \frac{p}{\pi}$$

模数是计算齿轮几何尺寸的一个基本参数,单位为 mm。

为了便于齿轮轮齿的加工、简化刀具和使齿轮有互换性,我国标准规定用模数作为度量和计算齿轮的一个基本参数,在 GB 1357—2008 中对齿轮的模数作了统一规定,见表6.1。

表 6.1 模数系列

第一系列	0.1,0.12,0.15,0.2,0.25,0.3,0.4,0.5,0.6,0.8,1,1.25,1.5,2,2.5,3,4,5,6,8,10,12,16,20,25,32,40,50
第二系列	0.35,0.7,0.9,1.75,2.25,2.75,(3.25),4.5,5.5,(6.5),7,9,(11),14,18,22,28,(30),36,45

注:在选用模数时,应优先采用第一系列,其次是第二系列,括号内的模数尽可能不用。

(3) 压力角

渐开线齿廓上各点的压力角是不相等的,离基圆愈远,压力角愈大。压力角太大对传动不利,所以用作齿廓那段渐开线的压力角不能太大。为了便于设计、制造和维修,渐开线齿廓在分度圆处的压力角已经标准化。我国标准(GB 1357—2008) 规定分度圆上齿廓的压力角为 20°,用 α 表示,称为标准压力角。

(4) 齿顶高系数和顶隙系数

如图 6.6 所示,介于齿顶圆与分度圆之间的部分称为齿顶,用 h_a表示;介于齿根圆与分度圆之间的部分称为齿根,用 h_f表示;轮齿在齿顶圆与齿根圆之间的部分称为全齿高,用 h 表示。h_a^* 和 c^* 分别称为齿顶高系数和顶隙系数,齿顶高和齿根高可表示为

$$齿顶高:\quad h_a = h_a^* m \tag{6.2}$$

$$齿根高:\quad h_f = (h_a^* + c^*)m \tag{6.3}$$

$$全齿高:\quad h = (2h_a^* + c^*)m \tag{6.4}$$

对于圆柱齿轮,其标准值按正常齿制和短齿制规定如表 6.2 所示。

表 6.2　圆柱齿轮标准齿顶高系数和顶隙系数

系数	正常齿	短齿
h_a^*	1	0.8
c^*	0.25	0.3

顶隙 $c=c^*m$，它是指一对齿轮啮合时，一个齿轮的齿顶圆到另一个齿轮的齿根圆之间的径向距离。在齿轮传动中，为避免齿轮的齿顶端与另一个齿轮的齿槽底相接触，留有顶隙以利于储存润滑油以便于润滑，补偿在制造和安装中造成的齿轮中心距的误差以及齿轮变形等。

3. 标准直齿圆柱齿轮的基本几何尺寸

标准直齿圆柱齿轮的基本几何尺寸计算公式列于表 6.3。

表 6.3　标准直齿圆柱齿轮的基本几何尺寸计算公式

名称	符号 S	计算公式
齿顶高	h_a	$h_a=h_a^*m=m$
齿根高	h_f	$h_f=(h_a^*+c^*)m=1.25m$
齿高	h	$h=(2h_a^*+c^*)m=2.25m$
顶隙	c	$c=c^*m=0.25m$
分度圆直径	d	$d=mz$
基圆直径	d_b	$d_b=d\cos\alpha$
齿顶圆直径	d_a	$d_a=d\pm 2h_a=m(z\pm 2h_a^*)$
齿根圆直径	d_f	$d_f=d\pm 2d_f=m(z\pm 2h_a^*\pm 2c^*)$
齿距	p	$p=\pi m$
齿厚	s	$S=\pi m/2$
齿槽宽	e	$e=\pi m/2$
标准中心距	α	$\alpha=m(z_1+z_2)/2$

二、直齿圆柱齿轮的啮合传动

1. 渐开线标准直齿圆柱齿轮正确啮合的条件

如图 6.7 所示，一对渐开线标准直齿圆柱齿轮传动有两对齿同时参加啮合，当前一对齿脱离啮合(或尚未脱离啮合)时，后一对齿应进入啮合(或刚好进入啮合)，而且两对齿的廓啮合点都应在啮合线 N_1N_2 上。在图 6.7 中，设 K_1、K_1' 和 K_2、K_2' 为两对齿廓的啮合点，为保证啮合点都在啮合线上，必须 $K_1K_1'=K_2K_2'$，即两齿轮的法线齿距(沿法线方向的齿距称为法线齿距)应相等，根据渐开线的性质可知，法线齿距等于两齿轮的基圆齿距 p_{b1} 和 p_{b2}。由此，要使两齿轮正确啮合，则要求

$$p_{b1}=p_{b2} \tag{6.5}$$

$$p_b=p\cos\alpha=\pi m\cos\alpha \tag{6.6}$$

$$p_{b1}=p_1\cos\alpha_1=\pi m_1\cos\alpha_1$$

$$p_{b2}=p_2\cos\alpha_2=\pi m_2\cos\alpha_2$$

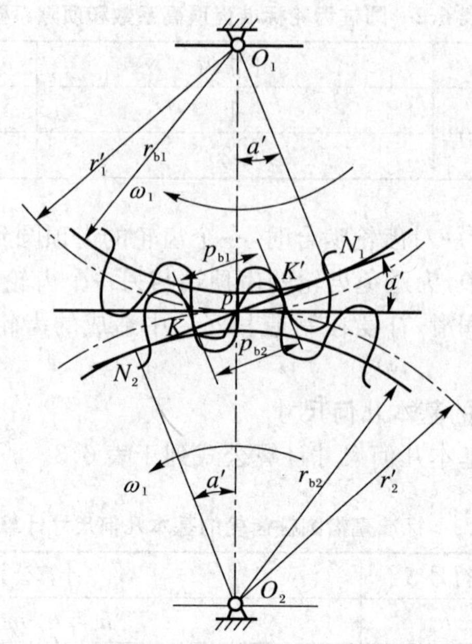

图 6.7 渐开线标准直齿圆柱齿轮正确啮合条件

由此可得

$$m_1\cos\alpha_1 = m_2\cos\alpha_2 \tag{6.7}$$

由于模数和压力角已经标准化，为满足上式，应使

$$\begin{cases} m_1 = m_2 = m \\ \alpha_1 = \alpha_2 = \alpha \end{cases} \tag{6.8}$$

式(6.8)表明，渐开线齿轮的正确啮合条件是两轮的模数和压力角必须分别相等。

2. 渐开线齿轮连续传动的条件

如图 6.8 所示，为一对相互啮合的齿轮，设轮 1 为主动轮，轮 2 为从动轮。齿廓的啮合由主动轮 1 的齿根部推动从动轮 2 的齿顶开始，因此，从动轮齿顶圆与啮合线的交点 B_2 即为一对齿廓进入啮合的开始。随着轮 1 推动轮 2 转动，两齿廓的啮合点沿着啮合线移动。当啮合点移动到齿轮 1 的齿顶圆与啮合线的交点 B_1 时，这对齿廓终止啮合，两齿廓即将分离。所以啮合线 N_1N_2 上的线段 B_1B_2 为齿廓啮合点的实际轨迹，称为实际啮合线，而线段 N_1N_2 称为理论啮合线。当一对轮齿在点 B_2 开始啮合时，前一对轮齿仍在点 K 啮合，则传动就能连续进行。由图可见，这时实际啮合线段 B_1B_2 的长度大于齿轮的法线齿距。如果前一对轮齿已于点 B_1 脱离啮合，而后一对轮齿仍未进入啮合，则这时传动发生中断，将引起冲击。所以，保证连续传动的条件是使实际啮合线长度大于或至少等于齿轮的基圆齿距 p_b。通常将实际啮合线长度与基圆齿距之比称为齿轮的重合度，用 ε 表示，即

$$\varepsilon = \frac{B_1B_2}{p_b} \geqslant 1 \tag{6.9}$$

理论上当 $\varepsilon = 1$ 时，就能保证一对齿轮连续传动，但考虑齿轮的制造、安装误差和啮合传动中轮齿的变形，实际上应使 $\varepsilon > 1$。一般机械制造中，常使 $\varepsilon \geqslant 1.1 \sim 1.4$。重合度越大，表示同时啮合的齿的对数越多，传动越平稳。对于标准齿轮传动，其重合度都大于 1，所以通常不必进行验算。

3．齿轮传动的标准中心距

由前述已知，标准齿轮分度圆的齿厚和齿槽宽相等，一对正确啮合的渐开线齿轮的模数相等，即 $s_1 = e_1 = s_2 = e_2 = \pi m/2$。因此，当分度圆和节圆重合时，便可满足无侧隙啮合条件。安装时使分度圆与节圆重合的一对标准齿轮的中心距称为标准中心距，用 α 表示。

$$\alpha = r_1 + r_2 = \frac{m}{2}(z_1 + z_2) \tag{6.10}$$

显然，此时的啮合角 α 就等于分度圆上的压力角。应当指出，分度圆和压力角是单个齿轮本身所具有的，而节圆和啮合角是在两个齿轮相互啮合时才出现的。标准齿轮传动只有在分标准齿轮传动在分度圆与节圆重合时，压力角和啮合角才相等。此时渐开线标准直齿圆柱齿轮的传动比为

$$i = \frac{\omega_1}{\omega_2} = \frac{n_1}{n_2} = \frac{d_2}{d_1} = \frac{z_2}{z_1} \tag{6.11}$$

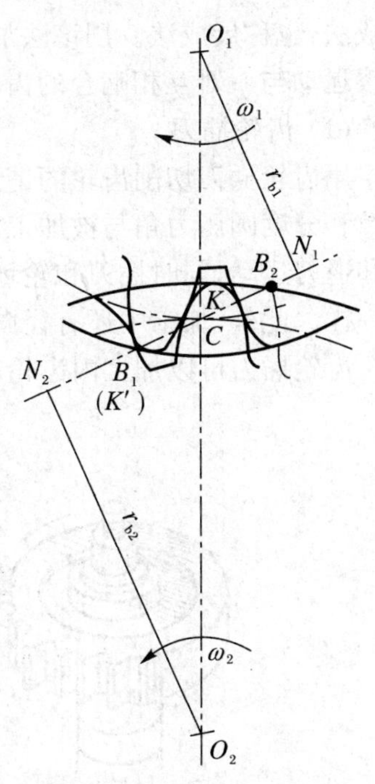

图 6.8　渐开线齿轮连续传动的条件

三、渐开线齿轮的加工方法

齿轮加工的方法很多，如铸造、冲压、热轧、模锻、切削加工等，生产中常用切削法，切削法又可以分为仿形法和范成法。

1．仿形法

在普通铣床上用圆盘铣刀或指状铣刀将轮坯齿槽部分的材料逐一铣掉的方法称作仿形法，如图 6.9 所示。其铣刀的轴向剖面形状与齿轮齿槽的齿廓形状完全相同。铣削时铣刀绕自己的轴线回转，同时轮坯沿其轴线方向送进。每加工完一个齿槽，轮坯退回原处，用分度头将其转过 $360^\circ/z$ 的角度后再加工下一个齿槽。

这种加工方法简单，不要求专用的齿轮加工机床。但精度低，生产率低，加工成本高，多用于单件或少量低精度齿轮的修配。

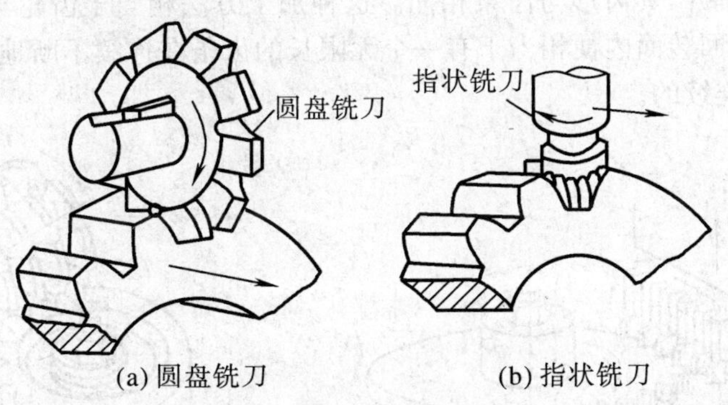

(a) 圆盘铣刀　　(b) 指状铣刀

图 6.9　用仿形法加工齿轮

2．范成法

利用一对齿轮相互啮合传动时其两轮的齿廓互为包络线的原理来加工齿轮的方法称为

范成法,也称展成法。用该法加工齿轮时,除了切削运动和让刀运动外,刀具和轮坯之间的对滚运动与一对互相啮合的齿轮的运动完全相同。这种方法采用的刀具有3种。

(1) 齿轮插刀

用齿轮插刀切削齿轮的情形如图6.10所示。插齿刀的形状就是一个有刀刃的齿轮,其模数和分度圆压力角与被加工的齿轮相同。加工时插刀沿轮坯的轴线方向作迅速的往复进刀和退刀运动,同时插刀和轮坯又以恒定的传动比作缓慢的回转运动,好像一对齿轮相互啮合一样。此外,加工中还有径向进给运动和让刀运动。

齿轮插刀可以加工内齿轮和双联齿轮,但加工不连续。

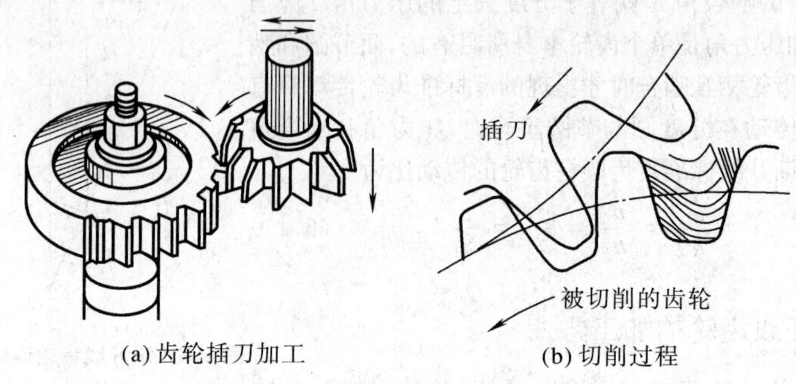

(a) 齿轮插刀加工　　(b) 切削过程

图6.10　用齿轮插刀加工齿轮

(2) 齿条插刀

当齿轮插刀的齿数增加,刀无穷多时,其基圆半径变成无穷大,渐开线齿廓变为直线齿廓,齿轮插刀变成齿条插刀,如图6.11所示。其原理与齿轮插刀加工齿轮相同,齿条插刀与轮坯的展开运动相当于齿条与齿轮的啮合运动。

由于齿条插刀的齿廓是直线,比齿轮插刀制造容易,精度高;但是因为齿条插刀长度有限,每次移动全长后要求复位,所以生产率低。

(3) 齿轮滚刀

如图6.12所示,齿轮滚刀的外形相当于一个梯形螺旋杆,沿螺杆轴线方向开了沟槽,制有刀刃。若沿轴向剖开,其齿形与齿条相同。这种加工方法相当于齿轮与齿条的啮合。当滚刀转动时,在轮坯回转面内便相当于有一个无限长的齿条在连续不断地移动。所以,滚刀加工齿轮的过程是连续的。

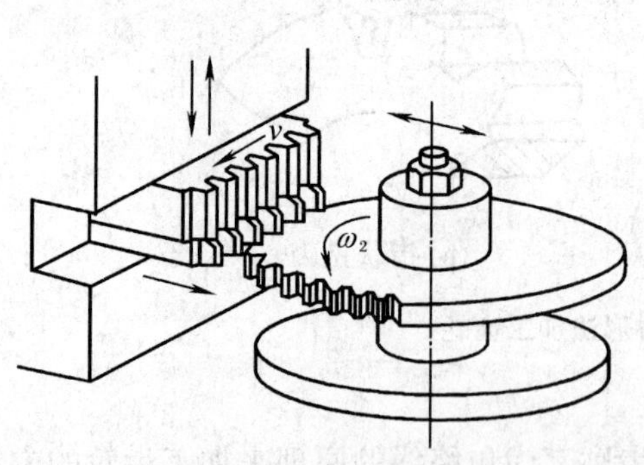

图6.11　用齿条刀具插齿

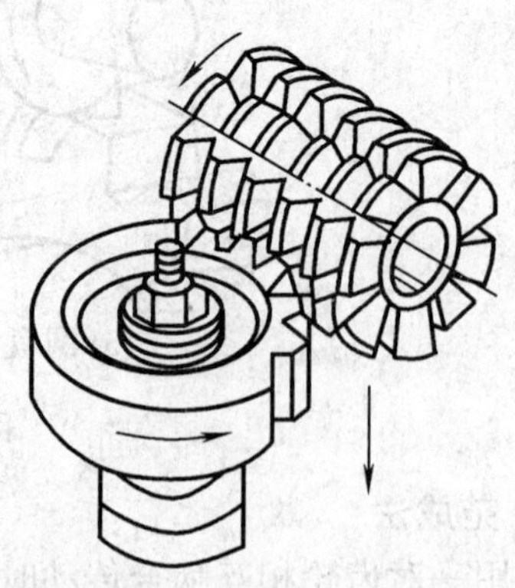

图6.12　用滚刀加工齿轮

齿轮滚刀加工是连续切削，生产率高，是目前广泛应用的加工方法。但是齿轮滚刀不能加工内齿轮，加工双联齿轮也受到限制。

四、轮齿的根切现象与齿轮的最小齿数

1．轮齿的根切现象

用范成法加工齿轮时，如果齿轮的齿数太少，切削刀具常会将轮齿根部的渐开线齿廓切去一部分，如图 6.13 所示，这种现象称为根切。轮齿发生根切后，齿根厚度减薄，轮齿的抗弯曲能力下降，重合度减少，影响了传动的平稳性，所以必须设法避免。

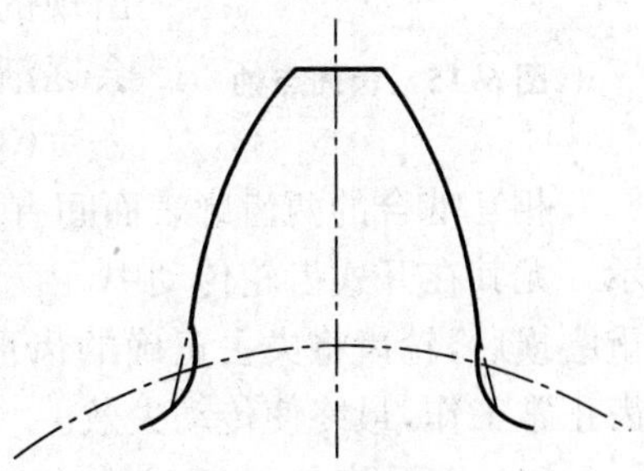

图 6.13　轮齿的根切现象

2．齿轮的最少齿数

用滚刀加工压力角为 20°的正常齿的标准直齿圆柱齿轮时，根据计算，可得出不发生根切的最少齿数 $z_{\min}$。

为了保证切齿过程中不发生根切，所设计齿轮的齿数 z 必须大于或等于不发生根切的最少齿数 $z_{\min}$。

当 $\alpha = 20^\circ, h^* = 1$ 时，$z_{\min} = 17$；

当 $\alpha = 20^\circ, h^* = 0.8$ 时，$z_{\min} = 14$。

五、齿轮的失效形式及材料选用

1．齿轮的失效形式

齿轮的失效主要是轮齿的失效。轮齿的失效形式是多种多样的，比较常见的有轮齿折断、齿面点蚀、齿面磨损、齿面胶合等几种。

(1) 轮齿折断

轮齿折断有多种形式。齿轮工作时，由于严重过载或冲击载荷引起的轮齿突然折断，称为过载折断，如图 6.14(a)所示。硬度高的钢制齿轮和铸铁齿轮，容易发生这种断裂。严重磨损的轮齿，由于齿厚变薄，也容易发生过载折断。

齿轮工作时，轮齿的弯曲应力为交变应力。齿根处产生的弯曲应力最大，当弯曲应力超过弯曲疲劳极限时，将产生疲劳裂纹并逐渐扩大，最终引起轮齿折断，这种折断称为疲劳折断，如图 6.14(b)所示。

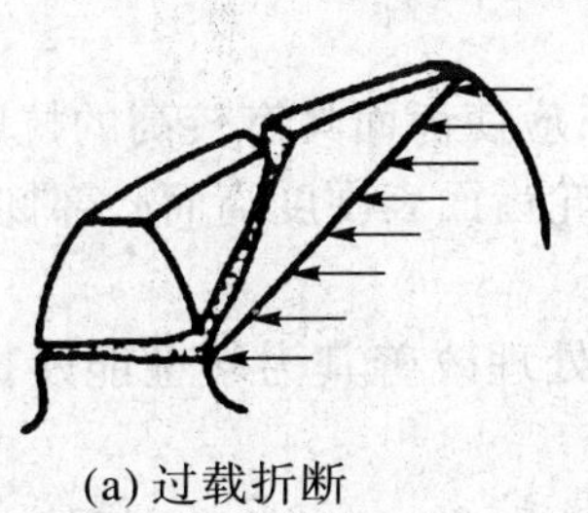

(a) 过载折断　　(b) 疲劳折断

图 6.14　轮齿的折断

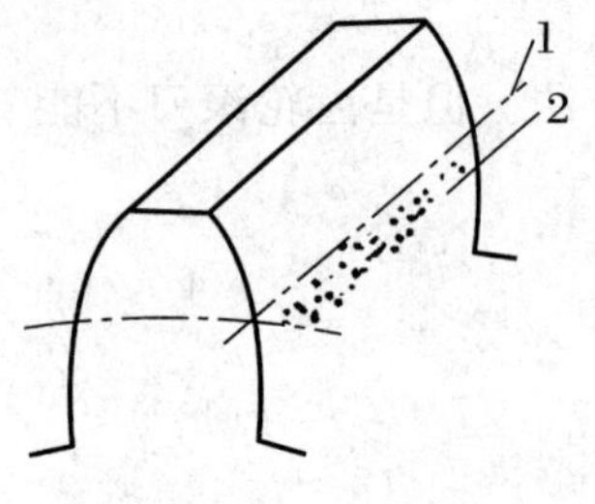

图 6.15 齿面点蚀

(2) 齿面点蚀

轮齿工作时，齿廓曲面上将产生循环变化的接触应力。在接触应力长时间反复作用下，应力循环次数超过一定限度后，齿面材料产生的麻点状损伤现象，称为齿面点蚀，如图 6.15 所示。实践证明，疲劳点蚀首先出现在节线附近的齿根表面处。最初出现的点蚀仅为针尖大小的麻点，如工作条件未加改善，麻点就会逐渐扩大，甚至数点连成一片，最后形成明显的齿面损伤。

(3) 齿面磨损

相互啮合的两齿廓表面间有相对滑动，在载荷作用下会引起齿面的磨损，如图 6.16 所示。尤其在开式齿轮传动中，由于灰尘、砂粒等硬颗粒容易进入齿面间而发生磨损。齿面严重磨损后，轮齿将失去正确的齿形，会导致严重噪声和振动，影响轮齿正常工作，最终使传动失效。

图 6.16 齿面磨损

(4) 齿面胶合

对于高速重载的齿轮传动，齿面间的压力大，瞬时温度高，润滑效果差，当瞬时温度过高时，相啮合的两齿面就会发生粘在一起的现象。由于此时两齿面又在作相对滑动，相黏结的部位即被撕破，于是在齿面上沿相对滑动的方向形成伤痕，称为胶合，如图 6.17 所示。传动时的齿面瞬时温度愈高，相对滑动速度愈大的地方，愈易发生胶合。

(5) 齿面塑性变形

如图 6.18 所示，在低速、重载的条件下，较软的齿面上表层金属可能沿滑动方向滑移，出现局部金属流动现象，使齿面产生塑性变形，齿廓失去正确的齿形。在起动和过载频繁的传动中较易产生这种失效形式。

图 6.17 齿面胶合

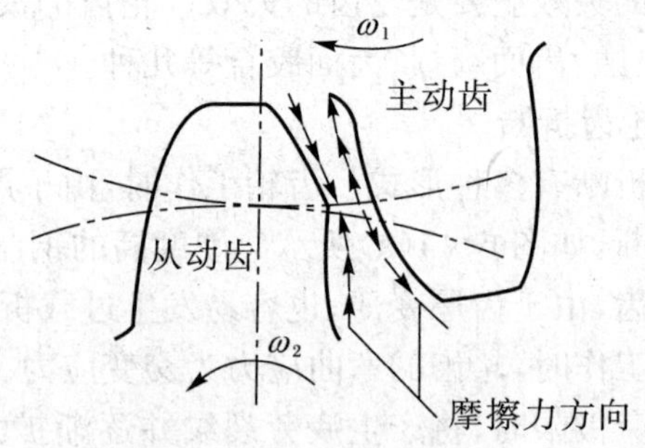

图 6.18 齿面塑性变形

2. 齿轮的材料及其选择

通过对齿轮失效形式分析可知，选择齿轮材料时，应使齿面具有较高的抗磨损、抗点蚀、抗胶合等能力。因此，对齿轮材料性能的基本要求是轮齿面表硬度高而心部韧性好。

(1) 钢

钢材的韧性好，耐冲击，还可通过热处理或化学处理改善其力学性能及提高齿面的硬度，是最适合制造齿轮的材料。

锻钢是制造齿轮的主要材料，常用的是含碳量在 0.15%～0.6%的碳钢或合金钢。根据齿面硬度的高低，钢制齿轮分为软齿面齿轮（齿面硬度≤350HB）和硬齿面齿轮（齿面硬度＞350HB）两类。

软齿面齿轮通常适用于对强度、速度及精度都要求不高的场合。由于硬度不高，这类齿轮在轮坯调质或正火后进行精切齿。考虑到传动时小齿轮轮齿的工作次数比大齿轮轮齿多，通常小齿轮材料比大齿轮的好，且硬度高于大齿轮 20～50HB 或更多。当小齿轮与大齿轮的齿面具有较大的硬度差，且速度又较高时，较硬的小齿轮齿面对较软的大齿轮齿面会起较显著的冷作硬化效应，从而提高了大齿轮齿面的疲劳强度。

硬齿面齿轮通常用于高速、重载及精密机器的主要齿轮。除要求材料性能优良，轮齿具有高强度及齿面具有高硬度外，还应进行磨齿等精加工。通常采用优质碳素结构钢或合金调质钢，精加工后进行表面淬火，使齿轮的耐磨性提高，承载能力增大。同时，由于齿芯未被淬硬，仍有足够的韧性，可以承受一定的冲击载荷。

(2) 铸钢

对于直径较大($d>500$ mm)、形状复杂而不适合锻造的齿轮，可采用铸钢制造。铸钢的耐磨性及强度均较好，但由于铸造时收缩性大，内应力大，故应进行正火或回火处理以消除内应力。

(3) 铸铁

灰铸铁有较好的减摩性和加工性能，且价格低廉，但强度较低，性质较脆，抗冲击能力差。因此，灰铸铁齿轮常用于低速、工作平稳、功率不大的场合。球墨铸铁的力学性能、抗冲击能力较灰铸铁高，可以代替灰铸铁、铸钢和调质钢制造大齿轮。

(4) 非金属材料

对高速、轻载及精度不高的齿轮传动，为了降低噪声，常用非金属材料制作小齿轮，大齿轮仍用钢或铸铁制造。常见的制造齿轮的非金属材料有工程塑料和皮革。工程塑料中的尼龙、聚甲醛、聚碳酸酯、酚醛等材料弹性好，密度小，可注塑成形，成本低，常用作制造齿轮的材料。

如表 6.4 所示为常用的齿轮材料及其性能和用途。

表 6.4 常用齿轮材料的性能及用途

材料	牌号	热处理方法	硬度		应用举例
			齿芯(HB)	齿面(HRC)	
优质碳素钢	35	正火	150～180		低速轻载的齿轮或中速中载的大齿轮
	45		162～217		
	50		180～220		
	35	调质	180～210		中、低速、中载的齿轮。如通用减速器和机床中一般传动的齿轮
	45		217～225		
合金钢	35SiMn		217～269		
	35SiMnMo		217～269		
	40Cr		241～286		
优质碳素钢	35	表面淬火	180～210	40～50	高速中载、无剧烈冲击载荷的齿轮，如机床变速箱中的齿轮
	45		217～255	40～50	
	40Cr		241～286	48～55	

续表

材料	牌号	热处理方法	硬度		应用举例
			齿芯(HB)	齿面(HRC)	
合金钢	20Cr	渗碳淬火回火	HRC28～33	56～62	高速中载、承受冲击载荷的齿轮,如汽车、拖拉机中的重要齿轮
	200CrMnMo			56～62	
	20CrMnTi			56～62	
	38CrMoAlA	氮化	229	大于 65	载荷平稳、润滑良好的齿轮
铸钢	ZG45	正火	163～197		重型机械中的低速齿轮
	ZG55		179～207		
	ZG35SiMn		163～217		
	ZG35SiMn	调质	197～248		标准系列减速器大齿轮
球墨铸铁	QT500-5		147～241		可用来代替铸钢
	QT600-2		229～302		
灰铸铁	HT250		170～241		低速中载、不受冲击的齿轮,如机床操纵机构的齿轮
	HT300		187～255		

注:$v<25$ m/s 为低速;$v=25\sim40$ m/s 为中速;$v>40$ m/s 为高速。

3. 齿轮传动的设计准则

齿轮传动的设计准则是根据齿轮可能出现的失效形式来进行的,但是对于齿面磨损、塑性变形等,尚未形成相应的设计准则,所以目前在齿轮传动设计中,通常只按保证齿根弯曲疲劳强度和齿面接触疲劳强度进行计算。而对于高速重载齿轮传动,还要按保证齿面抗胶合能力的准则进行计算。

由工程实际得知,在闭式齿轮传动中,对于软齿面(HBS≤350)齿轮,按接触疲劳强度进行设计,弯曲疲劳强度校核;而对于硬齿面(HBS>350)齿轮,按弯曲疲劳强度进行设计,接触疲劳强度校核。开式(半开式)齿轮传动,按弯曲疲劳强度进行设计,不必校核齿面接触疲劳强度。

六、直齿圆柱齿轮的强度计算

1. 轮齿的受力分析

为了计算轮齿及支撑零部件(轴、轴承等)的强度,首先应对轮齿进行受力分析。

如图 6.19 所示为啮合中的标准直齿圆柱齿轮的主动轮,忽略齿面间的摩擦力,并将齿宽的分布载荷简化为一集中载荷,则轮齿间的总作用力为法向力 F_n。F_n沿着轮齿啮合线作用于齿面上并垂直于齿面,将 F_n在节点 P 处分解为两个相互垂直的分力,即圆周力 F_t与径向力 F_r。设作用于小齿轮上的转矩为 T_1,由齿轮的力矩平衡条件可得

$$\begin{cases} \text{圆周力}:F_t = \dfrac{2\,000T_1}{d_1} \\ \text{径向力}:F_r = F_t\tan\alpha \\ \text{法向力}:F_n = \dfrac{F_t}{\cos\alpha} \end{cases} \tag{6.12}$$

主动轮所传递转矩 T_1 的大小可以根据所传递的功率 P_1 和主动轮的转速 n_1 求得

$$T_1 = 9\ 550 \frac{P_1}{n_1} \tag{6.13}$$

式中，T_1 为主动轮传递的名义转矩(N·m)；d_1 为小齿轮的节圆直径，对标准齿轮即为分度圆直径(mm)；α 为啮合角，对标准齿轮，$\alpha = 20°$。P_1 为小齿轮传递的功率(kW)；n_1 为小齿轮的转速(r/min)。

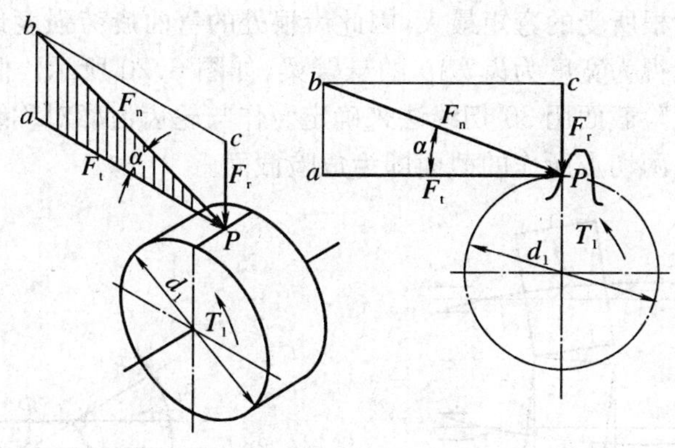

图 6.19 直齿圆柱齿轮轮齿受力分析

作用在主动齿轮和从动齿轮上的各对作用力的大小相等，方向相反。主动齿轮所受的圆周力的方向与主动齿轮的圆周速度方向相反，从动齿轮所受的圆周力的方向与从动齿轮的圆周速度方向相同。径向力的方向指向各自的轮心。

2. 齿轮传动的计算载荷

上述受力分析在载荷平稳、接触良好的理想情况下是正确的，所以法向力 F_n 是指作用在齿轮上的名义载荷。但在实际工作中，由于齿轮、轴、轴承及其机座等存在制造、安装误差，并且由于运转时在力的作用下发生变形，会引起附加动载荷。另外，齿轮的位置对轴承不对称时(见图 6.20)，会出现载荷集中于轮齿角上的现象。由于上述原因，在计算齿轮强度时，不能按名义载荷 F_n 计算，而应按计算载荷 F_{ca} 进行计算。计算载荷为

$$F_{ca} = K \cdot F_n \tag{6.14}$$

式中，K 为载荷系数，其值列于表 6.5 中。

表 6.5 载荷系数 K

原动机工作情况	工作机械的载荷特性		
	平稳和比较平稳	中等冲击	严重冲击
工作平稳(如电动机、汽轮机和燃气轮机)	1.0~1.2	1.2~1.6	1.6~1.8
轻度冲击(如多缸内燃机)	1.2~1.6	1.61.8	1.9~2.1
中等冲击(如单缸燃机)	1.6~1.8	1.8~2.0	2.2~2.4

注：斜齿圆柱齿轮圆周速度较低、精度高、齿宽系数小时取小值；齿轮在两轴承之间并对称布置时取小值；齿轮在两轴承之间不对称布置或悬臂布置时取大值。

下面给出工作机械载荷特性的一些例子：

① 工作平稳：发电机、带式输送机、板式输送机、螺旋输送机、轻型升降机、电葫芦、机床

进给齿轮、通用机、透平鼓风机、匀密度材料搅拌机等。

② 中等冲击:机床主传动、重型升降机、起重机的回转机构、矿井通风机、给水泵、多缸往复式压缩机、球磨机、非匀密度材料搅拌机等。

③ 较大冲击:冲床、剪切机、轧钢机、挖掘机、钻机、重型离心分离机、重型给水泵、矿石破碎机、压球成型机、捣泥机、单缸往复式压缩机等。

3. 齿根弯曲疲劳强度计算

轮齿在受载时,齿根所受的弯矩最大,因此齿根处的弯曲疲劳强度最弱。在计算弯曲应力时,可近似地将轮齿视为宽度为齿宽 b 的悬臂梁,如图 6.20 所示。假定全部载荷作用在一个轮齿的齿顶,其危险截面用 30°切线法来确定。作与轮齿齿廓对称线成 30°夹角,并与齿根圆角相切的斜线,过两切点所作的截面即为危险截面。

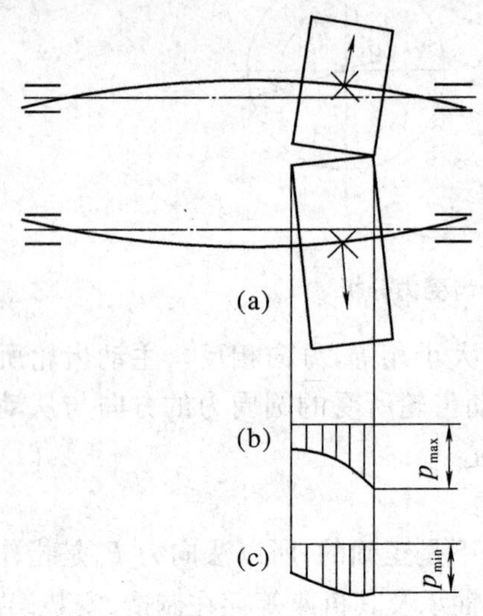

图 6.20 轮齿所受的载荷不均

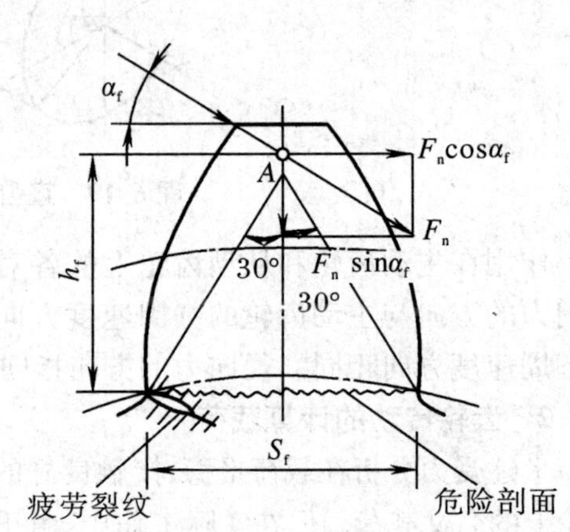

图 6.21 齿根应力图

如图 6.21 所示,将法向力 F_n沿齿廓对称中心线分解为两个力 F_t及 F_r。力 F_t使齿根危险截面产生弯曲应力,力 F_r使齿根危险截面产生压缩应力,后者只有前者的百分之几,故可忽略不计。危险截面的弯曲应力为

$$\sigma_{F0}=\frac{m}{\omega}=\frac{F_t\cdot h_f}{\dfrac{B\cdot S_f^2}{6}}=\frac{6F_n\cos\alpha_f\cdot h_f}{BS_f^2}$$

令 $S_f=C_1m$, $h_f=C_2m$,其中 C_1、C_2为与齿形有关的系数,m 为模数。引入载荷系数,并将 $F_n=\dfrac{F_t}{\cos\alpha}$代入上式,得

$$\sigma_{F0}=\frac{6KF_t\cos\alpha_f C_2m}{B\cos\alpha\cdot(C_1m)^2}=\frac{KF_t}{Bm}\cdot\frac{6C_2\cos\alpha_f}{C_1^2\cos\alpha}$$

令 $Y_{Fa}=\dfrac{6C_2\cos\alpha_f}{C_1^2\cos\alpha}$,称为齿形系数,其值可查表 6.6。再考虑应力集中和其他应力的影响,引入应力校正系数 Y_{Sa}(其值见表 6.6),则齿根危险截面的弯曲强度条件式为

$$\sigma_F=\frac{KF_tY_{Fa}Y_{Sa}}{Bm}\leqslant[\sigma_F]\tag{6.15}$$

令 $\phi_d=B/d_1$,称为齿宽系数,并将 $F_t=2T_1/d_1$ 及 $m=d_1/z_1$ 代入式(6.15),得到

$$\sigma_F = \frac{2KT_1 Y_{Fa} Y_{Sa}}{\phi_d m^3 z_1^2} \leqslant [\sigma_F] \tag{6.16}$$

或

$$m \geqslant \sqrt[3]{\frac{2KT_1}{\phi_d z_1^2} \cdot \frac{Y_{Fa} Y_{Sa}}{[\sigma_F]}} \tag{6.17}$$

式(6.17)为设计计算公式,式(6.16)为校核计算公式。式中,σ_F、$[\sigma_F]$的单位为 MPa;F_t的单位为 N;b、m 的单位为 mm;T_1的单位为 N·mm。

由于两齿轮齿面硬度和齿数不同,故两齿轮的齿形系数、应力校正系数也不相等,两齿轮材料的许用弯曲应力也不一定相等,所以应该分别验算大、小齿轮的弯曲强度。

由式(6.17) 求出的模数应圆整为标准值。模数影响轮齿的齿根弯曲疲劳强度,一般在满足轮齿抗弯疲劳强度的条件下,宜取较小的模数,以利增多齿数。对于传递动力的齿轮,模数不宜小于 1.5~2 mm。

表 6.6　齿形系数 Y_{Fa}及应力校正系数 Y_{Sa}

$z(z_v)$	17	18	19	20	21	22	23	24	25	26	27	28	29
Y_{Fa}	2.97	2.91	2.85	2.80	2.76	2.72	2.69	2.65	2.62	2.60	2.57	2.55	2.53
Y_{Sa}	1.52	1.53	1.54	1.55	1.56	1.57	1.575	1.58	1.59	1.595	1.60	1.61	1.62
$z(z_v)$	30	35	40	45	50	60	70	80	90	100	150	200	∞
Y_{Fa}	2.52	2.45	2.40	2.35	2.32	2.28	2.24	2.22	2.20	2.18	2.14	2.12	2.06
Y_{Sa}	1.625	1.65	1.67	1.68	1.70	1.73	1.75	1.77	1.78	1.79	1.83	1.865	1.97

注:① 基准齿形的参数为:压力角 $\alpha = 20°$、齿顶高系数 $h_a^* = 1$、径向间隙系数 $c^* = 0.25$、$\rho = 0.038m$(m 为模数)。

② 对内齿轮,当 $\alpha = 20°$、$h_a^* = 1$、$c^* = 0.25$、$\rho = 0.015m$ 时,齿形系数 $Y_{Fa} = 2.053$;应力校正系数 $Y_{Sa} = 2.65$。

4. 齿面接触疲劳强度的计算

为了防止齿面点蚀的发生,就必须限制啮合齿面的接触应力。根据弹性力学接触应力的计算公式,代入齿轮参数经整理可导出齿面接触疲劳强度计算的基本公式,即

$$\sigma_H = \sqrt{\frac{F_{ca}\left(\frac{1}{\rho_1} \pm \frac{1}{\rho_2}\right)}{\pi\left[\left(\frac{1-\mu_1^2}{E_1}\right) + \left(\frac{1-\mu_2^2}{E_2}\right)\right]B}} \leqslant [\sigma_H]$$

令 $Z_E = \sqrt{\frac{1}{\pi\left[\left(\frac{1-\mu_1^2}{E_1}\right) + \left(\frac{1-\mu_2^2}{E_2}\right)\right]}}$,则上式为

$$\sigma_H = \sqrt{\frac{F_{ca}}{B}\left(\frac{1}{\rho_1} \pm \frac{1}{\rho_2}\right)} \cdot Z_E \tag{6.17}$$

式中,Z_E为弹性影响系数($MPa^{1/2}$),数值见表 6.7;ρ_1、ρ_2为两轮在啮合齿面上啮合点的曲率半径。

表 6.7 材料的弹性影响系数 Z_E

齿轮材料 \ 弹性模量 E(MPa)	配对齿轮材料				
	灰铸铁	球墨铸铁	铸钢	锻钢	夹布塑胶
	11.8×10^4	17.3×10^4	20.2×10^4	20.6×10^4	0.785×10^4
锻钢	162.0	181.4	188.9	189.8	56.4
铸钢	161.4	180.5	188.0	—	—
球墨铸铁	156.6	173.9	—	—	—
灰铸铁	143.7	—	—	—	—

为了计算方便，通常以节点啮合为代表进行齿面的接触强度计算。参看图 6.22，主动轮在节点处的曲率半径为

$$\rho_1=\frac{d_1}{2}\sin\alpha$$

$$\frac{\rho_2}{\rho_1}=\frac{d_2}{d_1}=\frac{z_2}{z_1}=u$$

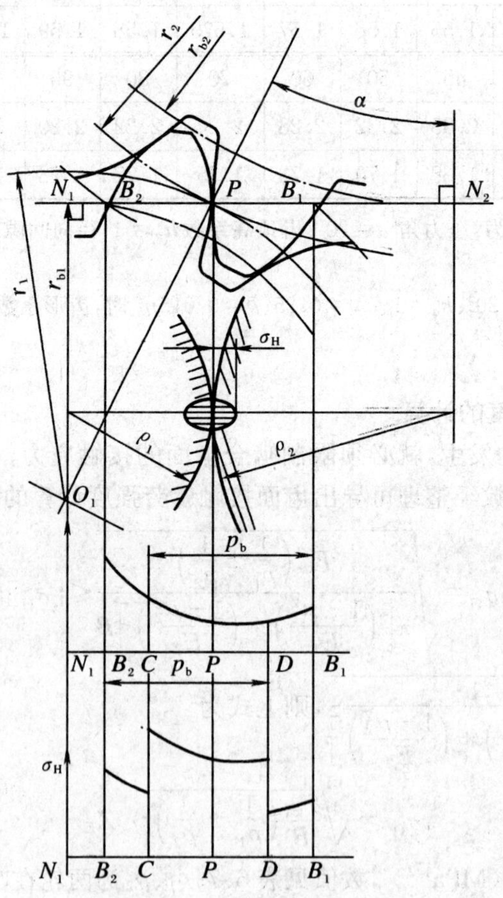

图 6.22 齿面上的接触应力

则

$$\frac{1}{\rho_1} \pm \frac{1}{\rho_2} = \frac{\rho_2 \pm \rho_1}{\rho_1 \rho_2} = \frac{1}{\rho_1} \cdot \frac{u \pm 1}{u}$$

又因为

$$F_{ca} = KF_n = \frac{KF_t}{\cos\alpha} = \frac{2KT_1}{d_1 \cos\alpha}, \quad \phi_d = \frac{B}{d_1}$$

将以上各式代入式(6.17)，得

$$\sqrt{\frac{2KT_1}{\phi_d d_1^3} \cdot \frac{\mu \pm 1}{\mu}} \sqrt{\frac{2}{\sin\alpha\cos\alpha}} Z_H \leqslant [\sigma_H]$$

将 $\alpha = 20^\circ$ 代入上式，得

$$\sigma_H = 3.53 Z_E \sqrt{\frac{KT_1}{Bd_1^3} \cdot \frac{\mu \pm 1}{\mu}} \leqslant [\sigma_H] \tag{6.18}$$

或

$$d_1 \geqslant 2.32 \sqrt[3]{\frac{KT_1}{\phi_d} \cdot \frac{u \pm 1}{u} \left(\frac{Z_E}{[\sigma_H]}\right)^2} \tag{6.19}$$

式(6.19)为设计计算公式，式(6.18)为校核计算公式。各式中 σ_H、$[\sigma_H]$的单位为 MPa，d_1的单位为 mm，其余各符号的意义和单位同前。

两轮工作时产生的接触应力相等，但两轮的许用接触应力不一定相等。在进行接触强度计算时，应取较小的许用接触应力代入计算公式。

5. 齿轮的许用应力

(1) 齿面许用接触应力

齿面许用接触应力按下式计算为

$$[\sigma] = \frac{\sigma_{Hlim}}{S_{Hmin}}$$

式中，σ_{Hlim}为试验齿轮材料的齿面接触疲劳极限，单位为 MPa，其值可查图 6.23。S_{Hmin}为齿面接触强度的最小安全系数，其值由表 6.8 选取。

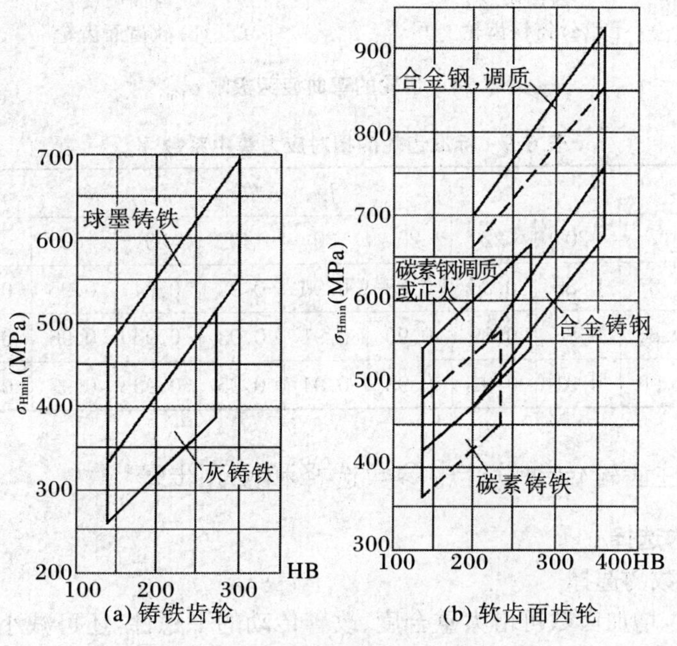

图 6.23 齿轮的接触疲劳极限 σ_{Hlim}

表 6.8 最小安全系数 S_{Hmin} 和 S_{Fmin}

齿轮传动装置的重要性	S_{Hmin}	S_{Fmin}
一般	1	1
齿轮破坏会引起严重后果	1.25	1.5

(2) 齿根许用弯曲应力

齿根许用弯曲应力按下式计算为

$$[\sigma_F]=\frac{\sigma_{Flim}}{S_{Fmin}Y_{sr}}$$

式中，σ_{Flim} 为试验齿轮的齿根弯曲疲劳极限，单位为 MPa，其值可按图 6.24 查得。S_{Fmin} 为齿根弯曲强度的最小安全系数，其值见表 6.8。Y_{sr} 为齿根危险截面处的相对应力集中系数。它是考虑计算齿轮的齿根应力集中与试验齿轮的齿根应力集中的不同而对齿根弯曲疲劳极限的影响，其值可查表 6.9。

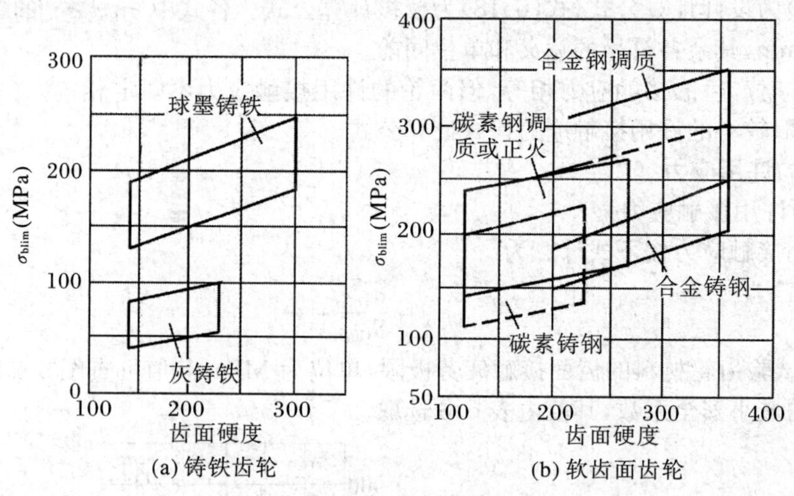

图 6.24 齿轮的弯曲疲劳极限 σ_{Flim}

表 6.9 标准齿轮的相对应力集中系数 Y_{sr}

齿轮材料	齿数											
	14	17	20	22	25	30	40	50	60	80	100	150
调质钢	0.81	0.83	0.85	0.86	0.88	0.90	0.92	0.94	0.95	0.96	0.98	1
渗碳钢	0.84	0.86	0.88	0.89	0.90	0.91	0.93	0.95	0.96	0.97	0.99	1
铸件	0.88	0.90	0.91	0.92	0.93	0.94	0.95	0.96	0.97	0.98	0.99	1

七、直齿圆柱齿轮传动设计中参数选择和设计步骤

1. 齿轮参数的选择

(1) 齿数和模数的选择

当直径不变时，增加齿数可增大重合度、改善传动的平稳性，还可减小模数，降低齿高，因而减少金属切削量，节省制造费用。故在满足轮齿强度的条件下，可适当增加齿数。

闭式齿轮传动一般转速较高，为了提高传动的平稳性，减小冲击振动，以齿数多一些为好，小齿轮的齿数可取 $z_1=24\sim40$。对于开式齿轮传动，由于轮齿主要为磨损失效，为使轮齿不致过小，小齿轮不宜选用过多的齿数，一般可取 $z_1=17\sim20$。

一对齿轮的齿数 z_1 和 z_2 以互为质数为好，以防止轮齿的磨损集中于某几个齿上。

模数不能选择过小，因为过小的模数会导致齿厚减薄，降低了轮齿的弯曲强度。对于传递动力的齿轮，其模数一般不小于 1.5～2 mm，以免因模数过小而发生意外断齿。对中低速齿轮，可取 $m=(0.01\sim0.02)a$，这里 a 为中心距。

(2) 齿宽系数 ϕ_d 的选取

齿宽系数的大小表示齿宽的相对值。由齿轮的强度计算公式可知，轮齿愈宽，承载能力愈高；但增大齿宽又会使齿面上的载荷分布更趋不均匀，故齿宽系数应适当。圆柱齿轮齿宽系数的荐用值列于表 6.10。

表 6.10　圆柱齿轮的齿宽系数

装置状况	两支承相对小齿轮作对称布置	两支承相对小齿轮作不对称布置	小齿轮作悬臂布置
ϕ_d	0.9～1.4(1.2～1.9)	0.7～1.15(1.1～1.65)	0.4～0.6

注：① 大、小齿轮皆为硬齿面时，ϕ_d 应取表中偏下限的数值；若皆为软齿面或仅大齿轮为软齿面时，ϕ_d 可取表中偏上限的数值。

② 括号内的数值用于人字齿轮，此时 b 为人字齿轮的总宽度。

③ 对于金属切削机床的齿轮传动，若传递的功率不大时，ϕ_d 可小到 0.2。

④ 非金属齿轮可取 $\phi_d=0.5\sim1.2$。

对于圆柱齿轮的实用齿宽，在按 $b=\phi_d d_1$ 计算后应再作适当圆整。为了防止大、小齿轮因装配误差产生轴向错位而导致啮合齿宽减小，通常将小齿轮的齿宽取得比大齿轮宽 5～10 mm，

2．设计一般步骤

(1) 软齿面(硬度≤350HBS) 闭式齿轮传动

按齿面接触疲劳强度设计公式初估分度圆直径 d；确定齿轮基本参数和主要尺寸；再根据齿根弯曲疲劳强度校核。

(2) 硬齿面(硬度＞350HBS) 闭式齿轮传动

按齿根弯曲疲劳强度设计公式计算模数，并取为标准值；确定齿轮基本参数和主要尺寸；再根据齿面接触疲劳强度校核。

(3) 开式齿轮传动

按弯曲疲劳强度设计公式计算模数，并将其加大 10%～20%，再取成标准模数；确定齿轮基本参数和主要尺寸。

八、齿轮的结构设计

齿轮的结构形式主要由毛坯材料、几何尺寸、加工工艺、生产批量、经济等因素确定，各部分尺寸由经验公式求得。齿轮的结构形式通常有以下几种。

1．齿轮轴

对于齿轮齿顶圆较小的钢制圆柱齿轮，当齿轮的齿根圆到键槽底部的距离 $x\leqslant(2\sim2.5)m_n$（m_n 为法面模数）时，对于圆锥齿轮，如果小端齿根圆到键槽底部的距离 $x\leqslant(1.6\sim2)m$（m 为大端模数），则应将齿轮与轴做成一体，称为齿轮轴，如图 6.25 所示。齿轮

轴常用锻造毛坯。当 x 值超过上述尺寸时,则应将齿轮与轴分开制造。

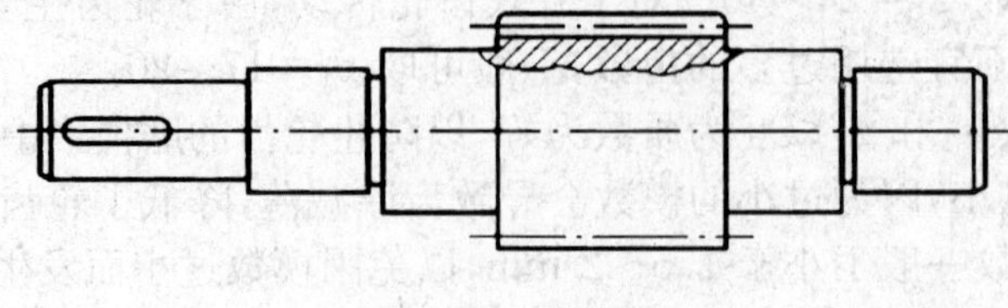

图 6.25 齿轮轴

2. 实心式齿轮

当齿轮齿顶圆直径 $d_a \leqslant 200$ mm 时,可采用实体式结构,如图 6.26 所示。此种齿轮常用锻钢制造。

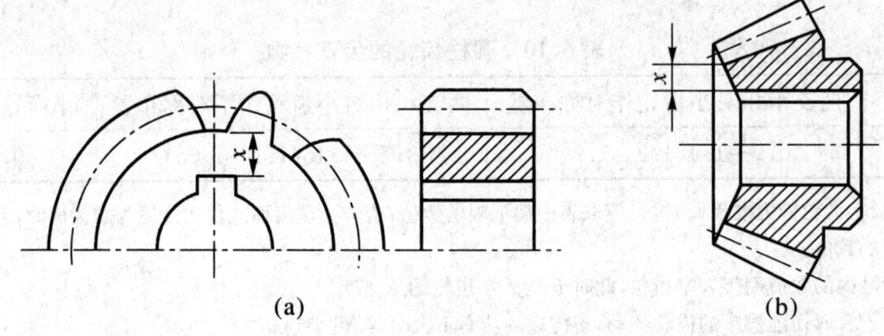

图 6.26 实心式齿轮

3. 辐板式

当齿顶圆直径 150 mm$< d_a \leqslant$500 mm 时,通常经锻造或铸造而成,可制成腹板式的结构,如图 6.27 所示。腹板上的圆孔是为了减轻重量和满足加工运输等的需要。此种齿轮中各部分尺寸由图中经验公式确。

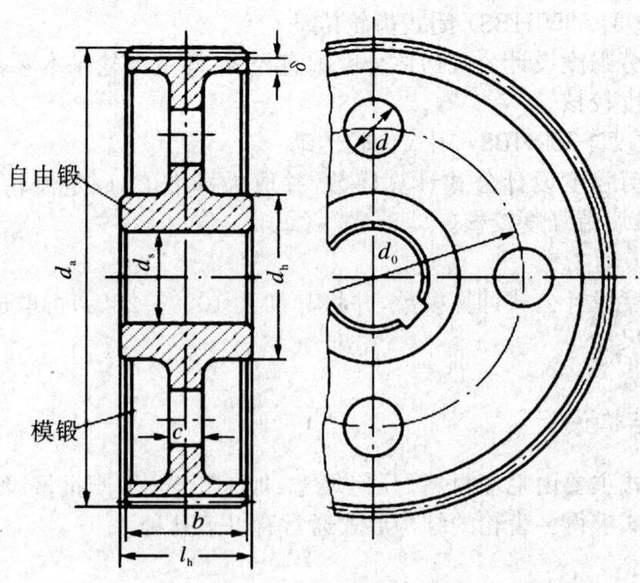

$d_h = 1.6d_s$;$l_h = (1.2 \sim 1.5)d_s$,并使 $l_h \geqslant b$;模锻 $c = 0.2b$,自然锻 $c = 0.3b$;

$\delta = (2.5 \sim 4)m_n$,但不小于 8 mm;d_0 和 d 按结构取定,当 d 较小时可不开孔

图 6.27 腹板式齿轮

4．轮辐式

当齿顶圆直径 $d_a > 500$ mm 时，齿轮因受锻造设备能力的限制，常用铸钢或铸铁制造，各部分尺寸由图中经验公式确定，如图 6.28 所示。

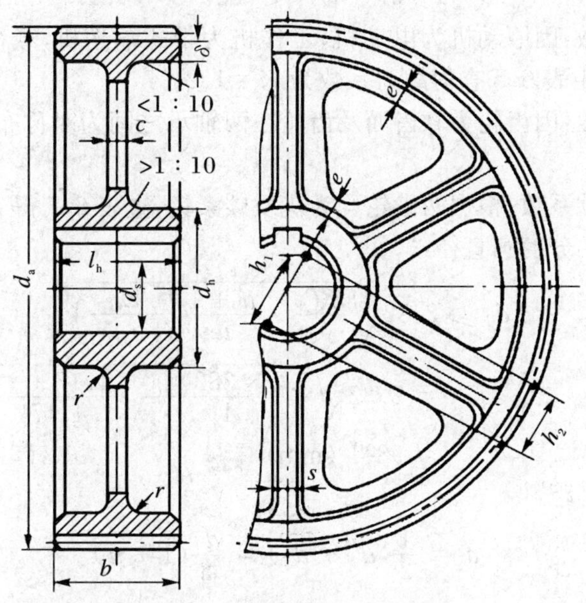

$d_h = 1.6d_s$（铸钢），$d_h = 1.8d_s$（铸铁）；

$l_h = (1.2 \sim 1.5)d_s$，并使 $l_h \geqslant b$；模锻 $c = 0.2b$，但不小于 10 mm；$\delta = (2.5 \sim 4)m_n$，但不小于 8 mm；

$h_1 = 0.8d_s$，$h_2 = 0.8h_1$；$s = 0.15h_1$，但不小于 10 mm；$e = 0.8\delta$

图 6.28　辐板式齿轮结构

例 6.1　试设计一单级直齿圆柱齿轮减速器中的齿轮传动，由电动机驱动，用于带式输送，载荷比较平稳。减速器传递功率 $P = 10$ kW，小齿轮转速 $n_1 = 250$ r/min，大齿轮的转速 $n_2 = 60$ r/min，单向传动。

解　(1) 选择齿轮材料和许用接触应力

① 参考表 6.4，选定齿轮材料为

小齿轮：45 钢，调质处理，齿面硬度 $HB_1 = 190 \sim 220$；

大齿轮：45 钢，正火处理，齿面硬度 $HB_2 = 160 \sim 190$。

② 根据齿轮硬度的中间值（$HB_1 = 205$，$HB_2 = 175$），由图 6.23 查取齿面接触的疲劳极限：

$$\sigma_{\mathrm{Hmin1}} = 550 \text{ MPa}, \quad \sigma_{\mathrm{Hmin2}} = 520 \text{ MPa}$$

③ 由表 6.8 查得接触强度的最小安全系数 $S_{\mathrm{Hmin}} = 1$。

④ 两齿轮的许用接触应力为

$$[\sigma_{\mathrm{H1}}] = \frac{\sigma_{\mathrm{Hlim1}}}{S_{\mathrm{Hmin}}} = \frac{550}{1} = 550 \text{ (MPa)}$$

$$[\sigma_{\mathrm{H2}}] = \frac{\sigma_{\mathrm{Hlim2}}}{S_{\mathrm{Hmin}}} = \frac{520}{1} = 520 \text{ (MPa)}$$

(2) 按齿面接触疲劳强度计算齿轮的主要尺寸

① 小齿轮上作用的转矩：

$$T_1 = 9\,550\,\frac{P}{n_1} = 9\,550 \times \frac{10}{250} = 382\ (\mathrm{N \cdot m})$$

② 计算齿数比：

$$u = z_2/z_1 = n_1/n_2 = 250/60 = 4.17$$

③ 选定载荷系数：因原动机为电动机，工作机为带式输送机，载荷比较平稳，齿轮在两轴承之间对称布置，由表 6.5 查得载荷系数为 $K = 1.2$。

④ 选择齿宽系数：因齿轮为软齿面及齿轮在两轴承之间为对称布置，查表 6.10 选取齿宽系数 $\phi_d = 1$。

⑤ 选择材料弹性系数：根据两齿轮均为优质碳素钢，查表 6.7 得 $Z_E = 189.8$。

⑥ 计算小齿轮的分度圆直径：

$$\begin{aligned} d_1 &\geqslant 2.32\sqrt[3]{\frac{KT_1}{\phi_d} \cdot \frac{u+1}{u}\left(\frac{Z_E}{[\sigma_{H2}]}\right)^2} \\ &= 2.32\sqrt[3]{\frac{1.2 \times 382\,000}{1} \cdot \frac{4.17+1}{4.17}\left(\frac{189.8}{520}\right)^2} \\ &= 98.1\ (\mathrm{mm}) \end{aligned}$$

⑦ 计算两轮中心距：

$$\begin{aligned} a &= \frac{1}{2}(d_1 + d_2) = \frac{d_1}{2}(1+u) \\ &= \frac{98.1}{2}(1+4.17) = 253.6\ (\mathrm{mm}) \end{aligned}$$

⑧ 确定模数及齿数：

$$m = 0.015 \times 253.6 = 3.8$$

将模数圆整取标准值 $m = 4$。

小齿轮齿数：$z_1 = d_1/m = 98.1/4 = 24.5$，取 $z_1 = 25$。

大齿轮齿数：$z_2 = u \cdot z_1 = 4.17 \times 25 = 104.3$，取 $z_2 = 104$。

⑨ 确定两轮的几何尺寸。

两齿轮分度圆直径：

$$\begin{aligned} d_1 &= m \cdot z_1 = 4 \times 25 = 100\ (\mathrm{mm}) \\ d_2 &= m \cdot z_2 = 4 \times 104 = 416\ (\mathrm{mm}) \end{aligned}$$

中心距：

$$a = \frac{1}{2}(d_1 + d_2) = \frac{1}{2}(100 + 416) = 258\ (\mathrm{mm})$$

小齿轮宽度：

$$\begin{aligned} B_1 &= \phi_d \cdot d_1 = 1 \times 100 = 100\ (\mathrm{mm}) \\ B_2 &= B_1 + 5 = 105\ (\mathrm{mm}) \end{aligned}$$

(3) 校核轮齿的弯曲强度

① 确定两齿轮的许用弯曲应力。根据两齿轮的硬度的中间值，由图 6.24 查得其弯曲疲劳极限为

$$\sigma_{\mathrm{Flim1}} = 210\ \mathrm{MPa}, \quad \sigma_{\mathrm{Flim2}} = 200\ \mathrm{MPa}$$

由表 6.8 查得齿根弯曲强度的最小安全系数 $S_{\mathrm{Fmin}} = 1$，由表 6.9 查得两齿轮的相对应力集中系数 $Y_{\mathrm{sr1}} = 0.87$，$Y_{\mathrm{sr2}} = 0.98$，可求得两齿轮的齿根许用弯曲应力为

$$[\sigma_{F1}]=\frac{\sigma_{Flim1}}{S_{Fmin}Y_{sr1}}=\frac{200}{1\times0.87}=230\ (\mathrm{MPa})$$

$$[\sigma_{F2}]=\frac{\sigma_{Flim1}}{S_{Fmin}Y_{sr2}}=\frac{190}{1\times0.98}=194\ (\mathrm{MPa})$$

② 计算两轮齿根的弯曲应力。由表 6.6 查得两轮的齿形系数：

$$Y_{Fa1}=2.62,\quad Y_{Sa1}=1.59$$

$$Y_{Fa2}=2.18,\quad Y_{Sa2}=1.79$$

两齿轮的齿根弯曲应力分别为

$$\begin{aligned}\sigma_{F1}&=\frac{2KT_1Y_{Fa1}Y_{Sa1}}{\phi_d m^3 z_1^2}\\&=\frac{2\times1.2\times382\,000\times2.62\times1.59}{1\times4^3\times25^2}\\&=95.5<[\sigma_{F1}]=230\ (\mathrm{MPa})\\\sigma_{F2}&=\frac{2KT_1Y_{Fa2}Y_{Sa2}}{\phi_d m^3 z_1^2}\\&=\frac{2\times1.2\times382\,000\times2.18\times1.79}{1\times4^3\times25^2}\\&=89.4\ (\mathrm{MPa})<[\sigma_{F2}]=194\ (\mathrm{MPa})\end{aligned}$$

可见，两齿轮的弯曲强度足够。

第四节　斜齿圆柱齿轮传动

一、斜齿圆柱齿轮齿廓曲面的形成及其啮合特点

1. 斜齿圆柱齿轮齿廓曲面的形成

直齿圆柱齿轮的齿廓不仅是在轮齿的端面上，实际齿轮有一定的宽度，所以直齿轮的齿廓曲面应该是发生面在基圆柱上作纯滚动时，一条平行于基圆柱母线的直线 KK 在空间展成的渐开线曲面，如图 6.29(a)所示。

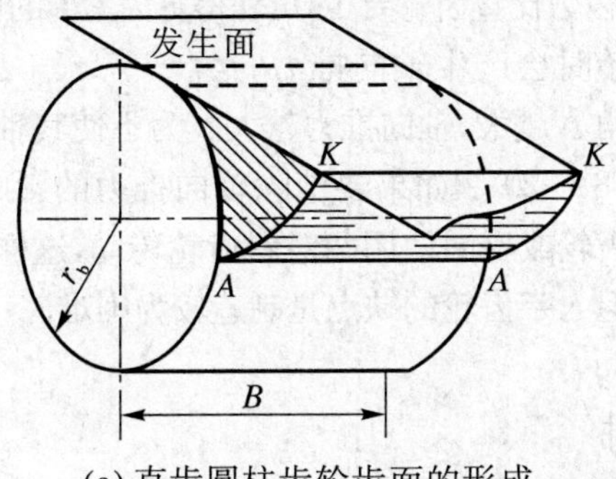

(a) 直齿圆柱齿轮齿面的形成

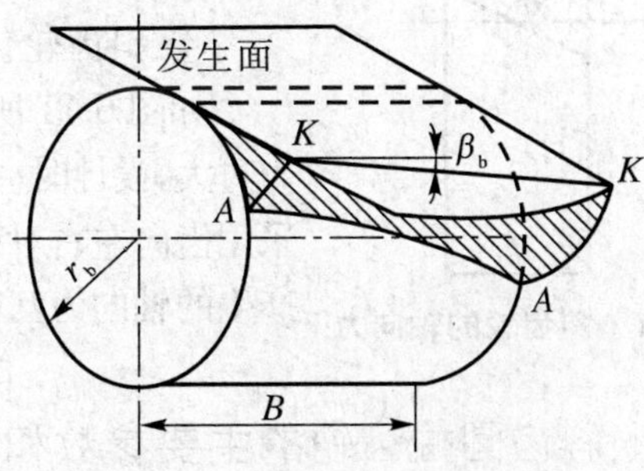

(b) 斜齿圆柱齿轮齿面的形成

图 6.29　渐开线齿轮齿面的形成

第一篇　汽车常用机构和传动

斜齿圆柱齿轮齿廓形成与此相仿，只是齿廓发生面的边缘 KK 与齿轮回转轴线成一夹角β_b，如图 6.29(b)所示。当发生面绕基圆柱作纯滚动时，直线 KK 就展成一螺旋形的渐开螺旋面，即斜齿轮齿廓曲面。角度 β_b为基圆柱上的螺旋角，角度 β_b越大，轮齿越倾斜；当$\beta_b=0$时，即为直齿轮。因此，直齿圆柱齿轮可以看成是斜齿圆柱齿轮的特例。

由于直齿圆柱齿轮每个瞬时的接触线都平行于齿轮轴线，如图 6.30(a)所示，直齿轮在啮合开始和终了时，一对齿轮在整个齿宽上同时进入啮合或同时退出啮合。所以轮齿上的作用力突然产生或突然消失，导致直齿圆柱齿轮传动的平稳性较差，啮合过程容易产生振动和噪声。

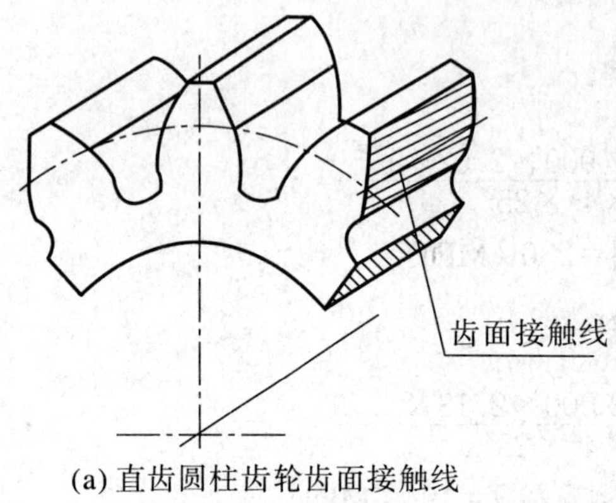

(a) 直齿圆柱齿轮齿面接触线

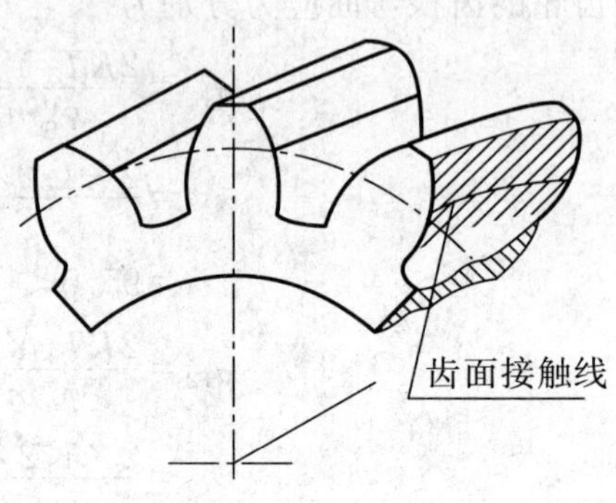

(b) 斜齿圆柱齿轮齿面接触线

图 6.30 渐开线齿轮啮合齿面接触线

而斜齿轮的一对轮齿啮合时，其接触线是斜直线，如图 6.30(b)所示，并且从啮合开始到啮合结束的过程中，齿面上的接触线由短变长，再由长变短，直至退出啮合。因此，斜齿轮是逐渐进入啮合，又逐渐退出啮合，所以传动平稳，振动和噪声都比较小。此外，由于斜齿轮传动的啮合过程较长，所以其重合度较大，承载能力也较大，适用于高速、重载传动。但传动过程会产生轴向力，给轴和支承设计带来不利的影响，使其应用受到限制。

2. 斜齿圆柱齿轮啮合特点

① 传动平稳。在斜齿轮传动中，轮齿的接触线是与齿轮轴线倾斜的直线，轮齿从开始啮合到脱离啮合是逐渐从一端过渡到另一端的，冲击和噪声小。这种啮合方式也减小了轮齿制造误差对传动的影响

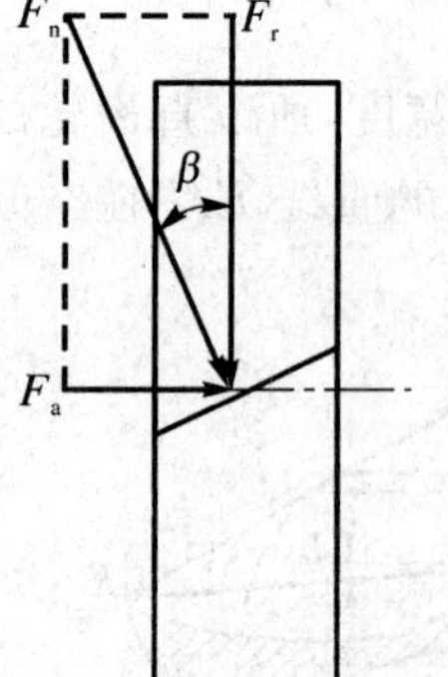

图 6.31 斜齿轮的轴向力

② 承载能力高。由于斜齿圆柱齿轮重合度大，降低了每对轮齿的载荷，从而相对地提高了齿轮的承载能力，延长了齿轮的使用寿命。

③ 不发生根切的最少齿数比直齿轮要少，可获得更为紧凑的机构。

④ 斜齿轮传动在运转时会产生轴向推力。

如图 6.31 所示，螺旋角 β 越大，轴向推力越大。为不使其轴向推力过大，设计时一般取 $\beta=8^\circ\sim20^\circ$。如果要消除轴向推力的影响，可采用齿向左右对称的人字齿轮或反向使用两对斜齿轮传动，这样可使产生的轴向力互相抵消。但人字齿轮的缺点是制造较为困难。

二、斜齿圆柱齿轮的主要参数和基本尺寸

1. 斜齿圆柱齿轮的主要参数

由于斜齿轮轮齿倾斜，分为垂直于轴线的端面和垂直于齿向（螺旋线切线方向）的法

面。根据齿面形成原理，轮齿端面齿形为渐开线，而法面齿形不是渐开线，因此，两面上的参数不同；由于加工斜齿轮时，常用齿条型刀具或盘形齿轮铣刀来切齿，且刀具沿齿轮的螺旋线方向进刀，所以必须按斜齿轮法面参数选择刀具，规定斜齿轮法面参数为标准值。而斜齿轮几何尺寸按端面参数计算，因此必须建立法面参数与端面参数的换算关系。

（1）螺旋角 β

由于斜齿轮螺旋面与分度圆柱的交线是一条螺旋线，该螺旋线的螺旋角用 β 表示，称为分度圆柱上的螺旋角，通称斜齿轮的螺旋角 β。根据该螺旋线左、右旋向，有正、负之分。

（2）法面模数 m_n 与端面模数 m_t

如图 6.32 所示为斜齿圆柱齿轮分度圆柱面的展开图。图中阴影区域表示轮齿，空白区域表示齿槽。由图可得端面齿距 p_t 与法面齿距 p_n 有如下关系：

$$p_n = p_t \cos\beta \tag{6.20}$$

将上式两边同除以 π 得法面模数 m_n 与端面模数 m_t 之间的关系为

$$m_n = m_t \cos\beta \tag{6.21}$$

（3）法面压力角 α_n 与端面压力角 α_t

如图 6.33 所示，为便于分析斜齿轮的法面压力角和端面压力角的关系，用斜齿条来说明：

$$\tan\alpha_n = \tan\alpha_t \times \cos\beta \tag{6.22}$$

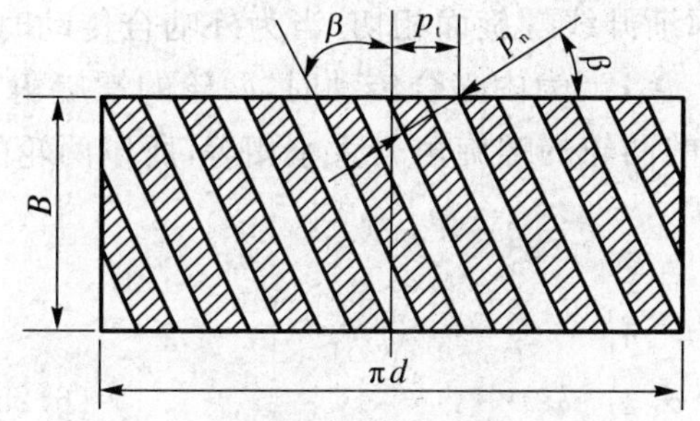

图 6.32　断面参数与法面参数的关系

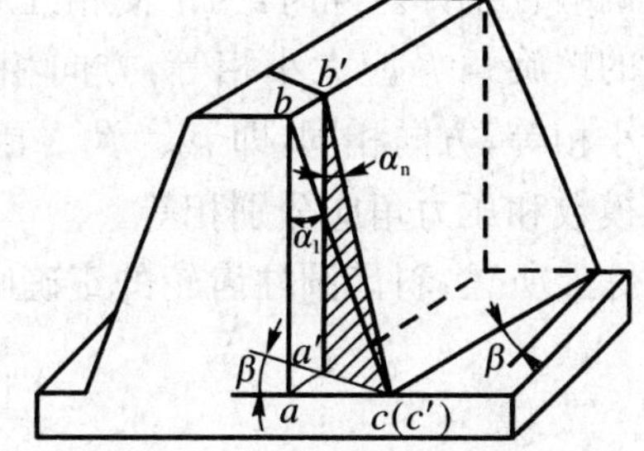

图 6.33　法面压力角与端面压力角的关系

（4）齿顶高系数和顶隙系数

由于斜齿轮的径向尺寸无论在法面还是在端面都不变，所以其法面和端面的齿顶高与顶隙都相等，即

$$\begin{cases} h_a = h_{at}^* m_t = h_{an}^* m_n = h_{an}^* m_t \cos\beta \\ c = c_t^* m_t = c_n^* m_n = c_n^* m_t \cos\beta \end{cases} \tag{6.23}$$

（5）斜齿圆柱齿轮的当量齿数

用仿形铣刀加工斜齿圆柱齿轮时，铣刀沿着螺旋线方向进刀，铣出的轮齿，其法面齿形与铣刀的齿形相同。为了确定斜齿轮的法面齿形，就要找出一个与斜齿轮法面齿形相同的直齿圆柱齿轮，这个直齿圆柱齿轮称为该斜齿轮的当量齿轮。当量齿轮的齿数称当量齿数，以 z_v 表示。经推导可得到当量齿数与实际齿数 z 的关系为

$$z_v = \frac{z}{\cos^3\beta} \tag{6.24}$$

2．斜齿圆柱齿轮的基本尺寸

斜齿圆柱齿轮的几何尺寸计算公式如表 6.11 所示。

表 6.11 斜齿圆柱齿轮的几何尺寸计算公式

名 称	符 号	计算公式
齿顶高	h_a	$h_a = m_n$
齿根高	h_f	$h_f = 1.25m_n$
齿高	h	$h = 2.25m_n$
分度圆直径	d	$d = m_n z/\cos\beta$
齿顶圆直径	d_a	$d_a = d + 2m_n$
齿根圆直径	d_f	$d_f = d - 2.5m_n$
法向齿距	p_n	$p_n = \pi m_n$
端面齿距	p_t	$p_t = \pi m_n/\cos\beta$
中心距	a	$\alpha = m_t(z_1 + z_2)/2 = m_n(z_1 + z_2)/2\cos\beta$

三、斜齿圆柱齿轮的正确啮合条件

斜齿轮在端面内的啮合相当于直齿轮的啮合，所以其端面正确啮合条件为直齿圆柱轮的正确啮合条件。同时，为了使相互啮合的两齿廓渐开线螺旋面相切，当为外啮合传动时，两轮的螺旋角 β 应大小相等，方向相反，即 $\beta_1 = -\beta_2$；当为内啮合传动时，两轮的螺旋角 β 应大小相等，方向相同，即 $\beta_1 = \beta_2$。因为相互啮合的两轮的螺旋角 β 大小相等，所以两轮的法向模数和压力角应分别相等。

综上所述，斜齿圆柱齿轮的正确啮合条件为

$$\begin{cases} m_{n1} = m_{n2} = m_n \\ \alpha_{n1} = \alpha_{n2} = \alpha_n \\ \beta_1 = \pm\beta_2 \end{cases} \tag{6.25}$$

式中，“+”表示内啮合，“-”表示外啮合。

四、斜齿圆柱齿轮的强度计算

1. 轮齿的受力分析

如图 6.34(a) 所示为斜齿圆柱齿轮在节点 C 处受力情况。如果略去齿面间的摩擦力，作用在与齿面垂直的法向平面内的法向力 F_n 可分解为 3 个互相垂直的分力，即圆周力 F_t、径向力 F_r 和轴向力 F_a。由图 6.34 可知主动轮各力的大小为

$$\begin{cases} F_{t1} = \dfrac{2T_1}{d_1} \\ F_{r1} = \dfrac{F_{t1}\tan\alpha_n}{\cos\beta} \\ F_{a1} = F_{t1}\tan\beta \end{cases} \tag{6.26}$$

式中，α_n 为法向压力角，对标准斜齿轮 $\alpha_n = 20^\circ$；β 为分度圆柱上的螺旋角。

作用在主、从动轮上的各对分力大小相等。各分力的方向可用下列方法来判断，如图 6.34所示。主动轮上的圆周力 F_{t1} 是阻力，其方向与主动轮回转方向相反，从动轮上的圆周

力 F_{t2} 是驱动力，其方向与从动轮回转方向相同；两轮的径向力 F_{r1} 和 F_{r2}，其方向分别指向各自的轮心（内齿轮为远离轮心方向）；轴向力 F_a 沿着齿轮轴线方向。

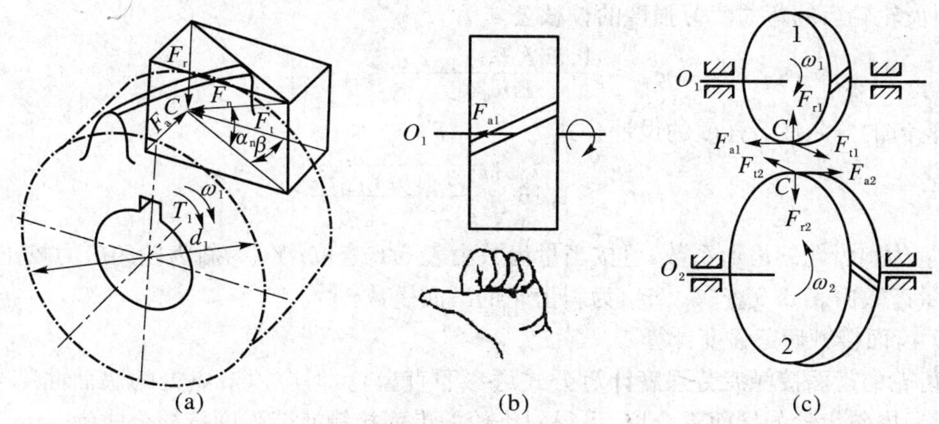

图 6.34 斜齿圆柱齿轮传动的受力分析

例 6.2 如图 6.35 所示为单级斜齿圆柱齿轮减速器，传递功率 $P=17$ kW，Ⅰ为主动轴，转速 $n_1=960$ r/min，转动方向如图所示。已知：传动的中心距 $a=200$ mm，齿轮的齿数 $z_1=23$，$z_2=75$，法面模数 $m_n=4$ mm，法面压力角 $\alpha_n=20^\circ$，求齿轮Ⅱ所受各分力的大小。

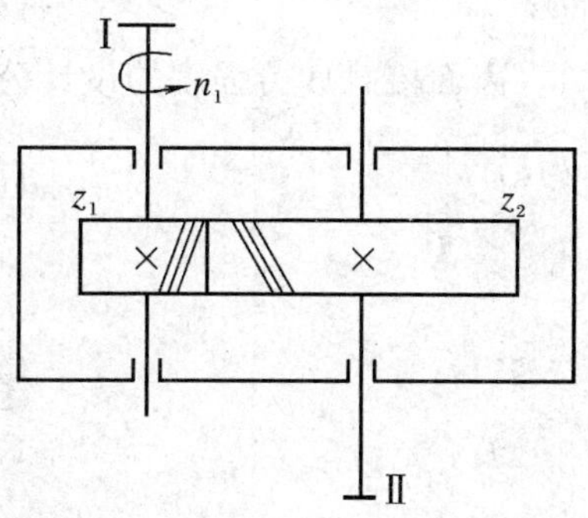

图 6.35 单级斜齿圆柱齿轮减速器

解 由 $a=\dfrac{m_t(z_1+z_2)}{2}=\dfrac{m_n(z_1+z_2)}{2\cos\beta}$ 得

$$\cos\beta=\frac{m_n(z_1+z_2)}{2a}=\frac{4\times(23+75)}{2\times200}=0.98$$

所以

$$\beta=11.5^\circ$$

而

$$T_1=9.55\times10^6\,\frac{p}{n_1}=9.55\times10^6\times\frac{17}{960}=171\ 900\ (\text{N}\cdot\text{mm})$$

所以

$$d_1=\frac{m_n}{\cos\beta}\cdot z_1=\frac{4}{0.98}\times23=93.88\ (\text{mm})$$

所以

$$F_{t2}=F_{t1}=\frac{2T}{d_1}=\frac{2\times171\ 900}{93.88}=3\ 662.12\ (\text{N})$$

$$F_{r2}=\frac{F_{t2}\tan\alpha_n}{\cos\beta}=\frac{3\ 662.12\times\tan20^\circ}{0.98}=1\ 360.22\ (\text{N})$$

$$F_{a2}=F_{t2}\tan\beta=3\ 662.12\times\tan11.5^\circ=745.23\ (\text{N})$$

2. 斜齿轮的强度计算

与直齿圆柱齿轮一样，斜齿轮的强度计算，也包括轮齿的弯曲强度计算和齿面接触强度计算。

(1) 齿根弯曲疲劳强度计算

斜齿轮的计算载荷可参照直齿轮的弯曲疲劳强度公式，考虑到端面重合度和螺旋角的影响，斜齿轮轮齿的弯曲疲劳强度的校核公式为

$$\sigma_F = \frac{1.56KT_1 Y_{Fa} Y_{Sa}}{Bm_n z_1} \leqslant [\sigma_F] \tag{6.27}$$

斜齿轮轮齿的弯曲疲劳强度的设计公式为

$$m_n \geqslant 1.16\sqrt[3]{\frac{KT_1}{\phi_d z_1^2} \cdot \frac{Y_{Fa} Y_{Sa}}{[\sigma_F]}} \tag{6.28}$$

式中，Y_{Fa}为斜齿轮的齿形系数，可按当量齿数由表6.6查取；Y_{Sa}为斜齿轮的应力校正系数，可按当量齿数由表6.6查取。m_n 为斜齿轮的法面模数。

(2) 齿面接触疲劳强度计算

斜齿轮的齿面接触疲劳强度计算公式可参照直齿轮，但应以节点处的法面曲率半径代入，同时考虑斜齿轮的端面重合度，可得斜齿轮的齿面接触疲劳强度校核公式为

$$\sigma_H = 3.22Z_E\sqrt{\frac{KT_1(\mu \pm 1)}{Bd_1^2\mu}} \leqslant [\sigma_H] \tag{6.29}$$

齿面接触疲劳强度的设计公式为

$$d_1 \geqslant \sqrt{\left(\frac{3.22Z_E}{[\sigma_H]}\right)\frac{KT_1(\mu \pm 1)}{\phi_d\mu}} \tag{6.30}$$

第五节 锥齿轮传动

一、直齿锥齿轮传动的特点

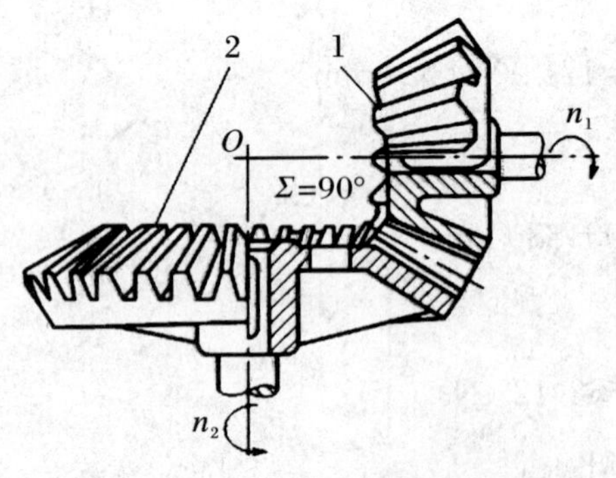

图 6.36 直齿圆锥齿轮传动图

如图6.36所示，锥齿轮传动是用来传递空间两相交轴之间的运动和动力。两锥齿轮轴线间的夹角称为轴交角 Σ，轴交角 Σ 可按具体的传动要求确定，最常用的是 $\Sigma = 90^\circ$。圆锥齿轮有直齿、斜齿、螺旋齿和人字齿之分。直齿锥齿轮设计、制造和安装较简单，应用较广。本节只讨论直齿锥齿轮传动。

直齿圆锥齿轮的齿廓与直齿圆柱齿轮的齿廓相似，也是渐开线齿廓。一对直齿锥齿轮传动相当于一对节圆锥作相切纯滚动。锥齿轮有分度圆锥、齿顶圆锥、齿根圆锥和基圆锥。标准直齿锥齿轮传动，节圆锥与分度圆锥重合。如图6.37所示，两轮分度圆锥角分别为 δ_1 和 δ_2，两轮齿数分别为 z_1 和 z_2，当 $\Sigma = 90^\circ$ 时，其传动比为

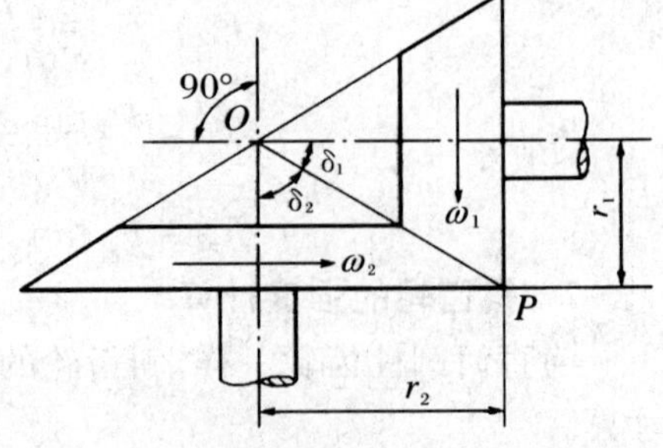

图 6.37 直齿圆锥齿轮传动示意图

$$i=\frac{n_1}{n_2}=\frac{r_2}{r_1}=\frac{z_2}{z_1}=\frac{\overline{OA}\sin\delta_2}{\overline{OA}\sin\delta_1}=\frac{\sin\delta_2}{\sin\delta_1}=\cot\delta_1=\tan\delta_2$$

当已知传动比 i 时，可由上式求出两轮的分度圆锥角。

二、直齿圆锥齿轮的主要参数和基本尺寸

1. 直齿圆锥齿轮的几何参数和基本尺寸

直齿圆锥齿轮的轮齿是在圆锥面上制出的，轮齿从大端向齿顶方向收缩变小，其齿厚、齿高和模数均不相同。由于直齿圆锥齿轮大端的轮齿尺寸大，便于计算和测量，所以规定根据大端模数来计算和决定其他各基本尺寸。

如图 6.38 所示为圆锥齿轮的各部分名称代号及其啮合图。标准直齿圆锥齿轮各基本尺寸的计算公式见表 6.12。

表 6.12　标准直齿圆锥齿轮各基本尺寸的计算公式

名称	符号	计算公式
齿顶高	h_a	$h_a=m$
齿根高	h_f	$h_f=1.2m$
齿高	h	$h=2.2m$
分度圆直径	d	$d=mz$
齿顶圆直径	d_a	$d_a=m(z+2\cos\delta)$
齿根圆直径	d_f	$d_f=m(z-2.4\cos\delta)$
锥距	R	$R=mz/2\sin\delta$
齿顶角	θ_a	$\tan\theta_a=2\sin\delta/z$
齿根角	θ_f	$\tan\theta_f=2.4\sin\delta/z$
分度圆锥角	δ	当 $\delta_1+\delta_2=90^\circ$ 时， $\delta_1=\arccos z_2/z_1$，$\delta_2=90^\circ-\delta_1$
顶锥角	δ_a	$\delta_a=\delta-\theta_a$
根锥角	δ_f	$\delta_f=\delta-\theta_f$
齿宽	B	$B\leqslant L/3$

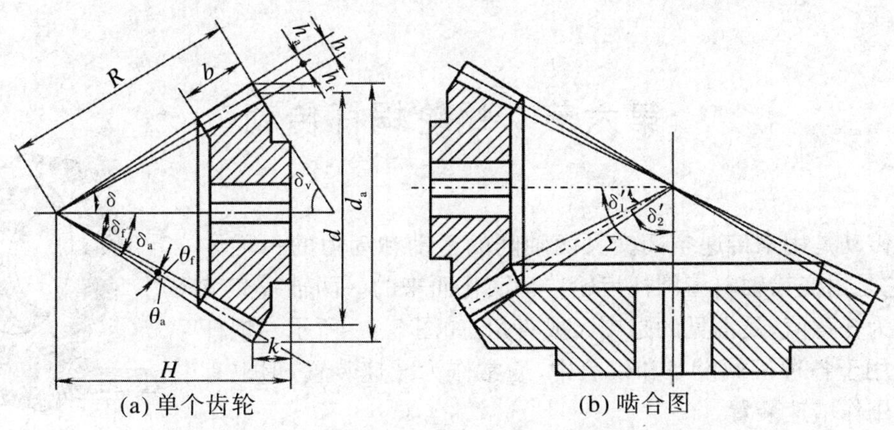

图 6.38　圆锥齿轮各部分名称代号及其啮合图

2. 直齿圆锥齿轮的齿形及当量齿数

从理论上讲,锥齿轮的齿形为球面上的渐开线,但由于球面不能展成平面,使得锥齿轮的设计、制造有许多困难,通常采用与之相近的平面渐开线齿形代替其齿形。

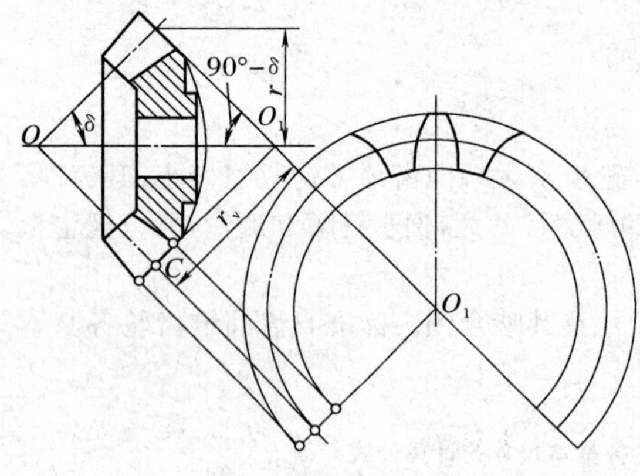

图 6.39 圆锥齿轮的背锥和当量齿轮

如图 6.39 所示为圆锥齿轮的轴剖面,在圆锥齿轮大端作一个圆锥与齿轮大端球面相切于分度圆处,其轴线与分度圆锥的轴线共线,其母线与分度圆锥母线相垂直。该圆锥称为背锥。可以近似地用背锥的齿形来代替圆锥大端的齿形。

将背锥展开成平面,可得到一个扇形齿轮。

将扇形齿轮补充成一个完整的圆柱齿轮,它的齿形参数与圆锥齿轮大端的齿形参数相同,该齿轮称为圆锥齿轮的当量齿轮,其齿数称为当量齿数。

设圆锥齿轮的齿数为 z,模数为 m,分度圆锥角为 δ,大端分度圆半径为 r;当量齿轮分度圆半径为 r_v,当量齿数为 z_v。由图 6.39 可得

$$r_v = \frac{r}{\cos\delta}$$

因 $r = mz/2$,$r_v = mz_v/2$,故得

$$z_v = \frac{z}{\cos\delta}$$

用仿形法加工圆锥齿轮时,铣刀刀号应该根据当量齿数来选择。

三、直齿圆锥齿轮的正确啮合条件

由于一对直齿圆锥齿轮的啮合相当于一对当量直齿圆柱齿轮的啮合,而当量齿轮的齿形与锥齿轮大端的齿形相近,所以一对直齿圆锥齿轮的正确啮合条件为:两个锥齿轮大端的模数和压力角分别相等,即

$$m_1 = m_2 = m, \quad \alpha_1 = \alpha_2 = 20^\circ$$

第六节 蜗轮蜗杆传动

蜗杆传动是用来传递空间交叉两轴间的运动和动力的一种传动机构,它是由交错轴斜齿圆柱齿轮传动演化而来的。两轴线交错的夹角可为任意值,最常见的是交叉成直角,如图 6.40 所示。蜗杆传动广泛用于各种机械设备和仪表中,通常作为减速装置,但也有个别机器用作增速装置。

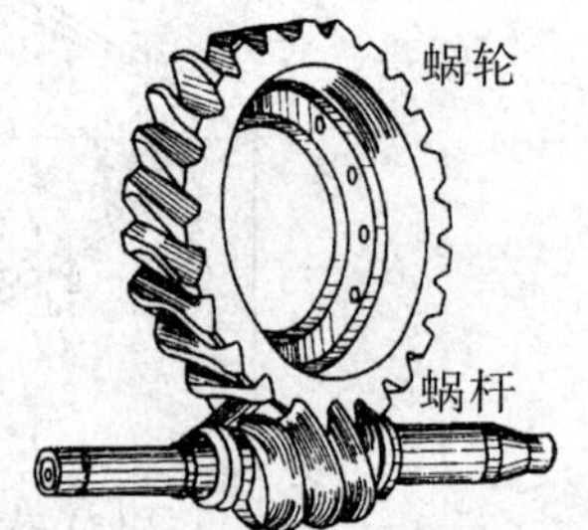

图 6.40 圆柱蜗杆传动

一、蜗杆传动的特点和类型

1. 蜗杆传动的特点

蜗杆传动由蜗杆和蜗轮组成，通常蜗杆为主动件。蜗杆传动具有以下特点。

(1) 传动比大

蜗杆类似于螺杆，蜗轮类似于具有凹形轮缘的斜齿轮。当使用单头蜗杆时，则蜗杆旋转一周，蜗轮只转过一个齿距，因而能实现大的传动比。一般蜗杆传动的传动比为 $i=5\sim80$，在分度机构的传动中，传动比可达 1 000。

(2) 工作平稳

在蜗杆传动中，由于蜗杆齿是连续不断的螺旋齿，它和蜗轮齿是逐渐进入啮合及退出啮合的，同时啮合的齿对又较多，故冲击载荷小，传动平稳，噪声低。

(3) 自锁性

当蜗杆的螺旋线升角小于啮合面的当量摩擦角时，蜗杆传动便具有自锁性。自锁性蜗杆常用于需要反向自锁的起重设备，以保证安全生产。

(4) 效率低

蜗杆传动中，轮齿啮合处有相对滑动。当滑动速度很大，工作条件不够好时，会产生较严重的摩擦与磨损，从而引起过分发热，使润滑情况恶化。因此摩擦损失较大，效率低，一般为 0.7～0.8；而具有自锁性时，效率仅为 0.4 左右。

(5) 制造成本高

蜗杆传动在啮合处有相对滑动，当滑动速度大，工作条件不好时，会产生较大的摩擦和磨损。为了减轻摩擦和减少磨损，通常蜗轮齿圈用贵重的青铜等材料制造，成本较高。

2. 蜗杆传动的类型

根据蜗杆形状的不同，蜗杆传动可分为圆柱蜗杆传动(见图 6.40)、环面蜗杆传动(见图 6.41)和锥蜗杆传动(见图 6.42)3 种。

圆柱蜗杆传动包括普通圆柱蜗杆传动和圆弧圆柱蜗杆传动 2 种。而普通圆柱蜗杆根据其端面齿廓的不同又可分为阿基米德蜗杆(ZA 蜗杆)、渐开线蜗杆(ZI 蜗杆)、法向直齿廓蜗杆(ZN 蜗杆)和锥面包络蜗杆(ZK 蜗杆)4 种。这几种蜗杆除 ZK 蜗杆外一般是在车床上用直线刀刃的车刀车制的。将车刀安装在不同的位置，可加工出不同的齿廓曲线。

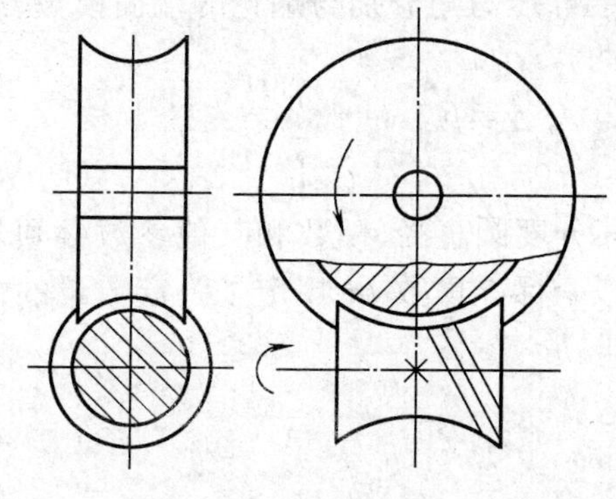

图 6.41 环面蜗杆传动

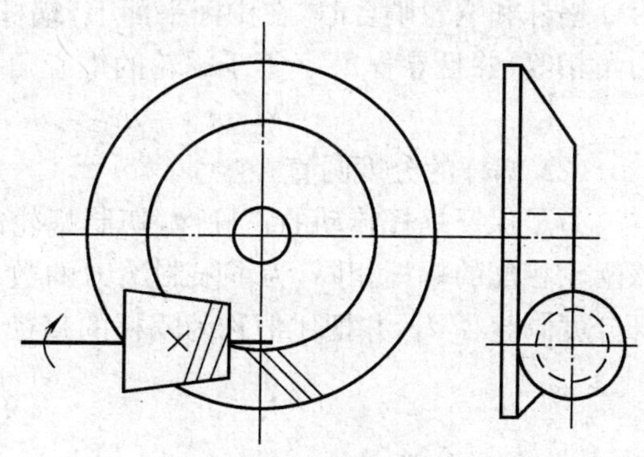

图 6.42 锥蜗杆传动

圆柱蜗杆制造简单，应用广泛，尤其是阿基米德蜗杆加工与测量方便，在机械中应用最广。

环面蜗杆的分度曲面是圆环面，传动润滑状态较好，但需要较高的制造和安装精度，主要用于大功率的传动。

锥蜗杆的分度曲面是圆锥，与之啮合的锥蜗轮在外观上就像是一个曲线齿锥齿轮。锥蜗杆传动由于结构上的原因，传动具有不对称性，在正、反转时受力不同，承载能力也不同。

二、蜗杆传动的主要参数和几何尺寸

1. 蜗杆传动的主要参数

在一对相互啮合的蜗杆蜗轮中，将垂直于蜗轮轴线且通过蜗杆轴线的平面称为中间平面，如图 6.43 所示。在中间平面上，蜗杆传动相当于齿条与齿轮的啮合传动。因此在设计蜗杆传动时，均取中间平面上的参数（如模数、压力角等）和尺寸（如齿顶圆、分度圆等）为基准。

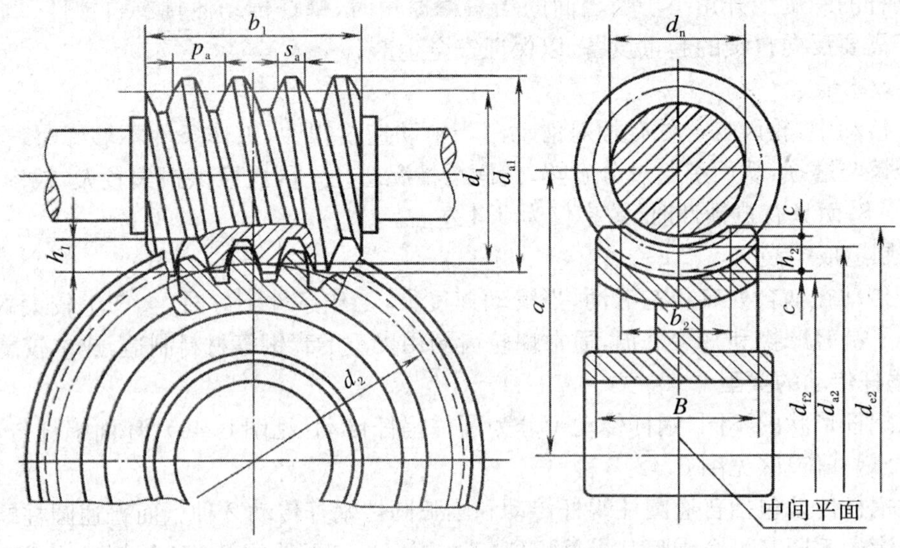

图 6.43　普通圆柱蜗杆传动的基本几何尺寸

（1）蜗杆传动的正确啮合条件

蜗杆和蜗轮啮合时，在中间平面上，蜗杆的轴面模数、压力角分别与蜗轮的端面模数、压力角相等，并且导程角 γ 等于蜗轮的螺旋角，即

$$m_{a1}=m_{t2}=m,\quad \alpha_{a1}=\alpha_{t2},\quad \gamma=\beta$$

（2）蜗杆的分度圆直径

为了保证蜗杆传动的正确性，切制蜗轮的滚刀，其分度圆直径、模数和其他参数必须与该蜗轮相配的蜗杆相同，为了限制滚刀的数目，对每一个标准模数 m 规定了一定数量的蜗杆分度圆直径 d_1，并把比值称为蜗杆的直径系数 q，即

$$q=\frac{d_1}{m}$$

q 与 d_1 已有标准值，见表 6.13。

表 6.13　普通圆柱蜗杆的参数

模数 m	分度圆直 d_1(mm)	m^2d_1	蜗杆头数 z_1	直径系数 q	蜗轮齿数 z_2
1	18	18	1	18.00	62
					82
1.25	20	31.25	1	16.00	49
	22.4	35		17.92	62
					82
1.6	20	51.2	1	12.5	51
			2		
			4		
	28	71.68	1	17.5	61
					82
2	22.4	89.6	1	11.20	—
			2		29
			4		(39)
			6		(51)
	35.5	142	1	17.75	62
					82
2.5	28	175	1	11.20	—
			2		29
			4		(39)
			6		(53)
3.15	35.5	352.25	1	11.27	—
			2		29
			4		(39)
			6		(53)
	56	555.66	1	17.75	62
4	40	640	1	10.00	—
			2		31
			4		(41)
			6		(51)
	71	1 136	1	17.75	62
5	50	1 250	1	10.00	31
			2		(41)
			4		(53)
			6		(61)
	90	2 250	1	18.00	62
6.3	63	2 500.47	1	10.00	31
			2		(41)
			4		(48)
			6		(53)
	112	4 445.28	1	17.778	61
8	80	5 120	1	10.00	31
			2		(41)
			4		(47)
			6		(52)

注：① 括号中的参数不适用于蜗杆头数为 6 时。

② 本表摘自 GB/T 10085—1988。

(3) 导程角 γ

设蜗杆的头数为 z_1，蜗杆的轴向齿距为 p_a，则分度圆上的导程角为

$$\tan\gamma=\frac{p_z}{\pi d_1}=\frac{z_1 p_a}{\pi d_1}=\frac{z_1 m}{d_1}=\frac{z_1}{q}$$

(4) 传动比 i、蜗杆头数 z_1 和蜗轮齿数 z_2

$$i=\frac{n_1}{n_2}=\frac{z_2}{z_1}$$

式中，n_1、n_2 分别为蜗杆和蜗轮的转速。

蜗杆的头数可根据要求的传动比和效率来选定。单头蜗杆的传动比较大，但效率低；多头蜗杆可提高效率，但蜗杆头数过多，又会给加工带来困难。一般取蜗杆头数为 $z_1=1、2、4、6$。

蜗轮的齿数主要根据传动比来确定，要注意既不能齿数太少而发生根切，又要避免齿数太多使得蜗轮直径过大，相应的蜗杆长度过长。表 6.14 为 z_1 和 z_2 的推荐值。

表 6.14　蜗杆头数 z_1 和蜗轮齿数 z_2 的推荐值

$i=z_2/z_1$	z_1	z_2
≈5	6	29～31
7～15	4	29～61
14～30	2	29～61
29～82	1	29～82

(5) 蜗杆传动的中心距 a

对于标准蜗杆传动，中心距为

$$a=\frac{1}{2}(d_1+d_2)=\frac{1}{2}(q+z_2)m$$

标准圆柱蜗杆的参数列于表 6.13 中。

2. 蜗杆传动的几何尺寸

蜗杆传动的几何尺寸可按表 6.15 计算，表中符号的含义可参考图 6.43。

表 6.15　蜗杆传动几何尺寸的计算

名　称	符号	计算公式	
		蜗杆	蜗轮
分度圆直径	d	$d_1=mq$	$d_2=mz_2$
齿顶高	h_a	$h_a=m$	
齿根高	h_f	$h_f=1.2m$	
齿高	h	$h=2.2m$	
齿顶圆直径	d_a	$d_{a1}=m(q+2)$	$d_{a2}=m(z_2+2)$
齿根圆直径	d_f	$d_{f1}=m(q-2.4)$	$d_{f2}=m(z_2-2.4)$
蜗杆轴向齿距	p_x	$p_x=m\pi$	
蜗杆导程角	γ	$\tan\gamma=z_1/q$	
蜗轮宽度	B	$B=0.65d_{a1}$	
蜗杆长度	L		当 $z_1=1、2$，$L\approx(13\sim16)m$ 当 $z_1=3、4$，$L\approx(15\sim20)m$
中心距	a	$a=0.5m(q+z_2)$	

三、蜗杆传动的强度计算

1．蜗杆传动的失效形式及常用材料

（1）蜗杆传动的失效形式

和齿轮传动一样，蜗杆传动的失效形式也有点蚀、齿根折断、齿面胶合及磨损等几种。由于结构及材料的原因，蜗杆螺旋齿部分的强度总是高于蜗轮轮齿的强度，所以失效经常发生在蜗轮轮齿上。由于蜗杆传动在齿面间有较大的相对滑动速度，容易产生磨损和发热，在润滑不良时易发生胶合。

在开式传动中多发生齿面磨损和轮齿折断，应以保证齿根弯曲强度作为其主要设计准则；在闭式传动中多因齿面胶合或点蚀而失效，通常按齿面接触疲劳强度进行设计，而按齿根弯曲疲劳强度进行校核。此外，闭式蜗杆传动由于散热困难，还应作热平衡核算。

由蜗杆传动的失效形式可知，蜗杆、蜗轮的材料不仅要有足够的强度，更要具有良好的磨合和耐磨性能。

（2）蜗杆和蜗轮常用材料

蜗杆一般用碳钢或合金钢制造。高速重载传动蜗杆常用低碳合金钢，如15Cr、20Cr、20CrMnTi等，经渗碳淬火，使表面硬度达到55～62HRC，并需磨削。中速中载传动蜗杆材料可用优质碳素钢或合金结构钢，如45、45Cr等，经表面淬火，使表面硬度达到45～55HRC，也需磨削。对于低速或不太重要的传动，可用40或45钢，并经调质处理，使表面硬度达到220～300HBS。

常用的蜗轮材料为铸造锡青铜（ZCuSn10P1，ZCuSn5Pb5Zn5），其耐磨性能最好，但价格较高，用于滑动速度较高（$v_s \geqslant 3$ m/s）的重要传动。铸造铝铁青铜（ZCuAl10Fe3，ZCuAl10Fe3Mn2）的耐磨性较锡青铜差些，但有足够的强度、耐冲击，且价格便宜，一般用于滑动速度 $v_s \leqslant 4$ m/s的传动。如果滑动速度不高（$v_s \leqslant 2$ m/s），对效率要求也不高，可采用铸铁（HT150，HT200）。

2．蜗杆传动的受力分析

如图6.44所示，以右旋蜗杆为主动件，沿图示的方向旋转，现分析其受力情况。设 F_n 为集中作用于节点 P 处的法向载荷，它可分解为三个互相垂直的分力，即圆周力 F_t、径向力 F_r 和轴向力 F_a。由于蜗杆与蜗轮轴线在空间交错垂直，根据作用与反作用原理，在蜗杆与蜗轮间，相互作用着 F_{t1} 与 F_{a2}、F_{r1} 与 F_{r2}、F_{a1} 与 F_{t2} 这3对大小相等、方向相反的力。

在确定各力的方向时，应先根据蜗杆的转动方向用“左右手法则”来判断蜗轮的转动方向。当蜗杆为右旋时，用右手四指沿蜗杆转动方向弯曲，则拇指伸直的方向即为蜗杆在啮合点处所受轴向力 F_{a1} 的方向。与 F_{a1} 相反的方向即为蜗杆作用于蜗轮的力 F_{t2} 的方向，而 F_{t2} 即为推动蜗轮旋转的圆周力。故得蜗轮的转向与拇指方向相反。当蜗杆为左旋时，则用左手按同样的方法来判定蜗轮的转动方向。

通常蜗杆为主动件，故其所受圆周力 F_{t1} 的方向总是与它的转向相反；径向力的方向则总是指向轴心。

各力大小为

$$\begin{cases} F_{t1} = F_{a2} = \dfrac{2T_1}{d_1} \\ F_{a1} = F_{t2} = \dfrac{2T_2}{d_2} \\ F_{r1} = F_{r2} = F_{t2}\tan\alpha \end{cases}$$

式中，T_1、T_2为蜗杆和蜗轮上的公称转矩(N·mm)；d_1、d_2为蜗杆和蜗轮的分度圆直径(mm)。

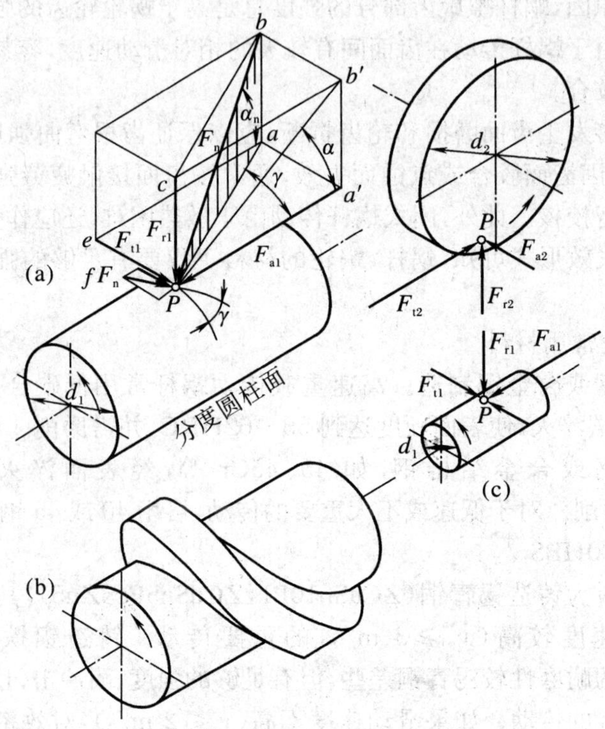

图 6.44 蜗杆传动的受力分析

例 6.3 如图 6.45(a)所示的蜗杆传动中，已知模数 $m=8$ mm，蜗杆头数 $Z_1=2$(右旋)，蜗杆分度圆直径 $d_1=80$ mm，传动比 $i=20.5$，蜗杆轴输入功率 $P=7.5$ kW，转速 $n_1=960$ r/min，转动方向如图所示。

(1) 确定蜗轮的螺旋线方向和转动方向。

(2) 计算并在啮合点处画出各分力。

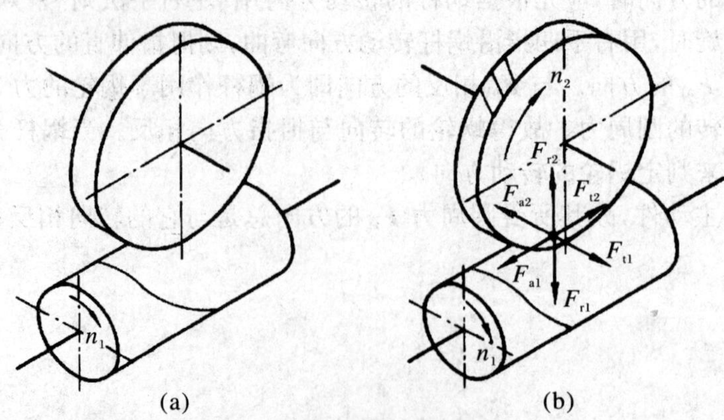

图 6.45 蜗杆传动示意图

解 (1) 确定蜗轮的螺旋线方向和转动方向

因为蜗杆为右旋，所以蜗轮也为右旋，应用主动轮左右手法则，可确定蜗杆轴向力 F_{a1} 向右，则蜗轮切向力 F_{t2} 向左，所以蜗轮沿顺时针方向转动。

(2) 确定蜗杆蜗轮各分力方向

如图 6.45(b)所示。

(3) 计算各分力

蜗杆轴的转矩：

$$T_1 = 9.55\times10^6\,\frac{P_1}{n_1} = \frac{9.55\times10^6\times7.5}{960}\ (\mathrm{N\cdot mm}) = 7.46\times10^4\,(\mathrm{N\cdot mm})$$

由 $\eta_1 = 0.81$，$z_1 = 2$，参考表 6.19 估取啮合效率。

蜗轮轴转矩：

$$T_2 = T_1 i\eta_1 = 7.46\times10^4\times20.5\times0.81\ (\mathrm{N\cdot mm}) = 1.24\times10^6\,(\mathrm{N\cdot mm})$$

蜗轮分度圆直径：

$$d_2 = mz_2 = mz_1 i = 8\times2\times20.5\ (\mathrm{mm}) = 328\ (\mathrm{mm})$$

蜗杆切向力和蜗轮轴向力：

$$F_{t1} = F_{a2} = \frac{2T_1}{d_1} = \frac{2\times7.64\times10^4}{80}\ (\mathrm{N}) = 1\ 865\ (\mathrm{N})$$

蜗杆轴向力和蜗轮切向力：

$$F_{a1} = F_{t2} = \frac{2T_2}{d_2} = \frac{2\times1.24\times10^6}{328}\ (\mathrm{N}) = 7\ 561\ (\mathrm{N})$$

蜗杆和蜗轮的径向力：

$$F_{r1} = F_{r2} = F_{t2}\tan\alpha = 7\ 561\times\tan 20\ (\mathrm{N}) = 2\ 752\ (\mathrm{N})$$

3．蜗杆强度计算

在一般情况下，蜗杆传动的失效多发生在蜗轮的轮齿上，故蜗杆传动的强度计算主要是针对蜗轮轮齿进行的。由于蜗轮轮齿的齿根是圆弧形，抗弯能力较强，很少发生轮齿折断。故对于闭式蜗杆传动，通常只对蜗轮齿面进行接触疲劳强度的计算。

(1) 蜗轮的齿面接触疲劳强度

蜗轮齿面接触疲劳强度计算可近似地按斜齿轮与斜齿条传动的情况进行分析推导，可得出蜗轮齿面接触疲劳强度的校核公式为

$$\sigma_H = 500\sqrt{\frac{KT_2}{d_1 d_2^2}} = 500\sqrt{\frac{KT_2}{m^2 d_1 z_2^2}} \leqslant [\sigma_H]$$

该式适用于钢制蜗杆与青铜或铸铁蜗轮的配对。将上式整理后得蜗轮齿面接触疲劳强度的设计公式为

$$m^2 d_1 \geqslant KT_2\left(\frac{500}{z_1[\sigma_H]}\right)^2$$

式中，σ_H 为蜗轮齿面接触疲劳强度（MPa）；K 为载荷系数，取 1～1.4。当载荷平稳，$v_s \leqslant$ 3 m/s，7 级以上精度时取小值，否则取大值；T_2 为蜗轮上的转矩（N·mm）；$[\sigma_H]$ 为蜗轮材料的许用接触应力（MPa），由表 6.16 或表 6.17 查取。

计算出 $m^2 d_1$ 后，按表 6.14 选取对应的模数 m 和蜗杆分度圆直径 d_1。

表 6.16 灰铸铁及铸铝铁青铜蜗轮的许用接触应力[σ_H] （单位：MPa）

材料		滑动速度 v_s(m/s)						
蜗 杆	蜗 轮	＜0.25	0.25	0.5	1	2	3	4
20 或 20Cr 渗碳、淬火，45 钢淬火，齿面硬度大于 45HRC	灰铸铁 HT150	206	166	150	127	95	—	—
	灰铸铁 HT200	250	202	182	154	115	—	—
	铸铝铁青铜 ZCuAl10Fe3	—	—	250	230	210	180	160
45 钢或 Q275	灰铸铁 HT150	172	139	125	106	79	—	—
	灰铸铁 HT200	208	168	152	128	96	—	—

表 6.17 铸锡青铜蜗轮的基本许用接触应力[σ_H] （单位：MPa）

蜗轮材料	铸造方法	适用的许用应力		
		滑动速度 v_s(m/s)	蜗杆齿面硬度	
			≤350HBS	＞45HRC
ZCuSn10Pb1	砂型	≤12	180	200
	金属型	≤25	200	220
ZCuSn5Pb5Zn5	砂型	≤10	110	125
	金属型	≤12	135	150

(2) 蜗轮轮齿的弯曲疲劳强度

由于蜗轮轮齿很少发生弯曲折断的情况，所以一般不进行轮齿弯曲强度计算。只是在受强烈冲击或重载的蜗杆传动或蜗轮采用脆性材料或蜗轮齿数 $Z_2>80\sim100$ 时，才进行弯曲强度校核。另外，当蜗杆作传动轴时，必须进行刚度校核。相关的计算公式可参阅《机械设计手册》。

四、蜗杆传动的效率、润滑和热平衡

1. 蜗杆传动的效率

闭式蜗杆传动的功率损失一般包括 3 个部分，即齿面间啮合摩擦损失、轴承摩擦损失和箱体内搅动润滑油损失，其中主要是齿面间啮合摩擦损失。

蜗杆传动时，在蜗杆蜗轮的啮合面间会产生很大的滑动速度 v_s，其方向沿蜗杆螺旋线方向，如图 6.46 所示。其大小可用下式计算：

$$v_s=\frac{v_1}{\cos\gamma}=\frac{\pi d_1 n_1}{60\times 1\,000\cos\gamma}$$

式中，v_s为蜗杆蜗轮间齿面滑动速度(m/s)；v_1为蜗杆分度圆圆周速度(m/s)；d_1为蜗杆分度圆直径(mm)；γ 为蜗杆分度圆柱上的导程角(°)。

设 η_1、η_2、η_3分别表示单独考虑齿面间啮合摩擦损失、轴承摩擦损失和箱体内搅动润滑油损失时的效率，则蜗杆传动的总效率为

$$\eta=\eta_1\cdot\eta_2\cdot\eta_3$$

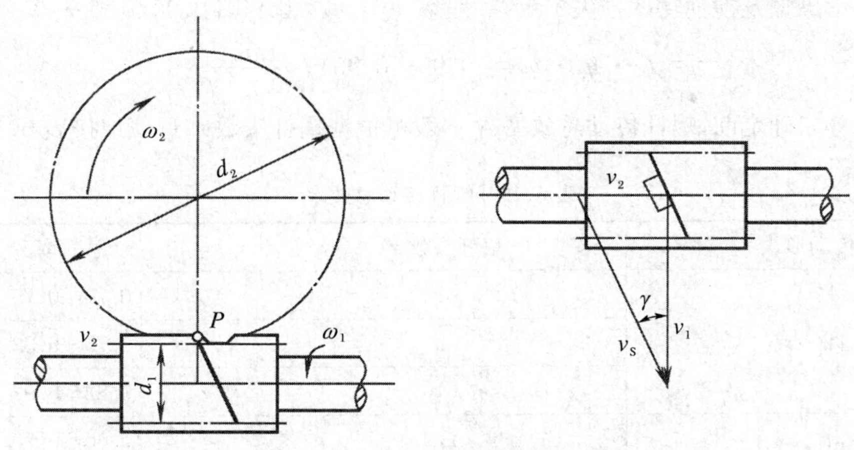

图 6.46　蜗轮传动的滑动速度

如前所述，蜗杆传动的总效率，主要取决于啮合效率 η_1。当蜗杆为主动件时，可近似按螺旋副的效率计算，即

$$\eta_1 = \frac{\tan\gamma}{\tan(\gamma + \rho_v)}$$

式中，γ 为蜗杆分度圆柱上的导程角(°)；ρ_v 为当量摩擦角(°)，其值见表 6.18。

表 6.18　蜗杆传动的当量摩擦角 ρ_v

蜗轮材料		锡青铜		无锡青铜	灰铸铁	
蜗杆齿面硬度		≥45HRC	其他情况	≥45HRC	≥45HRC	其他情况
滑动速度 v_s (m/s)	0.01	6.28°	6.84°	10.2°	10.20°	10.75°
	0.10	4.57°	5.14°	7.40°	7.40°	7.97°
	0.50	3.15°	3.72°	5.14°	5.15°	5.72°
	1.00	2.58°	3.15°	4.00°	4.00°	5.15°
	2.00	2.00°	2.58°	3.15°	3.15°	4.00°
	3.00	1.60°	2.00°	2.58°		
	4.00	1.37°	1.78°	2.29°		
	5.00	1.26°	1.66°	2.00°		
	8.00	1.03°	1.49°	1.72°		
	10.00	0.92°	1.37°			
	15.00	0.80°	1.15°			
	24.00	0.74°				

由上式可知，蜗杆的传动效率 η 主要与蜗杆的导程角 γ 有关。在 γ 值的一定范围内，η 随 γ 的增大而增大。由于多头蜗杆的 γ 值较大，故一般采用多头蜗杆。但如果 γ 过大，蜗杆的加工较困难，且当 $\gamma > 27°$ 时效率增加的幅度很小，因此一般取 $\gamma \leqslant 27°$。

当 $\gamma \leqslant \rho_v$ 时，蜗杆传动具有自锁性，但此时蜗杆传动的效率低于 50%。

由于轴承摩擦及搅油功率损失不大，一般取 $\eta_2 \cdot \eta_3 = 0.95 \sim 0.96$，则总效率为

$$\eta = \eta_1 \cdot \eta_2 \cdot \eta_3 = (0.95 \sim 0.96)\frac{\tan\gamma}{\tan(\gamma + \rho_v)}$$

传动尺寸未确定前，蜗杆传动总效率 η 一般可根据蜗杆头数 z_1 近似地按表6.19选取。

表6.19　蜗杆传动总效率

<table>
<tr><th>传动形式</th><th>蜗杆头数 z_1</th><th>总效率</th></tr>
<tr><td rowspan="3">闭　式</td><td>1</td><td>0.70～0.75</td></tr>
<tr><td>2</td><td>0.75～0.82</td></tr>
<tr><td>4</td><td>0.82～0.92</td></tr>
<tr><td>开　式</td><td>1,2</td><td>0.60～0.70</td></tr>
</table>

2．蜗杆传动的润滑

因为蜗杆传动的传动效率低，工作时发热量大，在连续工作的闭式蜗杆传动中，润滑具有特别重要的意义。由于摩擦产生的热量大，所以要求工作时有良好的润滑条件，以提高蜗杆传动的效率，防止胶合及减少磨损。

润滑油黏度及润滑方法，一般根据相对滑动速度及载荷类型进行选择。对于闭式传动，常用的润滑油黏度及润滑方法见表6.20。对于开式传动，则采用黏度较高的齿轮油或润滑脂。应当指出，对于青铜蜗轮，不允许采用抗胶合能力强的活性润滑油，以免腐蚀青铜齿面。

表6.20　蜗杆传动的润滑油黏度推荐值及润滑方法

<table>
<tr><td>蜗杆传动的相对滑动速度 v_s(m/s)</td><td>0～1</td><td>0～2.5</td><td>0～5</td><td>>5～10</td><td>>10～15</td><td>>15～25</td><td>>25</td></tr>
<tr><td>载荷类型</td><td>重</td><td>重</td><td>中</td><td>不限</td><td>不限</td><td>不限</td><td>不限</td></tr>
<tr><td>运动黏度 υ_{40}(cst)</td><td>900</td><td>500</td><td>350</td><td>220</td><td>150</td><td>100</td><td>80</td></tr>
<tr><td rowspan="2">润滑方法</td><td rowspan="2" colspan="3">油池润滑</td><td rowspan="2">喷油润滑或油池润滑</td><td colspan="3">喷油润滑时的喷油压力(MPa)</td></tr>
<tr><td>0.7</td><td>2</td><td>3</td></tr>
</table>

3．蜗杆传动的热平衡计算

由于蜗杆传动损失的功率将全部转化为热量，在闭式传动中，如果不能及时散热，将因油温不断升高而使润滑油稀释，从而增大摩擦损失，甚至发生胶合。因此对于连续工作的闭式蜗杆传动，需进行热平衡计算。

设蜗杆传动的输入功率为 P，传动效率为 η，在单位时间内产生的发热量为 Q_1，则

$$Q_1 = 1\,000P(1-\eta)$$

以自然冷却方式，从箱体外壁散发到周围空气中去的热流量为 Q_2，则

$$Q_2 = K_s(t_1 - t_0)A$$

式中，K_s 为箱体表面散热系数[W/(m^2·℃)]，一般取 $K_s = 10 \sim 17$，通风良好时取大值；P 为蜗杆传动输入功率(kW)；η 为蜗杆传动总效率；A 为箱体的散热面积(m^2)。箱体上有散热片时，散热片的面积按50%计算。t_1 为油温(℃)，一般取允许油温[t] = 70～90 ℃；t_0 为

箱体周围的空气温度(℃),常温情况可取 20 ℃。

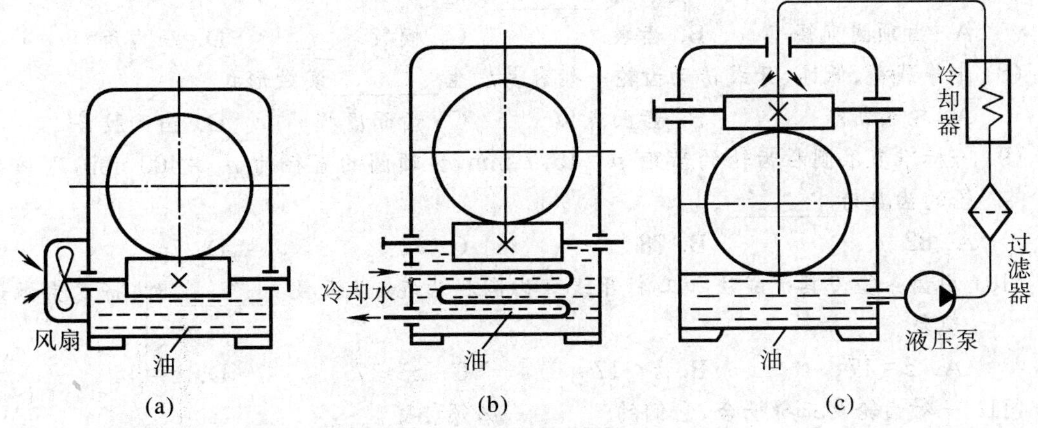

图 6.47　蜗杆传动的冷却方式

若蜗杆传动在单位时间内损耗的功率全部转变为热量,并由箱体表面散发出去而达到平衡,则蜗杆传动的平衡条件为

$$Q_1 = Q_2$$

由此求出热平衡时箱体润滑油的工作温度 t 为

$$t = t_0 + \frac{1\ 000(1-\eta)}{K_s A} \leqslant [t]$$

当达到热平衡时,要求润滑油的温度 $t \leqslant 70$ ℃。当 $t > 80$ ℃时,必须采取措施以增加蜗杆传动的散热能力。常用的散热措施有:在箱壳外面增设散热片以增加散热面积;在蜗杆轴上装风扇进行吹风冷却,如图 6.47(a)所示,这时可以取散热系数 $K_s = 18 \sim 35$ W/(m^2·℃);在箱体内油池中安装蛇形冷却水管用循环水冷却,如图 6.47(b)所示;利用循环油冷却,如图 6.47(c) 所示。

复习思考题

1. 选择题

(1) 一对齿轮啮合时,两齿轮的________始终相切。

A. 分度圆　　B. 基圆　　C. 节圆　　D. 齿根圆

(2) 一个渐开线圆柱齿轮上有两个可见圆和两个不可见圆,分别是________。

A. 分度圆、齿顶圆;基圆、齿根圆　　B. 齿顶圆、基圆;分度圆、齿根圆

C. 分度圆、基圆;齿顶圆、齿根圆　　D. 齿顶圆、齿根圆;分度圆、基圆

(3) 渐开线齿廓基圆上的压力角________。

A. 大于零　　B. 小于零　　C. 等于零　　D. 等于 20°

(4) 根据渐开线特性,渐开线齿轮的齿廓形状取决于________的大小。

A. 基圆　　B. 分度圆　　C. 齿顶圆　　D. 齿根圆

(5) 欲保证一对直齿圆柱齿轮连续转动,其重合度 ε 应满足________。

A. $\varepsilon = 0$　　B. $0 < \varepsilon < 1$　　C. $\varepsilon \geqslant 1$　　D. $\varepsilon < 0$

(6) 影响齿轮承载能力大小的主要参数是________。

A. 齿数　B. 压力角　C. 模数　D. 齿高

(7) 圆柱齿轮的结构形式一般根据________确定。

A. 齿顶圆直径　B. 齿数　C. 模数　D. 压力角

(8) 中等载荷、低速、开式传动齿轮一般容易发生________实效形式。

A. 轮齿折断　B. 齿面点蚀　C. 齿面磨损　D. 齿面胶合

(9) 一标准直准圆柱齿轮的齿距 $p=15.7$ mm，齿顶圆的直径为 $d_a=400$ mm，则该齿轮的齿数为________。

A. 82　B. 78　C. 80　D. 76

(10) 用齿条型刀具范成法加工渐开线直齿圆柱齿轮，当齿数________时，将发生根切现象。

A. $z=17$　B. $z<17$　C. $z>17$　D. $z=14$

(11) 一对齿轮要正确啮合，它们的________必须相等。

A. 直径　B. 宽度　C. 模数　D. 齿数

(12) 斜齿圆柱齿轮传动，两轮轴线之间相对位置应该________。

A. 平行　B. 相交　C. 交错　D. 垂直

(13) 一对外啮合斜齿圆柱齿轮传动，两轮除模数、压力角必须相等以外，螺旋角应该满足________。

A. $\beta_1=\beta_2$　B. $\beta_1=-\beta_2$

C. $\beta_1+\beta_2=90^\circ$　D. $\beta_1<\beta_2$

(14) 斜齿轮的端面模数比法面模数________。

A. 大　B. 小　C. 相等　D. 没有关系

(15) 要实现两相交轴之间的传动，可以采用________传动。

A. 直齿圆柱齿轮　B. 斜齿圆柱齿轮

C. 直齿锥齿轮　D. 蜗杆蜗轮

(16) 阿基米德圆柱蜗杆的________模数，应符合标准数值。

A. 端面　B. 法向　C. 轴向　D. 正截面

(17) 在一对相互啮合的蜗杆蜗轮中，取中间平面上的参数基准。中间平面是指通过蜗杆轴线且________蜗轮轴线的平面。

A. 平行　B. 相交　C. 重合　D. 垂直

(18) 在中间平面上，蜗杆传动相当于________的啮合传动。

A. 丝杠和螺母　B. 齿条与齿轮　C. 齿轮与齿轮　D. 一对螺旋

(19) 直径系数 q 是______的特有参数。

A. 蜗轮　B. 蜗杆　C. 直齿轮　D. 斜齿轮

(20) 常用的蜗轮材料为________。

A. 碳钢　B. 合金钢　C. 铸铁　D. 铸造锡青铜

2. 判断题

(1) 对于标准渐开线圆柱齿轮，其分度圆上的齿厚等于齿槽宽。(　　)

(2) 渐开线齿廓上各点的压力角是不相等的。(　　)

(3) 任何齿轮的齿顶圆都大于分度圆，齿根圆都小于分度圆。(　　)

(4) 对于两个压力角相同的渐开线标准直齿圆柱齿轮，若它们的分度圆直径相等，则这

两个齿轮就能正确啮合。(　　)

(5) 直齿圆柱齿轮的齿数相同时，模数越大，则齿轮的几何尺寸也越大，承载能力也越大。(　　)

(6) 分度圆上压力角的变化，对齿廓的形状有影响。(　　)

(7) 一对相啮合的直齿圆柱齿轮，$n_1 = 960$ r/min，$z_1 = 20$，$z_2 = 50$，则 $n_2 = 2\,400$ r/min。(　　)

(8) 尺寸越小的一对渐开线标准齿轮越容易发生根切。(　　)

(9) 齿数少于17的直齿圆柱齿轮，不论在什么条件下切齿加工，齿轮都发生根切。(　　)

(10) 直齿圆柱齿轮传动时，轮齿间同时有法向力、圆周力和径向力作用。(　　)

(11) 一般参数的闭式齿轮传动的主要失效形式是点蚀。(　　)

(12) 斜齿圆柱齿轮传动产生的轴向力随着螺旋角的增大而增大。(　　)

(13) 斜齿圆柱齿轮的承载能力低于直齿圆柱齿轮，故不能用于大功率传动。(　　)

(14) 一对斜齿圆柱齿轮传动，两轮的螺旋角相等，且螺旋方向相同是其正确啮合的条件之一。其承载能力低于直齿圆柱齿轮，故不能用于大功率传动。(　　)

(15) 斜齿圆柱齿轮的法面齿形为渐开线，而端面齿形不是渐开线，因此，法面和端面上的参数不同。(　　)

(16) 锥齿轮传动用于传递两相交轴之间的运动和动力。(　　)

(17) 用仿形法加工圆锥齿轮时，铣刀刀号应该根据当量齿数来选择。(　　)

(18) 蜗杆传动中的蜗轮就是一个斜齿轮，两者没有什么区别。(　　)

(19) 蜗杆头数 z_1 越多，则其分度圆柱导程角 γ 就越大。(　　)

(20) 因为蜗轮的直径比蜗杆大，所以蜗杆传动的失效多发生在蜗杆轮齿上。(　　)

3. 简答题

(1) 简述齿轮的基本参数与意义。

(2) 重合度的基本概念是什么？

(3) 渐开线直齿圆柱齿轮正确啮合的条件是什么？

(4) 为什么要限制标准齿轮的最少齿数？

(5) 常见的渐开线齿廓的切齿方法有哪几种？其特点是什么？

(6) 齿轮传动常用哪些材料？选择齿轮材料的依据是什么？设计齿轮时，小齿轮硬度根据什么原则选取？

(7) 齿轮的许用应力分为哪两种？其校核公式是什么？

(8) 常见的齿轮失效形式有哪些？失效的原因是什么？齿轮传动的设计准则通常是由哪些失效形式决定的？

(9) 一对斜齿圆柱齿轮的正确啮合条件是什么？与直齿轮相比，斜齿轮传动有哪些优缺点？

(10) 斜齿轮为什么要区别端面和法面？端面齿距、模数与法面齿距、模数有何关系？哪一个模数是标准值？

(11) 斜齿圆柱齿轮的当量齿数的含义是什么？它们与实际齿数有何关系？研究当量齿数的目的何在？

(12) 简述齿轮有哪些结构形式，并分析其应用场合。

(13) 简述圆锥齿轮传动的特点和应用场合。

(14) 蜗杆传动有哪些特点？适用于哪些场合？

(15) 一对阿基米德圆柱蜗杆与蜗轮的正确啮合条件是什么？

(16) 蜗杆传动的传动比等于什么？为什么蜗杆传动可得到大的传动比？为什么蜗杆传动的效率低？

4. 综合题

(1) 某传动装置中有一对渐开线标准直齿圆柱齿轮(正常齿)，大齿轮已损坏，小齿轮的齿数 $z_1=24$，齿顶圆直径 $d_{a1}=78$ mm，中心距 $\alpha=135$ mm，试计算大齿轮的主要几何尺寸及这对齿轮的传动比。

(2) 已知一对外啮合标准直齿圆柱齿轮传动的标准中心距 $a=150$ mm，传动比 $i_{12}=4$，小齿轮齿数 $z_1=20$。试确定这对齿轮的模数 m 和大齿轮的齿数 z_2、分度圆直径 d_2、齿顶圆直径 d_{a2}、齿根圆直径 d_{f2}。

(3) 已知开式齿轮传动，小齿轮材料为45钢调质处理，大齿轮材料为45钢正火处理，传递功率 $P_1=4$ kW，$n_1=960$ r/min，$i=4$，$z_1=21$，单向运转，齿轮对称布置，载荷均匀，电动机驱动。试设计该齿轮传动。

(4) 已知一对外啮合标准斜齿圆柱齿轮，$z_1=23$，$z_2=98$，$m=4$ mm，$h_a^*=1$，$a=250$ mm，$\alpha=20^\circ$。试计算该对齿轮的 m_t、β、z_v 及其几何尺寸。

(5) 已知一对直齿锥齿轮传动的 $m=5$ mm，$z_1=20$，$z_2=40$，$\Sigma=900$，试求该对锥齿轮的分锥角 δ_1、δ_2，分度圆直径 d_1、d_2，齿顶圆直径 d_{a1}、d_{a2}。

(6) 如图6.48所示，设蜗轮齿数 $z_2=40$，分度圆半径 $r_2=160$ mm，蜗杆头数 $z=1$，求：

① 蜗轮端面模数 m_{t2}、蜗杆轴向模数 m_{a2}、轴向齿距 p、导程 L_1、导程角 γ_1、直径系数 q 及其分度圆直径 d_1；

② 如果蜗杆为左旋，置于蜗轮之上，转动方向如图6.48所示，试求蜗轮的转向。

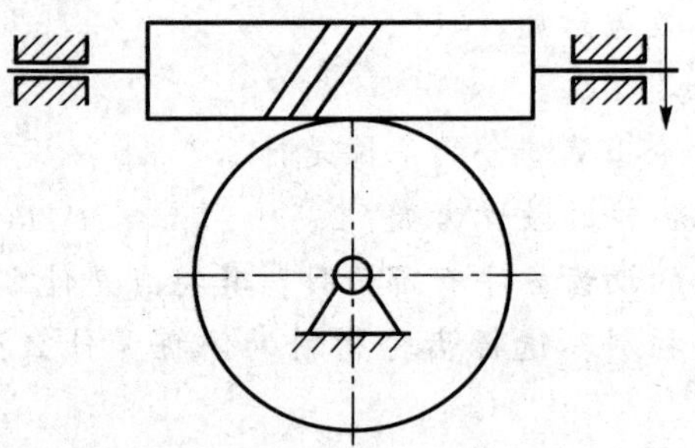

图6.48 综合题(6)图

(7) 已知蜗杆传动的数据：蜗杆传递功率 $P_1=2.8$ kW，转速 $n_1=960$ r/min，蜗杆头数 $z_1=2$，分度圆直径 $d_1=90$ mm，蜗轮分度圆直径 $d_2=200$ mm，齿数 $z_2=40$，传动效率 $\eta=0.76$，试计算作用力 F_t、F_r、F_a 的大小。

(8) 试设计一运料用单级普通圆柱蜗杆传动减速器，已知：蜗杆下置，蜗轮材料依据速度选取，用YD132M-4型电动机($P=6.5$ kW，$n=1\,450$ r/min)直接驱动，传动比 $i=20$，不反转，载荷基本稳定，一班制工作(每天8 h)，使用寿命15 000 h。

第七章　齿轮传动系统

本章主要学习定轴轮系传动比的计算及传动比符号的确定；周转轮系传动比的计算及传动比符号的确定；混合轮系的运动分析及传动比的确定；轮系的功用等。

第一节　定 轴 轮 系

在运转过程中，每个齿轮轴线的位置都是固定不变的，这种所有齿轮的轴线位置在运转过程中均固定不动的轮系，称为普通轮系或定轴轮系。在图7.1所示的轮系中，图7.1(a)是全部由圆柱齿轮组成的平面定轴轮系，图7.1(b)是包含有锥齿轮和蜗杆传动的空间定轴轮系。

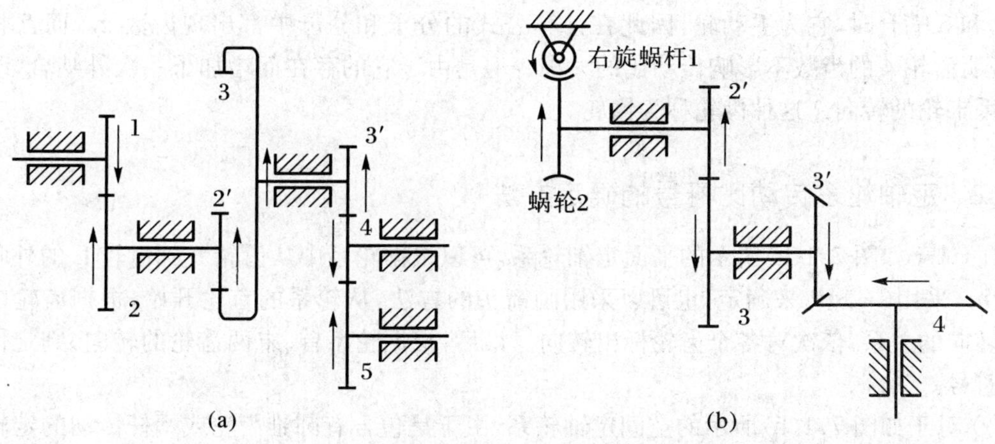

图7.1　定轴轮系

一、定轴轮系传动比

在图7.1(a)的平面定轴轮系中，由于各个齿轮的轴线相互平行，根据一对外啮合齿轮副的相对转向相反、一对内啮合齿轮副的相对转向相同的关系，如果已知各轮的齿数和转速，则各对齿轮副的传动比为

$$i_{12}=\frac{n_1}{n_2}=-\frac{z_2}{z_1}$$

$$i_{2'3}=\frac{n_2}{n_3}=\frac{z_3}{z_{2'}}$$

$$i_{3'4}=\frac{n_3}{n_4}=-\frac{z_4}{z_{3'}}$$

$$i_{45}=\frac{n_4}{n_5}=-\frac{z_5}{z_4}$$

将以上各式等号两边连乘后得

$$i_{12}i_{2'3}i_{3'4}i_{45}=\frac{n_1n_2n_3n_4}{n_2n_3n_4n_5}=(-1)^3\ \frac{z_2z_3z_4z_5}{z_1z_{2'}z_{3'}z_4}$$

因此

$$i_{15}=\frac{n_1}{n_5}=-\frac{z_2z_3z_5}{z_1z_{2'}z_{3'}}$$

由上可知，定轴轮系首、末两轮的传动比等于组成轮系的各对齿轮传动比的连乘积，其大小等于所有从动轮齿数的连乘积与所有主动轮齿数的连乘积之比，其正负号则取决于外啮合的次数。传动比为正号时表示首、末两轮的转向相同，为负号时表示首、末两轮的转向相反。

假设定轴轮系首末两轮的转速分别为 n_F 和 n_L，则传动比的一般表达式是

$$i_{FL}=\frac{n_F}{n_L}=(-1)^m\frac{\text{从 F 到 L 之间所有从动轮齿数连乘积}}{\text{从 F 到 L 之间所有主动轮齿数连乘积}} \tag{7.1}$$

式中，m 为轮系从齿轮 F 到齿轮 L 的外啮合次数。n_F 和 n_L(r/min)都是代数量(既有大小，又有方向)。

在图 7.1(a)的定轴轮系中，齿轮 4 与齿轮 $3'$ 和 5 同时啮合。齿轮 4 和 $3'$ 啮合时，它为从动轮，和 5 啮合时，它为主动轮，因此在计算公式的分子和分母中都出现齿数 z_4，而互相抵消，说明齿轮 4 的齿数不影响传动比的大小。但是由于它的存在而增加了一次外啮合，改变了轮系末轮的转向。这种齿轮称为惰轮。

二、定轴轮系传动比符号的确定方法

① 对于如图 7.1(a)所示的平面定轴轮系，可以根据轮系中从齿轮 F 到齿轮 L 的外啮合次数 m，采用 $(-1)^m$ 来确定；也可以采用画箭头的方法，从轮系的首轮开始，根据齿轮内外啮合转向的关系，依次对各个齿轮标出转向。最后，根据轮系首、末两齿轮的转向，判定传动比的符号。

② 对于如图 7.1(b)所示的空间定轴轮系，由于是包含有圆锥齿轮或蜗杆传动的定轴轮系，各轮的轴线不平行，则只能采用画箭头的方法确定传动比的符号。

对于圆锥齿轮传动，表示齿轮副转向的箭头同时指向或同时背离啮合处。对于蜗杆传动，从动蜗轮转向的判定方法是：对右旋蜗杆用右手定则，四指弯曲顺着主动蜗杆的转向，与拇指指向相反的方向，就是蜗轮在啮合处圆周速度的方向。对左旋蜗杆用左手定则，方法同上。

例 7.1 如图 7.2 所示的定轴轮系，设已知 $z_1=15$，$z_2=25$，$z_{2'}=14$，$z_3=20$，$z_4=14$，$z_{4'}=20$，$z_5=30$，$z_6=40$，$z_{6'}=2$，$z_7=60$，均为标准齿轮传动。若已知轮 1 的转速为 $n_1=200$ r/min，从 A 向看为顺时针转动，试求轮 7 的转速 n_7 及转动方向。

解 ① 计算该轮系的传动比。

$$i_{17}=\frac{n_1}{n_7}=\frac{z_2z_3z_4z_5z_6z_7}{z_1z_{2'}z_3z_{4'}z_5z_{6'}}=\frac{25\times14\times40\times60}{15\times14\times20\times2}=100$$

② 由于轮系中有蜗杆蜗轮传动，所以轮系的转向只能在图中用画箭头的方法表示。用画箭头的方法判断蜗杆的转向为顺时针方向，如图 7.2 所示。

③ 计算轮 7 的转速 n_7。

$$n_7=\frac{n_1}{i_{17}}=\frac{200}{100}=2\ (\mathrm{r/min})$$

所以轮 7 以 2 r/min 的转速沿顺时针方向转动。

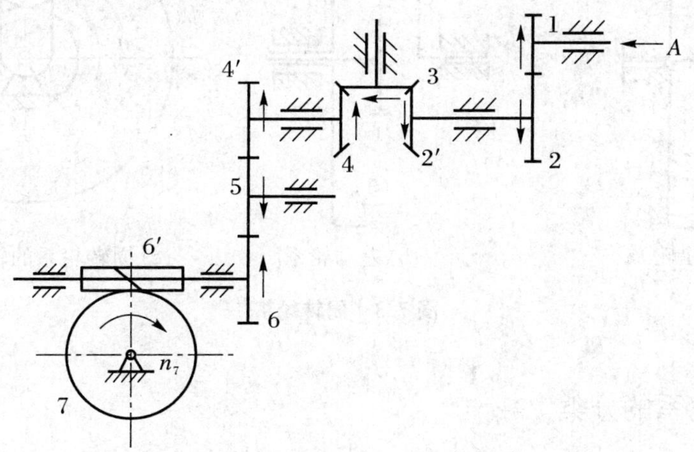

图 7.2　定轴轮系的传动示意图

第二节　周转轮系

在如图 7.2 所示的轮系中，齿轮 1 和 3 的轴线重合，它们均为定轴轮系。而齿轮 2 的转轴装在杆件 H 的端部，在杆件 H 的带动下，它可绕齿轮 1 和 3 的轴线作圆周转动。这种在运转过程中至少有一个齿轮的几何轴线的位置不固定，而是绕其他定轴齿轮的轴线转动的轮系，称为周转轮系。由于齿轮 2 及绕自己的轴线作自转，又绕定轴齿轮 1 和 3 的轴线作公转，犹如行星绕日运行，因此称它为行星轮。带动行星作公转的杆件 H 则称为系杆或转臂。而行星所绕指公转的定轴齿轮 1 和 3 走位称为中心轮，1 又可称为太阳轮。

中心轮 1 和 3 及系杆 H 的回转轴线固定且重合，一般以它们作为运动的输入或输出构件，通常称他们是组成周转轮系的基本构件。

根据周转轮系所具有的自由度数目的不同，周转轮系可划分为行星轮系和差动轮系两种。

1. 行星轮系

在如图 7.3(a)所示的周转轮系中，中心轮 3 是固定不动的，整个轮系的自由度为 1。这种自由度为 1 的周转轮系称为行星轮系。为了确定该轮系的运动，只需要给定轮系中一个基本构件以独立的运动规律即可。

2. 差动轮系

在如图 7.3(b)所示的周转轮系中，中心轮 3 不固定，则整个轮系的自由度变为 2。这种自由度为 2 的周转轮系称为差动轮系。为了使其具有确定的运动，需要在基本构件中给定 2 个原动件。

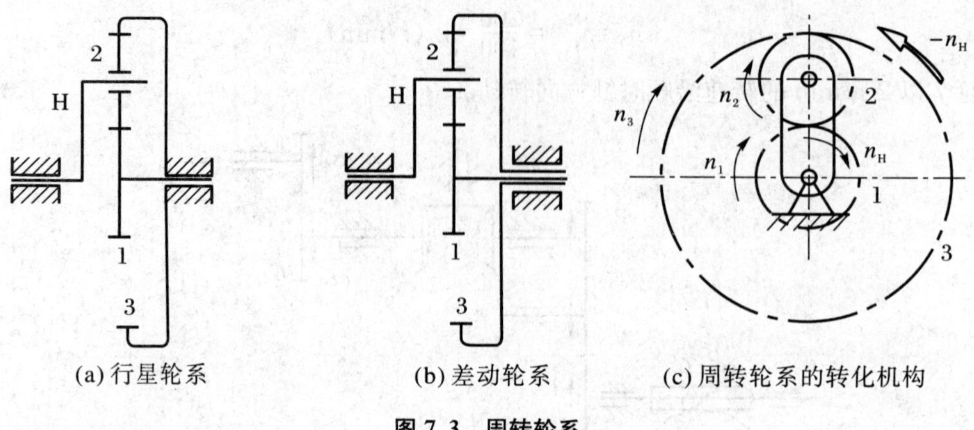

(a) 行星轮系　　(b) 差动轮系　　(c) 周转轮系的转化机构

图 7.3　周转轮系

一、周转轮系的分类

按照的组成基本周转轮系可以分为两类(见表 7.1)。

表 7.1　常见基本周转轮系

传动类型	由两个中心轮与一个系杆组成的 2K-H 型轮系				由 3 个中心轮组成的 3K 型周转轮系
	单排内外啮合	双排内外啮合	双排外啮合	双排内啮合	
机构运动简图	2 H 1 3	2′ 2 H 1 3	2′ 2 H 3 1	2′ 2 H 3 1	2 2′ H 1 3 4
特点	构件数量少,传动比变化范围大,使用结构方案多,应用广泛				系杆 H 在轮系中不受扭矩,只起支撑行星轮的作用

注:① 由两个中心轮与一个系杆组成的 2K-H 型周转轮系,包括单排内外啮合、双排内外啮合、双排外啮合和双排内啮合四种情况。

② 由 3 个中心轮组成的 3K 型周转轮系。

二、周转轮系的传动比

由于周转轮系中包含几何轴线可以运动的行星轮,因此它的传动比不能直接使用定轴轮系传动比的计算公式来进行计算。因为行星轮相对系杆旋转,并且系杆本身也在运动,这里有一个相对运动的问题,可用反转法,将坐标原点固定在系杆 H 的旋转中心上,这样在新坐标系下周转轮系中的系杆相对固定,但是系杆与各个构件之间的相对运动保持不变,则可将周转轮系转化为假想的定轴轮系(称为转化机构),这样就可以按照式(7.1)建立转化机构的相对传动比方程,求解未知量。这种计算方法称为转化机构法。

如图 7.3(b)所示的 2K-H 型单排内外啮合周转轮系,假设已知各轮和系杆的绝对转速分别为 n_1、n_2、n_3和 n_H,都是顺时针方向。根据反转法,整个周转轮系相对于系杆有一个公

共转速 n_H[见图 7.23(c)],各个构件的相对转速就要发生变化,如表 7.2 所示。

表 7.2 周转轮系转化机构中各构件的相对转速

构件代号	绝对转速	在转化机构中的相对于系杆的转速
1	n_1	$n_1^H = n_1 - n_H$
2	n_2	$n_2^H = n_2 - n_H$
3	n_3	$n_3^H = n_3 - n_H$
H	n_H	$n_H^H = n_H - n_H = 0$

转化机构中各个构件之间的相对运动关系保持不变。但是,系杆的相对转速变成 $n_H^H=0$,转化机构变成一个假想的定轴轮系。

因此,可以按照式(7.1)建立该转化机构的相对传动比方程:

$$n_{13}^H = \frac{n_1^H}{n_3^H} = \frac{n_1 - n_H}{n_3 - n_H} = (-1)^1 \frac{z_2 z_3}{z_1 z_2} = -\frac{z_3}{z_1}$$

注意,上式右边的负号只能表示在转化机构中齿轮 1 与 3 的相对转速与齿轮 1 的方向相反,并不能说明它们在周转轮系中的绝对转速 n_1 与 n_3 的方向就一定相反,它还取决于周转轮系中 z_1、z_3,以及 n_1、n_3 和 n_H 的值。

一般而言,假设周转轮系首轮 F、末轮 L 和系杆 H 的绝对转速分别为 n_F、n_L 和 n_H,其转化机构传动比的一般表达式为

$$i_{FL}^H = \frac{n_F - n_H}{n_L - n_H} = (-1)^m \frac{\text{从 F 到 L 之间所有从动轮齿数连乘积}}{\text{从 F 到 L 之间所有主动轮齿数连乘积}} \tag{7.2}$$

如果已知周转轮系中各轮齿数以及 n_F、n_L 和 n_H 三个运动参数中的任意两个,就可以按照式(7.2)计算出另外一个运动参数,从而计算出周转轮系任意两个构件的传动比。应用式(7.2)计算转化机构传动比时,应当注意:

① 构件 F、L 和 H 的绝对转速 n_F、n_L 和 n_H 都是代数量(既有大小,又有方向)。在其轴线互相平行的条件下,各构件的绝对转速关系,在与轴线平行的平面上,将表现为代数量的关系。所以,在应用该计算公式时,n_F、n_L 和 n_H 都必须带有表示本身转速方向的正号或负号。一般可假定某绝对转速的方向为正,与之相反的则为负。

② 转化机构中构件的相对转速 n_F^H 和 n_L^H 并不等于实际周转轮系中构件的绝对转速 n_F 和 n_L,故周转轮系的绝对传动比 i_{FL} 不等于其转化机构的相对传动比 i_{FL}^H。

③ 对于混合轮系(轮系既包含周转轮系又有定轴轮系),式(7.2) 仅适用于其中的周转轮系部分,而不能将整个轮系纳入式(7.2) 计算。

三、周转轮系传动比符号的确定方法

在周转轮系计算公式(7.2)等号右边的正负号$(-1)^m$,仍然按照齿轮副外啮合次数确定,它不仅表明轮系首、末两齿轮(F,L) 在转化机构中的相对转速 n_F^H 和 n_L^H 方向的相互关系,而且影响周转轮系绝对传动比的大小和正负号。

为了能够正确判定转化机构中各构件的相对转向,也可以假定某相对转速的方向为正,然后根据各构件的啮合与运动关系,采用标注虚箭头的方法确定其余构件的相对转速方向,

以便于通常在实际周转轮系中用来表示构件绝对转速方向的实箭头区别开来。

对于包含圆锥齿轮的周转轮系，如果齿轮 F、L 与系杆 H 的轴线平行，仍然可以使用式(7.2) 计算其转化机构传动比，但是不能采用$(-1)^m$来确定转化机构中齿轮 F 与 L 的相对 n_L^H 和 n_L^H 的方向，只能采用标注箭头的方法确定。

例 7.2 如图 7.4 所示的差动轮系中，$z_1=15$，$z_2=25$，$z_{2'}=20$，$z_3=60$，设 $n_1=200$ r/min，$n_3=50$ r/min，两者反向，并设 n_1 为正向。试求行星架 H 的转速 n_H 的大小和方向。

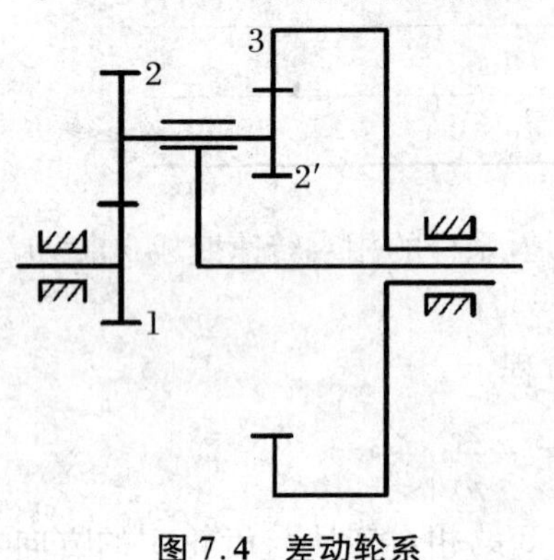

图 7.4 差动轮系

解 此轮系的转化机构的传动比为

$$\frac{n_1-n_H}{n_3-n_H}=(-1)^1\frac{z_2z_1}{z_3z_{2'}}$$

式中，等号右边的负号，是由于在转化机构中外啮合的次数为 1，使得轮 1 和轮 3 转向相反。即

$$\frac{200-n_H}{-50-n_H}=\frac{-25\times60}{15\times20}$$

解得

$$n_H\approx-8.33\ \text{r/min}$$

表明行星架 H 与轮 1 的转向相反。

第三节 混 合 轮 系

混合轮系是由定轴轮系和周转轮系，或是由几个基本周转轮系组成的复杂轮系。计算混合轮系的传动比，必须分析轮系类型及其组成。主要有两个方面的任务：一是将混合轮系中的几个基本周转轮系区别开来，或是将混合轮系中的基本周转轮系部分与定轴轮系部分区别开来；二是找出各部分的内在联系。

分析混合轮系中是否包含周转轮系，可以根据周转轮系的特点进行判断。轴线可动的行星轮、支持行星轮转动的系杆（它的外形不一定像杆件，可以是滚筒、转动壳体或齿轮本身，系杆的符号也不一定是 H）以及与行星轮啮合且轴线与周转轮系主轴线重合的中心轮，组成一个基本周转轮系。没有行星轮，所有齿轮轴均固定的部分就是定轴轮系。将混合轮系分解成若干个基本轮系后，就可以分别对定轴轮系应用公式(7.1)和对周转轮系转化机构应用公式(7.2)列出多个传动比方程式，再根据它们的内在联系（如相关构件之间是刚性连接，它们的绝对转速相同）进行联立求解。

例 7.3 如图 7.5 所示的电动卷扬机减速器中，齿轮 1 为主动轮，动力由卷筒 H 输出。各轮齿数为 $z_1=24$，$z_2=33$，$z_{2'}=21$，$z_3=78$，$z_{3'}=18$，$z_4=30$，$z_5=78$。求 i_{1H}。

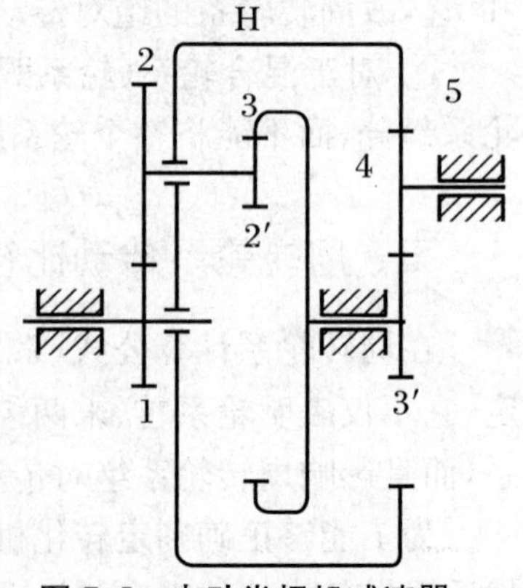

图 7.5 电动卷扬机减速器

解 (1) 分解轮系

在该轮系中，双联齿轮 2 - 2′的几何轴线是绕着齿轮 1 和 3 的轴线转动的，所以是行星轮；支持它运动的构件（卷筒 H）就是系杆；和行星轮相啮合且绕固定轴线转动的齿轮 1 和 3 是

两个中心轮。这两个中心轮都能转动，所以齿轮1、2-2′以及3和系杆H组成一个双排内外啮合的差动轮系。剩下的齿轮3′、4、5是一个定轴轮系。二者合在一起便构成一个混合轮系。

(2) 分析混合轮系的内部联系

定轴轮系中内齿轮5与差动轮系中系杆H是同一构件，因而 $n_5 = n_H$；定轴轮系中齿轮3′与差动轮系中心轮3是同一构件，因而 $n_{3'} = n_3$。

(3) 求传动比

对定轴轮系，齿轮4是惰轮，根据式(7.1)得到

$$i_{3'5} = \frac{n_{3'}}{n_5} = -\frac{z_5}{z_{3'}} = -\frac{78}{15} = -\frac{13}{3} \tag{a}$$

对差动轮系的转化机构，根据式(7.2)得到

$$i_{13}^{H} = i_{13}^{5} = \frac{n_1 - n_H}{n_3 - n_H} = -\frac{z_2 z_3}{z_1 z_{2'}} = -\frac{33 \times 78}{24 \times 21} = -\frac{143}{28}$$

由式(a)得

$$n_{3'} = n_3 = -\frac{13}{3} n_5 = -\frac{13}{3} n_H$$

解得

$$i_{1H} = 28.24$$

第四节 轮系的功用

1. 实现大的传动比

采用一对齿轮传动时，为了避免两个齿轮直径相差过大，造成两轮的寿命悬殊，一般传动比不大于5～7。采用轮系传动，可以获得结构紧凑的大传动比。

例7.4 如图7.6所示的是车床电动三爪自动定心卡盘的行星轮系，电动机带动齿轮1

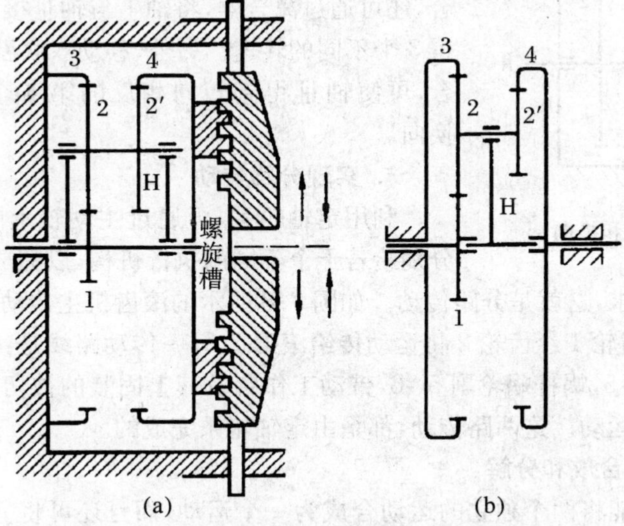

图7.6 车床电动三爪自动定心卡盘传动机构

转动,通过双联行星轮 2 与 2′带动内齿轮 4 转动,从而使固结在齿轮 4 右端的阿基米德螺旋槽转动,驱动卡盘上的三爪快速径向移动,以夹紧或放松工件。已知各轮齿数为 $z_1=6, z_2=z_{2'}=25, z_3=57, z_4=56$,求轮系的传动比 i_{14}。

解 由于双联行星轮 2-2′分别与 3 个中心轮 1、3、4 相啮合,齿轮 3 为固定中心轮,所以该轮系为 3K 型行星轮系。其运动简图如图 7.6(b)所示。

从图中可以看出,如果用任意组合的办法,可以组合出多个周转轮系,例如:由齿轮 1、2、3 和系杆 H 组成的行星轮系,由齿轮 1、2-2′、4 和系杆 H 组成的差动轮系、由齿轮 4、2-2′、3 和系杆 H 组成的行星轮系。它们之中只有两个是独立的,可以任意选取其中两个周转轮系来求解。为了方便起见,可以约定从任意一个中心轮出发来观察轮系的传动路线,并把每一条传动路线的轮系作为一个转化机构,然后联立求解。例如,由中心轮 3 出发,可选两条传动路线:3-2-1-H 和 3-2-2′-4-H。

对于行星轮系 3-2-1-H,其转化机构的传动比为

$$i_{13}^{H}=-\frac{n_1^H}{n_3^H}=\frac{n_1-n_H}{n_3-n_H}=-\frac{z_3}{z_1}=-\frac{57}{6}$$

由于 $n_3=0$,将 z_1、z_3代入上式可得

$$n_1=10.5n_H \tag{a}$$

对于行星轮系 3-2-2′-4-H,其转化机构的传动比为

$$i_{43}^{H}=-\frac{n_4^H}{n_3^H}=\frac{n_4-n_H}{n_3-n_H}=-\frac{z_{2'}z_3}{z_2z_4}=-\frac{57}{56} \tag{b}$$

联立式(a)与式(b)得

$$i_{14}=-588$$

轮系传动比的符号为负,说明构件 1 与 4 的转向相反。可见采用结构紧凑的几个齿轮传动,就可以获得很大的传动比。

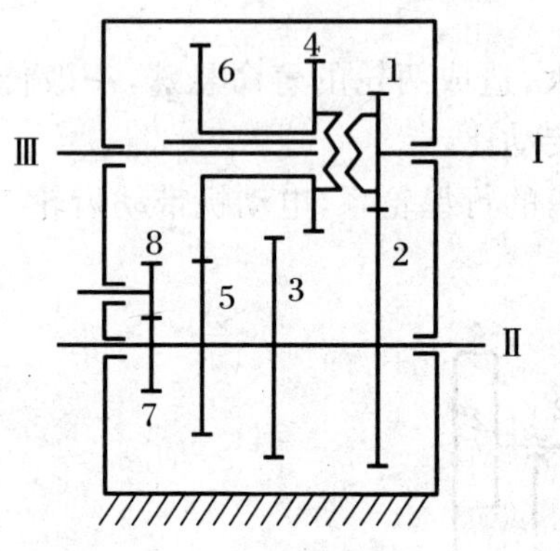

图 7.7 变速和换向

2. 实现变速、换向传动

主动轴转速不变时,利用轮系可使从动轴获得多种工作转速,并可换向。如图 7.7 所示为汽车用四速变速器。齿轮 4、6 为双联齿轮,可沿轴Ⅲ轴向移动,与轮 3 或轮 5 啮合,还可通过离合器,将轴Ⅰ与轴Ⅲ接通或脱开,使轴Ⅲ获得 3 个不同的转速。另外,移动双联齿轮,使轮 6 与轮 8 啮合,可使轴Ⅲ得到转向相反的第 4 个转速,实现变速和换向。

3. 实现分路传动

利用定轴轮系,可通过主动轴上的若干齿轮,将运动分别给若干个不同的执行机构,以完成生产上的各种动作要求和运动规律要求,这就是分路传动。如图 7.8 所示的滚齿机主传动系统中,主轴Ⅰ上有两个齿轮 1 和 1′,齿轮 1 经齿轮 2 将运动传给滚刀 7;另一传动路线是:齿轮 1′与轮 3 啮合,再经过齿轮副 3′-4-5,蜗杆蜗轮副 5′-6,带动工作台及其上固装的被切齿轮转动,与滚刀共同完成切齿的范成运动。这两路传动,都是由定轴轮系完成的。

4. 实现运动的合成和分解

差动轮系不仅能将两个独立的运动合成为一个运动,而且还可将一个基本构件的主动

转动按所需比例分解成另两个基本构件的不同运动。汽车后桥差速器就是用差动轮系的这一特性来实现运动分解的实例。

汽车后桥差速器如图 7.9 所示，汽车发动机的动力经传动轴带动圆锥齿轮 5，使运动传递给活套在后半轴上的圆锥齿轮 4。轮 5 和轮 4 的几何轴线相对于后桥的壳体是固定不动的，所以它们构成一定轴轮系。圆锥齿轮 2 活套在轮 4 侧面突出的小轴上，它的几何轴线可随轮 4 一起转动，所以轮 2 为行星轮，同时轮 4 又是行星架。所以齿轮 1、2、3 和 4 构成一差动轮系。

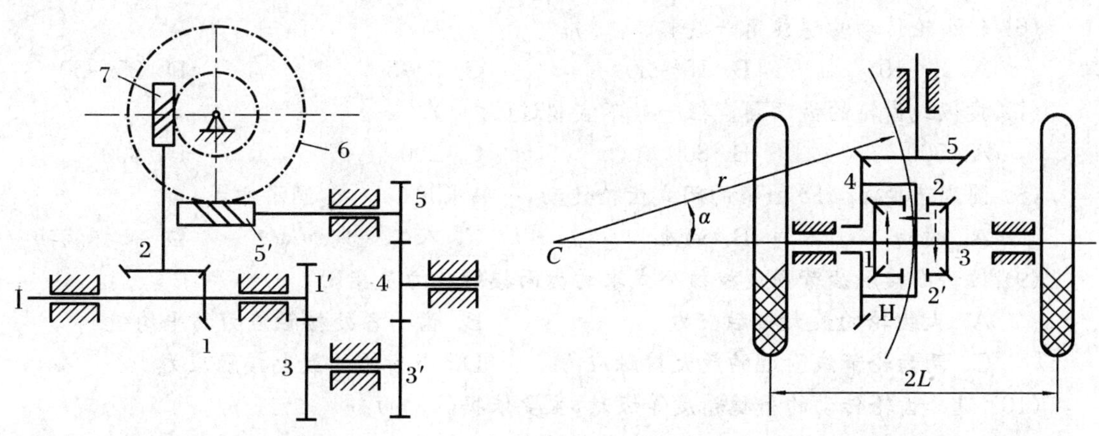

图 7.8　实现分路传动　　　　图 7.9　汽车后桥差速器

当汽车直线行驶时，左右两轮滚过的距离是相等的，所以两轮的转速也相等，行星轮 2 没有自转运动。齿轮 1、2、2′、3 之间没有相对运动而构成一个整体，一起随齿轮 4 转动，此时，$n_1 = n_3 = n_4$。

当汽车转弯时，显然其外侧车轮的转弯半径大于内侧车轮的转弯半径，这就要求外侧车轮的转速必须高于内侧车轮的转速，此时，齿轮 1 与齿轮 3 之间产生差动效果，于是将行星架（即齿轮 4）的转速分配到左、右车轮上，以此实现外侧车轮转动快，内侧车轮转动慢而顺利转弯的目的。

差动轮系合成运动的实例如图 7.10 所示，差动轮系中的行星架和两个太阳轮均可转动，所以可以任意输入两个转速，都能使其合成第 3 个转速。

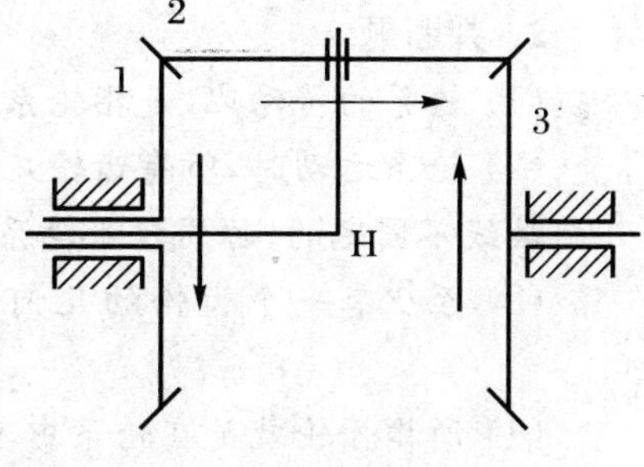

图 7.10　用作运动合成的差动轮系

复习思考题

1. 选择题

(1) 轮齿的弯曲疲劳裂纹多发生在(　　)。

A. 齿顶附近　　B. 齿根附近　　C. 轮齿节点附近　　D. 齿顶圆附近

(2) 一对标准渐开线齿轮相啮合，当中心距大于标准中心距时，每个齿轮的节圆直径分别(　　)其分度圆直径。

A. 大于　　B. 等于　　C. 小于　　D. 不大于

(3) 为了提高齿轮齿根弯曲强度应( )。

A. 增加齿数 B. 增大分度圆直径 C. 增大模数 D. 减小齿宽

(4) 齿面塑性变形一般在( )时容易发生。

A. 软齿面齿轮低速重载工作 B. 硬齿面齿轮高速重载工作

C. 开式齿轮传动润滑不良 D. 淬火钢过载工作

(5) 标准规定的压力角在( )上。

A. 齿顶圆 B. 分度圆 C. 齿根圆 D. 基圆

(6) 斜齿轮传动的螺旋角一般取( )。

A. 8～15 B. 15～20 C. 3～5 D. 25～50

(7) 腹板式齿轮的齿顶圆直径一般不宜超过( )。

A. 500 B. 800 C. 200 D. 300

(8) 圆周速度 $v<12$ m/s 的闭式齿轮传动，一般采用( )润滑方式。

A. 喷油 B. 油池 C. 人工定期加油 D. 油杯滴油

(9) 按齿面接触疲劳强度校核公式求的齿面接触应力是指( )。

A. 大齿轮的最大接触应力 B. 齿面各处接触应力的平均值

C. 两齿轮节线附近的最大接触应力 D. 小齿轮的最大接触应力

(10) 选择齿轮传动的平稳精度等级时，主要依据( )。

A. 转速 B. 圆周速度 C. 传递的功率 D. 承受的转矩

(11) 渐开线齿轮连续传动条件为：重合度 ε( )。

A. 大于零 B. 小于1 C. 大于1 D. 小于零

(12) 为了提高齿轮的齿面接触强度应( )。

A. 增大模数 B. 增大分度圆直径 C. 增加齿数 D. 减小齿宽

2. 判断题

(1) 轮系的传动比，是指轮系中首末两齿轮的齿数比。( )

(2) 轮系运动时，所有齿轮几何轴线都固定不动的，称定轴轮系轮系，至少有一个齿轮几何轴线不固定的，称周转星轮系。( )

(3) 至少有一个齿轮的几何轴线是作既有自转又有公转运动的齿轮系为行星轮系。( )

(4) 所谓惰轮就是在轮系中不起作用的齿轮。( )

(5) 将行星轮系转化为定轴轮系后，其各构件间的相对运动关系发生了变化。( )

(6) 使用行星轮系可以实现变向传动。( )

3. 简答题

(1) 试比较定轴轮系和周转轮系转化机构传动比的计算公式有什么联系和区别。

(2) 轮系主要有哪些功用？如何判定一个轮系是否是周转轮系？

(3) 如何根据定轴系或周转轮系转化机构中首轮的转向判定末轮的转向？

(4) 简述渐开线的性质。

(5) 齿轮常见的失效形式有哪些？

4. 综合题

(1) 如图 7.11 所示为车床溜板箱进给刻度盘轮系，运动由齿轮 1 输入，齿轮 4 输出，已知各轮齿数为：$z_1=18, z_2=87, z_{2'}=28, z_3=20, z_4=84$；求传动比 i_{14}。

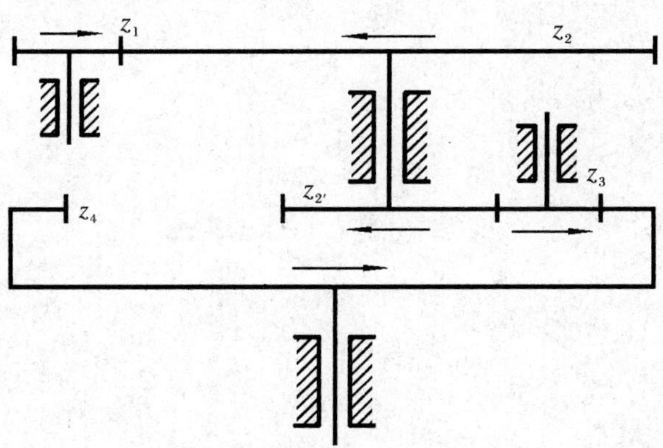

图 7.11　综合题(1)图

(2) 如图 7.12 所示的输送带行星轮系中，已知各齿轮的齿数分别为 $z_1=12$，$z_2=33$，$z_{2'}=30$，$z_3=78$，$z_4=75$。电动机的转速 $n_1=1\ 450$ r/min。试求输出轴转速 n_4 的大小与方向。

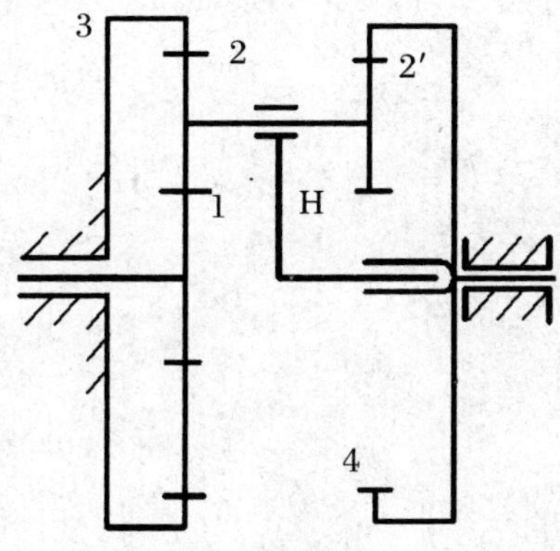

图 7.12　综合题(2)图

(3) 如图 7.13 所示的混合轮系中，已知各齿轮的齿数分别为 $z_1=24$，$z_2=33$，$z_{2'}=21$，$z_3=78$，$z_{3'}=18$，$z_4=30$，$z_5=78$，求 i_{15}。

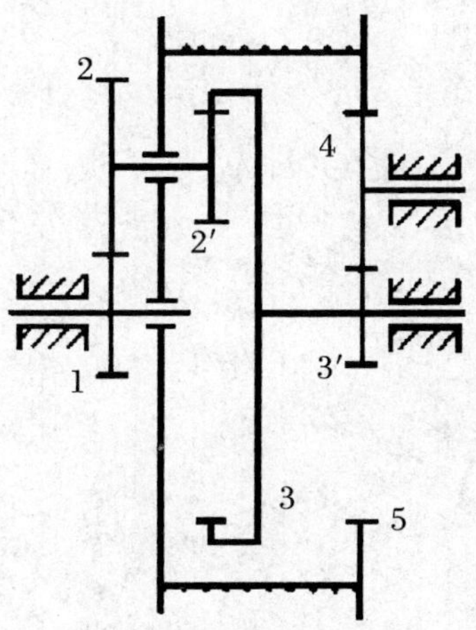

图 7.13　综合题(3)图

第二篇

汽车常用零部件

第八章　轴

传动零件必须被支承起来才能进行工作，支承传动件的零件称为轴。它是一个非标准零件，所以其设计工作非常重要。轴的主要功用就是支承传动零件并传递运动和动力。在本章中，我们将完成轴的设计，包括轴的类型、材料的选择、结构的设计和强度的计算。通过对轴的设计和应用，使学生了解和掌握轴的结构特点和设计，理解和掌握轴的强度计算，培养学生具有初步设计轴的能力。

第一节　轴的分类及材料的选择

一、轴的类型

1. 按轴在工作时的承载情况分类

(1) 心轴

心轴是用来支承转动的零件，只承受弯矩而不承受转矩。心轴可以随转动零件一起转动，如铁路车辆的轴(见图 8.1)；也可以是不转动的，如自行车的轴(见图 8.2)。

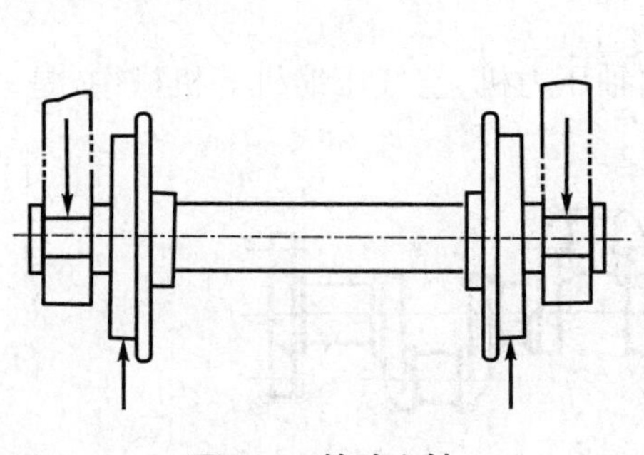

图 8.1　转动心轴

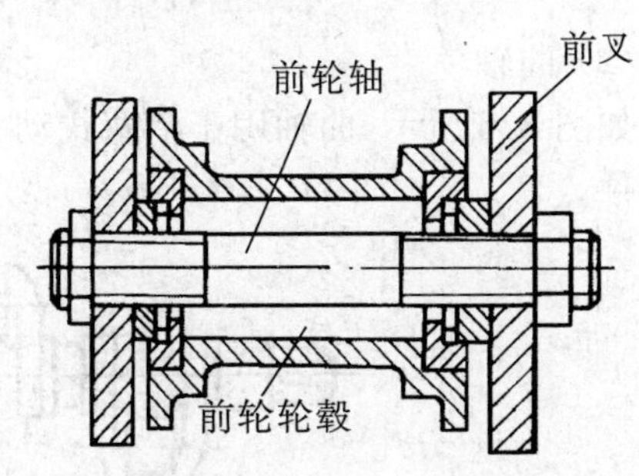

图 8.2　固定心轴

(2) 传动轴

传动轴主要承受转矩而不承受弯矩或所受弯矩很小的轴，如汽车变速箱与驱动桥(后桥) 之间的传动轴(见图 8.3)。

(3) 转轴

如图 8.4 所示，工作时既承受弯矩又承受转矩的轴。转轴是机械中最常见的轴，如汽车变速箱中的轴、齿轮减速器中的轴。

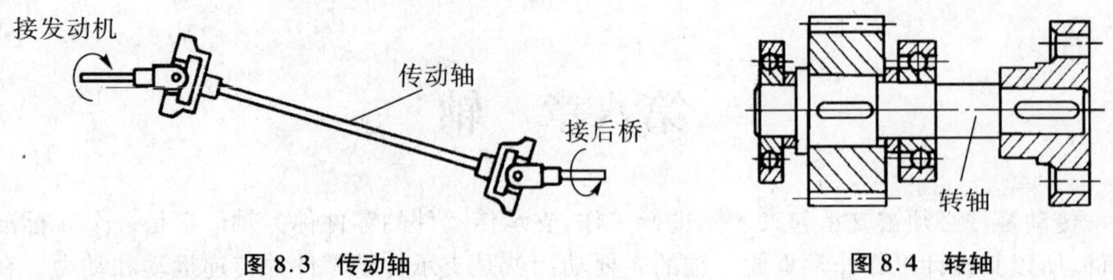

图 8.3 传动轴　　图 8.4 转轴

2. 按轴线形状不同分类

(1) 直轴

如图 8.5 所示,直轴包括光轴及阶梯轴。光轴指各处直径相同的轴。阶梯轴指各段直径不同的轴。阶梯轴便于轴上零件的定位、紧固、装拆,在机械中最常见。有时为了减轻重量或满足某种使用要求,将轴制造成空心的,称为空心轴,如汽车的传动轴和一些机床的主轴。

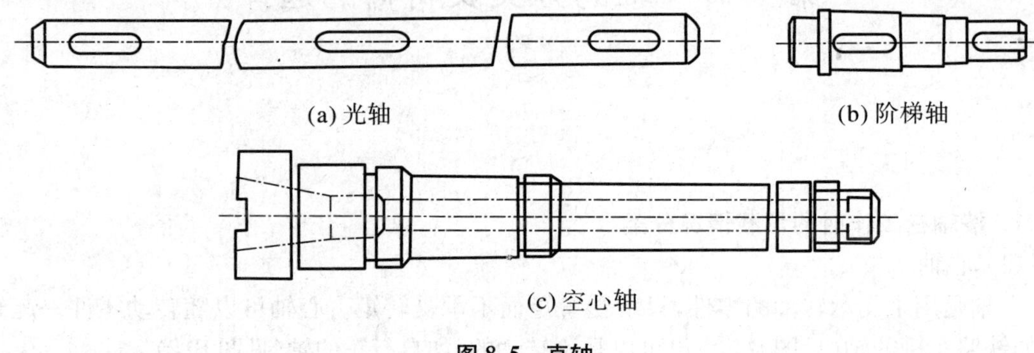

(a) 光轴　　(b) 阶梯轴

(c) 空心轴

图 8.5 直轴

(2) 曲轴

如图 8.6 所示,曲轴用于活塞式动力机械、曲轴压力机、空气压缩机等机械中,是一种专用零件。

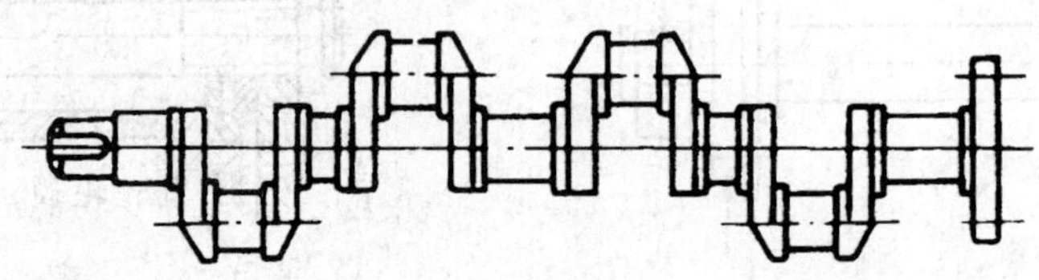

图 8.6 曲轴

(3) 挠性轴

如图 8.7 所示,挠性轴通常是由几层紧贴在一起的钢丝层构成的,可以把转矩和运动灵活地传到任何位置。挠性轴常用于振动器和医疗设备中。

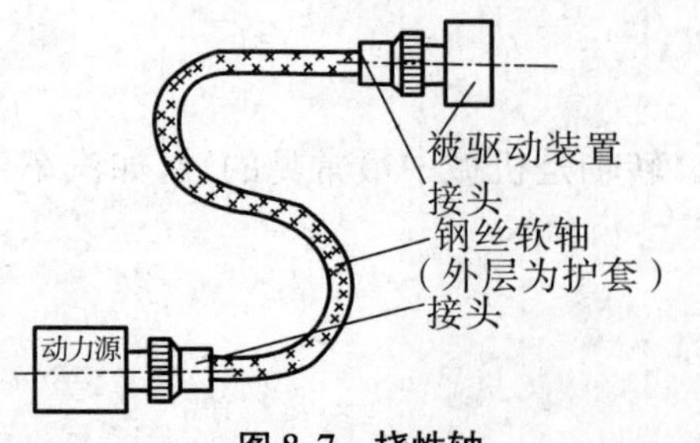

图 8.7 挠性轴

二、轴的材料

轴的材料主要是碳素结构钢和合金钢。

常用的优质碳素结构钢为 35、40、45 号钢,尤以 45 号钢最常用,碳素钢一般应进行正火或调质处理以改善其机械性能。不重要的或受载较小的轴,可采用Q235、Q245等普通碳素结构钢。

对于承受较大载荷、要求强度高、结构紧凑或耐磨性较好的轴,可采用合金钢。常用的合金钢有40Cr、20Cr、20CrMnTi等。合金钢对应力集中的敏感性较高,因此轴的结构设计更要注意减少应力集中的影响。采用合金钢时必须进行相应的热处理,以便更好地发挥材料的性能。

球墨铸铁吸振性好,对应力集中、不敏感且价格低廉,故适用于制造形状复杂的轴,如凸轮轴、曲轴等。

表8.1列出了轴的某些常用材料及机械性能。

表8.1　轴的常用材料

材料及热处理	毛坯直径(mm)	硬度HB	强度极限 σ_b	屈服极限 σ_s	弯曲疲劳极限 σ_{-1}	应用说明
			(MPa)			
Q235			440	240	200	用于不重要或载荷不大的轴
35正火	≤100	149～187	520	270	250	塑性好和强度适中,可做一般曲轴、转轴等
45正火	≤100	170～217	600	300	275	用于较重要的轴,应用最为广泛
45调质	≤200	217～255	650	360	300	
40Cr调质	25		1 000	800	500	用于载荷较大,而无很大冲击的重要的轴
	≤100	241～286	750	550	350	
	>100～300	241～266	700	550	340	
40MnB调质	25		1 000	800	485	性能接近于40Cr,用于重要的轴
	≤200	241～286	750	500	335	
35CrMo调质	≤100	207～269	750	550	390	用于受重载荷的轴
20Cr渗碳淬火回火	15	表面56～62HRC	850	550	375	用于要求强度、韧性及耐磨性均较高的轴
	—		650	400	280	
QT400-100	—	156～197	400	300	145	结构复杂的轴
QT600-2	—	197～269	600	200	215	结构复杂的轴

第二节　轴的结构及工艺性

一、轴的各部分名称

按轴上安装的零件类型及轴各部分的作用，通常将轴分为轴颈、轴头、轴身、轴环和轴肩等几个部分，如图 8.8 所示。

① 轴颈。轴上与轴承配合的部分称为轴颈，与轴承的配合一般为紧配合，故轴颈的精度通常要求较高。

② 轴头。与轮毂配合的部分称为轴头，因与传动零件相配合，所以通常有一定的精度要求。

③ 轴身。连接轴颈和轴头的非配合部分统称为轴身，精度要求不高。

④ 轴环。直径大且呈环状的短轴段称为轴环，主要用于轴上零件的定位。

⑤ 轴肩。截面尺寸变化的台阶处称为轴肩，分为定位轴肩和非定位轴肩。定位轴肩是常用于轴上零件的轴向定位，高度比非定位轴肩高。

此外，还有轴肩的过渡圆角、轴端的倒角、与键连接处的键槽等结构。

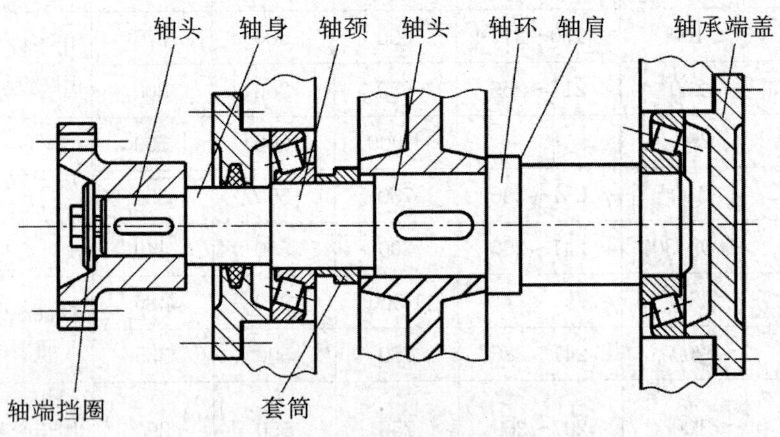

图 8.8　轴各部分的名称

二、轴的直径的初步估算

根据扭转强度估算轴的最小直径，这种方法用于只受扭矩或主要受扭矩且不太重要的轴的强度计算。

轴的扭转强度条件为

$$\tau = \frac{T}{W_{\mathrm{T}}} \approx \frac{9.55 \times 10^6 P}{0.2d^3 n} \leqslant [\tau] \tag{8.1}$$

实心轴的直径为

$$d \geqslant \sqrt[3]{\frac{T}{0.2[\tau]}} = \sqrt[3]{\frac{9.55 \times 10^6 P}{0.2[\tau]n}} = C\sqrt[3]{\frac{P}{n}} \tag{8.2}$$

式中，P 为轴所传递的功率(kW)；n 为轴的转速(r/min)；C 为由材料和承载情况决定的常数，可由表 8.2 查取；$[\tau]$为轴的许用切应力(MPa)。

表 8.2　轴常用材料的$[\tau]$值和 C 值

轴的材料	Q235、20	35	45	40Cr、35SiMn、2Cr13
$[\tau]$	12～20	20～30	30～40	40～52
C	160～135	135～118	118～106	106～97

注：当作用在轴上的弯矩比转矩小或只受转矩作用时，$[\tau]$取较大值，C 取较小值；反之，则$[\tau]$取较小值，C 取较大值。

当轴截面上开有键槽时，会削弱轴的强度，则计算得到的直径应适当加大。一般轴截面上有一个键槽，轴径加大 5%左右；有两个键槽时，轴径加大 10%左右，然后再按表 8.3 圆整为标准直径。

表 8.3　轴的标准直径　（单位：mm）

10	11	12	14	16	18	20	22	25	28	30	32	36
40	45	50	56	60	63	71	75	80	85	90	95	100

注：摘自 GB/T 2822—2005

三、轴上零件的固定

1. 轴上零件的周向固定

为了保证轴可靠地传递动力和运动，轴上零件应进行圆周方向固定。常用平键固定、花键固定、销固定、过盈配合、成形连接等(见图 8.9)。采用何种周向固定方式，要根据载荷的性质和大小、轮毂与轴的对中性要求和重要性等因素来决定。齿轮与轴通常采用过盈配合与键连接；滚动轴承的内圈与轴用较紧的过盈配合；受力小或光轴上的零件可用紧定螺钉固定；受力大且要求零件作轴向移动时用花键连接。

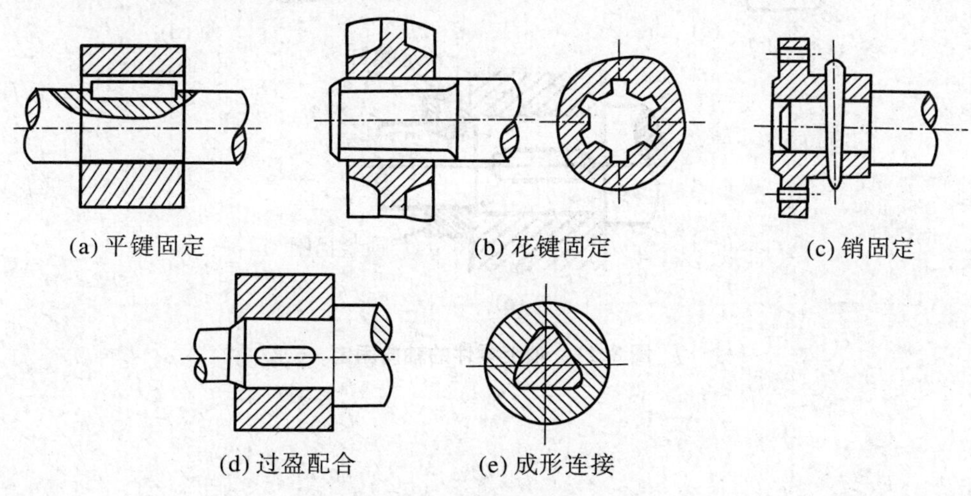

图 8.9　轴上零件的周向固定

2. 轴上零件的轴向固定

轴上零件的轴向定位是为了保证其有准确的工作位置。常用的轴向定位方法有:轴肩[见图 8.10(a)]和轴环[见图 8.10(b)],能承受较多的轴向力;如图 8.11(a)所示的套筒可作双向固定,但两零件相距不能太远;如图 8.11(b)所示的轴端挡圈用于外伸处零件的固定;如图 8.11(c)所示的圆螺母固定可实现轴上零件的位置调整,但在轴上需车制螺纹;如图 8.11(d)所示弹性挡圈固定拆装方便,但受力较小;如图 8.11(e)所示的紧固螺钉固定承受的轴向力不大,对轴向和周向固定都有作用。

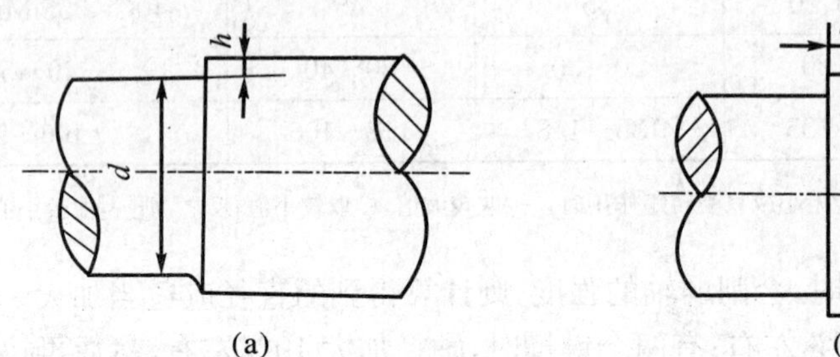

图 8.10 轴肩和轴环

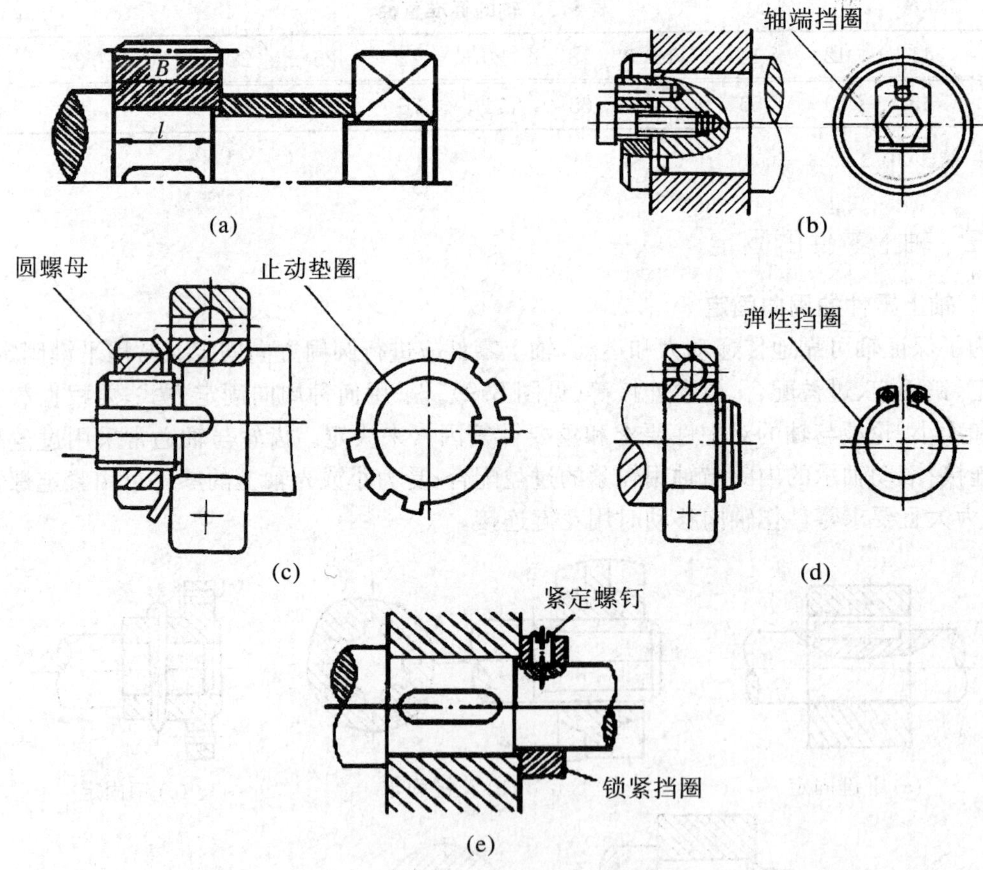

图 8.11 轴上零件的轴向固定

四、轴的工艺性

1. 制造工艺

轴的结构应尽可能便于加工，节约加工成本。为此，轴段倒角的尺寸应尽量一致，轴肩的圆角半径也要尽可能相同，若轴上采用多个单键连接，则键宽应尽可能一致，并在同一母线上加工。在磨削和车螺纹的轴段应有砂轮越程槽[见图 8.12(a)]和螺纹退刀槽[见图 8.12(b)]。

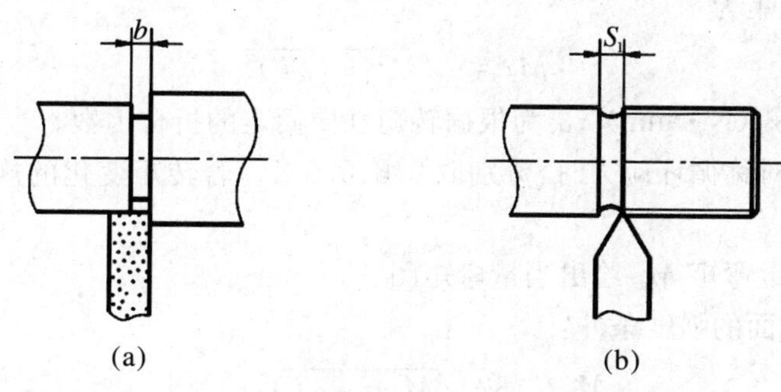

图 8.12　砂轮越程槽和螺纹退刀槽

2. 装配工艺

装配工艺性要求是指轴上零件应便于安装盒拆卸。为此，可采用以下措施：将轴做成中间粗两端细的阶梯形、轴端倒角；轴端的键槽尽量靠近轴的端面；与滚动轴承配合的轴肩高度或套筒高度小于轴承内圈的厚度；与传动零件过盈配合的轴段做成 10°左右的导向锥面；尽量减少配合长度。

3. 标准尺寸

轴上的零件多数都是标准零件，与标准零件配合处的轴段尺寸必须符合标准零件的标准尺寸系列。如果轴上的零件为非标准零件或该零件的孔径未标准化，则按表 8.3 选取轴的直径。

4. 提高轴的疲劳强度

加大轴肩处的过渡圆角半径和减小轴肩高度，就可以减少应力集中，从而提高轴的疲劳强度。提高轴的表面质量、合理分布载荷等也可以提高轴的疲劳强度。

第三节　轴的强度校核

一、轴的弯扭组合强度校核

轴的结构确定后，作用在轴上外载荷（转矩和弯矩）的大小、方向、作用点、载荷种类及支点反力等就已确定，可按弯扭合成的理论进行轴危险截面的强度校核。

① 画出轴的空间力系图：将轴上作用力分解为水平面分力和垂直面分力，并求出水平

面和垂直面的支点反力。

② 分别作出水平面的弯矩图和垂直面上的弯矩图。

③ 计算出合成弯矩为

$$M = \sqrt{M_H^2 + M_V^2} \tag{8.3}$$

式中,M 为合成弯矩(N·mm);M_H 为水平平面弯矩(N·mm);M_V 为竖直平面弯矩(N·mm)。

根据公式(8.3)所求得的合成弯矩 M 绘出该轴的合成弯矩图。

④ 求出该轴的转矩 T,作出转矩图。

⑤ 计算当量弯矩为

$$M_e = \sqrt{M^2 + (\alpha T)^2} \tag{8.4}$$

式中,M_e 为当量弯矩(N·mm);α 为根据转矩性质而定的折合因数。当扭转切应力为静应力、脉动循环应力、对称循环应力时,分别取 0.3、0.6、1。若转矩变化的规律不清楚,则一般也按脉动循环处理。

根据所求的当量弯矩 M_e 绘出当量弯矩图。

⑥ 校核危险截面的强度条件:

$$\sigma_e = \frac{M_e}{W} = \frac{32\sqrt{M^2 + (\alpha T)^2}}{\pi d^3} \leqslant [\sigma_{-1}]_{bb} \tag{8.5}$$

式(8.5)也可改成轴径公式如下:

$$d \geqslant \sqrt[3]{\frac{M_e}{0.1[\sigma_{-1}]_{bb}}} \tag{8.6}$$

式中,$[\sigma_{-1}]_{bb}$为材料在对称循环应力作用下的许用应力,见表 8.4。

表 8.4 轴的许用应力

材　料	σ_b	$[\sigma_{-1}]_{bb}$
碳钢	400	40
	500	45
	600	55
	700	65
合金钢	800	75
	900	80
	1 000	90
	1 200	110

对于有键槽的危险截面,单键时应将轴径加大 5%左右,双键时加大 10%左右。

二、轴的刚度校核

1. 轴的弯曲刚度校核计算

轴除了应进行强度计算外,许多轴还应进行刚度计算。轴的弯曲刚度以挠度 y 和偏转角 θ 来度量。对于光轴,可直接用材料力学中的公式计算其挠度或偏转角。对于阶梯轴,可将其转化为当量直径的光轴后计算其挠度或偏转角。轴的弯曲刚度条件为

$$\text{挠度:}\quad y \leqslant [y] \tag{8.7}$$

$$\text{偏转角：}\quad \theta \leqslant [\theta] \tag{8.8}$$

其中，$[y]$和$[\theta]$分别为轴的许用挠度及许用偏转角。

2．轴的扭转刚度校核计算

轴的扭转刚度以扭转角 φ 来度量，轴的扭转刚度条件为

$$\varphi \leqslant [\varphi] \tag{8.9}$$

例 8.1 如图 8.13 所示为二级斜齿圆柱齿轮减速器示意图，试设计减速器的输出轴。已知输出轴功率 $P=9.8$ kW，转速 $n=260$ r/min，齿轮 4 的分度圆直径 $d_4=238$ mm，所受的作用力分别为圆周力 $F_t=6\,065$ N，径向力 $F_r=2\,260$ N，轴向力 $F_a=1\,315$ N。各齿轮的宽度均为 80 mm。齿轮、箱体、连轴器之间的距离如图 8.13 所示。

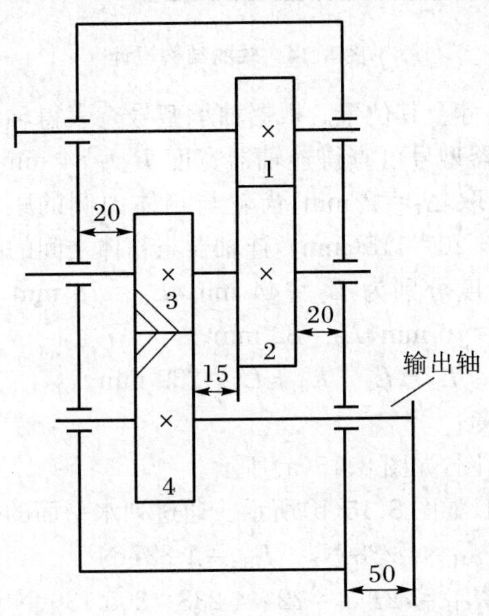

图 8.13 二级斜齿圆柱齿轮减速器示意图

解 (1) 选择材料

因无特殊要求，故选 45 号钢，正火，查表 8.2，取 $C=115$。

(2) 估算轴的最小直径：

$$d \geqslant \sqrt[3]{\frac{T}{0.2[\tau]}} = \sqrt[3]{\frac{9.55\times10^6 P}{0.2[\tau]n}} = C\sqrt[3]{\frac{P}{n}} = 115\times\sqrt[3]{\frac{9.8}{260}} = 38.56\ (\text{mm})$$

因最小直径与连轴器配合，故有一键槽，可将轴径加大 5%，即 $d=38.56\times105\%=40.488$ (mm)，选凸缘连轴器，取其标准内孔直径 $d=42$ mm。

(3) 轴的结构设计

如图 8.14 所示，齿轮由轴环/套筒固定，左端轴承采用端盖和套筒固定，右端轴承采用轴肩和端盖固定。齿轮和左端轴承从左侧装拆，右端轴承从右侧装拆。因为右端轴承与齿轮距离较远，所以轴环布置在齿轮的右侧，以免套筒过长。

① 轴的各段直径的确定。与连轴器相连的轴段是最小直径，$d_6=42$ mm；连轴器定位轴肩高度取 $h=3$ mm，则 $d_5=48$ mm；选 7210A 型轴承，则 $d_1=50$ mm，右端轴承定位轴肩高度取 $h=3.5$ mm，则 $d_4=57$ mm；与齿轮配合的轴段直径 $d_2=53$ mm，齿轮的定位轴肩高度取 $h=5$ mm，则 $d_3=63$ mm。

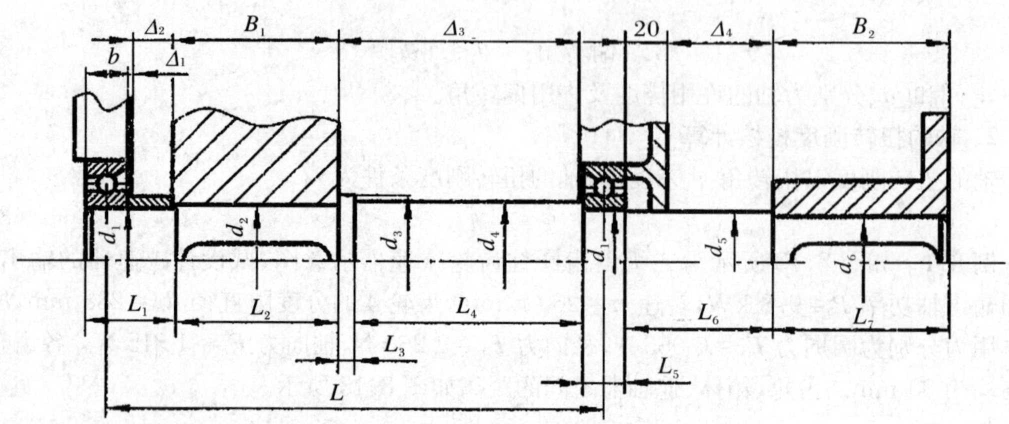

图 8.14 轴的结构设计

② 轴上零件的轴向尺寸及其位置。根据轴承型号查表得轴承宽度 $b=20$ mm，齿轮宽度 $B_1=80$ mm，根据连轴器型号可查得连轴器宽度 $B_2=84$ mm，轴承端盖宽度为 20 mm。箱体内侧与轴承端盖间隙取 $\Delta_1=2$ mm，齿轮与箱体内侧的距离如图 8.14 所示，分别为 $\Delta_2=20$ mm，$\Delta_3=15+80+20=115$(mm)，连轴器与箱体之间的间隙 $\Delta_4=50$ mm。

与之对应的轴各段长度分别为 $L_1=44$ mm，$L_2=78$ mm，轴环取 $L_3=8$ mm，$L_4=109$ mm，$L_5=20$ mm，$L_6=70$ mm，$L_7=82$ mm。

轴承的支承跨度为 $L=L_1+L_2+L_3+L_4=239$ mm。

(4) 验算轴的疲劳强度

① 画输出轴的受力简图，如图 8.15(a)所示。

② 画水平面的弯矩图，如图 8.15(b)所示。通过列水平面的受力平衡方程，可求得

$$F_{AH}=4\ 238\ \text{N},\quad F_{BH}=1\ 827\ \text{N}$$

$$M_{CH}=72F_{AH}=72\times 4\ 238=305\ 136(\text{N}\cdot\text{mm})$$

③ 画竖直平面的弯矩图，如图 8.15(c)所示。通过列竖直平面的受力平衡方程，可求得

$$F_{AV}=924\ \text{N},\quad F_{BV}=1\ 336\ \text{N}$$

$$M_{CV1}=72F_{AV}=72\times 924=66\ 528\ (\text{N}\cdot\text{mm})$$

$$M_{CV2}=167F_{BV}=167\times 1\ 336=223\ 112\ (\text{N}\cdot\text{mm})$$

④ 画合成弯矩图，如图 8.15(d)所示。

$$M_{C1}=\sqrt{M_{CH}^2+M_{CV1}^2}=\sqrt{305\ 136^2+66\ 528^2}=312\ 304\ (\text{N}\cdot\text{mm})$$

$$M_{C2}=\sqrt{M_{CH}^2+M_{CV2}^2}=\sqrt{305\ 136^2+223\ 112^2}=378\ 004\ (\text{N}\cdot\text{mm})$$

⑤ 画转矩图，如图 8.15(e)所示。

$$T=9.55\times 10^6\ \frac{P}{n}=9.55\times 10^6\times\frac{9.8}{260}=359\ 962\ (\text{N}\cdot\text{mm})$$

⑥ 画当量弯矩图，如图 8.15(f)所示，转矩按脉动循环，取 $\alpha=0.6$，则

$$\alpha T=0.6\times 359\ 962=215\ 977\ (\text{N}\cdot\text{mm})$$

$$M_{eC1}=\sqrt{M_{C1}^2+(\alpha T)^2}=\sqrt{312\ 304^2+215\ 977^2}=379\ 710\ (\text{N}\cdot\text{mm})$$

$$M_{eC2}=\sqrt{M_{C2}^2+(\alpha T)^2}=\sqrt{378\ 004^2+215\ 977^2}=435\ 354\ (\text{N}\cdot\text{mm})$$

由当量弯矩图可知 C 截面为危险截面，当量弯矩最大值为 $M_{eC}=435\ 354\ (\text{N}\cdot\text{mm})$。

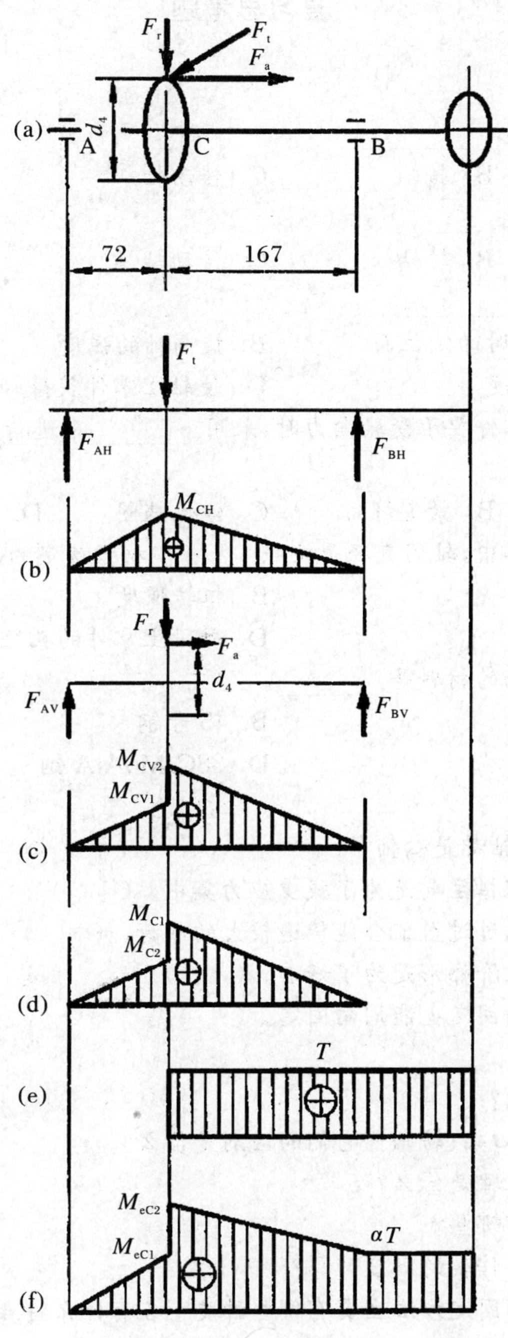

图 8.15　轴的强度校核

⑦ 验算轴的直径：

$$d \geqslant \sqrt[3]{\frac{M_{eC}}{0.1[\sigma_{-1}]_{bb}}} = \sqrt[3]{\frac{435\ 354}{0.1 \times 55}} = 42.94\ (\text{mm})$$

因为 C 截面有一个键槽，所以需要将直径加大 5%，则 $d = 42.94 \times 105\% = 45.1$(mm)，而 C 截面的设计直径为 53 mm，所以强度足够。

复习思考题

1. 选择题

(1) 自行车的前轴是________。

A. 心轴　　B. 转轴　　C. 传动轴

(2) 自行车的后轴是________。

A. 心轴　　B. 转轴　　C. 传动轴

(3) 轴环的用途是________。

A. 作为轴加工时的定位面　　B. 提高轴的强度

C. 提高轴的刚度　　D. 使轴上零件获得轴向定位

(4) 当轴上安装的零件要承受轴向力时,采用________来进行轴向固定,所能承受的轴向力最大。

A. 螺母　　B. 紧定螺钉　　C. 弹性挡圈　　D. 销连接

(5) 在轴的初步计算中,轴的直径是按照________初步确定的。

A. 弯曲强度　　B. 扭转强度

C. 复合强度　　D. 轴段上零件的孔径

(6) 最常用来制造轴的材料是________。

A. 20 号钢　　B. 45 号钢

C. 40Cr 钢　　D. 38CrMoAlA 钢

2. 判断题

(1) 自行车的前、后轴都是心轴。(　　)

(2) 轴上的砂轮越程槽主要是为了减少应力集中。(　　)

(3) 轴与轴上零件通过过盈配合能传递较大的载荷。(　　)

(4) 一些轴的外形呈阶梯形是为了好看。(　　)

(5) 销连接既能轴向固定也能周向固定。(　　)

3. 简答题

(1) 轴的功用是什么?

(2) 什么是传动轴、心轴、转轴? 它们的区别是什么?

(3) 轴的一般设计步骤是什么?

(4) 轴的常用材料有哪些?

(5) 在什么情况下要作轴的刚度计算?

(6) 轴上零件的轴向固定方法主要有哪些种类? 各有什么特点?

(7) 轴上零件的周向固定方法主要有哪些种类? 各有什么特点?

(8) 如何提高轴的疲劳强度? 如何提高轴的刚度?

4. 综合题

(1) 试分析图 8.16 中的结构错误,分别说明理由,并画出正确的结构图。

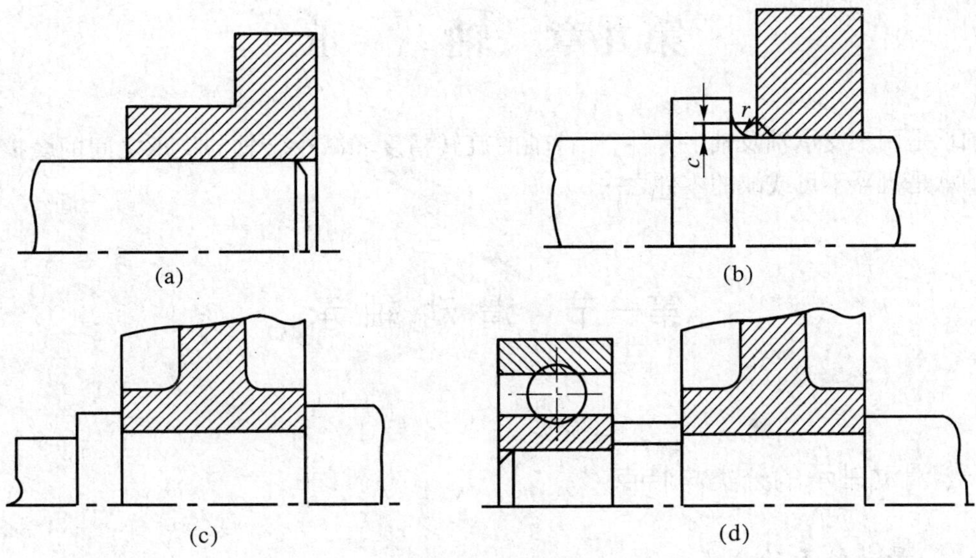

图 8.16 综合题(1)图

(2) 分析如图 8.17 所示齿轮轴系上的错误结构,说明原因并画出正确结构。

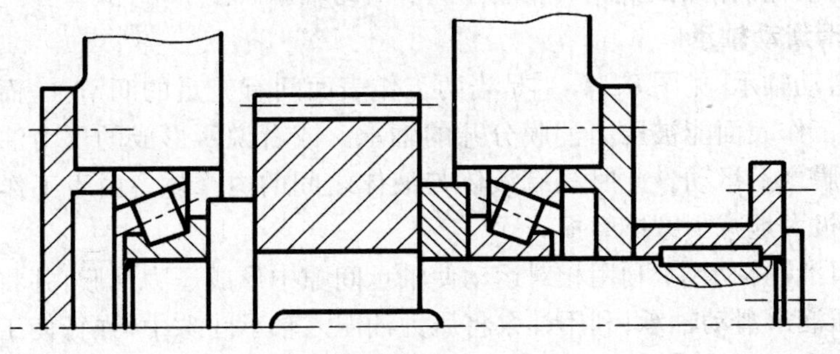
图 8.17 综合题(2)图

(3) 如图 8.18 所示的轴系传递的功率 $P=2.21$ kW,转速 $n=95$ r/min,标准圆柱齿轮的齿数 $z=80$,模数 $m=2$ mm。试设计轴的结构并进行强度校核。

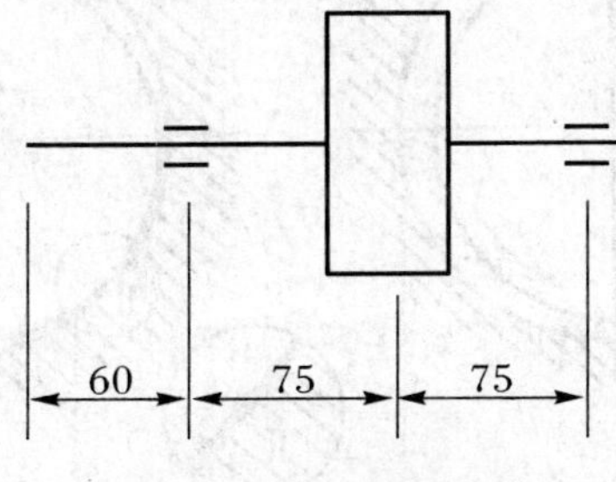

图 8.18 综合题(3)图

第九章　轴　　承

轴承是用来支承轴及轴上零件、保持轴的旋转精度和减少转轴与支承之间的摩擦和磨损。轴承是机器不可或缺的零件之一。

第一节　滑动轴承

一、滑动轴承的分类与特点

（一）滑动轴承的分类

在滑动轴承中，轴颈与轴瓦表面为工作表面。按工作表面摩擦状态或润滑状态的不同，滑动轴承可分为液体润滑滑动轴承、非液体润滑滑动轴承。

1. 液体润滑滑动轴承

液体润滑滑动轴承[见图9.1(a)]是当两工作表面间有充足的润滑油，而且满足一定的条件时，两金属工作表面能被压力油膜分开的轴承。或者说所形成的压力油膜能将轴颈托起，使其浮在油膜之上运动。此时只有液体与液体之间的内摩擦。由于工作表面避免了直接接触，因而能极大地减少摩擦磨损。

在液体润滑滑动轴承中，利用相对运动使轴承间隙中形成压力油膜，并将工作表面分开的轴承称为动压润滑滑动轴承；利用油泵将压力油压入轴承间隙中，强行使工作表面分开的轴承称为静压润滑滑动轴承。

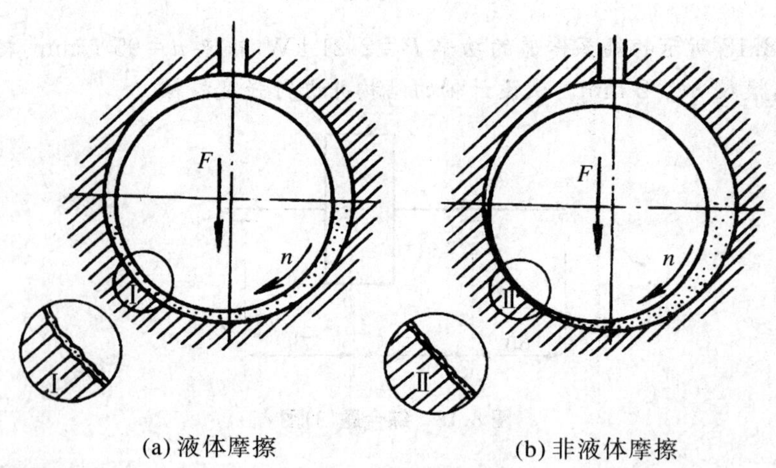

(a) 液体摩擦　　(b) 非液体摩擦

图9.1　滑动轴承摩擦状态

液体润滑滑动轴承多用于高速、大功率(如汽轮机主轴、离心式压缩机主轴等)和低速重载(如轧钢机)的机械。

2．非液体润滑滑动轴承

非液体润滑滑动轴承不具备形成液体润滑的条件,工作表面间虽有润滑油膜存在,但不能完全用油膜隔开,金属表面有时还有直接接触,并产生摩擦磨损,如图 9.1(b)所示。一般来说,由于金属表面有一层润滑油膜,虽然不能免除摩擦磨损,但能起到减缓磨损的作用。此种润滑轴承由于结构简单,故在一般机械中仍有应用。

滑动轴承按承受载荷的方向主要分为:向心滑动轴承,它承受径向载荷;推力滑动轴承,它承受轴向载荷。

(二) 滑动轴承的特点

滑动轴承结构简单、易于制造、便于安装,且工作平稳、噪声较滚动轴承低、液体油膜有一定的吸振性能,普通滑动轴承起动摩擦力矩较滚动轴承大。在精密、高速、重型以及承受冲击或振动的机器中,滑动轴承得到广泛的应用。为了降低成本,往往将一些不重要的低速轴承采用普通滑动轴承的形式。此外,滑动轴承还可以在水或者腐蚀介质中工作。

二、向心滑动轴承

1．剖分式向心滑动轴承

如图 9.2 所示为一种常用的剖分式向心滑动轴承。其轴承座 5 和轴承盖 4 剖分为两部分,并用螺栓 3 联为一体。在轴承座与轴承盖内装有剖分式轴瓦 1、2,它们是直接支撑轴颈的零件。轴承盖上部的内螺纹孔用来装设润滑油杯,借以供油润滑。

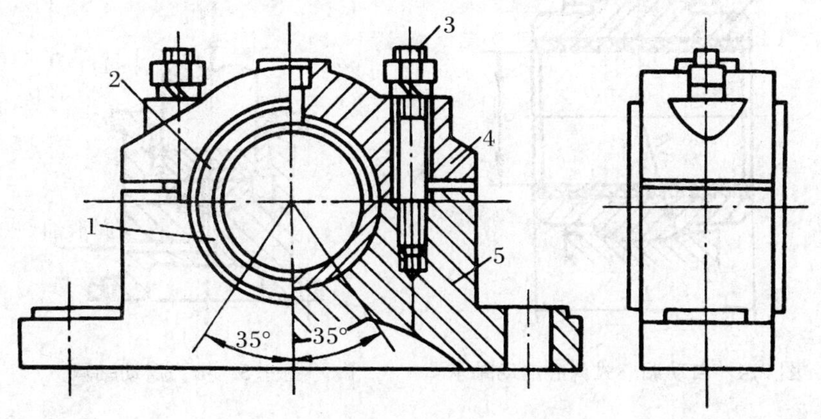

图 9.2　剖分式向心滑动轴承

剖分式向心滑动轴承装拆、间隙调整和更换新轴瓦都很方便,故应用广泛。此种轴承的结构尺寸已经标准化。

2．整体式向心滑动轴承

如图 9.3 所示为整体式向心滑动轴承,其轴承座 1、轴瓦 2 都是做成整体的。在轴承座顶部有内螺纹 4,用来装设润滑油杯。这种轴承的特点是结构十分简单,价格低,但仅能通过轴端进行装拆,轴瓦磨损后无法调整间隙,故只适宜用于低速、轻载和不重要的情况。

3．调心式向心滑动轴承

当轴颈较长(宽径比 $B/d>1.5$),轴的刚度较小,或两端支承不易精确对中时,都会引起

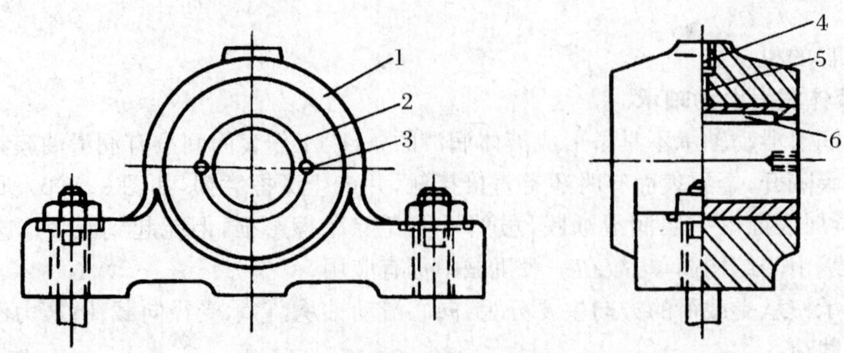

图 9.3 整体式向心滑动轴承

轴与轴瓦端部间的局部接触，使轴瓦局部磨损严重，为此可以采用能相对轴承自行调整其轴线位置的滑动轴承，即调心式滑动轴承(亦称自位轴承)，如图 9.4 所示。这类轴承的轴瓦 1 的外表面为凸形球面，轴承座 2 的支承表面为凹形球面，球面的中心位于轴承的轴线上。当轴颈发生倾斜时，轴瓦可随轴自动调位，以避免轴承端部的载荷集中和过度磨损。

三、推力滑动轴承

推力滑动轴承只能承受轴向载荷，与径向轴承联合才可同时承受轴向和径向载荷，如图 9.5 所示的推力滑动轴承，通过轴的端面或轴肩、轴环的端面，向推力支承面传递轴向载荷，并在其间加有润滑剂。

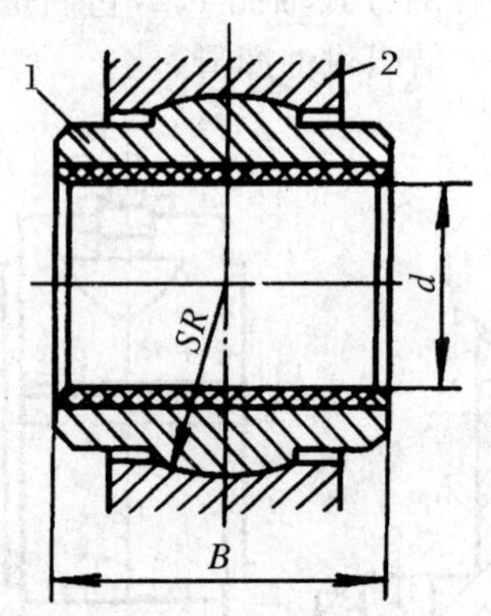

图 9.4 自动调心式向心滑动轴承

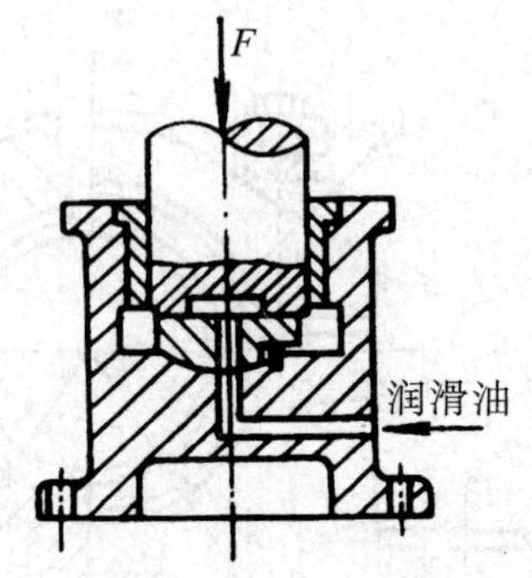

图 9.5 推力滑动轴承

四、轴瓦

1. 对轴瓦材料的基本要求

① 足够的抗压强度和疲劳强度。

② 低摩擦因数，良好的耐磨性、抗胶合性、跑合性、嵌藏性和顺应性。

③ 热膨胀系数小，良好的导热性、润滑性以及耐腐蚀性。

④ 良好的工艺性。

2. 常用的轴瓦材料

为了使轴瓦具有良好的工作特性,应正确选用轴瓦材料,轴瓦常用材料有轴承合金、青铜、粉末冶金等。

(1) 轴承合金

轴承合金又称巴氏合金或白合金,其金相组织是在锡或铅的软基体中夹着锑、铜和碱土金属等硬合金颗粒。它的减摩性能最好,很容易和轴颈跑合。具有良好的抗胶合性和耐腐蚀性,但它的弹性模量和弹性极限都很低,机械强度比青铜、铸铁等低很多,一般只用作轴承衬的材料,锡基合金的热膨胀性质比铅基合金好,更适用于高速轴承。

(2) 铜合金

铜合金有锡青铜、铝青铜和铅青铜 3 种。青铜有很好的疲劳强度,耐容性和减摩性均很好,工作温度可高达 250 ℃。但可塑性差,不易跑合,与之相配的轴颈必须淬硬。适用于中速重载,低速重载的轴承。

(3) 粉末冶金

将不同的金属粉末经压制烧结而成的多孔结构材料,称为粉末冶金材料,其孔隙占体积的 10%~35%,可贮存润滑油,故又称为含油轴承。运转时,轴瓦温度升高,因油的膨胀系数比金属大,从而自动进入摩擦表面润滑轴承。停车时,因毛细管作用润滑油又被吸回孔隙中。含油轴承加一次油便可工作较长时间,若能定期加油,则效果更好。但由于它韧性差,宜用于载荷平稳、低速和加油不方便的场合。

(4) 非金属材料

非金属轴瓦材料以塑料用得最多,其优点是摩擦系数小,可承载冲击载荷,可塑性、跑合性良好,耐磨、耐腐蚀,可用水、油及化学溶液润滑。但它的导热性差(只有青铜的 1/2 000~1/5 000),耐热性低(120~150 ℃时焦化),膨胀系数大,易变形。为改善此缺陷,可将薄层塑料作为轴承衬黏附在金属轴瓦上使用。塑料轴承一般用于温度不高,载荷不大的场合。

尼龙轴承自润性、耐腐性、耐磨性、减震性等都较好,但导热性不好,吸水性大,线膨胀系数大,尺寸稳定性不好,适用于速度不高或散热条件好的地方。

橡胶轴承弹性大,能减轻振动,使运转平稳,可以用水润滑,常用于离心水泵,水轮机等场合。

(5) 铸铁

铸铁轴瓦适用于低速、轻载和不重要的地方。

3. 轴瓦的结构

① 轴瓦是滑动轴承的重要工作零件。它分为整体式和剖分式两种形式,如图 9.6 所示。

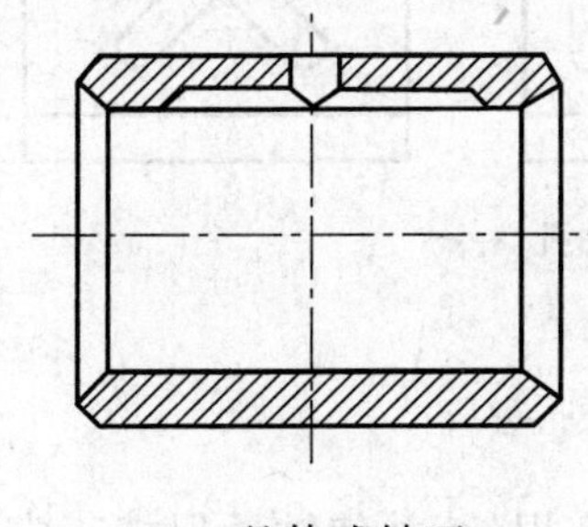

(a) 整体式轴瓦

(b) 剖分式轴瓦

图 9.6 轴瓦的结构

② 为了改善轴瓦表面的摩擦性质，常在其内表面上浇铸一层或两层减摩材料，称为轴承衬，即轴瓦做出双金属结构或三金属结构(见图9.7)。

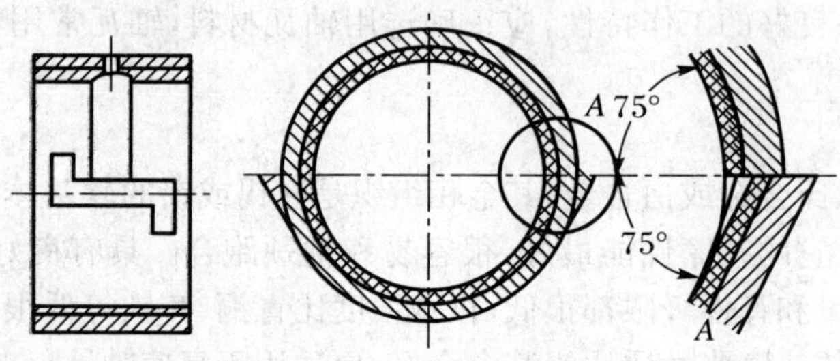

图9.7 双金属轴瓦

③ 为了使底瓦与轴承衬能紧密结合，在底瓦内表面制成一定形状的沟槽，如图9.8所示。此时由轴承衬支撑轴颈工作。这是一种节省贵重金属的方法。

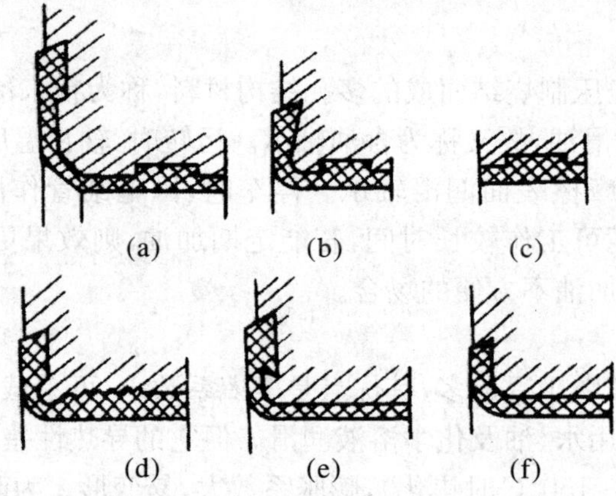

图9.8 底瓦内表面沟槽

(a)～(d) 形式为对钢与铸铁的沟槽；(e)～(f) 形式为对青铜的沟槽

④ 轴瓦开有油孔、油沟，如图9.9所示。为了使润滑油能在轴瓦内表面均匀分布，油沟应开在非承重区。如载荷向下时，由上部开油孔，并在上轴瓦内表面开油沟。一般情况下，油沟不延伸到轴瓦两末端，常为轴瓦长的80%，以免润滑油流出。

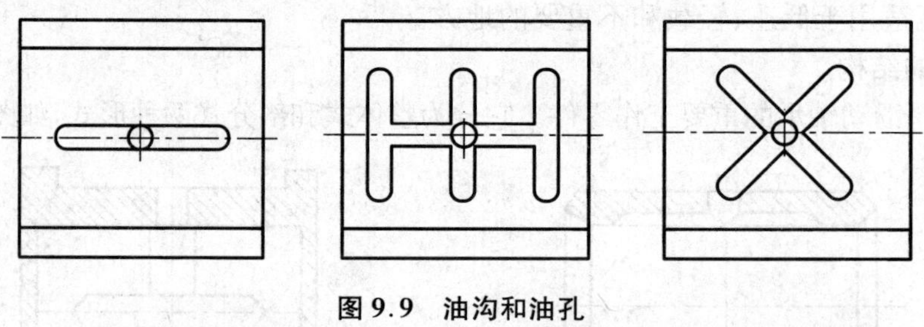

图9.9 油沟和油孔

五、滑动轴承的润滑

轴承润滑的目的是为了减缓磨损，降低摩擦功率损耗，并使轴承保持正常工作状态，润滑的效果与正确选用润滑油和供油方式有很大关系。

1．润滑油

常用的润滑油可分为高速机械油、机械油、汽轮机油、齿轮油等。黏度是选择润滑油的主要依据。选用润滑油时，要考虑速度、载荷和工作情况，对于载荷大、温度高的轴承宜选用黏度大的油；载荷小、速度高的轴承宜选黏度较小的油。一般在夏季（温度高）选用黏度高的机油，冬季（温度低）选用黏度低的机油。

润滑脂又称黄油，它是由润滑油和稠化剂（如钙、钠、铝、锂等）稠化而成的。润滑脂对载荷和速度有较大的适应性，但摩擦损耗较大，不宜用于高速。润滑脂润滑简单，不需经常上油，主要用于一般参数的机械，特别是低速、载荷大的机械。

2．润滑方式

（1）油杯滴油润滑

如图 9.10(a)所示为针阀式注油油杯，用手柄控制针阀运动，使油孔关闭或开启，用调节螺母控制供油量。如图 9.10(b)所示为芯捻油杯，利用纱线的毛细管作用把油引到轴承中。

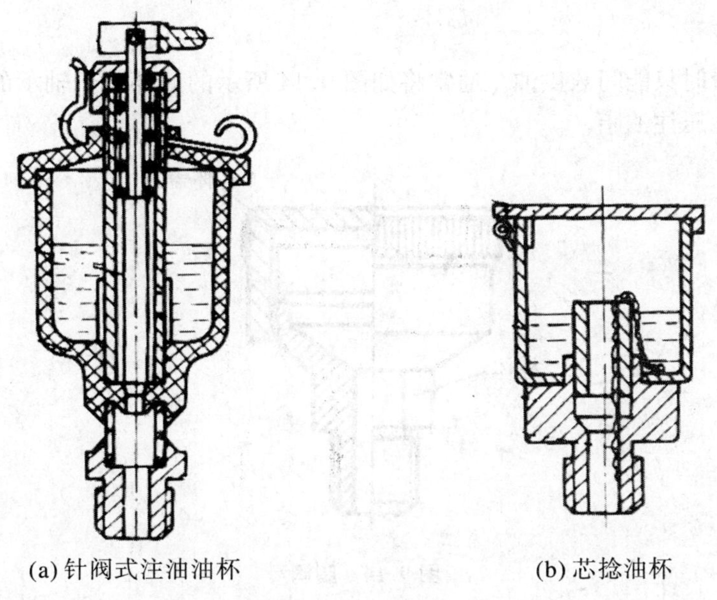

(a) 针阀式注油油杯　　(b) 芯捻油杯

图 9.10　油杯滴油润滑

（2）飞溅润滑

利用转动件的转动使油飞溅到箱体内壁上，再通过油沟将油导入轴承中进行润滑，如图 9.11 所示。

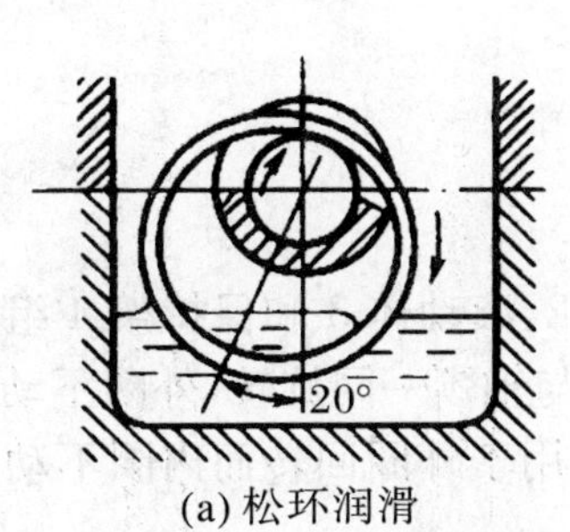

(a) 松环润滑

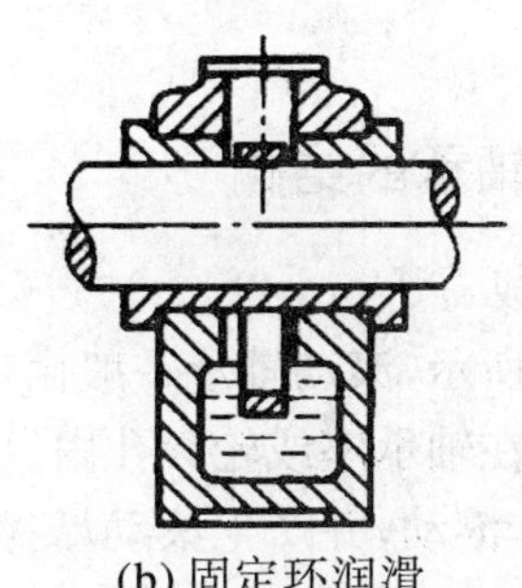

(b) 固定环润滑

图 9.11　飞溅润滑

(3) 压力循环润滑

用一套可提供较高油压的循环油压系统对重要轴承进行强迫润滑,如图 9.12 所示。

(4) 浸油润滑

将部分轴承浸入油池中,如图 9.13 所示。

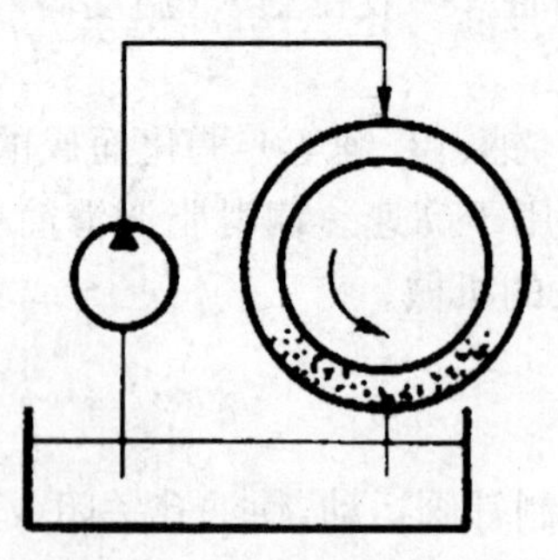

图 9.12 压力循环润滑

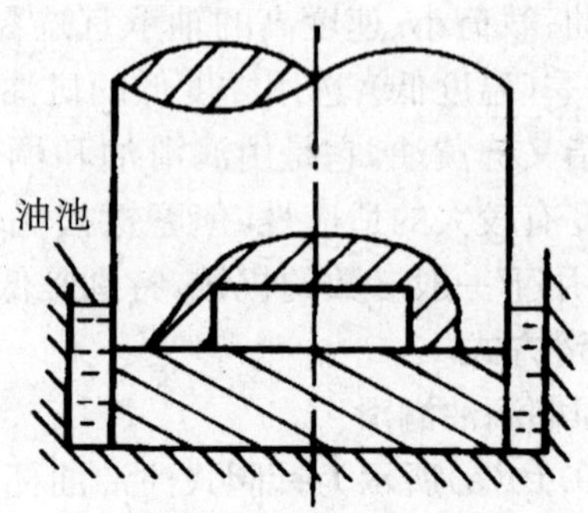

图 9.13 浸油润滑

(5) 脂润滑

采用脂润滑时只能间歇供油。通常将如图 9.14 所示的油杯装于轴承的非承压区,用油脂枪向杯内油孔压注油脂。

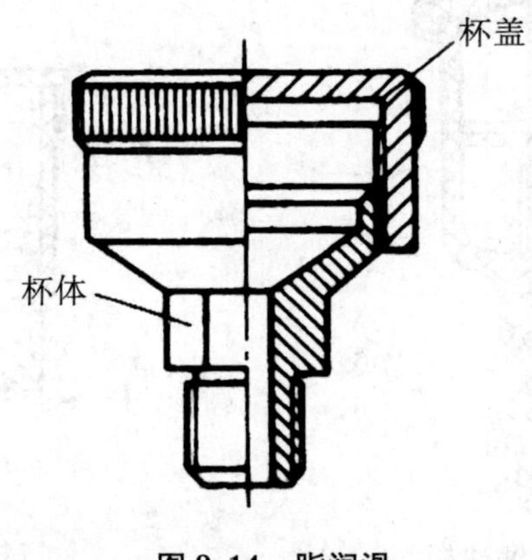

图 9.14 脂润滑

第二节 滚动轴承

一、滚动轴承的结构

1. 结构组成

如图 9.15 所示,滚动轴承一般由内圈 1、外圈 2、滚动体 3 和保持架 4 组成。内圈装在轴颈上,外圈装在轴承座或轮毂孔内。一般是内圈与轴颈一同旋转,外圈不动,滚动体在内、外圈的滚道上作滚动,并产生滚动摩擦。但有时也用于外圈回转而内圈不动,或是内、外圈同时回转的滚道上。保持架的作用是把滚动体均匀分开，避免互相接触发生磨损。

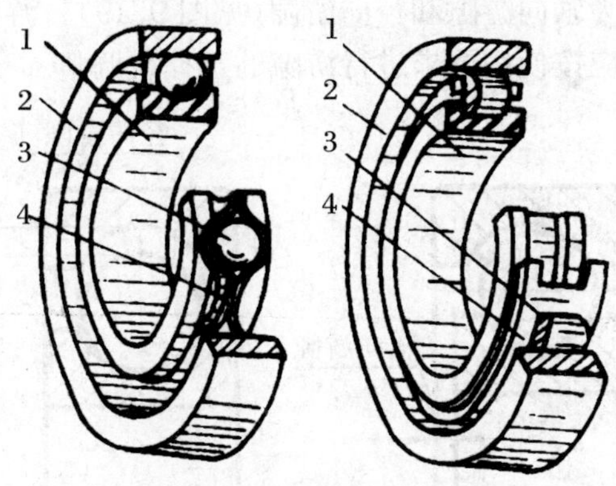

图 9.15　滚动轴承的基本结构

2．滚动体

如图 9.16 所示，常用的滚动体按其外形分为球体、圆柱滚子、圆鼓形滚子、圆锥滚子、滚针等多种。内圈、外圈、滚动体的材料为强度高、耐磨性好的铬锰高碳钢，常用牌号如 GCr15、GCr15SiMn 等（G 表示专用的滚珠轴承）。

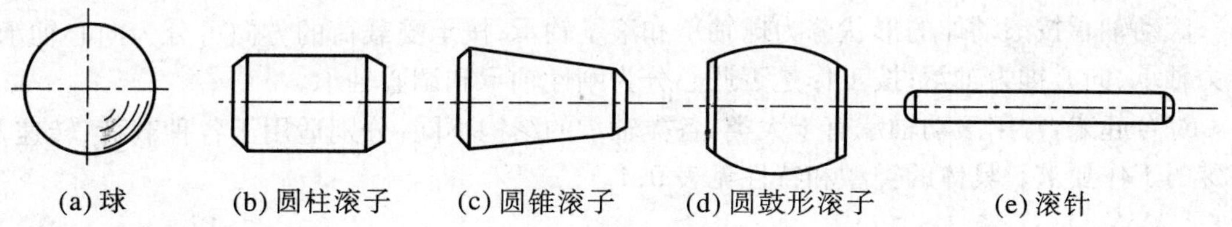

(a) 球　(b) 圆柱滚子　(c) 圆锥滚子　(d) 圆鼓形滚子　(e) 滚针

图 9.16　滚动体

3．结构特性

（1）接触角

如图 9.17 所示的滚动体与外圈滚道接触点或线的法线与轴承径向平面的夹角 α 称为接触角。α 越大，轴承承受轴向载荷能力越强。

（2）偏移角

如图 9.18 所示，轴承内、外圈轴向相对倾斜时所夹锐角，称为偏移角。能自动适应角偏移的轴承，称为调心轴承。

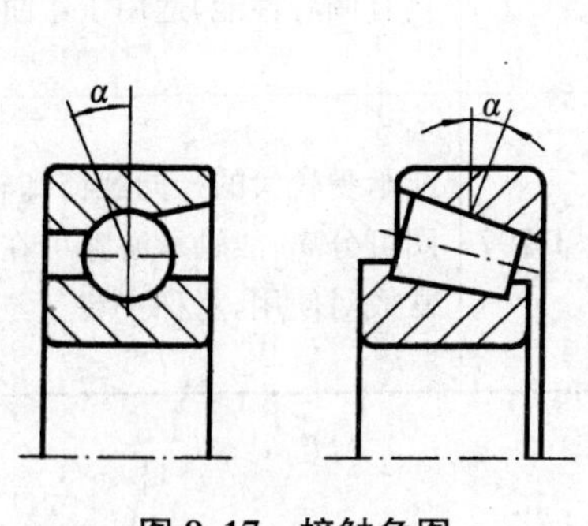

图 9.17　接触角图

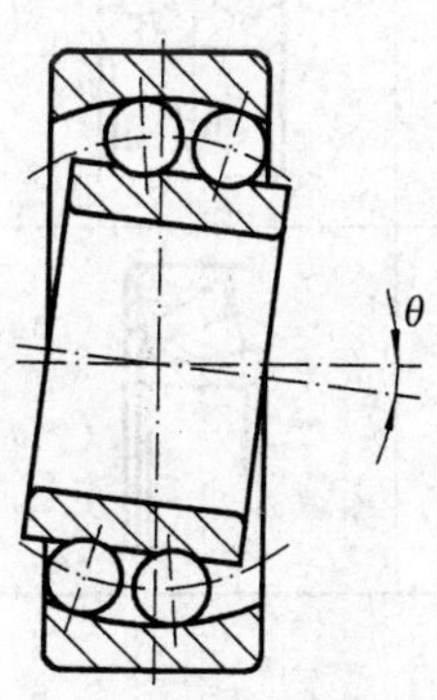

图 9.18　偏移角

(3) 游隙

滚动体和内、外圈之间存在一定的间隙,因此,内、外圈之间可以产生相对位移,其最大位移量称为游隙。游隙分为轴向游隙和径向游隙(见图 9.19)。游隙的大小对轴承的寿命、噪声、温升等有很大影响,应按使用要求进行游隙的选择或调整。

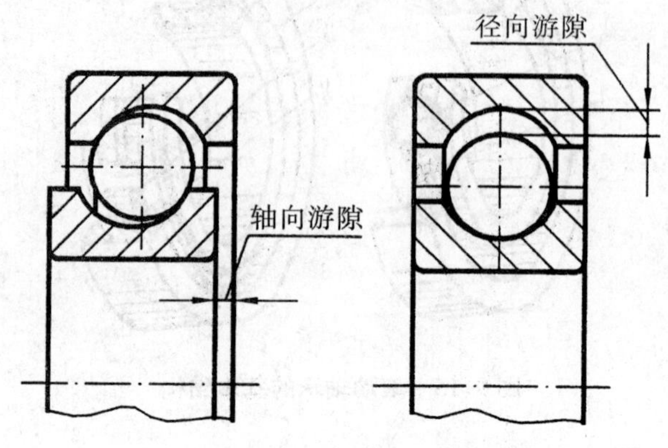

图 9.19 轴承的游隙

二、滚动轴承的类型

滚动轴承按滚动体的形状分为球轴承和滚子轴承;按承受载荷的方向可分为向心轴承、推力轴承、向心推力轴承;按工作是否调心分为刚性轴承和调心轴承。

综合起来,常用滚动轴承有十大类,各类轴承的结构不同,分别适用于各种载荷、转速及特殊的工作要求。具体的类型和特性见表 9.1。

表 9.1 轴承类型和特性

轴承类型	轴承类型简图	类型代号	标准号	特　性
调心球轴承	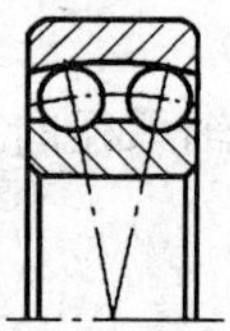	1	GB/T 281	主要承受径向载荷,也可同时承受少量的双向轴向载荷。外圈滚道为球面,具有自动调心性能,适用于弯曲刚度小的轴
调心滚子轴承	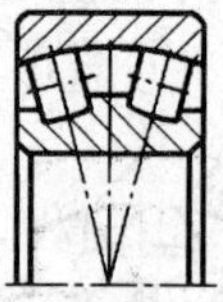	2	GB/T 288	用于承受径向载荷,其承载能力比调心球轴承大,也能承受少量的双向轴向载荷。具有调心性能,适用于弯曲刚度小的轴
圆锥滚子轴承		3	GB/T 297	能承受较大的径向载荷和轴向载荷。内外圈可分离,故轴承游隙可在安装时调整,通常成对使用,对称安装

续表

轴承类型	轴承类型简图	类型代号	标准号	特　性
双列深沟球轴承	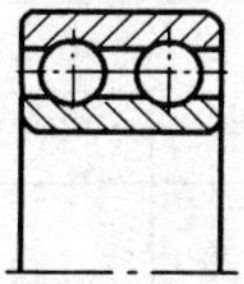	4	—	主要承受径向载荷，也能承受一定的双向轴向载荷。它比深沟球轴承具有更大的承载能力
单向推力球轴承	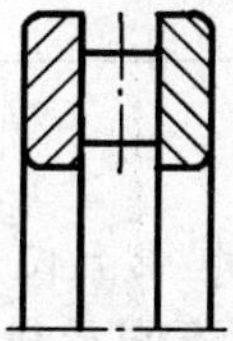	5(5100)	GB/T 301	只能承受单向轴向载荷，适用于轴向力大而转速较低的场合
双向推力球轴承		5(5200)	GB/T 301	可承受双向轴向载荷，常用于轴向载荷大、转速不高处
深沟球轴承		6	GB/T 276	主要承受径向载荷，也可同时承受少量双向轴向载荷。摩擦阻力小，极限转速高，结构简单，价格便宜，应用最广泛
角接触球轴承	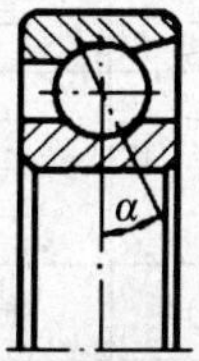	7	GB/T 292	能同时承受径向载荷与轴向载荷，接触角 α 有 15°、25°、40°三种。适用于转速较高、同时承受径向和轴向载荷的场合
推力圆柱滚子轴承	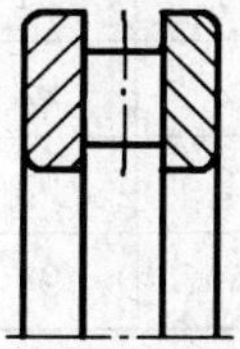	8	GB/T 4663	只能承受单向轴向载荷，承载能力比推力球轴承大得多，不允许轴线偏移。适用于轴向载荷大而不需调心的场合
圆柱滚子轴承（外圈无挡边）	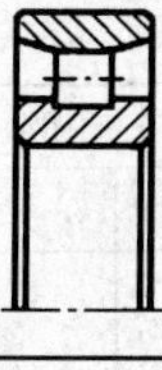	N	GB/T 283	只能承受径向载荷，不能承受轴向载荷。承受载荷能力比同尺寸的球轴承大，尤其是承受冲击载荷能力大

三、滚动轴承的代号

滚动轴承类型很多，为了表征各类图形的特点，便于生产管理和选用，规定了轴承代号及其表示方法。滚动轴承代号由前置代号、基本代号和后置代号组成，用字母和数字表示。

滚动轴承的代号排列见表 9.2。

表 9.2 轴承代号排列

<table>
<tr><td colspan="10">轴承代号</td></tr>
<tr><td rowspan="2">前置代号</td><td rowspan="3">基本代号</td><td colspan="8">后置代号</td></tr>
<tr><td>1</td><td>2</td><td>3</td><td>4</td><td>5</td><td>6</td><td>7</td><td>8</td></tr>
<tr><td>成套轴承分部件</td><td>内部结构</td><td>密封与防尘套圈类型</td><td>保持架及其材料</td><td>轴承材料</td><td>公差等级</td><td>游隙</td><td>配置</td><td>其他</td></tr>
</table>

① 前置代号表示成套轴承分部件，用字母表示。

② 基本代号包括类型代号、尺寸系列代号、内径代号。右起第五位表示轴承类型；右起第三、四位表示尺寸系列（第四位为 0 时可不写出），为了适应不同承载能力的需要，同一内径尺寸的轴承，可使用不同大小的滚动体，因而使轴承的外径和宽度也随着改变。这种内径相同而外径或宽度不同的变化称为尺寸系列，见表 9.3；右起第一、二位数字表示内径尺寸，表示方法见表 9.4。

表 9.3 向心轴承、推力轴承尺寸系列代号表示法

<table>
<tr><td rowspan="3">直径系列代号</td><td colspan="7">向心轴承</td><td colspan="4">推力轴承</td></tr>
<tr><td colspan="7">宽度系列代号</td><td colspan="4">高度系列代号</td></tr>
<tr><td>窄 0</td><td>正常 1</td><td>宽 2</td><td>特宽 3</td><td>特宽 4</td><td>特宽 5</td><td>特宽 6</td><td>特低 7</td><td>低 9</td><td>正常 1</td><td>正常 2</td></tr>
<tr><td></td><td colspan="11">尺寸系列代号</td></tr>
<tr><td>超特轻 7</td><td>—</td><td>17</td><td>—</td><td>37</td><td>—</td><td>—</td><td>—</td><td>—</td><td>—</td><td>—</td><td>—</td></tr>
<tr><td>超轻 8</td><td>08</td><td>18</td><td>28</td><td>38</td><td>48</td><td>58</td><td>68</td><td>—</td><td>—</td><td>—</td><td>—</td></tr>
<tr><td>超轻 9</td><td>09</td><td>19</td><td>29</td><td>39</td><td>49</td><td>59</td><td>69</td><td>—</td><td>—</td><td>—</td><td>—</td></tr>
<tr><td>特轻 0</td><td>00</td><td>10</td><td>20</td><td>30</td><td>40</td><td>50</td><td>60</td><td>70</td><td>90</td><td>10</td><td>—</td></tr>
<tr><td>特轻 1</td><td>01</td><td>11</td><td>21</td><td>31</td><td>41</td><td>51</td><td>61</td><td>71</td><td>91</td><td>11</td><td>—</td></tr>
<tr><td>轻 2</td><td>02</td><td>12</td><td>22</td><td>32</td><td>42</td><td>52</td><td>62</td><td>72</td><td>92</td><td>12</td><td>22</td></tr>
<tr><td>中 3</td><td>03</td><td>13</td><td>23</td><td>33</td><td>—</td><td>—</td><td>63</td><td>73</td><td>93</td><td>13</td><td>23</td></tr>
<tr><td>重 4</td><td>04</td><td>—</td><td>24</td><td>—</td><td>—</td><td>—</td><td>—</td><td>74</td><td>94</td><td>14</td><td>24</td></tr>
</table>

表 9.4 轴承内径尺寸代号

<table>
<tr><td rowspan="2">内径尺寸</td><td rowspan="2">代号表示</td><td colspan="2">举 例</td></tr>
<tr><td>代号</td><td>内径</td></tr>
<tr><td>10
12
15
17</td><td>00
01
02
03</td><td>6200</td><td>10</td></tr>
<tr><td>20～480(5 的倍数)</td><td>内径/5 的商</td><td>23208</td><td>40</td></tr>
</table>

③ 后置代号表示内部结构、尺寸、公差等，其顺序见表 9.2，常见的轴承内部结构代号和公差等级见表 9.5 和表 9.6。

表 9.5 轴承内部结构代号

代 号	含 义	示 例
C	角接触球轴承公称接触角 $\alpha=15^{\circ}$ 调心滚子轴承 C 型	7005C 23122C
AC	角接触球轴承公称接触角 $\alpha=25^{\circ}$	7210AC
B	角接触球轴承公称接触角 $\alpha=40^{\circ}$ 圆锥滚子轴承接触角加大	7210B 32310B
E	加强型	N207E

表 9.6 轴承公差等级代号

代 号	含 义	示 例
/P0	公差等级符合标准规定的 0 级（可省略不标注）	6205
/P6	公差等级符合标准规定的 6 级	6205/P6
/P6X	公差等级符合标准规定的 6X 级	6205/P6X
/P5	公差等级符合标准规定的 5 级	6205/P5
/P4	公差等级符合标准规定的 4 级	6205/P4
/P2	公差等级符合标准规定的 2 级	6205/P2

例 9.1 试说明轴承代号 6203/P4 和 7312C 的意义。

解 6203/P4：6——深沟球轴承；2——窄 0 轻 2；03——内径 17；P4——4 级精度。

7312C：7——角接触球轴承；3——窄 0 中 3；12——内径 60；C——公称接触角 $\alpha=15^{\circ}$。

四、滚动轴承类型的选择

滚动轴承是标准件且类型很多。选用滚动轴承，首先必须选择轴承的类型，类型选择的合理与否，影响轴承的寿命及其工作情况。因此，应综合考虑载荷的大小、性质、方向，转速的高低，支承的刚度及安装精度等因素。

1. 按滚动轴承所受载荷的情况选择

滚动轴承所承受载荷的大小、方向和性质是选择轴承类型的主要依据。受纯径向载荷时应选用向心轴承。受纯轴向载荷时应选用推力轴承。对于同时承受径向载荷 R 和轴向载荷 A 的轴承，应根据二者的比值来确定。若 A 相对于 R 较小，可选用深沟球轴承或接触角不大的角接触球轴承及圆锥滚子轴承；当与 R 相比其 A 值较大时，可选用接触角较大的角接触球轴承及圆锥滚子轴承；当 A 比 R 大很多时，应考虑采用向心轴承与推力轴承相结合的结构形式，以分别承受径向和轴向载荷。

在外廓尺寸相同的条件下，滚子轴承的承载能力高于球轴承，适用于较大载荷或有冲击载荷的场合；载荷较小时，宜优先用球轴承，因为球轴承价格较低。

2．按滚动轴承的转速选择

一般转速下，转速的高低对轴承类型选择影响不大，但转速较高时，影响比较显著。因此轴承样本中规定了各种型号轴承的极限转速，要求轴承在低于极限转速 $n_{\lim}$ 下工作，否则会降低轴承的寿命。由于球轴承的极限转速和旋转精度比滚子轴承高，所以高速时应优先选球轴承。其次，在内径相同的情况下，外径越小，滚动体越小，极限转速愈高，故高速时宜用超轻、特轻或轻系列，低速重载时宜选用重及特重系列。

3．按轴承的刚度和调心性能要求选择

对于轴承刚度要求较高的场合，应选用滚子轴承，因为滚子轴承的刚度高于球轴承，如精密机床的主轴轴承。

当轴的支承跨距较大或轴受载后弯曲变形较大及两轴承座孔中心位置有误差时，为检查轴承内外圈轴线间的相对角位称，应选用调心轴承。

4．按装拆要求选择

对整体式轴承座，需要沿轴向装拆及需要经常装拆的场合，应选用内、外圈可分离的轴承。安装在长轴上时，为便于装拆，可选用带内锥孔并带有紧定套的轴承。

此外，对径向尺寸较小的支承，可选用滚针轴承；一般球轴承价格低于滚子轴承，精度愈高，价格也愈高，在满足使用要求的前提下，尽量选用价格低廉的轴承。

五、滚动轴承的主要失效形式

1．疲劳点蚀

滚动轴承在工作时，滚动体和内外圈都处在周期性的交变应力的作用下，经过一定时间的运转后，工作表面上的材料将会逐渐出现局部脱落，从而导致失效，这就是疲劳点蚀。轴承出现疲劳点蚀后，运转时产生过大的振动和噪声，使机器丧失正常的工作精度。疲劳点蚀是滚动轴承的主要失效形式。为了避免疲劳点蚀，通常应按照滚动轴承的寿命计算确定轴承的型号。

2．永久变形

当轴承工作转速很低或只作摆动时，由于过大的静载荷和冲击载荷，致使接触应力超过材料的屈服点，工作表面产生塑性变形，导致轴承工作中摩擦力矩、振动、噪声增大，运转精度降低，直至失效。

3．磨损

由于长期的摩擦，轴承的内圈、外圈、滚动体都会产生磨损；而密封不良、润滑不洁，又会加剧磨损。轴承磨损以后，由于轴承内的间隙量增大，导致旋转精度降低。此外，由于配合不当、拆装不合理等非正常原因，轴承内、外圈可能会发生破裂，应在使用和装拆轴承时充分注意这一点。

六、滚动轴承的承载能力分析

1．基本额定寿命

对同一批生产的同一型号的轴承，由于材料的组织不均和工艺过程中存在着差异等原因，即使在完全相同的条件下工作，寿命也不一样，有的相差几十倍，因此对于一个具体的轴承来说，是很难预知它的寿命的。在国标中规定以基本额定寿命作为计算依据。基本额定寿命是指一批相同的轴承，在相同的条件下运转，其中90%的轴承不发生疲劳点蚀前所转过

的总转数 $L_{10}(10^6 r)$ 或在一定转速 n 下运转的总小时数 L_h。换句话说，在一批轴承达到基本额定寿命时，已有10%的轴承破坏掉了，而剩下的90%的轴承，则可以达到或超过这一寿命。所以对单个轴承来说，能够达到额定寿命的可靠度为90%。

2．基本额定动载荷

基本额定寿命为10^6转时，轴承所能承受的最大载荷称为基本额定动载荷，亦即轴承在基本额定动载荷作用下不发生疲劳点蚀失效的轴承寿命可靠度为90%。基本额定动载荷用 C 表示，例如，6305轴承的基本额定动载荷 $C=22.4$ kN，轴承的基本额定动载荷 C 越大，则其抗疲劳点蚀的能力越强。对于主要承受径向载荷的向心轴承为径向基本额定动载荷用 C_r表示；对于主要承受轴向载荷的推力轴承为轴向基本额定动载荷用 C_a表示。基本额定动载荷是衡量轴承承载能力的主要指标。

3．轴承的寿命计算

在实际应用中，额定寿命常用给定转速下运转的小时数 L_h来表示。考虑到机器振动和冲击的影响，引入载荷因数 f_P（见表9.7）；考虑到工作温度的影响，引入温度因数 f_T（见表9.8）。寿命计算公式为

$$L_h = \frac{10^6}{60n}\left(\frac{f_T C}{f_P P}\right)^{\varepsilon} \tag{9.1}$$

式中，n 为轴承的工作转速（r/min）；C 为基本额定动载荷（kN）；P 为当量动载荷（N）；ε 为寿命指数，对于球轴承 $\varepsilon=3$，对于滚子轴承 $\varepsilon=10/3$。f_T为温度因数；f_P为载荷因数。

表9.7　载荷因数 f_P

载荷性质	f_P	举　例
无冲击或有轻微冲击	1.0～1.2	电动机、汽轮机、通风机、水泵
中等冲击和振动	1.2～1.8	车辆、机床、内燃机、起重机、冶金设备、减速器
强大冲击和振动	1.8～3.0	破碎机、轧钢机、石油钻机、振动筛

表9.8　温度因数 f_T

轴承工作温度(℃)	100	125	150	175	200	225	250	300
温度因数 f_T	1	0.95	0.90	0.85	0.80	0.75	0.70	0.60

若当量动载荷 P、转速 n 和预期寿命 L_h'均已知，则可根据下式选择轴承型号：

$$C_C = \frac{f_P P}{f_T}\sqrt[\varepsilon]{\frac{60nL_h'}{10^6}} \leqslant C \tag{9.2}$$

式中，C_C为计算额定动载荷（kN）；L_h'为预期寿命（h），见表9.9。

根据 C_C选择轴承时，应使所选轴承的基本额定动载荷 $C \geqslant C_C$。

表9.9　轴承的预期寿命 L_h'的参考值

使用条件	预期使用寿命(h)
不经常使用的仪器和设备	300～3 000
短期或间断使用的机械	3 000～8 000

续表

使用条件	预期使用寿命(h)
间断使用,使用中不允许中断	8 000～12 000
每天 8 h 工作,经常不是满负荷	10 000～25 000
每天 8 h 工作,满负荷使用	20 000～30 000
24 h 连续工作,允许中断	40 000～50 000
24 h 连续工作,不允许中断	100 000 以上

4. 当量动载荷

滚动轴承的额定寿命与载荷之间的关系是在试验的条件下得到的,实际上轴承的工作载荷与试验载荷是不同的,所以在计算轴承寿命时,要将工作载荷折算成试验条件载荷相当的假想载荷,即当量动载荷 P。在该载荷作用下,轴承的寿命与实际载荷作用下的寿命相同。

① 对于只承受纯径向载荷 F_r 的圆柱滚子轴承和滚针轴承,其当量动载荷为

$$P = F_r \tag{9.3}$$

② 对于只承受纯轴向载荷 F_a 的推力球轴承和推力圆柱滚子轴承,其当量动载荷为

$$P = F_a \tag{9.4}$$

③ 对于同时承受径向载荷 F_r 和轴向载荷 F_a 的深沟球轴承、调心球轴承、调心滚子轴承、向心角接触轴承和圆锥滚子轴承,当量动载荷 P 的计算式为

$$P = xF_r + yF_a \tag{9.5}$$

式中,x 为径向载荷因数(见表 9.10);y 为轴向载荷因数(见表 9.10);F_r 为轴承承受的径向载荷(N);F_a 为轴承承受的轴向载荷(N)。

表 9.10 径向载荷因数 x 和轴向载荷因数 y

轴承类型	F_a/C_0	判别值 e	$F_a/F_r \leq e$		$F_a/F_r > e$	
			x	y	x	y
深沟球轴承	0.014	0.19	1	0	0.56	2.30
	0.028	0.22				1.99
	0.056	0.26				1.71
	0.084	0.28				1.55
	0.11	0.30				1.45
	0.17	0.34				1.31
	0.28	0.38				1.15
	0.42	0.42				1.04
	0.56	0.44				1.00

续表

轴承类型		F_a/C_0	判别值 e	$F_a/F_r\leqslant e$		$F_a/F_r>e$	
				x	y	x	y
角接触球轴承	$\alpha=15^\circ$	0.015	0.38				1.47
		0.029	0.40				1.40
		0.058	0.43				1.30
		0.087	0.46				1.23
		0.12	0.47	1	0	0.44	1.19
		0.17	0.50				1.12
		0.29	0.55				1.02
		0.44	0.56				1.00
		0.58	0.56				1.00
	$\alpha=25^\circ$	—	0.68	1	0	0.41	0.87
	$\alpha=40^\circ$	—	1.14	1	0	0.35	0.57
圆锥滚子轴承(单列)		—	$1.5\tan\alpha$	0.4	$0.4\cot\alpha$	1	0
调心轴承		—	$1.5\tan\alpha$	0.65	$0.65\cot\alpha$	1	$0.42\cot\alpha$

注:① C_0 为径向基本额定静载荷。

② e 为判别轴向载荷 F_a 对当量动载荷 P 影响程度的参数。

5. 角接触球轴承轴向载荷的分析

由于角接触球轴承有接触角,所以轴承在受到径向外载荷 F_r 作用时,要产生一个内部轴向力 F_s(见图 9.20 和图 9.21)。在计算其所承受的轴向载荷时,要同时考虑外部轴向载荷 F_a 和内部轴向力 F_s 这两个力,并通过力的平衡关系求得轴承的总轴向载荷。F_s 的大小按表 9.11 所给的公式求出。

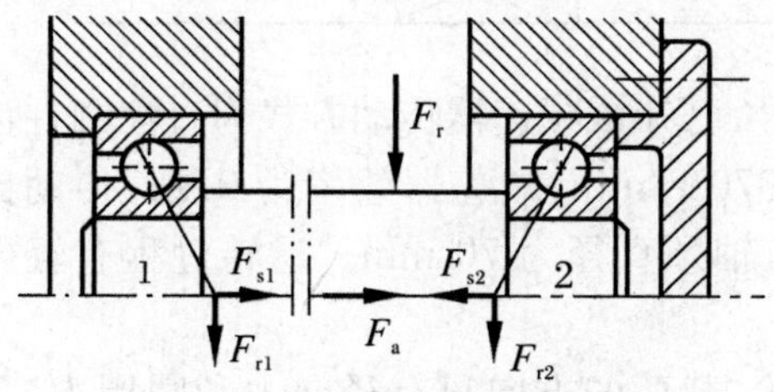

图 9.20 角接触球轴承载荷分布(正装)

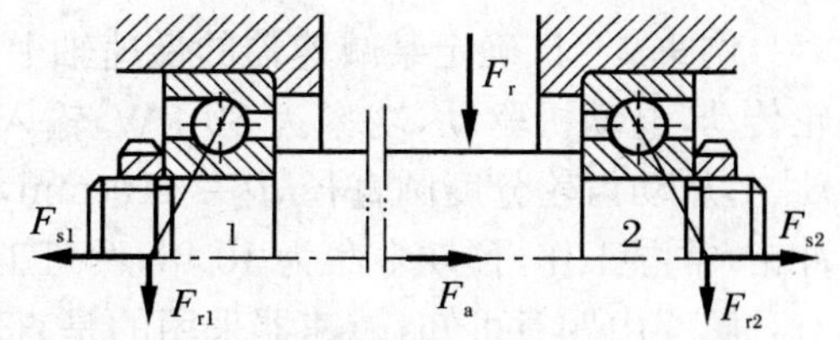

图 9.21 角接触球轴承载荷分布(反装)

表 9.11 角接触球轴承的内部轴向力 F_s

轴承类型	圆锥滚子轴承 30000 型	角接触球轴承		
内部轴向力 F_s	$F_s=F_r/2y$	70000C 型 ($\alpha=15^\circ$)	70000AC 型 ($\alpha=25^\circ$)	70000B 型 ($\alpha=40^\circ$)
		$F_s=eF_r$	$F_s=0.68F_r$	$F_s=1.14F_r$

如图 9.20 所示,若 $F_{s1}+F_a\geqslant F_{s2}$,则轴承 2 被压紧,轴承 1 被放松。若 $F_{s1}+F_a<F_{s2}$,则轴承 1 被压紧,轴承 2 被放松。放松端轴承的轴向力等于它本身的内部轴向力,压紧端轴承的轴向力应等于其本身的内部轴向力 F_{s2} 加上附加轴向力 F'_{s2}。

6. 滚动轴承的静强度计算

静强度计算的目的是防止轴承产生过大的塑性变形。对非低速转动的轴承，若承受的载荷变化太大，在按寿命计算选择出轴承的型号后，还应进行静强度计算。额定静载荷是轴承静强度的计算依据。与当量动载荷相似，轴承在工作时，如果同时承受径向载荷和轴向载荷，也应按当量静载荷进行计算。当量静载荷的计算公式为

$$P_0 = x_0 F_r + y_0 F_a \tag{9.6}$$

式中，x_0为径向载荷因数(见表9.12)；y_0为轴向载荷因数(见表9.12)；F_r为轴承承受的径向载荷；F_a为轴承承受的轴向载荷。

表 9.12 径向载荷因数 x_0 和轴向载荷因数 y_0

轴承类型		x_0	y_0
深沟球轴承		0.6	0.5
角接触球轴承	7000C	0.5	0.4
	7000AC		0.3
	7000B		0.2
圆锥滚子轴承		0.5	查手册

静强度计算的公式为

$$S_0 P_0 \leqslant C_0 \tag{9.7}$$

式中，S_0为静强度安全因数(见表9.13)。

表 9.13 安全因数 S_0

使用要求或载荷因数	S_0
对旋转精度和平稳性要求高，或承载强大冲击载荷	1.2～2.5
一般工作精度和轻微冲击	0.8～1.2
对旋转精度和平稳性要求低，没有冲击和振动	0.5～0.8

例 9.2 试确定某减速器的低速轴上的轴承型号，已知该减速器传动方式为直齿圆柱齿轮传动，电动机驱动，功率为 30 kW，输入转速 $n = 970$ r/min，减速器效率为 0.92，传动比 $i = 4$，从动齿轮分度圆直径 $d_2 = 410$ mm，单向传动，轴颈直径为 70 mm。运转过程有轻微冲击，常温工作，预期寿命为 10 年，两班工作制。

解 由题意可知，减速器采用的是直齿圆柱齿轮，载荷的方向只有径向力和圆周力，无轴向力，故可以选用比较廉价的深沟球轴承 60000 型。由轴径直径可知轴承的内径为 70 mm，即内径代号 14，故初选轴承型号 6014。

(1) 计算低速轴的转速、输出功率及轴上外载荷：

$$n_2 = n_1 / i = 970/4 = 242.5\ (\text{r/min})$$

$$P_2 = 0.92 \times P_1 = 0.92 \times 30 = 27.6\ (\text{kW})$$

$$F_t = \frac{2M}{d_2} = \frac{2 \times 9\,550 \times \dfrac{27.6}{242.5} \times 10^3}{410} = 5\,302\ (\text{N})$$

$$F_N = \frac{F_t}{\cos\alpha} = 5\,641\ \text{N}$$

(2) 计算当量动载荷

因为无轴向力，故当量动载荷 P 就等于轴承承受的轴向力 F_r。由轴的受力图(见图9.22)可得

$$P = F_r = F_N/2 = 2\ 820.5\ \text{N}$$

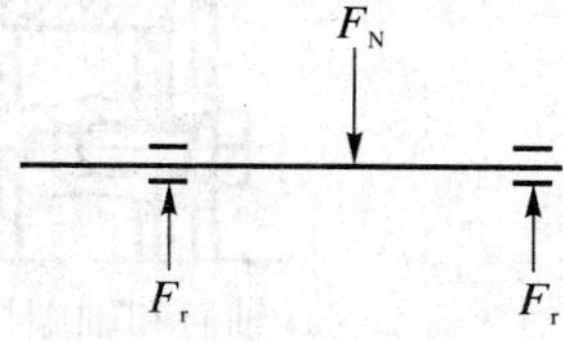

图 9.22 轴的受力图

(3) 寿命计算

由题意可知该轴承的预期寿命为

$L_h' = 10 \times 300 \times 16 = 48\ 000\ \text{h}$

由表 9.7 和表 9.8 得 $f_P = 1.2, f_T = 1$。

根据式(9.2)：

$$C_C = \frac{f_P P}{f_T}\sqrt[3]{\frac{60 n L_h'}{10^6}}$$

$$= 1.2 \times 2\ 820.5 \times \sqrt[3]{\frac{60 \times 242.5 \times 48\ 000}{10^6}}$$

$$= 29.89\ (\text{kN}) < C = 38.5\ (\text{kN})$$

所以该轴承可用。

七、滚动轴承的组合设计

滚动轴承是标准组件，它不能孤立使用，必须与轴、轴承座等配合在一起，才能正常工作。所以在机械设计的过程中，必须进行滚动轴承的组合设计。主要解决轴承的安装、配合、固定、调整等问题。

1．保证支承刚度和同轴度

轴和安装轴承的机壳或轴承座以及轴承组合中的一些其他受力零件，必须具有足够的刚度，否则会因这些零件的变形而使滚动体的运动受到阻碍，导致轴承过早损坏。为了保证机壳或轴承座具有一定刚度，常采用以下措施：

① 使轴承座具有一定的厚度。

② 轴承座的悬臂应尽可能缩短，并且用加强筋来增强支承部位的刚性。对于同一根轴上两个支承的轴承座孔，必须尽可能地保持同心，以免轴承的内外圈之间产生过大的偏斜。可采用整体结构的机壳，并把安装轴承的两个孔一次镗出。如果在一根轴上装有不同尺寸的轴承，机壳上的轴承孔仍然应该一次镗出，这时可在直径小的轴承处加套杯。当两个轴承孔分在两个机壳上时，则应把两个机壳组合在一起进行镗孔。

2．滚动轴承的内、外圈的轴向固定方法

为了使轴和轴上零件在机器中有确定的位置，并能承受轴向载荷，必须固定轴承的轴向位置。固定方法主要是把滚动轴承的内圈和外圈加以固定。

(1) 内圈的轴向固定

① 用轴肩固定，适用于承受较大的单向轴向载荷。

② 用轴肩和轴端挡圈固定，适用于轴端切制螺纹有困难且轴向载荷较大的轴承[见图9.23(a)]。

③ 用轴肩和锁紧螺母固定，适用于两个方向有较大的轴向力和高转速的轴承[见图9.23(b)]。

④ 用弹性挡圈和轴肩固定。它的结构简单,轴向尺寸小,挡圈只能承受不大的轴向载荷,适用于轴向载荷不大、转速不高的轴承[见图 9.23(c)]。

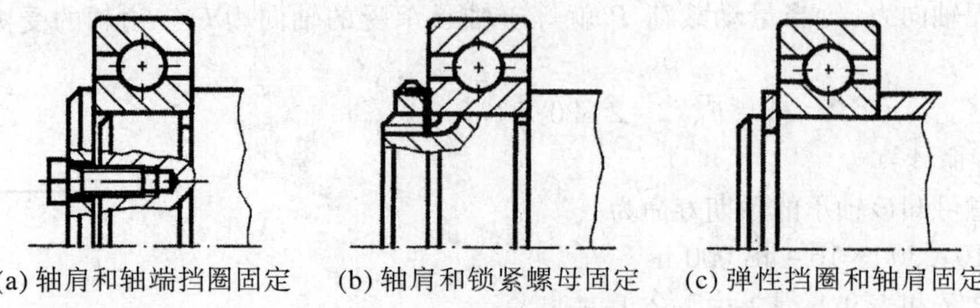

(a) 轴肩和轴端挡圈固定　(b) 轴肩和锁紧螺母固定　(c) 弹性挡圈和轴肩固定

图 9.23　内圈的轴向固定

(2) 外圈的轴向固定

① 用轴承盖上的凸缘固定,适用于两端轴承的固定,可在高转速下承受大的轴向载荷[见图 9.24(a)]。

② 用弹性挡圈和机座凸台固定。它的轴向尺寸小,适用于轴向载荷不大的轴系[见图 9.24(b)]。

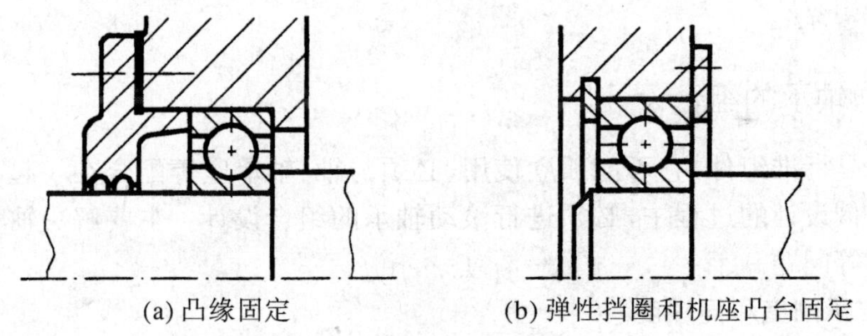

(a) 凸缘固定　(b) 弹性挡圈和机座凸台固定

图 9.24　外圈的轴向固定

(3) 滚动轴承的固定方式

① 两端固定。每一支承只能限制轴的单向移动,两个支承合起来就限制了轴的双向移动,它适用于工作温度变化不大的短轴,考虑到轴由于受热而伸长,对于深沟球轴承,在轴承外圈与轴承端盖间应留有 $c = 0.2 \sim 0.3$ mm 的间隙,如图 9.25 所示。

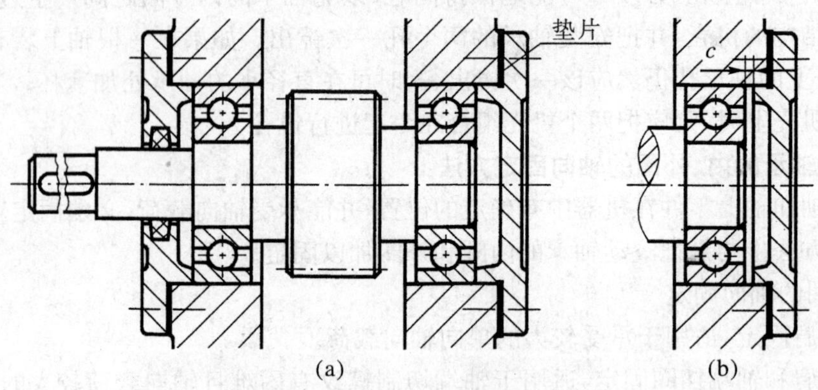

(a)　(b)

图 9.25　两端固定式

② 一端固定、一端游动。如图 9.26 所示，一端支承的轴承，内、外圈双向固定，另一端支承的轴承可以轴向游动。双向固定端的轴承可承受双向轴向载荷，游动端的轴承端面与轴承盖之间留有较大的间隙，以适应轴的伸缩量。这种支承结构适用于轴的温度变化大和跨距较大的场合。

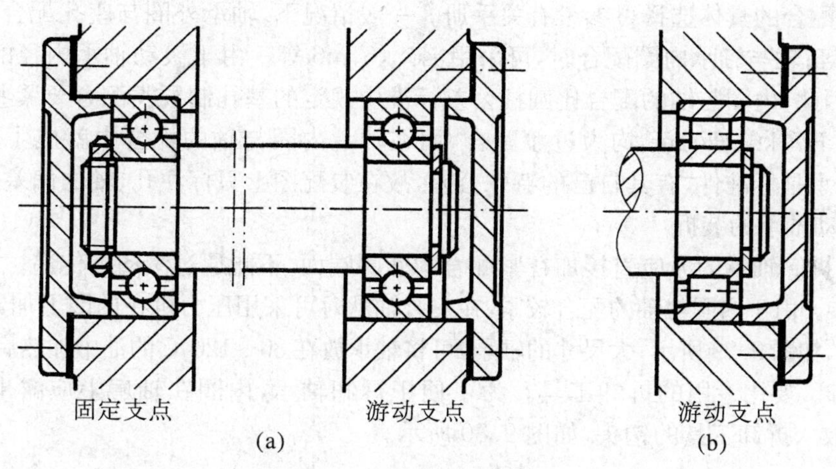

图 9.26　一端固定、一端游动式

3．轴承组合的调整

(1) 轴承间隙的调整

轴承间隙的大小将影响轴承的旋转精度、轴承的寿命和传动零件工作的稳定性。轴承间隙调整的方法主要有：

① 靠加减轴承盖与机座间垫片的厚度来进行调整，如图 9.27 所示。

② 通过调节螺钉改变轴承外圈上压盖的位置进行调整，如图 9.28 所示。

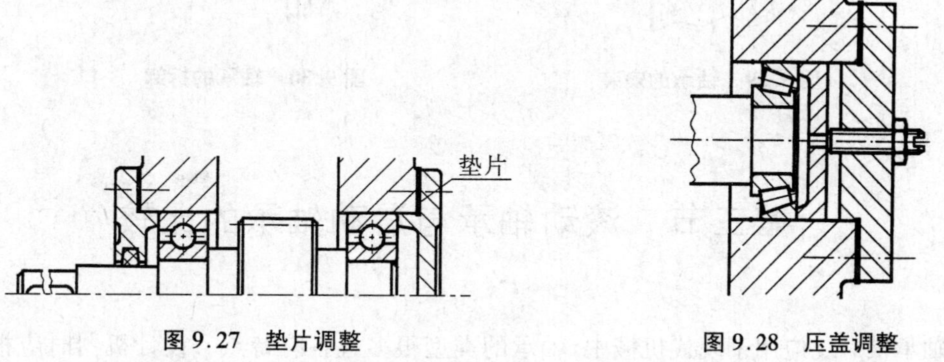

图 9.27　垫片调整　　**图 9.28　压盖调整**

(2) 轴向位置的调整

轴向位置调整的目的是使轴上零件(如齿轮、皮带轮等)具有准确的工作位置，如圆锥齿轮传动，要求两个节锥顶点相重合，才能保证正确啮合。又如蜗杆传动，要求蜗轮主平面通过蜗杆的轴线。

4．滚动轴承的配合与装拆

(1) 滚动轴承的配合

滚动轴承的配合是指内圈与轴颈，外圈与轴承座的配合。由于滚动轴承是标准件，为了使轴承便于互换和大量生产，轴承内孔与轴的配合采用基孔制，即以轴承内孔的尺寸为基准。轴承外径与轴承座的配合采用基轴制，即以轴承的外径尺寸为基准。当外载荷不变时，转动套圈应比固定套圈配合得紧些，一般情况下内圈随轴一起转动，外圈固定不动，故内圈常取具有过盈的过渡配合。外圈常取较松的过渡配合。当轴承作游动支承时，外圈应取保证有间隙的配合。

公差与配合的具体选择可参考有关手册。一般情况下，轴承外圈与座孔配合时，孔采用J7、H7、G7等；轴与轴承内圈配合时，可采用js6、k6、m6等。由于滚动轴承内径的公差带在零线一下，因此，内圈与轴的配合比圆柱公差标准中规定的基孔制同类配合要紧些。如圆柱公差标准中H7/k6、H7/m6均为过渡配合，而在轴承内圈与轴的配合中就成了过盈配合。由于滚动轴承是标准件，有其自己的特殊公差，故在装配图上只标注孔、轴的偏差代号。

(2) 滚动轴承的装拆

安装盒拆卸轴承的力应直接加在紧配合的套圈端面，不能通过滚动体传递。

① 安装。由于内圈与轴的配合较紧，在安装轴承时可采用压力机在内圈上加力将轴承压套到轴颈上，如图9.29所示；大尺寸的轴承，可将轴承放在80～120 ℃的油中加热后进行热装。

② 拆卸。要用专用的拆卸工具。为了便于拆卸轴承，内圈在轴肩上应露出足够的高度，以便于放入拆卸工具的钩头，如图9.30所示。

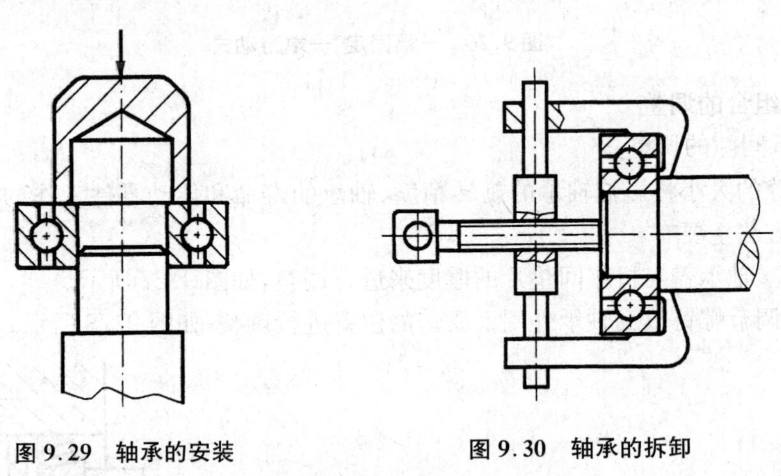

图9.29 轴承的安装　　　　图9.30 轴承的拆卸

第三节 滚动轴承与滑动轴承的比较

轴承被广泛应用于现代机械中，轴承的类型很多且各有特点。设计机器时应根据具体的工作情况，结合各类轴承的特点和性能进行对比分析，选择一种既满足工作要求又经济实用的轴承。

一、滚动轴承的优点

滚动轴承与滑动轴承相比，具有下列优点：

① 滚动轴承的摩擦系数比滑动轴承小，传动效率高。普通滑动轴承的摩擦系数为0.08～

0.12,而滚动轴承的摩擦系数仅为0.001～0.005。

② 滚动轴承已完成规范化、系列化、通用化,适于大批量消费和供给,运用和维修非常方便。

③ 滚动轴承用轴承钢制造,并经过热处理,因而,滚动轴承不只具有较高的机械功能和较长的使用寿命,而且可以节省制造滑动轴承所用的价钱较为昂贵的有色金属。

④ 滚动轴承外部间隙很小,各零件的加工精度较高,因而,运转精度较高。同时,可以经过预加负荷的办法使轴承的刚性增加。这对于精密机械是十分重要的。

⑤ 某些滚动轴承可同时接受径向负荷和轴向负荷,因而,可以简化轴承支座的构造。

⑥ 由于滚动轴承传动效率高,发热量少,因而,可以增加润滑油的耗费,润滑维护较为省事。

⑦ 滚动轴承可以方便地使用于空间任何方位的轴上。

二、滚动轴承的缺点

一切事物都是一分为二的,滚动轴承也有一定的缺陷:

① 滚动轴承接受负荷的能力比同样体积的滑动轴承小得多,因而,滚动轴承的径向尺寸大。所以,在接受大负荷的场所和要求径向尺寸小、构造要求紧凑的场所(如内燃机曲轴轴承),多采用滑动轴承。

② 滚动轴承振动和噪声较大,特别是在运用前期尤为明显,因而,对精密度要求很高、又不许有振动的场所,滚动轴承难以胜任,普遍选用滑动轴承的效果更佳。

③ 滚动轴承对金属屑等异物特别敏感,轴承内一旦进入异物,就会发生断续的较大振动和噪声,也会引起早期损坏。此外,滚动轴承因金属夹杂质等也易发生早期损坏。即便不发生早期损坏,滚动轴承的寿命也有一定的限制。总之,滚动轴承的寿命较滑动轴承的短些。

三、滚动轴承与滑动轴承性能比较

滚动轴承与滑动轴承各适用一定的场所,两者不能完全相互取代,并且各自向一定的方向开展。目前,滚动轴承已逐渐成为机械的主要支承型式,使用越来越普遍。具体性能比较见表9.14。

表9.14 滚动轴承和滑动轴承性能的比较

性 能	滑动轴承		滚动轴承
	非液体润滑轴承	液体润滑轴承	
摩擦特性	边界摩擦或混合摩擦	液体摩擦	滚动摩擦
一对轴承的效率	$\eta \approx 0.97$	$\eta \approx 0.995$	$\eta \approx 0.99$
承载能力与转速的关系	随转速增高而降低	在一定转速下,随转速增高而增大	一般无关,但极高转速时承载能力降低
适应转速	低速	中,主高速	低,中速

续表

<table>
<tr><th colspan="2" rowspan="2">性能</th><th colspan="2">滑动轴承</th><th rowspan="2">滚动轴承</th></tr>
<tr><th>非液体润滑轴承</th><th>液体润滑轴承</th></tr>
<tr><td colspan="2">承受冲击载荷能力</td><td>较高</td><td>高</td><td>不高</td></tr>
<tr><td colspan="2">功率损失</td><td>较大</td><td>较小</td><td>较小</td></tr>
<tr><td colspan="2">启动阻力</td><td>大</td><td>大</td><td>小</td></tr>
<tr><td colspan="2">噪声</td><td>较小</td><td>极小</td><td>高速时较大</td></tr>
<tr><td colspan="2">旋转精度</td><td>一般</td><td>较高</td><td>较高,预紧后更高</td></tr>
<tr><td colspan="2" rowspan="2">安装精度</td><td colspan="2">部分结构,容易装拆</td><td rowspan="2">安装精度要求高</td></tr>
<tr><td>安装精度要求不高</td><td>安装精度要求高</td></tr>
<tr><td rowspan="2">外廓尺寸</td><td>径向</td><td>小</td><td>小</td><td>大</td></tr>
<tr><td>轴向</td><td>较大</td><td>较大</td><td>中</td></tr>
<tr><td colspan="2">润滑剂</td><td>油/脂或固体</td><td>润滑油</td><td>润滑油或润滑脂</td></tr>
<tr><td colspan="2">润滑剂用量</td><td>较小</td><td>较多</td><td>中</td></tr>
<tr><td colspan="2">维护</td><td>较简单</td><td>较复杂,油质要洁净</td><td>维护方便,润滑较简单</td></tr>
<tr><td colspan="2">经济性</td><td>批量生产价格低</td><td>造价高</td><td>中</td></tr>
</table>

复习思考题

1. 选择题

(1) 滚动轴承的额定寿命是指一批同规格的轴承在规定的试验条件下运转,其中_____的轴承发生破坏时所达到的寿命。

A. 5%　　B. 10%　　C. 1%

(2) 在基本额定动载荷 C 作用下,滚动轴承的基本额定寿命为 10^5 转时,其可靠度为_____。

A. 10%　　B. 80%　　C. 90%　　D. 99%

(3) 非液体润滑滑动轴承主要失效形式是_____。

A. 点蚀　　B. 胶合　　C. 磨损

(4) 在下列 4 种型号的滚动轴承中,只能承受径向载荷的是_____。

A. 6208　　B. N208　　C. 30208　　D. 51208

(5) 一根转轴采用一对滚动轴承支承,其承受载荷为径向力和较大的轴向力,并且冲击、振动较大。因此宜选择_____。

A. 深沟球轴承　　B. 角接触球轴承　　C. 圆锥滚子轴承

(6) 从经济性考虑,在同时满足使用要求时,就应优先选用_____。

A. 深沟球轴承　　B. 圆柱滚子轴承　　C. 圆锥滚子轴承

(7) 径向滑动轴承的主要结构形式有 3 种,其中以_____滑动轴承应用最广。

A. 整体　　B. 对开　　C. 调心

2. 判断题

(1) 轴承都有轴瓦。(　　)

(2) 轴瓦与轴承座之间是不允许有相对移动的。(　　)

(3) 向心滚动轴承只能承受径向载荷。(　　)

(4) 推力滚动轴承能够同时承受径向力和轴向力。(　　)

(5) 滚动轴承的外圈与轴承座孔的配合采用基孔制。(　　)

(6) 滚动轴承的内圈与轴颈的配合采用基轴制。(　　)

(7) 轴系的两端固定支承使结构简单,便于安装,易于调整,故适用于工作温度变化不大的短轴。(　　)

(8) 一端固定、一端游动支承结构比较复杂,但工作稳定性好,适用于工作温度变化较大的长轴。(　　)

(9) 安装滚动轴承时,只需对外圈作轴向固定,而对内圈只需作周向固定。(　　)

3. 简答题

(1) 完全流体润滑轴承为什么常用于高速、高精度、重载等场合?

(2) 自动调心轴承的调心原理是什么?

(3) 液体动压润滑轴承油膜的形成原理是什么?

(4) 滚动轴承代号中哪些可以省略?

(5) 为什么角接触轴承和自动调心轴承常成对使用?

4. 综合题

(1) 试比较滑动轴承和滚动轴承的特点和应用范围。

(2) 试比较球轴承和滚子轴承的优缺点。

(3) 一深沟球轴承6304承受一径向力 $R = 4$ kN,载荷平稳,转速 $n = 960$ r/min,室温下工作,试求该轴承的基本额定寿命,并说明能达到或超过此寿命的概率。若载荷变为 $R = 2$ kN,轴承的基本额定寿命是多少?

第十章　机件的连接

第一节　螺 纹 连 接

一、螺纹的类型、特点及应用

① 在外圆柱表面上形成的螺纹称为外螺纹，例如螺栓上的螺纹。在内圆柱表面上形成的螺纹称为内螺纹，例如螺母的螺纹。

② 螺纹按旋向可分为右旋螺纹和左旋螺纹，将螺旋体的轴线垂直放置，螺旋线的可见部分自左向右上升的，为右旋[见图 10.1(a)]，称为右旋螺纹；反之为左旋[见图 10.1(b)]，称为左旋螺纹。常用螺纹旋向是右旋。

③ 螺纹按螺纹线数可分为单线螺纹[见图 10.1(a)]、双线螺纹[见图 10.1(b)]和多线螺纹。

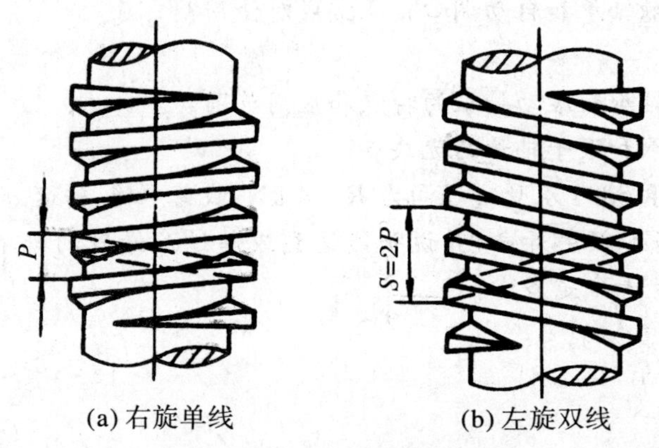

(a) 右旋单线　　(b) 左旋双线

图 10.1　螺纹的线数和旋向

④ 按照牙形的不同，螺纹可分为普通螺纹(又称为三角形螺纹)、圆柱管螺纹、矩形螺纹、梯形螺纹和锯齿形螺纹等。常用的螺纹类型、特点及应用如表 10.1 所示。

表 10.1　常用螺纹的牙形、特点和应用

种　类	牙形图	特点及应用
普通螺纹	P d α=60°	牙形角 $\alpha=60^\circ$，同一直径按其螺距不同，分为粗牙与细牙两种，细牙的自锁性能较好，螺纹零件的强度削弱少，但易滑扣应用，最为广泛。一般连接多用粗牙螺纹。细牙螺纹多用于薄壁或细小零件，以及受变载、冲击和振动的连接中，还可用作轻载和精密的微调机构中的螺旋副

续表

种　类	牙形图	特点及应用
圆柱管螺纹		牙形角 $\alpha=55^\circ$。公称直径近似为管子内径，内外螺纹公称牙形间没有间隙，螺纹副本身不具有密封性，当要求连接后有一定的密封性时，可压紧被连接件螺纹副外的密封面，也可在密封面间加密封物。多用于压力为 1.5 MPa 以下的水、煤气管路、润滑和电力线路系统
梯形螺纹		牙形角 $\alpha=30^\circ$。牙根强度高、工艺性好、螺纹对中性好，采用剖分螺母时可以调整间隙，传动效率略低于矩形螺纹。用于传动，如机床丝杠等
矩形螺纹		牙形为正方形、传动效率高于其他螺纹，牙厚是牙距的一半、强度较低（相同螺距的比较），精确制造困难，对中精度低。用于传力螺纹，如千斤顶、小型压力机等
锯齿形螺纹		牙形角 $\alpha=33^\circ$。牙的工作面倾斜 3°，牙的非工作面倾斜 30°。传动效率及强度都比梯形螺纹高，外螺纹的牙底有相当大的圆角，以减少应力集中。螺纹副的大径处无间隙，对中性良好。用于单向受力的传动螺纹，如轧钢机的压下螺旋、螺旋压力机等

二、螺纹的基本参数

螺纹副由外螺纹和内螺纹相互旋合而成。现以普通圆柱螺纹（见图 10.2）为例说明螺纹的基本参数及几何尺寸。

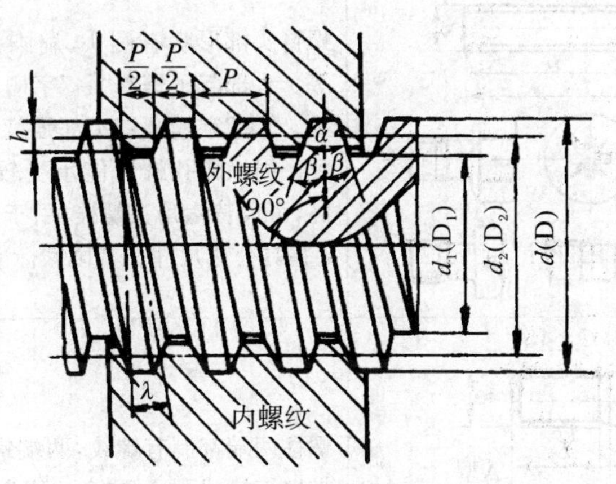

图 10.2　普通圆柱螺纹的主要参数

① 大径 d（或 D）。螺纹的最大直径，即与外螺纹牙顶或内螺纹牙底相切的假想圆柱的直径，在标准中定为公称直径。

② 小径 d_1（或 D_1）。螺纹的最小直径，即与外螺纹牙底或内螺纹牙顶相切的假想圆柱的直径。

③ 中径 d_2（或 D_2）。处于螺纹大径和小径之间的一个假像圆柱面的直径，在此圆柱面

的母线上螺纹的牙厚和牙间宽相等。$d_2 \approx (d_1 + d)/2$。中径是确定螺纹几何参数和配合性质的直径。

④ 螺距 P。螺纹相邻两牙上对应点之间的轴向距离。

⑤ 导程 S。同一螺旋线相邻两牙对应点间的轴向距离。单线螺纹，$S = P$。多线螺纹，$S = nP$，n是螺纹的线数。

⑥ 螺纹升角 λ。在中径圆柱上，螺旋线的切线与垂直于螺纹轴线的平面间的夹角，也称为导程角，计算公式为

$$\lambda = \arctan \frac{S}{\pi d_2} = \arctan \frac{nP}{\pi d_2}$$

⑦ 牙形角 α。螺纹牙形两侧边的夹角。

三、螺纹连接件

常用的螺纹连接件有螺栓、双头螺柱、螺钉、紧定螺钉、螺母、垫圈等。这些零件的结构形式和尺寸已经标准化，设计时可根据有关标准选用。常用螺纹连接件的结构特点及应用见表 10.2。

表 10.2 常用螺纹连接件的结构特点及应用

类型	参考图	结构特点及应用
六角头螺栓	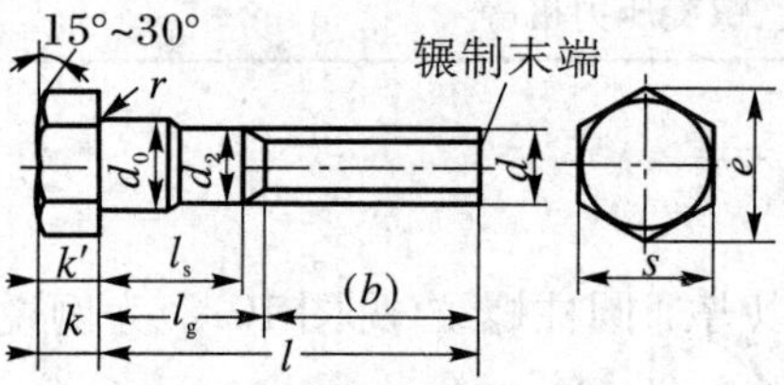 15°~30°, r, 辗制末端, d_0, d_2, d, e, s, k', l_s, k, l_g, (b), l	种类很多，应用最广，分为 A、B、C 三级，通用机械制造中多用 C 级(左图)。螺栓杆部可制出一段螺纹或全部螺纹，螺纹可用粗牙或细牙(A、B 级)，螺栓头有多种型式，六角头应用最广，d、l 是其公称尺寸。可作螺钉用。其国家标准代号为 GB/T 5780—86 等。
螺钉	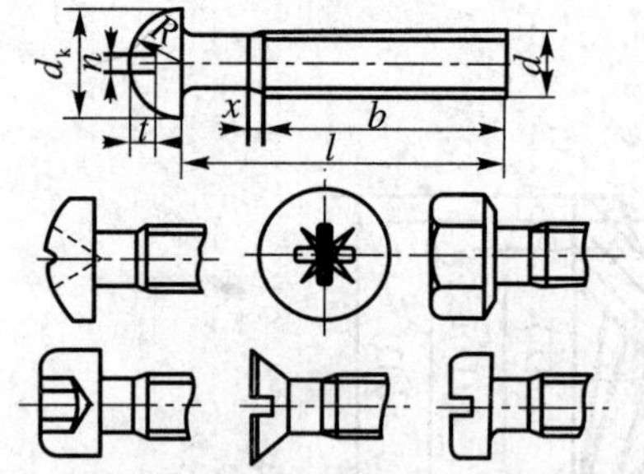 d_k, n, R, d, t, x, b, l	螺钉头部形状有圆头、扁圆头、六角头、圆柱头和沉头等。头部起子槽有“一”字槽、“十”字槽和内六角孔等形式。“十”字槽螺钉头部强度高、对中性好，便于自动装配。内六角孔螺钉能承受较大的扳手力矩，连接强度高，可代替六角头螺栓，用于要求结构紧凑的场合。d、l 是其公称尺寸。其国家标准代号为 GB/T 818—85 等
螺柱	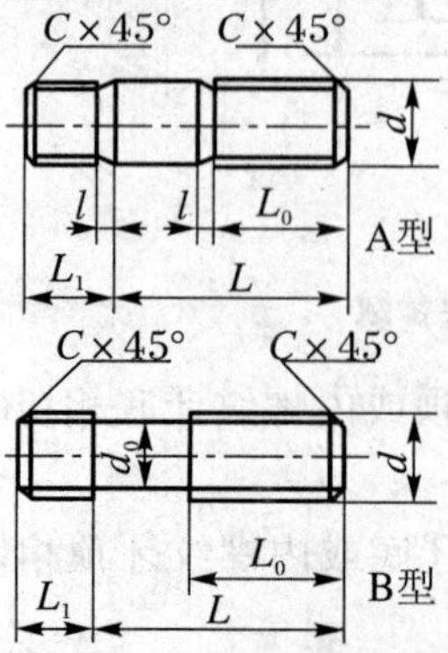 $C\times45°$, $C\times45°$, d, l, l, L_0, A型, L_1, L; $C\times45°$, $C\times45°$, d_0, d, L_0, B型, L_1, L	螺柱两端都制有螺纹，两端螺纹可相同或不同，螺柱可带退刀槽或制成腰杆，也可制成全螺纹的螺柱。螺柱的一端常用于旋入铸铁或有色金属的螺纹孔中，旋入后即不拆卸，另一端则用于安装螺母以固定其他零件。d、l 是其公称尺寸。其国家标准代号为 GB/T 897—88 等

续表

类型	参考图	结构特点及应用
紧定螺钉	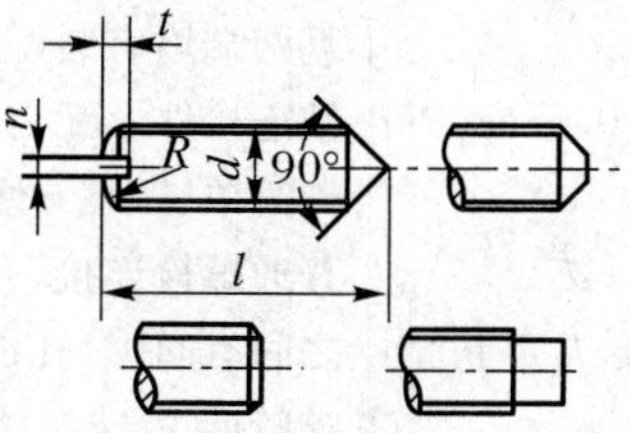	紧定螺钉的末端形状，常用的有锥端、平端和圆柱端。锥端适用于被紧定零件的表面硬度较低或不经常拆卸的场合；平端接触面积大，不伤零件表面，常用于顶紧硬度较大的平面或经常拆卸的场合；圆柱端压入轴上的凹坑中，适用于紧定空心轴上的零件位置。其国家标准代号为 GB/T 71—85 等
六角螺母	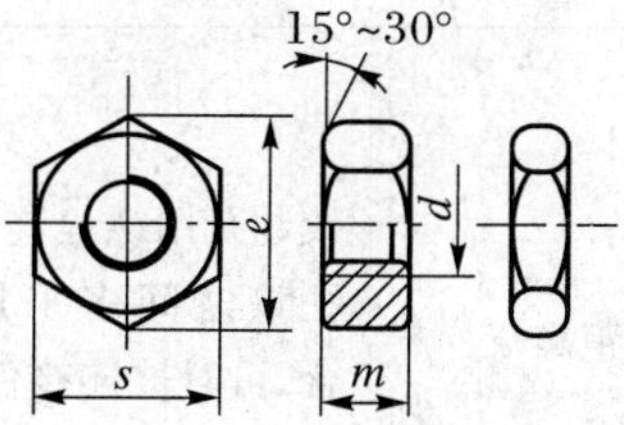	根据螺母厚度不同，分为标准的和薄的两种。标准螺母有 1、2 两型，2 型螺母较 1 型螺母约高 10%，力学性能等级略高。薄螺母常用于受剪力的螺栓上或空间尺寸受限制的场合。螺母的制造精度和螺栓相同，分为 A、B、C 三级，分别与相同级别的螺栓配用。d 是公称尺寸。其国家标准代号为 GB/T 6172—86 等
垫圈	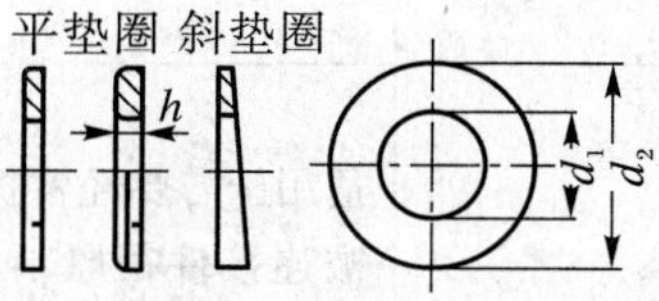 平垫圈 斜垫圈	垫圈是螺纹连接中不可缺少的附件，常放置在螺母和被连接件之间，起保护支承表面等作用。平垫圈按加工精度不同，分为 A 级和 C 级两种。用于同一螺纹直径的垫圈又分为特大、大、普通和小的 4 种规格。特大垫圈主要在铁木结构上使用。斜垫圈只用于倾斜的支承面上。配套的螺杆直径 d 是其公称尺寸。国家标准代号为 GB/T 848—85 等。
弹簧垫圈	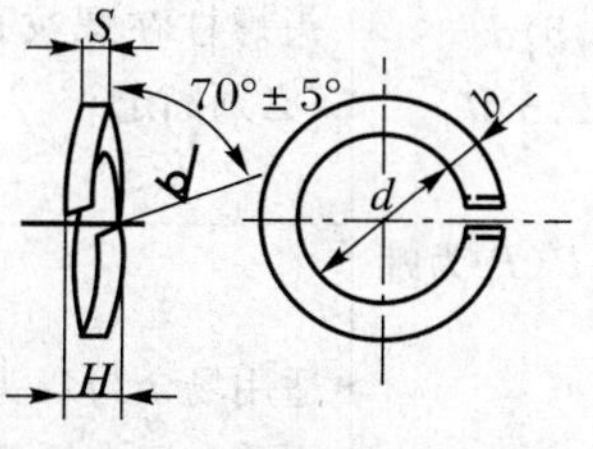	弹簧垫圈由高碳钢制成，放置在螺母与被连接件间，装配时被压平。除有垫圈作用外，还是防松元件。对于同一公称直径有轻型和标准型 2 种可供选择。配套的螺杆直径 d 是其公称尺寸。其国家标准代号为 GB/T 859—87 等

四、螺纹连接的类型

螺纹连接是利用带有螺纹的零件组成的可拆连接，用于连接两个或两个以上的被连接零件。螺纹连接的主要类型有螺栓连接、双头螺柱连接、螺钉连接和紧定螺钉连接 4 种。各类螺纹连接的结构形式、主要尺寸及应用特点见表 10.3。

五、螺纹连接的预紧和防松

（一）螺纹连接的预紧

绝大多数螺纹连接在装配时都必须拧紧，从而使连接在承受工作载荷前就事先受到预紧力的作用，称为预紧。预紧以后，被连接件受到压缩，螺纹连接件受到拉伸。需预紧的螺纹连接称为紧连接；少数螺纹连接不需预紧，称为松连接。

表 10.3 螺纹连接的主要类型

类型	结构示例	主要尺寸关系	特点和应用
螺栓连接	普通螺栓 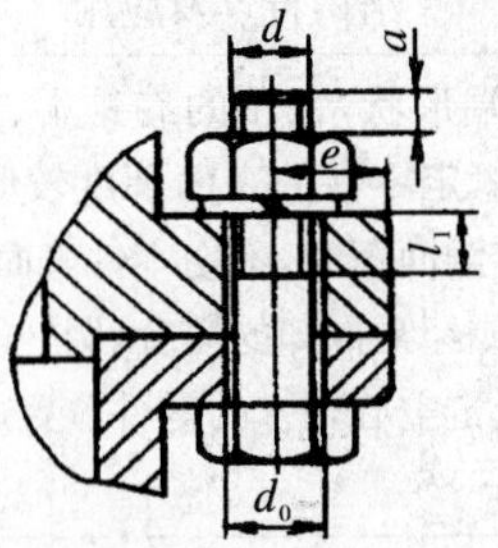	螺纹余留长度 l_1 普通螺栓连接: 静载荷 $l_1 \geqslant (0.3 \sim 0.5)d$ 变载荷 $l_1 \geqslant 0.75d$ 冲击、弯曲载荷 $l_1 \geqslant d$ 铰制孔用螺栓连接 l_3 尽可能小于螺纹伸出长度 a	主要适用于被连接件不太厚且两端均有装配空间的场合。被连接件上无需切制螺纹,结构简单、拆装方便,应用广泛。普通螺栓连接,孔壁和螺栓杆之间有间隙,孔的加工精度要求较低。
	铰孔用螺栓 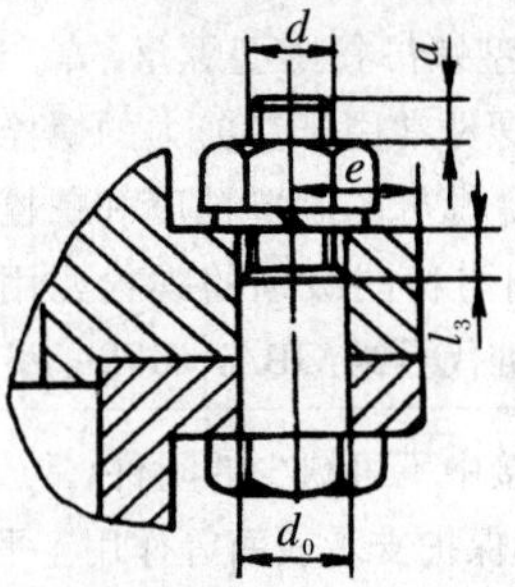	$a \approx (0.2 \sim 0.3)d$ 螺栓轴线到边缘的距离 e $e = d + (3 \sim 6)$ mm	铰制孔用螺栓连接,螺栓杆和孔壁之间多采用 H7/m6 配合,可对被连接件进行精确的定位
双头螺柱连接	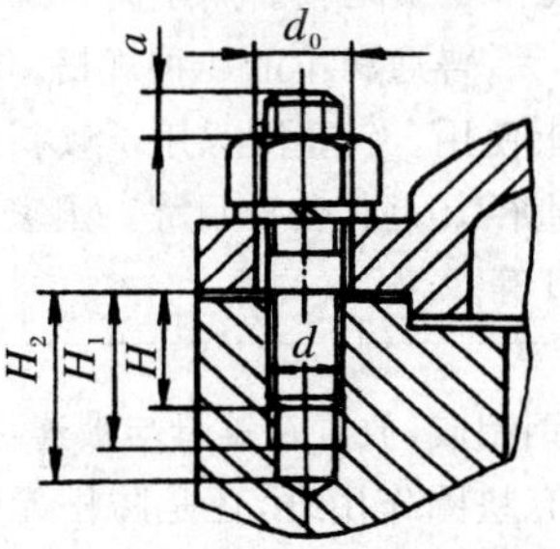	拧入被连接件深度 H 钢或青铜:$H \approx d$ 铸铁:$H \approx (1.25 \sim 1.5)d$ 铝合金:$H \approx (1.5 \sim 2.5)d$ 螺纹孔深度 H_1 $H_1 = H + (2 \sim 2.5)P$(P 为螺距) 钻孔深度 H_2 $H_2 = H + (0.5 \sim 1.0)d$ 其他同螺栓连接	适用于需要经常拆卸,而一个被连接件很厚不能采用螺栓接的场合。 当需要拆卸而拧松螺母时,双头螺柱在螺纹孔中不得转动(必须固定)
螺钉连接	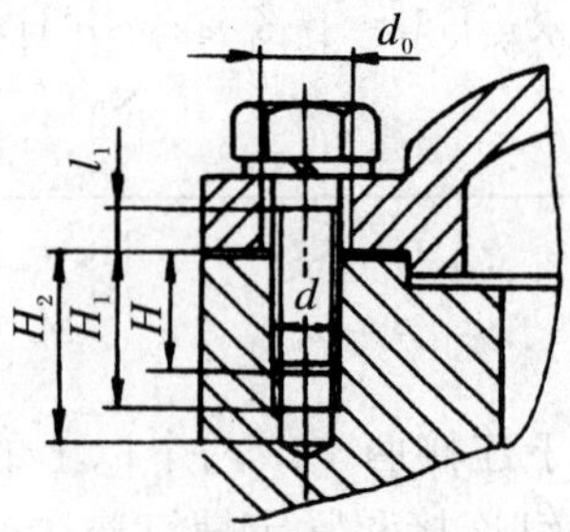		适用场合与双头螺柱相似,但不适合经常拆卸,否则会损坏被连接件的螺纹孔。 不需要螺母,重量轻,且外观较整齐
紧定螺钉连接	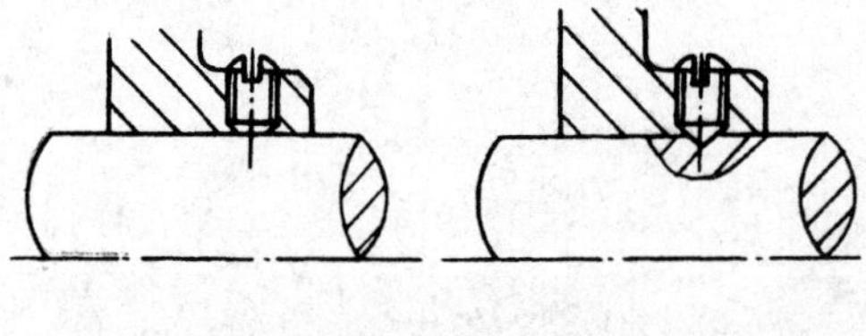		用螺钉的尾端直接顶住另外一个被连接件的表面或顶入凹坑中,用以固定两个被连接件的相互位置,可传递较小的力或转矩

预紧的目的是为了提高连接的可靠性、紧密型和防松能力。对于承受轴向工作拉力的

螺栓连接，能提高螺栓的疲劳强度；对于承受横向载荷的螺栓连接，有利于增大连接中的摩擦力。但过大的预紧力会导致整个连接的结构尺寸增大，也会增大在装配或偶然过载时拉断连接件的可能性。因此，既要保证连接时所需的预紧力，又不能使连接件过载，通常规定，螺纹连接件的预紧应力不得超过其材料屈服强度 σ_s 的 80%。预紧力的大小应根据载荷性质、连接刚度等具体工作条件经计算确定。

预紧力的大小取决于螺母的拧紧程度，亦即所施加的扳手力矩的大小。对于需要严格控制预紧力大小的场合，通常使用测力矩扳手（见图 10.3）和定力矩扳手（见图 10.4）。对大直径的连接，可采用测量螺栓伸长量的方法来控制预紧力。

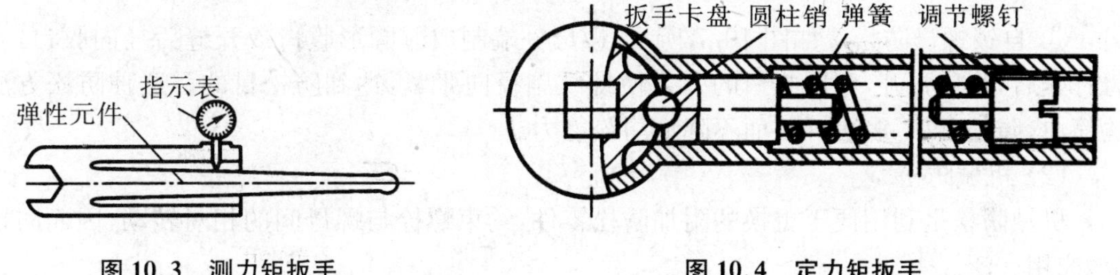

图 10.3　测力矩扳手　　**图 10.4　定力矩扳手**

（二）螺纹连接的防松

1. 螺纹连接防松的原因

连接中常用的单线普通螺纹和管螺纹都能满足自锁条件，且螺母和螺栓头部与被连接件支承面处的摩擦也能起防松作用，故在静载荷下，螺纹连接不会自动松脱。但在冲击、振动、变载荷、温度变化的情况下，螺纹副间的摩擦力可能减小或瞬时消失，这种现象多次重复就会使连接松脱，影响连接的牢固和紧密，甚至会引起严重事故。所以螺纹连接必须采取有效的防松措施。

2. 螺纹连接防松的措施

螺纹连接防松的实质是防止螺纹副的相对转动。防松的措施很多，按工作原理可分为摩擦力防松、机械防松和破坏螺纹副防松等 3 类。

(1) 摩擦力防松

这种防松方法是设法使螺纹副间产生附加的摩擦力，即使螺杆上的轴向外载荷减小，甚至消失，螺纹副间的正压力（附加摩擦力）依然存在。这种正压力可以通过螺纹副沿轴向或径向张紧来产生。

① 弹簧垫圈防松。如图 10.5 所示，它是靠拧紧螺母时，垫圈被压平后产生的弹性反力使螺纹副轴向张紧，从而达到防松目的。垫圈的斜口尖端顶住螺母及被连接件的支承面也有防松作用。这种方法结构简单、使用方便。但在冲击、振动很大的情况下，防松效果不是十分可靠，一般用于不太重要的连接。

② 双螺母防松。如图 10.6 所示，两个螺母对顶拧紧，螺杆旋合段受拉而螺母受压，使螺纹副轴向张紧，从而达到防松目的。这种防松方法用于平稳、低速和重载的连接。其缺点是在载荷剧烈变化时不是十分可靠，而且螺杆增长，螺母增多，结构尺寸变大。

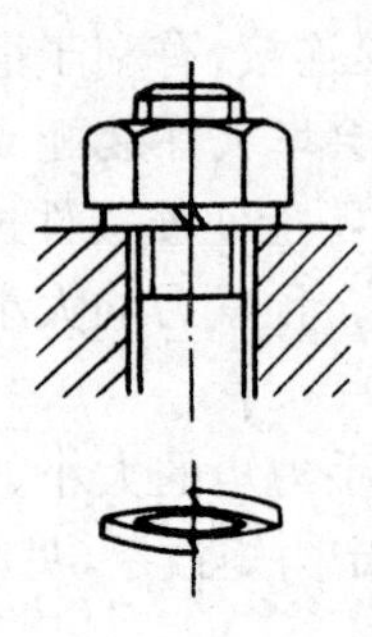

图 10.5 弹簧垫圈防松

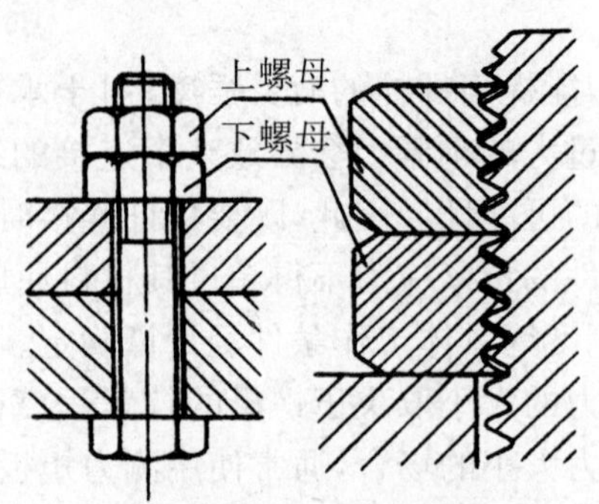

图 10.6 双螺母防松

③ 自锁螺母防松。如图 10.7 所示，螺母一端制成非圆形收口或开缝后径向收口，当螺母拧紧后，收口张开，利用收口的弹力使螺纹副径向张紧，达到防松目的。这种防松方法结构简单，防松可靠，多次拆装而不降低防松能力。

(2) 机械防松

机械防松是利用便于更换的附加防松零件，约束螺栓与螺母间的相对转动，因而防松可靠，应用广泛。

① 开口销防松。如图 10.8 所示，螺母拧紧后，把开口销插入螺母槽与螺栓尾部孔内，并将开口销尾部扳开，阻止了螺母与螺栓间的相对转动。此方法防松可靠，但安装困难，且不经济，故只用于冲击、振动较大的重要连接。

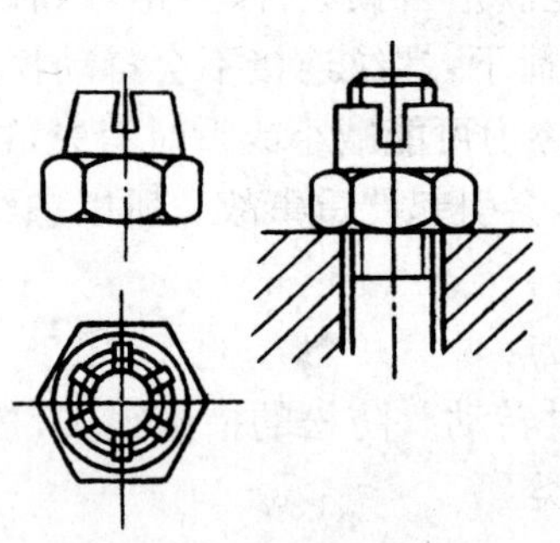

图 10.7 自锁螺母防松

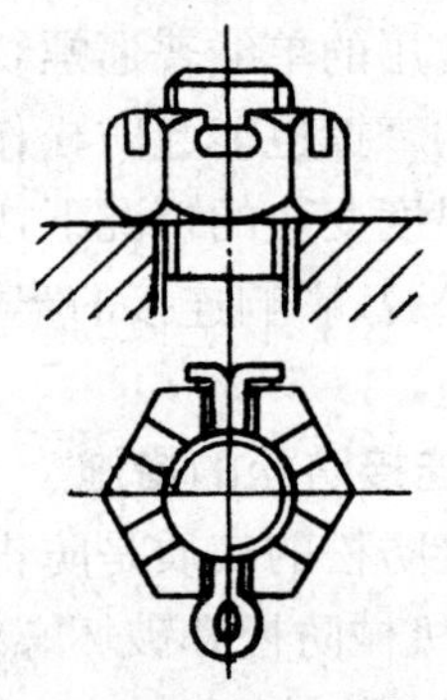

图 10.8 开口销防松

② 止动垫圈防松。如图 10.9(a)所示为圆螺母用止动垫圈，安装时把内舍插入轴上预制的槽中，并把外舌之一弯入圆螺母的缺口中，此方法防松可靠，适用于轴上螺纹的防松。如图 10.9(b)所示为双耳式止动垫圈，垫圈的一边弯起贴在螺母的侧面上，另一边弯起贴在被连接件的侧壁上，以防止螺母松脱。

③ 串连钢丝防松。如图 10.10 所示，将钢丝穿入各螺钉头部的孔内，使其相互制约，达到防松的目的。此方法防松可靠，但装拆不便，特别要注意钢丝的穿绕方向[图 10.10(a)是正确的，图(b)是错误的]，仅适用于螺钉组的连接。

(3) 破坏螺纹副防松

如果连接不需拆开，可以把螺纹副转化为非运动副，通过破坏螺纹副的相对运动关系来达到防松目的，如图 10.11 所示。

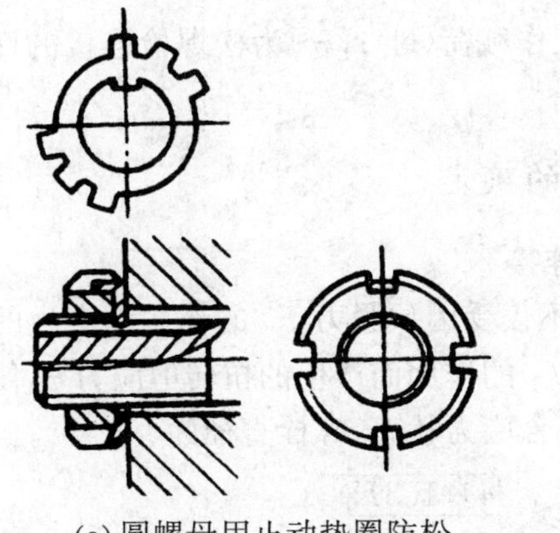

(a) 圆螺母用止动垫圈防松

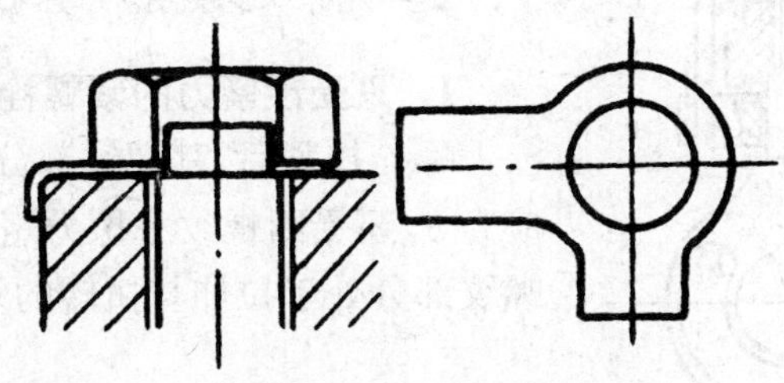

(b) 双耳式止动垫圈防松

图 10.9　止动垫圈防松

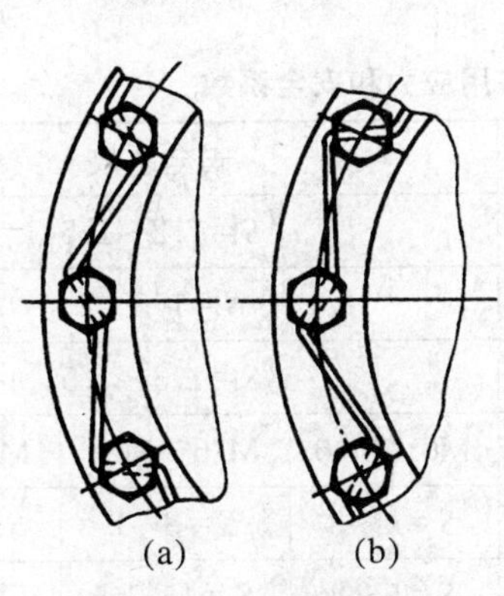

(a)　(b)

图 10.10　串连钢丝防松

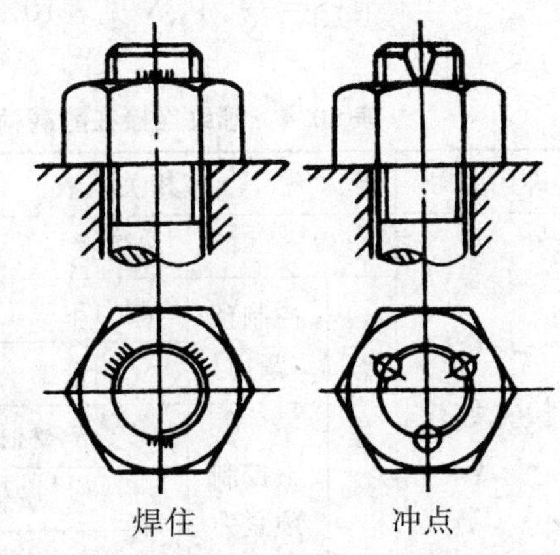

焊住　冲点

图 10.11　破坏螺纹副防松

① 冲点法。螺母拧紧后，利用冲头在螺栓尾部与螺母旋合的末端冲 2～3 点，这种方法防松可靠。

② 焊接法。将螺母与螺栓焊接在一起，防松可靠，不能拆卸。

③ 黏结法。用黏合剂涂于螺纹旋合表面，拧紧螺母待黏合剂固化，即将螺栓与螺母黏在一起。这种方法简单有效，但时间长以后防松能力下降，须拆开重新涂胶装配。

六、螺栓直径的确定

螺栓连接除了预紧力的作用外，还可能受轴向外力和横向外力的作用，在选择螺栓连接件时，首先要确定螺栓直径，螺栓的其他部分和螺母、垫圈的结构尺寸，根据等强度条件及使用经验规定，通常都不需要进行计算，可按螺纹的公称直径直接从标准中查找或选定。

（一）松连接螺栓直径的确定

松连接在装配时不需要把螺母拧紧，在承受工作载荷之前螺栓并不受力，如图 10.12 所示吊钩尾部的螺纹连接就是松连接的一个实例。但吊钩起吊重物时，螺栓所受到的工作拉力就是工作载荷 F，螺栓直径为

$$d_1 \geqslant \sqrt{\frac{4F}{\pi[\sigma]}}$$

式中，d_1 为螺纹小径(mm)；F 为螺栓承受的轴向工作载荷(N)；$[\sigma]$为松螺栓连接的许用应力(MPa)。

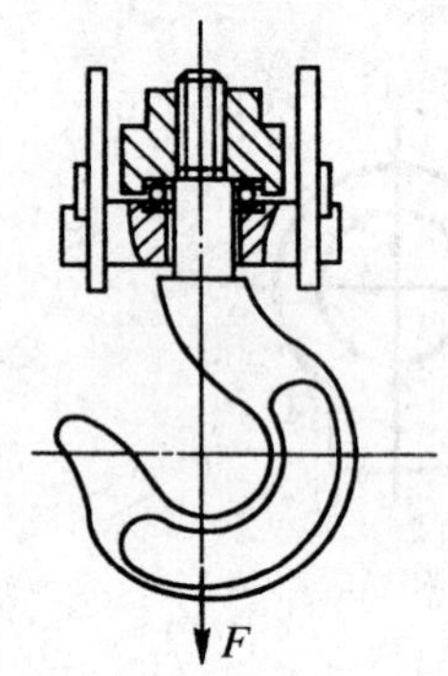

图 10.12　起重吊钩

(二) 紧连接螺栓直径的确定

1. 只受预紧力的紧螺栓连接

螺栓拧紧后，其螺纹部分不仅受因预紧力 F_0 的作用而产生的拉伸应力 σ，还受因螺纹摩擦力矩 T_1 的作用而产生的扭转剪应力 τ，使螺栓螺纹部分处于拉伸与扭转的复合应力状态，螺栓直径为

$$d_1 \geqslant \sqrt{\frac{4\times 1.3F_0}{\pi[\sigma]}}$$

式中，F_0 为预紧力(N)；$[\sigma]$为紧连接螺栓的许用拉应力(MPa)，$[\sigma]=\dfrac{\sigma_s}{S}$，$\sigma_s$、$S$ 见表10.4。

表 10.4　螺纹连接在静载荷作用下的许用应力和安全系数

<table>
<tr><th>类型</th><th>许用应力</th><th colspan="3">相关因数</th><th colspan="3">安全系数</th></tr>
<tr><td rowspan="6">普通螺栓连接</td><td rowspan="6">$[\sigma]=\dfrac{\sigma_s}{s}$</td><td colspan="3">松连接</td><td colspan="3">$S=1.2\sim1.5$</td></tr>
<tr><td rowspan="5">紧连接</td><td rowspan="2">控制预紧力</td><td>测力矩或定力矩扳手</td><td colspan="3">$S=1.6\sim2$</td></tr>
<tr><td>测量螺栓伸长量</td><td colspan="3">$S=1.3\sim1.5$</td></tr>
<tr><td rowspan="3">不控制预紧力</td><td>材料</td><td>M6～M16</td><td>M16～M32</td><td>M30～M60</td></tr>
<tr><td>碳钢</td><td>$S=4\sim3$</td><td>$S=3\sim2$</td><td>$S=2\sim1.3$</td></tr>
<tr><td>合金钢</td><td>$S=5\sim4$</td><td>$S=4\sim2.5$</td><td>$S=2.5$</td></tr>
</table>

2. 承受横向外载荷的紧螺栓连接

如图 10.13 所示为普通螺栓连接，被连接件承受垂直于螺栓轴线的横向载荷 F_r。由于处于拧紧状态，螺栓受预紧力 F_0 的作用，被连接件受到压力，在接合面之间就产生摩擦力 fF_0（f 为接合面间的摩擦系数）。考虑到连接不发生滑动、连接的可靠性以及接合面的数目，则

$$F_0 \geqslant \frac{K_f \cdot F_r}{f \cdot m}$$

图 10.13　受横向外载荷的普通螺栓连接

式中，F_r 为横向外载荷(N)；f 为接合面间的摩擦系数；m 为接合面的数目；K_f 为可靠性系数。

若取 $f=0.15$、$K_f=1.1$、$m=1$，可得

$$F_0 \geqslant \frac{1.1F_r}{0.15\times 1} \approx 7F_r$$

从上式可见，当承受横向外载荷 F_r 时，要使连接不发生滑动，螺栓上要承受 7 倍于横向外载荷的预紧力，由此确定的螺栓结构笨重、尺寸大、不经济，尤其在冲击、振动载荷的作用

下连接更为不可靠，因此应设法避免这种结构，采用新结构。

3．承受轴向静载荷的紧螺栓连接

如图10.14所示，在要求紧密性较好的压力容器的螺栓连接中，工作载荷作用前，螺栓只受预紧力 F_0 的作用，工作时又受到轴向工作载荷 F 的作用。被连接件的接合面原来受到的压力为 F_0，工作时，接合面在外力 F 的作用下，压力由 F_0 减小至 F_1。F_1 称为残余预紧力。螺栓受力由 F_0 增至 F_2，则 $F_2=F+F_1$。

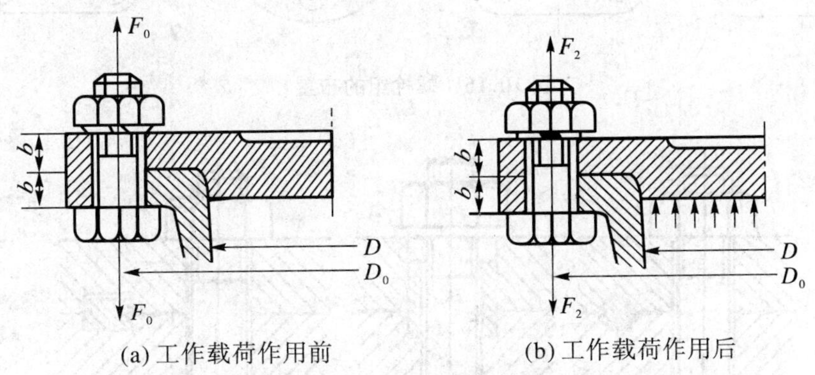

(a) 工作载荷作用前　　(b) 工作载荷作用后

图10.14　受轴向载荷的紧螺栓连接

为保证连接的紧固性与紧密性，残余预紧力 F_1 应大于零，否则连接将失效。表10.5为残余预紧力的推荐值。

表10.5　残余预紧力的推荐值

连接性质		残余预紧力 F_1 的推荐值	连接性质	残余预紧力 F_1 的推荐值
紧固连接	外力 F 无变化	$(0.2\sim0.6)F$	紧密连接	$(1.5\sim1.8)F$
	外力 F 有变化	$(0.6\sim1.0)F$	地脚螺栓连接	$\geqslant F$

由此可得螺栓直径为

$$d_1\geqslant\sqrt{\frac{5.2F_2}{\pi[\sigma]}}$$

七、螺栓组连接的结构设计

工程实际中，螺栓连接常成组使用，组成螺栓组连接。螺栓组连接的结构设计主要是考虑受力情况、装配因素等方面的影响后选择合适的连接接合面的几何形状和螺栓的布置形式、螺栓的公称直径。设计时应综合考虑以下几个方面：

① 接合面应尽量设计成轴对称的几何形状(见图10.15)，尽量对称布置螺栓，使螺栓组的几何中心与接合面的形心重合。这样便于加工和装配，接合面受力也比较均匀。

② 当螺栓连接承受弯矩和扭矩时，应将螺栓尽可能地布置在靠近接合面边缘，以减少螺栓中的载荷。如果普通螺栓连接受到较大的横向载荷，则可用套筒、键、销等零件来分担横向载荷，以减小螺栓的预紧力和结构尺寸。如图10.16所示。

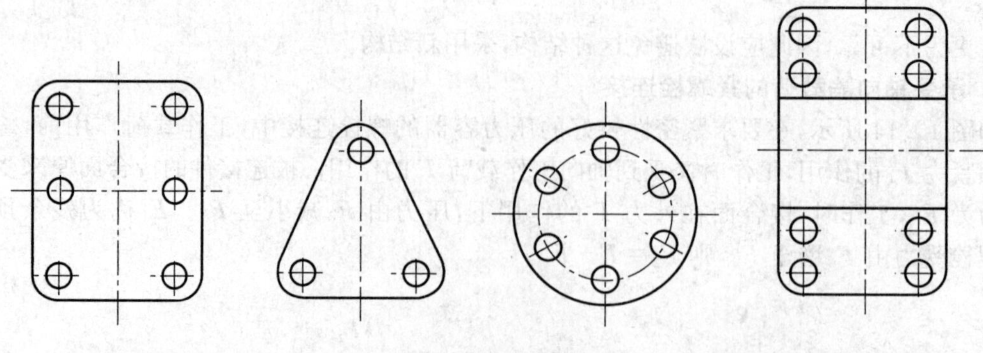

图 10.15 螺栓组的布置

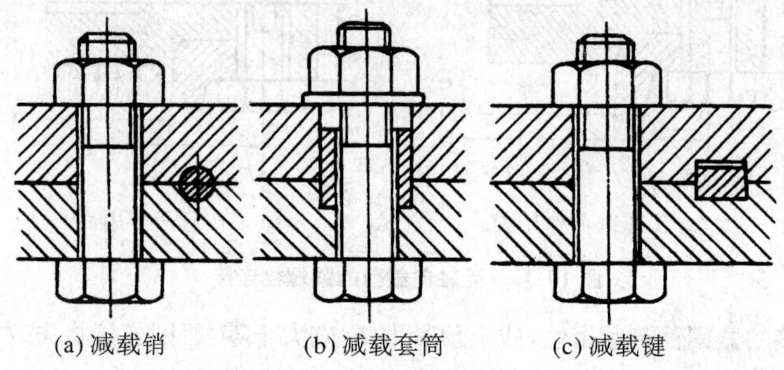

图 10.16 受横向载荷的减载装置

③ 螺纹连接的数目尽量取偶数，以便于分度划线。

④ 螺栓布置要有合理的距离。在布置螺栓时，螺栓中心线与机体壁之间、螺栓与螺栓之间的相互距离，要根据扳手活动所需的空间大小来确定。如图 10.17 所示。扳手空间的尺寸可查有关手册。

⑤ 为了安装方便，同一组螺栓中不论其受力大小，均采用同样的材料和尺寸。

⑥ 避免承受附加弯曲应力。引起附加弯曲应力的因素很多，除因制造、安装上的误差及被连接件的变形等因素外，螺栓、螺母支承面不平或倾斜，都可能引起附加弯曲应力。为此，采用斜垫圈[见图 10.18(a)]、球面垫圈[见图 10.18(b)]、凸台[见图 10.18(c)]、凹坑[见图 10.18(d)]等结构。

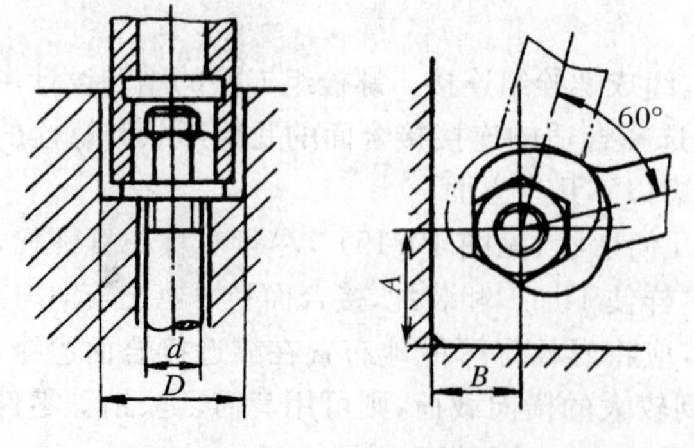

图 10.17 扳手空间

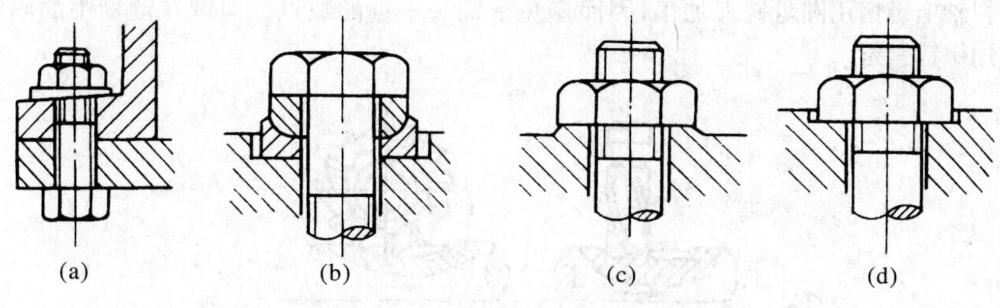

图 10.18 避免附加弯曲应力的结构

第二节 键连接和销连接

一、键连接

键连接通常用来实现轴与轮毂之间的周向固定，以传递转矩，有的还能实现轴上零件的轴向固定和轴向移动。键连接具有结构简单、连接可靠、装拆方便和成本低廉等优点。

（一）平键连接

如图 10.19(a)所示，平键的两侧面是工作面，上面与轮毂槽底面间留有间隙，工作时靠键与键槽的挤压来传递转矩。平键连接除具有键连接的优点外，还具有结构紧凑、对中性较好等优点，因而得到广泛应用。但这种连接对轴上零件不能进行轴向固定。按用途不同，平键分为普通平键、导向平键和滑键 3 种。

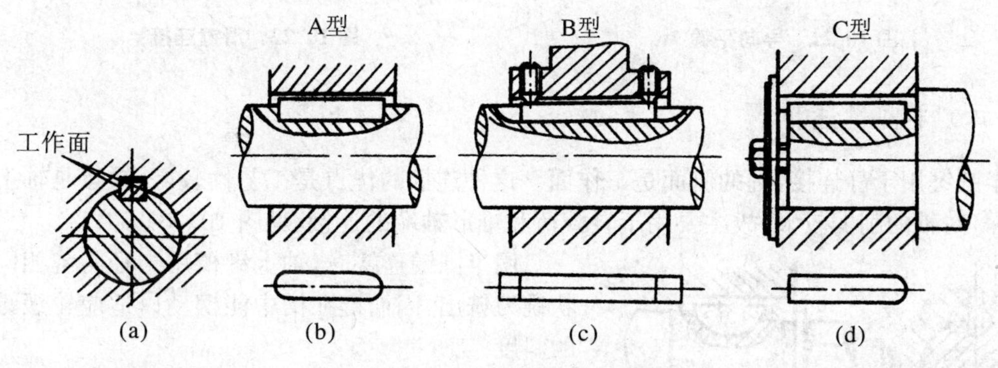

图 10.19 普通平键连接

1. 普通平键连接

普通平键用于轴毂间无相对轴向移动的静连接。按端部形状不同分为 A 型(圆头)、B 型(平头) 和 C 形(单圆头)3 种。A 型和 B 型键用在轴的中部，C 型键用在轴端，见图 10.19 (b)、(c)、(d)。

如图 10.20 所示，使用圆头平键时，轴上键槽是用指状铣刀加工的，键放置于与之形状相同的键槽中，因此键的轴向固定好，应用最广泛，但键槽对轴的应力集中较大。使用方头平键时，轴上键槽用圆盘铣刀加工，因而避免了圆头平键的缺点。但键在键槽中的固定不好，常用螺钉紧定。

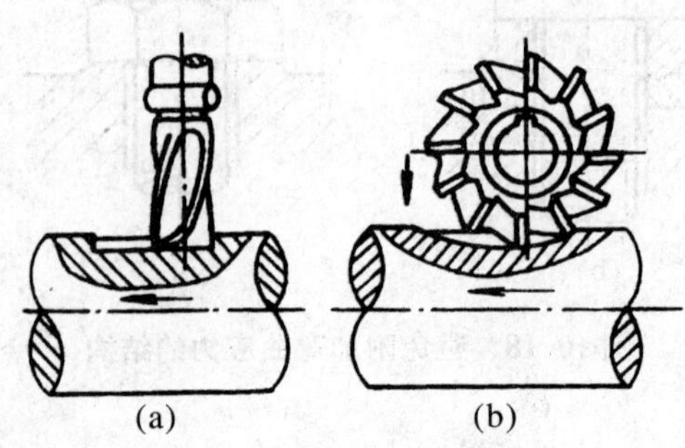

图 10.20　键槽加工

2．导向平键连接

导向平键连接(见图 10.21)用于轴上零件轴向移动量不大的动连接。它是加长的普通平键，用螺钉固定在轴上的键槽中。为装拆方便，在键中部制有起键螺孔。

3．滑键连接

滑键连接(见图 10.22)固定在轮毂上，与轮毂一起可沿轴上键槽滑移。适用于轮毂沿轴向移动量较大的动连接。

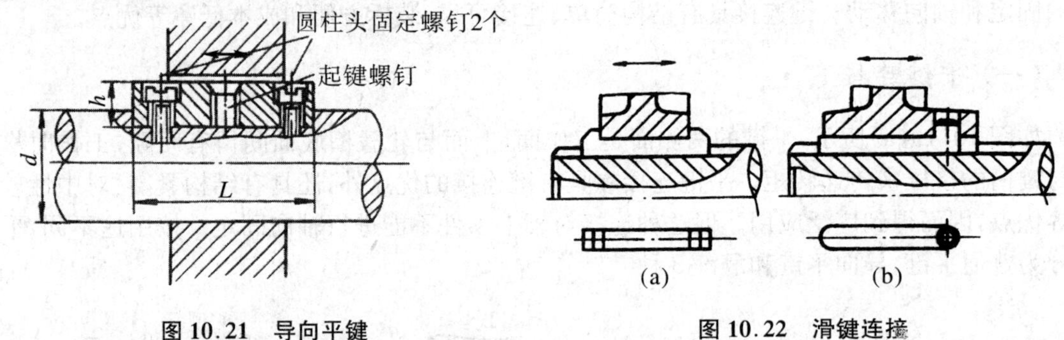

图 10.21　导向平键　　**图 10.22　滑键连接**

(二) 半圆键连接

半圆键用于静连接，键的侧面是工作面。这种连接的优点是工艺性较好，缺点是轴上键槽较深，对轴的削弱较大，故主要用于轻载荷和锥形轴端的连接(见图 10.23)。

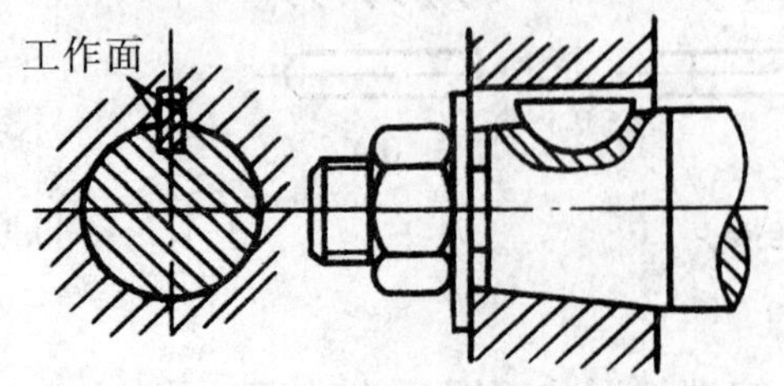

图 10.23　半圆键连接

用半圆键连接时，轴上键槽用半径与键相同盘状铣刀铣出，因而键在槽中能摆动以适应轮毂键槽的斜度。

(三) 楔键连接

楔键连接只用于静连接，楔键的上表面和轮毂槽底面均具有 1 : 100 的斜度。装配后，键的上、下表面与毂和轴上键槽的底面压紧，因此键的上、下表面为工作面(见图10.24)。工作时,依靠键、轮毂、轴之间的摩擦力传递转矩,也可以承受单方向的轴向力。由于装配楔紧时破坏了轴与轮毂的对中性,因此主要用于定心精度要求不高、载荷平稳、速度较低的场合,比如某些农业、建筑机械等。

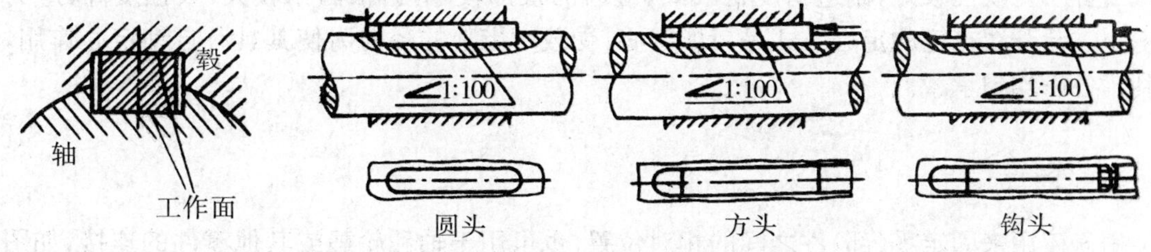

图10.24 楔键连接

楔键分为普通楔键和钩头楔键。普通楔键分为圆头和方头两类。钩头楔键便于拆装,用在轴端时,为了安全,应加防护罩。

(四)切向键连接

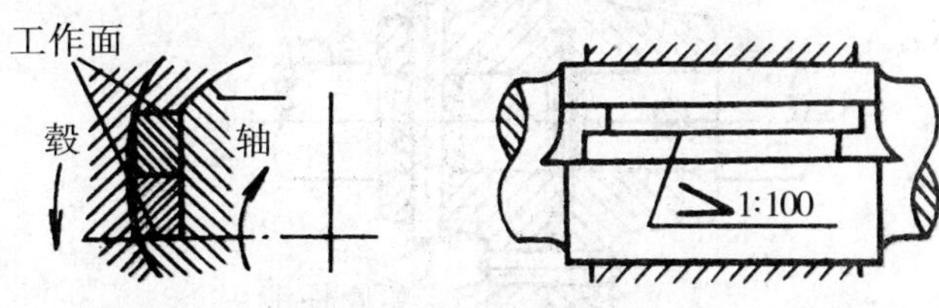

图10.25 切向键连接

切向键连接只能用于静连接。切向键的连接结构如图10.25所示,由两个普通的楔键组成。装配时,把两个键从轮毂的两端打入并楔紧,因此会影响到轴与轮毂的对中性。工作时,靠工作面的挤压和轴与轮毂间的摩擦力传递较大的转矩,但只能传递单向转矩。当要传递双向转矩时,需两组切向键,并应错开120°～180°布置。

(五)花键连接

花键连接是由轴向均布多个键齿的花键轴和多个键槽的花键毂构成的连接。其工作面是均布多齿的齿侧面,承载能力高、对中性好、导向性好、应力集中小。但加工需要专用设备,精度要求高,成本较高。花键已标准化,按其剖面齿形分为矩形花键和渐开线花键2个大类。

1. 矩形花键

矩形花键的主要尺寸参数有大径 D,小径 d,见图10.26。按齿高的不同,矩形花键的齿形尺寸在标准中规定为轻系列和中系列。轻系列的承载能力较小,多用于静连接或轻载连接,中系列用于中等载荷的连接。

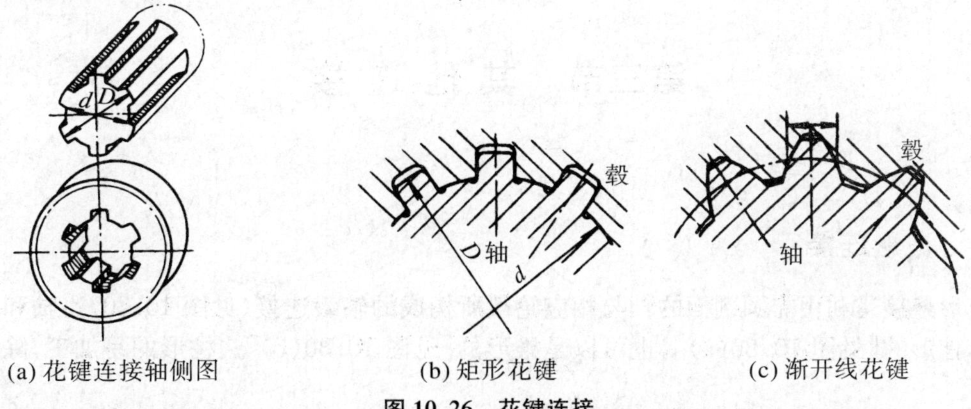

(a) 花键连接轴侧图　(b) 矩形花键　(c) 渐开线花键

图10.26 花键连接

矩形花键的定心方式为小径定心，即外花键和内花键的小径处为配合面。其特点是定心精度高，加工方便，内、外花键的配合面均能用磨削的办法消除热处理引起的变形，故应用广泛。

2. 渐开线花键

渐开线花键的齿侧廓线是压力角等于30°或45°的渐开线。其特点是加工方法与齿轮相同，工艺性、互换性较好，制造精度也较高；键齿的根部较厚，齿根圆角较大，故强度高，应力集中小。渐开线花键的定心方式是齿形定心，受载时齿上的径向力使其具有自动定心作用，有利于各齿均匀承载。

二、销连接

销连接用来固定零(部)件之间的相对位置，也可用于轴和轮毂或其他零件的连接，如图10.27所示，传递不大的转矩；有时还用作安全装置中的过载剪断零件，如图10.28所示。

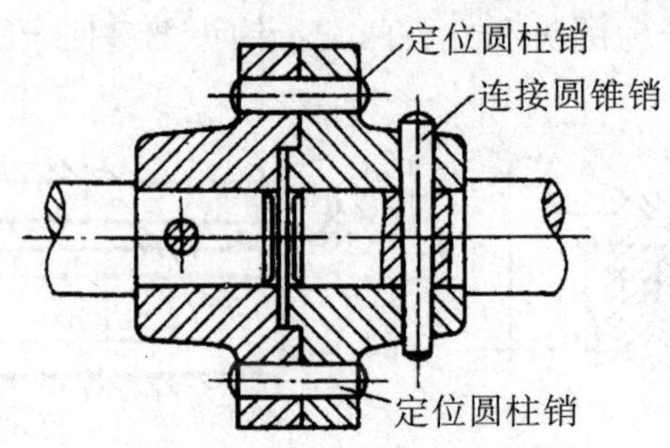

图10.27 定位销和连接销

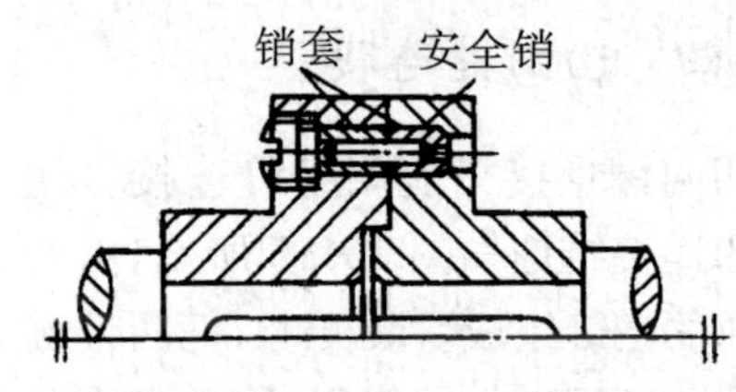

图10.28 安全销

常用的销连接有圆柱销、圆锥销和异型销3类。这些销都有国家标准，使用时可根据工作要求选用。定位销一般不承受载荷或只承受很小载荷，其直径按结构确定，平面定位时其数目不得少于2个。连接销能承受较小载荷，常用于轻载或非动力传输结构。安全销的直径应按销的抗剪强度计算，当过载20%～30%时即应被剪断。

圆柱销与销孔为过盈或过渡配合，经常拆装会影响装配精度。圆锥销和销孔均有1∶50的锥度，定位精度高，自锁性好，多用于经常拆装处。圆柱销和圆锥销的销孔均需铰制加工、配制。异型销种类较多，常用种类如开口销如图10.29(a)和图10.29(b)所示，它具有工作可靠、拆卸方便等特点，在此起到防止槽形螺母松脱的作用。

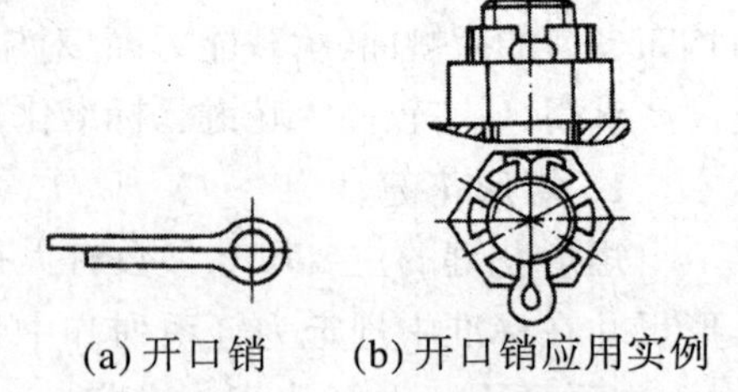

(a) 开口销 (b) 开口销应用实例

图10.29 开口销及其应用

第三节 其他连接

一、成形连接

成形连接是利用非圆剖面的轴与相应轮毂所构成的轴毂连接(见图10.30)。轴和毂孔可以是柱形的[见图10.30(a)]，也可以是锥形的[见图10.30(b)]。柱形的易加工，除静连接外，还可以用于不在载荷作用下移动的动连接；锥形的装拆容易，还能承受单方向的轴向力，但加工困难。

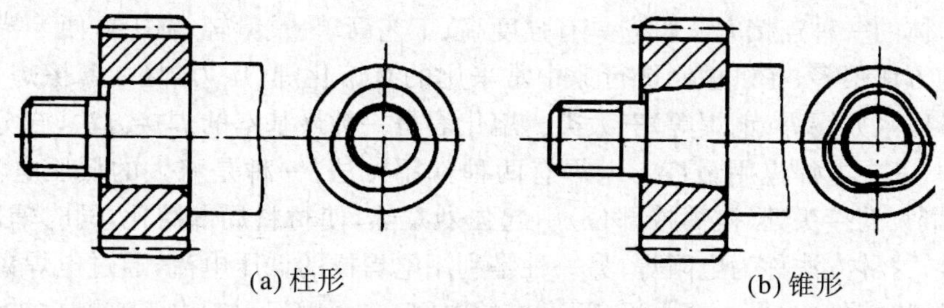

图 10.30 成形连接

这种连接没有应力集中源，定心性好，承载能力强，装拆方便，但加工比较复杂，因此目前应用并不普遍。方形、六方形及切边圆形容易加工，但定心性差。

二、过盈配合连接

过盈配合连接是利用材料的弹性变形，把具有一定配合过盈量的轴和孔套装起来的连接(见图 10.31)。由于轴和毂孔配合面间存在过盈，从而产生径向压力，工作时靠径向压力产生的摩擦力传递转矩和轴向力。这种连接结构简单、对中性好、承载能力大、耐冲击性好。缺点是对配合面的加工精度要求较高，装拆不便。因此常用于受冲击载荷的轴毂连接。

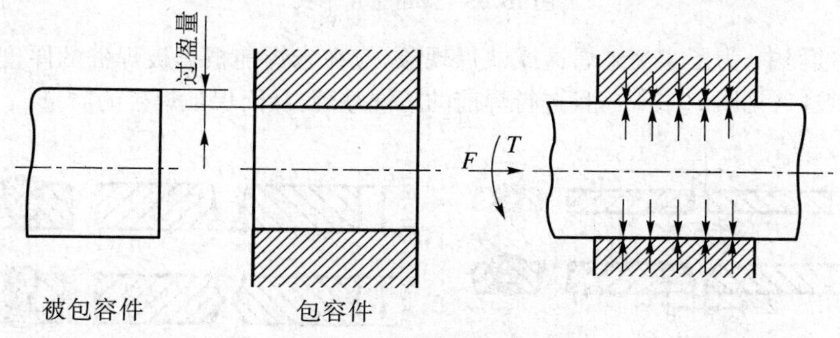

图 10.31 过盈配合连接

过盈配合连接的配合面多为圆柱面，也可用圆锥面。圆柱面过盈配合连接的装配可采用压入法和温差法。用压入法装配不可避免地会使被连接零件的配合表面受到擦伤，从而降低连接的紧固性，故压入法一般只适用于配合尺寸和过盈量都较小的连接。用温差法装配，被连接零件的配合表面不会引起损伤，所以常用于要求配合质量高和配合尺寸与过盈量都较大的连接。圆锥面过盈配合连接通常靠拧紧螺母使配合面相互压紧(见图 10.32)，多用于轴端，装拆方便。

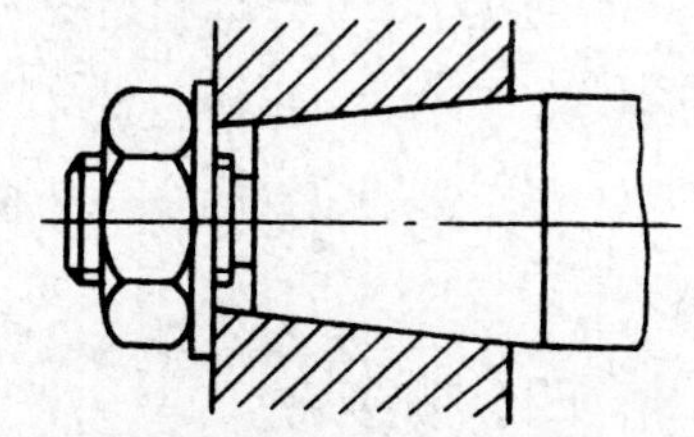
图 10.32 圆锥面过盈配合连接

三、焊接

焊接是利用局部加热(或局部加热、加压)的方法,使两个金属元件在接头处的材料熔融连接成一体的一种连接方法。它具有强度高、工艺简单、重量轻、施工方便等特点。

焊接的方法很多,在机械制造行业中常采用的有熔化焊、压力焊(如摩擦焊、电阻焊、爆炸焊等)和钎焊(如锡焊、铜焊等)三大类。熔化焊是一种最基本的焊接方法,它分为电焊、气焊与电渣焊,其中电焊应用最广。电焊有两种常用方法:一种是将大的低压电流通过被焊件,在电阻最大的接头处(被焊接部位)引起强烈发热,使材料局部熔化,同时辅以机械加压而形成连接,这种方法称为电阻焊;另一种是利用电焊机的低压电流,通过电焊条(为一个电极)与两个被连接件(为另一个电极)间形成的电路,在两极间引起电弧来熔融被焊接部分的金属和焊条,从而形成连接,这种方法称为电弧焊。

根据两被焊接件接头形式有对接焊缝[见图 10.33(a)]、搭接角焊缝[见图 10.33(b)]、正接角焊缝[见图 10.33(c)]。

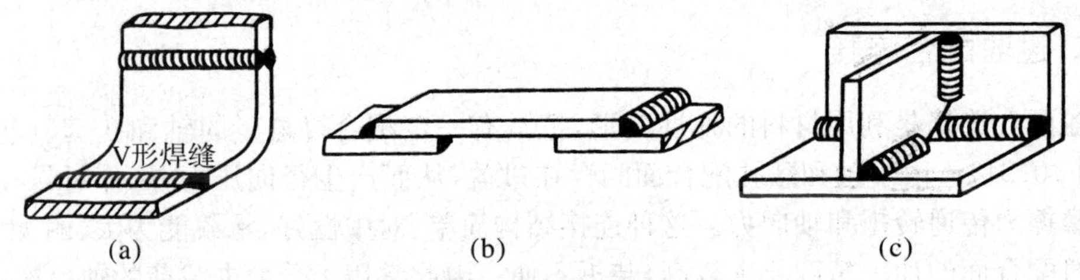

图 10.33 焊缝常用形式

在焊接过程中,为了避免未焊透或缺焊现象,应在未焊前根据被焊件的厚度,在焊缝处制出不同的坡口(见图 10.34),且进行焊前的清洗整理,从而保证焊接的质量。

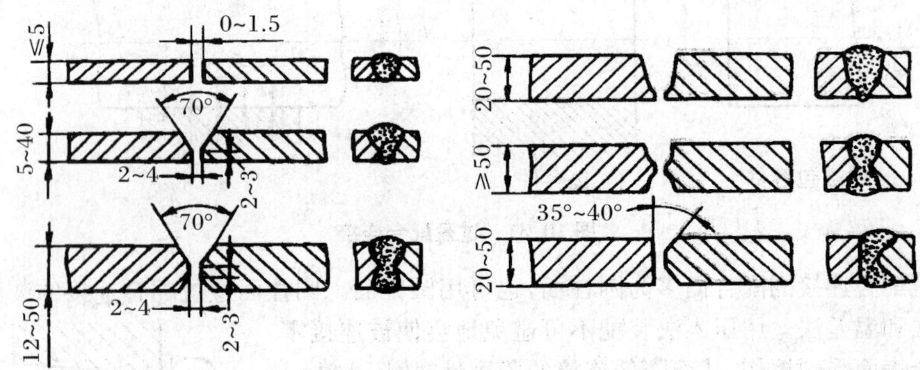

图 10.34 坡口形式及其适用焊接件厚度

四、铆接

将铆钉穿过被连接件(通常为板材或型材)的预制孔中铆合而成的连接方式,称为铆钉连接,简称铆接。铆钉有空心的和实心的两大类。实心的多用于受力大的较厚零件的连接;空心的用于受力较小的薄板和非金属零件的连接。铆钉有多种类型,并已标准化。铆钉材料要求具有良好的塑性和不可淬性，常用的材料有Q215、Q235、10、15钢等低碳钢及低碳合金钢或铜合金等。

铆缝的结构形式很多。按接头的形式，如图10.35所示的搭接缝、单盖板对接缝和双盖板对接缝；按铆钉排数，有单排、双排与多排之分。如按铆缝性能的不同，又可分为3种：以强度为基本要求的铆缝称为强固铆缝，如飞机蒙皮与框架、起重设备的机架、建筑物的脚手架等结构用的铆缝；以足够强度和良好紧密性为要求的铆缝称为强密铆缝，如蒸汽锅炉、压缩空气储存器等压力器皿的铆缝；仅以紧密性为基本要求的铆缝称为紧密铆缝，如低压管道。铆钉的铆合可分为冷铆和热铆。

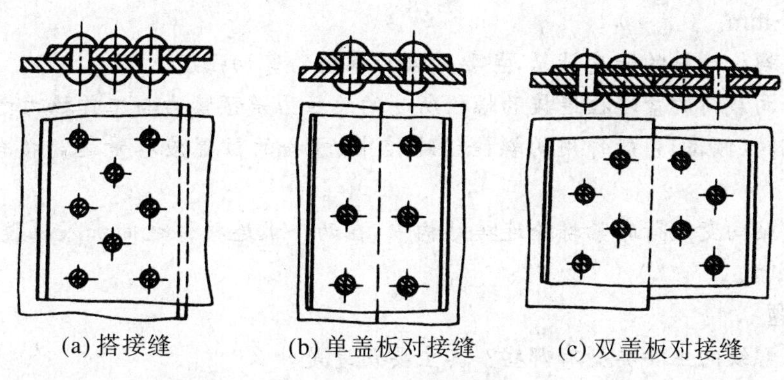

(a) 搭接缝　(b) 单盖板对接缝　(c) 双盖板对接缝

图10.35　铆接接头形式

铆接具有工艺设备简单、抗震、耐冲击和牢固可靠等优点。但结构一般较为笨重，被连接件(或被铆件)上由于制有钉孔，使强度受到较大的削弱，铆接时一般噪声很大，影响工人健康。

目前，在薄板连接中应用抽心铆钉连接(见图10.36)，由铆钉钉体(钉套)和钉心(心杆)组成。铆接时用拉铆枪拉紧心杆，使其底端圆头挤入钉套，钉套和钉孔形成轻度过盈配合，铆好后心杆将自动被拉断，抽心铆钉可在单面进行铆接作业，装配方便。

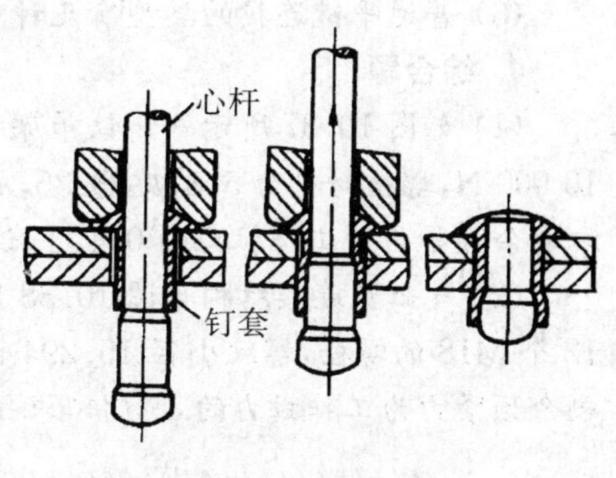

图10.36　抽心铆钉连接

铆接在桥梁、建筑、造船、重型机械、飞机制造、家具、仪表箱柜等工业部门中采用。

复习思考题

1. 选择题

(1) 常见的连接螺纹是________。

A. 左旋单线　B. 右旋双线　C. 右旋单线　D. 左旋双线

(2) 平键工作以________为工作面。

A. 顶面　B. 侧面　C. 底面　D. 都不是

(3) 用作调节或阻塞的螺纹，应采用________。

A. 三角形粗牙螺纹　B. 矩形螺纹

C. 锯齿形螺纹　　　　D. 三角形细牙螺纹

(4) 机器的零部件在装拆时，不得损坏任何部分。而且经几次装拆仍能保持该机器性能的连接叫________。

A. 可拆连接　　B. 不可拆连接　　C. 焊接　　D. 以上均不是

(5) 楔键连接对轴上零件能周向固定，且________。

A. 不能承受轴向力　　B. 只能承受单向轴向力

C. 不能承受径向力　　D. 以上均不是

2. 判断题

(1) 一个双线螺纹副，螺距为 4 mm，则螺杆相对螺母转过一圈时，它们沿轴向相对移动的距离应为 4 mm。(　　)

(2) 普通螺栓连接的强度计算，主要是计算螺栓的剪切强度。(　　)

(3) 受轴向载荷的紧螺栓连接的螺栓所受的总拉力是预紧力与工作拉力之和。(　　)

(4) 受翻转(倾覆)力矩作用的螺栓组连接中，螺栓的位置应尽量远离接合面的几何形心。(　　)

(5) 在受轴向变载荷的紧螺栓连接结构中，在两个被连接件之间加入橡胶垫片，可以提高螺栓疲劳强度。(　　)

3. 简答题

(1) 常用螺纹的主要类型有哪些？其主要用途是什么？

(2) 螺纹连接主要有哪几种类型？试简述其特点及适用场合。

(3) 普通平键连接的类型有几种？轴端连接一般采用哪一种类型的平键？

4. 综合题

(1) 如图 10.37 所示一铸铁吊架用两只普通螺栓固定在梁上。吊架承受的载荷 $F_Q=10\ 000$ N，螺栓材料为 5.8 级，Q235，$\sigma_s=400$ MPa，安装时不控制预紧力，取安全系数 $s=4$，取剩余预紧力为工作拉力的 0.4 倍，试确定螺栓所需最小直径。

(2) 气缸盖连接结构如图 10.38 所示，气缸内径 $D=250$ mm，为保证气密性要求采用 12 个 M18 的螺栓，螺纹小径 15.294 mm、中径 16.376 mm，许用拉应力 $[\sigma]=120$ MPa，取剩余预紧力为工作拉力的 1.5 倍，求气缸所能承受的最大压强。

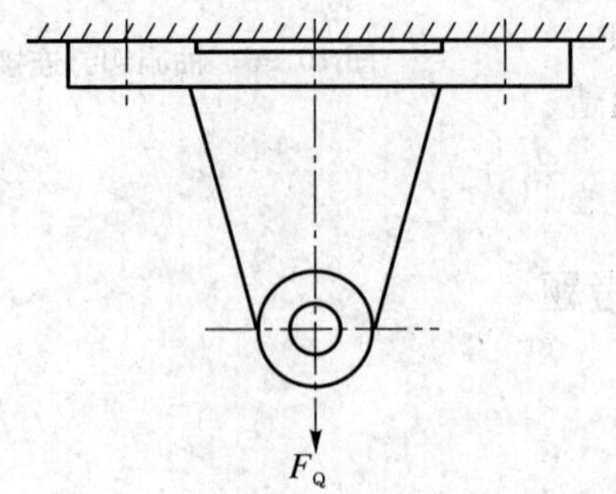

图 10.37　综合题(1)图

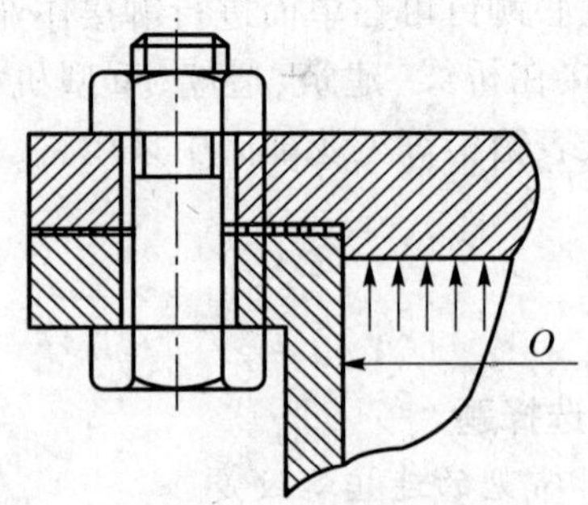

图 10.38　综合题(2)图

第十一章　其他常用零部件

第一节　联　轴　器

连轴器是用来把两轴连接在一起，以传递运动与转矩，只有当机器停止运转后才能结合或分离的一种装置。连轴器所连接的两轴，由于制造误差、承载后的变形及温度变化的影响等等，经常不能保证严格对中，而存在某程度的相对位移。如图 11.1 所示。

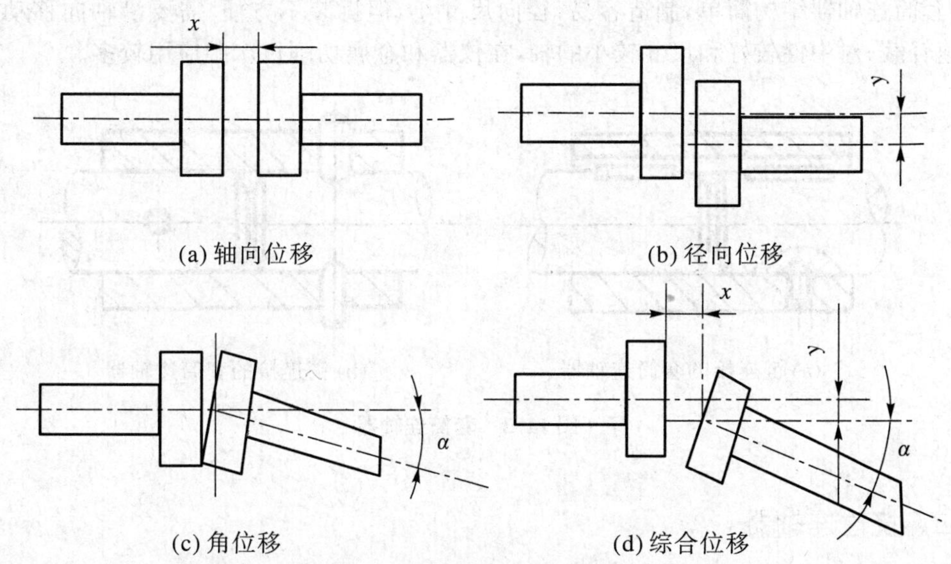

图 11.1　连轴器轴线的相对位移

这就要求在设计连轴器时，要从结构上采取各种不同的措施，使之具有适应一定范围的相对位移的性能。

根据连轴器对各种相对位移有无补偿，连轴器可分为刚性连轴器和挠性连轴器两大类。

一、刚性连轴器

刚性连轴器具有结构简单、零件数量少、质量轻、制造容易、成本低等优点，但不能补偿两轴间的偏移，只适用于一些转速不高、载荷平稳两轴严格对中的场合。

刚性连轴器有凸缘连轴器和套筒连轴器。

1. 凸缘连轴器

凸缘连轴器是刚性连轴器中应用最广的，如图 11.2 所示。它是用螺栓连接两个半连轴器的凸缘，以实现两轴连接的。螺栓可以用普通螺栓，也可以用铰制孔螺栓。这种连轴器有 2 种主要结构形式，如图 11.2(a)所示是具有对中榫的凸缘连轴器，靠凸肩和凹槽(即对中榫)来实现两轴对中;如图 11.2(b)所示为普通凸缘连轴器,通常靠铰制孔来实现两轴对中。

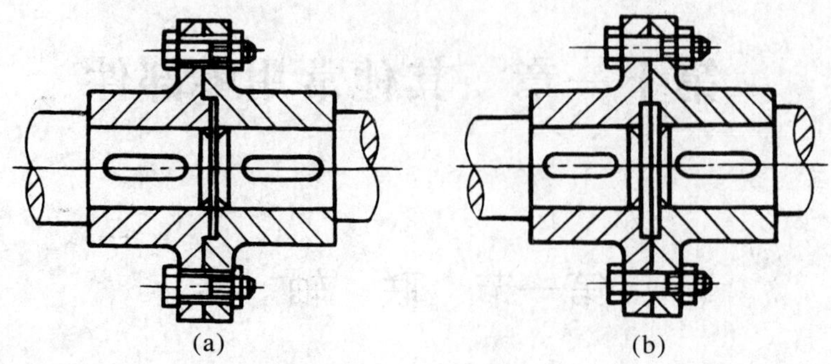

图 11.2 凸缘连轴器

2. 套筒连轴器

套筒连轴器是利用一套筒以销、键(花键)或过盈配合等连接方式与两轴相联,如图 11.3 所示,套筒连轴器结构简单,制造容易,径向尺寸小,但拆装不方便,需要沿轴向移动。适用于低速轻载、对中性较好和尺寸较小的轴,在仪器和金属切削机床中应用较多。

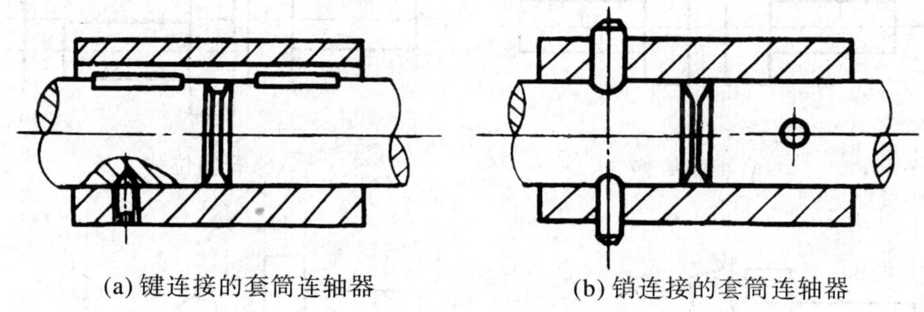

(a) 键连接的套筒连轴器　　(b) 销连接的套筒连轴器

图 11.3 套筒连轴器

二、挠性连轴器

挠性连轴器不仅能传递动力和运动,还能在一定程度上补偿被联两轴轴线相对偏移的能力,补偿量随型号不同而异。

1. 无弹性元件的挠性连轴器

无弹性元件的挠性连轴器主要有 3 种类型:齿式连轴器、滑块连轴器与万向连轴器。

(1) 齿式连轴器

如图 11.4 所示,齿式连轴器是由 2 个带有内齿及凸缘的外套筒 2、3 和 2 个带有外齿的内套筒 1、4 所组成的。两个内套筒 1、4 分别用键与两轴连接,2 个外套筒 2、3 用螺栓联成一体,依靠内外齿相啮合以传递转矩。由于外齿的齿顶制成椭球面,且保持与内齿啮合后具有适当的顶隙和侧隙,故在转动时,套筒 1 可有轴向、径向及角位移。工作时,轮齿沿轴向有相对滑动。为了减轻磨损,可由油孔注入润滑油,并在套筒 1 和 3 之间装有密封圈,以防止润滑油泄漏。

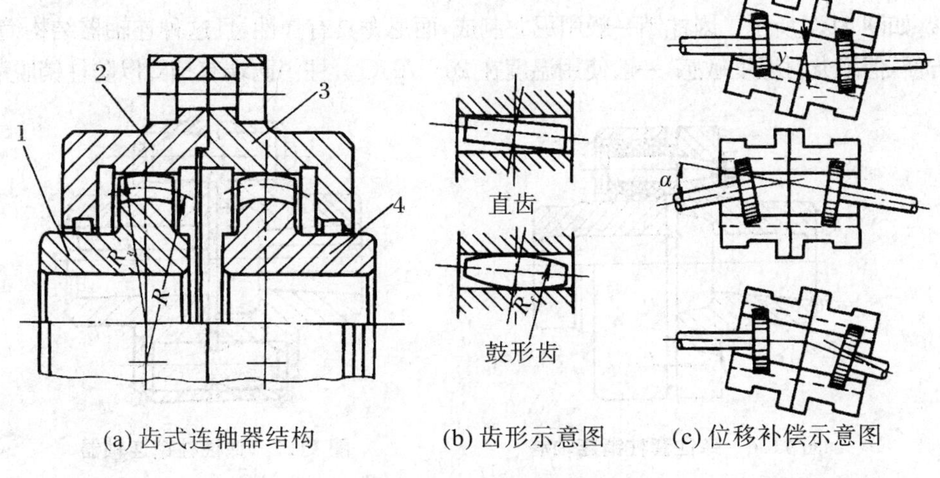

图 11.4　齿式连轴器

齿式连轴器的优点是能传递很大的转矩和补偿适量的综合位移，安装精度要求不高。常用于重型机械中，但其结构笨重，成本较高。

(2)"十"字滑块连轴器

"十"字滑块连轴器是由2个端面开有径向凹槽的半连轴器1、3和2个端面各具有凸榫的中间滑块2所组成(见图11.5)的。中间两凸榫相互垂直，分别嵌装在2个半连轴器的凹槽中，构成移动副。在运转时，通过中间滑块在两半连轴器的凹槽内滑动，以补偿两轴间的相对位移，凹槽和滑块的工作面间需加润滑剂。

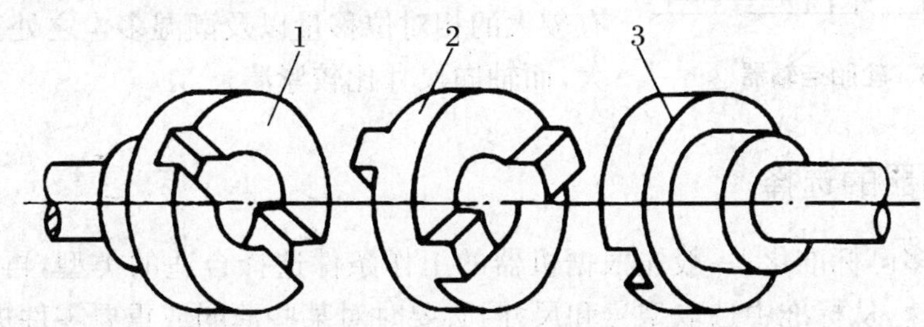

图 11.5　"十"字滑块连轴器

"十"字滑块连轴器具有结构简单、制造方便的特点，但由于滑块偏心，工作时会产生较大的离心力，故只适用于低速。

2. 弹性元件连轴器

(1) 弹性套柱销连轴器

弹性套柱销连轴器的结构与凸缘连轴器相似，如图11.6所示。不同之处是用带有弹性圈的柱销代替了螺栓连接，弹性圈一般用耐油橡胶制成，剖面为梯形以提高弹性。柱销材料多采用45号钢。为补偿较大的轴向位移，安装时在两轴间留有一定的间隙；为了便于更换易损件，应留有一定的距离。

弹性套柱销连轴器制造简单，拆装方便，但寿命较短，适用于连接载荷平稳、需正反转或起动频繁的传动轴中的小转矩轴，多用于电动机的输出与工作机的连接上。

(2) 弹性柱销连轴器

弹性柱销连轴器是利用非金属材料制成的，柱销置于两个半连轴器凸缘的孔中，以实现两轴的连接，如图 11.7 所示。因柱销一般用尼龙制成，而尼龙具有弹性，且这种连轴器结构简单，柱销更换方便，但尼龙对温度敏感，一般使用温度在 20～70 ℃。柱销两端有挡圈以防柱销脱落。

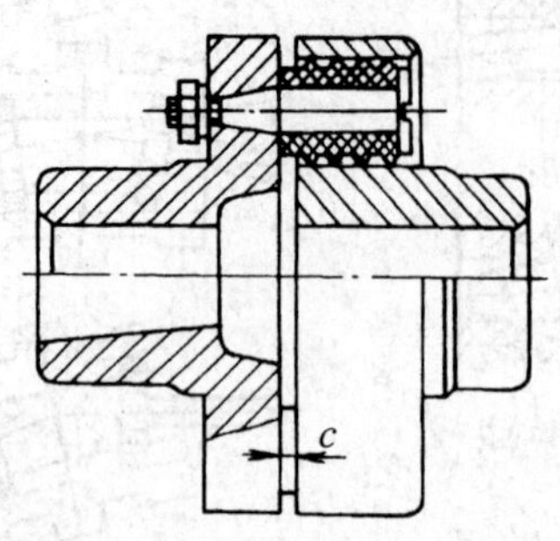

图 11.6　弹性套柱销连轴器

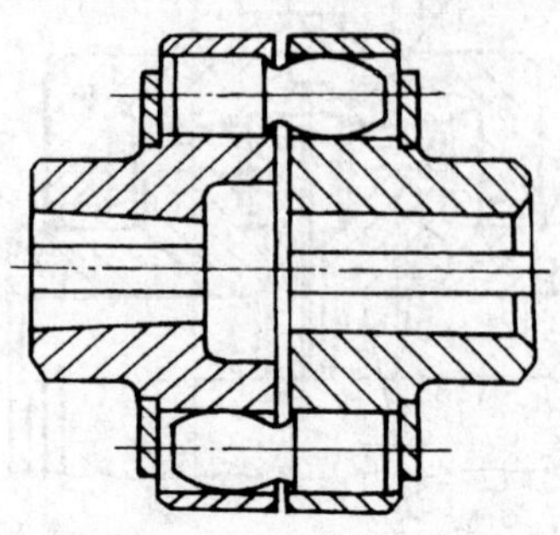

图 11.7　弹性柱销连轴器

以上两种弹性连轴器能补偿较大的轴向位移，但因依靠弹性柱销的变形，故径向偏移和角偏移的许用范围不大，若径向偏移和角偏移过大，则会引起弹性柱销的迅速磨损。

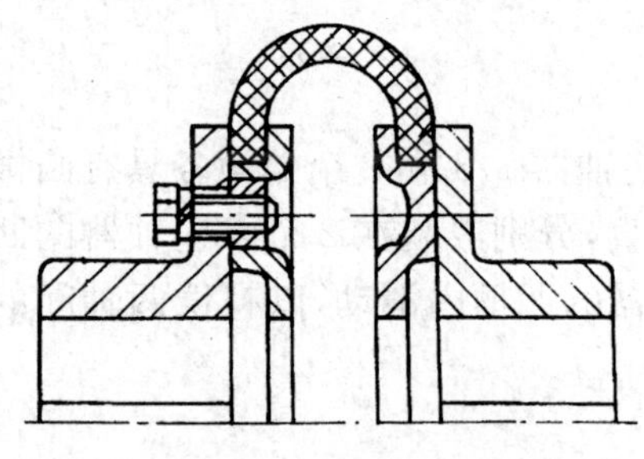

图 11.8　轮胎连轴器

(3) 轮胎式连轴器

轮胎式连轴器利用轮胎环作为中间连接件，将两半连轴器连接在一起(见图 11.8)。这种连轴器结构简单可靠，具有良好的消振、缓冲和补偿两轴线不同心偏差的能力，其允许的相对位移较大，角位移可达 $5^\circ \sim 12^\circ$。

轮胎式连轴器适用于频繁启动、有冲击振动、两轴间有较大的相对位移量以及潮湿多尘之处。它的径向尺寸大，而轴向尺寸比较紧凑。

三、连轴器的选择

连轴器大多已标准化，一般先根据机器的工作条件选择合适的类型，再根据计算转矩、轴的直径和转速，从标准中选取型号和尺寸，必要时对某些薄弱或重要零件进行校验。

1. 连轴器选择要考虑的因素

① 连轴器传递载荷的大小和性质及对缓冲减振的要求。若载荷平稳，传递载荷大，转速稳定，同轴性好，无相对位移的，选用刚性连轴器；载荷变化大，要求缓冲减振或同轴度不易保证的，应选用有弹性元件的挠性连轴器。

② 转速。转速很高时，选用非金属弹性的挠性连轴器。

③ 对中性。对中性好的选刚性连轴器，需补偿的选择挠性连轴器。

④ 拆装。考虑拆装方便，选择可直接径向移动的连轴器。

⑤ 环境。在高温下工作，不可选择非弹性金属元件的连轴器。

2. 主要参数的确定

(1) 连轴器的计算扭矩

考虑机器起动时的惯性力及过载的影响，在选择和校核连轴器时要以计算转矩 T_c 为根据，计算公式为

$$T_c = KT = K \times \frac{9\,550P}{n} \leqslant [T]$$

式中，K 为工作情况系数（见表 11.1）；P 为原动机功率（kW）；n 为转速（r/min）；$[T]$为连轴器许用（公称）扭矩（N·m）。

（2）轴径

轴径 d 不得超过连轴器的孔径范围，即

$$d_{min} \leqslant d \leqslant d_{max}$$

（3）转速

转速不得超过连轴器的许用转速。

表 11.1 工作情况系数

工作机		K			
		原动机			
转矩变化情况		电动机、汽轮机	四缸及以上内燃机	双缸内燃机	单缸内燃机
分类	举例				
变化很小	小型发动机、小型通风机、离心泵	1.3	1.5	1.8	2.2
变化小	透平压缩机、木工机床、运输机械	1.5	1.7	2.0	2.4
变化中等	搅拌机、增压泵、压缩机、冲床	1.7	1.9	2.2	2.6
变化中等有冲击	水泥搅拌机、织布机、拖拉机	1.9	2.1	2.4	2.8
变化较大有较大冲击	造纸机、挖掘机、起重机、碎石机	2.3	2.5	2.8	3.2
变化大有强烈冲击	压延机、轧钢机	3.1	3.3	3.6	4.0

第二节　万　向　节

万向节如图 11.9(a)所示，由两个叉形接头 1、2 和“十”字轴 3 组成。它是利用“十”字轴连接的两叉形接头，两个半连轴器均能绕“十”字轴线转动，从而使两轴线能成任意角度 α，如图 11.9(b)所示，一般 α 最大可达 35°～45°。但 α 角越大，传动效率越低。

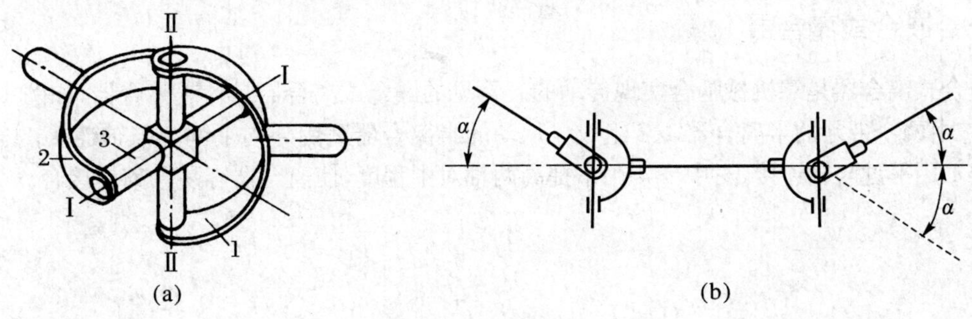

图 11.9 万向节

万向节即万向接头，是实现变角度动力传递的重要机件，用于需要改变传动轴线方向的位置，它是汽车驱动系统的万向传动装置的“关节”部件，如图 11.10 所示。万向节与传动轴组合，称为万向节传动装置。在前置发动机后轮驱动的车辆上，万向节传动装置安装在变速器输出轴与驱动桥主减速器输入轴之间；而前置发动机前轮驱动的车辆省略了传动轴，万向节安装在既负责驱动又负责转向的前桥半轴与车轮之间。

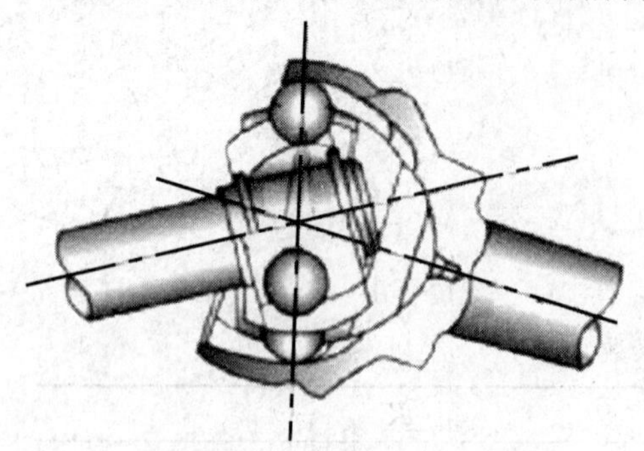

图 11.10 汽车万向传动装置

万向节的结构和作用像人体四肢上的关节，它允许被连接的零件之间的夹角在一定范围内变化。为满足动力传递、适应转向和汽车运行时所产生的上下跳动所造成的角度变化，前驱动汽车的驱动桥，半轴与轮轴之间常用万向节相连。但由于受轴向尺寸的限制，要求偏角又比较大，单个的万向节不能使输出轴与轴入轴的瞬时角速度相等，容易造成振动，加剧部件的损坏，并产生很大的噪声，所以广泛采用各式各样的等速万向节。

在前驱动汽车上，每个半轴用两个等速万向节，靠近变速驱动桥的万向节是半轴内侧万向节，靠近车轴的是半轴外侧万向节。

在后驱动汽车上，发动机、离合器与变速器作为一个整体安装在车架上，而驱动桥通过弹性悬挂与车架连接，两者之间有一个距离，需要进行连接。汽车运行中路面不平产生跳动，负荷变化或者两个总成安装的位差等，都会使得变速器输出轴与驱动桥主减速器输入轴之间的夹角和距离发生变化，因此在后驱动汽车的万向节传动形式都采用双万向节，就是传动轴两端各有一个万向节，其作用是使传动轴两端的夹角相等，从而保证输出轴与输入轴的瞬时角速度始终相等。

第三节 离 合 器

离合器的作用是将连接的两轴随时分离或接合，用于传动系统的启动、变速或换向等场合。对其基本要求是：工作可靠，接合、分离迅速而平稳，操作灵活、省力，调节和修理方便，外形尺寸小，重量轻。

离合器的种类很多。离合器按工作原理可分为嵌合式离合器、摩擦式离合器两类；按控制方式可分为操纵式、自动式离合器；按操纵方式可分为机械式、气压式、液压式、电磁式等。

一、嵌合式离合器

嵌合式离合器是靠机械啮合实现传动的。常见的嵌合式离合器是牙嵌离合器，如图 11.11 所示，它由两个带牙的半离合器 1、2 组成。从动的半离合器 2 用导向平键 3 与轴连接；主动半离合器 1 用平键与轴连接，对中环 4 用来提高两轴对中程度，使离合器容易分离或接合。

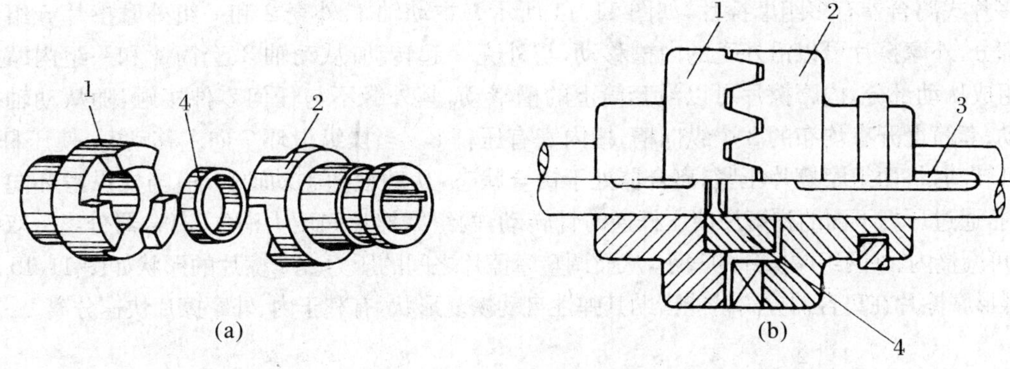

图 11.11　牙嵌离合器

牙嵌离合器的常见牙形有三角形、梯形、锯齿形、矩形等，如图 11.12 所示。三角形的牙数一般为 12～60 个，用于传递中、小转矩的低速灵活。矩形齿接合或分离困难，牙的强度低，磨损后无法补偿，仅用于静止状态的手动接合。梯形齿齿根强度高，接合容易，且能自动补偿牙的磨损与间隙，应用较广。锯齿形牙根强度高，可传递较大转矩，但只能单向工作。牙嵌离合器结构简单，尺寸小，但都只能在两轴不转动或转速差很小的情况下接合。

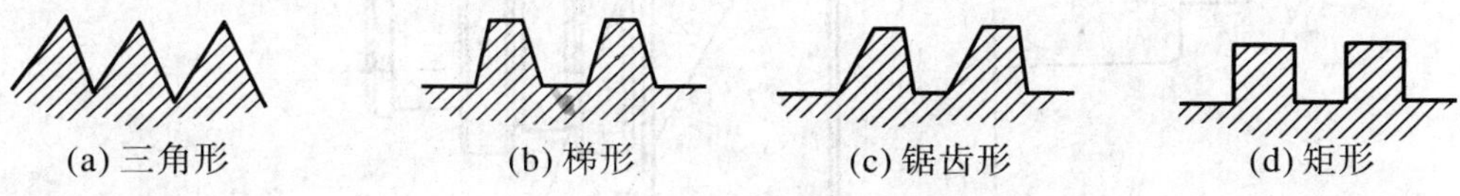

图 11.12　牙嵌离合器常见牙形

牙嵌离合器的主要失效形式是牙面的磨损和牙根折断，故要求牙面有较高的硬度，牙根有较好的韧性。常用材料为低碳钢渗碳淬火到 54～60HRC，也可用中碳钢表面淬火。

二、摩擦式离合器

摩擦式离合器是利用主、从动摩擦片的摩擦来传递转矩，它能在不停车或两轴有较大转速差时进行平稳接合，在机器过载时打滑能起到保护作用。当摩擦面产生相对滑动时，两轴不能保持同步转动。

1. 单片式离合器

如图 11.13 所示为单片式离合器，在同样的压紧力下，锥面［见图 11.13(b)］比平面［见图 11.13(a)］的摩擦力矩更大。有时用摩擦材料加装在盘的表面，以增大两盘间的摩擦力矩，提高耐磨、耐油及耐高温的性能。单片式离合器由摩擦圆盘 2、3 和操纵环 4 组成，其结构简单，但径向尺寸大，只能传递不大的转矩。

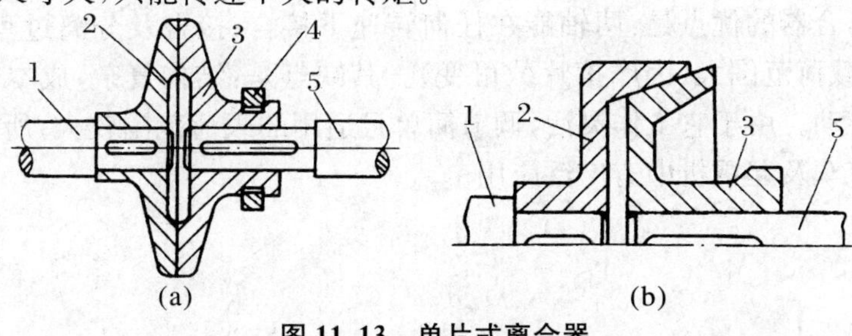

图 11.13　单片式离合器

2．多片式离合器

多片式离合器有多组摩擦片，如图 11.14 所示。主动轴 1、外壳 2 和一组外摩擦片 5 组成主动部分，外摩擦片可以沿外壳的内槽移动，与外壳一起转动；从动轴 3、套筒 4 和一组内摩擦片 6 组成从动部分，内摩擦片可以沿套筒上的槽滑动，其外缘不与任何零件接触，随从动轴一起转动；套筒上开有均布的 3 个纵向槽，槽内安有压杆 8。当操纵滑环 7 向左移动时，使压杆 8 顺时针转动，将两组摩擦片压紧，离合器处于接合状态，从动轴随主动轴转动；当操纵滑环向右移动时，通过压杆下面的弹簧片使压杆逆时针转动，两组摩擦片间压力消失，离合器分离。双螺母 10 可调整内、外两组摩擦片的间距，从而调整摩擦片之间的压力。摩擦片的形状如图 11.15 所示。蝶形摩擦片在离合器分离时能借助其弹性自动恢复形状，有利于内、外摩擦片快速分离。

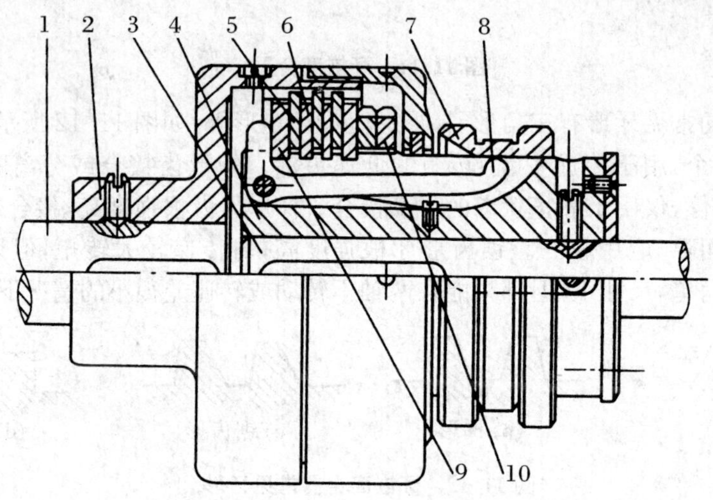

图 11.14　多片式离合器

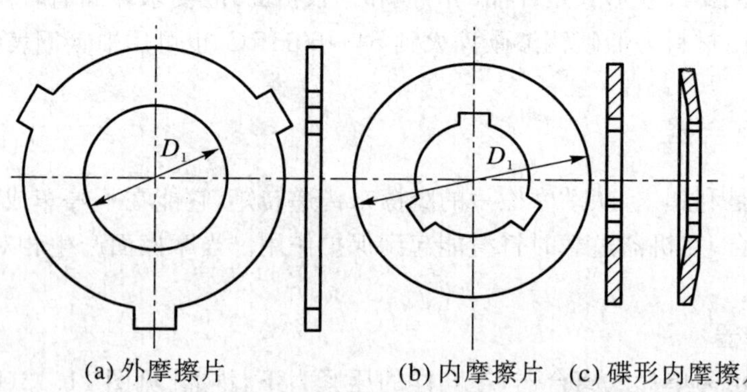

(a) 外摩擦片　(b) 内摩擦片　(c) 碟形内摩擦片

图 11.15　摩擦片

多片式摩擦离合器的传动能力与摩擦面对数有关，摩擦片越多，所传递的功率也越大，但结构较为复杂。其操纵除机械操纵外，还有电磁、液压、气动等操纵方式。

多片式摩擦离合器的优点是：两轴能在任何转速下接合；接合及分离过程平稳；过载时会发生打滑；适用载荷范围大（因摩擦片数可变）。其缺点是：结构复杂，成本较高产生滑动时两轴不能同步转动。由于它工作灵活，调节简单且适用的载荷范围较大，所以在现代机床的变速箱、飞机、汽车及起重机中有广泛应用。

3. 超越离合器

超越离合器也称为定向离合器，它只能传递单向转矩。如图 11.16 所示为滚柱式定向离合器，由星轮 1、外圈 2、滚柱 3、弹簧顶杆 4 组成。弹簧顶杆的作用使滚柱与星轮和外圈保持接触。如果星轮主动并顺时针回转，由于摩擦力作用，滚柱靠自锁原理楔紧在楔形间隙内，使星轮、滚柱、外圈连成一体并一起回转，离合器处于接合状态。当星轮逆时针回转，滚柱在摩擦力作用下退到楔形间隙的宽敞部分，不能带动外圈转动，离合器处于分离状态。如果主动星轮顺时针回转，外圈从另外动力源同时获得顺时针方向回转而转速较快的运动，根据相对运动原理，这相当于星轮作逆时针回转，离合器处于分离状态。这时，星轮和外圈以各自的转速旋转，互不干涉。当外圈的转速比星轮慢，离合器又处于接合状态时，外圈同星轮等速回转，当外圈同星轮都逆时针回转时，也有类似的结果。这种离合器的接合与分离由相对转速而定，故称为超越离合器，它广泛应用于运输机械中。

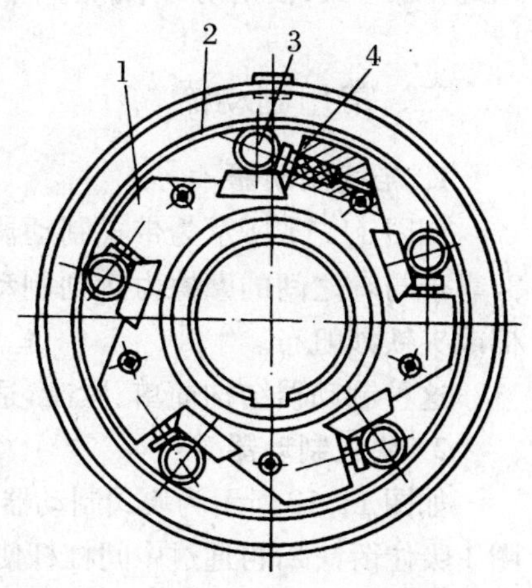

图 11.16 滚柱式定向离合器

三、离合器的使用与维护

① 定期检查离合器操纵杆行程、主从动片间隙、摩擦片磨损程度，必要时进行调整或更换。

② 片式离合器正常工作时，不得打滑或分离不彻底，否则，会加速摩擦片磨损，降低使用寿命，甚至烧坏摩擦片，引起离合器零件变形退火，导致其他事故，因此需经常检查。

离合器打滑的原因主要有：作用在摩擦片上的压力不足；摩擦表面有油污；摩擦片过分磨损或变形过大等。分离不彻底的原因主要有：主、从动片之间分离间隙过小；主、从动片变形；回位弹簧失效等。

③ 单向离合器应密封严实，不得有漏油现象，否则会磨损过大，温度太高，损坏滚柱、星轮或外壳等，在运行中，如有声响，应及时停机检查。

第四节 制 动 器

一、制动器的功用及分类

1. 制动器的功用

制动器是用来降低机械速度或迫使机械停止的装置。汽车、起重机等机械广泛使用制动器。

2. 制动器类型

根据构造方式，制动器可分为块式、带式、盘式和圆锥式；根据驱动方式，可分为自动式、操纵式和综合式;根据动力来源的不同分为手动式、脚动式、电磁式、液压式、电磁液压联合式等。

二、常用制动器

1. 带式制动器

如图 11.17 所示为带式制动器,当杠杆 1 上作用外力 Q 时,闸带 2 收紧且抱住制动轮 3,靠带与轮之间的摩擦力达到制动的目的。为了增加摩擦,闸带材料一般为钢带上复合石棉或夹铁纱帆布。

这种制动器结构简单、紧凑,适用于中小载荷的机械及人力操纵的场合。

2. 块式制动器

如图 11.18 所示为块式制动器,它是靠瓦块与制动轮之间的摩擦力来制动的。通电时,线圈 1 吸住衔铁 2,再通过中间杠杆使瓦块 5 松开,机器便能自由运转。

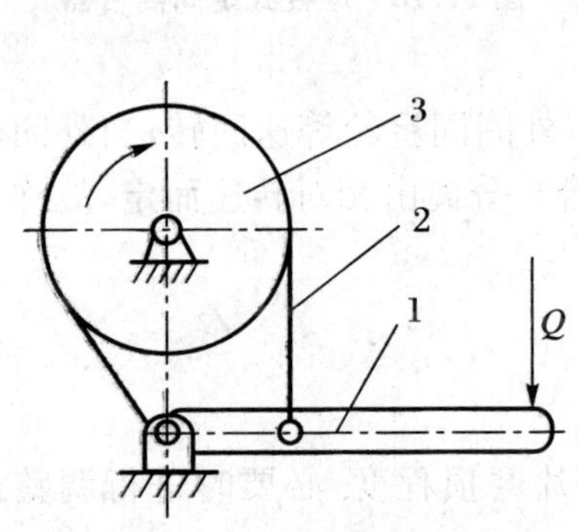

图 11.17 带式制动器

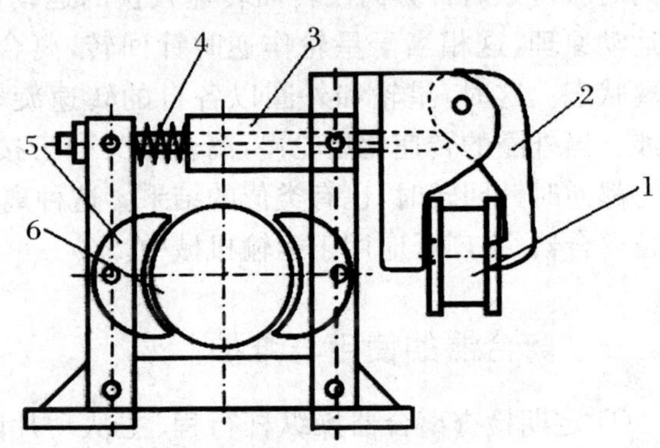

图 11.18 块式制动器

当需要制动时,则切断电流,线圈 1 释放衔铁 2,依靠弹簧力并通过中间杠杆使瓦块 5 抱紧制动轮。制动作用也可安排在通电时起制动作用,断电时机器自由运转。

瓦块的材料常用铸铁,也可在铸铁上覆以皮革或石棉带以增大摩擦。

第五节 弹 簧

一、弹簧的作用、类型和特点

1. 弹簧的作用

弹簧受外力作用产生弹性变形,外力去除时,变形消失,弹簧恢复原状,机械设备中广泛使用弹簧作为弹性元件,其主要作用有:

① 缓和冲击、吸收震动,如汽车、火车中的缓冲弹簧,自行车的车座弹簧等。

② 控制机构的运动,如内燃机中的阀门弹簧、凸轮机构、离合器等各种调速器中的弹簧。

③ 储存能量,如钟表、仪器和玩具中的弹簧。

④ 测量力的大小,如测力仪及弹簧秤中的弹簧、压力继电器的弹簧等。

2. 弹簧类型

弹簧的种类很多，按承受的载荷不同，可分为拉伸弹簧[见图 11.19(a)]、压缩弹簧[见图 11.19(b)]、扭转弹簧[见图 11.19(c)]和弯曲弹簧[见图 11.19(d)]等。

按形状不同可分为螺旋弹簧图[见图 11.19(b)]、蝶形弹簧[见图 11.19(e)]、环形弹簧[见图 11.19(f)]、盘簧(蜗卷弹簧)[见图 11.19(g)]、板弹簧[见图 11.19(d)]等。

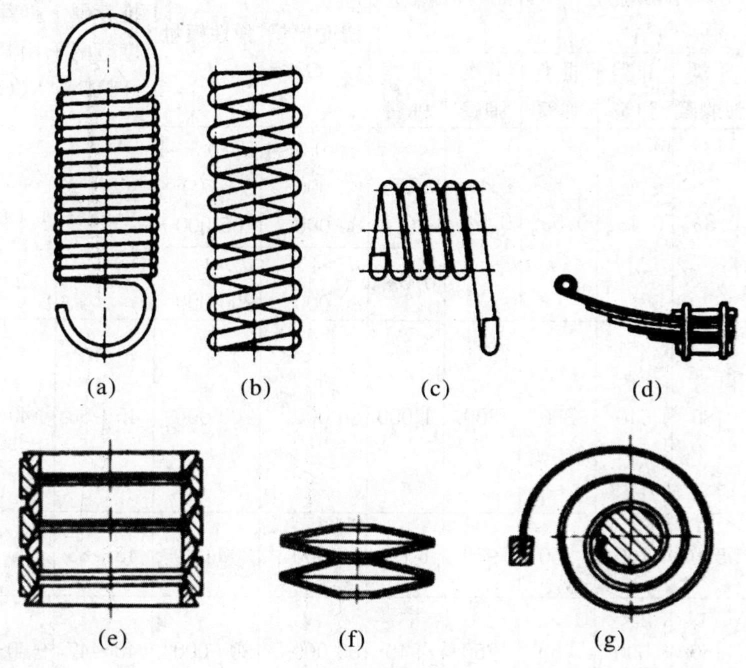

图 11.19　弹簧的分类

按制作弹簧的材料不同，又可分为金属弹簧、橡胶弹簧、空气弹簧和塑料弹簧等。

3. 弹簧的特点

弹簧在机械中常承受具有冲击性的变载荷，因此弹簧材料要具有以下特点：

① 有较高的弹性极限、强度极限、疲劳极限和冲击韧性。

② 具有良好的热处理性能，热处理后应有足够的经久不变的弹性，且脱碳性要小。

③ 对冷拔材料要求有均匀的硬度和良好的塑性。

二、弹簧的材料、许用应力与制造

1. 弹簧的材料

常用的弹簧材料有碳素弹簧钢、合金弹簧钢、不锈钢等；受力较小且有防腐蚀或防磁等要求时，用有色金属，如青铜；非金属弹簧材料主要有橡胶、塑料、软木及空气等。

2. 许用应力

弹簧多数在变应力下工作，影响弹簧许用应力的因素也非常多，除了弹簧本身的材料外，材料质量、热处理方法、载荷性质及弹簧工作条件等都是确定其许用应力必须考虑的。通常，弹簧的许用应力按其重要程度和载荷性质分为 3 类：

Ⅰ类——用于承受载荷循环次数 10^6 次以上的变载荷的重要弹簧，如内燃机气门弹簧等。

Ⅱ类——用于承受载荷循环次数在 10^3 ～ 10^6 次之间变载荷或承受冲载荷的弹簧以及承

受静载荷的重要弹簧,如调速器弹簧等。

Ⅲ类——用于承受载荷循环次数在 10^3 以下的变载荷弹簧或承受静载荷的一般弹簧,如摩擦式安全离合器弹簧等。

各类弹簧的许用应力见表 11.2。

表 11.2 常用弹簧的材料和许用压力

<table>
<tr><th rowspan="2">类别</th><th rowspan="2">代号</th><th colspan="3">许用切应力
$[\tau]_T$</th><th colspan="2">许用弯曲应力
$[\tau]_b$</th><th rowspan="2">切变模量
G</th><th rowspan="2">弹性模量
E</th><th rowspan="2">推荐硬度范围
HRC</th><th rowspan="2">推荐使用温度
(℃)</th><th rowspan="2">特性及用途</th></tr>
<tr><th>Ⅰ类
弹躲藏</th><th>Ⅱ类
弹簧</th><th>Ⅲ类
弹簧</th><th>Ⅱ类
弹簧</th><th>Ⅲ类
弹簧</th></tr>
<tr><td rowspan="2">碳素钢丝</td><td>65 70</td><td rowspan="2">$0.3\sigma_b$</td><td rowspan="2">$0.4\sigma_b$</td><td rowspan="2">$0.5\sigma_b$</td><td rowspan="2">$0.5\sigma_b$</td><td>$0.625\sigma_b$</td><td>d=0.5~4
83 000~
80 000</td><td>d=0.5~4
207 500~
205 000</td><td rowspan="2">—</td><td rowspan="2">−4~120</td><td rowspan="2">强度高,性能好,行之有效用于做小弹簧</td></tr>
<tr><td>65Mn
70Mn</td><td>$0.6\sigma_b$</td><td>d>4
80 000</td><td>d>4
200 000</td></tr>
<tr><td rowspan="4">合金钢丝</td><td>60Si2Mn</td><td rowspan="2">480</td><td rowspan="2">640</td><td rowspan="2">800</td><td rowspan="2">800</td><td rowspan="2">1 000</td><td rowspan="2">80 000</td><td rowspan="2">200 000</td><td rowspan="2">45~50</td><td rowspan="2">−40~200</td><td rowspan="2">弹性好,回火稳定性好,易脱碳,用于受大载荷的弹簧</td></tr>
<tr><td>60Si2MnA</td></tr>
<tr><td>65Si2Mn
WA</td><td>570</td><td>760</td><td>950</td><td>950</td><td>1 190</td><td>80 000</td><td>200 000</td><td>45~85</td><td>−40~250</td><td>强度高,耐高温,弹性好</td></tr>
<tr><td>50CrVA
30W4Cr2VA</td><td>450</td><td>600</td><td>750</td><td>750</td><td>940</td><td>80 000</td><td>200 000</td><td>43~47</td><td>−40~500</td><td>高温时强度高,淬透性好</td></tr>
</table>

3. 弹簧的制造

螺旋弹簧的制造过程包括卷绕、两端面加工(指压簧)或挂钩制作(指拉簧和扭簧)、热处理和工艺性试验及必要的强压或喷丸等强化处理等。

弹簧的卷绕可分为冷卷和热卷。冷卷主要用于弹簧丝直径较小(d<10 mm)时,卷成后只作低温回火,以消除内应力。热卷用于直径较大的弹簧钢丝制造弹簧时,卷成后要进行淬火及回火处理。

弹簧制成后,如再进行强压处理,可提高承载能力。强压处理是将弹簧预先压缩到超过材料的屈服极限,并保持一定的时间后卸载,使弹簧丝表面层产生与工作应力方向相反的残余应力,受载时可抵消一部分工作应力,因此提高了弹簧的承载能力。经强压处理的弹簧,不宜在高温、变载荷及有腐蚀性介质的条件下应用。因为在上述情况下,强压处理产生的残余应力是不稳定的。受变载荷的压缩弹簧,可采用喷丸处理提高其疲劳寿命。

复习思考题

1. 选择题

(1) 对低速、刚性大的短轴,常选用的连轴器为________。

A. 刚性固定式连轴器　　B. 刚性可移式连轴器

C. 弹性连轴器　　D. 安全连轴器

(2) 两轴的偏角位移达 30°,这时宜采用________连轴器。

A. 凸缘　　B. 齿式　　C. 弹性套柱销　　D. 万向

(3) "十"字滑块连轴器允许被连接的两轴有较大的________偏移。

A. 径向　　B. 轴向　　C. 角　　D. 综合

(4) 汽车离合器的主要作用________。

A. 保证汽车怠速平稳　　B. 使换挡时工作平顺

C. 防止传动系过载　　D. 增加变速比

(5) 圆柱螺旋弹簧指数 C 是________的比值。

A. 弹簧直径 d 与中径 D　　B. 中径与弹簧直径 d

C. 自由高度 H 与弹簧直径 d　　D. 弹簧直径 d 与自由高度

(6) 圆柱形螺旋弹簧的簧丝直径按弹簧的________要求计算得到;其工作圈数按弹簧的________要求计算得到。

A. 强度　　B. 稳定性　　C. 刚度　　D. 结构尺寸

(7) 计算圆柱形螺旋弹簧簧丝剖面切应力时,引用曲度系数 K 是为了考虑________。

A. 卷绕弹簧时所产生的内应力

B. 簧丝表面可能存在的缺陷

C. 簧丝靠近弹簧轴线一侧要发生应力集中

D. 螺旋角和簧丝曲率对弹簧应力的影响以及切向力产生的应力

2. 判断题

(1) 弹簧的主要作用是缓冲吸振。(　　)

(2) 用连轴器连接的两根轴,可以在机器运转的过程中随时进行分离或接合。(　　)

(3) 对于启动频繁,经常正反转,转矩很大的传动中,可选用套筒连轴器。(　　)

(4) 根据万向节的运动特性,通常成对使用。(　　)

(5) 采用万向节时,可使主动轴与从动轴同步转动。(　　)

3. 简答题

(1) 连轴器与离合器有何区别? 试举例说明。

(2) 连轴器与离合器的功用是什么? 各用在机械的什么场合?

(3) 连轴器有哪些种类? 各有何特点?

(4) 制动器的主要作用是什么?

(5) 弹簧的功用有哪些? 弹簧有哪些种类?

(6) 电动机经减速器驱动水泥搅拌机工作,已知电动机的功率为 11 kW,转速为 970 r/min,电动机轴的直径和减速器输入轴的直径均为 42 mm。试选择电动机与减速器之间的连轴器。

第三篇

汽车液压传动

第十二章　液压元件

本章主要学习液压传动的工作原理、液压传动系统的基本组成以及液压泵、液压缸、液压阀工作原理及结构特点。

第一节　液　压　泵

液压泵在液压系统中属于能量转换装置，它将电动机输出的机械能转变为液压能，为系统提供一定流量和压力的油液，是动力元件。

如图 12.1 所示为容积式液压泵的工作原理。在弹簧 3 的作用下，柱塞 2 的一端紧压在偏心轮 1 上。偏心轮旋转使柱塞移动。当柱塞向右运动时，工作腔 4 容积逐渐增大，形成局部真空。油箱中的油液在大气压作用下顶起阀 5 中的钢球而进入工作腔 4，这是泵的吸油过程；当柱塞向左运动时，工作腔 4 的容积逐渐减小，油液受压而产生一定的压力，此时油液可顶开阀 6 中的钢球，由管道进入系统中去，同时压力油作用在阀 5 的钢球上，封住吸油管，这是泵的压油过程。由此可见，液压泵是依靠密封容积的变化来实现吸油和压油的。偏心轮不断旋转，液压泵就能不断地吸油和压油。

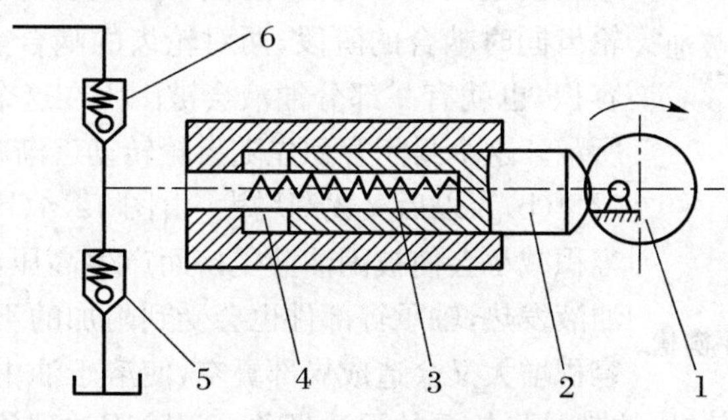

图 12.1　单柱塞式液压泵工作原理

1. 偏心轮　2. 柱塞　3. 弹簧　4. 密封工作腔　5. 吸油阀　6. 压油阀

一、齿轮泵

(一) 齿轮泵的工作原理

如图 12.2 所示，在泵体内有一对齿数、模数都相同的齿轮。齿轮两侧有端盖(图中未示出)。泵体、端盖和齿轮之间形成了密封容腔，并由两个齿轮的齿面接触线将左右两腔隔开，形成了吸、压油腔。当齿轮按图示方向旋转时，左侧吸油腔内相互啮合的轮齿相继脱开，使密封容积逐渐增大，形成局部真空，油箱中的油液

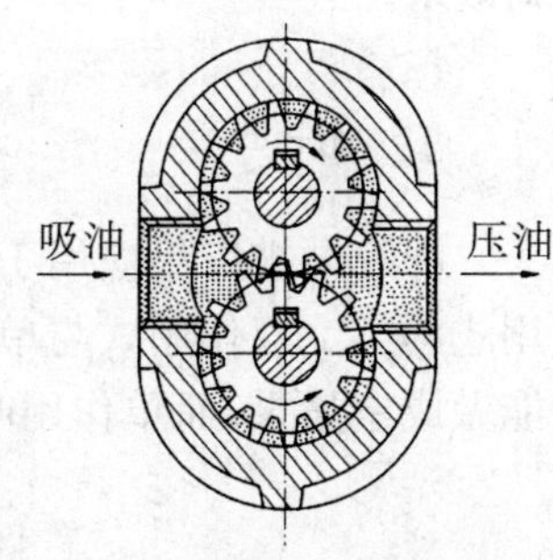

图 12.2　齿轮泵的工作原理

在大气压力作用下进入吸油腔，并随着旋转的轮齿进入右侧压油腔。右侧压油腔的轮齿则不断进入啮合，使密封容积减小，油液被挤出，通过与压油口相连的管道向系统输送压力油。在齿轮的工作过程中，只要泵轴旋转方向不变，其吸、压油腔的位置就不变，啮合处的齿面接触线一直分隔吸、压油两腔起着配油的作用，所以齿轮泵中没有专门的配流机构，这是它的独特之处。

（二）齿轮泵存在的几个问题

1．泄漏

外啮合齿轮泵高压腔的压力油通过 3 个途径泄漏到低压腔：从齿轮两侧面和两端盖间的轴向间隙、泵体内孔和齿顶圆间的径向间隙和轮齿啮合处的间隙。其中，轴向间隙泄漏的途径多，封油长度短，泄漏量占了总泄漏量的 75%～80%，是影响齿轮泵压力提高的最主要的问题。

2．径向作用力不平衡

在齿轮泵中，液体作用在齿轮外圆上的压力是不相等的，从低压腔到高压腔，压力沿齿轮旋转方向逐渐上升，因此齿轮受到径向不平衡力的作用。工作压力越高，径向不平衡力也越大。径向不平衡力过大时能使泵轴弯曲，齿顶与泵体接触，产生摩擦；同时也加速轴承的磨损，这是影响齿轮泵寿命的主要原因。为了减小径向不平衡力的影响，常采用的最简单的办法就是缩小压油口，使压油腔的压力油仅作用在一个齿到两个齿的范围内；也可采用如图 12.3 所示的在泵端盖设径向力平衡槽的结构。

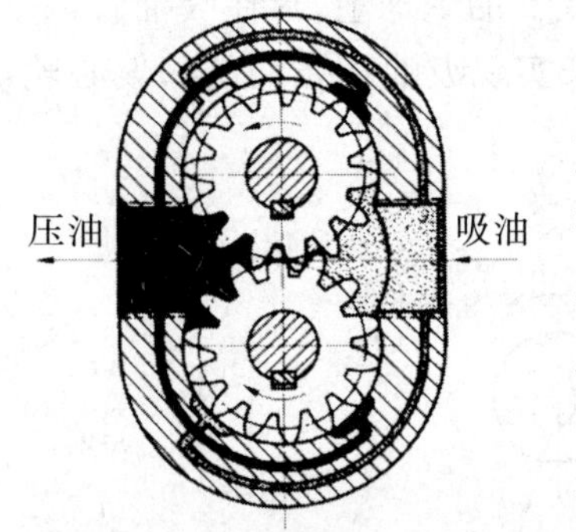

图 12.3　齿轮泵径向力平衡槽

3．困油

为使齿轮平稳转动，齿轮啮合重合度必须大于 1，即在一对轮齿退出啮合之前，后面一对轮齿已进入啮合，因而在两对轮齿同时啮合的阶段，两对轮齿的啮合点之间形成独立的密封容积，也就有一部分油液会被围困在这个封闭腔之内，如图12.4所示。这个封闭容积先随齿轮转动逐渐减小[由图 12.4(a)到图 12.4(b)]，以后又逐渐增大[由图 12.4(b)到图 12.4(c)]。封闭容积减小会使被困油液受挤而产生高压，并从缝隙中流出，导致油液发热，轴承等部件也会受到附加的不平衡负载的作用；封闭容积增大又会造成局部真空，使溶于油中的气体分离出来，产生气穴，引起噪声、振动和气蚀，这就是齿轮泵的困油现象。消除困油现象的方法，通常是在齿轮的两端盖板上开卸荷槽[如图 12.4(d) 中的虚线所示]，使封闭容积减小时通过右边的卸荷槽与压油腔相通，封闭容积增大时通过左边的卸荷槽与吸油腔相通。在很多齿轮泵中，两槽并不对称于齿轮中心线分布，而是整个向吸油腔侧平移一段距离，实践证明，这样能取得更好的卸荷效果。

二、叶片泵

叶片泵被广泛应用于中低压液压系统中，按照工作原理，叶片泵可分为单作用式和双作用式两类。双作用式与单作用式相比，其流量均匀性好，工作压力较高，应用较广。但其只能做成定量泵，而单作用叶片泵可以做成多种变量形式。

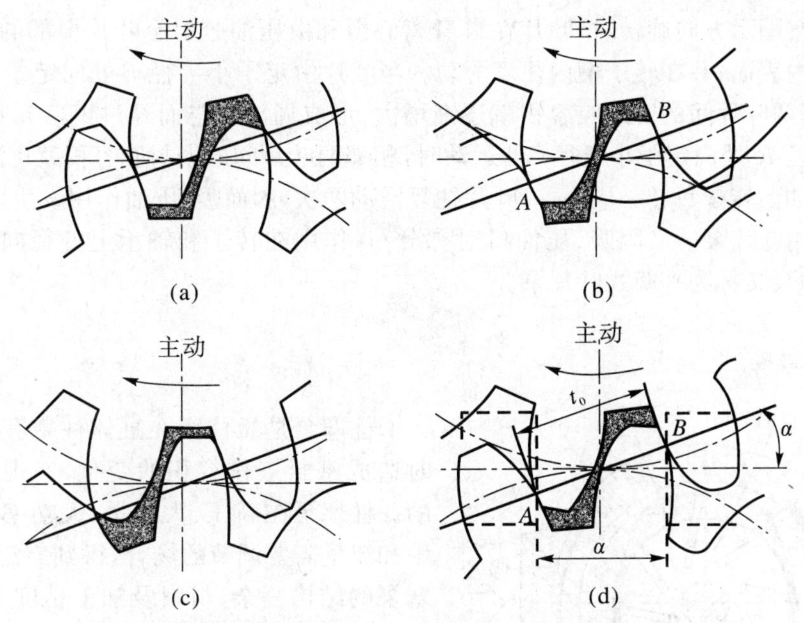

图 12.4　齿轮泵的困油现象及其消除方法

（一）单作用叶片泵

单作用叶片泵的工作原理如图 12.5 所示。它主要由定子 1、转子 2、叶片 3、配油盘 4、泵体 5 等组成。定子内表面为圆柱形面，转子和定子不同心，其偏心距为 e。叶片装在转子的叶片槽内，可以在槽内灵活滑动。在转子转动时的离心力和通入叶片根部液压油的作用下，叶片顶部紧贴在定子的内表面，由两相邻叶片、配油盘、定子内表面和转子外表面形成了多个密封的工作容腔。当转子按图示方向旋转时，在图右半部分的叶片逐渐向外伸长，密封工作容腔增大，形成局部真空。通过吸油口和配油盘上的腰形窗口将液压油吸入。在图的左半部分，叶片逐渐缩进，密封容积的工作容积减小，液压油通过配油盘上的腰形窗口和排油口输送到系统中去。为保证吸油腔与压油腔不互通，在配油盘的上部和下部两腰形窗口之间有一段封油区，将吸油腔和压油腔隔开。这种泵转子每转一转，吸油和压油各一次，故称为单作用式叶片泵，转子体周围所受的液压力不平衡，使轴承产生很大的负荷，故又称为非平衡式泵。

（二）双作用叶片泵

如图 12.6 为双作用叶片泵的工作原理图。该泵主要由转子 3、定子 4、叶片 5 及装在它们两侧的配流盘 1 组成。与单作用式叶片泵不同的是，定子内表面形似椭圆，由 2 段半径为 R 的大圆弧、2 段半径为 r 的小圆弧和 4 段过渡曲线所组成，定子和转子的中心重合。在转子上沿圆周均布的若干个槽内分别安放有叶片，这些叶片可

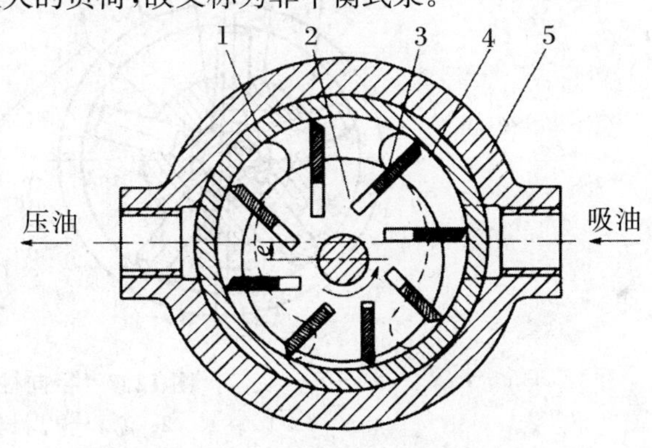

图 12.5　单作用叶片泵工作原理

1. 定子　2. 转子　3. 叶片　4. 配油盘　5. 泵体

沿槽作径向滑动。在配流盘上，对应于定子4段过渡曲线的位置开有4个腰形配流窗口，其中两个窗口与泵的吸油口连通，为吸油窗口；另2个窗口与压油口连通，为压油窗口。当转子由轴带动按图示方向旋转时，叶片在自身离心力和由压油腔引至叶片根部的高压油作用下贴紧定子内表面，并在转子槽内往复滑动。当叶片由定子小半径 r 处向定子大半径 R 处运动时，相邻两叶片间的密封腔容积就逐渐增大，形成局部真空而经过窗口a吸油；当叶片由定子大半径 R 处向定子小半径 r 处运动时，相邻两叶片间的密封腔容积就逐渐减小，便通过窗口b压油。转子每转一周，每一叶片往复滑动两次，因而吸、压油作用发生两次，故这种泵称为双作用叶片泵。又因吸、压油口对称分布，作用在转子和轴承上的径向液压力相平衡，所以这种泵又称为平衡式叶片泵。

三、柱塞泵

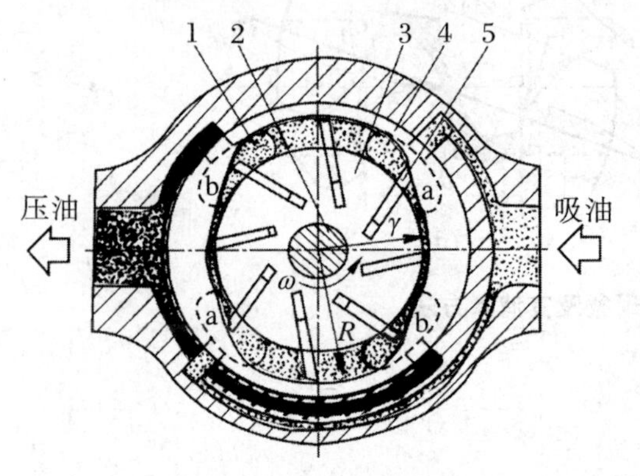

图12.6 双作用叶片泵工作原理

1. 配流盘 2. 轴 3. 转子 4. 定子 5. 叶片

柱塞泵是靠柱塞在缸体柱塞孔中往复运动时造成密封工作容积的变化，实现吸油和排油的。柱塞泵在高压、大流量、大功率的液压系统中和流量需要调节的场合，得到广泛应用。但柱塞泵的结构复杂，材料及加工精度要求较高，加工量大，价格昂贵。在现代液压工程技术中，各种柱塞泵主要在中高压（轻系列和中系列泵，最高压力为20～35 MPa）、高压（重系列泵，最高压力为40～56 MPa）和超高压（特种泵，最高压力＞56 MPa）系统中作为功率传输元件使用。

根据柱塞的布置和运动方向与传动主轴相对位置的不同，柱塞泵可分为径向柱塞泵和轴向柱塞泵两大类，径向柱塞泵的柱塞与缸体中心线垂直，轴向柱塞泵的柱塞都平行于缸体中心线。轴向柱塞泵又可分为斜盘式轴向柱塞泵和斜轴式轴向柱塞泵两类。

（一）径向柱塞泵

如图12.7所示为配流轴式径向柱塞泵的工作原理。它是由柱塞1、转子2、衬套3、定子4和配流轴5等主要零件构成的。沿转子的半径方向均匀分布有若干个柱塞缸，柱塞可在其

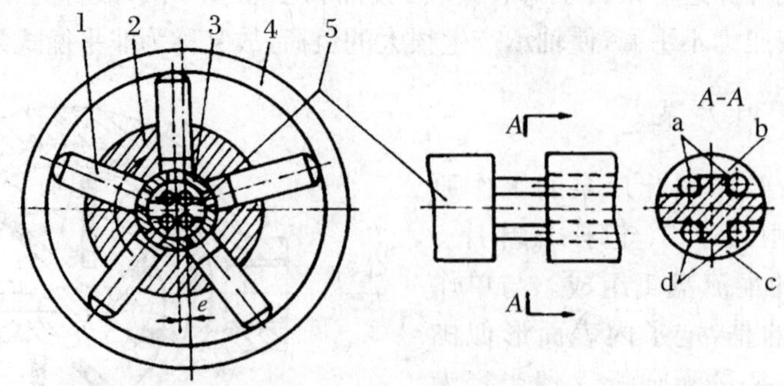

图12.7 径向柱塞泵工作原理

1. 柱塞 2. 转子 3. 衬套 4. 定子 5. 配流轴

中灵活滑动。衬套3与转子2内孔是紧配合，随转子一起转动。配流轴5固定不动，其结构如图中右半部所示。当转子转动时，由于定子4内圆中心和转子2中心之间有偏心距 e，于是柱塞在定子内表面的作用下，在转子的柱塞缸中作往复运动，实现密封容积变化。为了配流，在配流轴5与衬套3接触处加工出上下2个缺口，形成吸、压油口a和b，留下的部分形成封油区。转子每转一转，每个柱塞往复一次，完成一次吸油和压油。沿水平方向移动定子，改变偏心距 e 的大小，便可改变柱塞移动的行程长度，从而改变密封容积变化的大小，达到改变其输出流量的目的。若改变偏心距 e 的偏移方向，则泵的输油方向亦随之改变，即成为双向的变量径向柱塞泵。

（二）轴向柱塞泵

轴向柱塞泵的柱塞缸是轴向排列的，因此它除了具有径向柱塞泵良好的密封性和较高的容积效率等优点外，它还有结构紧凑、尺寸小、惯性小的优点。

1. 斜盘式轴向柱塞泵

如图12.8所示为斜盘式轴向柱塞泵的工作原理图。泵由斜盘1、柱塞2、缸体3、配油盘

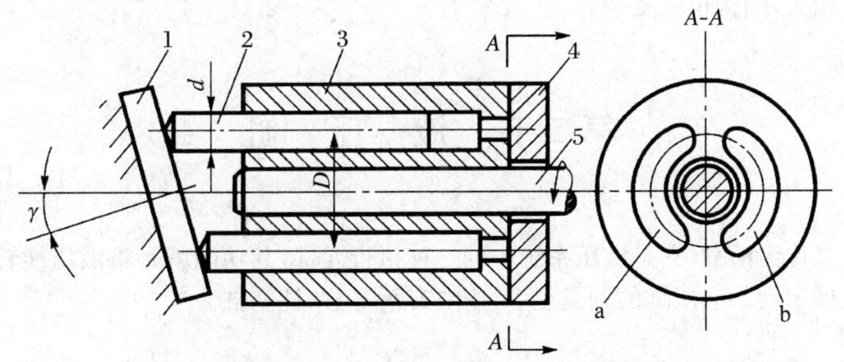

图12.8 斜盘式轴向柱塞泵的工作原理图

1. 斜盘 2. 柱塞 3. 缸体 4. 配流盘 5. 传动轴

a为吸油窗口 b为压油窗口

4等主要零件组成，斜盘1和配油盘4是不动的，传动轴5带动缸体3、柱塞2一起转动，柱塞2靠机械装置或低压油作用压紧在斜盘上。当传动轴按图示方向旋转时，柱塞2在其沿斜盘自下而上回转的半周内逐渐向缸体外伸出，使缸体孔内密封工作腔容积不断增加，产生局部真空，从而将油液经配油盘4上的吸油窗口a吸入；柱塞在其自上而下回转的半周内又逐渐向里推入，使密封工作腔容积不断减小，将油液从压油窗口b向外排出，缸体每转一周，每个柱塞往复运动一次，完成一次吸油动作。

2. 斜轴式轴向柱塞泵

如图12.9为斜轴式轴向柱塞泵的工作原理图。传动轴5的轴线相对于缸体3有倾角 γ，柱塞2与传动轴圆盘之间用相互铰接的连杆4相连。当传动轴5沿图示方向旋转时，连杆4就带动柱塞2连同缸体3一起绕缸体轴线旋转，柱塞2同时也在缸体的柱塞孔内作往复运动，使柱塞孔底部的密封腔容积不断发生增大和缩小的变化，通过配油盘1上的窗口a和b实现吸油和压油。

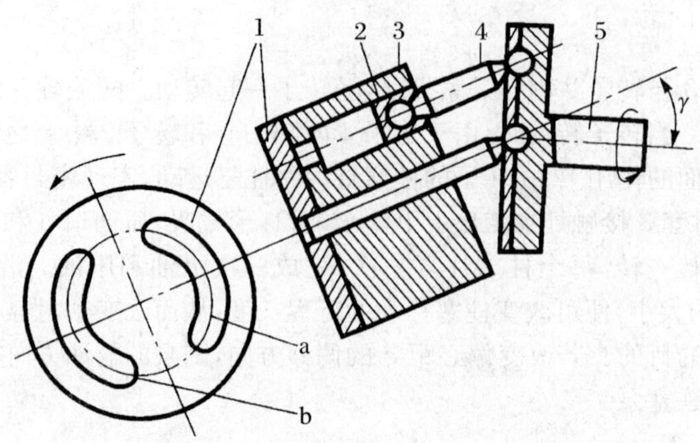

图 12.9 斜轴式轴向柱塞泵的工作原理图

1. 配流盘 2. 柱塞 3. 缸体 4. 连杆 5. 传动轴

a 为吸油窗口 b 为压油窗口

与斜盘式轴向柱塞泵相比较，斜轴式轴向柱塞泵由于缸体所受的不平衡径向力较小，故结构强度较高，可以有较高的设计参数，其缸体轴线与驱动轴的夹角 γ 较大，变量范围较大；但外形尺寸较大，结构也较复杂。

第二节 液 压 缸

液压缸又称为油缸，它是液压系统中的一种执行元件，其功能就是将液压能转变成直线往复式的机械运动。液压缸的种类很多，主要有活塞缸、柱塞缸。

一、活塞式液压缸

活塞式液压缸根据其使用要求不同可分为双活塞杆和单活塞杆两种。

（一）双活塞杆活塞缸

活塞两端都有一根直径相等的活塞杆伸出的液压缸称为双杆式活塞缸，它一般由缸体、缸盖、活塞、活塞杆和密封件等零件构成。根据安装方式不同可分为缸筒固定式和活塞杆固定式两种。

如图 12.10(a)所示为缸筒固定式的双杆活塞缸。它的进、出口布置在缸筒两端，活塞通过活塞杆带动工作台移动，当活塞的有效行程为 L 时，整个工作台的运动范围为 $3L$，所以机床占地面积大，一般适用于小型机床。

由于双杆活塞缸两端的活塞杆直径通常是相等的，因此它左、右两腔的有效面积也相等，当分别向左、右腔输入相同压力和相同流量的油液时，液压缸左、右两个方向的推力 F 和速度 v 相等。

当输入流量与压力不变的情况下，无论是左缸还是右缸进油所输出的作用力与速度大小是相等的，这种缸往往用于有此种工况要求的油路中。

当工作台行程要求较长时，可采用图 12.10(b)所示的活塞杆固定的形式，这时，缸体与工作台相连，活塞杆通过支架固定在机床上，动力由缸体传出。这种安装形式中，工作台的移动范围只等于液压缸有效行程 L 的 2 倍($2L$)，因此占地面积小。进出油口可以设置在固定不动的空心的活塞杆的两端，但必须使用软管连接，此类的液压缸用于较大型的机械中。

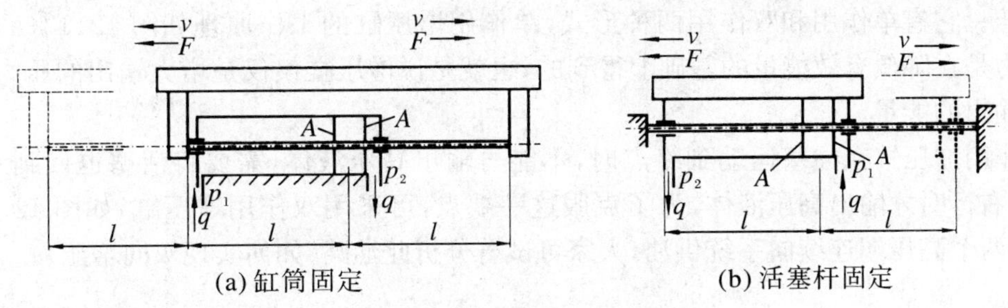

(a) 缸筒固定　　(b) 活塞杆固定

图 12.10　双活塞杆活塞缸

(二) 单活塞杆活塞缸

如图 12.11 所示，活塞只有一端带活塞杆，单杆液压缸也有缸体固定和活塞杆固定两种形式，但它们的工作台移动范围都是活塞有效行程的 2 倍。

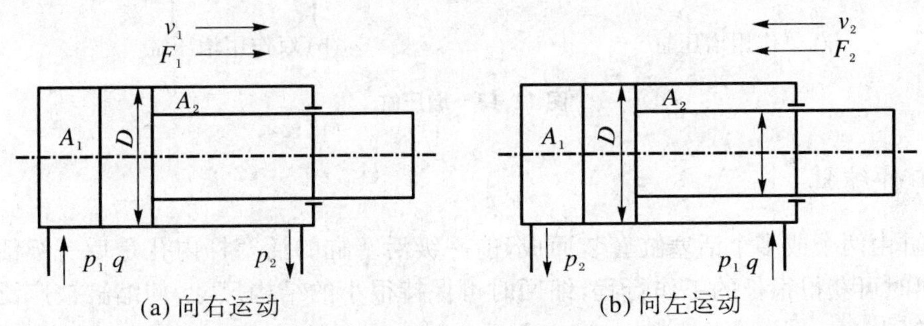

(a) 向右运动　　(b) 向左运动

图 12.11　单杆式活塞缸

二、柱塞式液压缸

如图 12.12(a)所示为柱塞缸，它只能实现一个方向的液压传动，反向运动要靠外力。若需要实现双向运动，则必须成对使用。如图 12.12(b)所示，这种液压缸中的柱塞和缸筒不接触，运动时由缸盖上的导向套来导向，因此缸筒的内壁不需精加工，它特别适用于行程较长且无往返要求的场合。

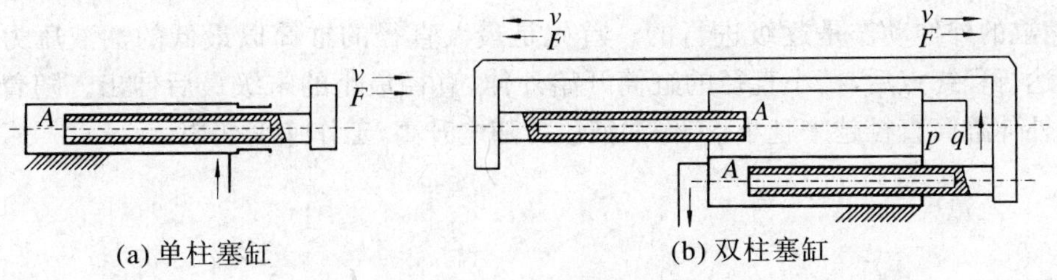

(a) 单柱塞缸　　(b) 双柱塞缸

图 12.12　柱塞缸

三、其他液压缸

（一）增压液压缸

增压液压缸又称增压器，它利用活塞和柱塞有效面积的不同使液压系统中的局部区域获得高压。它有单作用和双作用两种形式，单作用增压缸的工作原理如图 12.13(a)所示。增压能力是在降低有效能量的基础上得到的，也就是说增压缸仅仅是增大输出的压力，并不能增大输出的能量。

单作用增压缸在柱塞运动到终点时，不能再输出高压液体，需要将活塞退回到左端位置，再向右行时才输出高压液体，为了克服这一缺点，可采用双作用增压缸，如图 12.13(b)所示，由两个高压端连续向系统供油，大家可试着分析此油路（如何实现双向增压）。

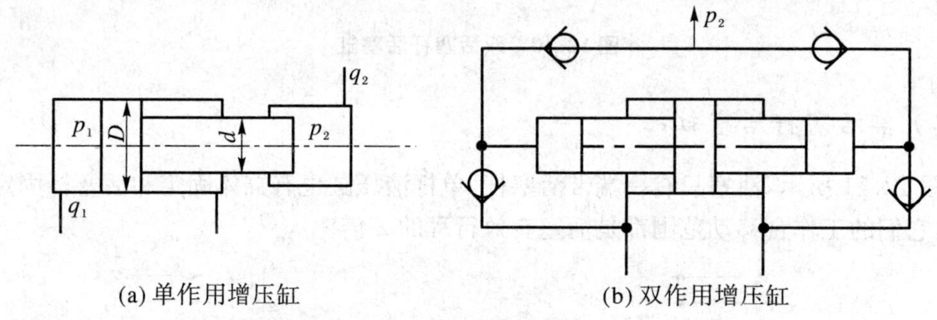

(a) 单作用增压缸　　(b) 双作用增压缸

图 12.13　增压缸

（二）伸缩缸

伸缩缸由两个或多个活塞缸套装而成，前一级活塞缸的活塞杆内孔是后一级活塞缸的缸筒，伸出时可获得很长的工作行程，缩回时可保持很小的结构尺寸，伸缩缸被广泛用于起重运输车辆上。

伸缩缸可以是如图 12.14(a)所示的单作用式，也可以是如图 12.14(b)所示的双作用式，前者靠外力回程，后者靠液压回程。

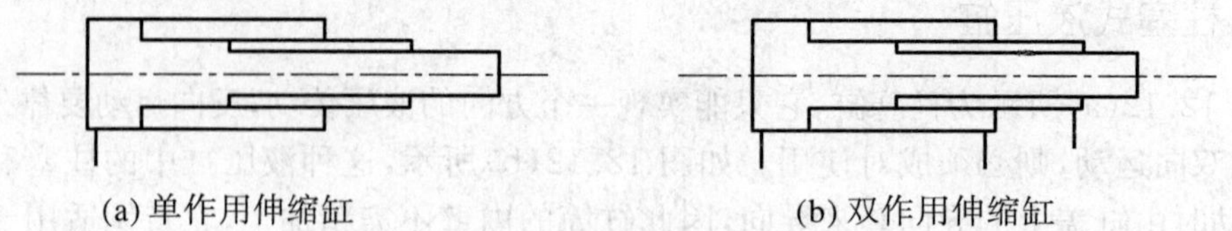

(a) 单作用伸缩缸　　(b) 双作用伸缩缸

图 12.14　伸缩缸

伸缩缸的外伸动作是逐级进行的。首先是最大直径的缸筒以最低的油液压力开始外伸，当到达行程终点后，稍小直径的缸筒开始外伸，直径最小的末级最后伸出。随着工作级数变大，外伸缸筒直径越来越小，工作油液压力随之升高，工作速度变快。

（三）齿轮缸

如图 12.15 所示为齿轮缸，由 2 个柱塞和 1 套齿轮齿条传动装置组成，当液压油推动活塞左右往复运动时，齿条就推动齿轮往复转动，从而由齿轮驱动工作部件作往复旋转运动。

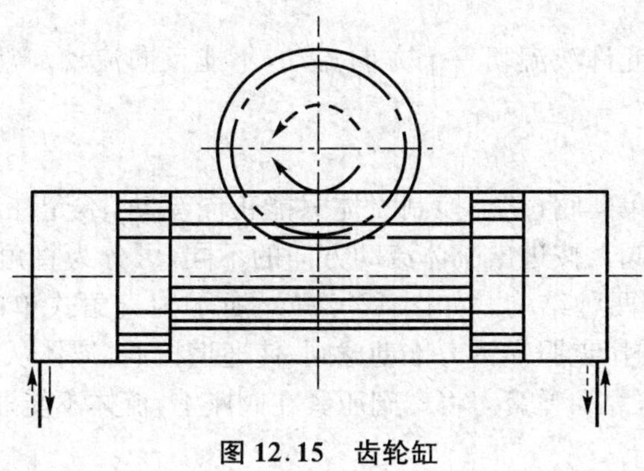

图 12.15　齿轮缸

（四）摆动缸

摆动式液压缸也称摆动马达。当它通入液压油时，它的主轴输出小于 360°的摆动运动。如图 12.16(a)所示为单叶片式摆动缸，它的摆动角度较大，可达 300°。如图 12.16(b)所示为双叶片式摆动缸，它的摆动角度和角速度为单叶片式的一半，而输出转矩是单叶片式的两倍。如图 12.16(c)所示为摆动缸的职能符号。

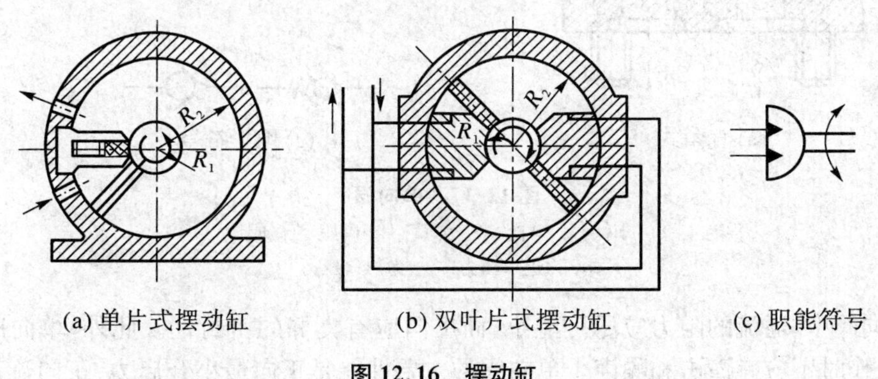

(a) 单片式摆动缸　(b) 双叶片式摆动缸　(c) 职能符号

图 12.16　摆动缸

第三节　液压控制阀

液压控制阀（简称液压阀）用来控制液压系统中油液的压力、流量和流动方向，从而满足液压执行元件对压力速度和换向的要求。因此它常常被分为方向阀、压力阀和流量阀三大类。

一、方向控制阀

方向控制阀简称方向阀，主要用来通断油路或切换油流的方向，以满足对执行元件的起、停和运动方向的要求。按其用途可分为单向阀和换向阀。

（一）单向阀

单向阀的作用是只允许液流朝一个方向流动，不能反向流动。常用的有普通单向阀和液控单向阀。

1. 普通单向阀

普通单向阀简称为单向阀，它是控制流体只能正向流动，不允许反向流动的阀，因此又可称是为逆止阀或止回阀。按进出流体流动方向的不同，可分为直角式[见图 12.17(a)]和直通式[见图 12.17(b)]两种结构。如图 12.17(a)所示为直角式单向阀，其阀芯为锥阀形式。流体从进油口流入时，克服弹簧力推动球阀，使通道接通，流体从出油口流出；当流体从反方向流入时，流体的压力和弹簧力将球阀压紧在阀座上，流体不能通过。

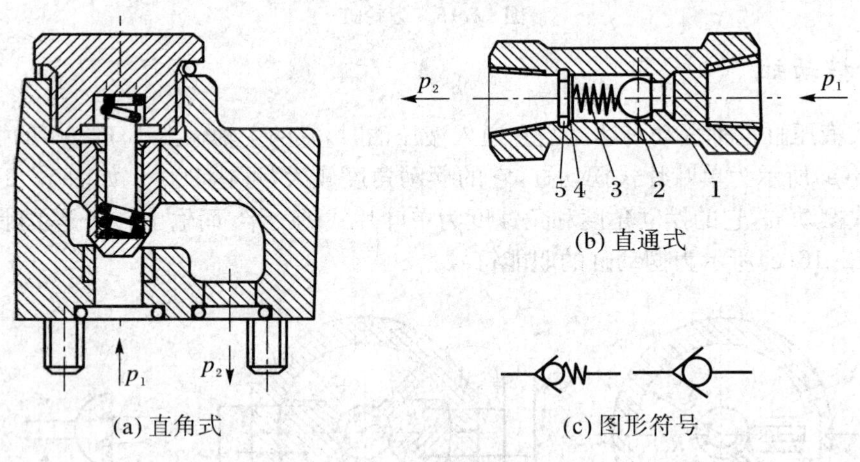

图 12.17 单向阀

1. 阀体 2. 球阀 3. 弹簧 4. 阀座 5. 阀口

p_1 为进口压力 p_2 为出口压力

在单向阀中，通流的阻力应尽可能小，而反向应有良好的密封性。此外，单向阀的动作应灵敏，工作时不应有撞击和噪声。单向阀的主要性能是正向最小开启力、正向流动时的压力损失和反向泄漏量。单向阀中的弹簧仅用于使阀芯在阀座上就位，因此弹簧的刚度一般都选得较小，使阀的开启压力小，一般仅有 0.03～0.05 MPa。若当作背压阀用，可换上刚度较大的弹簧，其压力可达 0.2～0.6 MPa。

单向阀可装在泵的出口处，防止系统中的流体冲击而影响泵的工作；还可用来分隔通道，防止管路间的压力相互干扰等。

2. 液控单向阀

液控单向阀有普通型和带卸荷阀芯型两种，每一种又按其控制活塞的卸油腔的连接方式分为内泄式和外泄式。内泄式和外泄式两种。如图 12.18(a)所示为普通型外泄式单向阀。当控制口 K 处无控制压力通入时，其作用和普通单向阀一样，压力油只能从通油口 P_1

流向通油口 P_2，不能反向倒流。当控制口 K 有控制压力油，且其作用在控制活塞 1 上的液压力超过 P_2 腔压力和弹簧 4 作用在阀芯 3 上的合力时（控制活塞上腔通泄油口），控制活塞推动推杆 2 使阀芯上移开启，通油口 P_1 和 P_2 接通，油液便可在两个方向自由通流，这种结构在反向开启时的控制压力较小。

如图 12.18(b)所示为带卸荷阀的液控单向阀，没有外泄油口，而进油腔 P_1 和控制活塞的上腔直接相通。这种结构较为简单，在反向开启时，K 腔的压力必须高于 P_1 腔的压力，故控制压力较高，故仅适用于 P_1 腔压力较低的场合。

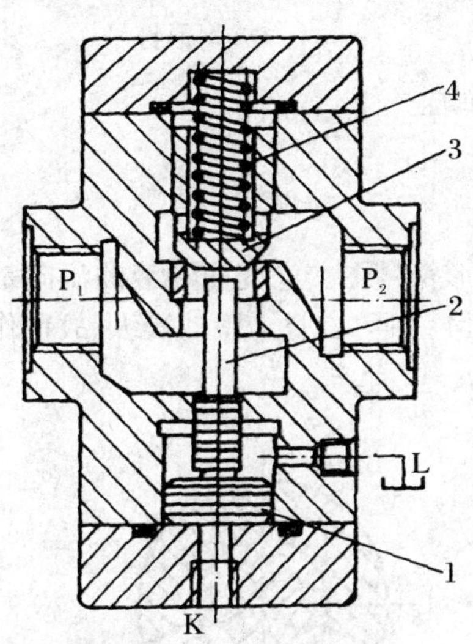

(a) 普通型液控单向阀(外泄式)

1. 控制活塞　2. 推杆　3. 阀心
4. 弹簧　L为外泄口　K为控制口

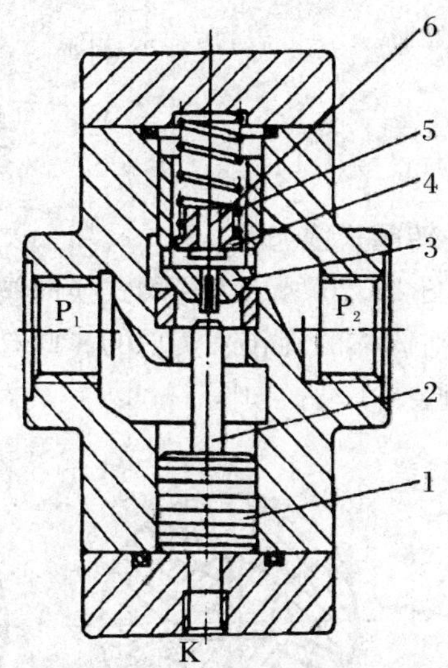

(b) 带卸荷阀的液控单向阀(内泄式)

1. 控制活塞　2. 推杆　3. 阀心　4. 弹簧座
5. 弹簧　6. 卸荷阀心　K为控制口

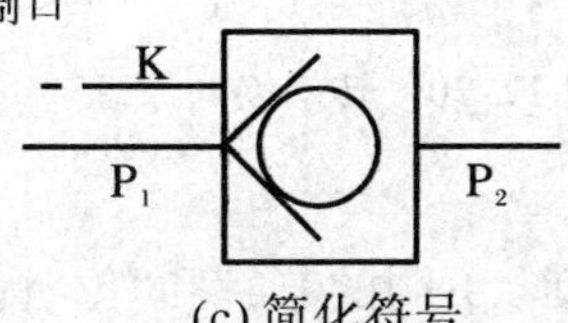

(c) 简化符号

图 12.18　液控单向阀

液控单向阀具有良好的反向密封性，用途主要有：对液压缸进行锁闭、作立式液压缸的支撑阀和在某些情况下起保压作用。

（二）换向阀

换向阀的作用是利用阀芯和阀体的相对运动来接通、关闭油路或变换油液通向执行元件的流动方向，以使执行元件启动、停止或变换运动方向的。换向阀按结构分有滑阀式和转阀式。

1. 滑阀式换向阀

如图 12.19 所示为滑阀工作原理图，液压缸两腔不通压力油，活塞处于停止状态。若使阀芯 1 左移，阀体 2 的油口 P 和 A 连通、B 和 T 连通，则压力油经 P、A 进入液压缸左腔，右腔油液经 B、T 流回油箱，活塞向右运动；反之，若使阀芯右移，则油口 P 和 B 连通、A 和 T 连通，活塞便向左运动。

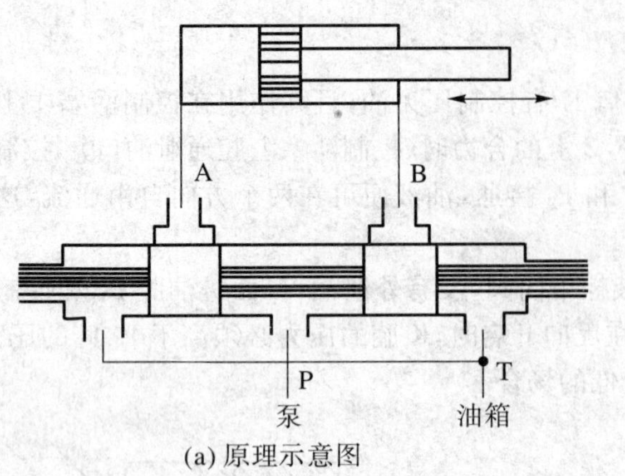

(a) 原理示意图

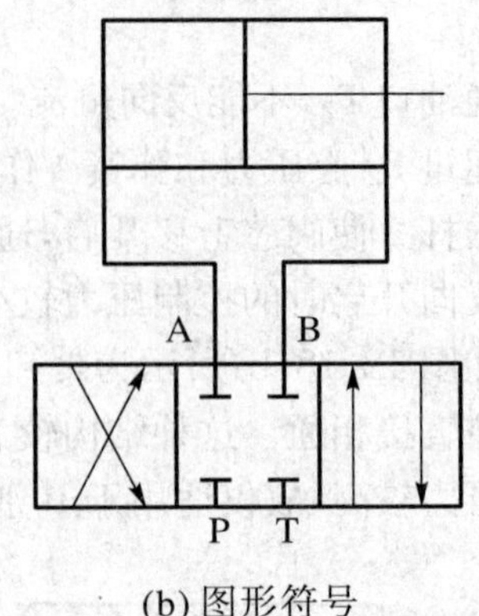

(b) 图形符号

图 12.19　滑阀工作原理图

2. 转阀式换向阀

如图 12.20 所示为转阀式换向阀的换向原理和图形符号图。它变换油液的流向是利用阀芯相对阀体的旋转来实现的。此阀有 3 个工作位置，4 个通口，且为手动操纵，故称作三位四通转阀式手动换向阀。

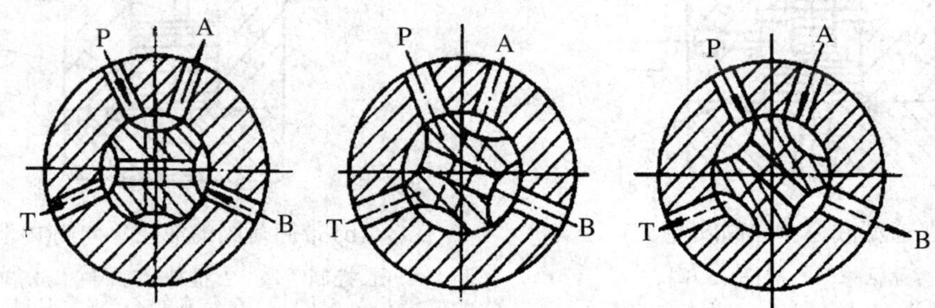

图 12.20　转阀换向原理

3. 换向阀的"位"与"通"

"通"和"位"是换向阀的重要概念。不同的"通"和"位"构成了不同类型的换向阀。通常所说的"二位阀""三位阀"是指换向阀的阀芯有 2 个或 3 个不同的工作位置。所谓"二通阀""三通阀""四通阀"是指换向阀的阀体上有 2 个、3 个、4 个各不相通且可与系统中不同油管相连的油道接口，不同油道之间只能通过阀芯移位时阀口的开关来沟通。

几种不同"通"和"位"的滑阀式换向阀主体部分的结构形式和图形符号如表 12.1 所示。

表 12.1　不同的"通"和"位"的滑阀式换向阀主体部分的结构形式和图形符号

名　称	结构原理图	图形符号
二位二通	A　B	B A

续表

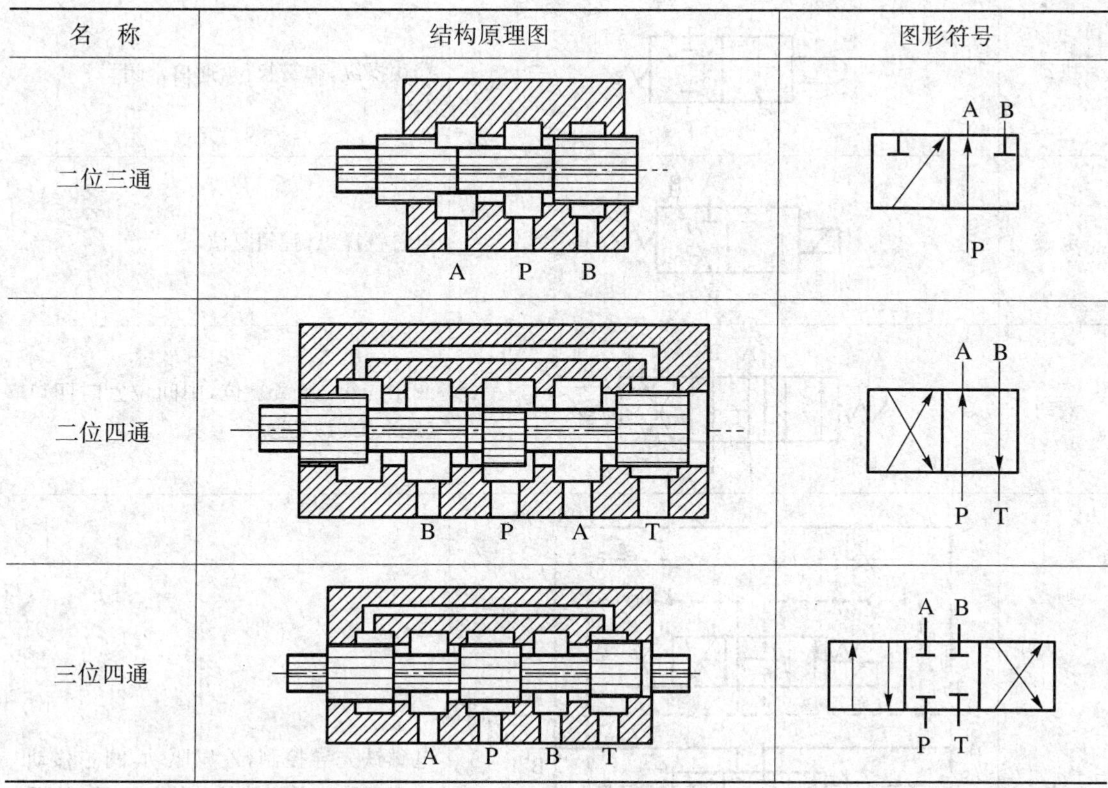

名　称	结构原理图	图形符号
二位三通	A　P　B	A　B　P
二位四通	B　P　A　T	A　B　P　T
三位四通	A　P　B　T	A　B　P　T

表 12.1 中图形符号的含义如下：

① 用方框表示阀的工作位置，有几个方框就表示有几“位”。

② 方框内的箭头表示油路处于接通状态，但箭头方向不一定表示液流的实际方向。

③ 方框内符号“┴”或“┬”表示该通路不通。

④ 方框外部连接的接口数有几个，就表示几“通”。

⑤ 一般，阀与系统供油路连接的进油口用字母 P 表示；阀与系统回油路连通的回油口用 T(有时用 O)表示；而阀与执行元件连接的油口用 A、B 等表示。有时在图形符号上用 L 表示泄漏油口。

⑥ 换向阀都有两个或两个以上的工作位置，其中一个为常态位，即阀芯未受到操纵力时所处的位置。图形符号中的中位是三位阀的常态位。利用弹簧复位的二位阀则以靠近弹簧的方框内的通路状态为其常态位。绘制系统图时，油路一般应连接在换向阀的常态位上。

如表 12.2 所列的为常见滑阀操纵方式。需要说明的是，表中所列仅是举例，表中的被操纵阀和操纵方式无本质联系，如手动操纵方式也可以操纵二位二通阀等。

表 12.2　滑阀的操纵方式

操纵方式	符号表示(代表)	简要说明
手动	A　B　P　T	手动操纵，弹簧复位，中间位置时阀口互不相通

续表

操纵方式	符号表示(代表)	简要说明
机动	A P	挡块操纵,弹簧复位,通口常闭
电磁	A B P	电磁铁操纵,弹簧复位
液动	A B P T	液压操纵,弹簧复位,中间位置时四口(P、A、B、T)互通
电液动	P T A B P T A B P T	电磁铁先导控制,液压驱动,阀芯移动速度可分别由两端的节流阀调节,使系统中执行元件能得到平稳的换向

二、压力控制阀

压力控制阀是用来控制和调节液压系统液流压力以及利用压力实现控制的阀类,按功用可分为溢流阀、减压阀、顺序阀和压力继电器。其共同特点是利用油液压力和弹簧压力相平衡的原理来工作,调节弹簧预压力即改变了所控制的油液压力。

(一) 溢流阀

溢流阀有多种用途,但其基本功用主要有两种:一是当系统压力超过或等于溢流阀的调定压力时,系统的液体或气体通过阀口溢出一部分,保证系统压力恒定,用于调压;二是在系统中作安全阀用,在系统正常工作时,溢流阀处于关闭状态,只有在系统压力大于或等于其调定压力时才开启溢流,对系统起过载保护作用。

如图 12.21 所示为用于液压系统中的溢流阀。其滑阀式阀芯的下端有轴向孔,压力油经阀芯下端的径向孔、轴向阻尼孔 a 进入滑阀的底部,形成一个向上的油压作用力。当进口压力较低时,阀芯在弹簧力的作用下被压在图示的最低位置。阀口(即进油口 P 和回油口 O 之间阀内通道)被阀芯封闭,阀不溢流。当阀的进口压力升高,使阀芯下端的油压作用力足以克服弹簧力时,阀芯向上移动,使 P 口与 O 口相通。弹簧对阀芯的作用力可通过调节螺母调节,即调节溢流阀的入口压力。

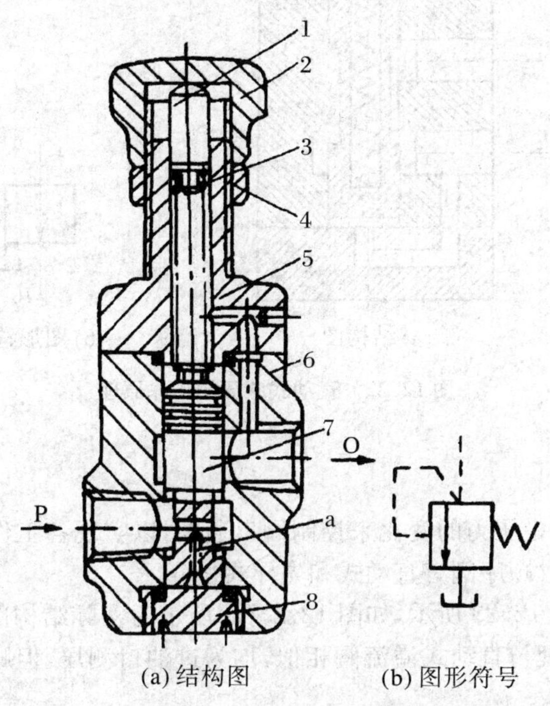

(a) 结构图　　(b) 图形符号

图 12.21　直动式溢流阀

1. 推杆　2. 调节螺母　3. 弹簧　4. 锁紧螺母　5. 阀盖　6. 阀体　7. 阀芯　8. 螺塞

这种溢流阀因压力油直接作用于阀芯,故称直动式溢流阀。直动式溢流阀的特点是结构简单,反应灵敏。但在工作时易产生振动和噪声,压力波动大。一般用于小流量、压力较低的场合。因控制较高压力或较大流量时,需要装刚度较大的硬弹簧,不但手动调节困难,而且阀口开度(弹簧压缩量)略有变化,便引起较大的压力波动,因而不易稳定。

（二）减压阀

在同一系统中,往往有一个泵要向几个执行元件供油,而各执行元件所需的工作压力不尽相同的情况发生。若某执行元件所需的工作压力较泵的供油压力低,可在该分支油路中串联一减压阀。油液流经减压阀后,压力降低,且使其出口处相接的某一回路的压力保持恒定。

如图 12.22 所示为定值直动式减压阀工作原理。进口压力 p_1,经减压后变为 p_2,阀芯在原始位置时,进、出口畅通,阀处于常开状态。它的控制压力引自出口,当出口压力 p_2 增大到调定压力时,阀芯处于上升的临界状态,当 p_2 继续增大时,阀芯上移,关小阀口,液阻增大,压降增大,使出口压力减小;反之当出口压力 p_2 减小时,阀芯下移,阀口开大,液阻减小,压降减小,使出口压力回升。上述过程中,若忽略摩擦力、阀芯重力和稳态液动力,则阀芯上只有下部的液动力(等于出口压力)和上部的弹簧力(约等于调定压力)相平衡,则可维持出口压力基本为调定压力。

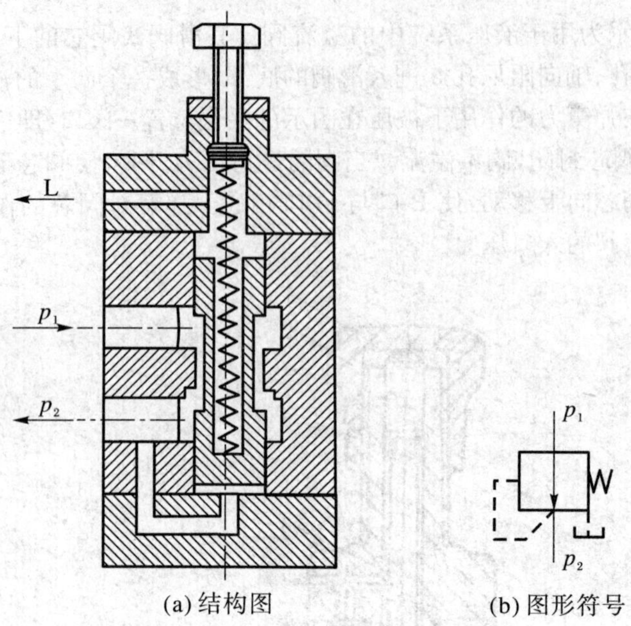

(a) 结构图　　(b) 图形符号

图 12.22　直动式减压阀工作原理

（三）顺序阀

顺序阀是利用油路中压力的变化来控制阀口通断，以实现各工作部件依次顺序动作的液压元件，故名顺序阀。顺序阀有直动式和先导式之分。

直动型顺序阀如图 12.23 所示，如图 12.23(a)所示为实际结构图。直动式顺序阀通常为滑阀结构，其工作原理与直动式溢流阀相似，均为进油口测压，但顺序阀为减小调压弹簧

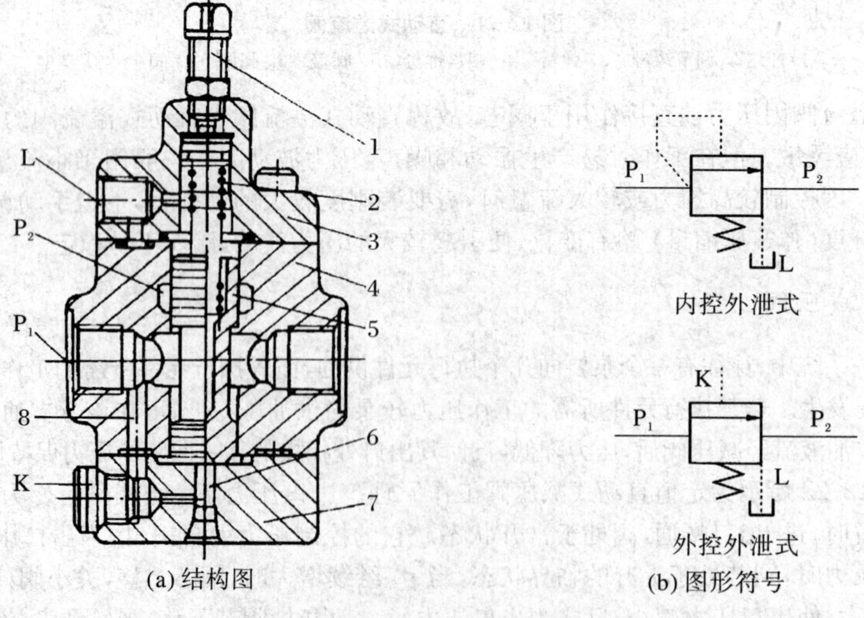

(a) 结构图　　(b) 图形符号

图 12.23　直动式顺序阀结构及原理图

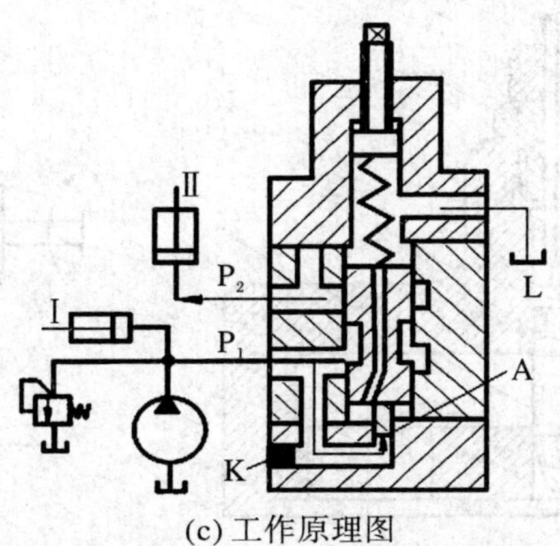

(c) 工作原理图

续图 12.23 直动式顺序阀结构及原理图

1. 调节螺钉 2. 弹簧 3. 阀盖 4. 阀体 5. 阀芯 6. 控制活塞 7. 端盖 8. 孔道

刚度，还设置了断面积比阀芯小的控制活塞 A。顺序阀与溢流阀的区别还有：其一，出口不是溢流口，因此出口 P_2不接回油箱，而是与某一执行元件相连，弹簧腔泄漏油口 L 必须单独接回油箱；其二，顺序阀不是稳压阀，而是开关阀，它是一种利用压力的高低控制油路通断的"压控开关"，严格地说，顺序阀是一个二位二通液动换向阀。

图 12.23(c)为工作原理图。泵起动后，油源压力 p_1克服负载使液压缸Ⅰ运动，当 P_1口压力升高至作用在柱塞面积 A 上的液压力超过弹簧预调力时，阀芯便向上运动，使 P_1口和 P_2口接通。油源压力经顺序阀口后克服液压缸Ⅱ的负载使活塞运动。这样就利用顺序阀实现了液压缸Ⅰ和Ⅱ的顺序动作。

三、流量控制阀

流量控制阀的功用是通过改变阀口过流面积来调节输出流量，从而控制执行元件的运动速度。流量控制阀分节流阀、调速阀和分流阀等。

（一）节流阀

如图 12.24 所示的节流阀，可通过旋转阀芯 3 使之在螺母 1 中上下移动，从而改变阀芯与阀体 2 组成的节流口面积大小。采用三角槽结构的阀口可提高分辨率，即减小节流口面积对阀芯位移的变化率（又称面积梯度），使调节的精确性提高。

节流阀是最简易的流量阀，此阀无压力和温度补偿装置，不能自动补偿负载及油黏度变化时所造成的速度不稳定。但结构简单，制造维护方便，广泛应用于负载变化不大或对速度稳定性要求不高的场合。

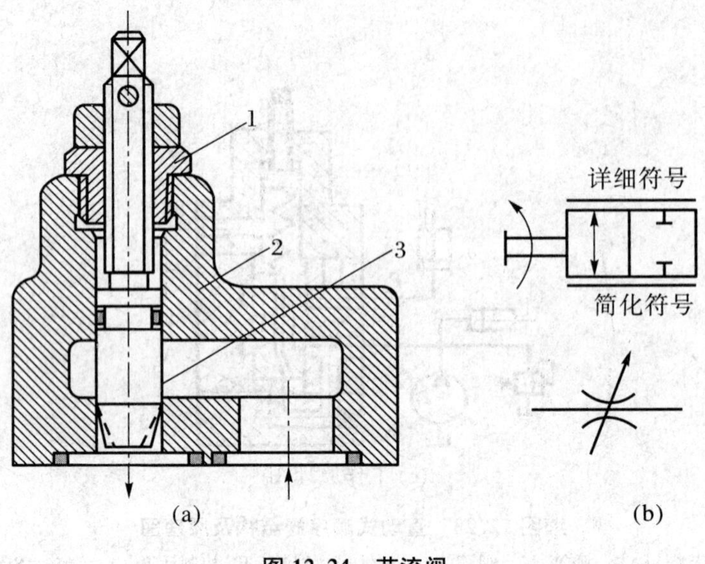

图 12.24　节流阀

1. 螺母　2. 阀体　3. 阀芯

（二）调速阀

如图 12.25 所示为调速阀进行调速的工作原理。液压泵出口（即调速阀进口）压力 p_1 由溢流阀调定，基本上保持恒定。调速阀出口处的压力 p_2 由活塞上的负载 F 决定。所以当 F 增大时，调速阀进出口压差 $p_1 - p_2$ 将减小。如在系统中装的是普通节流阀，则由于压差的变动，影响通过节流阀的流量，从而影响活塞运动的速度不能保持恒定。

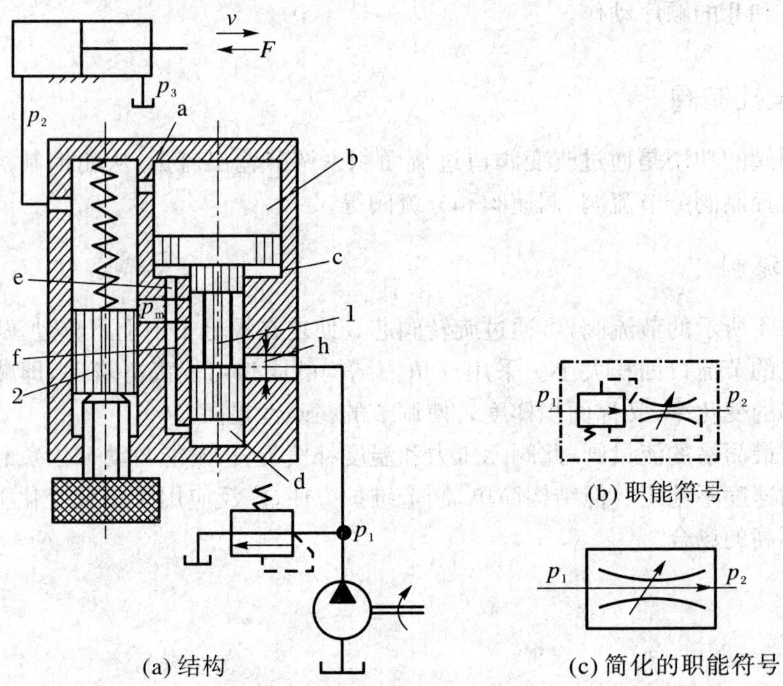

(a) 结构　(b) 职能符号　(c) 简化的职能符号

图 12.25　调速阀的工作原理

1. 定差减压阀阀芯　2. 节流阀阀芯

调速阀是在节流阀的前面串接了一个定差式减压阀，使油液先经减压阀产生一次压力降，将压力降到 p_m。利用减压阀阀芯的自动调节作用，使节流阀前后压差 $\Delta p = p_m - p_2$ 基本上保持不变。

减压阀阀芯上端的油腔 b 通过孔道 a 和节流阀后的油腔相通，压力为 p_2，而其肩部腔 c 和下端油腔 d，通过孔道 f 和 e 与节流阀前的油腔相通，压力为 p_m。活塞上负载 F 增大时，p_2 升高，于是作用在减压阀阀芯上端的液压力增加，阀芯下移，减压阀的开口加大，压降减小，因而使 p_m 也升高，结果使节流阀前后的压差 $p_m - p_2$ 保持不变；反之亦然。这样就使通过调速阀的流量恒定不变，活塞运动的速度稳定，不受负载变化的影响。

上述调速阀是先减压后节流型的结构。调速阀也可以是先节流后减压型的，二者的工作原理和作用情况基本上相同。

复习思考题

1. 选择题

(1) 柱塞泵中的柱塞往复运动一次完成一次________。

A. 进油　　B. 压油　　C. 进油和压油

(2) 机床的液压系统中常用________泵，其特点是压力中等、流量和压力脉动小、输送均匀、工作平稳可靠。

A. 齿轮　　B. 叶片　　C. 柱塞

(3) 齿轮泵多用于________系统，叶片泵多用于________系统，柱塞泵多用于________系统。

A. 高压　　B. 中压　　C. 低压

(4) 在某一液压设备中需要一个完成很长工作行程的液压缸宜采用________。

A. 单活塞液压缸　　B. 双活塞杆液压缸

C. 柱塞液压缸　　D. 伸缩式液压缸

(5) 在液压系统的液压缸是________。

A. 动力元件　　B. 执行元件　　C. 控制元件　　D. 传动元件

(6) 液压传动系统中常用的压力控制阀是________。

A. 换向阀　　B. 溢流阀　　C. 液控单向阀

(7) 在液压系统中可用于安全保护的控制阀是________。

A. 顺序阀　　B. 节流阀　　C. 溢流阀

(8) 调速阀是________，单向阀是________，减压阀是________。

A. 方向控制阀　　B. 压力控制阀　　C. 流量控制阀

(9) 溢流阀的作用是配合泵等溢出系统中的多余的油液，使系统保持一定的________。

A. 压力　　B. 流量　　C. 流向　　D. 清洁度

2. 判断题

(1) 容积式液压泵输油量的大小取决于密封容积的大小。(　　)

(2) 单作用泵如果反接就可以成为双作用泵。(　　)

(3) 双作用式叶片泵的转子每回转一周，每个密封容积完成两次吸油和压油。(　　)

(4) 如果不考虑液压缸的泄漏,液压缸的运动速度只决定于进入液压缸的流量。 (　　)

(5) 液压执行元件包含液压缸和液压马达两大类型。(　　)

(6) 液压传动系统中常用的压力控制阀是单向阀。(　　)

(7) 节流阀是最基本的流量控制阀。(　　)

(8) 单向阀作背压阀用时,应将其弹簧更换成软弹簧。(　　)

(9) 压力控制阀基本特点都是利用油液的压力和弹簧力相平衡的原理来进行工作。 (　　)

3. 简答题

(1) 液压控制元件的作用是什么?

(2) 液压控制阀按照控制机能和控制方式是如何分类的?

(3) 液压控制阀的要求有哪些?

(4) 液压卡紧力是怎样产生的?它有什么危害?减小液压卡紧力的措施有哪些?

(5) 单向阀的功用是什么?普通单向阀和液控单向阀的功能有什么区别?

(6) 换向阀在液压系统中起什么作用?通常按哪些方法分类?各分为哪几种类型?

(7) 什么叫滑阀机能?二位二通和二位三通换向阀有哪几种滑阀机能?

(8) 溢流阀在液压系统中有何功用?

(9) 减压阀有何功用?一般应用在什么场合?

(10) 减压阀为什么能够降低系统压力和保持恒定的压力?

(11) 试比较溢流阀、减压阀和顺序阀三种压力控制阀。

(12) 分析比较调速阀和旁通调速阀。

(13) 液压缸的结构基本上由哪部分组成?

(14) 简述液压系统中安装冷却器的原因。

(15) 蓄能器有哪几类?常用的是哪一类?绘图说明滤油器一般安装在液压系统中的什么位置。

第十三章　液压基本回路

通过本章的学习，重点掌握液压系统中常用的一些液压回路，巩固前面章节所学习的各类阀的工作原理及职能符号，分析油路图并且根据要求能够作出合格的油路图。

第一节　压力控制回路

压力控制回路是用压力阀来控制和调节液压系统主油路或某一支路的压力，以满足执行元件速度换接回路所需的力或力矩的要求。利用压力控制回路可实现对系统进行调压（稳压）、减压、增压、卸荷、保压与平衡等各种控制。

一、调压回路

当液压系统工作时，液压泵应向系统提供所需压力的液压油，同时，又能节省能源，减少油液发热，提高执行元件运动的平稳性。所以，应设置调压或限压回路。当液压泵一直工作在系统的调定压力时，就要通过溢流阀调节并稳定液压泵的工作压力。当系统在不同的工作时间内需要有不同的工作压力时，可采用二级或多级调压回路。

1．单级调压回路

如图 13.1(a)所示，通过液压泵 1 和溢流阀 2 的并接，即可组成单级调压回路。通过调节溢流阀的压力，可以改变泵的输出压力。当溢流阀的调定压力确定后，液压泵就在溢流阀的调定压力下工作。从而实现了对液压系统进行调压和稳压控制。

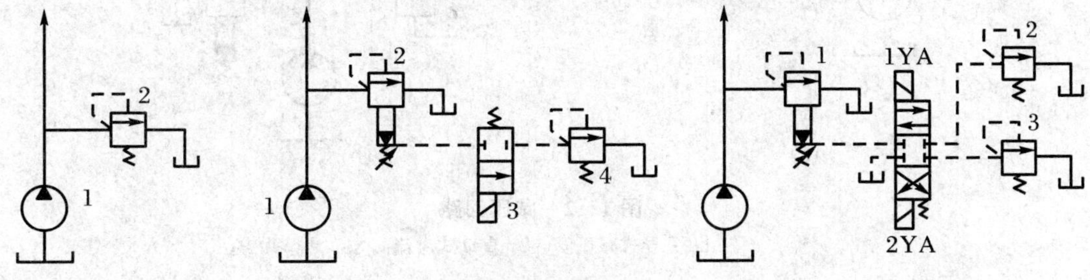

(a) 单级调压回路
1. 液压泵　2. 直动式溢流阀

(b) 二级调压回路
1. 液压泵　2. 先导式溢流阀
3. 电磁阀　4. 直动式溢流阀

(c) 多级调压回路
1. 先导式溢流阀　2、3. 直动式溢流阀

图 13.1　调压回路

2．二级调压回路

如图 13.1(b)所示为二级调压回路，该回路可实现两种不同的系统压力控制。由先导型溢流阀 2 和直动式溢流阀 4 各调一级；当二位二通电磁阀 3 处于图示位置时，系统压力由阀 2 调定，当阀 3 得电后处于右位时，系统压力由阀 4 调定；但要注意：阀 4 的调定压力一定

要小于阀 2 的调定压力，否则不能实现；当系统压力由阀 4 调定时，先导型溢流阀 2 的先导阀口关闭，但主阀开启，液压泵的溢流流量经主阀回油箱，这时阀 4 也处于工作状态，并有油液通过。

3. 多级调压回路

如图 13.1(c)所示为三级调压回路，三级压力分别由溢流阀 1、2、3 调定，当电磁铁 1YA、2YA 失电时，系统压力由主溢流阀调定。当 1YA 得电时，系统压力由阀 2 调定。当 2YA 得电时，系统压力由阀 3 调定。在这种调压回路中，阀 2 和阀 3 的调定压力要低于主溢流阀的调定压力，而阀 2 和阀 3 的调定压力之间没有什么一定的关系。当阀 2 或阀 3 工作时，阀 2 或阀 3 相当于阀 1 上的另一个先导阀。

二、减压回路

当泵的输出压力是高压而局部回路或支路要求低压时，可以采用减压回路。减压回路较为简单，一般是在所需低压的支路上串接减压阀。采用减压回路虽能方便地获得某支路稳定的低压，但压力油经减压阀口时要产生压力损失，这是它的缺点。

最常见的减压回路为通过定值减压阀与主油路相连，如图 13.2(a)所示。回路中的单向阀为主油路压力降低(低于减压阀调整压力)时防止油液倒流，起短时保压作用，减压回路中也可以采用类似两级或多级调压的方法获得两级或多级减压。图 13.2(b)为利用先导型减压阀 1 的远控口接一远控溢流阀 2，则可由阀 1、阀 2 各调得一种低压。但要注意：阀 2 的调定压力值一定要低于阀 1 的调定减压值。

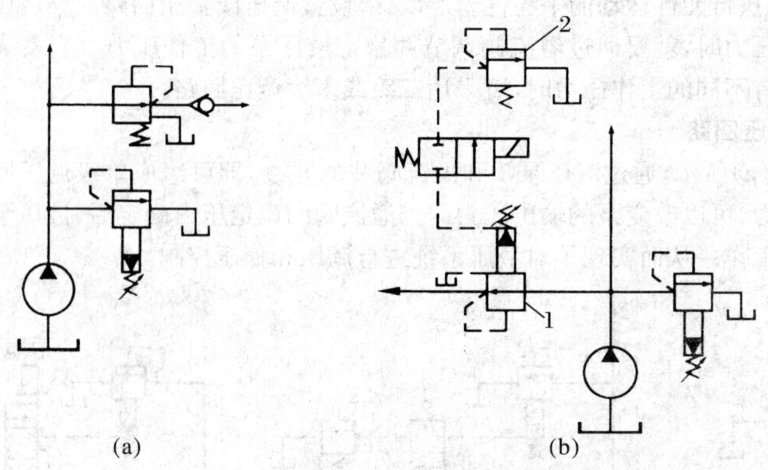

图 13.2 减压回路

1. 先导式减压阀 2. 直动式溢流阀

为了使减压回路工作可靠，减压阀的最低调整压力不应小于 0.5 MPa，最高调整压力至少应比系统压力小 0.5 MPa。

三、增压回路

当系统或系统的某一支油路需要压力较高但流量又不大的压力油，而采用高压泵又不经济，或者根本就没有必要增设高压力的液压泵时，常采用增压回路，这样不仅易于选择液压泵，而且系统工作较可靠，噪声小。增压回路中提高压力的主要元件是增压缸或增压器。

1. 单作用增压缸的增压回路

如图13.3(a)所示为利用增压缸的单作用增压回路，当系统在图示位置工作时，系统的供油压力 p_1 进入增压缸的大活塞腔，此时在小活塞腔即可得到所需的较高压力 p_2；当二位四通电磁换向阀右位接入系统时，增压缸返回，辅助油箱中的油液经单向阀补入小活塞。因而该回路只能间歇增压，所以称之为单作用增压回路。

2. 双作用增压缸的增压回路

如图13.3(b)所示的采用双作用增压缸的增压回路，能连续输出高压油。在图示位置，液压泵输出的压力油经换向阀5和单向阀1进入增压缸左端大、小活塞腔，右端大活塞腔的回油通油箱，右端小活塞腔增压后的高压油经单向阀4输出，此时单向阀2、3被关闭。当增压缸活塞移到右端时，换向阀接通电源换向，增压缸活塞向左移动。同理，左端小活塞腔输出的高压油经单向阀3输出，这样，增压缸的活塞不断往复运动，两端便交替输出高压油，从而实现了连续增压。

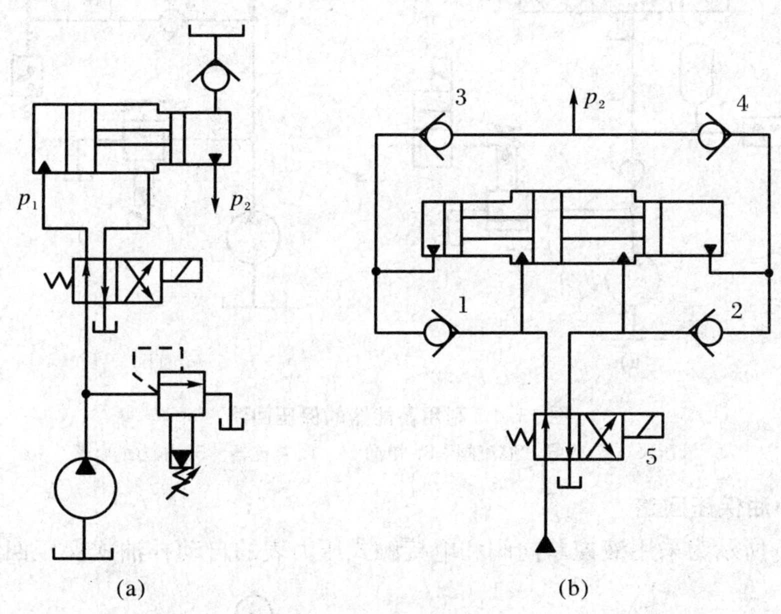

图13.3 增压回路

1、2、3、4. 单向阀 5. 换向阀

四、保压回路

在液压系统中，常要求液压执行机构一定的行程位置上停止运动或在有微小的位移下稳定地维持一定的压力，这就要采用保压回路。最简单的保压回路是密封性能较好的液控单向阀的回路，但是，阀类元件处的泄漏使得这种回路的保压时间不能维持太久。常用的保压回路有以下几种。

1. 利用液压泵的保压回路

在保压过程中，液压泵仍以较高的压力（保压所需压力）工作，此时，若采用定量泵则压力油几乎全经溢流阀流回油箱，系统功率损失大，易发热，故只在小功率的系统且保压时间较短的场合下才使用;若采用变量泵,在保压时泵的压力较高,但输出流量几乎等于零,因而,液压系统的功率损失小,这种保压方法能随泄漏量的变化而自动调整输出流量,因而其效率也较高。

2. 利用蓄能器的保压回路

如图 13.4(a)所示的回路,当主换向阀在左位工作时,液压缸向前运动且压紧工件,进油路压力升高至调定值,压力继电器动作使二通阀通电,泵即卸荷,单向阀自动关闭,液压缸则由蓄能器保压。缸压不足时,压力继电器复位使泵重新工作。保压时间的长短取决于蓄能器容量,调节压力继电器的工作区间即可调节缸中压力的最大值和最小值。如图 13.4(b)所示为多缸系统中的保压回路,这种回路当主油路压力降低时,单向阀 3 关闭,支路由蓄能器保压补偿泄漏,压力继电器 5 的作用是当支路压力达到预定值时发出信号,使主油路开始动作。

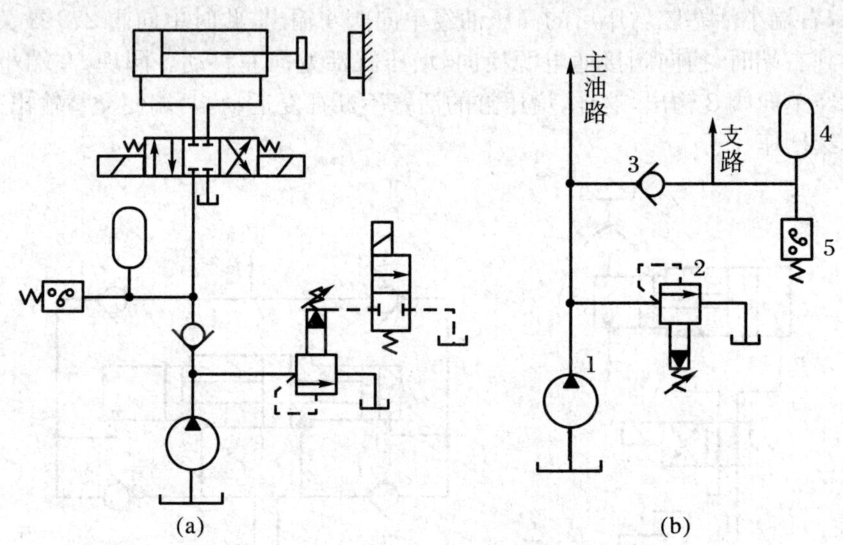

图 13.4 利用蓄能器的保压回路

1. 液压泵 2. 先导式溢流阀 3. 单向阀 4. 蓄能器 5. 压力继电器

3. 自动补油保压回路

如图 13.5 所示为采用液控单向阀和电接触式压力表的自动补油式保压回路,其工作原

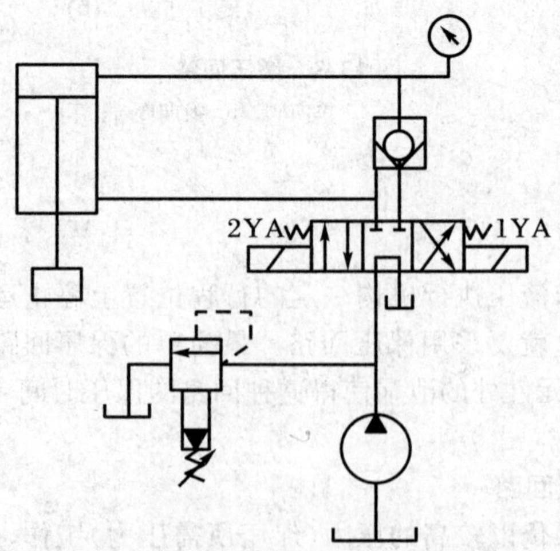

图 13.5 自动补油的保压回路

理为：当 1YA 通电，换向阀右位接入回路，液压缸上腔压力上升至电接触式压力表的上限值时，上触点接电，使电磁铁 1YA 失电，换向阀处于中位，液压泵卸荷，液压缸由液控单向阀保压。当液压缸上腔压力下降到预定下限值时，电接触式压力表又发出信号，使 1YA 通电，液压泵再次向系统供油，使压力上升。当压力达到上限值时，上触点又发出信号，使 1YA 失电。因此，这一回路能自动地使液压缸补充压力油，使其压力能长期保持在一定范围内。

五、平衡回路

平衡回路的功用在于防止垂直或倾斜放置的液压缸和与之相连的工作部件因自重而自行下落。图 13.6(a)为采用单向顺序阀的平衡回路，当电磁铁 1YA 通电后活塞下行时，回油路上就存在着一定的背压；只要将这个背压调得能支承住活塞和与之相连的工作部件自重，活塞就可以平稳地下落。当换向阀处于中位时，活塞就停止运动，不再继续下移。这种回路当活塞向下快速运动时功率损失大，锁住时活塞和与之相连的工作部件会因单向顺序阀和换向阀的泄漏而缓慢下落，因此它只适用于工作部件重量不大、活塞锁住时定位要求不高的场合。

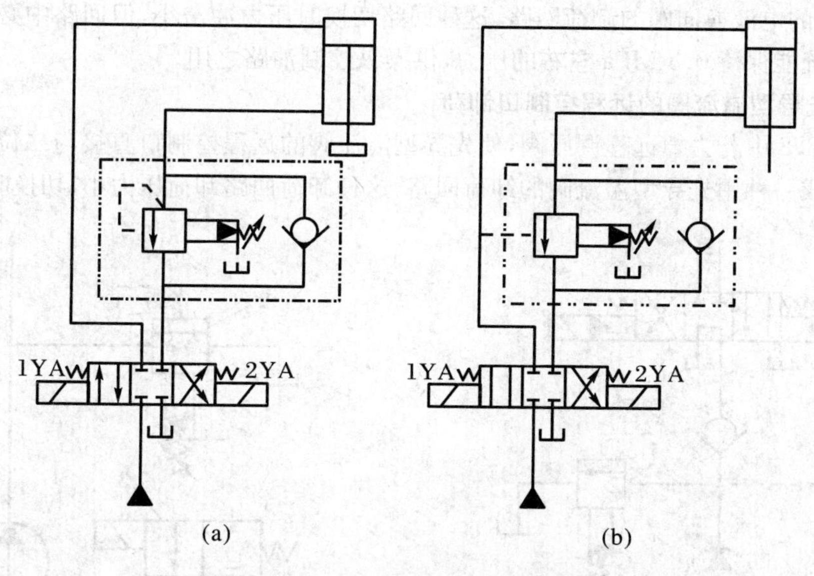

图 13.6　采用顺序阀的平衡回路

如图 13.6(b)所示为采用液控顺序阀的平衡回路。当活塞下行时，控制压力油打开液控顺序阀，背压消失，因而回路效率较高；当停止工作时，液控顺序阀关闭以防止活塞和工作部件因自重而下降。这种平衡回路的优点是只有上腔进油时活塞才下行，比较安全可靠；缺点是活塞下行时平稳性较差。这是因为活塞下行时，液压缸上腔油压降低，将使液控顺序阀关闭。当顺序阀关闭时，因活塞停止下行，使液压缸上腔油压升高，又打开液控顺序阀。因此液控顺序阀始终工作于启闭的过渡状态，因而影响工作的平稳性。这种回路适用于运动部件重量不是很大、停留时间较短的液压系统。

六、卸荷回路

在液压系统工作中，有时执行元件短时间停止工作，不需要液压系统传递能量，或者执行元件在某段工作时间内保持一定的力，而运动速度极慢，甚至停止运动，在这种情况下，不需要液压泵输出油液，或只需要很小流量的液压油，于是液压泵输出的压力油全部或绝大部分从溢流阀流回油箱，造成能量的无谓消耗，引起油液发热，使油液加快变质，而且还影响液压系统的性能及泵的寿命。为此，需要采用卸荷回路，即卸荷回路的功用是指在液压泵驱动电动机不频繁启闭的情况下，使液压泵在功率输出接近于零的情况下运转，以减少功率损耗，降低系统发热，延长泵和电动机的寿命。因为液压泵的输出功率为其流量和压力的乘积，因而，两者任一近似为零，功率损耗即近似为零。因此液压泵的卸荷有流量卸荷和压力卸荷两种，前者主要是使用变量泵，使变量泵仅为补偿泄漏而以最小流量运转，此方法比较简单，但泵仍处在高压状态下运行，磨损比较严重；压力卸荷的方法是使泵在接近零压下运转。常见的压力卸荷方式有以下几种。

1．换向阀卸荷回路

M、H 和 K 型中位机能的三位换向阀处于中位时，泵即卸荷。如图 13.7 所示为采用 M 型中位机能的电液换向阀的卸荷回路，这种回路切换时压力冲击小，但回路中必须设置单向阀，以使系统能保持 0.3 MPa 左右的压力，供操纵控制油路之用。

2．用先导型溢流阀的远程控制口卸荷

在图 13.8 中若去掉远程调压阀，使先导型溢流阀的远程控制口直接与二位二通电磁阀相连，便构成一种用先导型溢流阀的卸荷回路，这种卸荷回路卸荷压力小，切换时冲击也小。

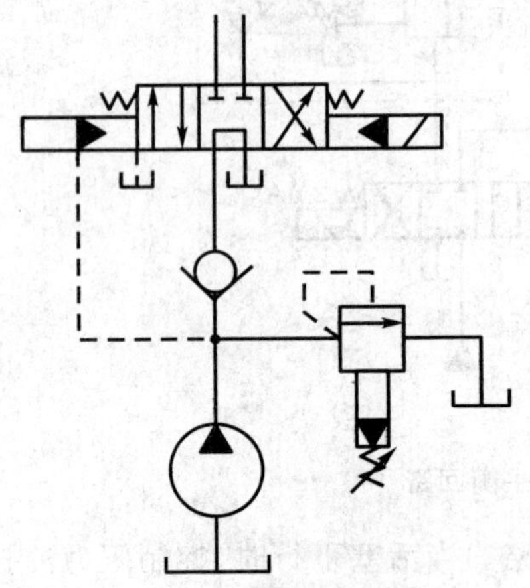

图 13.7　M 型中位机能卸荷回路

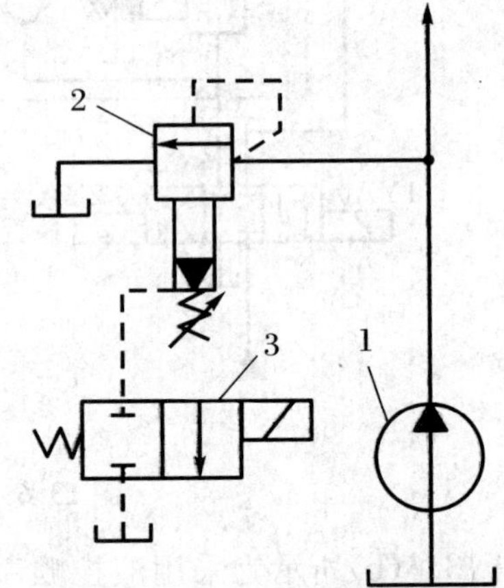

图 13.8　溢流阀远控口卸荷

1．泵　2．先导式溢流阀　3．二位二通电磁阀

第二节　速度控制回路

速度控制回路是研究液压系统的速度调节和变换问题，常用的速度控制回路有调速回

路、快速回路、速度换接回路等，本节中分别对上述3种回路进行介绍。

一、调速回路

调速回路的基本原理：从液压缸的工作原理可知，液压缸的运动速度 v 由输入流量 q 和液压缸的有效作用面积 A 决定，即 $v = q/A$。

通过上面的关系可以知道，要想调节液压缸的运动速度 v，可通过改变输入流量 q、改变缸的有效作用面积 A 等方法来实现。由于液压缸的有效面积 A 是定值，只有改变流量 q 的大小来调速。而改变输入流量 q，可以通过采用流量阀或变量泵来实现。目前，调速回路主要有以下3种方式：

① 节流调速回路。由定量泵供油，用流量阀调节进入或流出执行机构的流量来实现调速。

② 容积调速回路。用调节变量泵来调速。

③ 容积节流调速回路。用限压变量泵供油，由流量阀调节进入执行机构的流量，并使变量泵的流量与调节阀的调节流量相适应来实现调速。此外还可采用几个定量泵并联，按不同速度需要，启动一个泵或几个泵供油实现分级调速。

（一）节流调速回路

节流调速回路是通过调节流量阀的通流截面积大小来改变进行执行机构的流量，从而实现运动速度的调节。如图13.9所示，如果调节回路里只有节流阀，则液压泵输出的油液全部经节流阀流进液压缸。改变节流阀节流口的大小，只能改变油液流经节流阀速度的大小，而总的流量不会改变，在这种情况下节流阀不能起调节流量的作用，液压缸的速度不会改变。

进油调速回路是将节流阀装在执行机构的进油路上，起调速原理如图13.10所示。

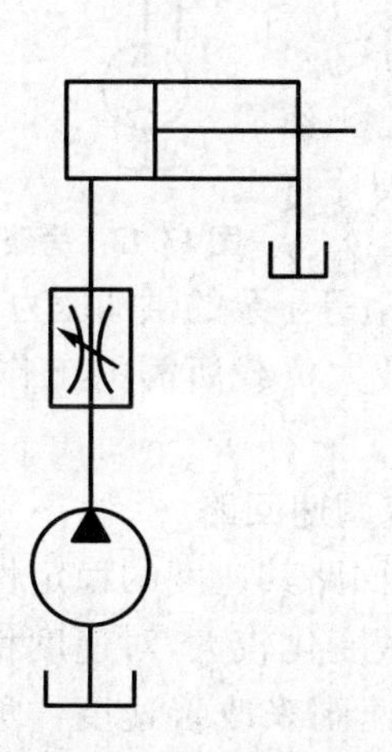

图13.9　节流调速原理

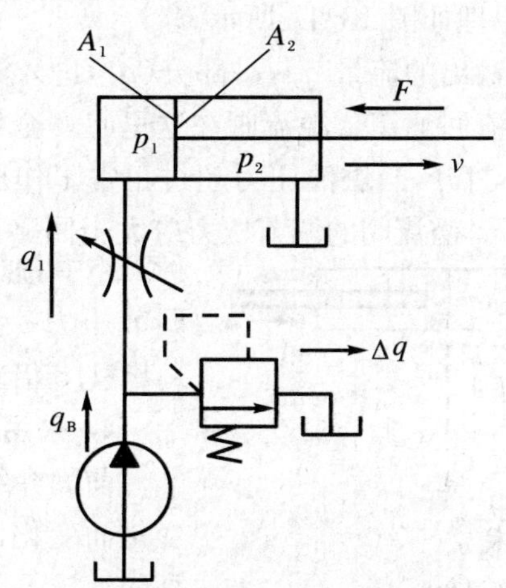

图13.10　进油节流调速回路

1. 进油节流调速回路

(1) 进油节流调速回路的特性

① 当节流阀的通流面积不变时，随着负载的增加，活塞的运动速度随之下降。

② 当节流阀的通流面积不变时，重载区域的速度刚性比轻载区域的速度刚性差。

③ 在相同负载下工作时，节流阀通流面积大的速度刚性要比通流面积小的速度刚性差。

④ 液压缸最大推力 $F_{max}=p_0A_1$，液压缸的面积 A_1 不变，在泵的供油压力已经调定的情况下，液压缸的最大推力不随节流阀通流面积的改变而改变，故属于恒推力或恒转矩调速。

由以上分析可知，进油路节流调速回路适用于负载变化不大、对速度稳定性要求不高的小功率液压系统。

(2) 进油节流调速回路的优点

液压缸回油腔和回油管中压力较低，当采用单杆活塞杆液压缸，使油液进入无杆腔中，其有效工作面积较大，可以得到较大的推力和较低的运动速度，这种回路多用于要求冲击小、负载变动小的液压系统中。

2．回油节流调速回路

回油节流调速回路将节流阀安装在液压缸的回油路上，其调速原理如图 13.11 所示。

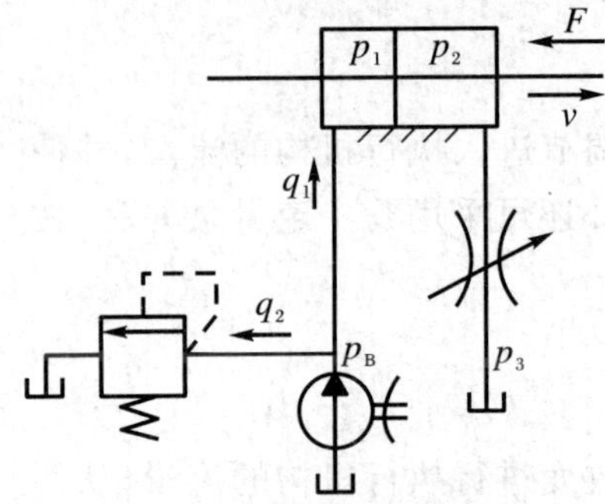

图 13.11　回油节流调速回路

回油节流调速和进油节流调速的速度负载特性以及速度刚性基本相同，若液压缸两腔有效面积相同（双出杆液压缸），那么两种节流调速回路的速度负载特性和速度刚度就完全一样。因此对进油节流调速回路的一些分析完全适用于回油节流调速回路。

回油节流调速回路的优点：节流阀在回油路上可以产生背压，相对进油调速而言，运动比较平稳，常用于负载变化较大，要求运动平稳的液压系统中。而且在面积 A 一定时，速度 v 随负载 F 增加而减小。

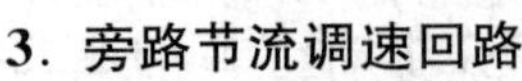

3．旁路节流调速回路

这种回路由定量泵、安全阀、液压缸和节流阀组成，节流阀安装在与液压缸并联的旁油路上，其调速原理如图 13.12 所示。

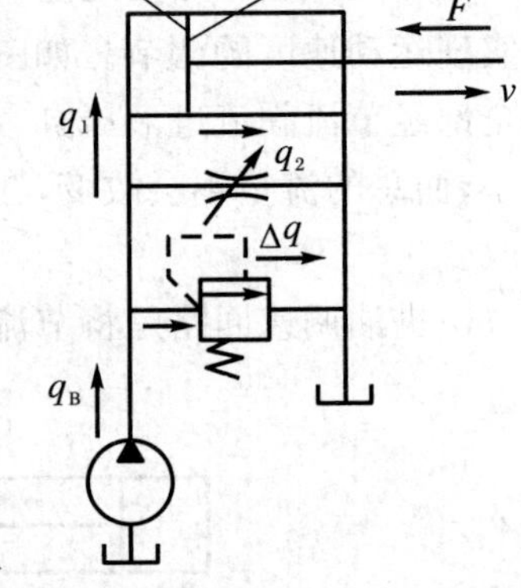

图 13.12　旁路节流调速回路

定油泵输出的流量 q_B，一部分（q_1）进入液压缸，一部分（q_2）通过节流阀流回油箱。溢流阀在这里起安全作用，回路正常工作时，溢流阀不打开，当供油压力超过正常工作压力时，溢流阀才打开，以防过载。溢流阀的调节压力应大于回路正常工作压力，在这种回路中，缸的进油压力 p_1 等于泵的供油压力 p_B，溢流阀的调节压力一般为缸克服最大负载所需的工作压力 p_{1max} 的 1.1～1.3 倍。

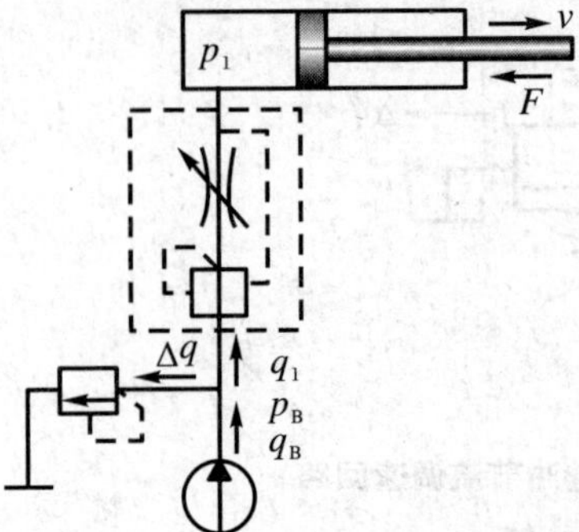

图 13.13　调速阀进油节流调速回路

4．采用调速阀的节流调速回路

前面介绍的 3 种基本回路其速度的稳定性均随负载的变化而变化，对于一些负载变化较大，对速度稳定性要求较高的液压系统，可采用调速阀来改善速度—负载特性。采用调速阀也可按其安装位置不同，分为进油节流、回油节流、旁路节流 3 种基本调速回路。

如图 13.13 所示为调速阀进油调速回路。其工作原理与采用节流的进油节流阀调速回路相似。在这里当负载 F 变化而使 p_1 变化时，由于调速阀中的定差输出减压阀的调节作用，使调速阀中的节流阀的前后压差 Δp 保持不变，从而使流经调速阀的流量 q_1 不变，所以活塞的运动速度 v 也不变。由于泄漏的影响，实际上随负载 F 的增加，速度 v 有所减小。

综上所述，采用调速阀的节流调速回路的低速稳定性、回路刚度、调速范围等，要比采用节流阀的节流调速回路都好。

（二）容积调速回路

容积调速回路是通过改变回路中液压泵的排量来实现调速的。其主要优点是功率损失小（没有溢流损失和节流损失）且其工作压力随负载变化，所以效率高、油的温度低，适用于高速、大功率系统。

按油路循环方式不同，容积调速回路有开式回路和闭式回路两种。开式回路中泵从油箱吸油，执行机构的回油直接回到油箱，油箱容积大，油液能得到较充分冷却，但空气和脏物易进入回路。闭式回路中，液压泵将油输出进入执行机构的进油腔，又从执行机构的回油腔吸油。闭式回路结构紧凑，只需很小的补油箱，但冷却条件差。

容积调速回路通常有 3 种基本形式：变量泵和定量液动机的容积调速回路；定量泵和变量马达的容积调速回路；变量泵和变量马达的容积调速回路。

1. 变量泵和定量液动机的容积调速回路

这种调速回路可由变量泵与液压缸或变量泵与定量液压马达组成。如图 13.14(a)所示为变量泵与液压缸所组成的开式容积调速回路，其工作原理是：活塞 5 的运动速度 v 由变量泵 1 调节，2 为安全阀，4 为换向阀，6 为背压阀。

如图 13.14(b)所示为变量泵与定量液压马达组成的闭式容积调速回路，其工作原理是：采用变量泵 3 来调节液压马达 5 的转速，安全阀 4 用以防止过载，低压辅助泵 1 用以补油，其补油压力由低压溢流阀 6 来调节。

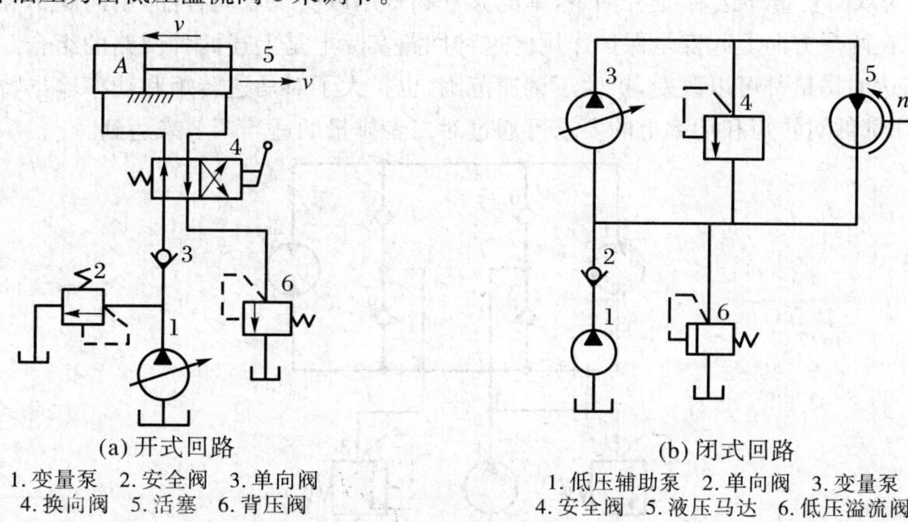

(a) 开式回路

1. 变量泵　2. 安全阀　3. 单向阀　4. 换向阀　5. 活塞　6. 背压阀

(b) 闭式回路

1. 低压辅助泵　2. 单向阀　3. 变量泵　4. 安全阀　5. 液压马达　6. 低压溢流阀

图 13.14　变量泵定量液动机容积调速回路

变量泵和定量液动机所组成的容积调速回路为恒转矩输出，可正反向实现无级调速，调速范围较大。适用于调速范围较大，要求恒扭矩输出的场合，如大型机床的主运动或进给系统中。

2．定量泵和变量马达容积调速回路

如图 13.15(a)所示为开式回路，由定量泵 1、变量马达 2、安全阀 3、换向阀 4 组成；如图 13.15(b)所示为闭式回路，1、2 为定量泵和变量马达，3 为安全阀，4 为低压溢流阀，5 为补油泵。

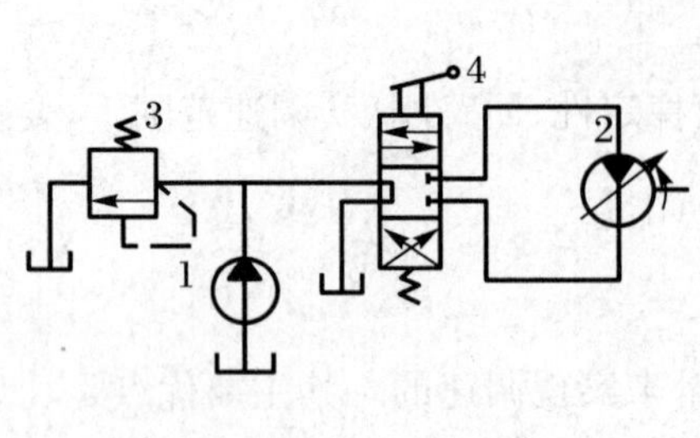

(a) 开式回路

1. 液压泵　2. 液压马达　3. 溢流阀　4. 换向阀

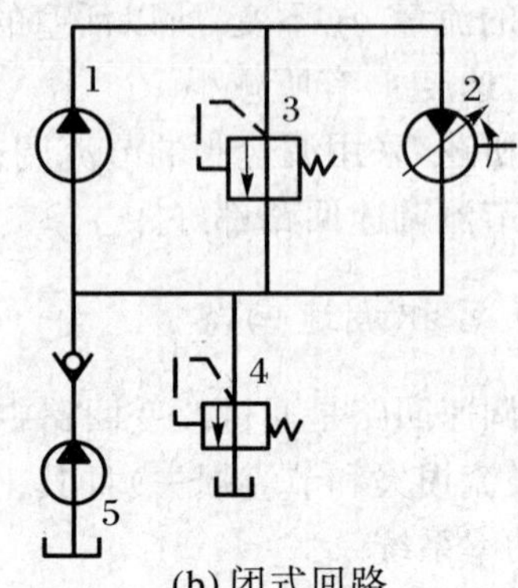

(b) 闭式回路

1、5. 液压泵　2. 液压马达　3、4. 溢流阀

图 13.15　定量泵变量马达容积调速回路

此回路是由调节变量马达的排量 V_m 来实现调速的。此种用调节变量马达的排量的调速回路，如果用变量马达来换向，在换向的瞬间要经过“高转速—零转速—反向高转速”的突变过程，所以，不宜用变量马达来实现平稳换向。

定量泵变量马达容积调速回路，由于不能用改变马达的排量来实现平稳换向，调速范围比较小(一般为 3～4)，因而较少单独应用。

3．变量泵和变量马达的容积调速回路

这种调速回路是上述两种调速回路的组合，其调速特性也具有两者之特点。如图 13.16 所示为其工作原理与调速特性，由双向变量泵 2 和双向变量马达 9 等组成闭式容积调速回路。图中双向变量泵 1 既可改变流量大小，又可改变供油方向，用以实现液压马达的调速和换向。2 为双向变量马达，4 是补油泵，单向阀 6 和 8 用以实现双向补油，单向阀 7 和 9 使溢流阀 3 能在两个方向上起安全保护作用。这种回路实际上是上述两种回路的组合。由于液压泵和马达的排量都可以改变，扩大了调速范围，也扩大了对马达转矩和功率输出特性的选择，即工作部件对转矩和功率上的要求可通过对二者排量的适当调节来达到。

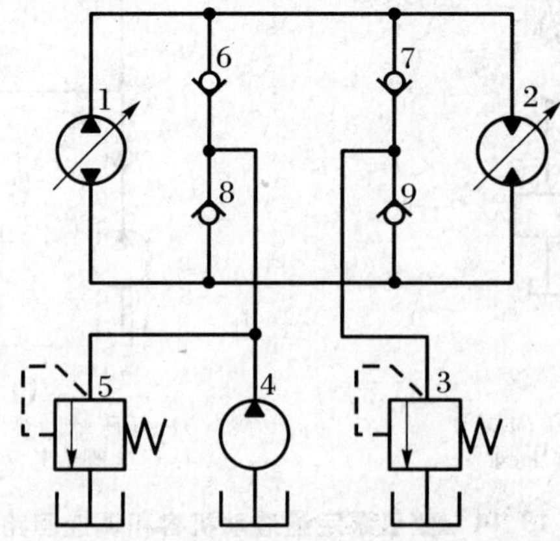

图 13.16　变量泵变量马达的容积调速回路

1. 双向变量泵　2. 双向变量马达　3,5. 溢流阀　4. 补油泵　6、7、8、9. 单向阀

这种容积调速回路的调速范围是变量泵调节范围和变量马达调节范围的乘积，所以其调速范围大(可达100)，并且有较高的效率，它适用于大功率的场合，如矿山机械、起重机械以及大型机床的主运动液压系统。

(三) 容积节流调速回路

容积节流调速回路的基本工作原理是采用压力补偿式变量泵供油、调速阀(或节流阀)调节进入液压缸的流量并使泵的输出流量自动地与液压缸所需流量相适应。

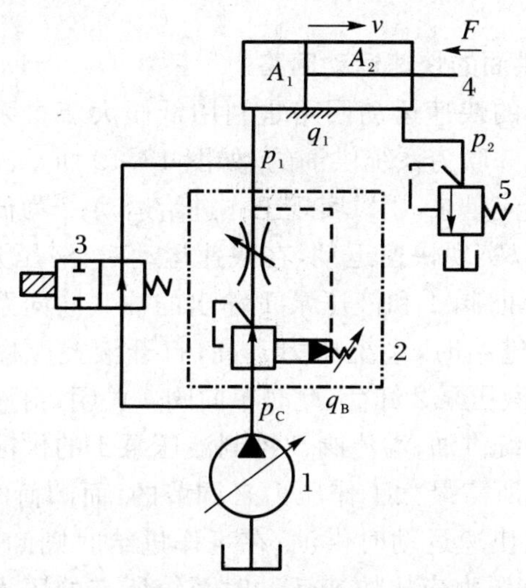

图 13.17　限压式变量泵调速阀容积节流调速回路

1. 变量泵　2. 调速阀　3. 二位换向阀　4. 液压缸　5. 溢流阀

常用的容积节流调速回路有：限压式变量泵与调速阀等组成的容积节流调速回路；变压式变量泵与节流阀等组成的容积调速回路。

如图13.17所示为限压式变量泵与调速阀组成的调速回路工作原理和工作特性图。在图示位置，活塞4快速向右运动，泵1按快速运动要求调节其输出流量 q_{max}，同时调节限压式变量泵的压力调节螺钉，使泵的限定压力 p_C 大于快速运动所需压力。当换向阀3通电，泵输出的压力油经调速阀2进入缸4，其回油经背压阀5回油箱。调节调速阀2的流量 q_1 就可调节活塞的运动速度 v，由于 $q_1 < q_B$，压力油迫使泵的出口与调速阀进口之间的油压憋高，即泵的供油压力升高，泵的流量便自动减小到 $q_B \approx q_1$ 为止。

二、快速运动回路

限压式变量泵与调速阀等组成的容积节流调速回路，具有效率较高、调速较稳定、结构较简单等优点。目前已广泛应用于负载变化不大的中、小功率组合机床的液压系统中。

为了提高生产效率，工作部件常常要求实现空行程(或空载)的快速运动。这时要求液压系统流量大而压力低。这和工作运动时一般需要的流量较小和压力较高的情况正好相反。对快速运动回路的要求主要是在快速运动时，尽量减小需要液压泵输出的流量，或者在加大液压泵的输出流量后，但在工作运动时又不致引起过多的能量消耗。以下介绍几种常用的快速运动回路。

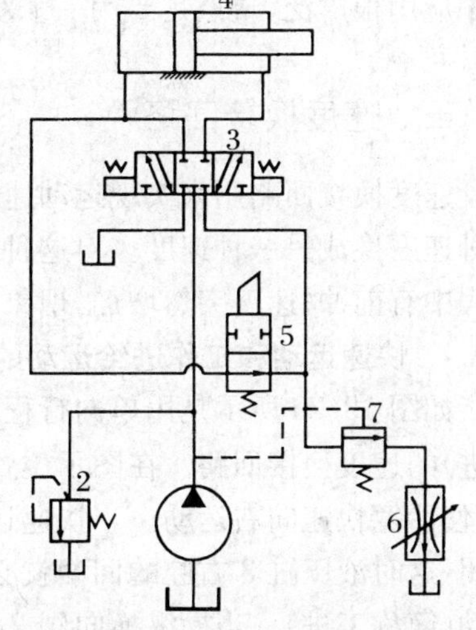

图 13.18　能实现差动连接工作进给回路

1. 定量泵　2. 溢流阀　3. 三位换向阀　4. 液压缸　5. 二位换向阀　6. 调速阀　7. 外空顺序阀

1. 差动连接回路

差动连接回路是在不增加液压泵输出流量的情况下，提高工作部件运动速度的一种快速回路，其实质是改变了液压缸的有效作用面积。

第三篇　汽车液压传动

如图 13.18 所示的是用于快、慢速转换的回路，其中快速运动采用差动连接。当换向阀 3 左端的电磁铁通电时，阀 3 左位进入系统，液压泵 1 输出的压力油同缸右腔的油经 3 左位、5 下位（此时外控顺序阀 7 关闭）也进入缸 4 的左腔，进入液压缸 4 的左腔，实现了差动连接，使活塞快速向右运动。当快速运动结束，工作部件上的挡铁压下机动换向阀 5 时，泵的压力升高，阀 7 打开，液压缸 4 右腔的回油只能经调速阀 6 流回油箱，这时是工作进给。当换向阀 3 右端的电磁铁通电时，活塞向左快速退回（非差动连接）。采用差动连接的快速回路方法简单，较经济，但快、慢速度的换接不够平稳。必须注意，差动油路的换向阀和油管通道应按差动时的流量选择，不然流动液阻过大，会使液压泵的部分油从溢流阀流回油箱，速度减慢，甚至不起差动作用。

2. 双泵供油的快速运动回路

双泵供油的快速运动回路是利用低压大流量泵和高压小流量泵并联为系统供油的，如图 13.19 所示。图中 1 为高压小流量泵，用以实现工作进给运动；2 为低压大流量泵，用以实现快速运动，在快速运动时，液压泵 2 输出的油经单向阀 4 和液压泵 1 输出的油共同向系统供油，在工作进给时，系统压力升高，打开液控顺序阀（卸荷阀）3 使液压泵 2 卸荷，此时单向阀 4 关闭，由液压泵 1 单独向系统供油；溢流阀 5 控制液压泵 1 的供油压力是根据系统所需最大工作压力来调节的，而卸荷阀 3 使液压泵 2 在快速运动时供油，在工作进给时则卸荷，因此它的调整压力应比快速运动时系统所需的压力要高，但比溢流阀 5 的调整压力低。

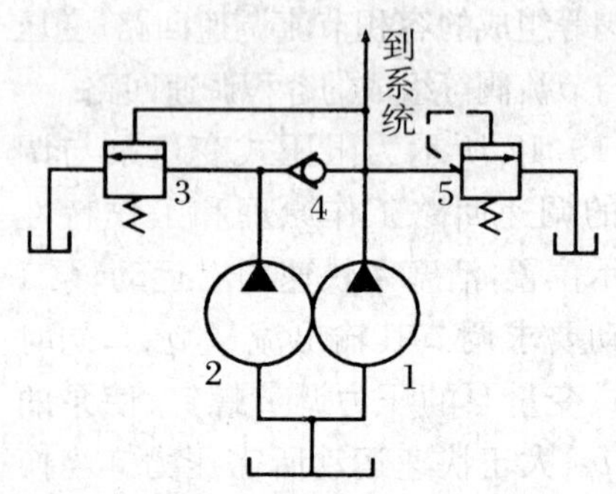

图 13.19　双泵供油回路

1. 高压小流量液压泵　2. 低压大流量液压泵　3. 卸荷阀　4. 单向阀　5. 溢流阀

双泵供油回路功率利用合理、效率高，并且速度换接较平稳，在快、慢速度相差较大的机床中应用很广泛，缺点是要用一个双联泵，油路系统也稍复杂。

三、速度换接回路

速度换接回路用来实现运动速度的变换，即在原来设计或调节好的几种运动速度中，从一种速度换成另一种速度。对这种回路的要求是速度换接要平稳，即不允许在速度变换的过程中有前冲（速度突然增加）现象。下面介绍几种回路的换接方法及特点。

1. 快速运动和工作进给运动的换接回路

如图 13.20 所示是用单向行程节流阀换接快速运动（简称快进）和工作进给运动（简称工进）的速度换接回路。在图示位置，液压缸 3 右腔的回油可经行程阀 4 和换向阀 2 流回油箱，使活塞快速向右运动。当快速运动到达所需位置时，活塞上挡块压下行程阀 4，将其通路关闭，这时液压缸 3 右腔的回油就必须经过节流阀 6 流回油箱，活塞的运动转换为工作进给运动（简称工进）。当操纵换向阀 2 使活塞换向后，压力油可经换向阀 2 和单向阀 5 进入液压缸 3 右腔，使活塞快速向左退回。

在这种速度换接回路中，因为行程阀的通油路是由液压缸活塞的行程控制阀芯移动而逐渐关闭的，所以换接时的位置精度高，冲出量小，运动速度的变换也比较平稳。这种回路在机床液压系统中应用较多，它的缺点是行程阀的安装位置受一定限制（要由挡铁压下），所以有时管路连接稍复杂。行程阀也可以用电磁换向阀来代替,这时电磁阀的安装位置不受限制(挡铁只需要压下行程开关),但其换接精度及速度变换的平稳性较差。

图 13.21 是利用液压缸本身的管路连接实现的速度换接回路。在图示位置时,活塞快速向右移动,液压缸右腔的回油经油路 1 和换向阀流回油箱。当活塞运动到将油路 1 封闭后,液压缸右腔的回油须经节流阀 3 流回油箱,活塞则由快速运动变换为工作进给运动。

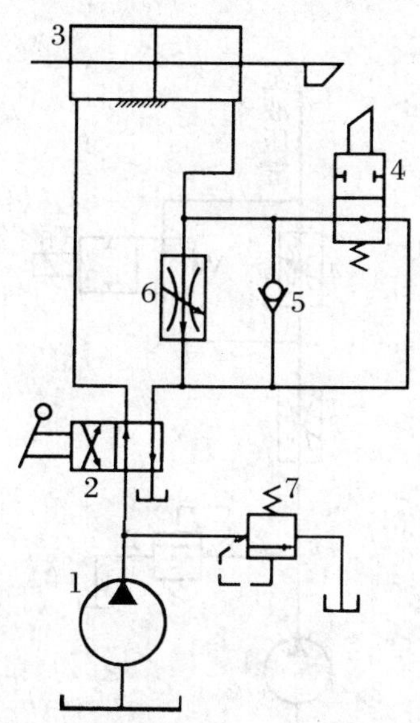

图 13.20　用行程节流阀的速度换接回路

1. 定量泵　2. 四位换向阀　3. 液压缸　4. 二位换向阀　5. 单向阀　6. 调速阀　7. 溢流阀

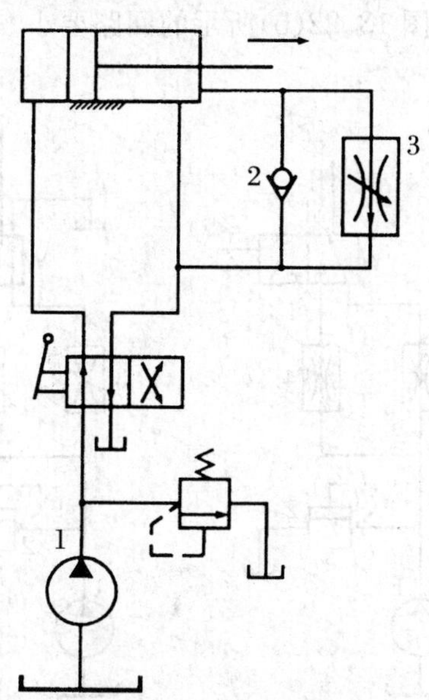

图 13.21　利用液压缸自身结构的速度换接回路

1. 定量泵　2. 单向阀　3. 调速阀

这种速度换接回路方法简单,换接较可靠,但速度换接的位置不能调整,工作行程也不能过长,以免活塞过宽,所以仅适用于工作情况固定的场合。这种回路也常用作活塞运动到达端部时的缓冲制动回路。

2. 两种工作进给速度的换接回路

对于某些设备,需要在自动工作循环中变换两种以上的工作进给速度,这时需要采用两种(或多种)工作进给速度的换接回路。如图 13.22 所示的是两个调速阀并联以实现两种工作进给速度换接的回路。在图 13.22(a)中,液压泵输出的压力油经调速阀 3 和电磁阀 5 进入液压缸。当需要第二种工作进给速度时,电磁阀 5 通电,其右位接入回路,液压泵输出的压力油经调速阀 4 和电磁阀 5 进入液压缸。这种回路中两个调速阀的节流口可以单独调节,互不影响,即第一种工作进给速度和第二种工作进给速度互相没有什么限制。但一个调速阀工作时,另一个调速阀中没有油液通过,它的减压阀则处于完全打开的位置,在速度换接开始的瞬间不能起减压作用,容易出现部件突然前冲的现象。

如图 13.22(b)所示为另一种调速阀并联的速度换接回路。在这个回路中,两个调速阀始终处于工作状态,在由一种工作进给速度转换为另一种工作进给速度时,不会出现工作部件突然前冲现象,因而工作可靠。但是液压系统在工作中总有一定量的油液通过不起调速作用的那个调速阀流回油箱,造成能量损失,使系统发热。

如图 13.23 所示的是两个调速阀串联的速度换接回路。图中液压泵输出的压力油经调速阀3和电磁阀5进入液压缸，这时的流量由调速阀3控制。当需要第二种工作进给速度时，阀5通电，其右位接入回路，则液压泵输出的压力油先经调速阀3，再经调速阀4进入液压缸，这时的流量应由调速阀4控制，所以回路中调速阀4的节流口应调得比调速阀3小，否则调速阀4速度换接回路将不起作用。这种回路在工作时调速阀3一直工作，它限制着进入液压缸或调速阀4的流量，因此在速度换接时不会使液压缸产生前冲现象，换接平稳性较好。在调速阀4工作时，油液需经2个调速阀，故能量损失较大。系统发热也较大，但却比如图13.22(b)所示的回路要小。

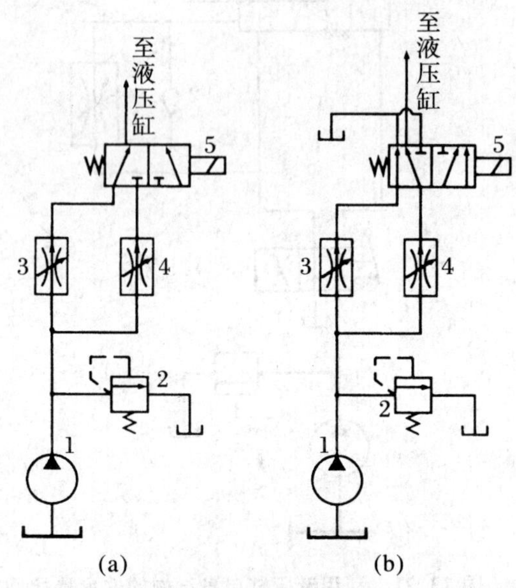

图13.22 两个调速阀并联式速度换接回路

1. 定量液压泵 2. 溢流阀

3、4. 调速阀 5. 二位三通换向阀

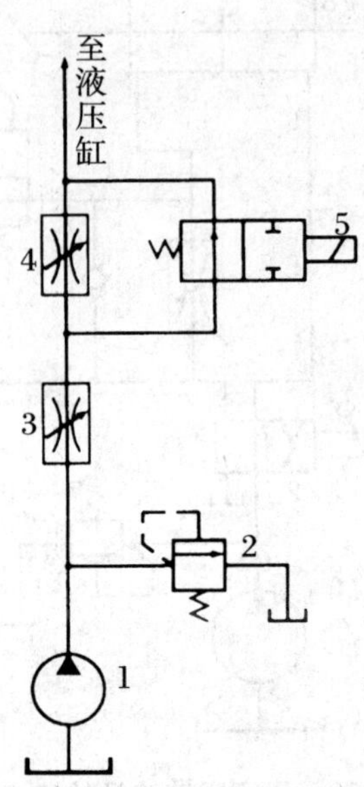

图13.23 两个调速阀串联的速度换接回路

1. 定量液压泵 2. 溢流阀

3、4. 调速阀 5. 二位二通换向阀

第三节 方向控制回路

在液压系统中，起控制执行元件的起动、停止及换向作用的回路称方向控制回路。方向控制回路有换向回路和锁紧回路。

一、换向回路

运动部件的换向，一般可采用各种换向阀来实现。在容积调速的闭式回路中，也可以利用双向变量泵控制油流的方向来实现液压缸的换向。

依靠重力或弹簧返回的单作用液压缸，可以采用二位三通换向阀进行换向。双作用液压缸的换向，一般都可采用二位四通（或五通）及三位四通（或五通）换向阀来进行换向，按不同用途还可选用各种不同的控制方式的换向回路。

1. 采用电磁阀(或手动)的换向回路

电磁换向阀的换向回路应用最为广泛，但对于流量较大和换向平稳性要求较高的场合，电磁换向阀的换向回路已不能适应上述要求，往往采用手动换向阀或机动换向阀作先导阀，而以液动换向阀为主阀的换向回路，或者采用电液动换向阀的换向回路。

如图 13.24 所示为手动转阀（先导阀）控制液动换向阀的换向回路。回路中用辅助泵 2 提供低压控制油，通过手动先导阀 3（三位四通转阀）来控制液动换向阀 4 的阀芯移动，实现主油路的换向，当转阀 3 在右位时，控制油进入液动阀 4 的左端，右端的油液经转阀回油箱，使液动换向阀 4 左位接入工件，活塞下移。当转阀 3 切换至左位时，即控制油使液动换向阀 4 换向，活塞向上退回。当转阀 3 中位时，液动换向阀 4 两端的控制油通油箱，在弹簧力的作用下，其阀芯回复到中位、主泵 1 卸荷。

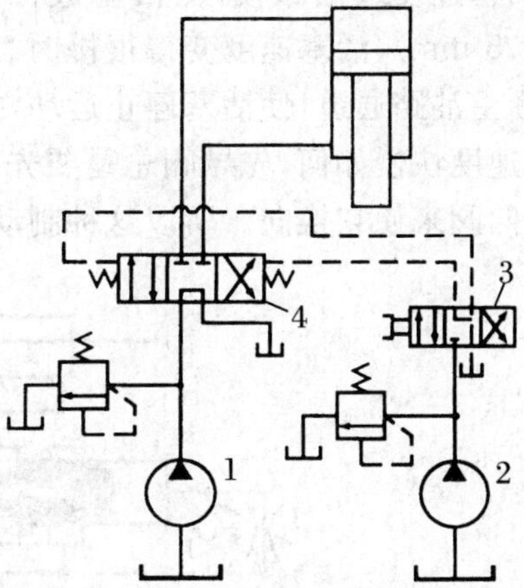

图 13.24　先导阀控制液动换向阀的换向回路

1. 主泵　2. 辅助泵　3. 手动先导阀　4. 液动换向阀

2. 时间控制制动式换向回路

对于一些换向频繁，且又有很高换向要求的工作元件，用换向阀组成的换向回路就不能满足要求，常采用时间控制制动式换向和行程控制制动换向回路。

如图 13.25 所示，在这个回路中，主油路由液动换向阀 3 控制。在换向过程中，当先导阀 2 的阀芯在左端位置时，控制油路中的压力油经单向阀流入液动换向阀 3 的右端，换向阀 3 左端的油经节流阀流回到油箱。液动换向阀 3 的阀芯移动一段距离后将回油通道闭死，使活塞停止运动。当节流阀的开口大小调定后，液动换向阀 3 的阀芯移动距离所用的时间就基本不变，动换向的时间就基本不变，因此，这种制动方式称为时间控制制动式。

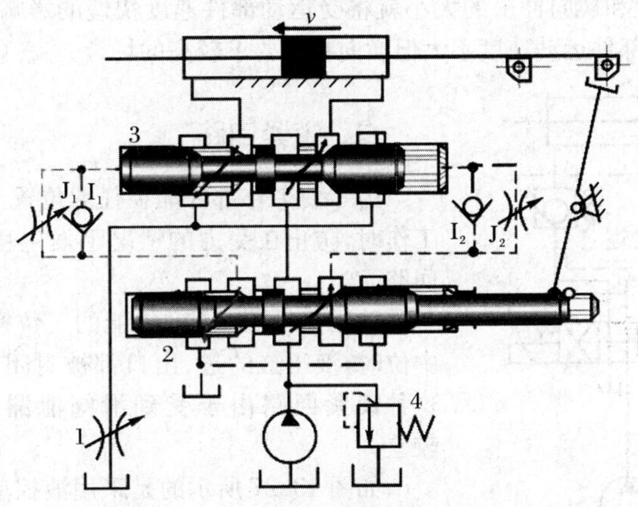

图 13.25　时间控制制动式换向回路

1. 节流阀　2. 先导阀　3. 液动换向阀　4. 溢流阀

换向过程中的冲出量受运动部件速度和其他一些因素的影响，换向精度不高。主要用于工作部件运动速度较大、换向频率高、换向精度要求不高的场合。

3. 行程制动换向回路

如图 13.26 所示，这种回路中的主油路除受换向阀 3 控制外，还受先导阀 2 控制。当先导阀 2 在换向过程中向左移动时，先导阀阀芯的右制动锥将液压缸右腔的回油通道逐渐关小，使活塞速度逐渐减慢，对活塞进行预制动。当回油通道被关的很小(轴向开口量尚留 0.2～0.5 mm)、活塞速度变得很慢时，换向阀 3 的控制油路才开始切换，换向阀芯向左移动，切断主油路通道，使活塞停止运动，并随即使它在相反的方向起动。这里，不论运动部件原来的速度快慢如何，先导阀总是要先移动一段固定的行程，将工作部件先进行预制动后，再由换向阀来使它换向。所以这种制动方式被称为行程控制制动式。

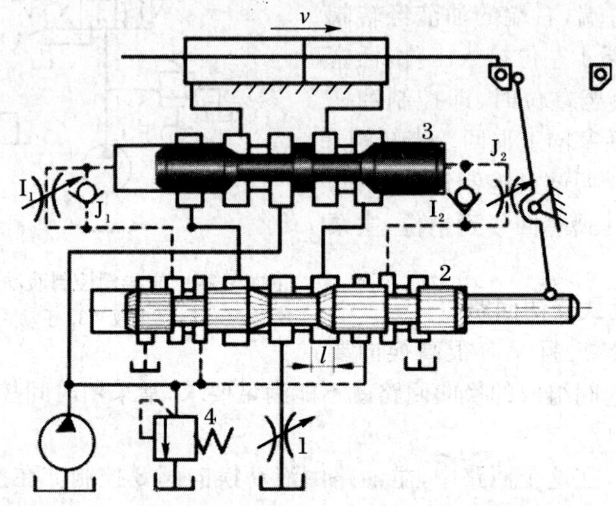

图 13.26 行程制动换向回路

1. 节流阀 2. 先导阀 3. 液动换向阀 4. 溢流阀

行程控制制动式换向回路的换向精度高，冲出量较小；但由于先导阀的制动行程恒定不变，制动时间的长短和换向冲击的大小就将受运动部件速度快慢的影响。所以这种换向回路宜用在主机工作部件运动速度不大但换向精度要求较高的场合。

二、锁紧回路

为了使工作部件能在任意位置上停留，以及在停止工作时，防止在受力的情况下发生移动，可以采用锁紧回路。

采用 O 型或 M 型机能的三位换向阀，当阀芯处于中位时，液压缸的进、出口都被封闭，可以将活塞锁紧，这种锁紧回路由于受到滑阀泄漏的影响，锁紧效果较差。

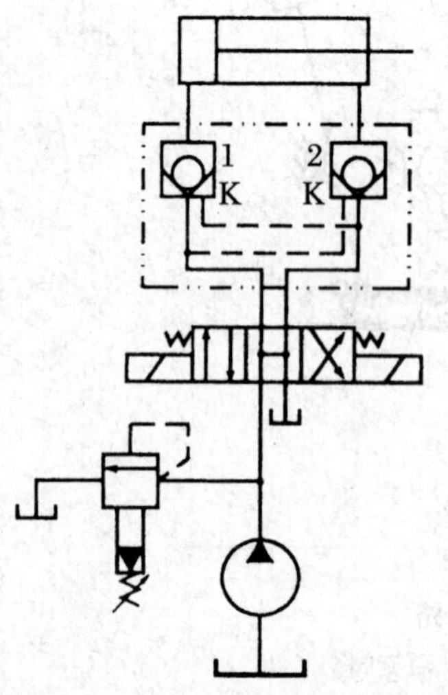

图 13.27 采用液控单向阀的锁紧回路

如图 13.27 所示的是采用液控单向阀的锁紧回路。在液压缸的进、回油路中都串接液控单向阀(又称液压锁)，活塞可以在行程的任何位置锁紧。其锁紧精度只受液压缸内少量的内泄漏影响，因此，锁紧精度较高。采用液控单向阀的锁紧回路，换向阀的中位机能应使液控单向阀的控制油液卸压(换向阀采用H型或Y型),此时,液控单向阀便立即关闭,活塞停止运动。假如采用O型机能,在换向阀中位时,由于液控单向阀的控制腔压力油被闭死而不能使其立即关闭,直至由换向阀的内泄漏使控制腔泄压后,液控单向阀才能关闭,影响其锁紧精度。

复习思考题

1. 选择题

(1) 要求多路换向阀控制的多个执行元件实现两个以上执行机构的复合动作,多路换向阀的连接方式为________;要求多路换向阀控制的多个执行元件实现顺序动作,多路换向阀的连接方式为________。

A. 串联油路　B. 并联油路　C. 串并联油路　D. 其他

(2) 在下列调速回路中,________为流量适应回路,________为功率适应回路。

A. 限压式变量泵和调速阀组成的调速回路

B. 差压式变量泵和节流阀组成的调速回路

C. 定量泵和旁通型调速阀(溢流节流阀)组成的调速回路

D. 恒功率变量泵调速回路

(3) 在容积调速回路中,________的调速方式为恒转矩调节;________的调速方式为恒功率调节。

A. 变量泵,变量马达　B. 变量泵,定量马达

C. 定量泵,变量马达

(4) 用同样定量泵、节流阀、溢流阀和液压缸组成下列几种节流调速回路,________能够承受负值负载,________的速度刚性最差,________回路效率最高。

A. 进油节流调速回　B. 回油节流调速回路

C. 旁路节流调速回路

(5) 在定量泵节流调速阀回路中,调速阀可以安放在回路的________,而旁通型调速回路只能安放在回路的________。

A. 进油路　B. 回油路　C. 旁油路

(6) 在回油节流调速回路中,节流阀处于节流调速工况,系统的泄漏损失及溢流阀调压偏差均忽略不计。当负载F增加时,泵的输入功率________,缸的输出功率______。

A. 增加　B. 减少

C. 基本不变　D. 可能增加也可能减少

(7) 在限压式变量泵与调速阀组成的容积节流调速回路中,若负载从F_1降到F_2而调速阀开口不变,泵的工作压力________;若负载保持定值而调速阀开口变小,泵工作压力________。

A. 增加　B. 减小　C. 不变　D. 无法判断

(8) 在差压式变量泵和节流阀组成的容积节流调速回路中,如果将负载阻力减小,其他条件保持不变,泵的出口压力将________,节流阀两端压差将________。

A. 增大　B. 减小　C. 基本不变　D. 无法判断

(9) 压力控制回路包括________。

A. 卸荷回路　　B. 锁紧回路　　C. 制动回路

(10) 液压系统中的工作机构在短时间停止运行可采用________以达到节省动力损耗、减少液压系统发热、延长泵的使用寿命的目的。

A. 调压回路　　B. 减压回路　　C. 卸荷回路　　D. 增压回路

(11) 要降低液压系统中某一部分的压力时，一般系统中要配置________。

A. 溢流阀　　B. 减压阀　　C. 节流阀　　D. 单向阀

2. 判断题

(1) 在液压系统中，方向控制回路只起到换向作用。(　　)

(2) 压力控制回路可实现对系统进行稳压、减压、增压等控制。(　　)

(3) 进油节流调速回路是将节流阀装在执行机构的出油路上。(　　)

(4) 行程控制制动式换向回路的换向精度高，冲出量较小。(　　)

(5) 变量泵容积调速回路的速度刚性受负载变化影响的原因与定量泵节流调速回路有根本的不同，负载转矩增大泵和马达的泄漏增加，致使马达转速下降。(　　)

(6) 采用调速阀的定量泵节流调速回路，无论负载如何变化始终能保证执行元件运动速度稳定。(　　)

(7) 旁通型调速阀(溢流节流阀)只能安装在执行元件的进油路上，而调速阀还可安装在执行元件的回油路和旁油路上。(　　)

(8) 因液控单向阀关闭时密封性能好，故常用在保压回路和锁紧回路中。(　　)

(9) 同步运动分速度同步和位置同步，位置同步必定速度同步，而速度同步未必位置同步。(　　)

(10) 压力控制的顺序动作回路中，顺序阀和压力继电器的调定压力应为执行元件前一动作的最高压力。(　　)

3. 简答题

(1) 什么是液压基本回路？常见的液压基本回路有几类？各起什么作用？

(2) 液压系统中为什么要设置背压回路？背压回路与平衡回路有何区别？

(3) 多缸液压系统中，如果要求以相同的位移或相同的速度运动，应采用什么回路？这种回路通常有几种控制方法？哪种方法同步精度最高？

(4) 液压系统中为什么要设置快速运动回路？实现执行元件快速运动的方法有哪些？

(5) 若先导型溢流阀主阀芯或导阀的阀座上的阻尼孔被堵死，将会出现什么故障？如果溢流阀先导阀锥阀座上的进油小孔堵塞，又会出现什么故障？

(6) 用一个三位四通电磁阀来控制单杆活塞缸的往返运动，如果要求活塞能平稳地停在任意位置且液压泵保持高压，该用何种中位机能？可供选择的有：O、M、H、P、Y和K型。

(7) 绘出双泵供油回路，液压缸快进时双泵供油，工进时小泵供油、大泵卸载，请标明回路中各元件的名称。

(8) 试用两个单向顺序阀实现“缸1前进→缸2前进→缸1退回→缸2退回”的顺序动作回路，绘出回路图并说明两个顺序阀的压力如何调节。

(9) 绘出汽车起重机液压支腿的锁紧回路，并说明该回路对换向阀中位机能的要求。

第四篇

汽车常用材料

第十四章　金属材料的基本知识

第一节　力学性能

金属材料的力学性能是机械的重要使用性能。力学性能是指金属材料在外力作用下所表现出的性能，包括强度、塑性、硬度、韧性、疲劳强度等。

一、强度

强度是金属材料抵抗永久变形和断裂的能力，由拉伸试验来测定。

如图 14.1 所示为退火低碳钢拉伸试验得到的拉伸曲线，图中纵坐标表示拉力 F(N)，横坐标表示绝对伸长 ΔL(mm)，拉伸曲线分为以下几个变形阶段：

① 弹性变形阶段（OE 段）。试样的伸长量与载荷成正比增加，此时若卸载，试样能完全恢复原来的形状和尺寸。

② 屈服阶段（ES 段）。当载荷超过 F_e时，试样开始出现塑性变形，此时若卸载，试样的伸长只能部分恢复；当载荷增加到 F_s时，曲线上出现平台，即载荷不增加，试样继续伸长，材料丧失了抵抗变形的能力，这种现象叫屈服。

③ 均匀塑性变形阶段（SB 段）。载荷超过 F_s后，试样开始产生明显塑性变形，伸长量随载荷增加而增大。F_b为试样拉伸试验的最大载荷。

④ 缩颈阶段（BK 段）。载荷达到最大值 F_b后，试样局部直径开始急剧缩小，出现“缩颈”现象，由于截面积减小，试样变形所需载荷也随之降低，K 点时试样发生断裂。

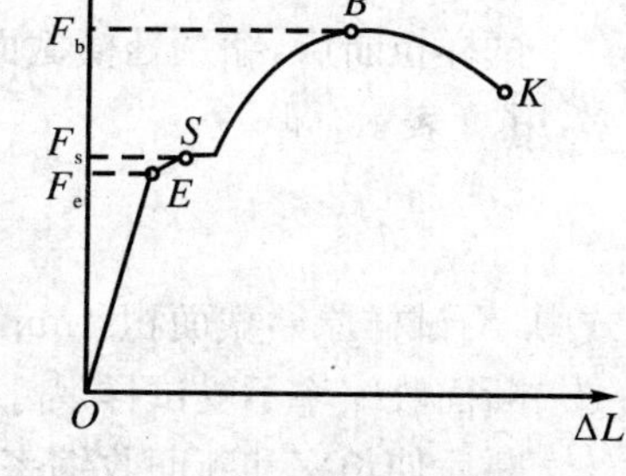

图 14.1　低碳钢拉伸曲线

金属材料的强度指标主要有屈服点和抗拉强度。

1．屈服点

屈服点是指试样在拉伸试验过程中力不增加（保持恒定）仍然能继续伸长（变形）时的应力，用 σ_s表示。屈服点计算公式为

$$\sigma_s = \frac{F_s}{S_0}$$

式中，F_s为屈服时的拉伸力（N）；S_0为试样原始截面积（mm^2）。

对于无明显屈服现象的金属材料（如铸铁、高碳钢等）测定 σ_s很困难，通常规定产生 0.2%塑性变形时的应力作为条件屈服点，用 $\sigma_{0.2}$表示。

屈服点表征金属发生明显塑性变形的抗力，机械零件在工作时如受力过大，会因过量变形而失效。当机械零件在工作时所受的应力低于材料的屈服点时，不会产生过量的塑性。材料的屈服点越高，允许的工作应力也越高。因此它是机械设计的主要依据，也是评定金属

材料优劣的重要指标。

2．抗拉强度

材料在拉断前所承受的最大拉应力，用 σ_b 表示。抗拉强度计算公式为

$$\sigma_b = \frac{F_b}{S_0}$$

式中，F_b 为试样断裂前所承受的最大载荷(N)；S_0 为试样原始截面积(mm^2)。

抗拉强度表示材料抵抗均匀塑性变形的最大能力，是表征金属材料由均匀塑性变形向局部集中塑性变形过渡的临界值，抗拉强度愈高的材料，所承受的载荷愈大。抗拉强度是设计机械零件和选材的主要依据。

二、塑性

金属材料在载荷作用下产生塑性变形而不断裂的能力称为塑性，塑性指标也是通过拉伸试验测定的。常用塑性指标是断后伸长率和断面收缩率。

1．断后伸长率

试样拉断后，标距的相对伸长与原始标距的百分比称为断后伸长率，用 δ 表示，即

$$\delta = \frac{L_1 - L_0}{L_0} \times 100\%$$

式中，L_0 为试样原始标距长度(mm)；L_1 为试样被拉断时标距长度(mm)。

由于被测试样长度不同，测得的断后伸长率是不同的，长、短试样断后伸长率分别用符号 δ_{10} 和 δ_5 表示，通常 δ_{10} 也写为 δ。

2．断面收缩率

试样拉断后，缩颈处横截面积的最大缩减量与试样原始截面积的百分比称为断面收缩率，用 ψ 表示，即

$$\psi = \frac{S_0 - S_1}{S_0} \times 100\%$$

式中，S_0 试样原始截面积(mm^2)；S_1 为试样被拉断时缩颈处的横截面积(mm^2)。

断面收缩率不受试样尺寸的影响，因此能更可靠的反映材料的塑性大小。

断后伸长率和断面收缩率数值愈大，表明材料的塑性愈好，良好的塑性对机械零件的加工和使用都具有重要意义。例如，塑性良好的材料易于进行压力加工(轧制、冲压、锻造等)；如果机械零件过载，由于产生塑性变形而不致突然断裂，可以避免事故发生。

三、硬度

硬度是衡量金属材料软硬程度的一种性能指标，也是指金属材料抵抗局部变形和局部破坏，特别是塑性变形、压痕或划痕的能力。

硬度试验方法很多，大体上可分为压入法、划痕法和回弹高度法等三大类，金属材料质量检验主要用压入法进行硬度试验。压入法是在规定的静态试验力作用下，将一定的压头压入金属材料表面层，然后根据压痕的面积大小或深度测定其硬度值。

在压入法中根据载荷、压头和表示方法的不同，常用的硬度测试方法有布氏硬度(HBW)、洛氏硬度(HRA、HRB、HRC 等)和维氏硬度(HV)。

1．布氏硬度

如图 14.2 所示为布氏硬度试验原理图。它是用一定直径的硬质合金球做压头，以相应试验力压入被测材料表面，经规定时间后卸载，以压痕单位面积上所受试验力的大小来确定被测材料的硬度值，用符号 HBW 表示。

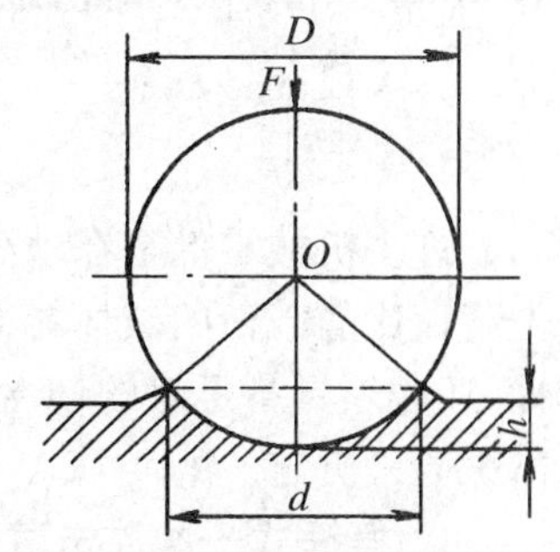

图 14.2　布氏硬度试验原理图

在实际应用中，布氏硬度一般不用计算，而是用专用的刻度放大镜量出压痕直径 d，根据压痕直径的大小，再从专门的硬度表中查出相应的布氏硬度值。

布氏硬度主要用来测量灰铸铁、有色金属以及经退火、正火和调质处理的钢材等材料。

布氏硬度实验具有很高的测量精度，压痕面积较大，能较真实反映出材料的平均性能，另外，布氏硬度与抗拉强度之间存在一定的近似关系，因而在工程上得到广泛应用。

2．洛氏硬度

洛氏硬度试验是用顶角为 120°的金刚石圆锥体或直径为 1.588 mm 的淬火钢球作为压头，试验时先施加初载荷，然后施加主载荷，保持规定时间后卸除主载荷，依据压痕深度确定硬度值。

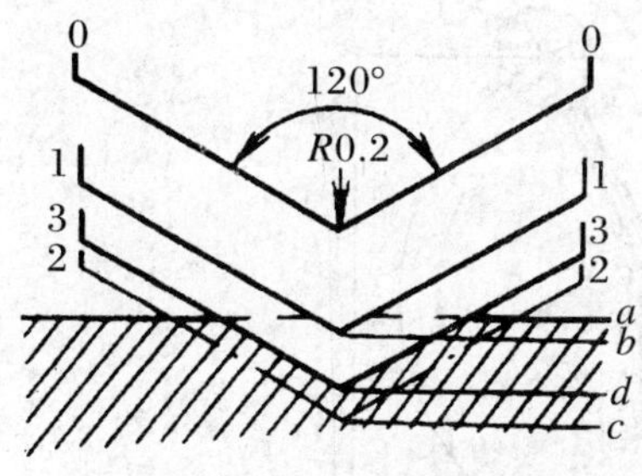

图 14.3　洛氏硬度试验原理图

如图 14.3 所示为洛氏硬度试验。0-0 为 120°金刚石压头没有与试件表面接触时的位置；1-1 为加初载后压头压入深度 ab；2-2 为压头加主载后的位置，此时压头压入深度 ac；卸除主载后，由于恢复弹性变形，压头位置提高到 3-3 位置。最后，压头受主载后实际压入表面的深度为 bd，洛氏硬度用 bd 大小来衡量。

实际应用时洛氏硬度可直接从硬度计表盘中读出。

为了用一台硬度计测定从软到硬不同金属材料的硬度，可采用不同的压头和总试验力组成几种不同的洛氏硬度标尺，每种标尺用一个字母在洛氏硬度符号 HR 后面加以注明。常用的洛氏硬度标尺有 A、B、C 三种，其中 C 标尺应用最广。HRA 主要用于测量硬质合金、表面淬火钢等；HRB 主要用于测量软钢、退火钢、铜合金等；HRC 主要用于测量一般淬火钢件。

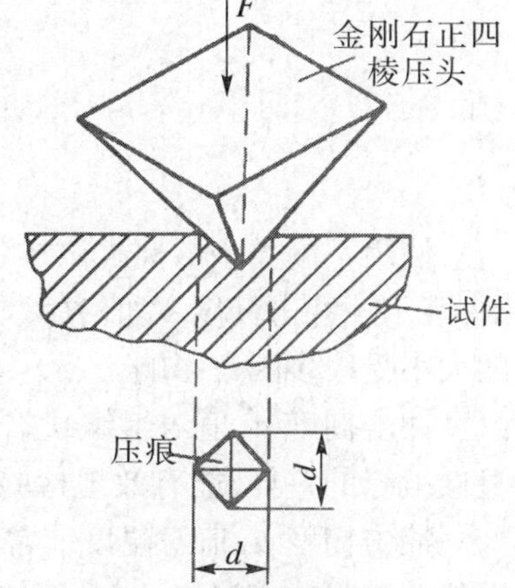

图 14.4　维氏硬度试验

洛氏硬度试验法操作简单迅速，能直接从刻度盘上读出硬度值；测试的硬度值范围较大，既可测定软的金属材料，也可测定最硬的金属材料；试样表面压痕较小，可直接测量成品或薄工件。但由于压痕小，对内部组织和硬度不均匀的材料，硬度波动较大，为提高测量精度，通常测定 3 个不同点取平均值。

3．维氏硬度

维氏硬度测定原理与布氏硬度基本相似，如图 14.4 所示为维氏硬度试验。维氏硬度是用正四棱锥形压痕单位表面积上承受的平均压力表示的硬度值，用符号 HV 表示。

试验时用测微计测出压痕的对角线长度，算出两对角线长度的平均值后，查得维氏硬度值。

维氏硬度适用范围宽，从很软的材料到很硬的材料都可以测量，尤其适用于零件表面层硬度的测量，如化学热处理的渗层硬度测量，其测量结果精确可靠。但测取维氏硬度值时，需要测量对角线长度，然后查表或计算，而且进行维氏硬度测试时，对试样表面的质量要求高，测量效率较低，因此，维氏硬度没有洛氏硬度使用方便。

四、韧性

许多机械零件是在动载荷下工作的，如锻锤的锤杆、冲床的冲头、火车挂钩、活塞等。冲击载荷比静载荷的破坏能力大，对于承受冲击载荷的材料，不仅要求具有高的强度和一定塑性，还必须具备足够的韧性。韧性是金属材料在断裂前吸收变形能量的能力，韧性通常用冲击试验来测定。

1. 摆锤式一次冲击试验

摆锤式一次冲击试验是目前最普遍的一种试验方法，如图 14.5 所示。将标准试样安放在摆锤式试验机的支座上，试样缺口背向摆锤，将具有一定重力 G 的摆锤举至一定高度 H_1，使其获得一定势能 G_{H1}，然后由此高度落下将试样冲断，摆锤剩余势能为 G_{H2}。冲击吸收功 (A_k) 除以试样缺口处的截面积 S_0，即可得到材料的冲击韧度 a_k。

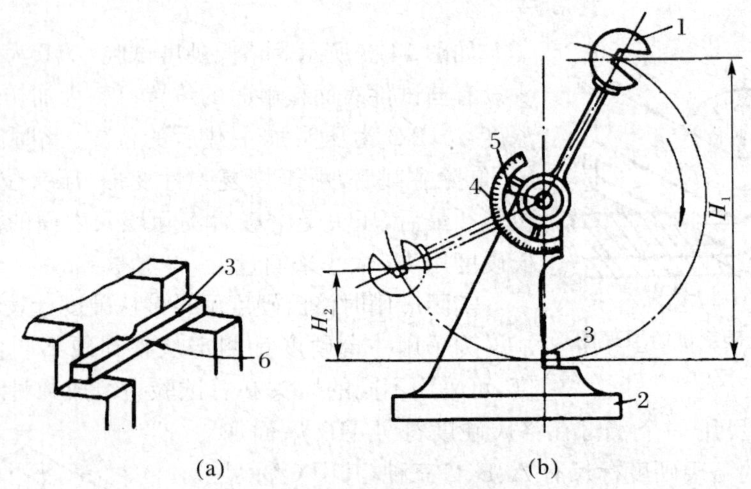

图 14.5　冲击试验示意图

1. 摆锤　2. 机架　3. 试样　4. 刻度盘　5. 指针　6. 冲击方向

使用不同类型的标准试样（U 形缺口或 V 形缺口）进行试验时，冲击韧度分别以 a_{kU} 或 a_{kV} 表示。冲击韧度 a_k 值愈大，表明材料的韧性愈好、受到冲击时不易断裂。冲击韧度 a_k 值的大小受很多因素影响。

冲击韧度 a_k 值对组织缺陷非常敏感，它可灵敏地反映出金属材料的质量、宏观缺口和显微组织的差异，能有效地检验金属材料在冶炼、加工、热处理工艺等方面的质量。

冲击韧度 a_k 值对温度非常敏感，通过一系列温度下的冲击试验可测出金属材料的脆化趋势和韧脆转变温度。在试验时，随试验温度的降低，冲击韧度 a_k 值总的变化趋势是随温度降低而降低，当温度降至某一数值时，冲击韧度 a_k 值急剧下降，金属材料由韧性断裂变为脆性断裂，这种现象称为冷脆转变。在试验中，冲击韧度 a_k 值急剧变化或断口韧性急剧转变的温度区域，称为韧脆转变温度。韧脆转变温度是衡量金属材料冷脆倾向的指标。金属材料的韧脆转变温度愈低，说明金属材料的低温抗冲击性愈好。

2. 多次冲击试验

在工程实际中，在冲击载荷作用下工作的机械零件，很少因承受大能量一次冲击而破坏，大多数是经千百万次的小能量多次重复冲击，最后导致断裂。如冲模的冲头、凿岩机上的活塞等，所以用 a_k 值来衡量材料的冲击抗力不符合实际情况，应采用小能量多次重复冲击试验来测定。

金属材料在多次冲击下的破坏过程是由裂纹产生、裂纹扩张和瞬时断裂 3 个阶段组成。它是多次冲击损伤积累发展的结果，不同于一次性冲击的破坏过程。因此材料的多次冲击抗力是一项取决于材料强度和塑性的综合性指标，冲击能量高时，材料的多次冲击抗力主要取决于塑性；冲击能量低时，主要取决于强度。

五、疲劳强度

许多机械零件，如轴、齿轮、轴承、弹簧等，在循环载荷作用下，经过一定时间的工作后会发生突然断裂，这种现象称为金属材料的疲劳。疲劳断裂时不产生明显的塑性变形，断裂是突然发生的，因此，具有很大的危险性，常常造成严重的事故。据统计，损坏的机械零件中 80%以上是由疲劳造成的。

疲劳断裂首先是在零件的应力集中区域产生，先形成微小的裂纹核心，即裂纹源，随后在循环应力作用下，裂纹继续扩展长大。由于疲劳裂纹不断扩展，使零件的有效工作面逐渐减小，因此，零件所受应力不断增加，当应力超过金属材料的断裂强度时，则发生疲劳断裂。

金属材料经无数次重复交变载荷作用而不发生断裂的最大应力称为疲劳强度。如图 14.6 所示的是通过试验测定的材料交变应力 σ 和断裂前应力循环次数 N 之间的关系曲线。曲线表明，材料受的交变应力越大，则断裂时应力循环次数 N 越少；反之，则 N 越大。当应力低于一定值时，试样经无限周次循环也不破坏，此应力值称为材料的疲劳极限。实际上，金属材料不可能作无限次交变载荷试验。对于黑色金属，一般规定循环周次 10^7 而不破坏的最大应力为疲劳强度，有色金属和某些高强度钢，规定循环周次 10^8。

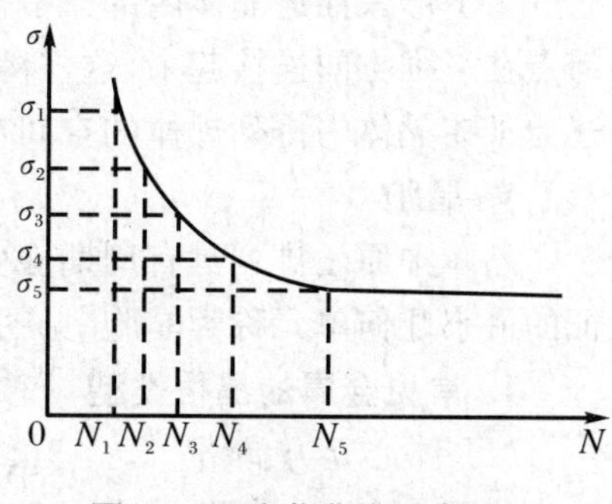

图 14.6 疲劳曲线示意图

金属产生疲劳同许多因素有关，目前普遍认为是由于材料内部有缺陷，如夹杂物、气孔、疏松等；表面划痕、残余应力及其他能引起应力集中的缺陷导致微裂纹产生，这种微裂纹随应力循环次数的增加而逐渐扩展，致使零件突然断裂。

第二节 晶体结构及组织

金属材料与非金属材料相比，不仅具有良好的力学性能和某些物理、化学性能，而且工艺性能在很多方面也较优良。化学成分不同的金属具有不同性能，即使是成分相同的金属，当生产条件不同或在不同状态下，它们的性能也有很大的差别，造成上述性能差异的主要原因是材料内部结构和组织不同。

一、金属的晶体结构

1．晶体与非晶体

自然界的固态物质，根据原子在内部的排列特征可分为晶体与非晶体两大类。物质内部原子作有规则排列的固体物质，称为晶体[见图 14.7(a)]。绝大多数金属和合金固态下都属于晶体。内部原子呈现无序堆积状况的固体物质，称为非晶体，如松香、玻璃、沥青等。

晶体与非晶体，由于原子排列方式不同，它们的性能也有差异。晶体具有固定的熔点，其性能呈各向异性；非晶体没有固定的熔点，而且表现为各向同性。

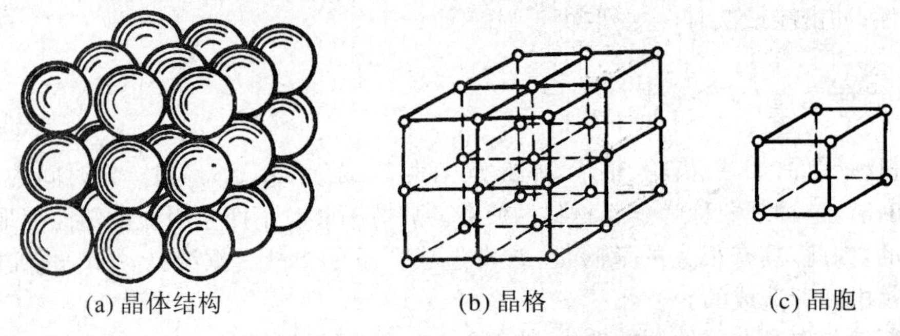

(a) 晶体结构　　(b) 晶格　　(c) 晶胞

图 14.7　简单立方晶格与晶胞示意图

2．晶格

为了形象描述晶体内部原子排列的规律，将原子抽象为几何点，并用一些假想连线将几何点在三维方向连接起来，这样构成了一个空间格子[见图 14.7(b)]。这种抽象的、用于描述原子在晶体中排列规律的空间格子称为晶格。

3．晶胞

晶体中原子排列具有周期性变化的特点，通常从晶格中选取一个能够完整反映晶格特征的最小几何单元称为晶胞[见图 14.7(c)]。不同元素晶胞的大小和形状有差异。

4．常见金属的晶格类型

(1) 体心立方晶格

如图 14.8(a)所示，它的晶胞是一个立方体，原子位于立方体的 8 个顶角和立方体的中心。属于体心立方晶格类型的常见金属有铬(Cr)、钨(W)、钼(Mo)、钒(V)、铁(α-Fe)等。这类金属一般都具有相当高的强度和塑性。

(2) 面心立方晶格

如 14.8(b)所示，它的晶胞也是一个立方体，原子位于立方体的 8 个顶角和立方体的 6 个面中心。属于该晶格类型的常见金属有铝(Al)、铜(Cu)、铅(Pb)、金(Au)、及铁(γ-Fe)等。这类金属的塑性都很好。

(3) 密排六方晶格

如图 14.8(c)所示，它的晶胞是一个正六方柱体，原子排列在柱体的每个顶角和上、下底面的中心，另外三个原子排列在柱体内。属于密排六方晶格类型的常见金属有镁(Mg)，锌

(Zn)、铍(Be)、钛(α-Ti)等。

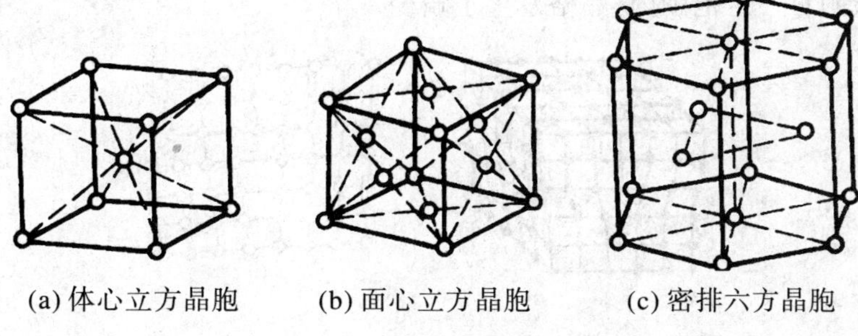

(a) 体心立方晶胞　(b) 面心立方晶胞　(c) 密排六方晶胞

图 14.8　常用金属晶格的晶胞

二、金属的实际晶体结构

1. 多晶体结构

研究金属的晶体结构时,一般把晶体看成是原子按一定几何规律作周期性排列而成,即晶体内部的晶格位向是完全一致的,这种晶体称为单晶体,单晶体只有采用特殊方法才能获得。实际使用的金属材料大都是多晶体结构,即它是由许多不同位向的小晶体组成的,每个小晶体内部晶格位向基本上是一致的,而各小晶体之间位向却不相同,如图 14.9 所示。这种外形不规则,呈颗粒状的小晶体称为晶粒。晶粒与晶粒之间的界面称为晶界。由许多晶粒组成的晶体称为多晶体。

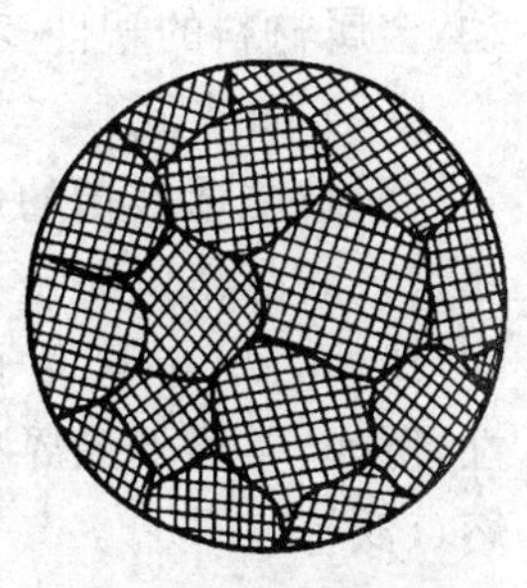

图 14.9　金属多晶体结构

2. 晶体缺陷

在金属晶体中,由于晶体形成条件、原子的热运动及其他各种因素影响,原子规则排列在局部区域受到破坏,呈现出不完整,通常把这种区域称为晶体缺陷。根据晶体缺陷的几何特征,可分为点缺陷、线缺陷和面缺陷三类。

(1) 点缺陷

最常见的点缺陷有晶格空位、置换原子和间隙原子等,如图 14.10 所示。由于点缺陷的出现,使周围原子发生“撑开”或“靠拢”现象,这种现象称为晶格畸变。晶格畸变的存在,使金属产生内应力,晶体性能发生变化,如强度、硬度和电阻增加,体积发生变化,它也是强化金属的手段之一。

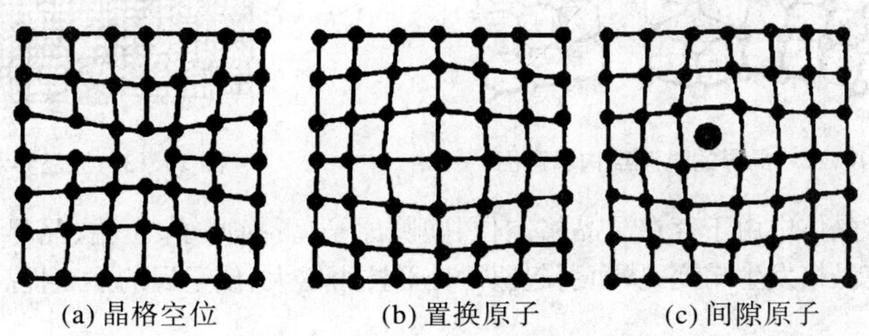

(a) 晶格空位　(b) 置换原子　(c) 间隙原子

图 14.10　点缺陷示意图

(2) 线缺陷

线缺陷主要指的是位错。最常见的位错形态是刃型位错,如图 14.11 所示。这种位错的表现形式是晶体的某一晶面上,多出一个半原子面,它如同刀刃一样插入晶体,故称刃型位错,在位错线附近一定范围内,晶格发生了畸变。

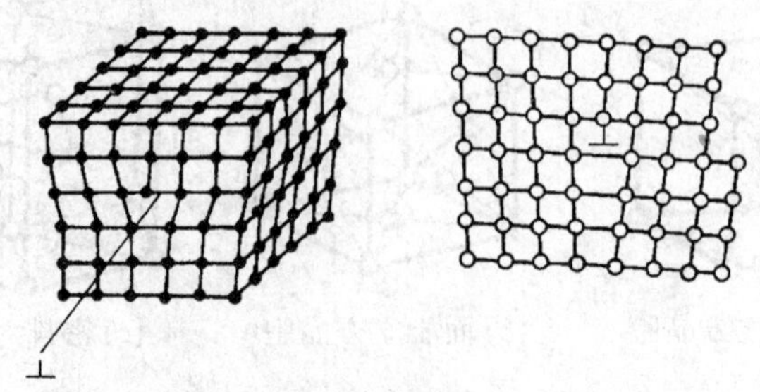

图 14.11 刃型位错晶体结构示意图

位错的存在对金属的力学性能有很大影响,例如金属材料处于退火状态时,位错密度较低,强度较差;经冷塑性变形后,材料的位错密度增加,故提高了强度。位错在晶体中易于移动,金属材料的塑性变形就是通过位错运动来实现的。

(3) 面缺陷

面缺陷通常指的是晶界和亚晶界。实际金属材料都是多晶体结构,多晶体中 2 个相邻晶粒之间晶格位向是不同的,所以晶界处是不同位向晶粒原子排列无规则的过渡层,如图 14.12 所示。晶界原子处于不稳定状态,能量较高,因此晶界与晶粒内部有着一系列不同特性,例如,常温下晶界有较高的强度和硬度,晶界处原子扩散速度较快,晶界处容易被腐蚀、熔点低等。

实验证明,即使在一颗晶粒内部,其晶格位向也并不像理想晶体那样完全一致,而是分隔成许多尺寸很小,位向差也很小的小晶块,它们相互嵌镶成一颗晶粒,这些小晶块称为亚晶粒。亚晶粒之间的界面称为亚晶界(见图 14.13)。亚晶界处原子排列也是不规则的,其作用与晶界相似。

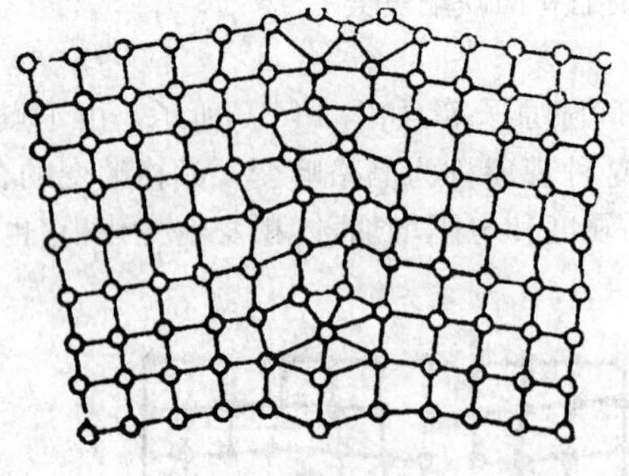

图 14.12 晶界的过渡结构示意图

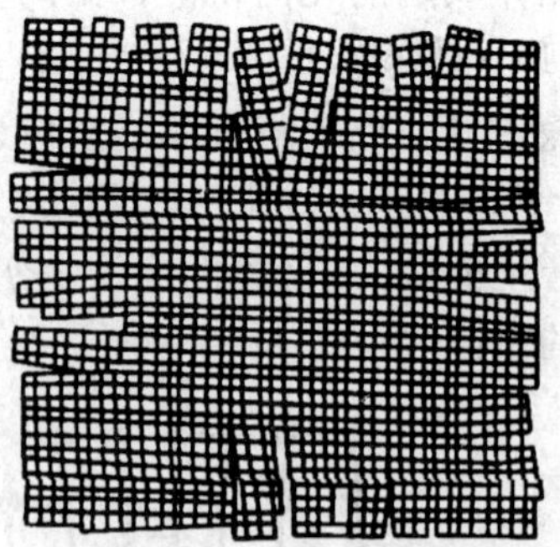

图 14.13 亚晶界示意图

综上所述,晶体中由于存在了晶格空位、间隙原子、置换原子、位错、晶界和亚晶界等结构缺陷,都会使晶格发生畸变,从而引起塑性变形抗力增大,使金属的强度提高。

三、合金的晶体结构

纯金属虽然具有优良的导电、导热等性能，但它的力学性能较差，并且价格昂贵，因此在使用上受到很大限制。机械制造领域中广泛使用的金属材料是合金，如钢和铸铁等。

合金与纯金属比较，具有一系列优越性。如下：

① 通过调整成分，可在相当大范围内改善材料的使用性能和工艺性能，从而满足各种不同的需求。

② 改变成分可获得具有特定物理性能和化学性能的材料，即功能材料。

③ 多数情况下，合金价格比纯金属低，如碳钢和铸铁比工业纯铁便宜，黄铜比纯铜经济等。

1. 合金常用术语

(1) 合金

合金是由两种或两种以上的金属元素，或金属与非金属元素组成的具有金属特性的物质。例如碳钢就是铁和碳组成的合金。

(2) 组元

组成合金最基本的独立物质称为组元，简称元。组元可以是金属元素或非金属元素，也可以是稳定化合物。由 2 个组元组成的合金称为二元合金，3 个组元组成的合金称为三元合金。

(3) 合金系

由两个或两个以上组元按不同比例配制成一系列不同成分的合金，称为合金系。例如，铜和镍组成的一系列不同成分的合金，称为铜－镍合金系。

(4) 相

合金中具有同一聚集状态、同一结构和性质的均匀组成部分称为相。例如，液态物质称为液相；固态物质称为固相；同样是固相，有时物质是单相的，有时是多相的。

(5) 组织

用肉眼或借助显微镜观察到材料具有独特微观形貌特征的部分称为组织。组织反映材料的相组成、相形态、大小和分布状况，因此组织是决定材料最终性能的关键。

2. 合金的组织

多数合金组元液态时都能互相溶解，形成均匀液溶体。固态时由于各组分之间相互作用不同，形成不同的组织。通常固态时合金中形成固溶体、金属化合物和机械混合物三类组织。

(1) 固溶体

合金由液态结晶为固态时，一组元溶解其他组元，或组元之间相互溶解而形成的一种均匀相称为固溶体。占主要地位的元素是溶剂，而被溶解的元素是溶质。固溶体的晶格类型保持着溶剂的晶格类型。根据溶质原子在溶剂中所占位置的不同，固溶体可分为置换固溶体和间隙固溶体两种。

① 置换固溶体。溶剂结点上的部分原子被溶质原子所替代而形成的固溶体，称为置换固溶体，如图 14.14(a)所示。

溶质原子溶于固溶体中的量称为固溶体的溶解度，通常用质量百分数或原子百分数来表示。按固溶体溶解度不同，置换固溶体可分为有限固溶体和无限固溶体两类。例如，在铜镍合金中，铜与镍组成的为无限固溶体；而锌溶解在铜中所形成的固溶体为有限固溶体。

置换固溶体中溶质在溶剂中的溶解度主要取决于两组元的晶格类型、原子半径和原子结构特点。通常两组元原子半径差别较小，晶格类型相同，原子结构相似，固溶体溶解度较大。事实上，大多数合金都为有限固溶体，并且溶解度随温度升高而增大。

② 间隙固溶体。溶质原子溶入溶剂晶格之中而形成的固溶体，称为间隙固溶体，如图14.14(b)所示。由于溶剂晶格的间隙有限，通常形成间隙固溶体的溶质原子都是原子半径较小的非金属元素，例如，碳、氮、氢等非金属元素溶入铁中形成的均为间隙固溶体。间隙固溶体的溶解度都是有限的。

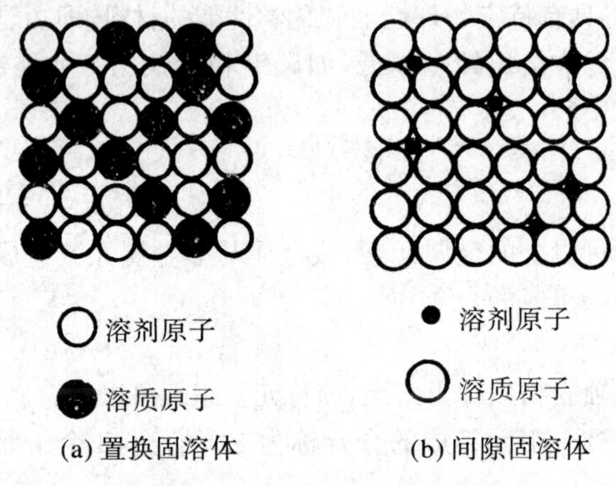

(a) 置换固溶体 (b) 间隙固溶体

图 14.14 固溶体的两种类型

无论是置换固溶体还是间隙固溶体，溶质原子的溶入，都会使点阵发生畸变，同时晶体的晶格常数也要发生变化，原子尺寸相差越大，畸变也愈大。畸变的存在使位错运动阻力增加，从而提高了合金的强度和硬度，而塑性下降，这种现象称为固溶强化。固溶强化是提高金属材料力学性能的重要途径之一。

(2) 金属化合物

合金组元间发生相互作用而形成一种具有金属特性的物质称为金属间化合物，它的晶格类型和性能完全不同于任一组元，一般可用化学分子式表示，如 Fe_3C、TiC、CuZn 等。

金属化合物具有熔点高、硬度高、脆性大的特点，在合金中主要作为强化相，可以提高材料的强度、硬度和耐磨性，但塑性和韧性有所降低。金属化合物是许多合金的重要组成相。

(3) 机械混合物

两种或两种以上的相按一定质量百分数组合成的物质称为机械混合物。混合物中各组成相仍保持自己的晶格，彼此无交互作用，其性能主要取决于各组成相的性能以及相的分布状态。

工程上使用的大多数合金的组织都是固溶体与少量金属化合物组成的机械混合物。通过调整固溶体中溶质含量和金属化合物的数量、大小、形态和分布状况，可以使合金的力学性能在较大范围变化，从而满足工程上的多种需求。

四、铁碳合金基本组织及相图

铁和碳的合金称为铁碳合金，如钢和铸铁都是铁碳合金。钢铁材料是现代工业应用最为广泛的合金，与其他材料相比，钢铁具有较高的强度和硬度，可以铸造和锻压，也可以进行切削加工和焊接，尤其是通过适当的热处理，可以显著提高各种性能。要熟悉并合理地选择铁碳合金，就必须了解铁碳合金的成分、组织和性能之间的关系。

（一）铁碳合金的基本组织

铁碳合金在固态下的基本组织有铁素体、奥氏体、渗碳体、珠光体和莱氏体。

1. 铁素体

铁素体是碳溶于 α-Fe 中所形成的间隙固溶体，用符号 F 表示，它仍保持 α-Fe 的体心立方晶格结构。因其晶格间隙较小，所以溶碳能力很差，在 727 ℃时最大 w_C仅为 0.021 8%。随着温度的下降其溶碳量逐渐减少，铁素体的性能几乎和纯铁相同，即塑性和冲击韧度较好，而强度、硬度较低。

2. 奥氏体

奥氏体是碳溶于 γ-Fe 中所形成的间隙固溶体，用符号 A 表示，它保持 γ-Fe 的面心立方晶格结构。由于其晶格间隙较大，所以溶碳能力比铁素体强，在 727 ℃时 w_C为 0.77%，1 148 ℃时 w_C达到 2.11%。奥氏体具有一定的强度和硬度，但具有良好塑性，在机械制造中，钢材大多数要加热至高温奥氏体状态才能进行塑性变形加工。

3. 渗碳体

渗碳体是铁和碳组成的具有复杂斜方结构的间隙化合物，用化学式 Fe_3C 表示。渗碳体中的碳的质量分数为 6.69%，硬度很高(800HBW)，塑性和韧性几乎为零。主要作为铁碳合金中的强化相存在。

4. 珠光体

珠光体是铁素体和渗碳体组成的机械混合物，用符号 P 表示。在缓慢冷却条件下，珠光体中 w_C为 0.77%，力学性能介于铁素体和渗碳体之间，即强度较高，硬度适中，具有一定的塑性，是一种综合力学性能较好的组织。

5. 莱氏体

莱氏体是指高碳的铁基合金在凝固过程中，缓慢冷却到 1 148 ℃时，从液相中同时结晶出奥氏体和渗碳体所组成的共晶体，用符号 L_d表示，莱氏体碳的质量分数为 4.3%。在冷却到 727 ℃温度时，奥氏体将转变为珠光体，所以室温下莱氏体由珠光体和渗碳体组成，称为低温莱氏体，用符号 L'_d 表示。莱氏体中由于有大量渗碳体存在，其性能与渗碳体相似，即硬度高，塑性差。

（二）铁碳合金相图

铁碳合金相图是铁碳合金在极缓慢冷却(或加热)条件下，不同化学成分的铁碳合金，在不同温度下所具有的组织状态的图形，是铁碳合金成分、温度、组织变化规律的简明图解，也是选择材料和制定有关热加工工艺时的重要依据。

由于 $w_C>6.69\%$的铁碳合金脆性极大，在工业生产中没有使用价值，所以我们只研究

w_C小于 6.69%的部分。$w_C=6.69\%$对应的正好全部是渗碳体，把它看作一个组元，实际上我们研究的铁碳合金相图是 Fe-Fe_3C 相图，如图 14.15 所示简化的 Fe-Fe_3C 相图，图中纵坐标表示温度，横坐标为铁碳合金含碳量的百分数。

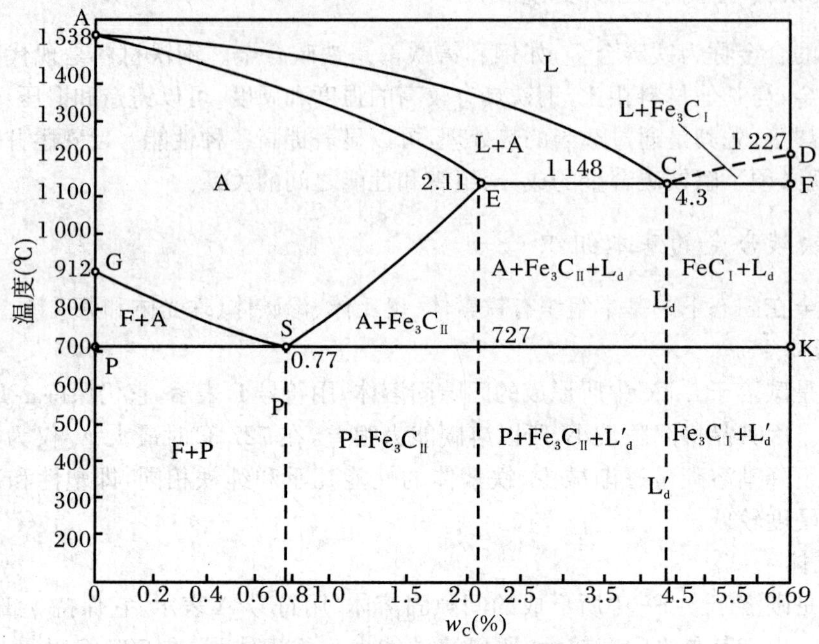

图 14.15　简化 Fe-Fe_3C 相图

铁碳合金相图中的特性点温度、含碳量、含义见表 14.1。应当指出，Fe-Fe_3C 相图中特性的数据随着被测试材料纯度的提高和测试技术的进步而趋于精确，因此不同资料中的数据会有所出入。

表 14.1　Fe-Fe_3C 相图中的几个特性点

点的符号	温度(℃)	w_C(%)	含义
A	1 538	0	纯铁的熔点
C	1 148	4.3	共晶点，$L_c \rightleftharpoons A+Fe_3C$
D	1 227	6.69	渗碳体的熔点
E	1 148	2.11	碳在 γ-Fe 中最大溶解度
G	912	0	纯铁的同素异构转变点 α-Fe ⇌ γ-Fe
S	727	0.77	共析点 $A_s \rightleftharpoons F+Fe_3C$

铁碳合金相图中的特性线的含义列于表 14.2 中。

表 14.2 Fe-Fe_3C 相图中的特性线

特性线	含义
ACD	液相线，w_C≤4.3%的铁碳合金在 *AC* 线开始结晶出奥氏体 *A*；w_C>4.3%的铁碳合金在 *CD* 线开始结晶出渗碳体，称一次渗碳体 Fe_3C_I
AECF	固相线，在固相线以下区域，铁碳合金呈固态
ECF	共晶转变线，$L_c \rightleftharpoons A + Fe_3C$，共晶转变形成了奥氏体与渗碳体的机械混合物，即莱氏体 L_d
GS	常称 A_3线。冷却时，不同含碳量的奥氏体中结晶出铁素体的开始线
ES	常称 A_{cm}线。碳在 γ-Fe 中的溶解度曲线，它表示铁碳合金随着温度的降低，奥氏体中碳的质量分数沿着此线逐渐减少，而多余的碳以二次渗碳体 Fe_3C_{II} 形式析出
PSK	共析转变线，常称 A_1线。$A_s \rightleftharpoons F + Fe_3C$，共析转变的产物是铁素体与渗碳体的机械混合物，即珠光体 P

（三）铁碳合金的类型

铁碳合金由于成分不同，室温下得到不同的组织。根据含碳量和室温组织特点，铁碳合金可分为工业纯铁、钢、白口铸铁 3 类。

① 工业纯铁。w_C<0.021 8%。

② 钢。0.021 8%<w_C<2.11%，根据其室温组织特点不同，又可分为亚共析钢、共析钢和过共析钢 3 种。

亚共析钢，0.021 8%<w_C<0.77%，组织为 F + P。

共析钢，w_C = 0.77%，组织为 P。

过共析钢，0.77%<w_C<2.11%，组织为 P + Fe_3C_{II} 。

③ 白口铸铁。2.11%<w_C<6.69%，按白口铁室温组织特点，也可分为亚共晶白口铸铁、共晶白口铸铁和过共晶白口铸铁 3 种。

亚共晶白口铸铁，2.11%<w_C<4.3%，组织为 P + Fe_3C_{II} + L'_d。

共晶白口铸铁，w_C = 4.3%，组织为 L'_d。

过共晶白口铸铁，4.3%<w_C<6.69%，组织为 $Fe_3C_I + L'_d$。

（四）含碳量对铁碳合金性能的影响

碳是决定铁碳合金力学性能最主要的元素。如图 14.16 所示，当碳的质量分数 w_C<0.9%时，随着碳的质量分数的增加，钢的强度和硬度提高，而塑性和韧性降低，这是由于组织中渗碳体量不断增多，铁素体量不断减少的缘故；当碳的质量分数 w_C>0.9%时，由于 Fe_3C_{II} 的数量随着碳的质量分数的增加，而急剧增多，并明显地呈网状分布于奥氏体晶界上，这样不仅降低了钢的塑性和韧性，而且也降低了钢的强度。工业上使用的钢，碳的质量分数一般不超过 1.3%～1.4%；而 w_C超过 2.11%的白口铸铁，组织中大量渗碳体的存在，使性能硬而脆，难以切削加工，一般以铸态使用。

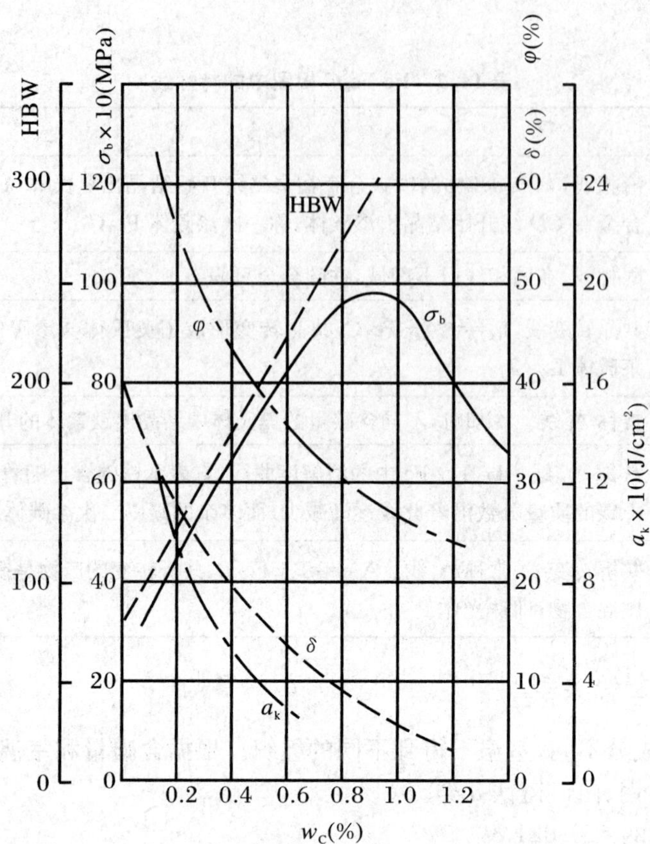

图 14.16　含碳量对钢的力学性能的影响

复习思考题

1. 选择题

(1) 下列选项中属于金属材料使用性能的是________。

A. 强度　　B. 焊接性能　　C. 加工性能　　D. 热处理性能

(2) 拉伸试验时，试样拉断前能承受的最大拉应力称为________。

A. 屈服强度　　B. 抗拉强度　　C. 抗弯强度　　D. 抗扭强度

(3) 测定淬火钢件的硬度，一般常选用________实验。

A. 布氏硬度　　B. 洛氏硬度　　C. 维氏硬度　　D. 都不合适

(4) 做疲劳试验时，试样承受的载荷为________。

A. 动载荷　　B. 冲击载荷　　C. 循环载荷　　D. 静载荷

(5) 金属抵抗永久变形和断裂的能力称为________。

A. 硬度　　B. 塑性　　C. 强度　　D. 韧性

(6) 金属材料的________越好，则其锻造性能越好。

A. 强度　　B. 塑性　　C. 硬度　　D. 脆性

(7) 铁碳合金相图上的 GS 线用代号________表示，PSK 线用代号________表示。

A. A_1 B. A_{cm} C. A_3 D. A_c

2. 判断题

(1) 钢和生铁都是以铁碳为主的合金。( )

(2) 用锰铁、硅铁和铝粉进行充分脱氧后,可获得镇静钢。( )

(3) 1 kg 钢和 1 kg 铝的体积是相同的。( )

(4) 热导性差的金属材料,加热和冷却时会产生较大的内外温度差,导致内外金属材料不同的膨胀或收缩,产生较大的内应力,从而使金属材料变形,甚至产生开裂。( )

(5) 塑性变形能随载荷的去除而消失。( )

(6) 所有金属材料在拉伸试验时都会出现显著的屈服现象。( )

(7) 洛氏硬度值是根据压头压入被测材料的残余压痕深度增量来确定的。( )

(8) 小能量多次冲击抗力的大小主要取决于材料的强度高低。( )

(9) 实际金属的晶体结构不仅是多晶体,而且还存在着多种缺陷。( )

(10) 单晶体在性能上没有明显的方向性。( )

(11) 渗碳体碳的质量分数是 6.69%。( )

3. 简答题

(1) 何谓金属材料的力学性能?常用的力学性能指标有哪些?

(2) 画出低碳钢的拉伸曲线,并简述拉伸变形的几个阶段。

(3) 什么是塑性?塑性好的材料有什么实用意义?

(4) 试述布氏和洛氏硬度的试验原理及应用范围。

(5) 实际金属晶体中存在哪些晶体缺陷?它们对力学性能有何影响?

(6) 画出简化 $Fe\text{-}Fe_3C$ 相图,填出各相区的组织;说明各特性点、特性线的含义。

(7) $Fe\text{-}Fe_3C$ 相图有何作用?在生产实践中有何指导意义?又有何局限性?

(8) 试述含碳量对钢力学性能的影响。

第十五章　金属材料

第一节　碳　　钢

碳钢是指含碳量大于0.021 8%小于2.11%且不含有特意加入合金元素的铁碳合金。碳钢中的主要元素是铁和碳，它们是影响碳钢性能的主要元素。此外还含有一些其他元素，如硅、锰、硫和磷等。其中，硅作为脱氧剂，进行脱氧后残留在钢中，形成固溶体，提高钢的强度和硬度，钢材中的硅是有益元素；锰作为脱氧剂，进行脱氧后残留在钢中，溶于铁素体和渗碳体中，使钢的强度和硬度提高，也是钢材中的有益元素；硫导致碳钢热脆，是钢材中的有害元素；磷导致碳钢冷脆，也是钢材中的有害元素。

一、碳钢类型

1．按碳钢中碳的质量分数分类

① 低碳钢是指碳的质量分数为0.021 8%$<w_C<$0.25%的铁碳合金。

② 中碳钢是指碳的质量分数为0.25%$\leqslant w_C\leqslant$0.6%的铁碳合金。

③ 高碳钢是指碳的质量分数为0.6%$<w_C<$2.11%的铁碳合金。

2．按碳钢中所含杂质S、P的质量分数分类

① 普通钢是指硫的质量分数 $w_S\leqslant$0.05%、磷的质量分数 $w_P\leqslant$0.045%的铁碳合金。

② 优质钢是指硫的质量分数 $w_S\leqslant$0.035%、磷的质量分数 $w_P\leqslant$0.035%的铁碳合金。

③ 高级优质钢是指硫的质量分数 $w_S\leqslant$0.025%、磷的质量分数 $w_P\leqslant$0.025%的铁碳合金。

④ 特级优质钢是指硫的质量分数 $w_S\leqslant$0.015%、磷的质量分数 $w_p\leqslant$0.025%的铁碳合金。

3．按碳钢的用途分类

① 碳素结构钢。碳素结构钢主要用于制造各种机械零件和工程结构件，其碳的质量分数 $w_C<$0.7%，分为普通碳素结构钢和优质碳素结构钢。此类钢常用于制造齿轮、轴、螺母、弹簧等机械零件，用于制作桥梁、船舶、建筑等工程结构件。

② 碳素工具钢。碳素工具钢主要用于制造工具，如制作刃具、模具、量具等。其碳的质量分数 $w_C>$0.7%。

③ 碳素铸钢。工程用碳素铸钢的碳平均质量分数 $w_C=$0.2%～0.6%。主要用来制作形状复杂、难以进行锻造或切削加工，且要求较高强度和韧性的零件。

二、碳钢的牌号和用途

1．普通碳素结构钢

普通碳素结构钢的含碳量在0.06%～0.38%之间，这类钢强度和硬度不高，但冶炼方便、产量大、价格便宜，有良好的塑性和焊接性。适用于一般工程结构、桥梁、船舶和厂房等建筑结构以及力学性能要求不高的机械零件(如螺钉、螺母和铆钉等)。

普通碳素结构钢的牌号是由屈服点字母、屈服点数值、质量等级符号、脱氧方法符号组成。其中屈服点字母以“Q”表示;质量等级有A、B、C、D四级,质量依次提高;脱氧方法用汉语拼音字首表示,“F”——沸腾钢、“b”——半镇静钢、“Z”——镇静钢、“TZ”——特殊镇静钢。例如Q235-AF表示$\sigma_s \geqslant 235$ MPa,质量等级为A级,脱氧程度为沸腾钢的普通碳素结构钢。普通碳素结构钢的具体牌号和应用见表15.1。

表15.1 普通碳素结构钢的牌号和应用

牌　号	应　用
Q195、Q215A、Q215B	用于制作开口销、铆钉、垫片及载荷较小的冲压件
Q235A、Q235B、Q235C、Q235D	用于制作后桥壳盖、内燃机支架、制动器底板、发电机机架、曲轴前挡油盘
Q255A、Q255B、Q275	用于制作拉杆、心轴、转轴、小齿轮、销、键

2. 优质碳素结构钢

优质碳素结构钢的硫、磷含量均较低,塑性和韧性较好,主要制作较重要的机械零件,如轴类、齿轮、弹簧等零件。这类钢经热处理后具有良好的综合力学性能。

优质碳素结构钢的牌号用两位数字表示,两位数字表示钢中碳的平均质量分数的万分之几。如45钢,表示平均$w_C = 0.45\%$的优质碳素结构钢。钢中含锰较高($w_{Mn} = 0.7\% \sim 1.2\%$)时,在数字后面附以符号“Mn”,如65Mn钢,表示平均$w_C = 0.65\%$,并含有较多锰($w_{Mn} = 0.9\% \sim 1.2\%$)的优质碳素结构钢。高级优质钢在数字后面加“A”;特级优质钢在数字后面加“E”;沸腾钢在数字后面加“F”;半镇静钢数字后面加“b”。优质碳素结构钢的牌号和应用见表15.2。

表15.2 优质碳素结构钢牌号和应用

牌号	应　用
08F、08、10F、10、15F、15、20、25	塑性高,焊接性好,宜制造冲压件,焊接件及强度要求不高的机械零件和渗碳件,如一般螺钉、铆钉、垫圈等
30、35、40、45、50、55	优良的综合力学性能,宜制作受力较大的机械零件,如齿轮、连杆,活塞杆、轴类零件及连轴器等零件
60、65、70、75、80、85	屈服点高,弹性好,宜制造弹性元件(如各种螺旋弹簧、板簧等)及耐磨零件
20Mn、25Mn、30Mn、35Mn、40Mn、45Mn、50Mn、60Mn、65Mn、70Mn	用于渗碳零件、受磨损零件及较大尺寸的各种弹性元件等

3. 碳素工具钢

碳素工具钢的含碳量为0.65%～1.35%,属于优质钢或高级优质钢。这类钢经热处理后具有较高的硬度和耐磨性,主要用于制作低速切削刀具,以及对热处理变形要求低的一般模具、低精度量具。碳素工具钢的牌号用“T+数字”表示,其中T代表碳素工具钢,数字表示钢中平均含碳量的千分之几,如T10表示平均$w_C = 1.0\%$的碳素工具钢。若在牌号后加字母 A,则表示为高级优质碳素工具钢,如 T12A 表示平均 $w_C=1.2\%$ 的高级优质碳素工具钢。碳素工具钢牌号和应用见表 15.3。

表 15.3 碳素工具钢的具体牌号和应用

钢 号	应 用
T7、T7A、T8、T8A、T8Mn、T8MnA	承受冲击、韧性较好、较高硬度的工具,如扁铲、手钳、冲头、大锤、木工工具
T9、T9A	韧性中等、硬度高的工具,如冲头,木工工具,凿岩工具
T10、T10A、T11、T11A、T12、T12A、T13、T13A	不受剧烈冲击、高硬度、耐磨的工具,如车刀、刨刀、丝锥、钻头、锉刀、刮刀、手锯条

4. 碳素铸钢

汽车发动机零部件的材料主要应用碳素铸钢。工程用铸造碳钢的牌号用“ZG”+两组数字表示,其中 ZG 表示铸钢,第一组数字表示最低屈服点数值,第二组数字表示最低抗拉强度数值,如 ZG270-500 表示屈服点不小于 270 MPa,抗拉强度不小于 500 MPa 的工程用铸造碳钢。工程用铸造碳钢的牌号和应用见表 15.4。

表 15.4 工程用铸造碳钢的具体牌号和应用

牌 号	应 用
ZG200-400	机座和减、变速箱体
ZG230-450	轴承盖、阀体、外壳、底板
ZG270-500	轧钢机机架、连杆、箱体、缸体、曲轴、轴承座、飞轮
ZG310-570	大齿轮、制动轮、汽缸体
ZH340-640	齿轮、连轴器、棘轮

第二节 合 金 钢

钢在熔炼时有目的地加入一定比例的合金元素,如硅、锰、铬、镍、钨、钼、钒、钴、铝、钛和稀土元素等,合金元素有利于形成合金铁素体和碳化物、细化晶粒、提高钢的淬透性和回火稳定性,改善钢的性能。

一、合金钢类型

1. 按主要质量等级分类

(1) 优质合金钢

这种钢在生产过程中需要特别控制质量和性能,但其生产质量控制和性能要求的严格程度不如特殊质量合金钢。

(2) 特殊质量合金钢

这种钢在生产过程中需要特别严格控制质量和性能。除优质合金钢以外的所有其他合金钢都为特殊质量合金钢。

2. 按使用特性分类

合金钢按使用特性可分为工程结构用合金钢(一般工程结构用合金钢、合金钢筋钢、高锰耐磨钢等)、机械结构用合金钢(调质处理合金结构钢、表面硬化合金结构钢、合金弹簧钢等)、工具钢(合金工具钢、高速工具钢等)、特殊性能钢(不锈钢、耐蚀钢、耐热钢、磁钢等)、轴承钢(高碳铬轴承钢、不锈轴承钢等),还有如铁道用合金钢等。

二、合金钢的牌号和用途

1. 合金结构钢

合金结构钢在机械制造、交通运输、石油化工及建筑工程等方面应用最广,是用量最大的一类合金钢。合金结构钢是在优质碳素结构钢的基础上加入一些合金元素而形成的。

合金结构钢的牌号采用"两位数字(碳含量)+化学元素符号+数字"表示。前面"两位数字"表示钢的平均含碳量的万分之几,"化学元素符号"表示钢中含有的主要合金元素,其后面"数字"则标明该元素的含量百分之几。当合金元素的平均含量小于1.5%时,牌号中仅标明元素符号,不标注含量;如果平均含量为1.5%~2.5%,2.5%~3.5%,3.5%~4.5%,…则相应地标以2,3,4,…依此类推。如40Cr钢,表示平均含碳量为0.40%,主要合金元素为铬,其含量在1.5%以下的合金结构钢。若合金结构钢为高级优质钢,则在牌号后加注A,若为特级优质钢则加注E。

(1) 低合金结构钢

低合金结构钢是在碳素结构钢的基础上加入少量合金元素而制成的工程用钢,是一种低碳($w_C \leqslant 0.2\%$)、低合金钢(合金总量$\leqslant 3\%$)。这类钢比相同含碳的碳素结构钢的强度要高得多,并且有良好的塑性、韧性、耐蚀性和焊接性。以少量锰为主加元素,含硅量较碳素结构钢高,以提高钢的强度;并辅加其他合金元素,如铜、钛、钒、稀土元素等,以提高钢的耐蚀性和淬透性。低合金结构钢大多数是在热轧、正火状态下使用,组织为铁素体和珠光体。在强度级别较高的低合金结构钢中,也加入铬、钼、硼等元素,主要是为了提高钢的淬透性,以便在空冷条件下得到比碳素钢更高的力学性能。低合金结构钢牌号表示方法与碳素结构钢相同,如最常用的是Q345。

(2) 合金渗碳钢

合金渗碳钢的含碳量在0.10%~0.20%之间,合金渗碳钢是用来制造既要有优良的耐磨性、耐疲劳性,又能在承受冲击载荷的作用下,有足够的韧性和足够高强度的零件,如汽车、拖拉机中的变速齿轮、内燃机上的凸轮轴、活塞销等。这种合金钢心部有足够高的塑性和韧性,加入铬、镍、锰硅、硼等合金元素能提高淬透性,使零件在热处理后,表层和心部都得到强化,加入钒、钛等合金元素,可以阻碍奥氏体晶粒长大,起细化晶粒作用。常用的合金渗碳钢有20Cr钢、20CrMnTi钢。

(3) 合金调质钢

合金调质钢是在中碳钢(30、35、40、45、50)的基础上加入一种或几种合金元素,以提高淬透性和耐回火性,使之在调质处理后具有良好的综合力学性能的钢。常加入的合金元素有锰、硅、铬、硼、钼等，主要作用是提高钢的强度和韧性，增加钢的淬透性。合金调质钢的热处理工艺是淬火后高温回火（调质），处理后获得回火索氏体组织，使零件具有良好的综合性能。若要求零件表面有很高的耐磨性，可在调质后再进行感应淬火或渗氮。合金调质钢常用来制造负荷较大的重要零件，如发动机轴、连杆及传动齿轮等。常用的合金调质钢有40Cr 钢、40MnB 钢、40CrNi 钢。

(4) 合金弹簧钢

合金弹簧钢主要用于制造各种机械和仪表中的弹簧，它具有高的弹性极限和高的屈服点，同时还具有高的疲劳极限与足够的塑性和韧性。合金弹簧钢的碳含量在 0.50%～0.70%之间。加入合金元素锰、硅、铬、钼、钒等主要是提高淬透性、抗回火稳定性和强化铁素体，热处理后能获得高的弹性和屈服点，加入少量铬、钼、钒可防止脱碳，并能细化晶粒，提高屈服点、弹性极限和高温强度。常用的合金弹簧钢有 60Si2Mn 钢、60Mn 钢。弹簧钢按加工和热处理分为热成形弹簧钢和冷成形弹簧钢。

① 热成形弹簧钢。当弹簧直径或板簧厚度大于 10 mm 时，常采用热态下成形，即将弹簧加热至比正常淬火温度高 50～80 ℃进行热卷成形，然后利用余热立即淬火、中温回火，获得回火托氏体，硬度为 40～48HRC，具有较高的弹性极限、疲劳强度和一定的塑性与韧性。

② 冷成形弹簧钢。当弹簧直径或板簧厚度小于 8～10 mm 时，常用冷拉弹簧钢丝或弹簧钢带冷卷成形。由于弹簧钢丝在生产过程中已具备了很好的性能，所以冷绕成形后不再淬火。常采用 250～300 ℃的去应力退火，以消除在冷绕过程中产生的应力，并使弹簧定形。

2. 合金工具钢

合金工具钢主要用于制造尺寸大、精度高和形状复杂的模具，各种精密量具以及切削速度较高的刀具。合金工具钢的牌号和结构钢的区别仅在于碳含量的表示方法，它用一位数字表示平均含碳量的千分之几，当碳含量 $w_C \geqslant 1.0\%$时，不予标出，如 9CrSi 钢，表示平均含碳量为 0.90%，主要合金元素为铬和硅，其含量都在 1.5%以下的低合金工具钢；Cr12MoV 钢，表示平均含碳量 $w_C \geqslant 1.0\%$，主要合金元素铬的平均含量为 12%，钼和钒的含量均小于 1.5%的高合金工具钢。高速钢牌号的表示方法略有不同，其含碳量 $w_C \leqslant 1.0\%$也不予标出，合金元素及其含量的标注相同，如 W18Cr4V 表示平均含碳量为 0.7%～0.8%，平均含钨量为 18%，平均含铬量为 4%，含钒量小于 1.5%的高速工具钢。合金工具钢按用途可分为刃具钢、模具钢、量具钢。

(1) 合金刃具钢

合金刃具钢主要用来制造车刀、铣刀、拉刀、钻头等各种金属切削用刀具。合金刃具钢要求高硬度、耐磨、高红硬性、足够的强度以及良好的塑性和韧性。合金刃具钢分为低合金刃具钢和高速钢两种。

① 低合金刃具钢。低合金刃具钢是在碳素工具钢的基础上加入少量合金元素的钢。钢中主要加入铬、锰、硅等元素，其目的是为了提高钢的淬透性，同时还能提高钢的强度。加入钨、钒等强碳化物元素，提高钢的硬度和耐磨性，并防止加热时过热，保持晶粒细小。最常用的低合金刃具钢是 9SiCr 钢、CrWMn 钢等。其中，9SiCr 钢具有较高的淬透性和回火稳定性，碳化物细小均匀，红硬性可达 300 ℃，适用于制作刀刃细薄的低速刀具，如丝锥、板牙、铰刀等；CrWMn 钢的含碳量在 0.90%～1.05%之间，具有更高的硬度和耐磨性，但红硬性不如 9SiCr，但 CrWMn 钢热处理后变形小，故称微变形钢。主要用来制造较精密的低速刀具，如拉刀、铰刀等。

② 高速钢。用于制造高速切削工具的钢称为高速钢，又称锋钢。高速钢是一种含有钨、钒、铬、钼等多种元素的高合金工具钢。高速钢的碳含量一般大于 0.70%，最高可达 1.5%左右。钢中较多的碳和大量的钨、铬、钒、钼等碳化物形成元素，形成大量的合金碳化物，使高速钢具有高的硬度和耐磨性。这些碳化物较稳定，回火时要在 550 ℃以上才发生显著的聚集和长大，具有良好的红硬性，其工作温度高达 600 ℃。高速钢经高温锻造后必须进行退火处理，为了缩短时间，一般采用等温退火，以降低硬度、消除应力、改善切削加工性能，且为淬火作组织上的准备。高速钢中含有大量的钨、钼、钒、铬等难熔碳化物，它们只有在 1 200 ℃以上才能大量溶入奥氏体中，以保证淬火、回火后获得高的红硬性。因此高速钢的淬火加热温度高，一般为 1 220～1 280 ℃，常在油中淬火。高速钢淬火后必须在 550～570 ℃进行多次回火，此时由马氏体中析出极细碳化物，并使残余奥氏体转变成回火马氏体，以进一步提高钢的硬度和耐磨性，使钢的硬度达 63～66 HRC。常用的高速钢有 W18Cr4V 钢、W6Mo5Cr4V2 钢、W9Mo3Cr4V 钢、W18Cr4V2Co8 钢等。

(2) 合金模具钢

合金模具钢按使用条件不同分为冷作模具钢、热作模具钢。

① 冷作模具钢。冷作模具钢用于制造在冷态下分离和成型的模具，如冷冲模、冷镦模、冷挤压模。这类模具工作时，要求有高的硬度和耐磨性，足够的强度和韧性。大型模具用钢还应具有良好的淬透性，热处理变形小等性能。冷作模具钢的含碳量高，一般碳含量 $w_C \geqslant$ 1.0%，有时高达 2.0%，其目的是为了获得高硬度和耐磨性。加入合金元素铬、钼、钨、钒等，目的是提高耐磨性、淬透性和耐回火稳定性。冷作模具钢最终热处理一般为淬火加低温回火，硬度达 60～62HRC。目前应用较广的是 Cr12MoV 钢、Cr12 钢、9Mn2V 钢、CrWMn 钢等，其中 Cr12MoV 钢具有很高的硬度和耐磨性、较高的强度和韧性、热处理变形小等特点。主要用于制造截面较大、形状复杂的冷作模具。

② 热作模具钢。热作模具钢是用来制造使金属在高温下成型的模具。如热锻模、热挤压模、压铸模等。热作模具是在高温下工作，承受很大的冲击力，因此要求热作模具钢具有高的热强性和红硬性、高温耐磨性和高的抗氧化性，以及较高的抗热疲劳性和导热性。热作模具钢一般采用中碳(0.30%～0.60%)合金钢制成。加入合金元素铬、镍、锰、硅等目的是为了强化钢的基体和提高钢的淬透性；加入钼、钨、钒等是为了提高钢的回火稳定性和耐磨性。热作模具钢的最终热处理是淬火加中温回火(高温回火)，以保证其有足够的韧性。目前常采用 5CrMnMo 和 5CrNiMo 钢制作热锻模，采用 3Cr2W8V 钢制作挤压模和压铸模。

(3) 合金量具钢

量具钢主要用于制造测量零件尺寸的各种量具，如卡尺、千分尺、塞规、样板等。由于量具在使用过程中经常与被测零件接触，易受到磨损或碰撞；量具本身应具有非常高的尺寸精度和恒定性。因此，要求量具有高的硬度、耐磨性、尺寸稳定性和足够的韧性。同时还要求有良好的磨削加工性，以便达到很低的表面粗糙度要求。量具钢含碳量高，一般碳含量在 0.90%～1.5%之间，以保证较高的硬度和耐磨性。加入铬、钨、锰等合金元素，以形成合金碳化物，提高钢的淬透性和耐磨性，减少淬火变形及应力，提高马氏体的稳定性，从而获得较高的尺寸稳定性。量具钢的热处理往往预先热处理是球化退火，最终热处理是淬火和低温回火。为了提高量具尺寸的稳定性，对精密量具在淬火后应立即进行冷处理，然后在 150～160 ℃下低温回火；低温回火后还应进行一次人工时效，尽量使淬火组织转变为较稳定的回火马氏体并消除淬火应力。量具精磨后要在 120 ℃下人工时效 2～3 h，以消除磨削应力。

常用量具钢目前没有专用钢种，对一般要求的量具，可用碳素工具钢，合金工具钢和滚动轴承钢制造；精度要求较高的量具，均采用微变形合金工具钢 CrMn、CrWMn 等制成。

3. 滚动轴承钢

滚动轴承钢用来制造各种轴承的滚珠、滚柱和内外套圈，也用来制造刀具、冷冲模、量具及性能与滚动轴承相似的耐磨零件。由于滚动轴承在工作时受到交变载荷的作用，套圈和滚动体之间产生强烈摩擦。因此滚动轴承钢必须具有高接触疲劳强度、高的弹性极限、高的硬度和耐磨性，并有足够的韧性、淬透性和一定的耐蚀性。滚动轴承钢是高碳铬钢，含碳量0.95%～1.05%，含铬量0.40%～1.65%。加入合金元素铬是为了提高淬透性，并在热处理后形成均匀分布的碳化物，以提高钢的硬度、接触疲劳极限和耐磨性。制造大型轴承时，为了进一步抽调淬透性，还可以加入硅、锰等元素。

滚动轴承钢的牌号表示为“G＋Cr＋数字”，“G”表示“滚”字的汉语拼音字母字首，“Cr”表示铬元素，“数字”表示含铬量的千分之几，其他元素含量仍按百分数表示。GCr15SiMn，表示平均含铬量为1.5%，硅、锰含量均小于1.5%的滚动轴承钢。目前应用最多的滚动轴承钢有 GCr15 钢，主要用于中小型滚动轴承；GCr15SiMn 钢，主要用于较大的滚动轴承。

滚动轴承钢的热处理包括预备和最终热处理。预备热处理是为了获得球状珠光体组织的球化退火。其目的是降低锻造后钢的硬度，便于切削加工，并为淬火作好组织上的准备。最终热处理为淬火加低温回火，其目的是获得极细的回火马氏体和细小均匀分布的碳化物组织，以提高轴承的硬度和耐磨性，硬度可达61～65HRC。

4. 特殊性能钢

用于制造在特殊工作条件或特殊环境下工作，具有特殊性能要求的机械零件的钢材，称特殊性能钢。特殊性能钢牌号表示方法与合金工具钢的表示方法基本相同，如不锈钢4Cr13，表示平均含碳量为0.4%，平均含铬量为13%的不锈钢。工程中常用的特殊性能钢有不锈钢、耐热钢、耐磨钢等。

(1) 不锈钢

不锈钢是具有抵抗大气或某些化学介质腐蚀作用的合金钢。常用的不锈钢主要有铬不锈钢和铬镍不锈钢两类；按其组织不同分为铁素体不锈钢、马氏体不锈钢、奥氏体不锈钢。

① 铁素体不锈钢。这类钢的含碳量小于0.12%，铬含量在16%～18%之间，加热时组织无明显变化，为单相铁素体组织，故不能用热处理强化，通常在退火状态下使用。这类钢耐蚀性、高温抗氧化性、塑性和焊接性好，但强度低。主要制作化工设备的容器和管道等。常用牌号为1Cr17钢等。

② 马氏体不锈钢。这类钢的碳含量在0.10%～0.40%之间，随含碳量增加，钢的强度、硬度和耐磨性提高，但耐蚀性下降。钢中铬的含量在12%～14%之间。这类钢在大气、水蒸气、海水、氧化性酸等氧化性介质中有较好的耐蚀性。淬火＋低温回火，可获得回火马氏体组织，硬度可达50 HRC左右，具有较高的硬度和耐磨性，用于制造力学性能要求较高，并具有一定耐蚀性的零件，如医疗器械、量具、轴承、阀门等。常用牌号有1Cr13钢、3Cr13钢等。

③ 奥氏体不锈钢。奥氏体不锈钢含碳量低，含铬量为18%，含镍量为8%～11%，也称18-8型不锈钢。铬、镍使钢有好的耐蚀性和耐热性，较高的塑性和韧性。奥氏体不锈钢主要用于制造在强腐蚀介质中工作的各种设备和零件，如贮槽、吸收塔、化工容器和管道等。此外、由于奥氏体不锈钢没有磁性，还可用于制造仪表、仪器中防磁零件。奥氏体不锈钢采用固溶处理，即将钢加热到1 050～1 150 ℃，使碳化物全部溶于奥氏体中，然后水淬快冷至

室温，得到单相奥氏体组织，使钢具有高的耐蚀性，好的塑性和韧性，但强度低。为了提高其强度，可以通过冷变形强化方法得以实现。

常用的奥氏体不锈钢的牌号主要有0Cr18Ni9、1Cr18Ni9、2Cr18Ni9、0Cr19Ni9Ti、1Cr19Ni9Ti等。

(2) 耐热钢

耐热钢是指具有高温抗氧化性和热强性的钢。高温抗氧化性是指金属材料在高温下对氧化作用的抗力。为提高钢的抗氧化能力，向钢中加入合金元素铬、硅、铝等，使其在钢的表面形成一层致密的氧化膜，保护金属在高温下不再继续被氧化。热强性是指钢在高温下对机械负荷作用有较高抗力。高温下金属原子间结合力减弱，强度降低，此时金属在恒定应力作用下，随时间的延长会产生缓慢的塑性变形，称此现象为“蠕变”。为提高高温强度，防止蠕变，可向钢中加入铬、钼、钨、镍等元素，或加入钛、铌、钒、钨、铬等元素。耐热钢分为抗氧化钢、热强钢和汽阀钢。

① 抗氧化钢。抗氧化钢主要用于长期在高温下工作但强度要求低的零件，如各种加热炉内结构件、渗碳炉构件、加热炉传送带料盘、燃气轮机的燃烧室等。常用钢种有3Cr18Mn12Si2N、3Cr18Ni25Si2、2Cr20Mn9Ni2Si2N等。

② 热强钢。热强钢不仅要求在高温下具有良好的抗氧化性，而且具有较高的高温强度。常用的热强钢，如12CrMo、15CrMo、15CrMoV、24CrMoV等是典型的锅炉用钢，可制造在350 ℃以下工作的零件(如锅炉钢管等)。

③ 气阀钢。气阀钢是热强性较高的钢，主要用于高温下工作的气阀，如1Cr11MoV、1Cr12WMoV、4Cr9Si2钢，用于制造600 ℃以下工作的汽轮机叶片、发动机排气阀、螺栓紧固件等；4Cr14Ni14W2Mo钢是目前应用最多的气阀钢，用于制造工作温度不高于650 ℃的内燃机重载荷排气阀。

(3) 耐磨钢

在强烈冲击和磨损条件下具有良好韧性和高耐磨性的钢称为耐磨钢。典型的耐磨钢是高锰钢，钢中的含碳量为1.0%～1.3%，含锰量为11%～14%，因此称为高锰耐磨钢。由于高锰耐磨钢板易冷作硬化，很难进行切削加工，因此大多数高锰耐磨钢件采用铸造成形。高锰耐磨钢铸态组织中存在许多碳化物，因此钢硬而脆，为改善其组织以提高韧性，将铸件加热至1 000～1 100 ℃，使碳化物全部溶入奥氏体中，然后水冷得到单相奥氏体组织，称此处理为水韧处理。铸件经水韧处理后，强度、硬度(180～230HBW)不高，塑性、韧性好，工作时，若受到强烈冲击、巨大压力或摩擦，则因表面塑性变形而产生明显的冷变形强化，同时还发生奥氏体向马氏体转变，使表面硬度和耐磨性大大提高，而心部仍保持奥氏体组织和良好韧性和塑性，有较高的抗冲击能力。耐磨钢主要用于制造在强烈冲击载荷和严重磨损下工作的机械零件，如球磨机的衬板、挖掘机的铲斗、各种碎石机的颚板、铁道上的道岔、拖拉机厂和坦克的履带板、主动轮和履带支承滚轮等。常用牌号有ZGMn13-1铸钢和ZGMn13-2铸钢。

(4) 磁钢

① 永磁钢。永磁钢具有较高的剩磁感及矫顽磁力(即不易退磁的能力)特性，即在外界磁场磁化后，能长期保留大量剩磁，要想去磁，则需要很高的磁场强度。永磁钢一般具有与高碳工具钢类似的化学成分(w_C=1%左右)，常加入的合金元素是铬、钨和钼等。永磁钢主要用于制造无线电及通信器材里的永久磁铁装置以及仪表中的马蹄形磁铁。

② 软磁钢(硅钢片)。磁化后容易去磁的钢称为软磁钢。软磁钢是一种碳的质量分数(w_C≤0.08%)很低的铁、硅合金,硅的质量分数在1%～4%之间,通常轧制成薄片,是一种重要的电工用钢,如电动机的转子与定子都用硅钢片制作。硅钢片在常温下的组织是单一的铁素体,硅溶于铁素体后增加了电阻,减少了涡流损失,能在较弱的磁场强度下有较高的磁感应强度。硅钢片可分为电机硅钢片和变压器硅钢片。

③ 无磁钢。无磁钢是指在电磁场作用下,不引起磁感或不被磁化的钢,由于这类钢不受磁感应作用,也就不干扰电磁场。无磁钢常用于电机绑扎钢丝绳和护环,变压器的盖板,电动仪表壳体与指针等。

(5) 低温钢

低温钢是指用于制作工作温度在0 ℃以下的零件和结构件的钢种。它广泛用于低温下工作的设备,如冷冻设备、制药氧设备、石油液化气设备、航天工业用的高能推进剂液氢等液体燃料的制造设备、南极与北极探险设备等。常用低温钢有低碳锰钢、镍钢及奥氏体不锈钢。低碳锰钢适用于-45～-70 ℃范围,如09MnNiDR、09Mn2VRE等;镍钢使用温度可达-196 ℃;奥氏体不锈钢可达-269 ℃,如0Cr18Ni9、1Cr18Ni9等。

第三节 铸　　铁

铸铁是含碳量大于2.11%的铁碳合金。工业上常用的铸铁,含碳量一般在2.5%～4.0%的范围内,此外还有硅、锰、硫、磷等元素。铸铁具有良好的铸造性能,生产成本低,用途广。在一般的机械中,铸铁约占机器总质量的40%～70%,在机床和重型机械中高达80%～90%。近年来,铸铁组织进一步改善,热处理对基体的强化作用也更明显,因此,铸铁日益成为物美价廉、应用广泛的结构材料。

一、铸铁的种类

铸铁的种类很多,根据碳在铸铁中存在的形式不同,铸铁可分为以下几种:

① 白口铸铁。碳主要以渗碳体形式存在,其断口呈银白色,所以称为白口铸铁。这类铸铁的性能既硬又脆,很难进行切削加工,所以很少直接用来制造机器零件。

② 灰铸铁。碳主要以片状石墨形式析出的铸铁,断口呈灰色,故称为灰铸铁。

③ 可锻铸铁。白口铸铁通过石墨化或氧化脱碳退火处理,改变其金相组织或成分而获得的有较高韧性的铸铁称为可锻铸铁。

④ 球墨铸铁。铁液经过球化处理而不是在凝固后经过热处理,使石墨大部分或全部呈球状,有时少量为团絮状的铸铁称为球墨铸铁。

⑤ 蠕墨铸铁。金相组织中石墨形态主要为蠕虫状的铸铁,故称蠕墨铸铁。

⑥ 麻口铸铁。碳部分以游离碳化铁形式析出,部分以石墨形式析出的铸铁,断口呈灰白色相间,故称麻口铸铁。

二、灰铸铁

1. 灰铸铁的牌号和应用

灰铸铁中的碳多以片状石墨形式存在，其化学成分一般为 $w_C=2.7\%\sim3.6\%$，$w_{Si}=1.0\%\sim2.2\%$，$w_{Mn}=0.4\%\sim1.2\%$，$w_S<0.15\%$，$w_P<0.3\%$。灰铸铁的基体组织有3种：铁素体+片状石墨；铁素体+珠光体+片状石墨；珠光体+片状石墨。灰铸铁的牌号由“灰铁”两字的汉语拼音字母字首“HT”和一组数字组成，数字表示最低抗拉强度，如HT200，表示最低抗拉强度是200 MPa。灰铸铁的牌号和应用见表15.5。

表15.5　灰铸铁的牌号和应用

基体组织	牌　号	应　　用
铁素体	HT100	适用于制造盖、外罩、手轮、支架、重锤等负载小，对摩擦、磨损无特殊要求的零件
珠光体+铁素体	HT150	适用于制造支柱、底座、工作台等承受中等载荷的零件
珠光体	HT200、HT250	适用制造气缸、活塞、齿轮、轴承座、连轴器等承受较大负荷和较重要的零件
孕育处理后的组织	HT300、HT350	适用于制造齿轮、凸轮、车床卡盘、高压液压筒和滑阀壳体等承受高负荷的零件

2. 灰铸铁的性能

由于灰铸铁内分布着许多片状石墨，而石墨的强度很低，塑性、韧性几乎为零。它的存在，相当于在钢的基体上分布了许多细小的裂纹，割裂了基体的连续性，减小了有效承载面积，而且石墨的尖角处易产生应力集中，所以灰铸铁的强度、塑性、韧性均比同基体的钢低。石墨片数量越多，尺寸越大，分布越不均匀，灰铸铁的抗拉强度越低。灰铸铁的硬度和抗压强度与同基体的钢差不多，石墨对其影响不大。灰铸铁的抗压强度约为其抗拉强度的3～4倍，故广泛用于制造受压构件。石墨虽然降低了铸铁的强度、塑性和韧性，但却使铸铁获得了下列优良性能：

① 铸造性能好、熔点低、流动性好。在结晶过程中析出体积较大的石墨，部分补偿了基体的收缩，所以收缩率较小。

② 良好的减振性和吸振性。石墨割裂了基体，阻止了振动的传播，并将振动能量转变为热能而消耗掉，其减振能力比钢高10倍左右。

③ 良好的减摩性。石墨本身有润滑作用，石墨从基体上剥落后所形成的孔隙有吸附和储存润滑油的作用，可减少磨损。

④ 有良好的切削加工性能。片状石墨割裂了基体，使切屑易脆性断裂，且石墨有减摩作用，减小了刀具的磨损。

⑤ 缺口敏感性低。灰铸铁中石墨的存在相当于许多微裂纹，致使外来缺口的作用相对减弱。

3. 灰铸铁的孕育处理

为提高灰铸铁的力学性能，生产中常采用孕育处理，即在浇注前往铁水中投加少量的硅铁、硅钙合金等作孕育剂,以获得大量的、高度弥散分布的人工晶核,使石墨片及基体组织得到细化。经过孕育处理后的铸铁称为孕育铸铁,其强度较高,塑性和韧性有所提高。因此,孕育铸铁常用作力学性能要求较高,截面尺寸变化较大的大型铸件。

4. 灰铸铁的热处理

灰铸铁可以通过热处理改变基体组织,但不能改变石墨的形态和分布,因而对提高灰铸铁的力学性能作用不大。灰铸铁的热处理有减小铸件内应力的去应力退火,提高表面硬度和耐磨性的表面淬火,消除铸件白口组织、降低硬度的石墨化退火。

三、球墨铸铁

1. 球墨铸铁的牌号和应用

球墨铸铁的化学成分一般为 $w_C = 3.6\% \sim 3.9\%$,$w_{Si} = 2.0\% \sim 2.8\%$,$w_{Mn} = 0.6\% \sim 0.8\%$,$w_S < 0.07\%$,$w_P < 0.1\%$。与灰铸铁相比,它的碳、硅含量较高,有利于石墨球化。球墨铸铁的基体组织有3种:铁素体+球状石墨;铁素体+珠光体+球状石墨;珠光体+球状石墨。球墨铸铁的牌号是由“球铁”两字的汉语拼音字母字首“QT”及后面的两组数字组成,两组数字分别表示其最低抗拉强度和最小伸长率。如QT450-10,表示其最低抗拉强度为450 MPa,最小伸长率为10%。球墨铸铁的牌号和应用见表15.6。

表15.6 球墨铸铁的牌号和应用

基体组织	牌 号	应 用
铁素体	QT400-18、QT400-15、QT450-10	汽车、拖拉机或柴油机零件,机床零件,减速器壳等
珠光体+铁素体	QT500-7、QT600-3	机油泵齿轮、机车轴瓦等
珠光体	QT700-2、QT800-2	柴油机曲轴、凸轮轴、连杆,缸体等
下贝氏体	QT900-2	汽车锥齿轮、拖拉机齿轮、柴油机凸轮轴

2. 球墨铸铁的性能

由于球墨铸铁中的石墨呈球状,其割裂基体的作用及应力集中现象大为减小,可以充分发挥金属基体的性能,它的强度和塑性超过灰铸铁,接近铸钢。球墨铸铁具有良好的力学性能和工艺性能,因此,球墨铸铁可以代替碳素铸钢、可锻铸铁,制造一些受力复杂,强度、硬度、韧性和耐磨性要求较高的零件,如内燃机曲轴、凸轮轴、连杆等。

3. 球墨铸铁的热处理

由于球状石墨对基体的割裂作用小,所以通过热处理改变球墨铸铁的基体组织,对提高其力学性能有重要作用。常用的热处理工艺有以下几种:

① 退火。退火的主要目的是为了得到铁素体基体的球墨铸铁,以提高球墨铸铁的塑性和韧性,改善切削加工性能,消除内应力。

② 正火。正火的目的是为了得到珠光体基体的球墨铸铁,从而提高其强度和耐磨性。

③ 调质。调质的目的是为了得到回火索氏体基体的球墨铸铁,从而获得良好的综合力学性能。

④ 等温淬火。等温淬火是为了获得下贝氏体基体的球墨铸铁,从而获得高强度、高硬

度、高韧性的综合力学性能。对于一些要求综合力学性能好、形状复杂、热处理易变形开裂的重要零件，常采用等温淬火。

四、可锻铸铁

1. 可锻铸铁的牌号和应用

可锻铸铁是将白口铸铁通过石墨化或氧化脱碳退火处理，改变其金相组织或成分而获得有较高韧性的铸铁，其石墨形态呈团絮状。可锻铸铁的化学成分一般为 $w_C = 2.2\% \sim 2.8\%$，$w_{Si} = 1.0\% \sim 1.8\%$，$w_{Mn} = 0.4\% \sim 0.6\%$，$w_S < 0.25\%$，$w_P < 0.1\%$。以铁素体为基体的黑心可锻铸铁，也称为铁素体可锻铸铁；以珠光体为基体的可锻铸铁称为白心可锻铸铁。可锻铸铁的牌号是由 3 个字母及两组数字组成的，前面两个字母是“KT”是“可铁”两字的汉语拼音字母字首，第 3 个字母代表可锻铸铁的类别，后面两组数字分别代表最低抗拉强度和最小伸长率的数值。如 KTH300-6，表示最低抗拉强度为 300 MPa、最小伸长率为 6% 的黑心可锻铸铁。可锻铸铁的牌号和应用见表 15.7。

表 15.7　可锻铸铁的牌号和应用

牌号	应　用
KTH300-6	适用于管道配件、中低压阀门等气密性要求高的零件
KTH30-08	适用于扳手、车轮壳、钢丝绳接头承受中等动载和静载的零件
KTH350-10、KTH370-12	适用于汽车轮壳、差速器壳、制动器等承受较高冲击、振动及扭转负荷的零件
KTZ450-06、KTZ550-04、KTZ650-02、KTZ700-02	适用于曲轴、凸轮轴、连杆、齿轮、摇臂等承受较高载荷、耐磨损且要求有一定韧性的重要零件

2. 可锻铸铁的性能

由于石墨形状的改变，减轻了石墨对基体的割裂作用。与灰铸铁相比，可锻铸铁的强度高、塑性和韧性好，但并没有到达可以锻造的地步。注意：可锻铸铁不可以锻造。与球墨铸铁相比，可锻铸铁具有质量稳定、铁液处理简单、易于组织流水线生产等优点。可锻铸铁广泛应用于汽车、拖拉机制造行业，常用来制造形状复杂、承受冲击载荷的薄壁、中小型零件。

五、蠕墨铸铁

在一定成分的铁液中加入适量的蠕化剂和孕育剂，使石墨的形态呈蠕虫状的铸铁称蠕墨铸铁。蠕墨铸铁中的碳主要以蠕虫状石墨形态存在，其石墨的形态介于片状石墨和球状石墨之间，形状与片状石墨类似。蠕墨铸铁的显微组织有 3 种类型：铁素体 + 蠕虫状石墨；珠光体 + 铁素体 + 蠕虫状石墨；珠光体 + 蠕虫状石墨。

蠕墨铸铁的牌号用“RuT + 数字”表示。“RuT”是“蠕铁”两字汉语拼音的字首，其后数字表示蠕墨铸铁的最低抗拉强度。如 RuT420，表示最低抗拉强度为 420 MPa 的蠕墨铸铁。

蠕墨铸铁的性能介于优质灰铸铁和球墨铸铁之间。抗拉强度和疲劳强度相当于铁素体球墨铸铁，减震性、导热性、耐磨性、切削加工性和铸造性能近似于灰铸铁。蠕墨铸铁常用于制造受热循环载荷、要求组织致密、强度较高、形状复杂的大型铸件，如机床的立柱、柴油机的气缸盖、缸套、排气管等。

第四节　铝材、铜材及其他材料

一、铝材

（一）纯铝

纯铝的纯度在98%～99.7%之间，银白色，熔点为660 ℃，密度为2.7 g/cm^3。纯铝的导电性、导热性好，仅次于铜、银、金，居第4位。纯铝有良好的耐蚀性，纯铝与氧的亲和力很大，在空气中其表面生成一层致密的Al_2O_3薄膜，隔绝空气，故在大气中有良好的耐蚀性。纯铝的强度、硬度很低，但塑性高。通过冷变形强化可提高纯铝的强度，但塑性有所下降。铝中的杂质主要是铁和硅，它们以游离或化合物等形式存在。这些杂质的存在使铝的塑性和强度下降，也使铝的耐蚀性下降，因此其含量必须加以限制。

纯铝主要用于熔炼铝合金，制造电线、电缆、电器元件、换热器件以及要求制作质轻、导热与导电、耐大气腐蚀但强度要求不高的机电构件等。

（二）铝合金

纯铝的强度低，不适宜用作结构材料。为了提高其强度，一般向铝中加入适量的硅、铜、镁、锰等合金元素，形成铝合金。许多铝合金经冷变形强化或热处理，可进一步提高强度。铝合金具有密度小、耐腐蚀、导热和塑性好等性能。铝合金按其成分和工艺特点不同可分为变形铝合金和铸造铝合金两大类。

1. 变形铝合金

变形铝合金分为防锈铝合金、硬铝合金、超硬铝合金和锻铝合金等几类。

(1) 防锈铝合金

这类合金属于Al-Mn系和Al-Mg系合金，不能通过热处理强化，其特点是有很好的耐蚀性，故称为防锈铝合金。这类合金还有良好的塑性和焊接性能，但强度较低，切削加工性能较差，只能通过冷变形方法进行强化。防锈铝合金主要用于制作需要弯曲或冷拉伸的高耐蚀容器，以及受力小、耐蚀的制品与结构件。防锈铝合金代号用“LF＋数字”表示，常用的有LF5、LF11、LF21等。

(2) 硬铝合金

这类合金属于Al-Cu-Mg系合金，还含有少量的锰。这类合金可以通过固溶处理、时效显著提高强度，σ_b可达成420 MPa，故称硬铝。硬铝的耐蚀性差，尤其不耐海水腐蚀，所以硬铝合金板材的表面常包一层纯铝，以增加其耐蚀性。包铝板材在热处理后强度稍低。硬铝合金代号用“LY＋数字”表示，常用的有LY1、LY2、LY12等。

(3) 超硬铝合金

这类合金属于Al-Cu-Mg-Zn系合金。这类合金经固溶处理和人工时效后，其强度比硬铝合金更高，σ_b可达 680 MPa，故称超硬铝合金，它是强度最高的一种铝合金。超硬铝合金的耐蚀性也较差，可用包铝法提高其耐蚀性。超硬铝合金主要用于飞机上受力较大的结构件，超硬铝合金代号用“LC＋数字”表示，常用的有 LC4 和 LC6 等。

(4) 锻铝合金

这类合金属于 Al-Cu-Mg-Si 系合金。尽管在合金中的元素种类多，但每种元素的含量都较少，它具有良好的锻造性能、铸造性能、热塑性和较高的力学性能。锻铝合金主要用作航空及仪表工业中形状复杂，要求强度较高、密度较小的锻件。锻铝合金代号用“LD＋数字”表示，常用的有 LD5、LD7 和 LD10 等。常用变形铝合金的代号及用途见表 15.8。

表 15.8 变形铝合金的代号及用途

类 别	代 号	用 途
防锈铝合金	LF21	适用于要求高的可塑性和良好的焊接性、在液体或气体介质中工作的低载荷零件
硬铝合金	LY11	适用于要求中等强度的零件和构件、冲压的连接部件、空气螺旋桨叶片、局部镦粗的零件
超硬铝合金	LC3	适用于受力结构和铆钉
锻铝合金	LD5、LD7、LD8	适用于形状复杂和中等强度的锻件和冲压件

2. 铸造铝合金

铸造铝合金有良好的铸造性能，可浇注成各种形状复杂的铸件。铸造铝合金的代号用“铸铝”两字的汉语拼音字母字首“ZL”及后面三位数字表示。第一位数字表示铝合金的类别，“1”表示 Al-Si 系；“2”表示 Al-Cu 系；“3”表示 Al-Mg 系；“4”表示 Al-Zn 系。第二、第三位阿拉伯数字表示铸造铝合金的顺序号，例如，如 ZL102 表示铸造铝硅合金。常用的铸造铝合金有铝硅系、铝铜系、铝镁系和铝锌系四大类。

(1) 铝硅系铸造铝合金

由 Al、Si 两种元素组成，它是最常用的铸造铝合金，俗称硅铝明。这种合金有着优良的铸造性能，铸件不易发生热裂，是目前工业上最常用的铸造铝合金之一，可用来制作内燃机活塞、汽缸体、汽缸头、汽缸套、风扇叶片、形状复杂的薄壁零件以及电机、仪表的外壳、油泵壳体、发动机箱体等。

铝硅合金抗拉强度很低，伸长率不高。为了改善铝硅合金的力学性能，可对合金进行变质处理。通过变质处理，硅晶体成为极细小的粒状，均匀分布在铝基体上，从而提高了合金的力学性能。为了进一步提高铝硅合金的强度，还可加入铜、镁等元素，通过淬火、时效以提高强度。

(2) 铝铜系铸造铝合金

由 Al、Cu 两种元素组成，铸造性能不好，而耐蚀性也不及优质的硅铝明，目前大部分已由其他铝合金所代替。其中 ZL201 在室温下的强度、塑性较好，可用于制作在 300 ℃以下工作的零件；ZL202 的塑性较好，多用于高温下不受冲击的零件。铝铜系铸造铝合金可用来制作内燃机汽缸、活塞、支臂等。

(3) 铝镁系铸造铝合金

由 Al、Mg 两种元素组成，合金的强度高、密度小、耐蚀性好，但铸造性和耐热性较差。铝镁合金可进行时效强化，通常是自然时效。主要用于承受冲击载荷、在腐蚀性介质中的工作零件，如氨用泵体、泵盖及船舶的配件等。

(4) 铝锌系铸造铝合金

由 Al、Zn 两种元素组成，合金的铸造性能好、价格便宜，经变质处理和时效强化后，强度较高，但耐蚀性差，热裂倾向大。主要用于制造汽车、拖拉机的发动机零件及形状复杂的仪表零件、飞机零件等。

二、铜材

(一) 纯铜

工业纯铜呈玫瑰红色，故又称紫铜。工业纯铜的纯度为 99.95%～99.5%，密度为 8.9 g/cm^3，熔点为 1 083 ℃，其导电性和导热性仅于金和银。具有良好的耐蚀性和塑性，强度、硬度低，不能通过热处理强化，只能通过冷变形强化，但塑性降低。纯铜广泛用于制造电线、电缆、电刷、铜管及配制合金，不宜制造受力的结构件。

工业纯铜的牌号用"T＋数字"表示，"T"为"铜"的汉语拼音字母的字首，阿拉伯数字表示顺序号，如 T3 表示 3 号纯铜。顺序号数字越大，则其纯度越低。工业纯铜有 T1、T2、T3 三个牌号。

(二) 铜合金

工业上广泛采用的是铜合金，常用的铜合金按照合金的化学成分可分为黄铜、青铜和白铜 3 类；按照生产方式的不同，可分为加工铜合金和铸造铜合金。一般工业机械中常用的是黄铜、青铜，白铜用于制造精密机械与仪表的耐蚀件及电阻器、热电偶等。

1. 黄铜

黄铜是以锌为主加元素的铜合金。按其化学成分不同分为普通黄铜和特殊黄铜；按生产方法不同分为压力加工黄铜和铸造黄铜。

(1) 普通黄铜

普通黄铜又分为单相黄铜和双相黄铜，当锌含量小于 39%时，锌全部溶于铜中形成 α 固溶体，即单相黄铜；当锌含量大于等于 39%时，除了有 α 固溶体外，组织中还出现以化合物 CuZn 为基体的 β 固溶体，即 $\alpha+\beta$ 的双相黄铜。锌对黄铜力学性能的影响很大：当锌含量小于 32%以下时，随锌含量的增加，黄铜的强度和塑性不断提高，当锌含量达到 30%～32%时，黄铜的塑性最好。当锌含量超过 39%以后，由于出现了 β 相，强度继续升高，但塑性迅速下降。当锌含量大于 45%以后，强度也开始急剧下降，无实用价值。

普通黄铜的耐蚀性良好，与纯铜接近，超过铁、碳钢及许多合金钢。普通黄铜具有良好的压力加工性能、铸造性能，但易形成集中缩孔。

普通黄铜的牌号用"H＋数字"表示，其中"H"为"黄"字汉语拼音字母的字首，数字表示平均含铜量的质量分数。如 H62 表示铜的质量分数为 62%，其余元素为锌，锌的质量分数为 38%的黄铜。常用黄铜的牌号及用途见表 15.9。

表 15.9 常用黄铜的牌号及用途

类 别	牌 号	用 途
普通黄铜	H90	双金属片、供水和排水管、工作证章
	H68	复杂的冲压件、散热器管、轴套、弹壳
	H62	销钉子、铆钉、螺钉、螺母、垫圈1夹线板式弹簧
特殊黄铜	HSn90-1	船舶零件、汽车和拖拉机的弹性套管
	HSi80-3	船舶零件、蒸汽条件(小于 265 ℃)下工作的零件、弱电电路用的零件
	HMn58-2	弱电电路用的零件
	HPb59-1	热冲压及切削加工零件
	HA159-3-2	船舶、电机及其他在常温下工作的高强度、耐热零件
	ZCuZn38	法兰、阀座、手柄、螺母
	ZCu40Mn2	在淡水、海水、蒸汽中工作的零件
	ZCuZn33Pb2	煤气和给水设备壳体、仪器的构件

铸造黄铜的牌号表示方法由"ZCu + 主加元素符号 + 主加元素的质量分数 + 其他加入元素符号及质量分数"组成。如 ZCuZn40Mn2,表示主加元素为锌,锌的质量分数 40%,其他元素为锰,锰的质量分数为 2%的铸造黄铜。

(2) 特殊黄铜

在普通黄铜中加入其他合金元素所组成的多元合金,称为特殊黄铜,常加入的元素有锡、铅、硅和锰等,分别称为锡黄铜、铅黄铜、硅黄铜和锰黄铜等。铅使黄铜的力学性能变差,但却能改善其切削加工性能。硅能提高黄铜的强度和硬度,与铅一起还能提高黄铜的耐磨性。锡可以提高黄铜的强度和在海水中的抗蚀性,锡黄铜又称海军黄铜。

特殊黄铜的牌号用"H + 主加元素符号 + 铜的质量分数 + 主加元素的质量分数"表示。如 HMn58-2,表示铜的质量分数为 58%,锰的质量分数为 2%的锰黄铜。特殊黄铜的铸造黄铜牌号用"ZCu + 主加元素符号 + 主加元素的质量分数 + 其他加入元素的符号及质量分数"表示。如 ZCuZn40Mn2,表示锌的质量分数为 40%,锰的质量分数为 2%的特殊黄铜。

2. 青铜

青铜可分为含有锡元素的锡青铜和不含有锡元素的无锡青铜。常用青铜有锡青铜、铝青铜、铍青铜、铅青铜等。按生产方式不同,可分为压力加工青铜和铸造青铜。

青铜的牌号用"Q + 主加元素符号及质量分数 + 其他加入元素的质量分数"表示,其中"Q"表示"青"字汉语拼音字母的字首。如 QSn4-3 表示含锡 4%、含锌 3%、其余为铜的锡青铜。铸造青铜的牌号用"ZCu + 主加元素符号 + 主加元素的质量分数 + 其他加入元素符号及质量分数"表示,如 ZCuSn10Pb1 表示锡的质量分数为 10%、铅的质量分数为 1%的铸造青铜。常用青铜的牌号及用途见表 15.10。

表 15.10 常用青铜的牌号及用途

牌号	用途
QSn4-3	弹性元件、管配件、化工机械中的耐磨零件及抗磁零件
QSn6.5-0.4	弹簧、接触片、振动片、精密仪器中的耐磨零件
QSn4-4-2.5	重要的减磨零件，如轴承、轴套、蜗轮、丝杠、螺母
QA17	重要用途的弹性元件
QBe2	重要的弹性元件、耐磨件及高温高压高速工作下轴承
QSi3-1	弹性元件及在腐蚀介质下工作的耐磨零件
ZCuSn5Pb5Zn5	较高负荷、中速的耐磨、耐蚀零件
ZCuSn10Pb1	高负荷、高速的零件
ZCuPb30	高速双金属轴瓦
ZCuA19Mn2	耐蚀、耐磨件

(1) 锡青铜

以锡为主要合金元素的铜合金称为锡青铜。当锡的质量分数小于6%时，随着锡的质量分数增加，锡青铜的强度和塑性增加；当锡的质量分数超过5%～6%时，锡青铜的塑性急剧下降，但强度继续增高。含锡的质量分数达10%时，塑性已显著降低。当锡量大于20%时，合金变得又脆又硬，强度也迅速下降，已无实用价值。故工业上用的锡青铜，其质量分数一般在3%～14%范围内，其中含锡质量分数小于5%的锡青铜适于冷加工，含锡质量分数5%～7%的锡青铜适用于热加工，含锡质量分数大于10%的锡青铜只适用于铸造。

锡青铜在大气及海水中的耐蚀性好，在锡青铜中加入磷、锌、铅等元素，可以改善锡青铜的耐磨性、铸造性及切削加工性，使其性能更佳。锡青铜主要用于制造弹性高、耐磨、抗腐蚀、抗磁的零件，如弹簧片、电极、齿轮、轴承(套)等。常用的锡青铜有QSn4-3、QSn6.5-0-4等。

铸造锡青铜适合铸造外形和尺寸要求较高的铸件，以及形状复杂、壁厚较大的零件，常用的铸造锡青铜有ZCuSn10Zn2。

(2) 铝青铜

以铝为主要合金元素的铜合金。通常铝青铜的铝质量分数为5%～12%。铝青铜比黄铜和锡青铜具有更好的耐蚀性、耐磨性和耐热性，并具有更好的力学性能，还可以进行淬火和回火，以进一步强化其性能。铝青铜常用于制造飞机、船舶中高强度、耐磨及耐腐蚀性零件，如齿轮、轴承、蜗轮、轴套、阀座等。常用的铝青铜有QAl5、QAl7、QAl9-4等。

(3) 铍青铜

以铍为主要添加元素的铜合金称为铍青铜。一般铍的质量分数为1.7%～2.5%，经固溶处理和时效后具有高的硬度、强度和弹性极限，同时铍青铜还具有良好的耐蚀性、导电性、导热性和工艺性，无磁性、耐寒、受冲击时不产生火花等优点。可进行冷、热加工和铸造成形。主要用于制造仪器、仪表中的重要弹性元件和耐蚀、耐磨零件，如钟表齿轮、航海罗盘、电焊机电极、防爆工具等。但铍青铜成本高，应用受到限制。常用的铍青铜有QBel-7、QBel-9、QBe2等。

(4) 硅青铜

以硅为主要合金元素的铜合金称为硅青铜。硅青铜具有比锡青铜更高的力学性能，有良好的铸造性和冷、热加工性，而且价格较低。向硅青铜中加入1%～1.5%的锰，可以显著提高合金的强度和耐磨性；加入适量的铅可以大大提高合金的耐磨性，能代替磷青铜与铅青铜制成高级轴瓦。硅青铜用于制造耐腐蚀、耐磨零件，还用于制造长距离架空的电话线和输电线等。常用的硅青铜有QSi3-1、QSi1-3等。

3. 白铜

(1) 普通白铜

普通白铜具有优良的塑性、很好的耐腐蚀性、耐热性和特殊的电性能，因此，它是制造精密机械零件、仪表零件、冷凝器、蒸馏器、热交换器和电器元件不可缺少的材料。普通白铜的代号用"B+数字"表示。"B"是"白"字的汉语拼音字母的字首，"数字"表示平均镍的质量分数，如B19表示平均镍的质量分数为19%，铜的质量分数为81%的普通白铜。

(2) 特殊白铜

特殊白铜是在普通白铜中加入锌、铝、铁、锰等元素而组成的合金。特殊白铜的代号用"B+主加元素符号+数字+数字"表示，"数字"依次表示镍和主加元素平均质量分数，如BMn3-12表示平均镍的质量分数3%、锰的质量分数为12%的锰白铜。

三、其他材料

(一) 滑动轴承合金

滑动轴承合金用来制造机床、汽车和拖拉机的滑动轴承的轴瓦和内衬。常用的滑动轴承合金有锡基轴承合金、铅基轴承合金、铜基轴承合金和铝基轴承合金4类。

1. 锡基轴承合金

这类轴承合金具有适中的硬度、小的摩擦系数、较好的塑性和韧性、优良的导热性和耐蚀性等优点。锡基滑动轴承合金常用于制造重要的轴承，如制造汽轮机、发动机、压缩机等高速轴承。但由于锡是稀缺贵金属，成本较高，因此，其应用受到一定限制。锡基轴承合金的牌号由"Z+基体元素符号+主添加合金元素符号及质量分数+辅添加合金元素符号及质量分数"组成。如ZSnSb11Cu6表示平均锑的质量分数为11%、铜的质量分数为6%，其余锡的质量分数为83%的锡基滑动轴承合金。

2. 铅基轴承合金

铅基轴承合金是以铅锑为基，加入锡、铜等元素组成的轴承合金，是软基体硬质点类型的轴承合金。铅基轴承合金的强度、硬度、韧性均低于锡基轴承合金，且摩擦因数较大，故只用于中等负荷的轴承，如汽车、拖拉机、轮船的曲轴轴承，电动机、空压机、减速器的轴承等。由于其价格便宜，在可能的情况下，应尽量代替锡基轴承合金。铅基轴承合金的牌号表示方法与锡基轴承合金相同。如ZPbSb15Sn10表示主加元素锑的质量分数为15%、锡的质量分数为10%、其余为铅的铅基轴承合金。

3. 铜基轴承合金

以青铜为滑动轴承材料的合金称为铜基轴承合金，如锡青铜、铅青铜等。铜基滑动轴承合金是锡基轴承合金的代用品。广泛用于制造高速、重载荷下工作的发动机轴承，如航空发动机、大功率汽轮机、柴油机等高速机器的主轴承和连杆轴承。常用的牌号是 ZCuPb30。

4．铝基轴承合金

铝基滑动轴承合金是以铝为基体元素，加入锑、锡或镁等合金元素形成的滑动轴承合金。铝基轴承合金密度小，导热性、耐热性、耐蚀性好，疲劳强度高，价格低，但膨胀系数大，抗咬合性差。广泛用于高速重载汽车、拖拉机的滑动轴承等。目前采用较多的有高锡铝基滑动轴承合金 ZAlSn6Cu1Ni1。

（二）摩擦材料

摩擦材料广泛用于机轮刹车材料、离合器摩擦材料。作为制动用的机轮刹车盘是机轮刹车装置的核心。刹车材料的摩擦性能决定着刹车装置的特性，同时它也是大量消耗的关键材料。制动器在制动时要吸收大量的动能，使摩擦表面温度急剧上升，可达 1 000 ℃，故材料极易磨损。因此，对摩擦材料性能要求有较大的摩擦系数、较高的耐磨性、足够的强度、良好的磨合性和抗咬性。

烧结摩擦材料通常是以强度高、导热性好、熔点高的金属（如铁、铜）为基体，加入能提高摩擦系数的摩擦组元（如 Al_2O_3、SiO_2 及石棉等）及能抗咬合的润滑组元（如铅、锡、石墨等）经烧结而成的，因此，它能满足摩擦材料性能的要求。其中，铁基粉末冶金摩擦材料多用于制造各种高速重载机器的制动器；铜基粉末冶金摩擦材料常用于制造汽车、拖拉机、锻压机床的离合器与制动器。

（三）硬质合金

硬质合金是将一种或几种难熔的高硬度的碳化物（如碳化钨、碳化钛、碳化钽）的粉末为主要成分，加入起黏结作用的钴、镍粉末经混合、压制成形，再在高温下烧结制成的一种粉末冶金材料。硬质合金主要用于制造刀具、冷作模具、量具及耐磨零件。另外，在采矿、采煤、石油和地质钻探等行业，也使用硬质合金制造凿岩用钎头和钻头等。

1．硬质合金的性能

① 硬度高、红硬性好、耐磨性好。由于硬质合金是以高硬度、高耐磨、极为稳定的碳化物为基体，在常温下的硬度可达 75HRC 以上，在 900～1 000 ℃时仍有较高的硬度。故硬质合金刀具在使用时，其切削速度、耐磨性与寿命都比高速钢有显著的提高，这是硬质合金最突出的优点。

② 抗压强度高，可达 6 000 MPa，但抗弯强度较低，为高速钢的 1/3～1/2，韧性差，为淬火钢的 30%～50%。

③ 耐蚀性（大气、酸、碱）和抗氧化性良好。

④ 线膨胀系数小，但导热性差。

2．常用硬质合金

(1) 钨钴类硬质合金

钨钴类硬质合金的主要成分是碳化钨及钴。其牌号用“YG＋数字”表示，其中“YG”为“硬”“钴”两字汉语拼音字母字首，表示为钨钴类硬质合金，数字表示含钴的质量分数。如 YG8 表示含钴质量分数为 8%的钨钴类硬质合金。钨钴类硬质合金有较好的强度和韧性，适用于加工铸铁等脆性材料。常用的有 YG6 和 YG8 等。

(2) 钨钴钛类硬质合金

钨钴钛硬质合金的主要成分是碳化钨、碳化钛及钴。其牌号用“YT+数字”表示，其中“YT”为“硬”“钛”两字汉语拼音字母字首，表示钨钴钛类硬质合金，数字表示碳化钛的质量分数。如YT15表示碳化钛的质量分数为15%，其余为碳化钨及钴的钨钴钛类硬质合金。钨钴钛类硬质合金适宜加工塑性材料。常用的有YT15和YT30等。

(3) 通用硬质合金

这类硬质合金以碳化钽或碳化铌取代钨钴钛类硬质合金中的部分碳化钛。它适用于切削各种钢材，特别对于切削不锈钢、耐热钢、高锰钢等难加工的钢材，效果较好。它也可以代替YG类硬质合金加工铸铁等脆性材料。通用硬质合金牌号用“YW+数字”表示，其中“YW”为“硬”“万”两字汉语拼音字母字首，数字表示顺序号。常用的牌号有YW1、YW2等。

常用硬质合金的牌号及用途见表15.11。

表15.11 常用硬质合金的牌号及用途

类别	牌号	用途
钨钴类合金	YG3X、YG6	用于制造精车铸铁、有色金属的刀片
	YG6X、YG6A	用于制造精车、半精车铸铁、耐热钢、有色金属、高锰钢及淬火钢的刀片
	YG8	用于制造精车铸铁、有色金属的刀片
钨钴钛类合金	YT5、YT15	适于制造碳钢、合金钢的粗车、半精车、粗铣、钻孔、粗刨、半精刨的刀具
	YT30	适用于制造精加工刀具
通用合金	YW1、YW2	适用于加工各种材料的刀片

(四) 减摩材料

减摩材料一般用于制造滑动轴承。这种材料压制成轴承后，放在润滑油中，因毛细现象可吸附润滑油，故称含油轴承。轴承在工作时，由于发热、膨胀，使孔隙容积变小；轴旋转时带动轴承间隙中的空气层，降低了摩擦表面的静压力，在粉末孔隙内外形成压力差，使润滑油被抽到工作表面。停止工作时，润滑油又渗入孔隙中，故含油轴承自动润滑。一般用于中速、轻载荷的轴承，特别适用于不能经常加油的轴承。如纺织机械、食品机械、家用电器等。常用的含油轴承材料有铁基和铜基2种。

1. 铁基含油轴承

常用的是铁-石墨(石墨的含量为0.5%～3%)粉末合金和铁-硫(硫的含量为0.5%～1%)-石墨(石墨的含量为1%～2%)粉末合金。前者的组织为珠光体+铁素体+渗碳体+石墨+孔隙，硬度为30～110HBW。后者的组织与前者的组织相同以外，还有硫化物可进一步改善减摩性能，硬度为35～70HBW。

2. 铜基含油轴承

常用的是QSn6-6-3青铜与石墨的粉末合金，硬度为20～40HBW。其成分与QSn6-6-3

青铜相近，但其中有0.5%～2%的石墨，组织是α固溶体+石墨+铅+孔隙，有较好的导热性、耐蚀性、抗咬合性，但承压能力较铁基含油轴承小。

（五）铁基结构材料

一般是以碳钢粉末或合金钢粉末为主要原料，采用粉末冶金制成的粉末合金钢。这类结构零件的优点是制品的精度较高，不需或只需少量切削加工，零件精度高，表面粗糙度小，并且还可以通过淬火+低温回火和渗碳提高强度和耐磨性。可浸润滑油，起到减摩、减振、消音等作用。

粉末中含碳量低的，可用来制造受力不大的零件或渗碳件、焊接件。含碳量较高的，可制造淬火后有一定强度或耐磨的零件。加入铜、钼、硼、锰、镍、铬、硅、磷等合金元素，可强化基体，提高淬透性。铜还可以提高耐蚀性。粉末合金钢制品淬火后强度可达500～800MPa，硬度40～50HRC，可制造受力较大的结构零件，如油泵齿轮、差速器齿轮、止推环等。

（六）钛及钛合金

纯钛呈银白色，密度为4.508 g/cm³，熔点为1 677 ℃，热膨胀系数小。纯钛塑性好，强度低，容易加工成型。钛与氧和氮的亲和力较大，非常容易与氧和氮结合形成一层致密的氧化物和氮化物薄膜，其稳定性高于铝及不锈钢的氧化膜，故在许多介质中钛的耐腐蚀性比不锈钢更优良。纯钛的牌号用“TA+顺序号”表示，如TA2表示2号工业纯钛。工业纯钛的牌号有TA1、TA2、TA3三种，顺序号越大，杂质含量越多。纯钛在航空部门用于制造飞机骨架、发动机部件，在化工部门用于制造热交换器、泵体、搅拌器等，还可制造海水净化装置及舰船零部件。

工业钛合金按其使用状态组织的不同，可分为α型钛合金、β型钛合金和(α+β)型钛合金。钛合金的牌号用“T+合金类别代号+顺序号”表示。“T”是“钛”字汉语拼音字母的字首，合金类别代号分别用A、B、C表示α型、β型、α+β型钛合金。如TA7表示7号α型钛合金，TB2表示2号β型钛合金，TC4表示4号α+β型钛合金。

复习思考题

1. 选择题

(1) 某金属材料的牌号为T3，则它是________材料。

A. 碳素工具钢　B. 工业纯铜　C. 工业纯钛　D. 工业纯铝

(2) 某金属材料牌号为QTi3，则它是________材料。

A. 钛青铜　B. 球墨铸铁　C. 钛合金　D. 钨钴钛类硬质合金

(3) LD7是________材料。

A. 铸造铝合金　B. 变形铝合金　C. 纯铝　D. 超硬铝合金

(4) 牌号为H70的材料，其主要元素是________。

A. 铜　B. 锌　C. 铝　D. 锡

(5) 下列牌号中属于防锈铝合金的是________。

A. QAl9-4　B. LF21　C. LY12　D. ZAlSi7Mg

(6) 下列牌号中是特殊黄铜的是________。

A. H60　　B. QSn4-3　　C. QSi3-1　　D. HAl77-2

(7) 钢中的有害元素是________。

A. 碳和硫　　B. 硫和磷　　C. 硅和锰　　D. 硫和磷

(8) 钢号是45的优质碳素钢，其45表示钢的平均含碳量为________。

A. 0.45%　　B. 0.045%　　C. 4.5%　　D. 45%

(9) 制造齿轮一般选择的材料是________。

A. T12钢　　B. 80钢　　C. 45钢　　D. Q195

(10) 在下列4种钢中________钢的硬度最高。

A. T9　　B. 40　　C. 50　　D. Q215

(11) 下列属于合金钢的是________。

A. 60Si2MnA　　B. HT200　　C. T12A　　D. H68

(12) 铸铁是指含碳量________的铁碳合金。

A. 大于2.11%　　B. 等于2.11%　　C. 小于2.11%　　D. 小于6.69%

2. 判断题

(1) T10钢的碳的质量分数是10%。(　　)

(2) 高碳钢的质量优于中碳钢，中碳钢的质量优于低碳钢。(　　)

(3) 碳素工具钢都是优质或高级优质钢。(　　)

(4) 碳素工具钢的碳的质量分数一般都大于0.7%。(　　)

(5) 工程用铸造碳钢可用于铸造生产形状复杂而力学性能要求较高的零件。(　　)

(6) GCr15钢是滚动轴承钢，其铬的质量分数是15%。(　　)

(7) 40Cr钢是最常用的合金调质钢。(　　)

(8) 可锻铸铁比灰铸铁的塑性好，因此，可以进行锻压加工。(　　)

(9) 可锻铸铁一般只适用于薄壁小型铸件。(　　)

(10) 特殊黄铜是不含锌元素的黄铜。(　　)

(11) 变形铝合金都不能用热处理强化。(　　)

(12) 工业纯铝中杂质含量越高，其导电性、耐腐蚀性及塑性越低。(　　)

3. 问答题

(1) 纯铝有何性能特点？

(2) 常见的变形铝合金有哪些？各有何性能特点？

(3) 纯铜有何性能特点？

(4) 黄铜分哪几类？各有何性能特点？

(5) 轴承合金有何性能要求？常见的轴承合金有哪些？

(6) 硬质合金的性能特点有哪些？

(7) 常见的硬质合金有哪几种类？试举例说明其牌号及用途。

(8) 碳素结构钢、优质碳素结构钢、碳素工具钢及铸造碳钢的牌号如何表示？

(9) 不锈钢和耐热钢有何性能特点？并举例说明其用途。

(10) 常用铸铁有哪几种类型的基体组织？为什么会出现这些不同的基体组织？

(11) 灰铸铁有何特点？为何机床床身常用灰铸铁制造？

(12) 可锻铸铁、球墨铸铁、蠕墨铸铁各有何特性特点？有什么用途？

第十六章　非金属材料

金属及合金以外的材料称为非金属材料。由于非金属材料的原料来源广泛，成形工艺简单，并具有金属材料所不及的某些特殊性能，所以应用日益广泛。目前已成为机械工程材料不可缺少的、独立的组成部分，适合制造具有特定性能要求的制品和构件。

第一节　塑　　料

塑料是指以合成树脂为主要成分，加入某些添加剂，在一定温度和压力下塑制成形的材料或制品。

一、塑料的分类

1．按树脂在加热和冷却时所表现出的性能分类

(1) 热固性塑性

其特点是初加热时软化，可塑制成形，冷凝固化后成为坚硬的制品，若再加热，则不软化，不溶于溶剂中，不能再成形。这类塑料具有抗蠕变性强、受压不易变形、耐热性较高等优点，但强度低、成形工艺复杂、生产率低。

(2) 热塑性塑料

其特点是加热时软化，可塑造成形，冷却后则变硬，此过程可反复进行，其基本性能不变。这类塑料有较高的力学性能，且成形工艺简便，生产率高，可直接注射、挤出、吹塑成形。但耐热性、刚性较差，使用温度小于1 200 ℃。

2．按塑料应用范围分类

(1) 通用塑料

通用塑料是指具有产量大、用途广、通用性强、价格低的一类塑料。主要用于制作生活用品、包装材料和一般小形零件。

(2) 工程塑料

工程塑料是指具有优异的力学性能、绝缘性、化学性能、耐热性和尺寸稳定性的一类塑料。与通用塑料相比，工程塑料的产量较小，价格较高。主要用于制作机械零件和工程结构件。

二、塑料的组成

塑料是由合成树脂以及填料、增塑剂、稳定剂、润滑剂等组成的。

1．合成树脂

树脂的种类、性能、数量决定了塑料的性能。因此，塑料基本上是以树脂的名称命名的，如聚乙烯塑料就是以树脂聚氯乙烯命名的。工业中用的树脂主要是合成树脂。

2. 填料

填料是塑料的重要组成部分，一般占总量的40%～70%。它可以起增强作用或赋予塑料新的性能，还可以减少树脂用量、降低成本。例如，加入石棉，可以提高塑料的热硬性；加入云母可以提高塑料的电绝缘性；加入磁铁粉可以制成磁性塑料；加入玻璃纤维，可以提高塑料强度、硬度等。

3. 增塑剂

增塑剂通常是用低熔点的固体或高沸点的液体，加入量占塑料总量的5%～20%。可以增强树脂的可塑性、柔软性，降低脆性，改善加工性能。常用的增塑剂有磷酸酯类化合物、甲酸酯类化合物、氯化石蜡等。

4. 稳定剂

稳定剂用以增加塑料对光、热、氧等老化作用的抵抗力，延长塑料寿命。常用的稳定剂有硬脂酸盐、铅的化合物、环氧化合物等。

5. 润滑剂

为了防止塑料在加工成形时粘在模具或其他设备上，需要加入极少量润滑剂，还可使制品表面泡沫美观。常用的润滑剂有硬脂酸及盐类。

6. 着色剂

为了使塑料制品具有美观色彩并适合某些使用要求，通常在塑料中加入有机染料或无机颜料着色。对有机染料要求是着色力强、色泽鲜艳、耐温和耐光性好。

此外，还有加入固化剂、发泡剂、催化剂、阻燃剂、防静电剂等。

三、塑料的特性

① 密度小。不加任何填料或增强材料的塑料，其密度为0.9～2.2 g/cm^3。常用塑料中的聚丙烯，其密度只有0.9～0.91 g/cm^3；泡沫塑料的密度仅在0.02～0.2 g/cm^{3}之间。

② 耐蚀性好。一般塑料对酸、碱、油、水及某些溶剂等有良好的耐蚀性能。如聚四氟乙烯能耐各种酸、碱甚至“王水”的腐蚀。

③ 电绝缘性优异。多数塑料有很好的电绝缘性，可与陶瓷、橡胶等绝缘材料相媲美。

④ 减摩耐磨性好。塑料的硬度比金属低，但多数塑料的摩擦系数小。另外，有些塑料本身有自润滑能力。

⑤ 成形工艺好。大多数塑料都可直接采用注射或挤出工艺成形，方法简单，生产率高。

另外，塑料的消声吸振性好。但多数塑料只能在100 ℃左右使用，塑料在室温下受载后容易产生蠕变现象，载荷过大时甚至会发生蠕变断裂；易燃烧、易老化、导热性差、热膨胀系数大。

四、常用工程塑料

常用工程塑料有热固性塑料和热塑性塑料，分别见表16.1和表16.2。

表 16.1 常用热固性塑料

名 称	代 号	用 途
酚醛塑料(电木)	PF	做一般机械零件、绝缘件、耐蚀件、水润滑轴承
氨基塑料(电玉)	EA	做一般机械零件、电绝缘件、装饰件
环氧塑料(万能胶)	EP	用塑料模、电气、电子元件及线圈的灌封与固定,修复机件

表 16.2 常用热塑性塑料

名 称	代 号	用 途
聚乙烯	PE	汽油箱、方向盘、塑料管、塑料板、塑料绳、塑料薄膜、塑料瓶、茶杯、承载不高的齿轮、轴承、食品袋以及电线、电缆包皮等
聚氯乙烯	PVC	硬质聚氯乙烯用于化工耐蚀的结构材料,如输油管、容器、离心泵、阀门管件等;软质聚氯乙烯用于制作防撞系统、电线、电缆的绝缘包皮农用薄膜,工业包装。但因有毒,不能包装食品
聚苯乙烯	PS	制作绝缘件、仪表外壳、灯罩、玩具、日用器皿、装饰品、食品盒等
聚丙烯	PP	保险杠、空气滤清器,制作一般机械零件,如齿轮、接头;耐蚀件,如泵叶轮、化工管道、容器;绝缘件,如电视机、收音机、电扇等壳体;生活用具;医疗器械;食品和药品包装等
聚酰胺	PA	常用的有尼龙 1010 等。用于制作发动机上盖、进气管、过滤器、耐磨、耐蚀的某些承载和传动零件,如轴承、机床导轨、齿轮、螺母;高压耐油密封圈或喷涂在金属表面作防腐、耐磨涂层
聚甲基丙烯酸甲酯(有机玻璃)	PMMA	制作航空、仪器、仪表、汽车和无线电工业中的透明件和装饰件,如飞机座窗、尾灯散光玻璃、电视和雷达的屏幕,油标、油杯,设备标牌等
丙烯腈(A) 丁二烯(B) 苯乙烯(S)	ABS	制作电话机、扩音机、电视机、电机、仪表外壳,齿轮,泵叶轮,轴承,把手,管道,贮槽内衬,仪表盘,轿车车身,汽车挡泥板,扶手等
聚甲醛	POM	制作减摩、耐磨及传动件,如轴承、齿轮、滚轮,绝缘件,化工容器,仪表外壳,表盘等。可代替尼龙和有色金属
聚四氟乙烯	F4	制作耐蚀件、减摩件、密封件、绝缘件,如高频电缆、电容线圈架、化工反应器、管道、热交器等
聚碳酸酯	PC	制作齿轮、凸轮、涡轮,电气仪表零件,大形灯罩,防护玻璃,飞机挡风罩,高级绝缘材料等

第二节 橡 胶

橡胶是以生胶为主要原料,加入适量配合剂而制成的高弹性、高分子材料,它具有其他材料所没有的高弹性。

一、橡胶分类

1．按材料来源分类

橡胶按其材料的来源进行分类可分为天然橡胶和合成橡胶两大类。

2．按性能和用途分类

橡胶按其性能和用途进行分类可分为通用橡胶和特种橡胶两大类。

(1) 通用橡胶

凡是性能与天然橡胶相同或接近，物理性能和加工性能较好，能广泛用于轮胎和其他一般橡胶制品的橡胶称为通用橡胶。通用橡胶有天然橡胶(NR)、丁苯橡胶(SBR)、顺丁橡胶(聚丁二烯橡胶，BR)、异戊橡胶(聚异戊二烯橡胶，IR)。

(2) 特种橡胶

凡是具有特殊性能，专供耐热、耐寒、耐化学腐蚀、耐油、耐溶剂、耐辐射等特殊性能橡胶制品使用的称为特种橡胶。特种橡胶有丁腈橡胶(NBR)、硅橡胶、氟橡胶、聚氨酯橡胶、聚硫橡胶、聚丙烯酸酯橡胶(UR)、氯醚橡胶、氯化聚乙烯橡胶(CPE)、氯磺化聚乙烯(CSM)、丁吡橡胶等。

实际上，通用橡胶和特种橡胶之间并无严格的界限，如乙丙橡胶兼具上述两方面的特点。

二、橡胶的组成

① 生胶。未加配合剂的天然或合成橡胶统称为生胶，是橡胶制品的主要组分。生胶不仅决定橡胶制品的性能，不同生胶可制成不同性能的橡胶制品，而且还能把各种配合剂和增强材料粘成一体。

② 硫化剂。所谓硫化，就是在生胶中加入硫化调料和其他配料。经硫化处理后，可提高橡胶制品的弹性、强度、耐磨性、耐蚀性和抗老化能力。

③ 硫化促进剂。硫化促进剂能加速发挥硫化的作用。常用硫化促进剂有 MgO、ZnO 和 CaO 等。

④ 增塑剂。增塑剂可增强橡胶塑性，改善附着力，降低硬度，提高耐寒性。常用的有硬脂酸、精制蜡、凡士林等。

⑤ 填充剂。填充剂的主要作用是提高橡胶强度和降低成本。常用的有炭黑、MgO、ZnO、$CaCO_3$、滑石粉。

⑥ 防老剂。为了防止或延缓橡胶老化，延长橡胶制品的使用寿命，在生产中可以加入石蜡、蜜蜡或其他比橡胶更易氧化的物质，在橡胶表面形成较稳定的氧化膜，抵抗氧的侵蚀。

此外，为了使橡胶具有某些特殊性能，还可以加入着色剂、发泡剂、电磁性调节剂等。

三、橡胶特性

① 高弹性。橡胶的弹性模量小，一般在 1～9.8 MPa。伸长变形大，伸长率可高达 1 000%，仍表现有可恢复的特性，并能在很宽的温度(－50～150 ℃)范围内保持有弹性。

② 黏弹性。橡胶是黏弹性体。由于大分子间作用力的存在，使橡胶受外力作用。产生

形变时受时间、温度等条件的影响,表现有明显的应力松弛和蠕变现象。

③ 缓冲减震作用。橡胶对声音及振动和传播有缓和作用,可利用这一特点来防除噪声和振动。

④ 电绝缘性。橡胶和塑料一样是电绝缘材料,天然橡胶和丁基橡胶的体积电阻率可达到 $10^{15}\ \Omega \cdot cm^3$ 以上。

⑤ 温度依赖性。高分子材料一般都受温度影响。橡胶在低温时处于玻璃态变硬变脆,在高温时则发生软化、熔融、热氧化、热分解以至燃烧。

⑥ 具有老化现象。如同金属腐蚀、木材腐朽、岩石风化一样,橡胶也会因环境条件的变化而发生老化,使性能变坏,使寿命缩短。

⑦ 必须硫化。橡胶必须加入硫黄或其他能使橡胶硫化(或称交联)的物质,使橡胶大分子交联成空间网状结构,才能得到具有使用价值的橡胶制品,但是,热塑性橡胶可不必硫化。除此之外,橡胶密度低,属于轻质材料;硬度低,柔软性好;透气性较差,可做气密性材料;还是较好的防水性材料等等。

四、常用橡胶材料

橡胶材料和橡胶制品的应用范围特别广泛,制品多达数万种。常用橡胶的名称、代号、性能和用途见表 16.3。

表 16.3 常用橡胶的名称、代号和用途

名 称	代号	用 途 举 例
天然橡胶	NR	轮胎、胶带、胶管等通用制品
丁苯橡胶	SBR	轮胎、胶版、胶布和各种硬质橡胶制品
丁腈橡胶	NBR	用于制作燃油箱、润滑油箱以及在液压油、汽油、水、硅油等流体介质中使用的橡胶零件,特别是密封零件;是目前用途最广、成本最低的橡胶密封件
顺丁橡胶	BR	轮胎、耐寒胶带、橡胶弹簧、减震器、耐热胶管、电绝缘制品
氯丁橡胶	CR	耐油、耐蚀胶管,运输带;各种垫圈、油封衬里、胶黏剂,各种压制品、汽车等门窗嵌件
聚氨酯橡胶	PU	胶辊、实心轮胎、同步齿形带及耐磨制品
丙烯酸酯橡胶	ACM	用于汽车的耐高温油封、曲轴、阀杆、汽缸垫、液压输油管等
硅橡胶	SI	各种管道系统接头,高温使用的各种垫圈、衬垫、密封件,各种耐高温电线、电缆包皮等
氟橡胶	FPM	发动机上耐热、耐油制品

五、橡胶轮胎

图 16.1　汽车轮胎

橡胶在汽车上应用最多的地方是轮胎，轮胎（见图 16.1）是汽车的重要部件之一，它直接与路面接触，和汽车悬架共同来缓和汽车行驶时所受到的冲击，保证汽车有良好的乘坐舒适性和行驶平稳性；保证车轮和路面有良好的附着性，提高汽车的牵引性、制动性和通过性；承受着汽车的重量，轮胎在汽车上所起的重要作用越来越受到人们的重视。

1．轮胎的分类

① 按结构分类可分为子午线轮胎、斜交轮胎。

② 按花纹分类可分为条形花纹、横向花纹轮胎、混合花纹轮胎、越野花纹轮胎。

③ 按车种分类，大概可分为 8 种。即：PC——轿车轮胎；LT——轻型载货汽车轮胎；TB——载货汽车及大客车胎；AG——农用车轮胎；OTR——工程车轮胎；ID——工业用车轮胎；AC——飞机轮胎；MC——摩托车轮胎。

④ 按组成结构不同可分为有内胎轮胎和无内胎轮胎。

2．常用轮胎

（1）子午线轮胎

这种轮胎的特点是帘布层帘线排列的方向与轮胎的子午断面一致，由于帘线的这样排列，使帘线的强度能得到充分利用，子午线轮胎的帘布层数一般比普通的斜线胎可减少 40%～50%。帘线在圆周方向只靠橡胶来联系。

子午线轮胎与普通斜线胎相比，具有弹性大，耐磨性好，可使轮胎使用寿命提高 30%～50%，滚动阻力小，可降低汽车油耗 8%左右，附着性能好，缓冲性能好，承载能力大，不易穿刺等优点。缺点是：胎侧易裂口，由于侧面变形大，导致汽车侧向稳定性差，制造技术要求及成本高。

（2）无内胎轮胎

与一般的轮胎不同之处在于没有内胎，空气直接压入外胎中，因此轮胎与轮辋间需有很好的密封。

无内胎轮胎在外观上和结构上与有内胎轮胎近似，所不同的是无内胎轮胎内壁上附加了一层厚 2～3 mm 的专门用来封气的橡胶密封层，它是用硫化的方法黏附上去的，当轮胎穿孔后，由于其本身处于压缩状态而紧裹着穿刺物，故能长期不漏气，即使将穿刺物拔出，也能暂时保持胎内气压。

无内胎轮胎胎圈上有若干道同心的环形槽，在胎内气压作用下，槽纹能可靠地使胎圈压紧在轮辋边缘上保证密封。安装无内胎轮胎的轮辋是不漏气的，它有着倾斜的底部和平匀的漆层。气门嘴直按固定在轮辋上，其间垫以密封用的橡胶衬垫。

无内胎轮胎有气密性好、散热好、结构简单、质量轻等优点。缺点是途中修理较为困难。

汽车轮胎生产发展的历史表明，前 50 年主要是解决如何提高轮胎的使用寿命问题，由于汽车制造和交通运输部门对轮胎的要求日益苛刻，轮胎研究的重点转到轮胎行驶性能、安全性能、舒适性能和经济性能上来，总之，轮胎的发展总趋势是“三化”，即子午线化、无内胎化、低断面化。轿车轮胎已实现了这“三化”，货车轮胎正在向这个方面发展。

3. 轮胎规格

胎宽(mm)/胎厚与胎宽的百分比 + R + 轮毂直径(英寸) + 载重系数 + 速度标识

或者

胎宽(mm)/胎厚与胎宽的百分比 + 速度标识 + R + 轮毂直径(英寸) + 载重系数

例如，195/65 R15 88H 或者 195/65H R15 88，含义为：胎宽为 195 mm、胎厚与胎宽的百分比为 65%、R 为子午线轮胎代号、轮毂直径为 15 英寸、载重系数为 88、速度等级为 H。

一般来说，了解胎宽、胎厚与胎宽的百分比、R、轮毂直径(英寸)对更换适合爱车的轮胎有帮助；了解轮胎的载重系数、速度等级标志对行车安全有帮助。

第三节　胶　黏　剂

工程上常借助一种材料在固体表面上产生的黏合力将材料牢固地连接在一起的方法叫胶结。所用的材料称为胶黏剂(又称黏合剂或黏结剂，俗称胶)。胶结的特点是：接头处应力分布均匀，接头的密封性、绝缘性及耐蚀性好，适用性强，而且操作简单、成本低。它是与焊接、铆接、螺栓连接等传统的连接形式并驾齐驱的一种连接方式。它具有快速、牢固、密封、经济、节能等优点，在某种场合下所发挥的作用是传统的连接方式所无法取代的，因而在工业中得到广泛应用。

一、胶黏剂的组成

胶黏剂也是一种高分子材料。胶黏剂分为天然胶黏剂、合成胶黏剂和无机胶黏剂三大类。天然胶黏剂是用动、植物胶液制成，黏合能力、耐水性均差。目前工业上使用的胶黏剂多是合成胶黏剂。

合成是由基料(环氧树脂、酚醛树脂、聚氨酯树脂、氯丁树脂、和丁腈橡胶等)、固化剂、增塑剂、增韧剂、填料、稀释剂、稳定剂等及其他敷料配制而成的。

合成胶黏剂按照基料的组成不同分为树脂型胶黏剂、橡胶型胶黏剂和混合型胶黏剂。

二、胶黏剂的类型

① 按应用方法可分为热固型、热熔型、室温固化型、压敏型等。

② 按应用对象分为结构型、非构型或特种胶。属于结构胶黏剂的有：环氧树脂类、聚氨酯类、有机硅类、聚酰亚胺类等热固性胶黏剂；聚丙烯酸酯类、聚甲基丙烯酸酯类、甲醇类等热塑性胶黏剂；还有如酚醛-环氧型等改性的多组分胶黏剂。

③ 按固化形式可分为溶剂挥发型、乳液型、反应和热熔型 4 种。

④ 合成化学工作者常喜欢将胶黏剂按黏料的化学成分来分类。

⑤ 按主要成分分为有机类、无机类。

⑥ 按外观分类，可分为液态、膏状和固态 3 类。

三、胶黏剂的选用

胶黏剂的种类繁多，组成各异，常按基料的化学成分来区分。在实际工作中经常会遇到各种各样的被胶结材料，如各种金属、陶瓷、玻璃、塑料、橡胶、皮革、木材及纺织材料等。由于同一种胶黏剂对不同材料的黏结力各不相同，因此，对不同的胶结对象，所选用的胶黏剂也就不可能完全一样。选择胶黏剂时，应根据被黏结材料、受力条件及工作环境等具体情况来合理地选用。被胶结件的使用环境和用途要求是选用黏结剂的重要依据。如果用于受力结构件的胶结，则需选用强度高、韧性好、抗蠕变性优良有结构型胶黏剂；如果用于在特定条件下使用（如耐高温、耐低温、导热、导磁等）的被胶结件的胶结，则应选用特种胶黏剂。

因此，要做到正确选用胶黏剂，保证胶结件的质量及使用要求，首先必须充分把握和了解胶黏剂的品种、组成，特别是性能参数。表 16.4 列出了部分常用胶黏剂的种类、牌号、性能和用途。

表 16.4　常用胶黏剂的种类、牌号、性能及用途

类别	名称	牌号	主要性能	用途举例
树脂型胶黏剂	环氧胶黏剂	E-7	耐热性好、密封性好，使用温度：150 ℃。固化条件：100 ℃，3 h	可胶结金属、玻璃等多种材料
		J-19A	胶结强度和韧性很高，但耐水性差。使用温度：－60～120 ℃。固化条件：180 ℃，3 h	可胶结金属、玻璃、木材、陶瓷等材料
		914	固化迅速，使用方便，耐油，耐水，胶结力强；耐热性和韧性差。固化条件：室温，3 h	适用于各种材料的快速黏结、固定和修补
树脂型胶黏剂	酚醛胶黏剂	J-03	胶结强度高，弹性、韧性好，耐疲劳，使用温度：－60～150 ℃。固化条件：165 ℃，3 h	可胶结金属、玻璃钢、陶瓷等，特别适用于金属蜂窝状夹层结构的黏结
		JSF-2	黏结强度高，韧性好，耐疲劳，良好的抗老化性，使用温度：-60～60 ℃。固化条件：150 ℃，1 h	可胶结金属、夹层塑料、玻璃、木材、皮革等
橡胶型胶黏剂	聚氨酯胶黏剂	JQ-1	胶膜柔软、耐油，但对水分特别敏感，使用温度低。固化条件：140 ℃，1 h	适用于未硫化的天然橡胶、丁腈橡胶等与金属的胶结
		101	胶膜柔软，绝缘性好，耐磨、油性好，良好的超低性，耐热性差，使用温度低	可胶结金属、塑料、橡胶、皮革、木材等多种材料
	氯丁橡胶胶黏剂		较好的内聚强度和良好的黏附性，耐燃性、耐油性、耐候性较好；但稳定性和耐低温性较差	适用于金属、非金属的胶结
	丁腈橡胶胶结剂		良好的耐油性、耐热性和耐化学介质性	可胶结金属、塑料、木材、织物以及皮革等多种材料
混合型胶黏剂	酚醛-聚乙烯醇缩醛胶黏剂		胶结强度高，良好的抗冲击和耐疲劳性，良好的耐大气老化和耐水性	适用于金属、玻璃、陶瓷、塑料、及木材等多种材料的胶结
	酚醛-丁腈橡胶胶结剂		胶结强度高，耐振动冲击韧度大，其抗剪强度随温度变化不大，较好的耐水性、耐化学介质及耐大气老化能力	适用于金属盒大部分非金属的胶结，如汽车刹车片的黏合等

四、胶黏剂在汽车上的应用

胶黏剂和密封胶在汽车工业中是黏结各种零件和防漏的重要材料。它在汽车的防震、隔热、防漏、防松和降噪等方面起着重要的作用。每辆汽车上胶黏剂和密封胶的用量可达几十千克。胶黏剂在汽车上的应用范围十分广泛，其典型胶结部位如图 16.2 所示。图中各胶结部位与胶结种类表 16.5 和表 16.6。

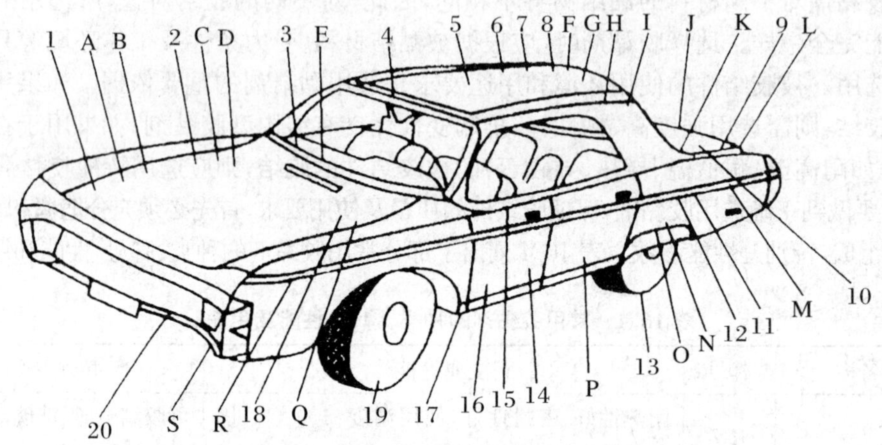

图 16.2 胶黏剂在汽车中的典型应用

用数字表示胶结部位，用字母表示密封部位

表 16.5 胶结部位与胶结剂种类

部位	胶结零部件	胶黏剂种类
1	发动机罩内外挡板胶结	热固化乙烯基塑料溶胶
2	车身外的贴花加工	丙烯酸胀压敏胶
3	风挡玻璃胶结	聚硫多组分反应性高含固量胶结剂
4	聚氯乙烯顶篷接缝胶结	聚酯、聚酸腔热溶胶
5	顶篷隔声衬垫胶结	丁苯橡胶为基料的溶剂型胶黏剂
6	聚氯乙烯顶篷胶结	氯丁橡胶为基料的溶剂型胶黏剂
7	顶篷拱形加固梁与顶篷的结构胶结	热固化高含固量的聚氯乙烯塑料溶胶
8	顶篷衬里胶结	丁苯橡胶为基料的溶剂型胶黏剂
9	压盖板防雨条胶结	氯丁橡胶为基料的溶剂型胶结剂
10	后盖隔声材料胶结	高含固量的再生胶
11	聚氯乙烯成型防护测条胶结	丙烯酸胀压敏胶
12	接缝装饰条胶结	丙烯酸酯或橡胶型压敏胶
13	刹车衬里与闸瓦胶结	酚醛-铜醛、酚醛-酮腈等热固性胶黏剂
14	木纹聚氯乙烯侧面装饰板胶结	丙烯酸酯压敏胶
15	座椅衬垫与聚氯乙烯塑料片胶结	丁苯胶或乙烯-醋酸乙烯共聚体热熔胶
16	车门内装饰板胶结	氯丁橡胶溶剂型胶结剂
17	车门防风防雨条胶结	氯丁橡胶溶剂型胶结剂
18	电动机带与离合器的结构胶结	酚醛-丁腈胶等热固性胶粘剂
19	闸瓦底座与圆盘衬垫的胶结组装	酚醛树脂胶
20	装饰标、商标等胶结	丙烯酸酯型压敏胶

表 16.6　密封部位与胶黏剂密封胶种类

部位	密封零件	密封剂种类
A	气缸盖垫片密封	半干性黏弹型密封胶
B	螺栓密封	氯丁橡胶乳液或厌氧胶
C	绝热隔板接缝密封	再生胶
D	绝热隔板密封	环氧树脂胶或聚氨酯胶
E	外层窗玻璃密封	丁基橡胶-聚异丁烯胶
F	后窗玻璃密封	丁基胶
G	后窗外层辅助密封	软性丁基橡胶-聚异丁烯胶
H	顶篷排水槽外密封	聚氯乙烯塑料溶胶
l	顶篷至车舷后部位塑料挡板胶结密封	高含固量聚氯乙烯塑料溶胶
J	邮箱输油管密封	高含固量、可膨胀、热固化氯丁胶
K	行李箱接缝密封	高含固量聚氯乙烯塑料溶胶
L	后盖排水槽外缝密封	高含固量热固化聚氯乙烯塑料溶胶
M	可膨胀性焊接内缝（后盖挡板及挡泥板）密封	可膨胀、热固化丁苯胶
N	挡泥板、高地板填充密封	高含固量聚氯乙烯塑料溶胶
O	底板内缝密封	以沥青为基料的高含固量胶黏剂
P	罩板总装的膨胀性焊接缝密封	热固化氯丁胶
Q	减振器垫片密封	丁苯胶
R	油漆层下的外缝密封	高含固量、热固化型聚氯乙烯塑料溶胶

另外，汽车修理中常用的合成胶黏剂有环氧树脂和酚醛树脂胶黏剂，用来黏结离合器摩擦片、修补缸体、蓄电池等。

第四节　其他材料

一、陶瓷

陶瓷是指所有以黏土等无机非金属矿物为原料经混料、成形、烧结而制成的各种制品。陶瓷是陶器与瓷器的总称。

（一）陶瓷的类型

1. 按原料不同分类

① 普通陶瓷。一般采用黏土、长石和石英等经天然烧结而成。这类陶瓷按其性能、特点和用途又可分为日用陶瓷、建筑陶瓷、电绝缘陶瓷和化工陶瓷等。

② 特种陶瓷。是指采用高纯度人工合成原料制成并具有特殊物理化学性能的新型陶瓷。除了具有普通陶瓷性能外，至少还具有一种适应工程上需要的特殊性能，如氧化物陶瓷、氮化物陶瓷、碳化物陶瓷、金属陶瓷等。

2. 按用途不同分类

① 建筑卫生陶瓷。如砖瓦、排水管、面砖、外墙砖、卫生洁具等。

② 化工陶瓷。用于各种化学工业的耐酸容器、管道。

③ 电瓷。用于电力工业高低压输电线路上的绝缘子，低压电器和照明用绝缘子，以及电信用绝缘子，无线电用绝缘子等。

④ 特种陶瓷。用于各种现代工业和尖端科学技术的特种陶瓷制品，如高铝氧质瓷、镁石质瓷、钛镁石质瓷等。

⑤ 日用陶瓷。如餐具、茶具、缸、坛、盆、罐、盘、碟、碗等。

⑥ 艺术陶瓷。如花瓶、雕塑品、园林陶瓷、器皿、陈设品等。

(二) 陶瓷的性能

① 陶瓷的硬度高于其他材料，一般硬度大于 1 500HV，而淬火钢的硬度只有 500～800HV；陶瓷室温下几乎无塑性，韧性极低，脆性大；陶瓷内部存在许多气孔，故抗拉强度低，抗弯性能差，抗压性能高；陶瓷有一定弹性，一般高于金属。

② 陶瓷的熔点一般高于金属，热硬性高，抗高温蠕变能力强，高温下抗氧化性好，抗酸、碱、盐腐蚀能力强，具有不可燃烧性和不老化性。

③ 大多数陶瓷绝缘性好。

二、复合材料

复合材料是由两种或两种以上性质不同的材料组合成的多相材料。

(一) 复合材料的分类

① 按基体不同，分为非金属基体和金属基体两类。目前使用较多的是以高分子材料为基体的复合材料。

② 按增强相种类和形状不同，分为颗粒、层叠、纤维增强等复合材料。

③ 按性能不同，分为结构复合材料和功能复合材料两类。结构复合材料是指利用其力学性能，用以制作结构和零件的复合材料。功能复合材料是指具有某种物理功能和效应的复合材料，如磁性复合材料。

(二) 复合材料的性能

① 比强度和比模量高。这是因为复合材料的增强剂和基体的密度都较小，而且增强剂多为强度很高的纤维，所以多数复合材料都具有高的比强度和比模量。

② 抗疲劳性能好。因为复合材料中基体与增强纤维间的界面可有效地阻止疲劳裂纹的扩展，以及基体中密布着大量纤维，疲劳断裂时，裂纹的扩展要经历很曲折和复杂的路径，所以疲劳强度高。

③ 减振性好。构件的自振频率不但与构件的结构有关，而且与材料的比模量的平方根

成正比。复合材料的比模量大，其自振频率很高，在一般载荷、速度或频率下不容易发生因共振而快速脆断。其次，基体和纤维之间的界面对振动有反射和吸收作用，而且基体材料的阻尼也较大，使复合材料的减振性比钢和铝合金等金属材料好。

④ 破损安全性好。复合材料每平方厘米面积上被基体隔离的独立纤维数达几千、几万根。当构件过载并有少量纤维断裂时，会迅速进行应力的重新分配，而由未破坏的纤维来承载，使构件在短时间内不会失去承载能力，安全性较好。

⑤ 高温性能好。一般铝合金在 400 ℃时弹性模量急剧下降并接近于零，强度也显著下降。但用碳或硼纤维增强的铝复合材料，在上述温度时，其弹性模量和强度基本不变。用钨纤维增强钴、镍或它们的合金时，可把这些金属的使用温度提高到 1 000 ℃以上。

此外，复合材料的减摩性、耐蚀性和工艺性也都较好。经过适当的"复合"也可改善其力学性能和物理性能。复合材料的缺点是各向异性，横向的抗拉强度和层间剪切强度比纵向低得多，伸长率和冲击韧度较低，成本高。但是，复合材料是一种新型的独特的工程材料，因此具有广阔的发展前景。

（三）常用复合材料

1. 玻璃钢

用玻璃纤维增强工程塑料得到的复合材料，俗称玻璃钢。玻璃钢具有重量轻、强度高、耐腐蚀、电绝缘、耐烧蚀、传热慢、隔音、防水、易着色、能透过电磁波，性能及形体可设计性好以及成型制造简便等优点。

(1) 玻璃钢类型

① 热固性玻璃钢。主要优点是成形工艺简单、质轻、比强度高、耐腐蚀、介电性高、电波穿透性好，与热塑性玻璃钢相比，耐热性更高。主要缺点是弹性模量低、刚性差，耐热度不超过 250 ℃，易老化、蠕变。

② 热塑性玻璃钢。种类较多，常用的有尼龙基、聚烯烃类、聚苯乙烯类、ABS、聚碳酸酯等。它们都具有高的力学性能、介电性能、耐热性和抗老化性能，工艺性能也好。同塑料本身相比，基体相同时，其强度和抗疲劳性能可提高 2～3 倍以上，冲击韧性提高 2～4 倍，蠕变抗力提高 2～5 倍。

(2) 玻璃钢的用途

由于玻璃钢是一种复合材料，其性能的适应范围非常广泛，因此它的市场开发前景十分广阔。据有关统计资料，目前世界各国开发的玻璃钢产品的种类已达 4 万种左右。虽然各国均根据本国的经济发展情况，开发的方向各有侧重，但基本上均已涉及各个工业部门。我国玻璃钢工业经过四十多年来的发展，也已在国民经济各个领域中取得了成功的应用，在经济建设中发挥了重要的作用。

① 建筑行业。冷却塔、玻璃钢门窗、建筑结构、围护结构、室内设备及装饰件、玻璃钢平板、波形瓦、装饰板、卫生洁具及整体卫生间、桑拿浴室、冲浪浴室，建筑施工模板、储仓建筑，以及太阳能利用装置等等。

② 化工行业。耐腐蚀管道、贮罐贮槽、耐腐蚀输送泵及其附件、耐腐阀门、格栅、通风设施，以及污水和废水的处理设备及其附件等等。

③ 汽车行业。汽车壳体及其他部件，全塑微型汽车，大型客车的车体外壳、车门、内板、主柱、地板、底梁、保险杠、仪表屏，小型客货车，以及消防罐车、冷藏车、拖拉机的驾驶室及机

器罩等。

④ 铁路运输。有火车窗框、车内顶弯板、车顶水箱、厕所地板、行李车车门、车顶通风器、冷藏车门、储水箱，以及某些铁路通讯设施等。

⑤ 公路建设。有交通路标、路牌、隔离墩、公路护栏等。

2．碳纤维复合材料

碳纤维复合材料主要是由碳元素组成的，与树脂、金属、陶瓷等基体复合，是一种特种纤维。

(1) 碳纤维复合材料的性能

① 优点。比强度、比弹性模量大，冲击韧性、化学稳定性好，摩擦系数小，耐水湿，耐热性高，耐X射线能力强。

② 缺点。各向异性程度高，基体与增强体的结合力不够大，耐高温性能不够理想。

(2) 碳纤维复合材料的应用

常用于制造机器中的承载、耐磨零件及耐蚀件，如连杆、活塞、齿轮、轴承、汽车板簧和驱动轴等；在航空、航天、航海等领域内用作某些要求比强度、比弹性模量高的结构件材料；世界一级方程锦标赛的赛车，车身大部分结构都用碳纤维材料，顶级跑车的一大卖点也是周身使用碳纤维，用以提高气动性和结构强度。

(3) 碳纤维复合材料常用类型

① 碳纤维树脂复合材料。目前应用最多的是以环氧树脂、酚醛树脂和聚四氟乙烯为基体，这类材料的性能普遍优于玻璃钢，是一种新型的特种工程材料。除了具有石墨的各种优点外，此种材料强度和冲击韧性比石墨高5～10倍，刚度和耐磨性高，化学稳定性、尺寸稳定性好。

② 石墨纤维金属复合材料。石墨纤维金属复合材料是石墨纤维增强铝基复合材料，基体可以是纯铝、变形铝合金和铸造铝合金。当用于结构材料时，可作飞机蒙皮、直升机旋翼桨叶以及重返大气层运载工具的防护罩等。

③ 碳纤维陶瓷复合材料。碳纤维陶瓷复合材料是我国研制的一种石英玻璃复合材料，同石英玻璃相比，它的抗弯强度提高了约12倍，冲击韧性提高了40倍，热稳定性也非常好，是极有前途的新型陶瓷材料。

3．夹层增强复合材料

(1) 夹层板增强复合材料

工业上用的夹层板是将几种性质不同的板材经热压或胶合而成，并获得某种使用目的。夹层结构复合材料一般具有密度小，刚度高和抗压稳定性好，以及绝热、绝缘、隔音等特殊性能。

(2) 夹芯材料增强复合材料

夹芯材料是由薄而强的面板与轻而弱的芯材组成的。面板可用树脂基复合材料板、铝合金板、不锈钢板、钛合金或高温合金板；芯材可采用泡沫塑料、蜂窝夹芯和波纹板。面板与芯材的连接方法，一般用胶黏剂胶结；金属材料也可用焊接。以泡沫塑料和蜂窝为芯材复合材料已大量用作天线罩、雷达罩、飞机机翼、冷却塔、保温隔热装置等。

以上材料都从不同的途径和方法克服单一材料的缺陷，并获得单一材料通常不具备的一些新特点和功能，以满足各个工业部门对材料性能要求日益提高及多样化的需要。

复习思考题

1．选择题

(1) PVC是指________材料。

A. 碳酚醛塑料　　B. 氨基塑料　　C. 环氧塑料　　D. 聚氯乙烯

(2) 天然橡胶的代号是________。

A. NR　　B. SBR　　C. NBR　　D. BR

(3) 陶瓷的显著缺陷是________。

A. 硬　　B. 脆　　C. 绝缘　　D. 抗氧化

(4) 可以作为复合材料基体的是________。

A. 非金属　　B. 金属　　C. 高分子材料　　D. 都可以

2．判断题

(1) 陶瓷材料可以用于制作火花塞、各种传感器。(　　)

(2) 复合材料必须是由两种不同性质的原材料通过某种工艺方法组成的。(　　)

(3) 汽车轮胎的材料是合成橡胶。(　　)

(4) 汽车仪表面板的材料是塑料。(　　)

3．问答题

(1) 什么是非金属材料？常用的非金属材料有哪些？

(2) 什么是热固性塑料和热塑性塑料？试举例说明其性能和用途。

(3) 塑料有哪些特性？

(4) 什么是橡胶？其性能如何？常用橡胶有哪些？

(5) 什么是陶瓷？其性能如何？举出3种常用陶瓷在工业中的应用实例。

(6) 什么是复合材料？其性能如何？举出并说明常用复合材料应用的实例。

第五篇

汽车构件力学分析

第十七章　平 面 力 系

常用汽车构件及机构的力学分析是力学与现代工程科学技术交叉发展的一门力学分支学科,已经成为汽车机械等工程科学的基础,在解决重大工程技术问题时是必不可少的。同时,各门力学学科的发展也为机械设计与制造奠定了坚实的基础,促进了汽车工业及传统机械行业的迅猛发展。

第一节　平面力系的简化与合成

一、平面力系分析基础

(一) 力的概念

力是物体间的相互作用,这种作用使物体的运动状态和形状发生改变。力使物体的运动状态发生改变的效应,称为力的外效应;使物体的形状发生改变的效应,称为力的内效应。值得一提的是,在静力分析中所用的力学模型是刚体。所谓刚体,就是指在力的作用下不变形的物体(微小的变形忽略不计),从而使问题简化。

力的大小、方向和作用点称为力的三要素。力的任一要素的改变,都将改变其作用效果。力是矢量,力的大小以牛顿为单位,符号“N”。力的图示法:力用带箭头且通过力的作用点的有向线段 AB 表示。线段的长度代表力的大小;线段所在的直线为力的作用线,线段末端 B 的箭头代表力的方向;线段的起点 A 表示力的作用点,如图 17.1 所示。

(二) 力矩和力偶

1. 力矩

力对点的矩,简称力矩,是力使物体产生的转动效应的度量,是代数量。如图 17.2 所示的扳手拧螺母,当在扳手上施加力 $\boldsymbol{F}$ 时,扳手与螺母一起绕轴心转动,转动的效应与力力 $\boldsymbol{F}$ 大小,力力 $\boldsymbol{F}$ 到转动中心 O 的距离 d 以及作用力的方向有关。

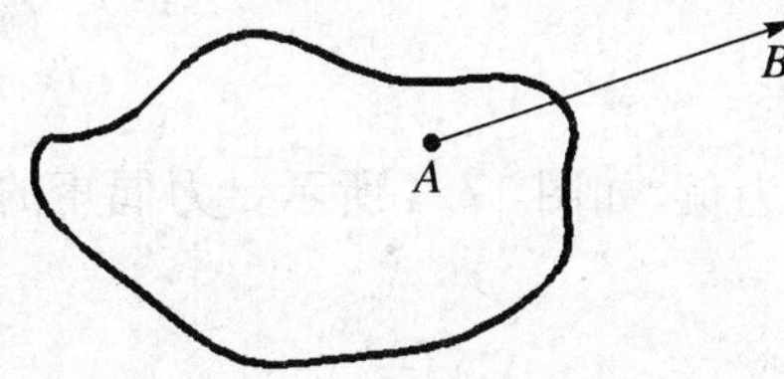

图 17.1　力的图示法

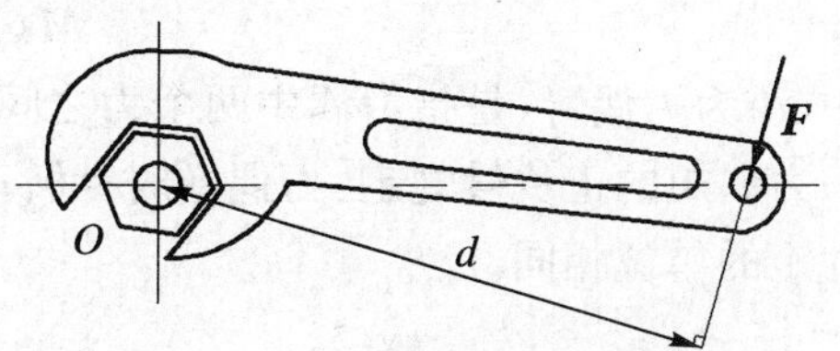

图 17.2　扳手力矩示意图

由此可得,决定力矩的三要素是:力力 $\boldsymbol{F}$ 的大小、力力 $\boldsymbol{F}$ 到转动中心 O 的距离、力力 $\boldsymbol{F}$ 使物体绕 O 点转动的方向。这 3 个因素可以用代数量 $\pm Fd$ 表示,称为力力 $\boldsymbol{F}$ 对 O 点之矩,

记为

$$M_O(F)=\pm Fd \tag{17.1}$$

式中，O 为力矩中心(简称矩心)；d 为力臂(O 点到力 F 作用线的距离)。

力矩的正负号规定：力使物体绕矩心逆时针转动时的力矩为正；反之为负。

力矩的法定计量单位是 N·m 或 kN·m。

2. 力偶

力偶是指作用在物体上大小相等、方向相反且不共线的两个力组成的力系。

例如，汽车中驾驶员控制行驶方向的方向盘，钳工用丝锥攻螺纹，都是力偶的作用，如图 17.3 所示。

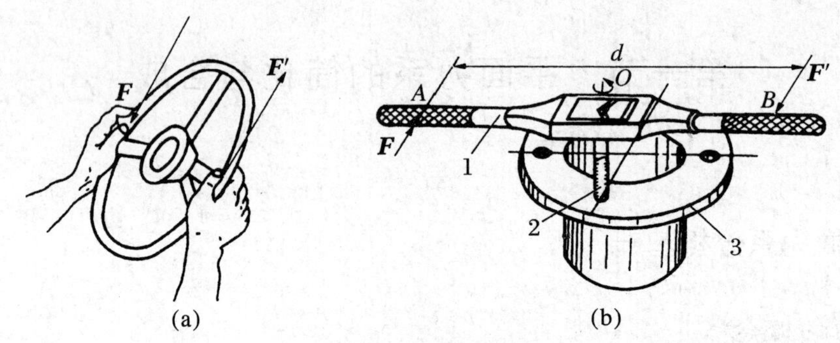

图 17.3 力偶应用实例

力偶用符号(F,F')表示，在图 17.4 中，力力 $\boldsymbol{F}$ 和力 $\boldsymbol{F}'$ 分别是力偶中的两个力。力偶使得物体产生转动效应，不能移动。同时，虽然组成力偶的两个力等值、反向，但是不共线，不是一对平衡力，不能互相抵消。

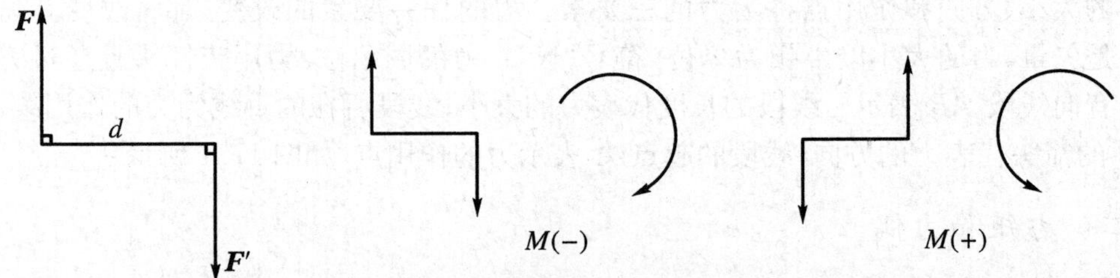

图 17.4 力偶矩图示法及方向

力偶使物体产生的转动效应可以用力偶矩来度量。力偶矩是指力偶中力的大小与力偶臂的乘积，表示为

$$M(F,F')=Fd \tag{17.2}$$

式中，d 为力偶臂，是指力偶中两个力之间的垂直距离。

力偶矩的正负号规定：力偶逆时针转动为正；反之为负，如图 17.4 所示。力偶矩的单位与力矩的单位相同。

(三) 约束与约束反力

在分析物体的受力情况时，常将力分为给定力(已知力，如重力、磁力、流体压力、弹簧弹力和某些作用在物体上的已知力)和约束力。

约束力是通过约束与被约束物体之间的相互接触而产生的，这种接触力的特征与接触面的物理性质及约束的结构形式有关。可以归纳成几种典型约束。

1．柔性约束

由绳索、皮带或者链条等柔性物体构成的约束，称为柔性约束。其特征有：

① 只能承受拉力，不能承受压力。

② 柔体对物体的约束只能限制物体沿着柔体的中心线离开柔体的运动，不能限制其他方向的运动。

③ 通常用 F_T 表示，如图 17.5 所示。

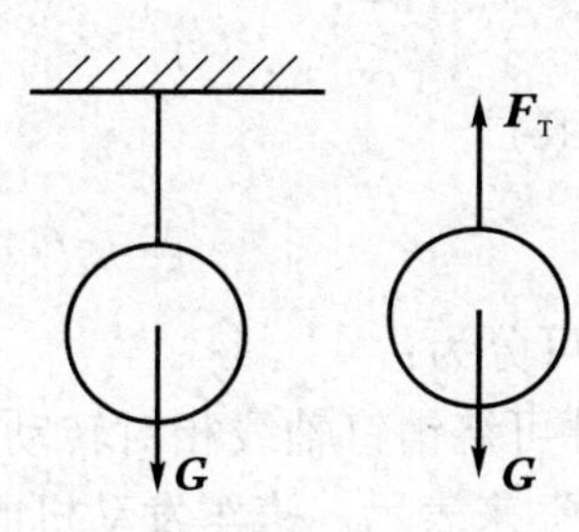

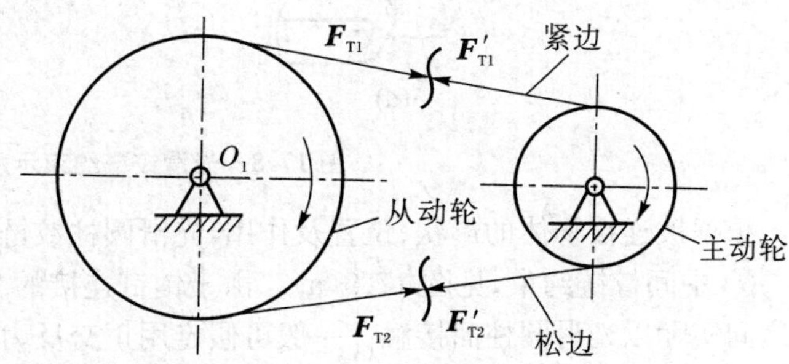

图 17.5　柔体约束示意图

2．光滑面约束

物体相互接触且接触面之间摩擦很小的约束，称为光滑面约束。其特征有：

① 只能限制物体沿接触面的公法线而指向支承面的运动，不能限制物体沿接触面切线方向的运动以及离开接触面的运动。

② 通常用 F_N 表示，如图 17.6 所示。

光滑面可以是平面，也可以是曲面，如汽车发动机凸轮与挺杆之间的接触。如图 17.7(a) 中所示为凸轮，图 17.7(b)所示为齿轮。

3．光滑铰链约束

将两个开有销钉孔的零件，经圆柱铰链连接所形成的约束，称为光滑铰链约束。特征有：

① 只能限制两物体的相对移动而不能限制其相对转动。

② 通常认为销钉与零件之间接触面的摩擦很小，可忽略不计。

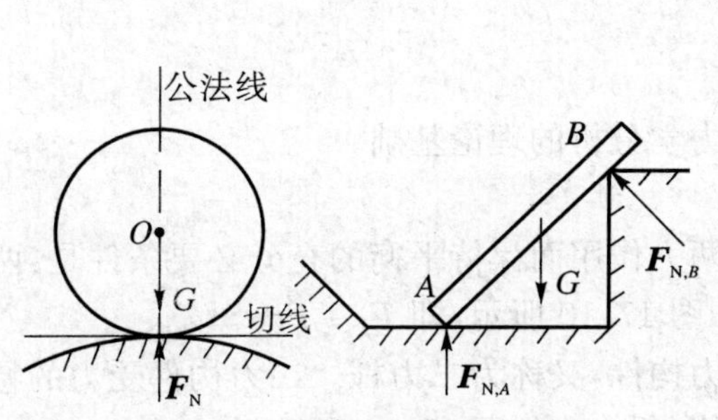

图 17.6　光滑接触面约束示意图

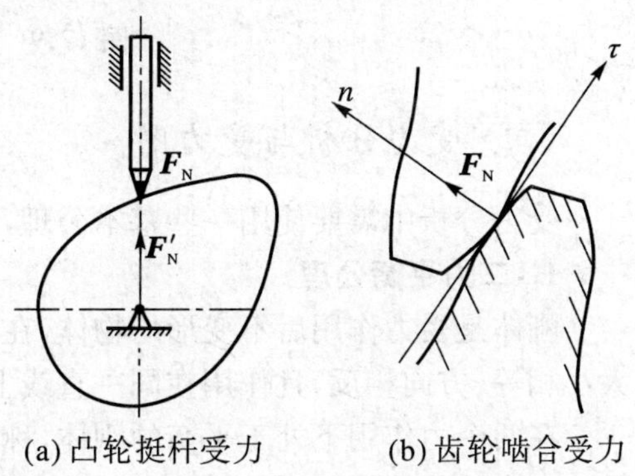

图17.7　凸轮挺杆和齿轮所受光滑接触面约束

如图 17.8(a)所示，根据光滑面约束反力的特点，销钉对物体的约束反力应沿接触点 K 处的公法线通过物体圆孔中心(即铰链中心)。但因为主动力的方向不能预先确定，接触点不能确定，所以约束反力的方向也不能预先确定。画约束反力力 $\boldsymbol{F}_R$ 时，通常用 2 个通过铰链中心的互相垂直的分力 $\boldsymbol{F}_x$ 和 $\boldsymbol{F}_y$ 来表示，如图 17.8(b)所示。

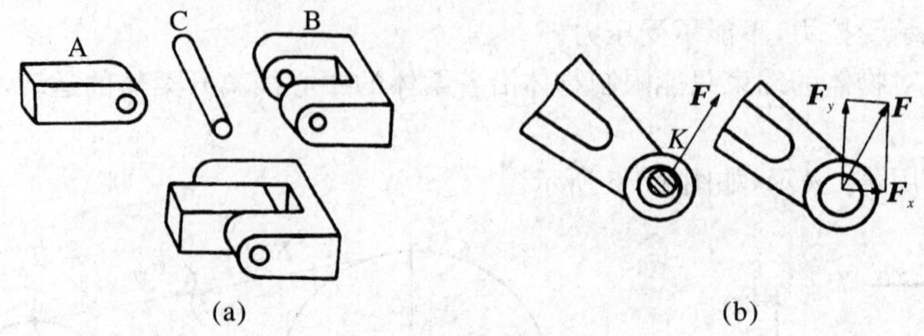

图 17.8 光滑铰链约束示意图

根据被连接物体的形状、位置及作用，光滑圆柱铰链约束又可分为：

① 中间铰链约束，见图 17.9(a)。由于销钉连接的 2 个零件可绕销钉轴线相对转动，它们之间实际以光滑圆柱面接触。一般可假定用正交反力 $\boldsymbol{F}_x$ 和 $\boldsymbol{F}_y$ 来表示。汽车发动机曲柄滑块机构中，连杆与活塞、连杆与曲柄的连接就为中间铰链连接。

② 固定铰链支座约束，见图 17.9(b)。构件只能绕销钉轴线转动，不能做其他移动。在未知约束力确切指向的情况下，一般可假定用正交反力 $\boldsymbol{F}_x$ 和 $\boldsymbol{F}_y$ 来表示。

③ 活动铰链支座约束，见图 17.9(c)。由于活动铰链支座约束只能限制物体沿支承面法线方向的运动，因此其约束反力力 $\boldsymbol{F}_R$ 的作用线通过销钉中心且垂直于支承面。

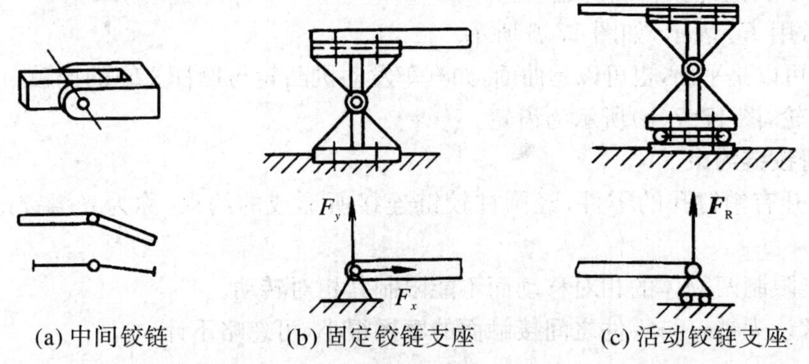

图 17.9 光滑铰链分类示意图

(四) 受力分析与受力图

受力分析中需要使用一些基本公理，这是力学分析的理论基础。

1. 二力平衡公理

刚体是受力作用后不变形的物体，在仅受两力作用而保持平衡的充分必要条件是：两力大小相等、方向相反，且作用在同一直线上。如图 17.10 所示，即 $\boldsymbol{F}_1 = \boldsymbol{F}_2$。

在两个力作用下处于平衡的刚体，称为二力构件，又称为二力杆。二力构件受力的特点是两个力的作用线必沿其作用点的连线，且等值、反向。如图 17.11 所示。

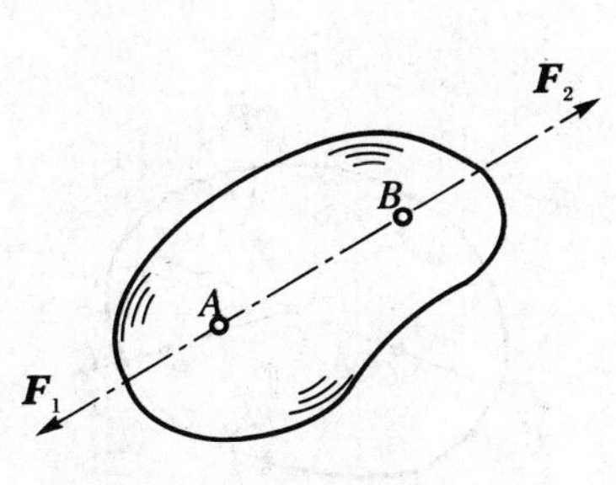

图 17.10　刚体受二力平衡

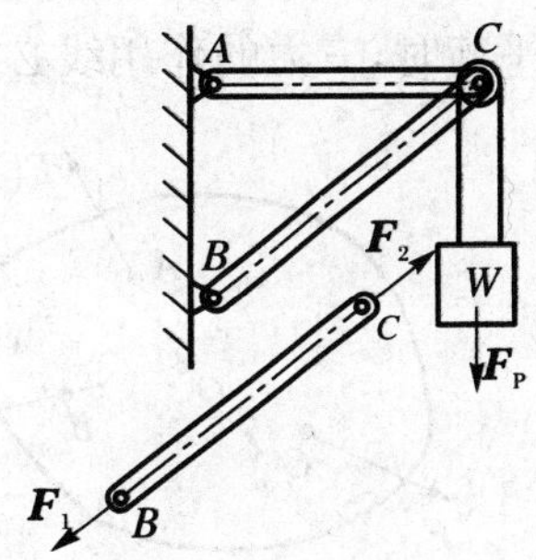

图 17.11　二力构件(二力杆)

2．加减平衡力系公理

在任意一个已知力系上加上或减去任意的平衡力系，并不会改变原力系对刚体的作用效应。据此可以推导出，力的可传性推理：作用在刚体上的力，沿其作用线移到刚体上任意一点，不会改变它对刚体的作用效应。

由图 17.12 不难看出，在小车的 A 点与 B 点施加相同方向的力，运动效应应该是一样的。

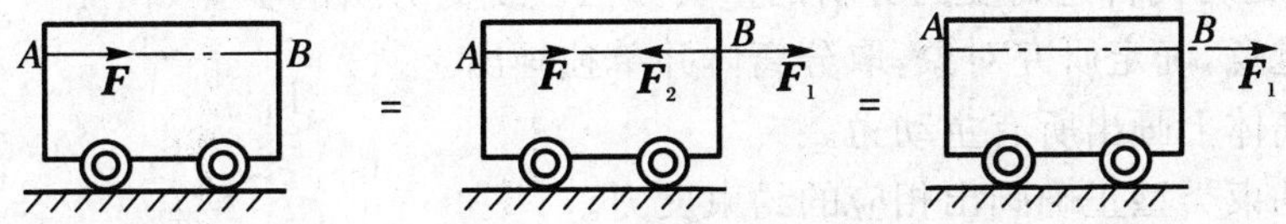

图 17.12　力的可传性推理

3．作用力与反作用力公理

两物体之间的作用力与反作用力，总是同时存在，且两力等值、反向、共线，分别作用在这两个物体上。车刀在工件上切削，车刀作用在工件上的切削力为 F_P，与此同时，工件必有一反作用力 F_P' 作用在车刀上。这两个力总是等值、反向、共线的。必须注意，由于作用力与反作用力作用在两个物体上，因此不能说成是一对平衡力。由于分别作用在不同的物体上，这与二力平衡中的“一对平衡力”是不一样的概念，不能混淆，如图 17.13 所示。

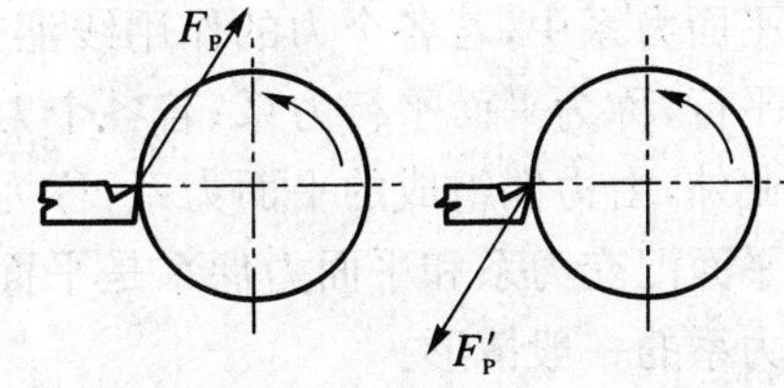

图 17.13　车刀在切削中的作用力与反作用力

4．力的平行四边形法则

作用于物体上某一点的两个力，可以合成为一个合力，其作用点也在该点，合力的大小和方向由两已知力为边所构成的平行四边形的对角线确定。此公理也称为平行四边形法则。力的合成法则可写成矢量式 $\boldsymbol{F} = \boldsymbol{F}_1 + \boldsymbol{F}_2$。

如图 17.14 所示，在 A 点所受的两个力 F_1 和 F_2 可以合成为一个合力，且合力也作用于汇交点上。合力的大小和方向由这两个力为邻边所构成的平行四边形的对角线来表示。

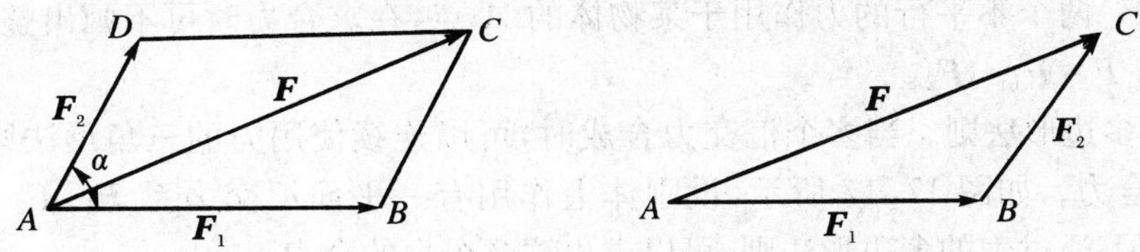

图 17.14　力的平行四边形法则

如图 17.15 所示,刚体在 A、B、C 三点分别受到 3 个互不平行的力 $\boldsymbol{F}_1$、$\boldsymbol{F}_2$ 和 $\boldsymbol{F}_3$ 作用,当刚体处于平衡时,三力的作用线必汇交于 O 点。

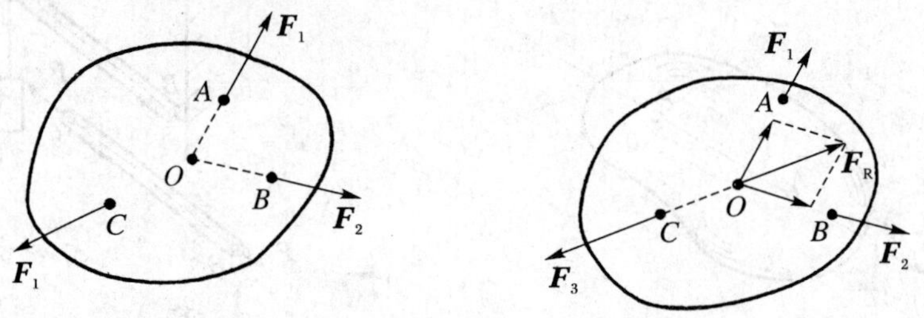

图 17.15　三力平衡汇交定理

为分析结构或机器中某个构件的受力,必须将所研究的物体(称为研究对象)从周围物体中分离出来,而将周围物体对它的作用力用相应力代替,这一过程称为取分离体。为了使分离体的受力情况与原来的受力情况一致,必须在分离体上画出所有主动力,在解除约束的地方画出相应的约束反力。这样所得到的画有分离体及其全部主动力和约束反力的简图称为受力图。这是对构件进行受力分析的重要方法。受力分析的步骤如下:

① 根据题意,确定研究对象,取分离体并单独画出。

② 在分离体上画出所有主动力。

③ 根据约束类型正确画出相应的约束反力。

二、平面力系的简化与合成

作用在物体上的各个力的作用线相交于一点时,则称这些力组成的力系为汇交力系。按照各个力的作用线处于同一个平面内,则称为平面汇交力系;否则称为空间汇交力系。

平面力系中,若各个力的作用线汇交于一点,称为平面汇交力系;若各个力的作用线均互相平行,称为平面平行力系;若各个力既不完全平行,也不汇交于一点,则称为平面任意力系。此外,由力偶组成的平面力系,称为平面力偶系。

平面汇交力系和平面力偶系是平面力系中的两个基本的简单力系,平面任意力系则是平面力系的一般情形。

(一) 简单力系的合成与简化

1. 平面汇交力系合成与简化

在等效的前提下,用最简单的结果来代替原力系对刚体的作用,称为平面汇交力系的简化。汇交力系的合成与简化可采用几何法和解析法。

(1) 几何法——力多边形法

① 力的三角形法则。当两个汇交力合成时,采用力的三角形法则。如图 17.16 所示,设有 $\boldsymbol{F}_1$ 和 $\boldsymbol{F}_2$ 两个不平行的力作用于某物体的 A 点,在求合力时可不画出整个平行四边形,矢量式为 $\boldsymbol{F}=\boldsymbol{F}_1+\boldsymbol{F}_2$。

② 力的多边形法则。当多个汇交力合成时,可以连续使用力的三角形法则,来求任意个汇交力的合力。如图 17.17 所示,设刚体上作用有一平面汇交力系 $\boldsymbol{F}_1$、$\boldsymbol{F}_2$ 和 $\boldsymbol{F}_3$,如图 17.17(a)所示,通过力的多边形法则,可以求出这 3 个力的合力。

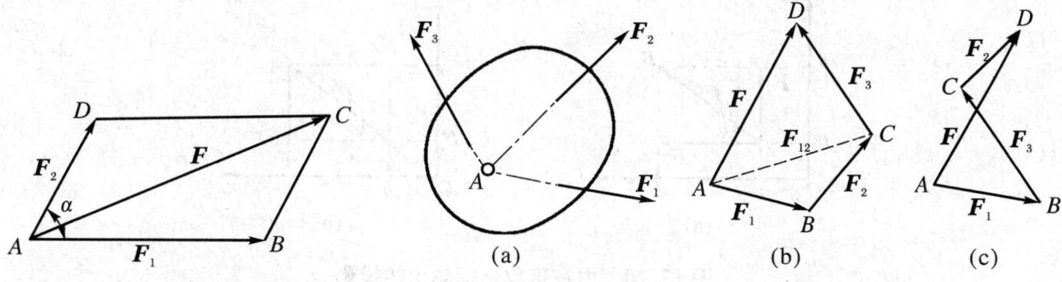

图 17.16　力的三角形法则

图 17.17　力的多边形法则

把各分力矢量首尾相接，得到一开口的多边形 $ABCD$，如图 17.17(b)所示。然后将第一个力矢量 F_1 的起点 A 和最后一个力矢量 F_3 的终点 D 相连，作为多边形的封闭边，所得矢量就代表该力系合力 F 的大小和方向。

运用力多边形求合力时，可以任意变换各分力矢量的次序，得到不同形状的力多边形，但求得的合力 F 不变，如图 17.17(c)所示。合成的结果用矢量式表示为

$$\boldsymbol{F} = \boldsymbol{F}_1 + \boldsymbol{F}_2 + \cdots + \boldsymbol{F}_n = \sum \boldsymbol{F} \tag{17.3}$$

这种通过多边形作图求合力的方法称为力的多边形法则。由 $F_1, F_2, F_3, \cdots, F_n$ 和合力 F 构成的多边形称为力的多边形，代表合力 F 的边称为力多边形的封闭边。

由以上分析可知，一般情况下，平面汇交力系合成的结果是一个合力，合力的作用线通过力系的汇交点，合力的大小和方向由力多边形的封闭边表示。

(2) 解析法

几何法是直接利用矢量的几何性质来确定合力与各分力之间的关系，解析法则是用矢量在选定坐标轴上的投影来表示合力与各分力之间的关系。

根据力的平行四边形法则可以将两个汇交力合成为一个合力；反之，作用在物体上的合力也可以分解为两个或者两个以上的分力。两个汇交合成的结果是唯一的，而力的分解可以有无数的结果。如图 17.18 所示。

通常将一个合力分解成沿着两个互相垂直的坐标轴的正交分力 F_x 和 F_y。如图 17.19 所示，过合力 F 的末端作 x、y 轴的垂线，交 x、y 轴于 A、B 两点，则力矢 OA、OB 即为分力 F_x、F_y。

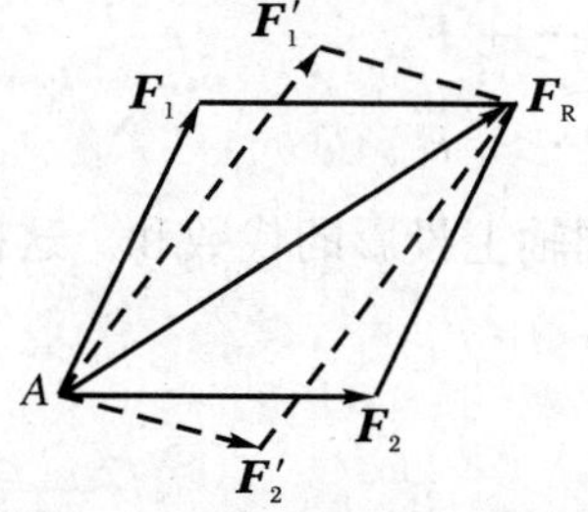

图 17.18　力的合成与分解

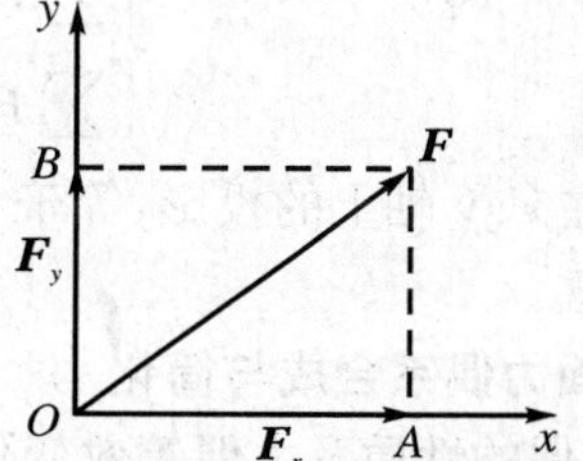

图 17.19　合力沿坐标轴分解

① 力在直角坐标轴上的投影。设刚体的某点 A 作用一个合力 F，在合力 F 的平面内取直角坐标系 xOy。从合力 F 的起点 A 和端点 B 分别向 x、y 轴作垂线，得线段 ab 和 a_1b_1，如图 17.20(a)所示。线段 ab 和 a_1b_1 分别为合力 F 在 x、y 轴上投影的大小，分别以 F_x 与 F_y 来表示。

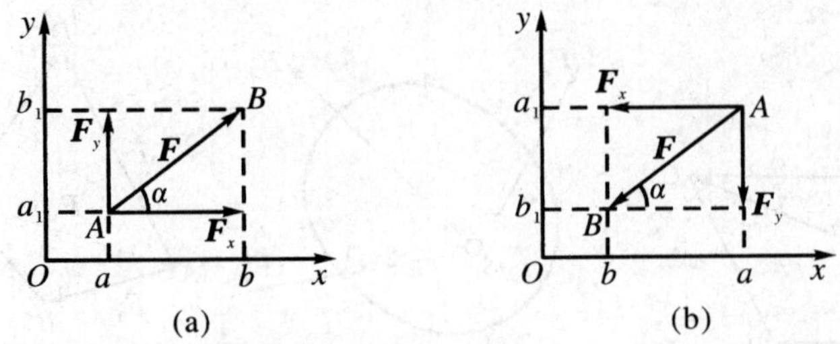

图 17.20 力在直角坐标轴上的投影

力 $\boldsymbol{F}$ 的指向由 F_x 与 F_y 的正负号确定。力的投影是代数量，其正负规定如下：若从 a 到 b（或 a_1 到 b_1）的指向与坐标轴正向一致时，投影值为正；反之为负。如图 17.20(a)中的 F_x 与 F_y 均为正值，图 17.20(b)中的 F_x 与 F_y 均为负值。如果把力 $\boldsymbol{F}$ 沿两直角坐标轴分解，可得到两正交分力 $\boldsymbol{F}_x$ 与 $\boldsymbol{F}_y$，其大小与力 $\boldsymbol{F}$ 在相应坐标轴上的投影的绝对值相等，如图17.20(a)所示。必须注意，力的投影与分力是不同的，投影是代数量，而分力是矢量，两者不可混淆。

若已知力 $\boldsymbol{F}$ 的大小，$\boldsymbol{F}$ 与 x 轴所夹锐角为 α，则力 $\boldsymbol{F}$ 在 x、y 轴上的投影可以按照式(17.4)计算：

$$\begin{cases} F_x = \pm F\cos\alpha \\ F_y = \pm F\sin\alpha \end{cases} \tag{17.4}$$

反之，若已知力 $\boldsymbol{F}$ 在 x、y 轴上投影 F_x 与 F_y，则由图中的几何关系，计算可得

$$\begin{cases} F = \sqrt{F_x^2 + F_y^2} \\ \tan\alpha = |F_y/F_x| \end{cases} \tag{17.5}$$

② 合力投影定理。合力在某一直角坐标轴上的投影，等于各分力在同轴上投影的代数和。设在刚体上有一平面汇交力系 $\boldsymbol{F}_1$、$\boldsymbol{F}_2$、$\boldsymbol{F}_3$，用力多边形法可以知其合力为 $\boldsymbol{F}$，如图17.21所示。取直角坐标系 xOy，将合力 $\boldsymbol{F}$ 及力系中的各力 $\boldsymbol{F}_1$、$\boldsymbol{F}_2$、$\boldsymbol{F}_3$ 向 x 轴投影，由图可得

$$ad = ab + bc + cd \tag{17.6}$$

$$F_x = F_{1x} + F_{2x} + F_{3x} \tag{17.7}$$

$$F_y = F_{1y} + F_{2y} + F_{3y} \tag{17.8}$$

显然，上述关系可以推广到由 n 个力 $\boldsymbol{F}_1, \boldsymbol{F}_2, \boldsymbol{F}_3, \cdots, \boldsymbol{F}_n$ 组成的平面汇交力系，从而得出合力计算式(17.9)：

$$\begin{cases} \sum F_x = F_{1x} + F_{2x} + \cdots + F_{nx} \\ \sum F_y = F_{1y} + F_{2y} + \cdots + F_{ny} \end{cases} \tag{17.9}$$

即合力 $\boldsymbol{F}$ 在 x、y 轴上的投影，等于力系中各分力在同轴上投影的代数和。这一关系称为合力投影定理。

2. 平面力偶系合成与简化

(1) 力偶的性质及力偶等效变化

力偶是两个具有特殊关系的力的结合，虽然力偶中的每个力具有一般力的性质，但力偶作为一种特殊力系，它对刚体的作用有以下特征：

① 力偶不能简化为一个合力，即力偶不能用一个力等效。

② 力偶对其作用面上任意点之矩恒等于力偶矩，而与矩心的位置无关，即

$$M_O(F) + M_O(F') = M = \pm Fd$$

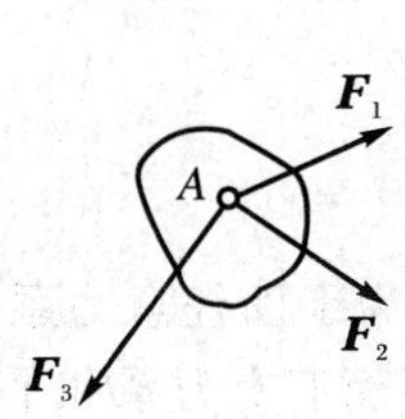

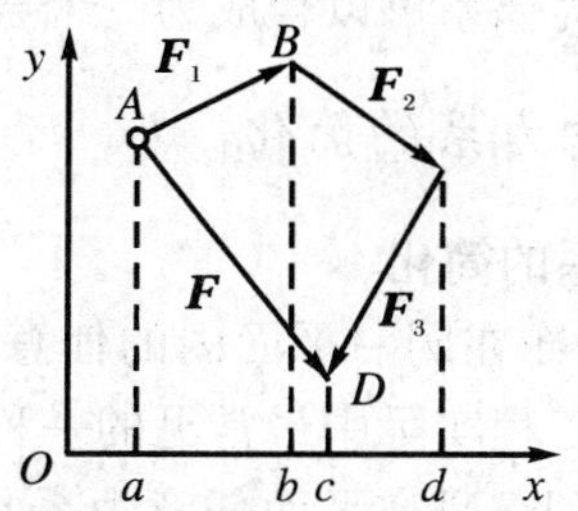

图 17.21 合力投影定理

③ 同平面内的两个力偶，如果力偶矩大小相等，力偶转向相同，则两力偶等效，称为力偶的等效性。

如图 17.22 所示的方向盘，只要保持力偶矩的大小不变，加在 A、C 两点的力偶(F_1, F_3)和加在 B、D 两点的力偶(F_2, F_4)是等效的。

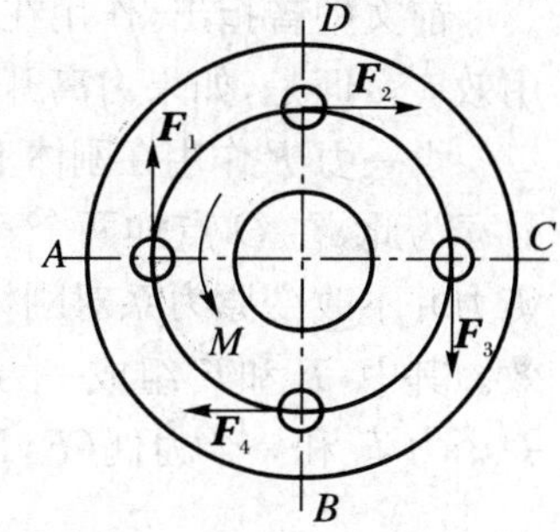

图 17.22 方向盘受等效力偶

(2) 平面力偶系的合成

两个或者两个以上力偶组成的力系称为力偶系。力偶系合成的结果只能是力偶而不是力，这个力偶称为合力偶。设在一个物体的同一平面内有两个力偶，(F_1, F_1')和(F_2, F_2')，力偶臂分别为 d_1 和 d_2，力偶矩分别为 M_1 和 M_2，如图 17.23(a)所示。于是有

$$M_1 = F_1 d_1, \quad M_2 = F_2 d_2$$

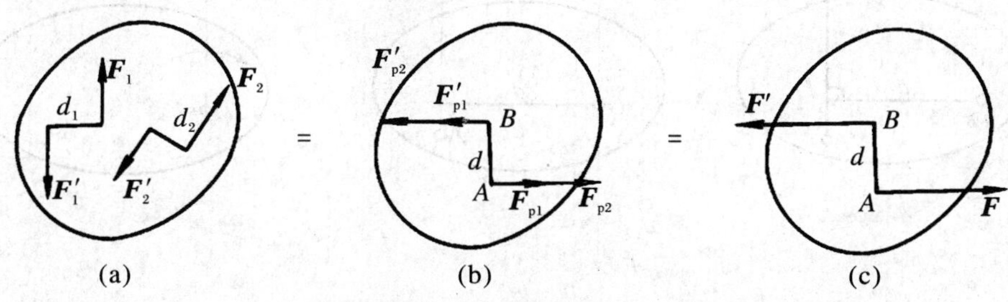

图 17.23 平面力偶系的合成

求其合成结果：在力偶作用面内任取一条线段 $AB = d$，根据力偶的等效性的推论，在不改变力偶矩 M_1 和 M_2 的条件下，将它们的力偶臂都改为 d，于是得到与原力偶等效的两个力偶(F_{P1}, F'_{P1})和(F_{P2}, F'_{P2})。F_{P1} 和 F_{P2} 的大小可由下列等式算出：

$$M_1 = F_{P1} d, \quad M_2 = F_{P2} d$$

再根据力偶的可移性，将 M_1 和 M_2 在力偶作用面内移转，将它们的力偶臂与 AB 重合，如图 17.23(b)所示。于是，在 A 点和 B 点各得一组共线力系，其合力为 F 和 F'，如图 17.23(c)所示，其大小为

$$F = F' = F_{P1} + F_{P2}$$

F 和 F' 等值、反向、相互平行，因此，力 F 和 F' 组成一个新力偶(F, F')，它就是两个已知力偶的合力偶，其力偶矩：$M = Fd = (F_{P1} + F_{P2})d = F_{P1}d + F_{P2}d = M_1 + M_2$。

同样地，若作用在同一平面内有 n 个力偶，则其合力偶矩为

$$M = M_1 + M_2 + \cdots + M_n = \sum M_i \tag{17.10}$$

综上所述，平面力偶系可以合成为一个合力偶，合力偶矩等于各分力偶矩的代数和。

（二）平面任意力系的简化

1．平面任意力系的简化

各力的作用线分布在同一平面内的任意力系，称为平面任意力系（简称平面力系）。首先，平面任意力系是工程实际中最常见的一种力系，平面汇交力系和平面力偶系是平面任意力系的特殊情况。因此，研究平面任意力系具有普遍意义。其次，在许多工程实际问题中，当物体的结构和受力具有一对称面时，作用力可以简化为作用在对称面内的平面力系。

（1）力向一点平移

前文中曾指出，作用在刚体上的力可以沿其作用线传至任意点，而不改变力对刚体的作用效应。但是，如果力离开其作用线，平行移至任意点，就会改变它对刚体的作用效应。

设一力 F 作用在刚体上的 A 点（见图 17.24），现在要将其平行移动至刚体上的另一点 O。为此，在 O 点加两个互相平衡的力 F' 和 F'' 并且使 $|F|=|F'|=|F''|$。显然，增加一平衡力并不改变原力系对刚体的作用效应，F、F'、F'' 对刚体的作用与原力 F 对刚体的作用等效。其中，F 和 F'' 组成一力偶。因此可以认为，作用于 A 点的力 F 平行移至 O 点之后，变为一个力 F' 和一个力偶（F,F''），其力偶矩为

$$M_f = M_O(F) = Fd \tag{17.11}$$

式中，d 为力 F 对 O 点的力臂。

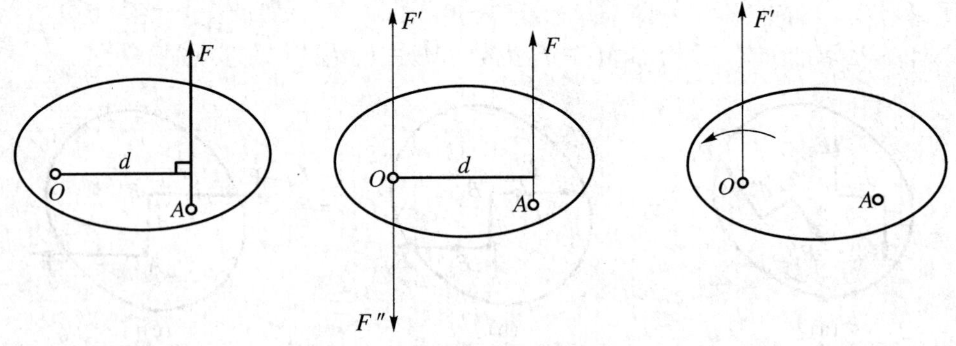

图 17.24　力向一点平移

推广到一般情形，可以得到如下结论：作用在刚体上的力可向任意点平移。平移后附加一力偶，附加力偶的力偶矩等于原力对平移点的力矩。

（2）平面力系的简化

设在刚体上作用有平面任意力系 $\boldsymbol{F}_1,\boldsymbol{F}_2,\cdots,\boldsymbol{F}_n$，如图 17.25(a)所示。在力系平面内任取一点 O，称为简化中心。根据力的平移定理可将各力都向点 O 平移，得到一个平面汇交力系 $\boldsymbol{F}_1',\boldsymbol{F}_2',\cdots,\boldsymbol{F}_n'$ 和一个附加平面力偶系 $M_1,M_2,\cdots,M_n$，如图 17.25(b)所示。

这两个力系对刚体的作用与原力系等效。平面汇交力系中各力的大小和方向分别于原力系中对应的各力相同，即具有相同的矢量表达式：

$$\boldsymbol{F}_1'=\boldsymbol{F}_1,\quad \boldsymbol{F}_2'=\boldsymbol{F}_2,\quad \cdots,\quad \boldsymbol{F}_n'=\boldsymbol{F}_n$$

而各附加力偶的力偶矩分别等于原力系中对应的各力对简化中心的力矩，即

$$M_1=M_O(\boldsymbol{F}_1),\quad M_2=M_O(\boldsymbol{F}_2),\quad \cdots,\quad M_n=M_O(\boldsymbol{F}_n)$$

所得的平面汇交力系（$\boldsymbol{F}_1',\boldsymbol{F}_2',\cdots,\boldsymbol{F}_n'$）可以合成为一个作用于 O 点的合矢量 $\boldsymbol{F}'$：

$$F' = \sum_{i=1}^{n} F' = \sum_{i=1}^{n} F_i \tag{17.12}$$

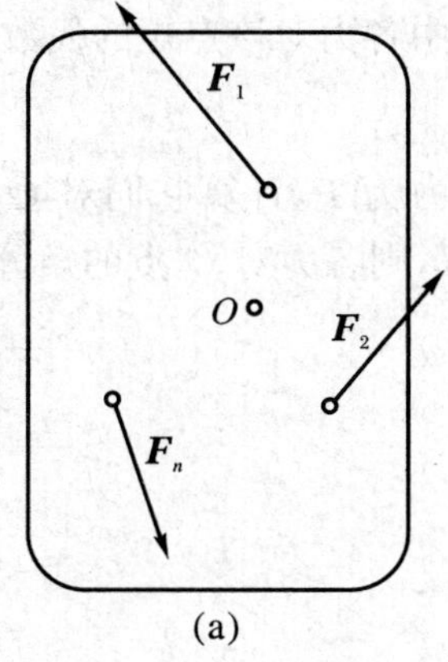

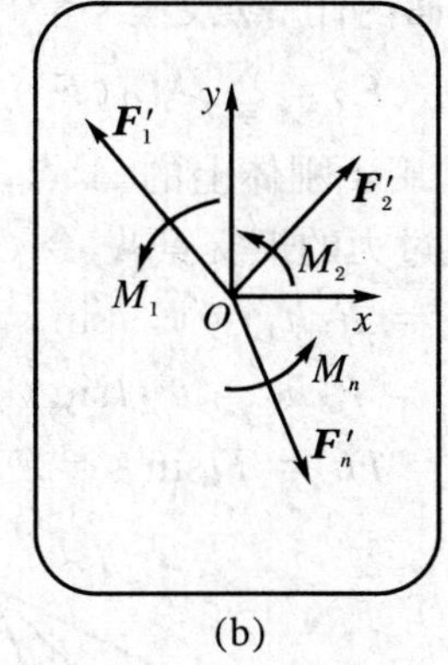

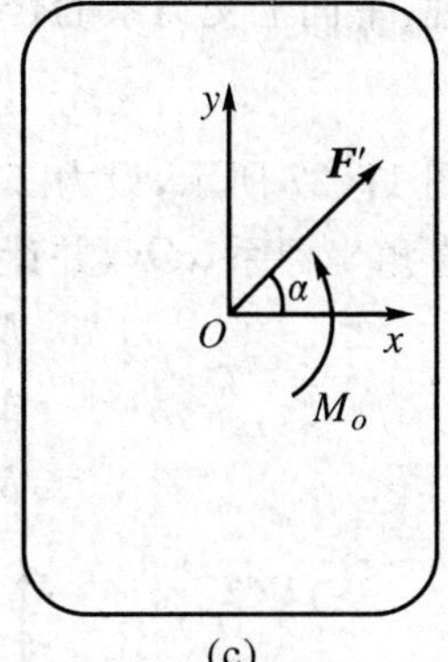

图 17.25　平面任意力系的简化

合矢量 F' 称为原力系的主矢。取直角坐标系 xOy，可得出主矢 F' 的大小和方向分别为

$$F' = \sqrt{\left(\sum F_x\right)^2 + \left(\sum F_y\right)^2} \tag{17.13}$$

$$\tan\alpha = |F_y / F_x| = \left|\sum F_y / \sum F_x\right| \tag{17.14}$$

式中，α 为主矢与 x 轴间所夹锐角。

同时，F' 的指向由 $\sum F_y$ 和 $\sum F_x$ 的 正负号决定。

所得的附加平面力偶系可以合成为一个合力偶，其力偶矩用 M_O 表示，则

$$M_O = \sum_{i=1}^{n} M_i = \sum_{i=1}^{n} M_O(F_i) \tag{17.15}$$

式中，M_O 为原力系对简化中心 O 的主矩。

2．平面力系简化理论的推论和应用

(1) 平面力系的合力

平面力系可简化为作用线通过简化中心一力 F' 和一力偶，其力偶矩为 M_O，如图 17.26(a) 所示。应用一点平移的方法，进一步简化后得到的力与力偶合成一力，称为平面力系的合力。在图 17.26(b)中，根据力偶的性质，不改变力偶矩 M_O，用(F，F'')代替合力偶，并使 F 和 F'' 大小相等、共线且反向。

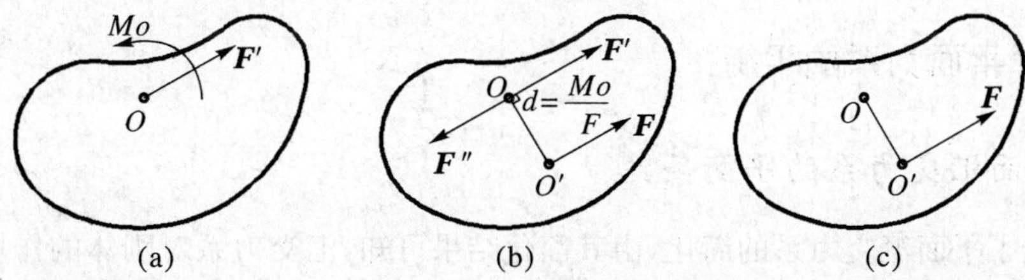

图 17.26　平面力系的合力

这样，F 和 F'' 构成一对平衡力系，若将其从力系中减去，不改变原力系对刚体的作用。因此，原力系就与一力 F 等效，此力就是力系的合力。如图 17.26(c)所示。显然，$F = F'$，$F /\!/ F'$。而合力 F 的作用线至简化中心的垂直距离为

$$d = M_O/F' = M_O/F \tag{17.16}$$

(2) 合力矩定理

在讨论力偶之前，先讨论力对刚体的转动作用。力矩在前面已经初步介绍，在此引入合力矩定理：平面汇交力系的合力对平面内任一点之矩，等于力系中各力对该点矩的代数和：

$$M_O(\boldsymbol{F}) = \sum M_O(\boldsymbol{F}_i)$$

如图 17.27 所示，设力 $\boldsymbol{F}_1$、$\boldsymbol{F}_2$ 作用于刚体上的 A 点，其合力为 $\boldsymbol{F}$，计算它们对 O 点的矩。取直角坐标系 xOy，并让 x 轴通过力的汇交点 A，令 $OA = l$，则各力对 O 点的矩分别为

$$M_O(F_1) = F_1 h_1 = F_1 l \sin\alpha_1 = F_{1y} l$$
$$M_O(F_2) = F_2 h_2 = F_2 l \sin\alpha_2 = F_{2y} l$$
$$M_O(F) = Fh = Fl\sin\alpha = F_y l$$

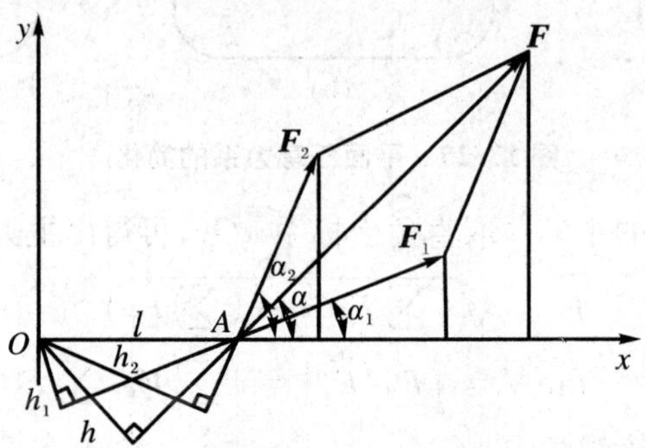

图 17.27 合力矩定理

这里 F_{1y}、F_{2y} 和 F_y 分别为 F_1、F_2 和合力 $\boldsymbol{F}$ 在 y 轴上的投影，根据合力投影定理有

$$M_O(F) = M_O(F_1) + M_O(F_2) \tag{17.17}$$

若在 A 点有一平面汇交力系 $\boldsymbol{F}_1, \boldsymbol{F}_2, \cdots, \boldsymbol{F}_n$ 作用，则多次重复使用上述方法。

在力矩的计算中，有时力臂不易确定，力矩很难直接求出。但如果将力进行适当分解，各分力力矩的计算就非常容易，所以应用合力矩定理可以简化力矩的计算。

第二节 平面力系的平衡

一、简单平面力系的平衡

（一）平面汇交力系的平衡条件

前文讨论了平面汇交力系的简化，由其简化结果可知，汇交力系对刚体的作用可以合成为一个合力 $\boldsymbol{F}$，没有力偶。若合力 $\boldsymbol{F}$ 为零，则改力系平衡。因此，汇交力系平衡的充分与必要条件是：力系的合力等于零，或力系的矢量和等于零，即

$$\boldsymbol{F} = \sum_{i=1}^{n} \boldsymbol{F}_i = 0 \tag{17.18}$$

这一平衡的充分与必要条件可以表示为两种不同的形式：

① 几何形式。按力多边形法，合力等于零表明，力多边形中第一个矢量 $\boldsymbol{F}_1$ 的起点与最后一个矢量 $\boldsymbol{F}_n$ 的终点相重合。故汇交力系的平衡条件的几何形式是力的多边形封闭。

② 解析形式。根据解析法，合力等于零，即力系中所有力在直角坐标系 xOy 各轴上的投影的代数和分别等于零。平衡条件的方程可以写成

$$\begin{cases}\sum F_x = 0\\ \sum F_y = 0\end{cases} \tag{17.19}$$

（二）平面力偶系的平衡条件

根据前面的分析，在平面力偶系中，力偶系简化为一合力偶 $M_O(F)$，合力偶矩矢量等于各分力偶矩矢量的矢量和 $\sum_{i=1}^{n} M_O(F_i)$。因此，力偶系的平衡的必要与充分条件是合力偶矩为零，或各力偶矩矢量的矢量和为零，即各力偶矩矢量构成一封闭的多边形，写成矢量形式为

$$\boldsymbol{M}_O(\boldsymbol{F}) = 0 \quad 或 \quad \sum_{i=1}^{n}\boldsymbol{M}_O(\boldsymbol{F}_i) = 0 \tag{17.20}$$

（四）平面平行力系的平衡条件

由于平面平行力系中各力均平行，所以建立直角坐标系时，可选择某坐标轴与各力平行，则另一坐标系与各力垂直。如图 17.28 所示。

令 x 轴平行于各力，则各力在 y 轴上的投影均为零，所以 $\sum F_y \equiv 0$。合力均来自于 x 轴上的分力，有 $F = \sum F_x$。同理，也可以令 y 轴平行于各力，则各力在 x 轴上的投影均为零，所以 $\sum F_x \equiv 0$。合力均来自于 x 轴上的分力，有 $F = \sum F_y$。因此，在这种情况下，平面平行力系的平衡方程可以写成式(17.21)：

$$\boldsymbol{F} = 0 \quad 且 \quad \sum \boldsymbol{M}_O(\boldsymbol{F}) = 0 \tag{17.21}$$

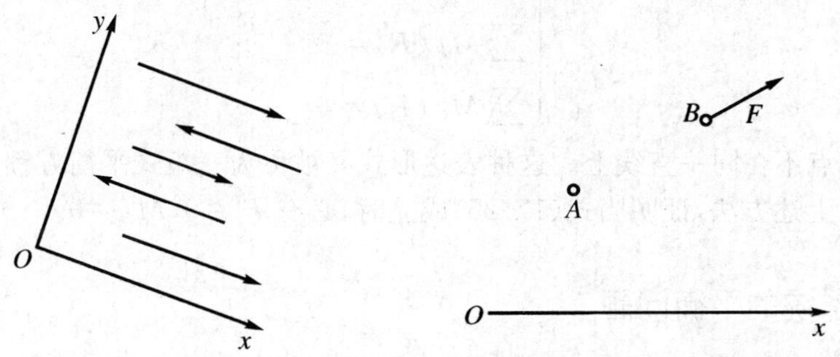

图 17.28　平面平行力系及两矩式方程

二、平面任意力系的平衡

根据前面的分析，平面力系与一力和一力偶等效，而由力偶的性质知一力不能与一力偶平衡，故平面任意力系向一点简化所得的力与力偶不能彼此平衡。因此，若平面力系平衡，

简化所得的力和力偶必须为零,即主矢和主矩分别为零:

$$F' = 0, \quad M_O = 0 \tag{17.22}$$

若 $F'=0, M_O=0$,则简化后的汇交力系、平面力偶系和平面平行力系,都是平衡力系。

由前文中对主矢和主矩的简化,根据式(17.21)和式(17.22),可以得出

$$F' = \sqrt{\left(\sum F_x\right)^2 + \left(\sum F_y\right)^2} = 0, \quad M_O = \sum_{i=1}^{n} M_O(F_i) = 0$$

由此,可以得到平面任意力系的平衡方程是

$$\begin{cases} \sum F_x = 0 \\ \sum F_y = 0 \\ \sum M_O(F) = 0 \end{cases} \tag{17.23}$$

这组方程表示,平面任意力系的平衡的必要充分条件是,各力在直角坐标系 xOy 中各坐标轴上投影的代数和以及各力对任意点力矩的代数和分别等于零。

此外,平面力系的平衡方程还可以写成其他形式。

平面力系平衡方程的第二种形式为

$$\begin{cases} \sum F_x = 0 \\ \sum M_A(F) = 0 \\ \sum M_B(F) = 0 \end{cases} \quad \text{或} \quad \begin{cases} \sum F_y = 0 \\ \sum M_A(F) = 0 \\ \sum M_B(F) = 0 \end{cases} \tag{17.24}$$

其中,A、B 两点的连线不能与 Ox 轴或 Oy 轴垂直。

可以证明:满足上述条件,不难证明平衡条件式(17.24)自然满足。若式(17.24)成立,由其中第二式和第三式可知,力系不可能简化为一力偶,只可能简化为通过 A、B 两点的一合力,或处于平衡。但若式(17.24)中第一式成立,而 AB 连线不垂直于 Ox 轴,则力系不可能有合力,这表明原力系中,$F'=0, M_O=0$,即为平衡方程。这种表达形式又被称作两矩式平衡方程。

平面力系平衡方程的第三种形式是

$$\begin{cases} \sum M_A(F) = 0 \\ \sum M_B(F) = 0 \\ \sum M_C(F) = 0 \end{cases} \tag{17.25}$$

其中 A、B、C 三点不在同一直线上。这种表达形式又被称为三矩式平衡方程。

请读者参考上述方法,证明当式(17.25)成立时,必有 $F'=0, M_O=0$。

三、刚体系统的平衡问题

(一)刚体系统静定的判定

判断刚体系统静定性质的方法如下:设刚体系统由 n 个物体构成,有 n_1 个物体受到二力或力偶作用,有 n_2 个物体受到平面汇交力系作用,有 n_3 个物体受到平面任意力系作用。当系统平衡时,各个物体也平衡。现在分别考虑物体的平衡,应有 $n_1+2n_2+3n_3=m$ 个独立平衡方程。若在整个系统上受到的约束力的总数为 K,则当 $K \leqslant m$ 时,是静定问题;当

$K>m$时，是不静定问题。

（二）研究对象的选择

由于刚体系统是由多个刚体组成的，因此，研究对象的选择与能不能求解以及求解过程的简繁关系密切。一般先以整个系统为研究对象，虽不能求出全部未知约束力，再以某个刚体为研究对象，而且以选择已知力和未知力共同作用的刚体为研究对象较好。概括起来，原则为：

① 选取与已知量有关的物体。

② 研究对象中要反映出未知量。

③ 所列平衡方程中包含的未知量数目最少。

（三）实例应用

例 17.1 如图 17.29 所示，汽车发动机中曲柄滑块机构在图示位置时处于平衡。若工作阻力 $F_Q=0.4$ kN，不计各构件自重，试求作用于曲柄上的力偶矩 M 和支座 O 处的约束力。

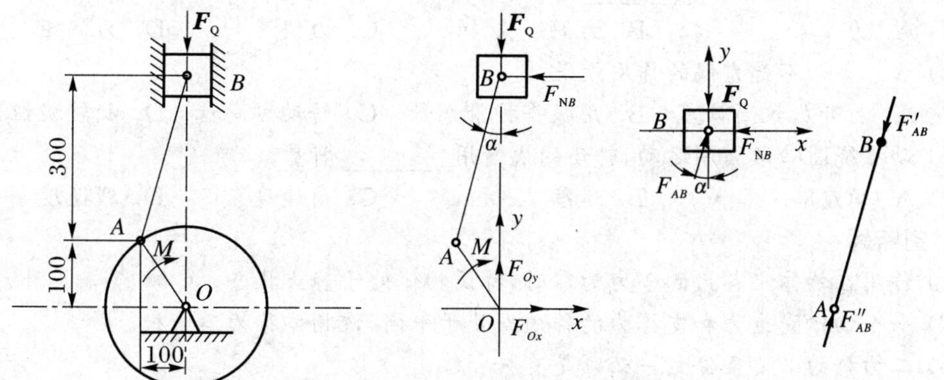

图 17.29 曲柄滑块机构受力分析

解 ① 取滑块 B 为研究对象，画其受力图。其中 F_Q 为主动力，F_{NB} 为气缸壁的约束反力。由于 AB 为二力构件，所受作用力 F_{AB} 与 F'_{AB} 等值、反向，则可判断 F_{AB} 的受力。滑块上各力组成的平面汇交力系，根据平衡条件列出平衡方程如下：

$$\sum F_y=0,\quad F_{AB}\cos\alpha-F_Q=0$$

$$\sum F_x=0,\quad F_{AB}\sin\alpha-F_{NB}=0$$

解得

$$F_{AB}=F_Q/\cos\alpha,\quad F_{NB}=F_Q\tan\alpha$$

其中，$\tan\alpha=1/3$，则 $F_{NB}=0.133$ kN。

② 以整个系统为研究对象，画其受力图如图 17.29 所示。其中，O 点的固定铰链约束反力以正交的 F_{Ox}、F_{Oy} 表示。各力组成平面任意力系，根据平衡条件列出平衡方程如下：

$$\sum F_x=0,\quad F_{Ox}-F_{NB}=0$$

$$\sum F_y=0,\quad F_{Oy}-F_Q=0$$

$$\sum M_O(F)=0,\quad F_{NB}OB-M=0$$

解方程得

$$F_O = F_{NB} = 0.133\ \text{kN} F_O = F_Q = 0.4\ \text{kN}, \quad M = F_{NB} \times 400 = 53.2\ \text{N} \cdot \text{m}$$

复习思考题

1. 选择题

(1) 力的三要素是指________。

A. 大小、方向、作用点　　B. 适用场合、方向、效果

C. 大小、效果、作用点　　D. 适用场合、方向、作用点

(2) 作用在刚体上的三个互不相等的力而使刚体处于平衡状态，则此三个力必定_____。

A. 处于同一平面内、三个力的作用线不交于一点

B. 处于不同平面内、三个力的作用线不交于一点

C. 处于不同平面内、三个力的作用线必交于一点

D. 处于同一平面内、三个力的作用线必交于一点

(3) 力偶矩只能用一个________平衡。

A. 力　B. 力偶　C. 力偶臂　D. 力偶矩

(4) ________不是力偶的作用效果。

A. 打开加机油口盖　B. 用扳手拧紧螺母　C. 转动方向盘　D. 旋转旋钮开关

(5) 动点绕圆心做圆周运动，转动的快慢用________衡量。

A. 角度　B. 速度　C. 角速度　D. 线速度

2. 判断题

(1) 作用在物体上各力的合力为零时，称该物体处于静止状态。(　)

(2) 一个物体受重力和支撑力的作用而处于平衡，该物体称为二力杆。(　)

(3) 二力杆的必要条件之一必须是直杆。(　)

(4) 约束和约束反力就是作用力与反作用力。(　)

(5) 在已知力系加上或者减去任意平衡力系，并不改变原力系对刚体的作用效应。(　)

(6) 力偶矩使物体产生移动效应。(　)

(7) 力偶矩不能用一个力平衡。(　)

(8) 物体绕定轴转动的角速度一定时，各点的线速度只与转动距离成正比。(　)

3. 简答题

(1) 二力平衡公理和作用与反作用公理有何不同？

(2) 什么是二力构件？其有何特点？静力学中有哪些公理？内容如何？

(3) 工程上常见的约束类型有哪些？如何确定约束反力的方位？

(4) 任何力系都能简化为一个合力吗？合力一定大于分力吗？为什么？

(5) “力的分力”和“力在坐标轴上的投影”有何不同？

(6) “主矢就是合力，主矩就是合力偶”，这两种说法正确吗？

(7) 应怎样选择坐标原点、坐标轴和矩心，才能使平衡方程求解简化？

(8) 将力沿着力的作用线移动时，力对点的矩有无变化？

4. 综合题

(1) 如图 17.30 所示的汽车起重机，重力 $G = 35$ kN。试求在保证起重机安全操作而又

不致使汽车翘起时的最大起重量所产生的重力 W。

(2) 如图17.31所示的拖车系统,已知 $G=35\ \text{kN}$,$W=150\ \text{kN}$,$CD=0.5\ \text{m}$。D 处可简化为推力轴承,C 处简化为向心轴承。试求 A、B、C 和 D 处的约束反力。

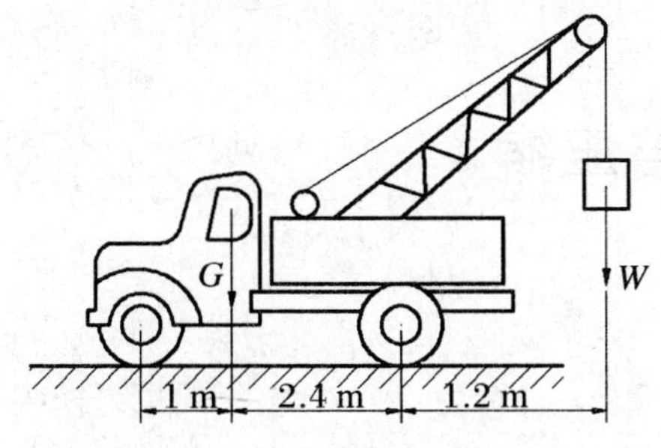

图 17.30 综合题(1)图

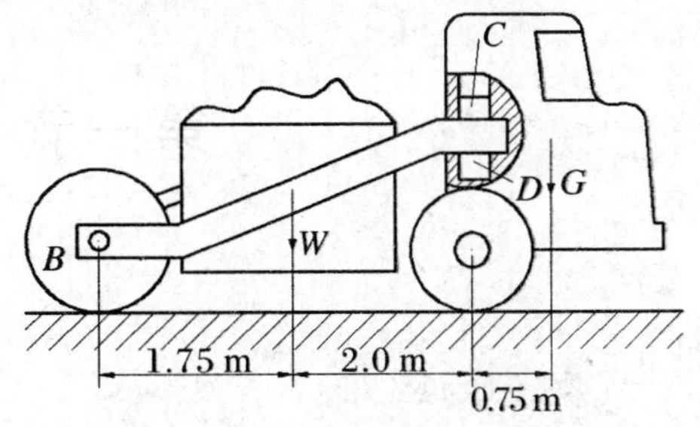

图 17.31 综合题(2)图

(3) 如图17.32所示的汽车前桥(对称结构,只画出一半)。前梁重力 G_1 的一半为 4 kN,每个轮子的重力 $G_2=300\ \text{N}$,设其重心为 G 点。杆 AB 与 CD 的重力略去不计。试求平衡时铰链 A、D 和弹簧所受的力。

(4) 为了测汽车的重心位置,可将汽车行驶到秤上,如图17.33所示。秤得汽车总重的大小为 G',再将后轮行驶到地秤上,秤得后轮的压力 N,即可求得重心的位置。今已知 $G'=34.3\ \text{kN}$,$N=19.6\ \text{kN}$。前后两轮之间的距离 $L=3.1\ \text{m}$。试求重心 C 到后轴的距离 b。

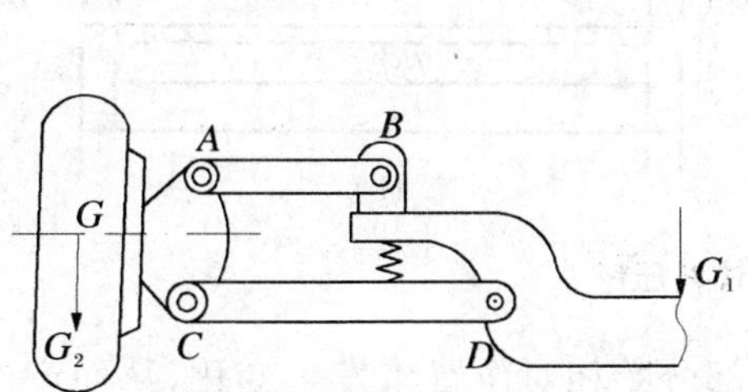

图 17.32 综合题(3)图

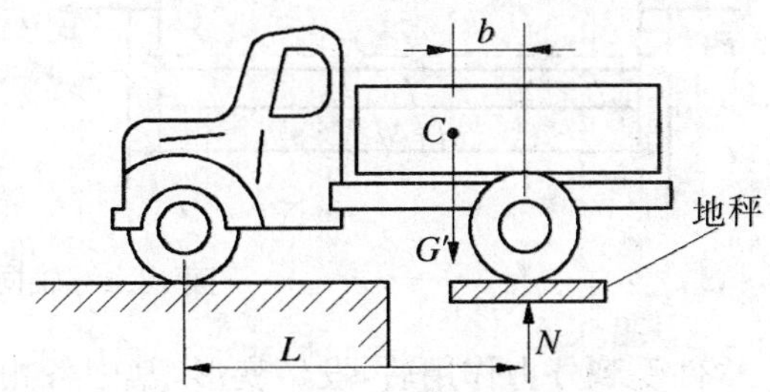

图 17.33 综合题(4)图

第十八章　构件承载能力分析

第一节　拉伸与压缩

一、内力与应力

（一）拉伸和压缩的内力

工程实际中，由于外力作用而产生轴向拉伸和压缩变形的构件是很多的，例如汽车发动机曲柄连杆机构中的连杆，千斤顶的螺杆，连接气缸的螺栓等。当外力（拉力或者压力）沿杆件轴线作用时，将只产生拉伸或者压缩的变形，称为轴向拉伸和压缩。如图 18.1 所示。其中，实线和虚线分别表示变形前、后的形状。

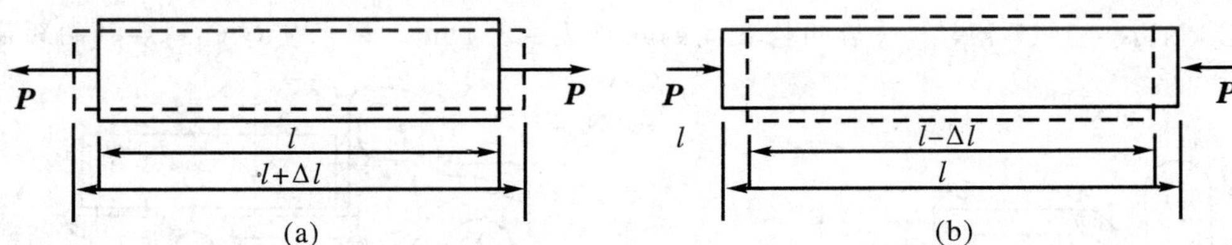

图 18.1　轴向拉伸与压缩

构件受到外力作用后，发生变形，其中各相邻部分的相对位置将发生变化，从而产生"附加内力"，简称内力。内力在构件内连续分布。构件内力随外力的大小而变化，当内力达到某一极限值时，构件即发生破坏。

研究杆件内力的大小采用"截面法"。如图 18.2(a)所示的等直杆，假想用一截面 m-m 将杆分割为Ⅰ和Ⅱ两部分。取其中的任一部分（例如Ⅰ）为脱离体，并将另一部分（例如Ⅱ）对脱离体部分的作用，用在截开面上的内力的合力 N 来代替[见图 18.2(b)]，则可由静力学平衡条件：

$$\sum X = 0,\quad N - P = 0$$

所以

$$N = P$$

同样，若以部分Ⅱ为脱离体[见图 18.2(c)]，也可求得代表部分Ⅰ对部分Ⅱ作用的内力为 $\boldsymbol{N}' = \boldsymbol{P}$，即部分Ⅱ对部分Ⅰ的作用的内力 $\boldsymbol{N}$ 和 $\boldsymbol{N}'$ 是作用力与反作用力，等值而反向。合力 $\boldsymbol{N}$ 作用于轴线，称为轴力，在国际单位制中常用的单位是 N 或 kN。

我们规定轴力的指向离开截面时为正；指向朝向截面时为负。即拉力符号为正，压力符号为负。如图 18.2 所示截面 $m-m$ 的轴力无论取左脱离体还是右脱离体，其符号均为正。

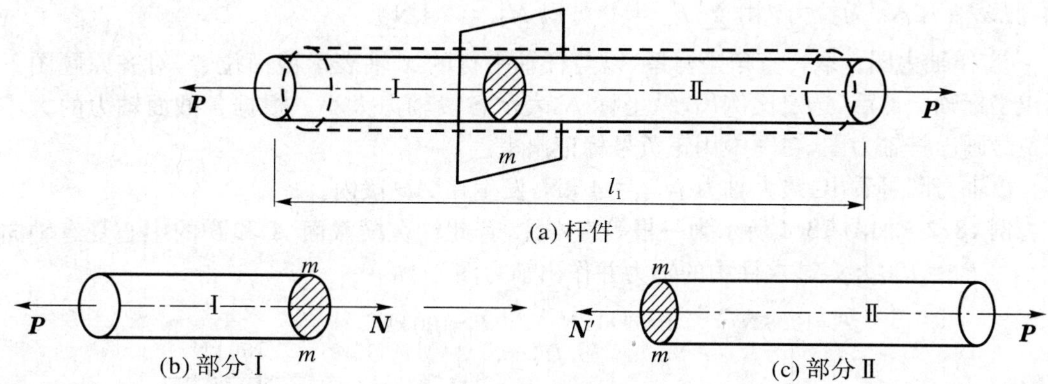

图 18.2　截面法

例 18.1　变截面杆受力情况如图 18.3 所示,杆件自重不计。试求杆各段轴力并作轴力图。

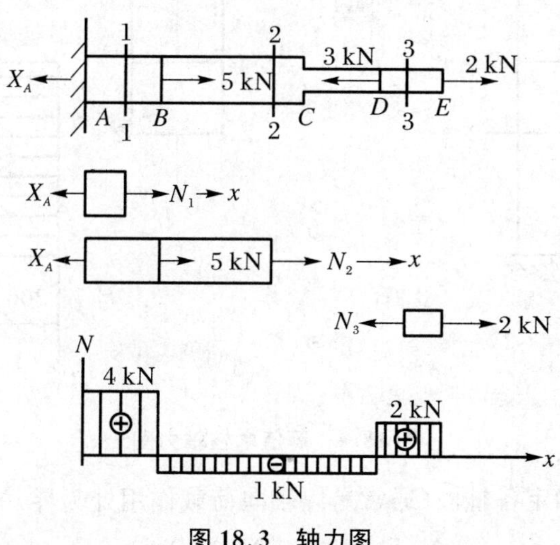

图 18.3　轴力图

解　① 先求支座反力。由平衡条件可知,由于杆件的自重不计,固定端 A 处只有水平反力,设为 X_A,由整个杆平衡条件列平衡方程

$$\sum F_x = 0, \quad -X_A + 5 - 3 + 2 = 0$$

解得

$$X_A = 4 \text{ kN}$$

② 求杆各段轴力。力作用点为分段的交界点,该题应分成 AB、BD 和 DE 三段。在 AB 段内用任一横截面 1-1 将杆截开后,研究左段。在截面上假设轴力 N_1 为拉力(见图 18.3)。$N_1 - X_A = 0, N_1 = 4$ kN。结果为正,说明原假设拉力是正确的。

在 BC 及 CD 段,横截面积虽有改变,但平衡方程式与截面大小无关,故只取一段。如在 BD 段用任一截面 2-2 将杆截开,研究左段。在截面上轴力 N_2 仍设为拉力,如图 18.3 所示。$N_2 + 5 - 4 = 0, N_2 = -1$ kN。结果为负,说明实际方向与原假设的 N_2 方向相反,即为压力。

同理,在 DE 段,用任一截面 3-3 将杆截开,研究右段,因为该杆段的外力较少,计算简例，假设轴力 N_3 为拉力，由 $\sum F_x = 0$ 可得 $N_3 = 2$ kN 。

③ 作轴力图。取一直角坐标系，以与杆轴平行的 x 轴表示截面位置，对齐原题图下方画出坐标轴。然后，选定比例尺，纵坐标 N 表示各段轴力大小。根据各截面轴力的大小和正负号画出杆轴力图，在图中用正负号标记出来。

由轴力图可看出，最大轴力 $N_{max} = 4$ kN，发生在 AB 段内。

例 18.2 如图 18.4 所示为一根等直木柱，若此柱在横截面 A 和 B 的中心受有轴向荷载 $P_1 = P_2 = 100$ kN，试求柱中的轴力并作出轴力图。

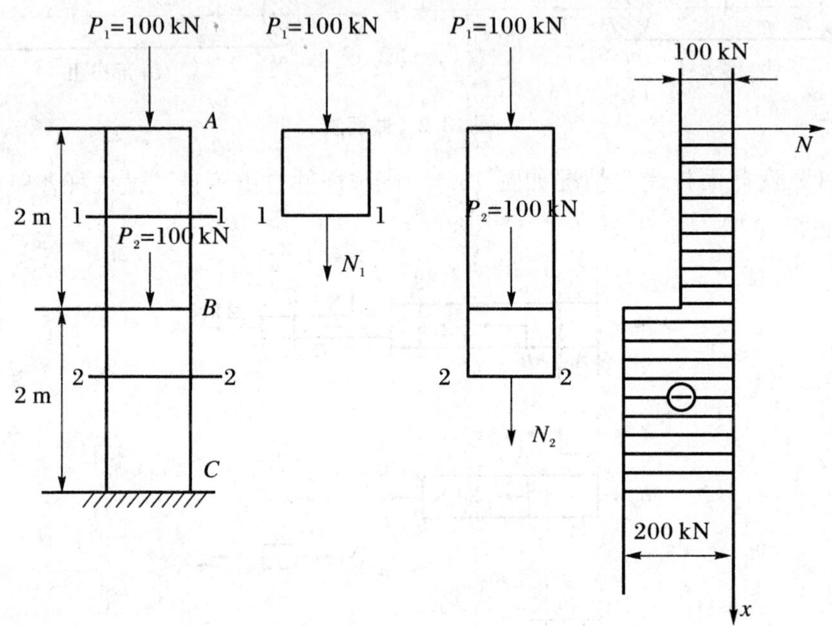

图 18.4 等值木柱轴力图

解 ① 用截面法确定各杆段(通常是以轴向荷载作用处为界)的轴力数值。

$$\sum F_x = 0, \quad N_1 + P_1 = 0$$

解得

$$N_1 = - P_1 = - 100 \text{ kN}$$

计算得到的结果带有负号，表示轴力 N_1 的实际指向应与假设的指向相反，即 N_1 实际上是压力。

同样，假设在 BC 段内用一横截面 2 - 2 将杆截开，$\sum F_x = 0, N_2 + P_1 + P_2 = 0$。可得 $N_2 = - P_1 - P_2 = - 100 - 100 = - 200$ kN。结果为负，表示轴力 N_2 实际上是压力。

② 作轴力图。取直角坐标系，以与杆轴线平行的坐标为 x 轴，表示截面位置，与杆轴线垂直的坐标轴为 N 轴，表示横截面上轴力的大小。如图 18.4 所示。

由轴力图可容易看到，在木柱中的最大轴力 $N_{max} = 200$ kN(压力)，发生在 BC 段内的各截面上。而且在 B 截面处发生了由 -100 kN 到 -200 kN 的突变。这是因为 B 截面上作用有集中力 $P_2 = -100$ kN，故 B 截面上、下两侧轴力就不同了。

(二) 轴向拉压杆的应力

在工程设计中，已知截面上轴力还不能判断杆件在外力作用下是否会因强度不足而破坏，还要考虑杆横截面上的内力的分布集度不同——即应力不同。

通过观察轴向受拉杆的变形现象，取如图 18.5(a)所示的等直杆。在未加力以前，先在杆的表面上描画出一些表示杆横截面的周边线 ab、cd 等，以及平行于杆轴线的纵向直线 ef、gh 等。加轴向拉力 $\boldsymbol{P}$ 后，变形后在杆的表面上可观察到如下的现象：

① 周边线 ab、cd 等分别移到了 $a'b'$、$c'd'$ 等位置，但仍保持为直线，且仍互相平行及垂直于杆轴线。

② 纵向直线 ef、gh 等分别移到了 $e'f'$、$g'h'$ 等位置，但仍保持与杆轴线平行。

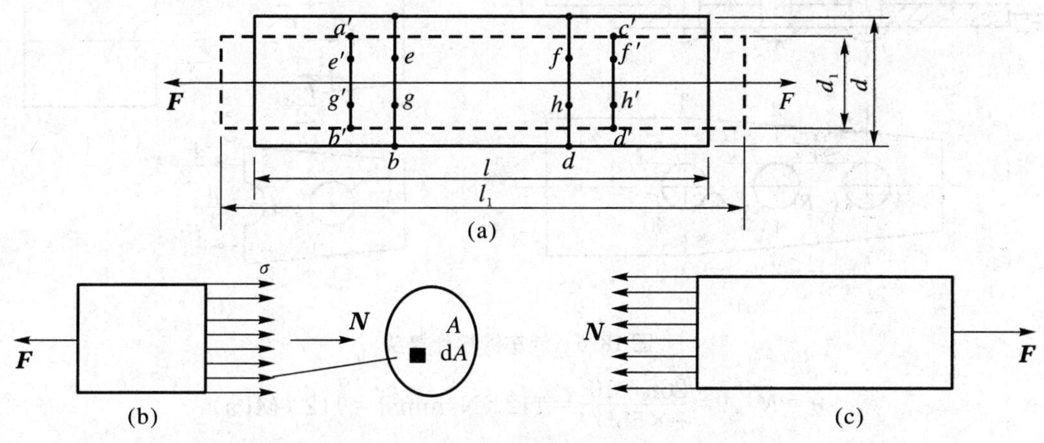

图 18.5　轴向拉伸截面上的应力

根据以上表面变形现象，可作出一个重要假设，即杆在变形以前的横截面，在变形以后仍保持为平面且仍与杆轴线垂直。通常把这个假定叫作平面截面假设。

由图 18.5(b)可见，在杆件截面上任一点周围，取一微面积 $\mathrm{d}A$，则作用在微面积 $\mathrm{d}A$ 上的微内力是 $\mathrm{d}N=\sigma\mathrm{d}A$。通过积分可求得作用在杆横截面上的 内力 $N=\int_A\sigma\mathrm{d}A$。因为横截面上各点处的正应力相等，即 σ 为常量，故上式又可改写为 $N=\sigma\int_A\mathrm{d}A=\sigma A$。从而有

$$\sigma = N/A \tag{18.1}$$

其中，正应力的正负号随力的正负号而定，即拉应力为正，压应力为负。

显然，在这里 $N=F$，故上式也可写为

$$\sigma = F/A \tag{18.2}$$

式中，F 为杆件截面上的内力(N)；A 为横截面面积(m^2)；σ 为横截面上的正应力(Pa)。

例 18.3　如图 18.6 所示为汽车上的铆接件接头，已知 $F=7\ \mathrm{kN}$，$\delta=1.5\ \mathrm{mm}$，$b_1=4\ \mathrm{mm}$，$b_2=5\ \mathrm{mm}$，$b_3=6\ \mathrm{mm}$，计算板内最大拉应力。

解　① 取其中一个铆接件上面板块为研究对象，根据其受力图可知，以铆钉孔上 A、B、C 点为分界点，各段的内力均有所不同，现分别取截面 1-1、2-2、3-3，可求得各段内力如下：

$$F_{\mathrm{N1}}=F/3,\quad F_{\mathrm{N2}}=2F/3,\quad F_{\mathrm{N3}}=F$$

② 各段铆钉孔中心所在截面面积最小，是最大应力出现的截面，分别计算如下：

$$1\text{-}1\ 截面应力：\sigma_1=\frac{F_{\mathrm{N1}}}{A_1}=\frac{\frac{F}{3}}{2b_1\delta}=194\ \mathrm{MPa}$$

$$2\text{-}2\ 截面应力：\ \sigma_2=\frac{F_{N2}}{A_2}=\frac{\frac{2F}{3}}{2b_2\delta}=311\ \text{MPa}$$

$$3\text{-}3\ 截面应力：\ \sigma_3=\frac{F_{N3}}{A_3}=\frac{F}{2b_3\delta}=388.9\ \text{MPa}$$

因此，板内最大应力出现在右边铆钉孔中心所在截面，$\sigma_{max}=\sigma_3=388.9$ MPa。

分析可得，上面板块内最大拉应力出现在右边铆钉孔中心所在截面，$\sigma_{max}=388.9$ MPa。

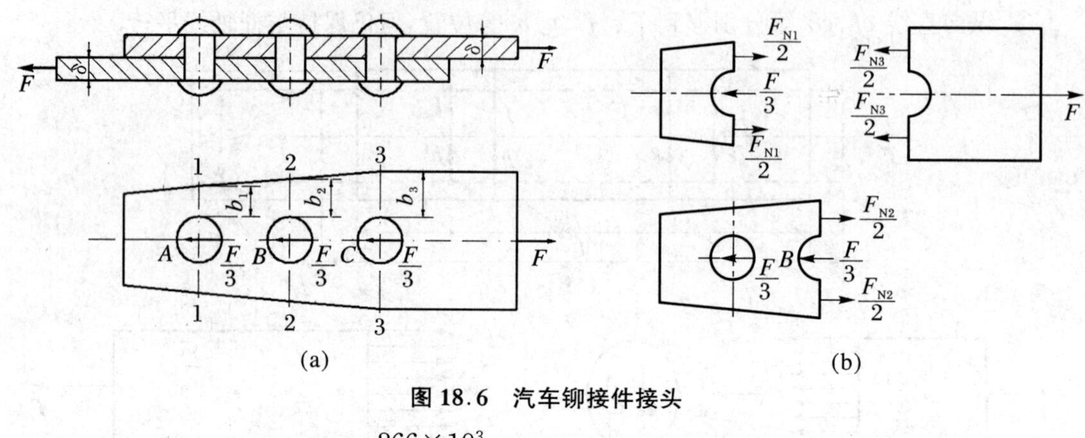

图 18.6 汽车铆接件接头

$$\sigma=N/A=\frac{266\times10^3}{\pi\times55^2/4}=112\ (\text{N/mm}^2)=112\ (\text{MPa})$$

二、拉伸与压缩的变形计算

(一) 纵向变形——胡克定律

实验研究表明，由工程中常用材料(例如低碳钢、合金钢等)所制成的杆件横截面上的正应力不超过某一极限值时，杆的纵向变形量 Δl 与杆所受的轴力 N、杆的原长 l 以及杆的横截面面积 A、引进的比例常数 E(材料的拉、压弹性模量，单位是 Pa)，则有如下比例关系：

$$\Delta l=\frac{Nl}{EA} \tag{18.3}$$

(二) 线应变——应力应变关系

如图 18.7 所示，杆件原长为 l，横向尺寸为 b。在受到轴向力 $\boldsymbol{F}$ 作用后，变形为如图中虚线所示，长度变为 l_1，横向尺寸变为 b_1，则杆件的实际变形量 $\Delta l=l_1-l$ 和 $\Delta b=b_1-b$，称为杆件的绝对变形。线应变用 ε 表示，纵向线应变 $\varepsilon=\Delta l/l=(l_1-l)/l$；横向线应变 $\varepsilon'=\Delta b/b=(b_1-b)/b$。线应变表示杆件的相对变形，是一个无量纲的量。杆件受拉时，线应变 ε 为正；杆件受压时，线应变 ε 为负。

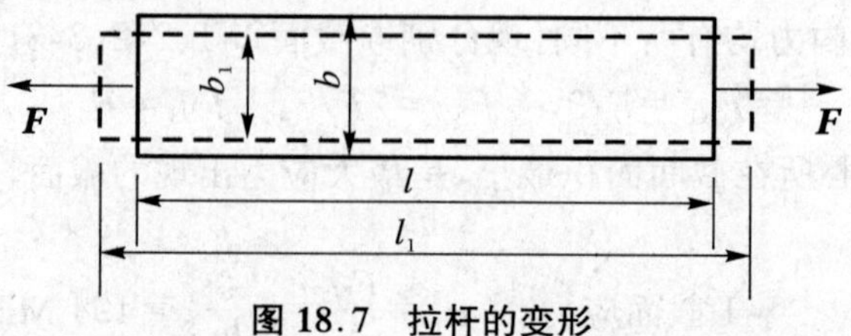

图 18.7 拉杆的变形

（三）横向变形——泊松比

杆件受拉时纵向线应变 ε 为正，而横向线应变 ε' 为负；受压时 ε 为负，ε' 为正。无论是受压还是受拉，纵向线应变与横向线应变符号总是相反。同时，当杆件受拉、受压的应力不超过材料的比例极限时，横向线应变 ε 与纵向线应变 ε' 之比的绝对值为一常数，即

$$\mu = \left|\frac{\varepsilon'}{\varepsilon}\right| = -\frac{\varepsilon'}{\varepsilon} \tag{18.4}$$

通常把 μ 称为横向变形系数或泊松比。显然，μ 是一无量纲的量，其数值也随材料而异，需要通过试验测定。弹性模量 E 和泊松比 μ 都是表示材料弹性性质的常数。在表 18.1 中给出了一些常用材料的弹性模量 E 和泊松比 μ 的值。

表 18.1　常用材料的弹性模量 E

材料名称	弹性模量 E(GPa)	泊松比 μ
低碳钢	200～210	0.24～0.28
球墨铸铁	150～180	0.24～0.27
铝合金	70～72	0.26～0.33

由于式(18.1)中 $\sigma = N/L$，$\varepsilon = \Delta l/l$，因此前面的胡克定律式(18.3)可以写成

$$\sigma = E\varepsilon \tag{18.5}$$

这表明，若应力未超过某极限值，则应力与应变成正比。

例 18.4　有一横截面为正方形的阶梯形砖柱，由Ⅰ、Ⅱ两段组成。其各段的长度、横截面尺寸和受力情况如图 18.8 所示。已知材料的弹性模量 $E = 0.03\times10^5$ MPa，外力 $P =$ 50 kN。试求砖柱顶面的位移。

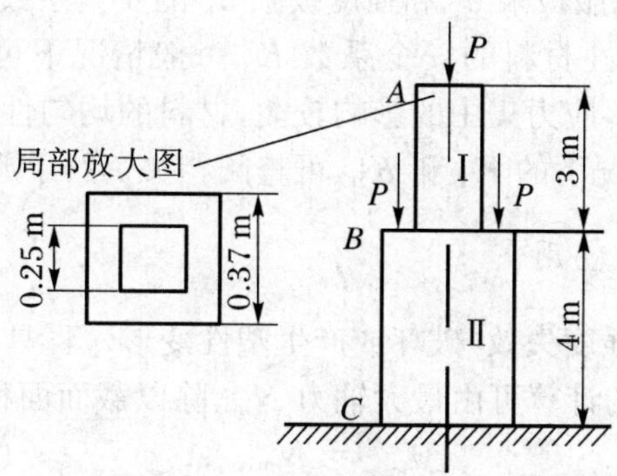

图 18.8　正方形阶梯形砖柱

解　假设砖柱的基础没有沉陷，则砖柱顶面 A 下降的位移等于全柱的缩短 Δl。由于柱上、下两段的截面尺寸和轴力都不相等，故先计算Ⅰ、Ⅱ两段的轴力。

Ⅰ段的轴力：

$$N_1 = P = -50\ \text{kN}\quad（方向向下，为负）$$

Ⅱ段的轴力：

$$N_2 = 3P = -150\ \text{kN}\quad（方向向下，为负）$$

第五篇　汽车构件力学分析

$$\Delta l = \Delta l_1 + \Delta l_2 = \frac{N_1 l_1}{EA_1} + \frac{N_2 l_2}{EA_2}$$

$$= \frac{(-50\times10^3)(3)}{(0.03\times10^5\times10^6)(0.25)^2} + \frac{(-150\times10^3)(4)}{(0.03\times10^5\times10^6)(0.37)^2}$$

$$= -0.002\,33\ (\mathrm{m}) = -2.33\ (\mathrm{mm})\quad(向下)$$

故砖柱顶面的位移是向下移动 2.33 mm。

三、拉、压杆的强度计算

(一) 许用应力

根据前面的分析，通过材料的拉伸(压缩)试验，我们即可确定材料在位伸(压缩)下达到危险状态时应力的极限值(例如达到屈服极限 σ_s 时即会出现较大的塑性变形；达到强度极限 σ_b 时即会发生断裂破坏)，这种应力的极限值称为材料的极限应力，并用符号 σ^0 表示。

为保证构件能正常地工作和具有必要的安全储备，在设计时，必须使构件工作应力的最大允许值等于材料极限应力的若干分之一，这个允许值称为许用应力，用符号[σ]表示，即

$$[\sigma] = \sigma^0/K \tag{18.6}$$

式中，K 为安全系数(其数值恒大于 1)。

如前所述，塑性材料通常是以屈服极限 σ_s 作为极限应力，脆性材料通常是以强度极限 σ_b 作为极限应力，故上式又可分别写成

对于塑性材料：

$$[\sigma] = \sigma_s/K_s \tag{18.7}$$

对于脆性材料：

$$[\sigma] = \sigma_b/K_b \tag{18.8}$$

其中，K_s 和 K_b 是相应于屈服极限 σ_s 和强度极限 σ_b 的安全系数。

在静力荷载作用下，塑性材料的安全系数 K_s 一般情况下可取为 1.4～1.8；对脆性材料，由于它们没有屈服极限，应力集中的影响较大，材料的均匀性也较差，其安全系数 K_b 一般取为 2.0～3.5。特殊情况下的 K_s 和 K_b，可查阅相关资料手册。

(二) 强度条件及其应用

为了保证杆件不发生强度失效(破坏或产生塑性变形)，且具有一定的安全程度，杆件横截面上的最大正应力 σ_{max}的计算可由最大轴力 N_{max}除以截面面积，即

$$\sigma_{max} = N_{max}/A \tag{18.9}$$

通常把最大轴力 N_{max}所在的截面称为危险截面。

为了保证杆件能正常地工作，必须使其最大工作应力不超过材料在拉伸(压缩)时的许用应力[σ]，即

$$\sigma_{max} \leqslant [\sigma] \tag{18.10}$$

在进行强度计算之前，须通过内力计算和画出轴力图，正确找出危险截面。如果危险截面强度足够，则其他截面也能安全工作。

例 18.5 在汽车悬架稳定杆与减振器处使用由 3 号钢制成的连接杆。已知 3 号钢的许用应力[σ] = 170 MPa，连接杆的横截面为直径 d = 14 mm 的圆形。若连接杆受有轴向拉力

$P=25$ kN，试校核此连接杆是否满足强度要求。

解 已知连接杆中的最大轴力 $N_{max}=P=25$ kN。

连接杆的横截面面积 $A=\pi d^2/4=3.14(14\times10^{-3})^2/4=154\times10^{-6}(\text{m}^2)$，代入计算可得

$$\sigma_{max}=N_{max}/A=P/A=162\times10^6\ \text{N/m}^2=162\ \text{MPa}$$

而已知3号钢的许用应力$[\sigma]=170$ MPa，故有$\sigma_{max}\leqslant[\sigma]$，所以连接杆的强度满足要求。

例18.6 如图18.9所示为发动机悬置中使用的三角形托架。其杆AB是由两根等边角钢所组成。已知荷载$P=75$ kN，3号钢的许用应力$[\sigma]=160$ MPa，试选择等边角钢的型号。

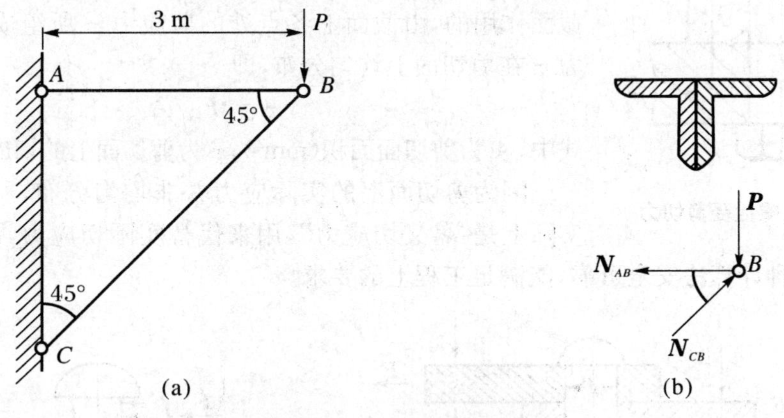

图18.9 三角形悬置托架

解 ① 计算杆件AB的轴力，取节点B为分离体，如图18.9(b)所示，列出静力学平衡方程

$$\sum X=0,\quad N_{AB}=N_{CB}\cos45^\circ$$

$$\sum Y=0,\quad N_{CB}\sin45^\circ=P$$

计算得到

$$N_{CB}=\sqrt{2}P=\sqrt{2}\times75=106.1\ (\text{kN}),\quad N_{AB}=P=75\ (\text{kN})。$$

② 根据强度条件确定杆AB的截面大小。

$$A\geqslant\frac{N_{max}}{[\sigma]}=75\times10^3/160\times10^6=0.4687\times10^{-3}(\text{m}^2)=468.7\ (\text{mm}^2)$$

③ 根据所需截面大小选择等边角钢型号。由附录查得边厚为3 mm的4号等边角钢的横截面面积为$2.359\ \text{cm}^2=235.9\ \text{mm}^2$。采用两个这样的角钢，其总横截面积为$235.9\times2=471.8\ (\text{mm}^2)>A=468.7\ (\text{mm}^2)$，能满足设计要求。

第二节 剪切与挤压

一、剪切计算

当杆件的两侧受到一对大小相等，方向相反，作用线相距很近的横向作用力时，杆件将主要产生剪切变形。剪切变形的特点是位于两作用力的杆件横截面发生相对错动。如图

18.10 所示，这就是典型的螺栓的剪切受力。剪切在汽车工程中运用的实例很多。在汽车轮毂中，螺母松动后，螺栓的受力相当于一个悬壁梁，螺栓的受力从承受拉力变为承受剪切应力，汽车在转弯、制动和遇坑洼、障碍物受到冲击作用时，其螺栓承受的剪切应力会瞬间急剧增加，当超过其额定负荷时，螺栓就会被剪切而断裂，从而发生轮胎飞出事故。

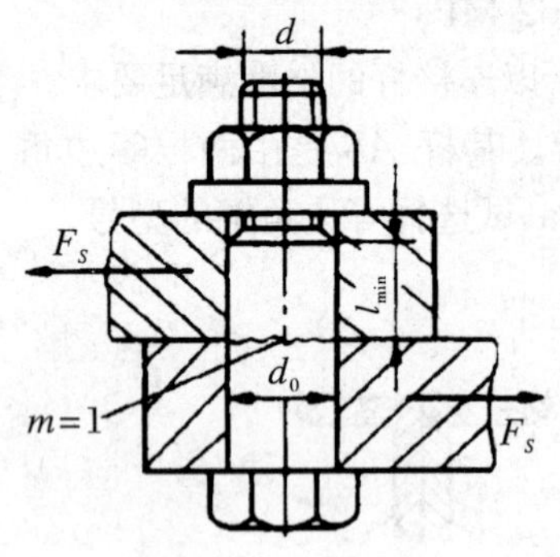

图 18.10 螺栓受剪切力

铆钉的受力和变形如图 18.11 所示。剪切面上的内力可用截面法求得：将铆钉假想地沿剪切面截开，由平衡条件可知剪切面上存在着与外力 $\boldsymbol{F}$ 大小相等、方向相反的内力 $\boldsymbol{F}_Q$ 称为剪切力[见图 18.11(b)]，有 $\boldsymbol{F}_Q=\boldsymbol{F}$。横截面上的剪力是沿截面作用的，由截面上各点处的剪应力 τ 所组成。假设剪应力 τ 在剪切面上均匀分布，即

$$\tau = F_Q/A \tag{18.11}$$

式中，A 为剪切面面积(mm^2)；τ 为剪切面上的切应力(MPa)。

因为剪切面上的实际应力并非均匀分布，所以切应力 τ 实际上是“名义切应力”，用来代替实际切应力，以方便计算。实践证明，这种计算法安全可靠，能满足工程上的要求。

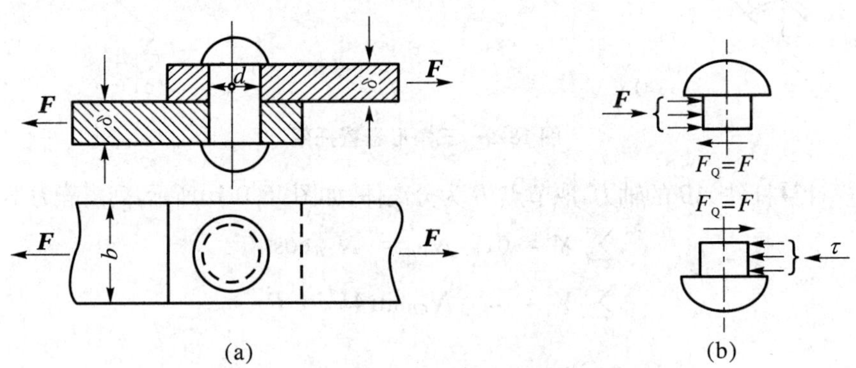

图 18.11 剪切内力的计算

为了保证受剪构件安全可靠的工作，要求工作剪应力小于某一许用值，即满足

$$\tau \leqslant [\tau] \tag{18.12}$$

式中，$[\tau]$为称为剪切许用应力(MPa)。

切应力可由抗剪强度 τ_b 除以剪切安全系数 K_τ 得出，即

$$\tau = \tau_b/K_\tau \tag{18.13}$$

剪切安全系数 K_τ 可以根据实际经验并针对具体情况来定。

试验证明，金属材料的许用切应力$[\tau]$和拉伸许用应力$[\sigma]$之间关系如下：

塑性材料的许用切应力： $[\tau]=(0.6\sim0.8)[\sigma]$

脆性材料的许用切应力： $[\tau]=(0.8\sim1.0)[\sigma]$

二、挤压计算

当构件之间互相接触且压紧时，接触面上有挤压力存在。挤压面上的应力分布较复杂，采用实用计算法时，一般假定挤压力在挤压面上均匀分布，用平均挤压应力或名义挤压应力表示挤压应力，即

$$\sigma_{jy} = F_{jy}/A_{jy} \tag{18.14}$$

式中，σ_{jy}为挤压应力(MPa)；F_{jy}为总挤压力(N)；A_{jy}为有效挤压面积(mm^2)。

有效挤压面积是指实际挤压面在垂直于挤压力 F_{jy}方向的平面上的投影面积。计算中常见的有平面[见图 18.12(a)]和半圆柱面[见图 18.12(b)]。

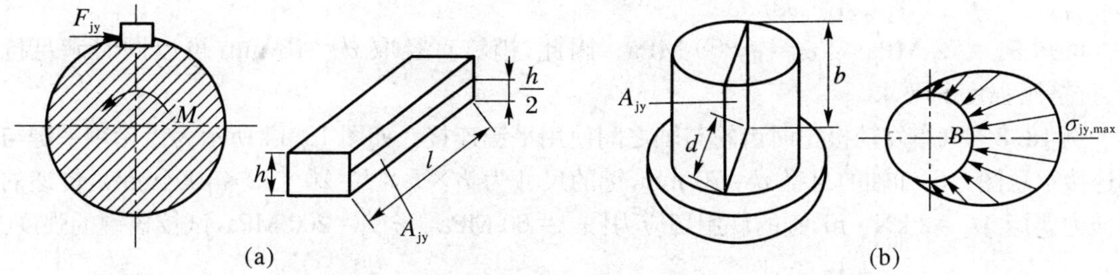

图 18.12　有效挤压面积

对于不同的挤压面，要区分进行计算：

① 当挤压面为平面时，挤压面的计算面积等于实际接触挤压面面积，$A_{jy} = lh/2$。

② 当挤压面为半圆柱面时，挤压面的计算面积等于半圆柱接触面投影的面积，即

$$A_{jy} = bd$$

为了保证构件受挤压时，拥有足够强的挤压强度，构件不致因挤压而失效的条件为

$$\sigma_{jy} = F_{jy}/A_{jy} \leqslant [\sigma_{jy}] \tag{18.15}$$

式中，$[\sigma_{jy}]$为许用挤压应力(MPa)。

试验证明，金属材料的许用挤压应力$[\sigma_{jy}]$和拉伸许用应力$[\sigma]$之间关系如下：

塑性材料的许用挤压应力：　$[\sigma_{jy}] = (1.7 \sim 2.0)[\sigma]$

脆性材料的许用挤压应力：　$[\sigma_{jy}] = (0.9 \sim 1.5)[\sigma]$

如果两个接触构件的材料不同，应以抵抗挤压能力较弱的构件为准进行挤压强度计算。

例 18.7　汽车与拖车挂钩用销钉连接，如图 18.13 所示。已知挂钩厚度 $\delta = 8$ mm。销钉材料的许用切应力 $[\tau] = 60$ MPa，许用挤压应力 $[\sigma_{jy}] = 200$ MPa，汽车牵引力 $F = 15$ kN。试选用合适的销钉的直径。(注：挂钩与销钉的材料相同。)

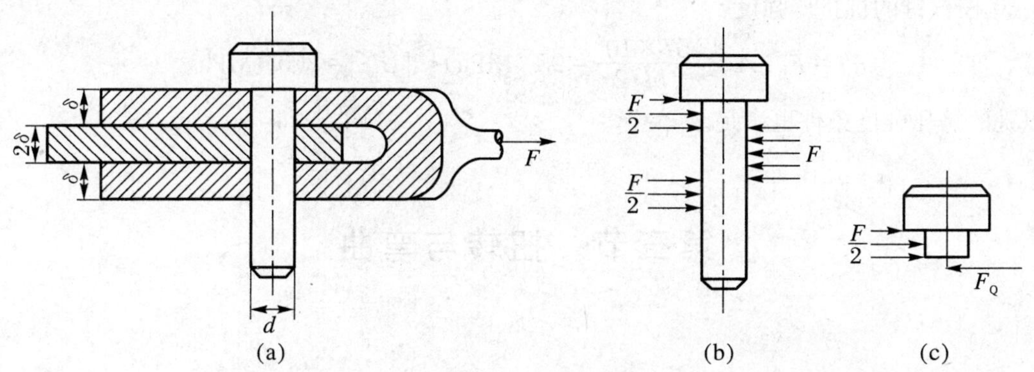

图 18.13　销钉连接

解　① 以销钉为研究对象，画出受力图如图 18.13(b)和(c)所示。用截面法求得

$$F_Q = \frac{F}{2}$$

② 根据剪切强度条件设计销钉直径：

$$\tau=\frac{F_Q}{A}=\frac{F_Q}{\pi d^2/4}\leqslant[\tau],\quad d\geqslant\sqrt{\frac{2F}{\pi[\tau]}}=\sqrt{\frac{2\times15\times10^3}{\pi\times60}}\ (\mathrm{mm})=13\ (\mathrm{mm})$$

③ 根据挤压强度条件校核挤压强度

$$\sigma_{jy}=\frac{F_{jy}}{A_{jy}}=\frac{F}{2/d\delta}=15\times10^3/2\times13\times8(\mathrm{MPa})=72(\mathrm{MPa})$$

可知 $\sigma_{jy}=72\ \mathrm{MPa}<[\sigma_{jy}]=200\ \mathrm{MPa}$。因此，销钉直径取 $d=13\ \mathrm{mm}$ 可以同时满足抗剪、抗挤压强度的要求。

例 18.8 汽车发动机正时齿轮与轴之间使用平键连接。如图 18.14 所示为齿轮用平键与轴连接示意图。已知轴的直径 $d=70\ \mathrm{mm}$，键的尺寸为 $b\times h\times l=20\times12\times100(\mathrm{mm})$，传递的扭转力偶矩 $M_e=2\ \mathrm{kN\cdot m}$，键的许用切应力 $[\tau]=60\ \mathrm{MPa}$，$[\sigma_{jy}]=200\ \mathrm{MPa}$，试校核键的强度。

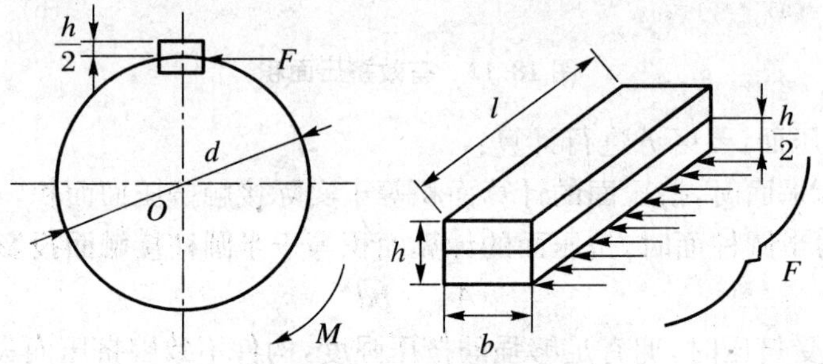

图 18.14 平键连接

解 ① 将平键沿中间截面分为对称两部分，并把截面以下的部分和轴作为一个整体来考虑。假设该截面上的切应力是均匀分布的，该截面上剪切面积为 $A=bl$。剪力对轴心取矩，由平衡方程 $\sum M_O=0,\ -M_e+F_Q\times d/2=0$。计算键上所受的剪力和挤压力，即挤压力 $F_{jy}=57\ \mathrm{kN}$，剪力 $F_Q=57\ \mathrm{kN}$。

② 校核键的抗剪强度：

$$\tau=\frac{F_Q}{A}=\frac{57\times10^3}{bl}=28.6\ (\mathrm{MPa})<[\tau]=60\ (\mathrm{MPa})$$

所以键满足剪切强度条件。

③ 校核键的抗挤压强度：

$$\sigma_{jy}=F_{jy}/A_{jy}=\frac{57\times10^3}{bl/2}=95\ (\mathrm{MPa})<[\sigma_{jy}]=200\ (\mathrm{MPa})$$

所以键的挤压强度条件也满足。

第三节 扭转与弯曲

一、扭曲

在汽车工程中，有很多构件是受扭构件。如图 18.15(a)所示的汽车方向盘下的转向轴 AB，在操纵汽车方向时，双手在方向盘上施加一力偶作用，转向轴的另一端受到转向器的阻力偶作用，使转向轴受扭。又如底盘上的传动轴、横向稳定杆[见图 18.15(b)]等构件也都伴有扭转问题。其受力特点是：在杆件两端作用大小相等，方向相反，且作用面垂直于杆件轴线的力偶。在这样一对力偶的作用下，杆件的变形特点是：杆件的任意两个横截面围绕其轴线作相对转动，杆件的这种变形形式称为扭转。

扭转时杆件两个横截面相对转动的角度，称为扭转角，一般用 ϕ 表示(见图 18.16)。以扭转变形为主的杆件通常称为轴。截面形状为圆形的轴称为圆轴，圆轴在工程上是常见的一种受扭转的杆件。工程上将受到扭转或以扭转为主要变形的直杆统称为轴。

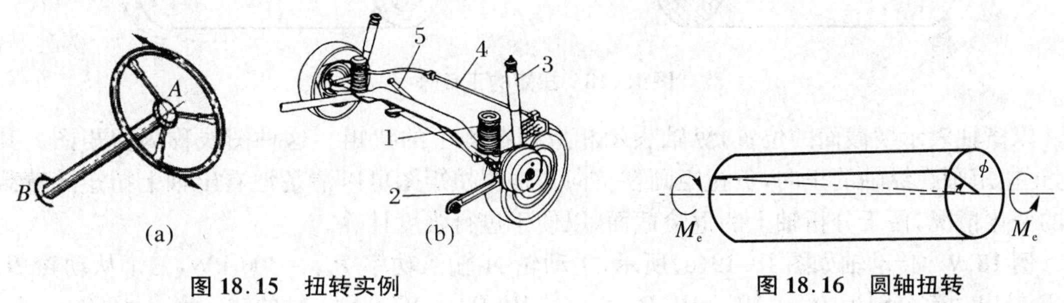

图 18.15 扭转实例　　图 18.16 圆轴扭转

(一) 外力偶矩

轴扭转时的外力，通常用外力偶矩 M_e 表示。给出轴所传递的功率和转速，这时可用下式方法计算作用于轴上的外力偶矩：

$$M_e = 9\,550 P_e / n \tag{18.16}$$

式中，M_e 为该轴所受的外力偶矩(N·m)；P_e 为轴所传递的功率(kW)；n 为轴的转速(r/min)。

由式(18.16)可看出，轴所承受的力偶矩和传递的功率成正比，与轴的转速成反比。因此，在同一传动系统中，低速轴的轴径要大于高速轴轴径。

(二) 扭矩和扭矩图

作用在轴上的外力偶矩 M_e 确定之后，仍采用截面法研究其内力。以如图 18.17 所示的圆轴为例，假想将圆轴沿 n-n 截面分成左、右两部分，保留左部分作为研究对象。由于整个轴是平衡的，所以左部分也处于平衡状态，这就要求截面 n-n 上的内力系必须归结为一个内力偶矩 T，且由左部分的平衡方程：$\sum M_x = 0$，$T - M_e = 0$，得 $T = M_e$。

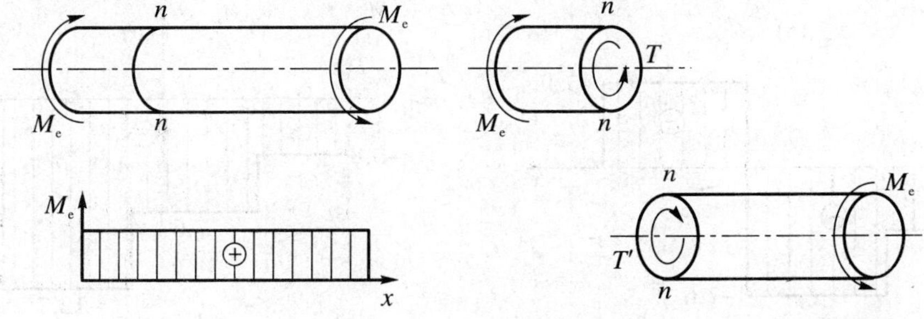

图 18.17 扭矩计算

对于扭矩的符号，规定如下：若按右手螺旋法则，右手四指的绕向与 T 绕轴线的方向一致时，若大拇指指向与截面的外法线方向一致，则扭矩 T 为正；反之为负（见图 18.18）。按照这一符号规定，如图 18.17 所示中，用 n-n 截面取出的左段的扭矩 T 为正，右段的扭矩 T' 为负。

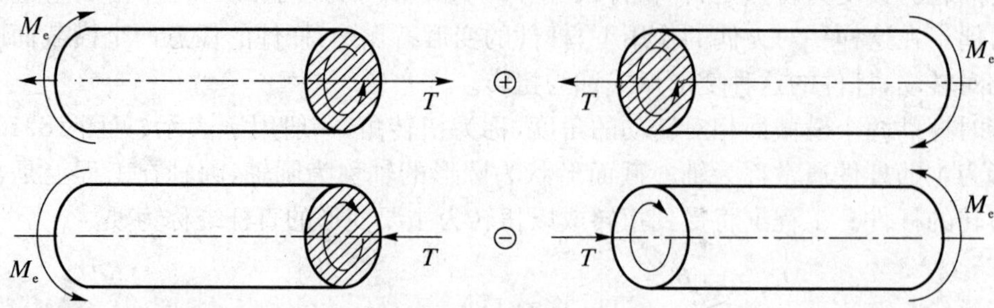

图 18.18　扭矩的正负号

以横轴表示横截面的位置，纵轴表示相应横截面上的扭矩。这种图线称为扭矩图。其中，正扭矩画在纵轴的正向，负扭矩画在负向。根据扭矩图可以清楚地看出轴上扭矩随着截面的变化情况，便于分析轴上的危险截面，以便于进行强度计算。

例 18.9　传动轴如图 18.19(a)所示，主动轮 A 输入功率 $P_{eA}=400$ kW，三个从动轮 B、C、D 输出功率分别为 $P_{eB}=120$ kW，$P_{eC}=120$ kW，$P_{eD}=160$ kW。轴的转速为 $n=300$ r/min，试画出轴的扭矩图并算出最大扭矩。

① 首先根据传动轴上的输入功率，计算各个齿轮上所承受的外力偶矩。

$$M_{eA}=\frac{9\,550P_{eA}}{n}=12.7\ \text{kN}\cdot\text{m}$$

$$M_{eD}=\frac{9\,550P_{eD}}{n}=5.1\ \text{kN}\cdot\text{m}$$

$$M_{eB}=M_{eC}=\frac{9\,550P_{eB}}{n}=3.8\ \text{kN}\cdot\text{m}$$

② 采用截面法求各段轴的扭矩，并在 BC、CA、AD 段任取截面 1-1、2-2、3-3，取相应的轴为研究对象，画出力矩平衡图，如图 18.19(b)所示，由各段平衡条件可得

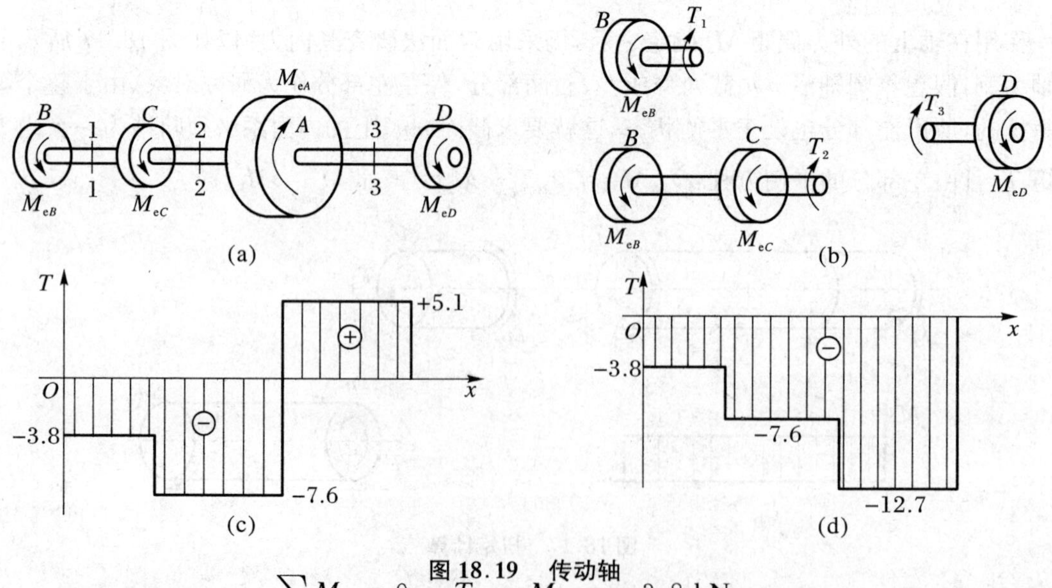

图 18.19　传动轴

$$\sum M_x=0,\quad T_1=M_{eB}=-3.8\ \text{kN}\cdot\text{m}$$

$$\sum M_x = 0,\quad T_3 = M_{eD} = 5.1\ \mathrm{kN \cdot m}$$

$$\sum M_x = 0,\quad T_2 = M_{eB} + M_{eC} = -3.8 \times 2\ (\mathrm{kN \cdot m}) = -7.6\ (\mathrm{kN \cdot m})$$

③ 根据求出的扭矩 T_1、T_2、T_3，画出如图 18.19(c)所示矩图，从图中可以清晰地看出，传动轴上所承受的最大扭矩为 $|T|_{max} = 7.6(\mathrm{kN \cdot m})$。

对于同一根轴，若把主动轮 A 安置于轴的一端，例如放在右端，则轴的扭矩图将如图 18.19(d)所示。这时，轴的最大扭矩是 $|T|_{max} = 12.7(\mathrm{kN \cdot m})$。传动轴上主动轮和从动轮安置的位置不同，轴所承受的最大扭矩也就不同。两者相比，显然如图 18.19(c)所示布局比较合理。

（三）圆轴扭转时横截面的应力

1. 切应力的计算

在圆轴横截面各微面积上的微剪力，对圆心的力矩的总和必须与扭矩 M_e 相等。因微面积 $\mathrm{d}A$ 上的微剪力 $\tau_\rho \mathrm{d}A$ 对圆心的力矩为 $\rho\tau_\rho \mathrm{d}A$，故整个横截面上所有微力矩之和为 $\int_A \rho\tau_\rho \mathrm{d}A$，故有 $M_e = \int_A \rho\tau_\rho \mathrm{d}A = K\int_A \rho^2 \mathrm{d}A$。将 $I_\rho = \int_A \rho^2 \mathrm{d}A$ 定义为极惯性矩，则由此可得

$$\tau_\rho = \frac{M_e \rho}{I_\rho} \tag{18.17}$$

式中，τ_ρ 为半径为 ρ 处的切应力(MPa)；M_e 为截面扭矩(N·mm)；ρ 为截面上任意一点到中心的距离(mm)；I_ρ 为横截面对圆心的极惯性矩($\mathrm{mm^4}$)。

显然，通过剪应力的计算公式也可以看出，当 $\rho = 0$，$\tau = 0$；当 $\rho = R$ 时，切应力最大。令 $W_\rho = I_\rho / R$，则

$$\tau_{max} = \frac{M_e}{W_\rho} \tag{18.18}$$

式中，W_ρ 为抗扭截面系数($\mathrm{mm^3}$)。

针对在工程中经常使用的实心圆轴和空心圆轴，I_ρ 和 W_ρ 的计算：

实心圆轴截面：

$$I_\rho = \int_A \rho^2 \mathrm{d}A = 2\pi \int_0^{\frac{d}{2}} r^3 \mathrm{d}r = \frac{\pi \cdot d^4}{32} \tag{18.19}$$

$$W_\rho = \frac{I_\rho}{d/2} = \frac{\pi \cdot d^3}{16} \tag{18.20}$$

空心圆轴截面：

$$I_\rho = \int_A \rho^2 \mathrm{d}A = 2\pi \int_{\frac{d}{2}}^{\frac{D}{2}} r^3 \mathrm{d}r = \frac{\pi(D^4 - d^4)}{32} \tag{18.21}$$

2. 圆轴扭转时的强度条件

为了保证圆轴在扭转时能安全工作，必须使轴的危险截面上的最大切应力 τ_{max} 不超过材料的许用切应力$[\tau]$，即圆轴扭转时的强度条件为

$$\tau_{max} = \frac{M_e}{W_\rho} \leqslant [\tau] \tag{18.22}$$

式中，M_e 为圆轴危险截面上的扭矩(N·mm)；W_ρ 为危险截面的抗扭截面系数($\mathrm{mm^3}$)；$[\tau]$为材料的许用切应力(MPa)，塑性材料：$[\tau] = (0.5\sim0.6)[\sigma]$；脆性材料：$[\tau] = (0.8\sim1.0)[\sigma]$。

（四）圆轴的扭转变形计算

工程设计中，对于承受扭转变形的圆轴，除了要求足够的强度外，还要求有足够的刚度。即要求轴在弹性范围内的扭转变形不能超过一定的限度。例如，发动机中控制气门动作的凸轮轴，如果相对扭转角过大，就会影响气门的启闭时间。因此，对某些重要的轴或者传动精度要求较高的轴，均要进行扭转变形计算。

圆轴扭转时两个横截面相对转动的角度称为圆轴的扭转变形，记作扭转角，用 φ 来表示。通过试验分析，扭转时转矩 M_e 越大，圆轴的长度 l 越长，扭转角 φ 越大；同时，如果材料的切边模量 G 和轴截面的极惯性矩 I_ρ 越大，扭转角 φ 越小。可得扭转角的计算公式为

$$\varphi = \frac{M_e l}{GI_\rho} \tag{18.23}$$

式中，φ 为扭转角（rad）；M_e 为某 0 段轴的扭矩（N · m）；l 为相应两横界面间的距离（mm）；G 为轴材料的切变量模量（GPa）；I_ρ 为横截面间的极惯性矩（m^4）。GI_ρ 反映了材料及轴的截面形状和尺寸对弹性扭转变形的影响，称为圆轴的"抗扭刚度"。抗扭刚度 GI_ρ 越大，相对扭转角 φ 就越小。

为了消除轴的长度对变形的影响，引入单位长度的扭转角 θ，并用度/米（°/m）单位表示，则圆轴的扭转刚度条件为

$$\theta = \frac{\varphi}{l} = \frac{M_n}{GI_\rho} \times \frac{180}{\pi}\ ^\circ/\mathrm{m} \tag{18.24}$$

不同用途的圆轴对于 θ 值的大小有不同的限制，即 $\theta \leqslant [\theta]$。$[\theta]$称为许用单位长度扭转角，具体数值可查有关手册。

例 18.10 图 18.20(a)为某变速箱内第二轴的示意图。轴上有Ⅱ、Ⅲ、Ⅳ三个齿轮，动力由第一轴经齿轮Ⅲ输送到第二轴，再由齿轮Ⅱ和Ⅳ带动 1、2 和 3 齿轮的转动。1 和 2 齿轮同时工作，共消耗功率 0.756 kW；齿轮 3 工作消耗功率 2.98 kW。若 4 的转速为 183.5 r/min，材料为 Q235，$G = 80$ GPa。取$[\tau] = 40$ MPa，$[\varphi] = 1.5$ °/m，试设计轴的直径。

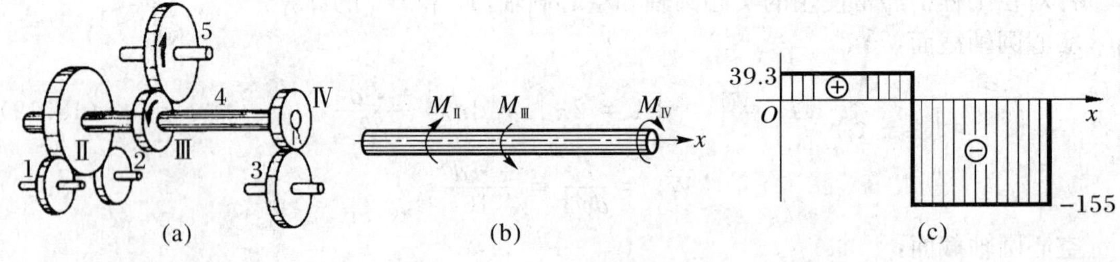

图 18.20　变速箱传动轴

解　①为了分析第二轴的工作情况，先计算作用于齿轮Ⅱ和Ⅳ上外力偶矩

$$M_{Ⅱ} = 9\,550\,\frac{P_{Ⅱ}}{n} = 39.3\ \mathrm{N \cdot m}$$

$$M_{Ⅳ} = 9\,550\,\frac{P_{Ⅳ}}{n} = 155\ \mathrm{N \cdot m}$$

$M_{Ⅱ}$ 和 $M_{Ⅳ}$ 同为阻抗力偶矩，故转向相同，主动力偶矩为 $M_{Ⅲ}$，则 $M_{Ⅲ}$ 的转向应该与阻抗力偶矩的转向相反，如图 18.20(b) 所示。于是由平衡方程 $\sum M_x = 0$，得 $M_{Ⅲ} - M_{Ⅱ} - M_{Ⅳ} = 0$，有

$$M_{\text{Ⅲ}} = M_{\text{Ⅱ}} + M_{\text{Ⅳ}} = 39.3 + 155 = 194.3\ (\text{N} \cdot \text{m})$$

根据作用于第二轴上的 $M_{\text{Ⅱ}}$、$M_{\text{Ⅲ}}$、$M_{\text{Ⅳ}}$ 的数值，作扭矩图如图 18.20(c)所示。从扭矩图看出，在齿轮Ⅲ和Ⅳ之间，轴的任一横截面上的扭矩皆为最大值，且 $T_{\max} = 155\ \text{N} \cdot \text{m}$。

由强度条件 $\tau_{\max} = \dfrac{M_e}{W_\rho} = \dfrac{16M_e}{\pi D^3} \leqslant [\tau]$ 可得

$$D \geqslant \left(\frac{16M_e}{\pi[\tau]}\right)^{\frac{1}{3}} = \left(\frac{16 \times 155}{\pi \times 40 \times 10^6}\right)^{\frac{1}{3}}\ \text{m} = 0.027\ \text{m} = 27\ \text{mm}$$

其次，由刚度条件 $\phi_{\max} = \dfrac{M_e}{GI_\rho} \times \dfrac{180}{\pi} = \dfrac{32M_e \times 180}{G\pi^2 D^4} \leqslant [\varphi]$ 可得

$$D \geqslant \left(\frac{32 \times M_e \times 180}{G\pi^2[\phi]}\right)^{\frac{1}{4}} = \left(\frac{32 \times 155 \times 180}{80 \times 10^9 \times \pi^2 \times 1.5}\right)^{\frac{1}{4}}\ \text{m} = 0.0295\ \text{m} = 29.5\ \text{mm}$$

根据以上计算，为了同时满足强度和刚度要求，选定轴的直径 $D = 30\ \text{mm}$。

二、弯曲

弯曲是工程实际中最常见的一种基本变形。火车轮轴受力后的变形、汽车车架中的钢板弹簧的受力变形等等。这类构件在通过其轴线的面内，受到力偶或垂直于轴线的横向外力的作用，杆的轴线由直线变为曲线而产生的变形称为弯曲。弯曲是杆件的基本变形中的一种。变形为弯曲变形或以弯曲变形为主的杆件，工程上习惯称之为梁。

（一）梁上载荷的图示

作用于梁上的载荷可简化为以下 3 种形式：

① 集中力。指通过一微小段梁作用在梁上的横向力 F，如图 18.21(a)所示。

② 集中力偶。指通过一微小段梁作用于梁轴平面内的外力偶 M，如图 18.21(b)所示。

③ 分布载荷。在梁的部分长度上或全长上连续分布的横向力。如果是均匀分布的，则称为均布载荷，通常用载荷集度 q 来表示，其单位为 N/m 或 kN/m，如图 18.21(c)所示。一般梁的自重就可以看成均布载荷，便于计算分析。

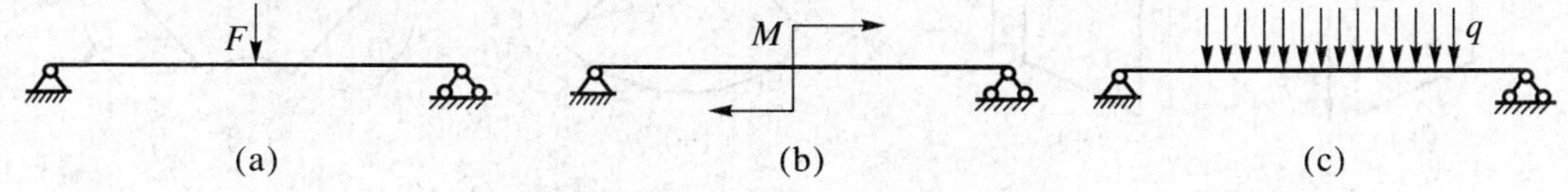

图 18.21 作用于梁的载荷图示

（二）梁的内力——剪力与弯矩

1. 剪力与弯矩定义

为了研究梁的强度和刚度条件，需要分析梁上各截面的内力。梁的内力可由截面法确定。为了求任意截面 m-m 上的内力，用假想的截面将梁从该处截开，如图 18.22 所示。简支梁 AB，受集中力 F_1、F_2 的作用平衡。求出支座 A、B 的约束反力。然后在梁上取一截面 m-m 分析其内力。以左段为研究对象，受到主动力 F_1 和约束反力 F_A 的作用，F_A 和 F_1 有使左段梁向上运动的趋势。为了保持平衡，截面 m-m 上应有一个与横截面相切的内力 F_Q，于是有

$$\sum F_y = 0, \quad F_A - F_1 - F_Q = 0, \quad F_Q = F_A - F_1$$

所求的 F_Q 称为剪力，其作用线平行于截面并通过截面的形心。同时，F_A 和 F_1 有使梁作顺时针转动的趋势，为了保持平衡，截面 m-m 上还应有一个逆时针方向的内力偶 M。以截面的形心 O 为中心点，求力矩的平衡

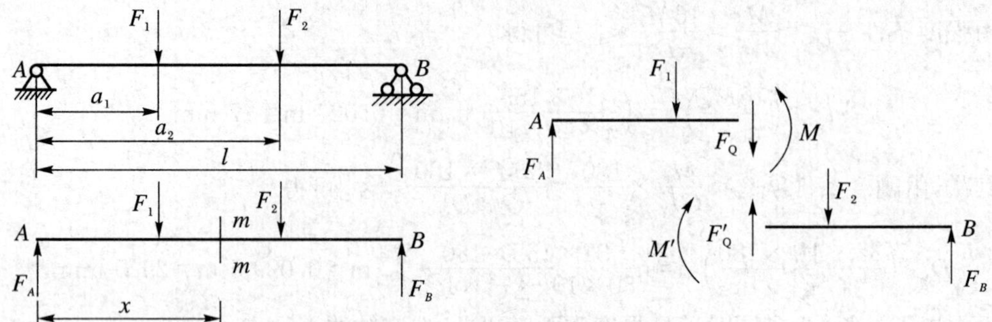

图 18.22　截面法求梁的内力

$$\sum M_O(F) = 0, \quad M + F_1(x - a_1) - F_A x = 0, \quad M = F_A x - F_1(x - a_1)$$

所求的 M 称为内弯矩，其作用在梁的纵向对称平面内。式中 x 为截面 m-m 到支座 A 之间的距离。剪力 F_Q 的大小等于截面上一侧梁段上所有外力的代数和，即

$$F_Q = \sum F_L \quad 或 \quad F_Q = \sum F_R$$

式中，F_L 为截面左侧梁段上的力；F_R 为截面右侧梁段上的力。

弯矩 M 的大小等于截面一侧所有外力对该截面形心 O 的力矩的代数和，即

$$M = \sum M_O(F_L) \quad 或 \quad M = \sum M_O(F_R)$$

考察作用于一微段两相邻截面上的变形，规定：若剪切变形与图 18.23(a)所示的相同，即梁段发生左侧截面向上，右侧截面向下的相对错动，剪力为正；反之为负。若弯曲变形与图 18.23(b)所示的相同，即梁段发生上凹下凸的变形，弯矩为正；反之为负。

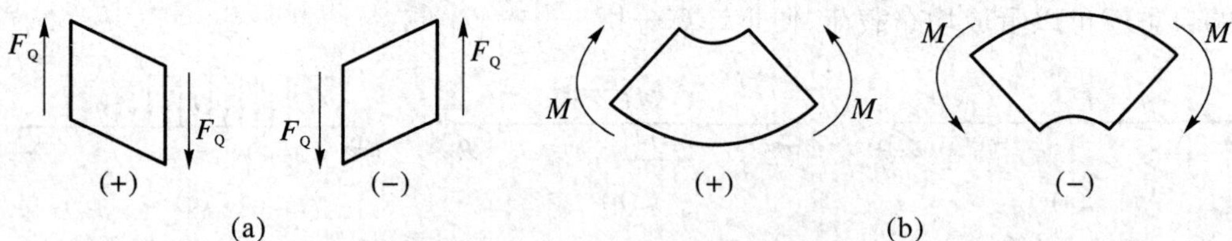

图 18.23　剪力和弯矩的符号

计算时，对于未知方向的内力可将其全部假设为正，计算结果为正，说明假设正确，内力为正；反之说明假设与实际相反，内力为负。

例 18.11　简支梁 AB 受力如图 18.24 所示。求截面 D 与 C 上的剪力和弯矩。

解　① 求支座 A、B 的约束反力。根据 A 点的力矩平衡条件求得

$$\sum M_A(F) = 0, \quad F_B \cdot 3a - 2qa \cdot a + qa^2 = 0, \quad F_B = qa/3$$

同时，根据 y 轴方向的受力平衡可以求得

$$\sum F_y = 0, \quad F_A + F_B - 2qa = 0, \quad F_A = 5qa/3$$

② 求 D、C 截面上的内力。在 D 截面处将梁截开，以左边部分为研究对象，假设剪力

F_{QD}和弯矩M_D的方向为正，如图 18.24 所示。由平衡方程$\sum F_y = 0$和$\sum M_{O_1}(F) = 0$（O_1为D截面的中心），分别得到

$$\sum F_y = 0,\quad F_A - q \cdot a - F_{QD} = 0,\quad F_{QD} = 2qa/3$$

$$\sum M_{O_1}(F) = 0,\quad -F_A \cdot a + qa \cdot a/2 + M_D = 0,\quad M_D = 7qa^2/6$$

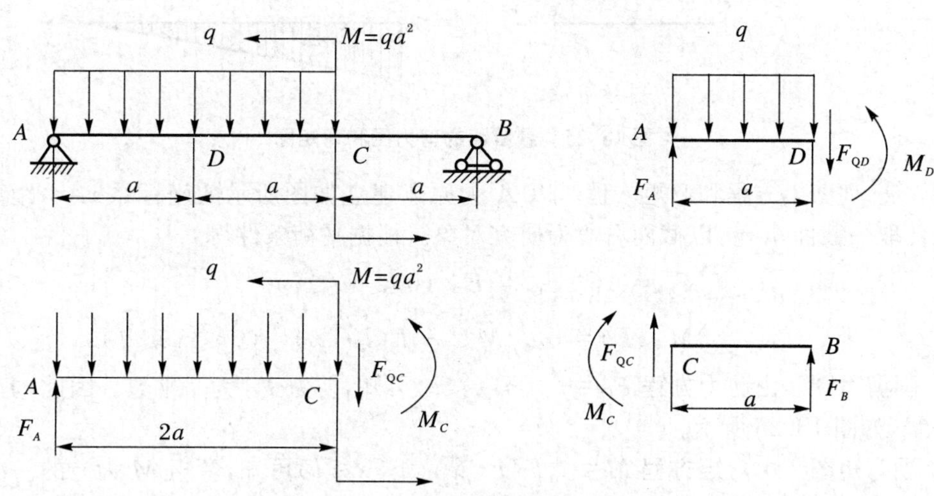

图 18.24　求梁截面的剪力和弯矩实例

③ 类似的，将梁从C处截开，考察左边部分的平衡，求得C截面上的剪力和弯矩分别为

$$F_{QC} = F_A - q \cdot 2a = -qa/3,\quad M_C = F_A \cdot 2a - 2qa^2 - qa^2 = qa^2/3$$

其中剪力F_{QC}为负，说明实际剪力方向与假设方向相反。若以截开后右边部分为研究对象，由于其受力简单，故计算过程也简单些。而且还可以检查前面所得结果的正确性。

2. 剪力方程和弯矩方程

一般受力情形下，剪力和弯矩将沿着梁的长度方向而变化。描述这种变化的数学表达式称为剪力方程和弯矩方程。以梁上某一端点（一般取左端）为原点O，沿着轴线方向建立O-x坐标，任意截面的位置用其至原点的距离x表示，则剪力方程与弯矩方程可分别写为

$$F_Q = F_Q(x),\quad M = M(x)$$

对于梁全长上各截面的剪力和弯矩不能由一个函数来描述，需要用分段函数加以考察。

3. 剪力图和弯矩图

根据剪力方程和弯矩方程，在直角坐标F_Q-x和M-x中可画出二者的变化图形，分别成为剪力图和弯矩图。从剪力图和弯矩图上不仅可以看出剪力和弯矩沿梁的长度方向的变化情况，而且可以看出梁内最大剪力与最大弯矩发生的位置及其数值。

为了绘制剪力图和弯矩图，需要按照如下步骤：

① 建立F_Q-x和M-x坐标。

② 确定各个分段点处梁截面上的剪力和弯矩的数值（包括正负号），并将这些数值标在F_Q-x和M-x坐标中相应的位置。

③ 在这些分段点之间按照剪力方程和弯矩方程大致绘出二者的图形，并在图上标出$F_{Q,\max}$和$M_{\max}$的数值及位置。

下面举例说明。

例 18.12　如图 18.25 所示的悬臂梁AB，长度为l，自由端B处作用有集中力F，求梁

的剪力方程和弯矩方程，并画出剪力图和弯矩图。

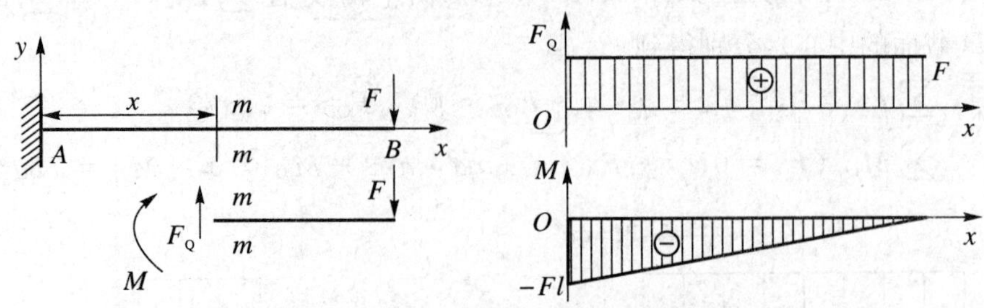

图 18.25 悬臂梁的剪力图和弯矩图

解 ① 列剪力方程和弯矩方程。以 A 为原点建立如图所示的坐标系 xAy，距离 A 点为 x 处任取一截面 m-m，以截面右段为研究对象。根据平衡条件得

$$\sum F_y = 0,\quad F_Q = F \quad (0 < x < l)$$

$$\sum M_O(F) = 0,\quad M = -F(l - x) \quad (0 \leqslant x \leqslant l)$$

② 画剪力图。由剪力方程 $F_Q = F(0<x<l)$ 可知，剪力 F_Q 为一常数。因此，剪力图为一水平线，如图 18.25 所示。

③ 画弯矩图。由弯矩方程 $M = -F(l-x)(0\leqslant x\leqslant l)$ 可知，弯矩 M 为 x 的一次函数，弯矩图为一条斜直线，定出直线上两个特殊点即可，$x=0, M=-Fl$；$x=a, M=0$。

画出的图如图所示。从图中可以得知，弯矩是负的，会是梁产生上凸下凹的变形。最大弯矩为 $|M|_{max} = |-Fl|$，危险截面在 A 处。

例 18.13 如图 18.26(a)所示的简支梁，跨度为 l，在 C 点处作用有集中力 F，已知 a、b 的大小（$a<b$），列出剪力方程和弯矩方程，同时画出剪力图和弯矩图。

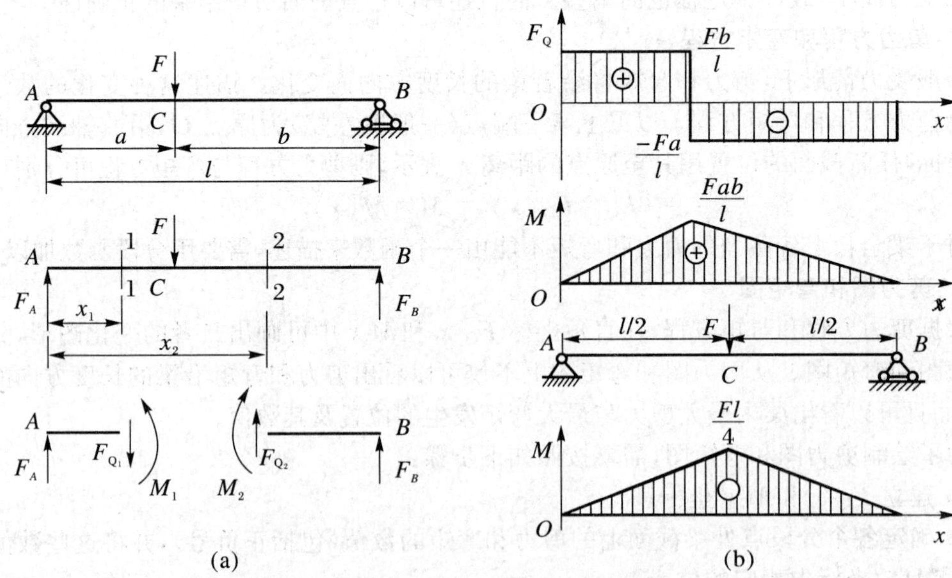

图 18.26 受集中力简支梁的剪力图和弯矩图

解 ① 求支座约束反力：

$$\sum M_A(F) = 0,\quad F_B l - Fa = 0,\quad F_B = Fa/l$$

$$\sum F_y = 0,\quad F_A l - Fb = 0,\quad F_A = Fb/l$$

② 列出剪力方程和弯矩方程。在梁的 AC 段上，距离 A 点为x_1 处取截面 1-1，以截面左端为研究对象。根据平衡条件列出如下方程：

$$\sum F_y = 0,\quad F_{Q_1} = F_A = Fb/l \quad (0 < x_1 < a)$$

$$\sum M_{O_1}(F) = 0,\quad M_1 = F_A x_1 = Fbx_1/l \quad (0 \leqslant x_1 \leqslant a)$$

在梁的 BC 段，距离 A 点为x_2 处取截面 2-2，以截面右段为研究对象。根据平衡条件列出如下方程：

$$\sum F_y = 0,\quad F_{Q_2} = -F_B = -Fa/l \quad (a < x_2 < l)$$

$$\sum M_{O_2}(F) = 0,\quad M_2 = F_B(l - x_2) = Fa/l(l - x_2) \quad (a \leqslant x_2 \leqslant l)$$

③ 画剪力图。由剪力方程 $F_{Q_1} = Fb/l(0<x_1<a)$和 $F_{Q_2} = -Fa/l(a<x_2<l)$可知，剪力在 AC 和 BC 段均为常数，因此，剪力图是两条水平线，如图 18.26(b)所示。

④ 画弯矩图。由弯矩方程 $M_1 = Fbx_1/l(0\leqslant x_1\leqslant a)$和 $M_2 = Fa/l(l-x_2)(a\leqslant x_2\leqslant l)$可知，弯矩是 x 的一次函数。因此，弯矩图应当为两条斜直线，可通过确定每条直线上的两个特殊点后连接得出弯矩图。$x_1 = 0, M_1 = 0; x_1 = a, M_1 = Fab/l; x_2 = a, M_2 = Fa/l(l-a) = Fab/l; x_2 = l, M_2 = Fa/l(l-l) = 0$。

据此画出弯矩图如图 18.26(b)所示，最大弯矩 $|M|_{max} = Fab/l$，危险截面在 C 处。值得提出的是，在本例中，当 $a = b = l/2$ 时，弯矩图也如图 18.41(b)中最后一个弯矩图所示，此时最大的弯矩 $|M|_{max} = Fl/4$，危险截面为梁的中点。

例 18.14 如图 18.27(a)所示，将上例中的简支梁 AB 在 C 处受的集中力 F 改为集中力偶 M 的作用，其余条件不变，列出梁的剪力方程和弯矩方程，同时画出剪力图和弯矩图。

解 ① 求支座约束反力：

$$\sum M_A(F) = 0,\quad M - F_B l = 0,\quad F_B = M/l$$

$$\sum F_y = 0,\quad F_A = F_B = M/l$$

② 列出剪力方程和弯矩方程。在梁的 AC 段上，距离 A 点为x_1 处取截面 1-1，以截面左端为研究对象。根据平衡条件列出如下方程：

$$\sum F_y = 0, F_{Q_1} = F_A = M/l \quad (0 < x_1 < a)$$

$$\sum M_{O_1}(F) = 0, M_1 = F_A x_1 = Mx_1/l \quad (0 \leqslant x_1 < a)$$

在梁的 BC 段，距离 A 点为x_2 处取截面 2-2，以截面右段为研究对象。根据平衡条件列出如下方程：

$$\sum F_y = 0,\quad F_{Q_2} = F_B = M/l \quad (a < x_2 < l)$$

$$\sum M_{O_2}(F) = 0,\quad M_2 = -F_B(l - x_2) = -M/l(l - x_2) \quad (a < x_2 \leqslant l)$$

③ 画剪力图。由剪力方程 $F_{Q_1} = M/l(0<x_1<a)$和 $F_{Q_2} = M/l(a<x_2<l)$可知，剪力在 AC 和 BC 段均为常数，因此，剪力图是两条水平线，如图 18.27(b)所示。

④ 画弯矩图。由弯矩方程 $M_1 = Mx_1/l(0\leqslant x_1<a)$和 $M_2 = -M/l(l-x_2)(a<x_2\leqslant l)$可知，弯矩是 x 的一次函数。因此，弯矩图应当为两条斜直线，可通过确定每条直线上的两个特殊点后连接得出弯矩图。$x_1 = 0, M_1 = 0; x_1 = a - \Delta, \Delta\to 0$ 时，$M_{C-} = Ma/l, x_2 =$

$a+\Delta,\Delta\to 0$ 时,$M_{C+}=-M/l(l-a)=-Mb/l$;$x_2=l,M_2=-M/l(l-l)=0$。

据此作出的弯矩图,如图 18.27(b)所示。

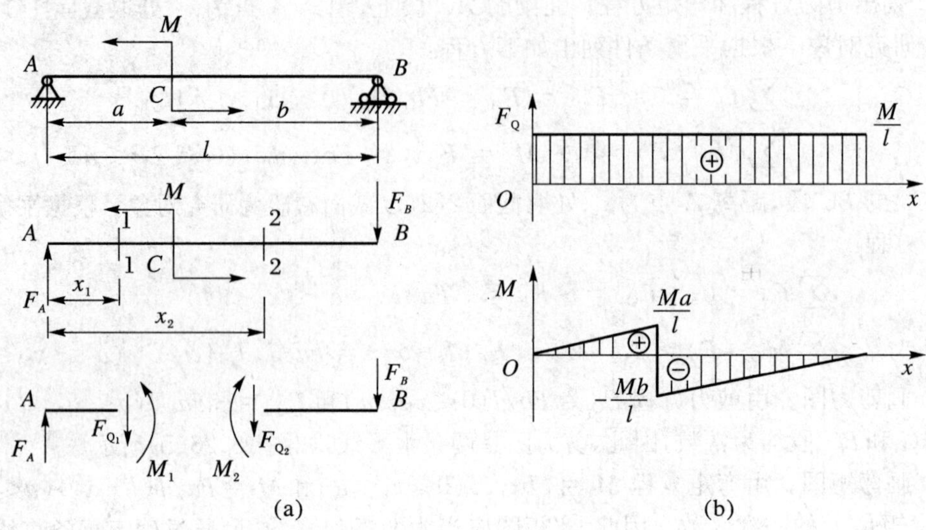

图 18.27 受集中力偶的简支梁的剪力图和弯矩图

从图 18.27 中不难看出,最大弯矩 $|M|_{\max}=Mb/l$,发生在集中力偶作用的截面 C,而且该截面的弯矩值有两个,即在截面上弯矩产生了突变。同理,在本例中,当 $a=b=l/2$ 时,最大的弯矩 $|M|_{\max}=M/2$,危险截面为梁的中点。

例 18.15 如图 18.28 所示简支梁 AB,跨度为 l,梁上有均布载荷 q,试列出梁的剪力方程和弯矩方程,并画出剪力图和弯矩图。

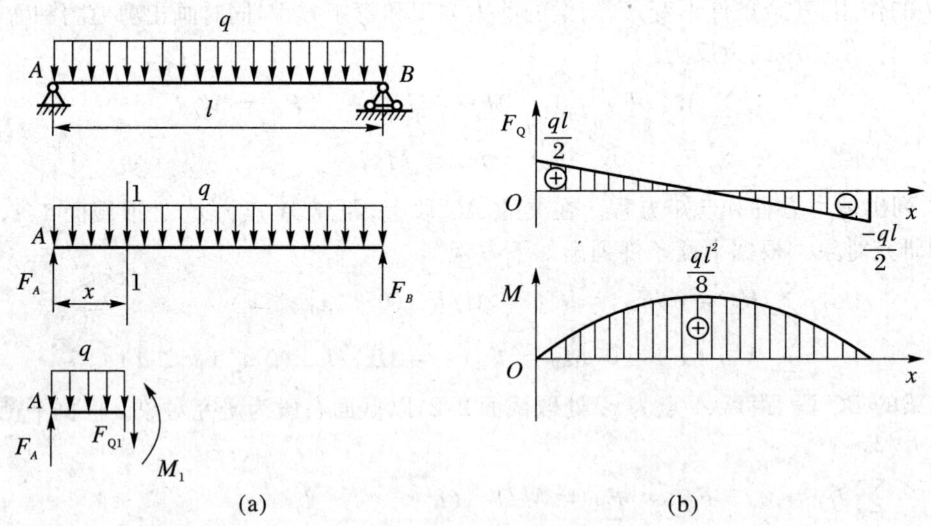

图 18.28 受均布载荷简支梁的剪力图和弯矩图

解 ① 求支座约束反力:

$$\sum M_A(F)=0,\quad F_B l-ql^2/2=0,\quad F_B=ql/2$$

$$\sum F_y=0,\quad F_A=ql-F_B=ql/2$$

② 列出剪力方程和弯矩方程。在梁的 AB 段上,距离 A 点为 x_1 处取截面 1-1,以截面

左端为研究对象。根据平衡条件列出如下方程：

$$\sum F_y = 0,\quad F_Q + qx - F_A = 0,\quad F_Q = F_A - qx = ql/2 - qx \quad (0 < x < l)$$

$$\sum M_O(F) = 0,\quad M_1 + qx^2/2 - F_A x = 0,\quad M_1 = qlx/2 - qx^2/2 \quad (0 \leqslant x \leqslant l)$$

③ 画剪力图。由剪力方程 $F_Q = ql/2 - qx$ 可知，剪力是 x 的一次函数，剪力图是一条斜直线。根据其上两个特殊点可以做出剪力图：$x=0$ 时，$F_Q = ql/2$；$x = l$ 时，$F_Q = -ql/2$。由此可作出如图 18.28(b)所示的剪力图。最大剪力 $|F_Q|_{max} = ql/2$，位置在梁的两个端点处。

④ 画弯矩图。由弯矩方程 $M_1 = qlx/2 - qx^2/2(0 \leqslant x \leqslant l)$ 和可知，弯矩是 x 的二次函数。因此，弯矩图应当为抛物线，需要找到几个特殊点后，才能得出弯矩图。$x = 0, M = 0$；$x = l/4, M = 3ql^2/32, x = l/2, M = ql^2/8; x = 3l/4, M = 3ql^2/32$。

求抛物线的顶点所在的位置：当弯矩的一阶导数 $M_1' = 0$，即 $x = l/2$ 时，是抛物线顶点所在的位置。根据以上的数值可以画出如图 18.28(b)所示的弯矩图，从图中可以得知，$|M|_{max} = ql^2/8$，位置在梁的中点处。

（三）纯弯梁横截面的正应力分析

1. 纯弯曲的概念

若梁横截面上只有弯矩而无剪力，则所产生的弯曲称为纯弯曲，简称纯弯。若梁受横向载荷作用，截面上既有弯矩，又有剪力，则所产生的弯曲称为横向弯曲，简称横弯。本节将重点分析纯弯曲时，梁横截面上所受的应力。

例如图 18.29(a)所示的简支梁 AB，CD 段剪力 $F_Q = 0$，弯矩 $M = Fa$（常数），则 CD 段内力只有弯矩而无剪力，属于纯弯曲。

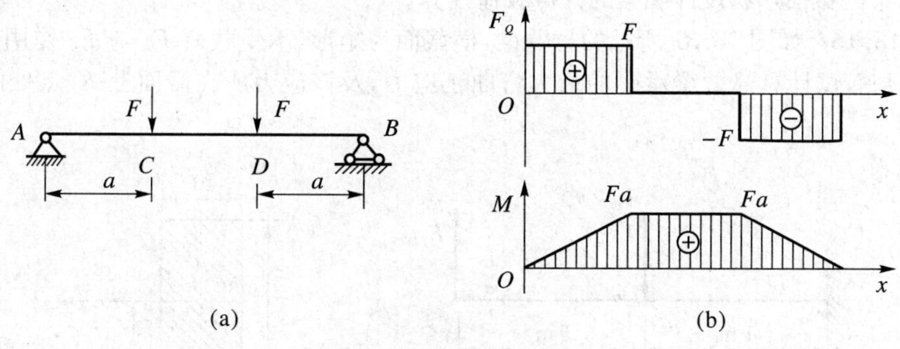

图 18.29　纯弯曲的概念

2. 中性层和中性轴

取一矩形截面梁，如图 18.30 所示。在其侧面画出若干相互平行的横向线和纵向线。然后在梁的对称面内施加一对等值、反向的力偶 M，使梁发生纯弯曲，观察如下：

① 总线变成彼此平行的弧线，靠顶面的纵线缩短，靠底面的纵线伸长。

② 横线依然为直线，只是发生相对的转动，仍

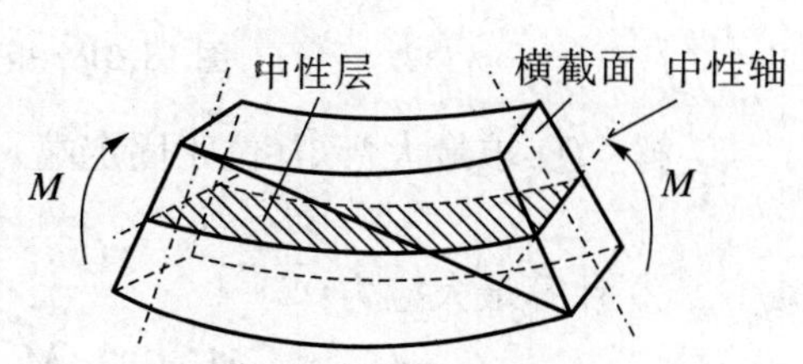

图 18.30　中性层概念

与纵线正交。

根据上述变形特征，可以作出如下假设：梁的横截面在梁变形之后依然保持平面，并仍垂直于变形后的梁轴线，只是绕着截面上的某一轴转过一角度。这是梁弯曲时的平面假设。根据上述假设，可以得到如下重要结论：

① 梁内某些纵向层产生伸长变形，另一些纵向线则产生缩短变形，二者之间必然存在一层，它既不伸长，也不缩短，这一层称为梁的“中性层”。中性层与横截面的交线称为横截面上的“中性轴”。横截面上位于中性轴两侧的各点分别承受拉应力和压应力，中性轴上各点的应力为零。

② 梁的横截面上只有正应力而没有剪应力。横截面上各点或处于单向拉伸状态，或处于单向压缩状态。

（四）梁的应力与强度计算

一般载荷作用下的细长、实心截面梁，弯矩对强度的影响要比剪力的影响大很多。因此，对梁进行强度计算主要是限制弯矩引起的最大正应力不得超过许用数值。即

$$\sigma_{\max} = (M/W)_{\max} \leqslant [\sigma] \tag{18.24}$$

式中，M 为梁危险截面的弯矩(N · m)，W 为梁危险截面的抗弯截面系数(m^3)。

由于梁的最大正应力通常发生在弯矩最大截面(危险截面)上的应力最大点(危险点)，所以，进行弯矩强度计算时，必须正确的判断危险截面和危险点。通常可以根据弯矩图、截面尺寸的变化情况以及材料的力学性能等因素确定危险截面的位置。对于同种材料制成且拉、压强度相同的等直梁，最大弯矩所在的截面即为危险截面。但是对于截面形状发生变化的梁，变化的梁截面需要进行一一计算。

利用上述梁的弯矩强度条件，可以解决很多工程实际的问题，包括三个方面，即弯曲强度校核、梁的截面形状设计和梁的许可载荷计算。

例 18.16 如图 18.31 所示的悬臂梁，横截面为矩形，承受载荷 F_1 与 F_2 作用，且 $F_1 = 2F_2 = 5$ kN，试计算悬臂梁承受的最大弯曲正应力，及该应力所在截面上 K 点处的弯曲正应力。

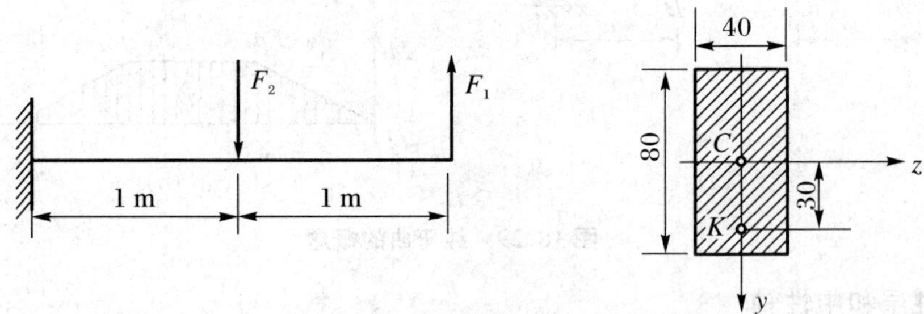

图 18.31 矩形截面的悬臂梁的最大正应力

解 ① 求最大弯矩(位于固定端)：

$$M_{\max} = 7.5\ \text{kN}$$

② 计算最大应力：

$$\sigma_{\max} = \frac{M_{\max}}{W_z} = \frac{M_{\max}}{bh^2/6} = \frac{7.5 \times 10^6}{40 \times 80^2/6}\ \text{MPa} = 176\ \text{MPa}$$

③ 计算 K 点的应力：

$$\sigma_K = \frac{M_{\max} \cdot y}{I_z} = \frac{M_{\max} \cdot y}{bh^3/12} = \frac{7.5 \times 10^6 \times 30}{40 \times 80^3/12}\ \text{MPa} = 132\ \text{MPa}$$

例 18.17 图 18.32 所示的汽车钢板弹簧，由 10 块宽度 $b = 75$ mm，厚度 $\delta = 10$ mm 的板条组成，$[\sigma] = 400$ MPa，$E = 2 \times 10^5$ Pa，试求载荷 F 的许用值 $[F]$。

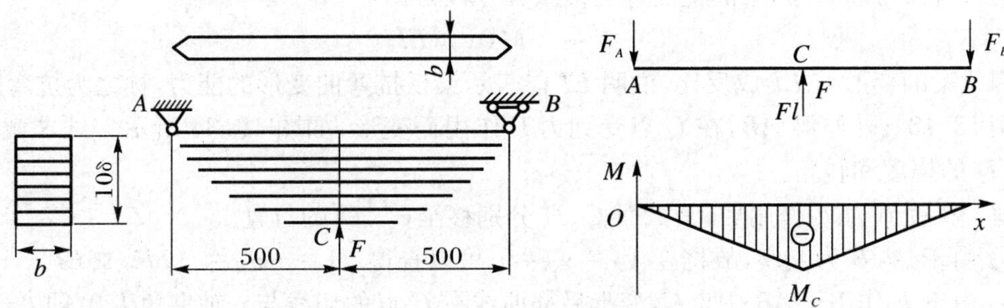

图 18.32 汽车钢板弹簧

解 ① 画钢板弹簧的受力简图，如图 18.32 所示。

② 画钢板弹簧的弯矩图，如图 18.32 所示。危险截面在中点 C 处。求得最大力矩为 $M_C = F/4 \times 1\,000$。C 点截面，由 10 个矩形小截面叠加而成，其抗弯截面系数为 $W_C = b\,(10\delta)^2/6$。

③ 根据强度条件，确定许可载荷。

由 $[F]$：$q = \sigma_{\max} = M_C/W_C \leqslant [\sigma]$ 得

$$250F \times 10^2 B\delta^2/6 \leqslant [\sigma], \quad F \leqslant 10^2 \times 75 \times 10^2 \times 400/6 \times 250\ \text{N} = 200 \times 10^3\ \text{N}$$

因此，梁上的许可载荷 $[F] = 200$ kN。

（五）梁的变形与刚度计算

1. 挠度及挠曲线方程

在线弹性小变形条件下，梁的轴线变形为一条光滑连续的平面曲线，称为梁的挠曲线。由于通常忽略梁沿轴线方向的位移，梁的变形可用挠度与转角两个量来描述。

梁轴线上某点(即该横截面的形心)在梁变形后沿竖直方向的位移称为该点的挠度，并用 y 表示。横截面绕中性轴的角位移称为转角，用 θ 表示。挠度与转角都是截面位置 x 的函数，即挠曲线方程：$y = y(x)$；转角方程：$\theta = \theta(x)$。

如图 18.33 所示。在小变形条件下，有

$$\theta(x) \approx \tan\theta = \mathrm{d}y/\mathrm{d}x = y' \tag{18.25}$$

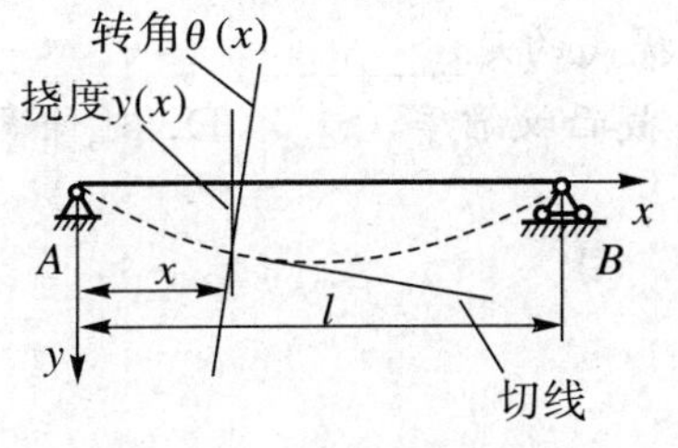

图 18.33 梁的弯曲变形

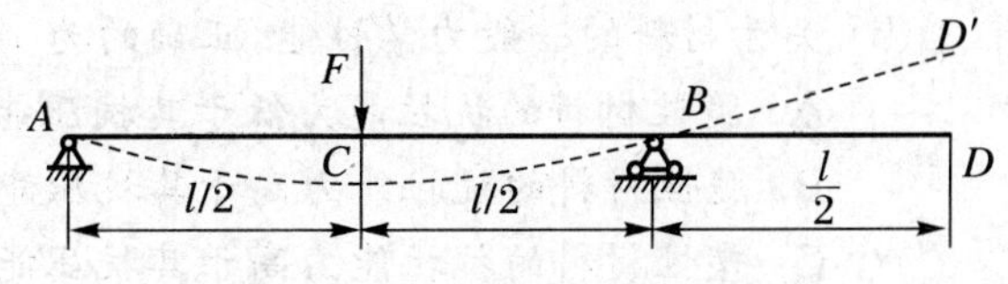

图 18.34 求梁的挠度和转角

第五篇 汽车构件力学分析

挠度和转角的大小反映了梁在弯曲变形时，梁的横截面移动和转动的程度，故用以衡量梁的变形的大小。挠度和转角和正负号规定如下：挠度与坐标轴正向一致为正；反之为负。变形时截面逆时针转时，转角为正；反之为负。

挠曲线方程是研究梁的弯曲变形的基本方程，梁的变形可用积分法求得(可参考有关资料，本书不作详述)。梁在简单载荷作用下的挠度和转角的计算公式也可以查阅相关资料。

通过查阅可以知道，梁的挠曲线近似微分方程为

$$y'' = -M(x)/EI_z$$

因此梁的变形与 EI 成反比，说明 EI 能表示梁抵抗弯曲变形的能力，称之为抗弯刚度。

例 18.18 外伸梁 AB，在 C 点受到力 F 作用而变形，如图 18.34 所示。试求截面 A、B、C、D 的挠度和转角。

解 梁受到力 F 作用后，其截面 C、D 分别移至 C'、D' 的位置。

① 由于 A、B 为支座，故挠度 $y_A = y_B = 0$，可以查得 $\theta_A = -\theta_B = -Fl^2/16EI$。

② 由于 F 作用于 AB 中点 C，变形后挠曲线在 C 点的切线与 x 轴夹角为 0，即 $\theta_C = 0$，C 点的挠度可以查阅可得 $y_C = -Fl^3/48EI$。

③ 梁在 BD 段弯矩为 0，BD 段挠曲线实际上为直线 BD'，因此有 $\theta_D = \theta_B = +Fl^2/16EI$。

D 点的挠度可利用几何关系求出，由 $\tan\theta_D = y_D/l/2$，得 $y_D = \tan\theta_D \cdot l/2 \approx l/2\theta_D = Fl^3/32EI$。

2. 梁的弯曲刚度条件及其应用

梁的设计中，除了要具有足够的强度外，在很多情形下，还要将其弹性变形限制在一定的范围内，及满足刚度条件

$$|y_{max}| \leqslant [y] \tag{18.26}$$

$$|\theta_{max}| \leqslant [\theta] \tag{18.27}$$

式中，$[y]$为梁的许用挠度值(mm，cm 或 m)；$[\theta]$为梁的许用转角值(rad)。

复习思考题

1. 选择题

(1) 从研究方法来看，材料力学中的内力具体指下列哪一种？________。

A. 物体内部的力

B. 物体内部各质点间的相互作用力

C. 由外力作用引起的各质点间的相互作用力的改变量

D. 由外力作用引起的某一截面两侧各质点间的相互作用力的改变量

(2) 低碳钢拉伸经过冷作硬化后，以下 4 种指标得到提高的是________。

A. 强度极限　　B. 比例极限　　C. 截面收缩率　　D. 延伸率

(3) 关于材料的一般力学性能，正确的为________。

A. 脆性材料的抗拉能力低于其抗压能力

B. 脆性材料的抗拉能力高于其抗压能力

C. 塑性材料的抗拉能力高于其抗压能力

D. 脆性材料的抗拉能力等于其抗压能力

(4) 两个材料不同受扭转作用的轴，其载荷、截面形状、尺寸及其长度均相同，则______。

A. 变形相同，应力不同　　B. 变形相同，应力相同

C. 变形不同，应力相同　　D. 变形不同，应力不同

(5) 工程构件要正常安全的工作，必须满足一定的条件。下列除______项外，其他各项是必须满足的条件。

A. 强度条件　　B. 刚度条件　　C. 稳定性条件　　D. 硬度条件

2. 判断题

(1) 强度是构件抵抗变形的能力。(　　)

(2) 刚度是构件抵抗破坏的能力。(　　)

(3) 稳定性主要是针对细长杆、薄壁构件受压而考虑的力学性能指标。(　　)

(4) 工程上将断后伸长率 $\delta \geqslant 10\%$ 的材料称为塑性材料。(　　)

(5) 影响构件持久极限的主要因素有：构件形状、尺寸、表面加工质量和表层强度。(　　)

(6) 任何情况下材料的弹性模量 E 都等于应力和应变的比值。(　　)

3. 简答题

(1) 两根拉杆的伸长量相等，它们的应变和应力是否相等？

(2) 在减速器中，通常高速轴直径较小，低速轴直径较大，为什么？

(3) 直径 d 和长度 l 都相同，但材料不同的两根轴，在相同的扭矩作用下，它们的最大切应力 τ_{max} 是否相等？扭转角 θ 是否相等？为什么？

(4) 用 Q235 钢制成的圆轴，发现原设计的刚度不符合要求，试问“改用优质钢”和“加大轴径”两种方案中，哪种比较有效？

(5) 如果矩形截面梁的截面尺寸 h 和 b 分别增大一倍，其抗弯截面系数 W 增大几倍？圆形截面的直径增大一倍时，其抗弯截面系数 W 增大几倍？

(6) 提高梁的强度措施有哪些？

(7) 说明梁的挠度和转角的概念以及它们之间的关系。

4. 综合题

(1) 如图 18.35 所示一承受 $P=10$ kN 轴向拉力的等直杆，已知杆的横截面面积 $A=100\ \text{mm}^2$。试求出 $\alpha=0°$、$30°$、$45°$、$60°$、$90°$ 时各斜截面上的正应力和剪应力。

(2) 有一两端固定的水平钢丝如图 18.36 虚线所示。已知钢丝横截面的直径 $d=1$ mm，当在钢丝中点 C 悬挂一集中荷载 P 后，钢丝产生的应变达到 0.09%，钢丝的弹性模量 $E=0.2\times10^6$ MPa，试问此时：

① 钢丝内的应力为多大？

② 钢丝在点 C 处下降的距离为多少？

③ 荷载 P 是多大？

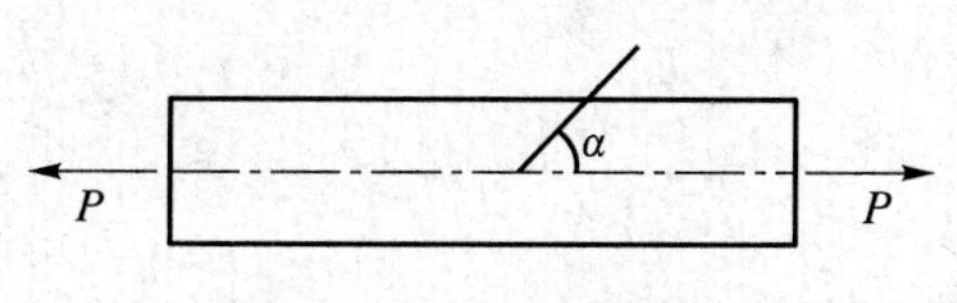

图 18.35　综合题(1)图

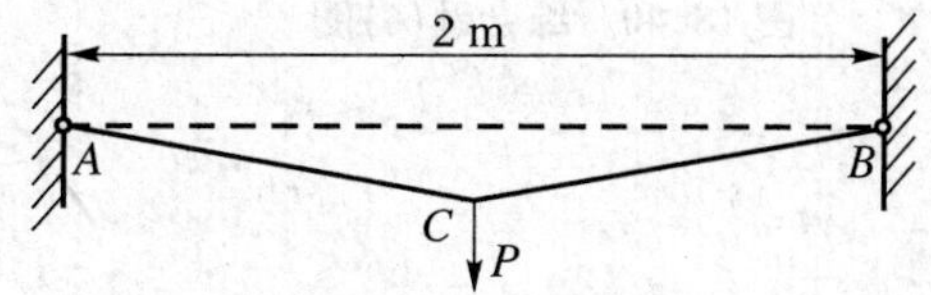

图 18.36　综合题(2)图

(3) 如图 18.37 所示为一个三角形托架。已知:杆 AC 是圆截面钢杆,许用应力$[\sigma]=$ 170 MPa;杆 BC 是正方形截面木杆,许用应力$[\sigma]=12$ MPa;荷载 $P=60$ kN。试选择钢杆的圆截面直径 d 和木杆的正方形截面边长 a。

(4) 如图 18.38 所示,试求圆钢在不同直径的两段轴上截面的应力和杆的总伸长量,钢的弹性模量 $E=200$ GPa。

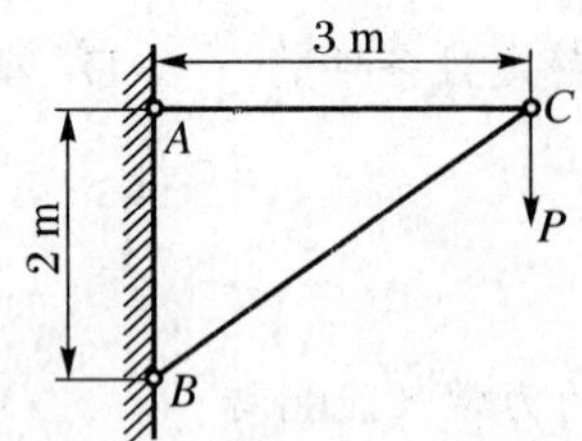

图 18.37 综合题(3)图

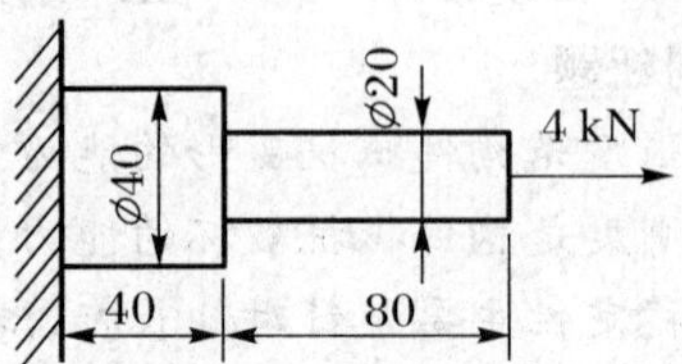

图 18.38 综合题(4)图

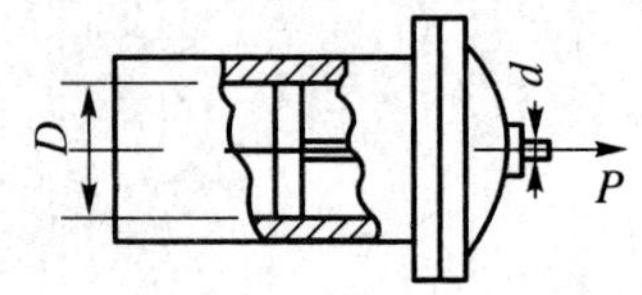

图 18.39 综合题(5)图

(5) 如图 18.39 所示,汽车内径 $D=560$ mm,内压 $P=$ 2.5 MPa,活塞杆直径 $d=100$ mm,材料的屈服强度 $\sigma_s=$ 300 MPa,气缸盖螺栓小径 $d_1=30$ mm,材料的许用应力$[\sigma]=$ 60 MPa。试求:

① 活塞杆的安全系数 n。

② 所需气缸盖连接螺栓个数。

(6) 如图 18.40 所示,传动轴直径 $d=100$ mm,键的尺寸 $b\times h\times l=28\times16\times42$,单位为 mm,键的许用切应力$[\tau]=40$ MPa,许用挤压应力$[\sigma_{jy}]=100$ MPa,若轴通过键传递的最大扭矩为 $T=1.5$ kN·m。试校核该键的强度。

(7) 如图 18.41 所示 A 轴的转速 $n=120$ r/min,由 B 轮输入功率 $P=60$ kW,其中一半由 C 轴输出,另一半由 H 轴输出。已知 $D_1=600$ mm,$D_2=240$ mm,$d_1=100$ mm,$d_2=60$ mm,$d_3=80$ mm,$[\tau]=20$ MPa,试判断哪一轴危险,并校核其强度。

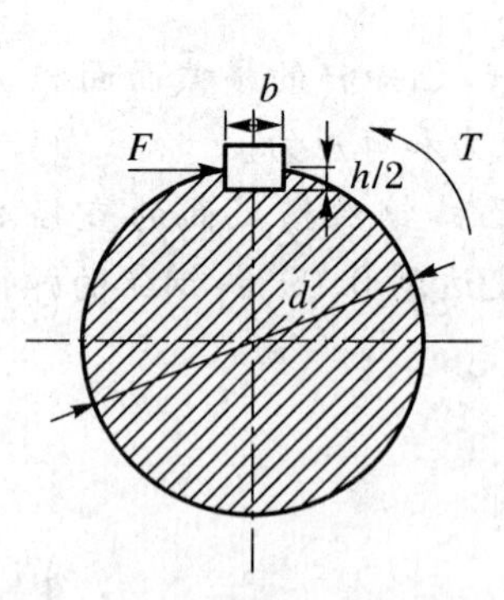

图 18.40 综合题(6)图

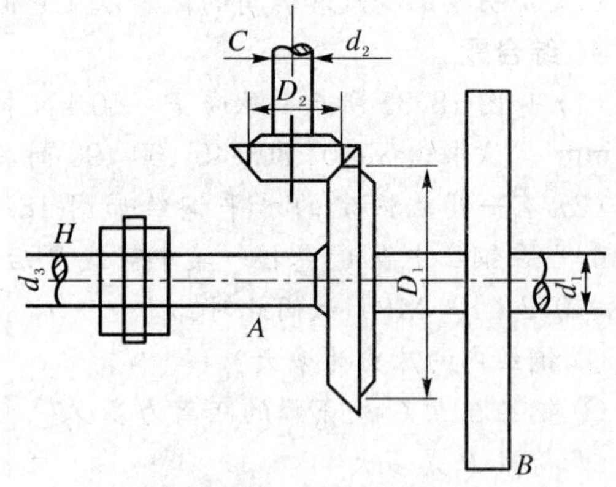

图 18.41 综合题(7)图

参考文献

[1] 孙敬华.机械设计基础[M].北京:机械工业出版社,2007.

[2] 张信群,吕庆洲.机械设计基础[M].合肥:中国科学技术大学出版社,2013.

[3] 陈立德.机械设计基础[M].2版.北京:化学工业出版社,2004.

[4] 周玉丰.机械设计基础[M].北京:机械工业出版社,2008.

[5] 柴鹏飞.机械设计基础[M].北京:机械工业出版社,2007.

[6] 李国斌,梁建和.机械设计基础[M].北京:清华大学出版社,2007.

[7] 黄森彬.机械设计基础[M].北京:机械工业出版社,2001.

[8] 范顺成.机械设计基础[M].北京:机械工业出版社,2001.

[9] 胡家秀.机械设计基础[M].北京:机械工业出版社,2004.

[10] 陈庭吉.机械设计基础[M].北京:机械工业出版社,2002.

[11] 姜佩东.液压与气动技术[M].北京:高等教育出版社,2000.

[12] 赵波,王宏元.液压与气动技术[M].北京:机械工业出版社,2005.

[13] 房世荣.工程材料与金属工艺学[M].北京:机械工业出版社,1994.

[14] 邓文英.金属工艺学[M].北京:高等教育出版社,2000.

[15] 刘建亭.机械制造基础[M].北京:机械工业出版社,2001.

[16] 卢晓春.汽车机械基础[M].北京:机械工业出版社,2008.

[17] 余承辉.机械制造基础[M].上海:上海科学技术出版社,2009.

[18] 刘思俊.工程力学[M].北京:机械工业出版社,2003.

[19] 吴建生.工程力学[M].北京:机械工业出版社,2002.

[20] 吴绍莲.工程力学[M].北京:机械工业出版社,2002.